Sabrina Stockhusen
Hinrik Dunkelgud und sein Rechnungsbuch (1479 bis 1517)

VIERTELJAHRSCHRIFT FÜR SOZIAL-
UND WIRTSCHAFTSGESCHICHTE – BEIHEFTE

Herausgegeben von Mark Spoerer, Jörg Baten, Markus A. Denzel, Thomas Ertl,
Gerhard Fouquet und Günther Schulz

BAND 245

Sabrina Stockhusen

Hinrik Dunkelgud und sein Rechnungsbuch (1479 bis 1517)

Lebensformen eines Lübecker Krämers an der Wende vom 15. zum 16. Jahrhundert

Gedruckt mit freundlicher Unterstützung der Deutschen Forschungsgemeinschaft

Coverabbildung:
Memorial oder Geheim-Buche des Lübecker Krämers Hinrich Dunkelgud,
Stadtbibliothek Lübeck, Ms. Lub. 2° 732, f. 202r.

Bibliografische Information der Deutschen Nationalbibliothek:
Die Deutsche Nationalbibliothek verzeichnet diese Publikation in der Deutschen
Nationalbibliografie; detaillierte bibliografische Daten sind im Internet über
<http://dnb.d-nb.de> abrufbar.

Dieses Werk einschließlich aller seiner Teile ist urheberrechtlich geschützt.
Jede Verwertung außerhalb der engen Grenzen des Urheberrechtsgesetzes
ist unzulässig und strafbar.
© Franz Steiner Verlag, Stuttgart 2019
Druck: Offsetdruck Bokor, Bad Tölz
Gedruckt auf säurefreiem, alterungsbeständigem Papier.
Printed in Germany.
ISBN 978-3-515-11697-8 (Print)
ISBN 978-3-515-11698-5 (E-Book)

Lorenz und Sven

INHALTSVERZEICHNIS

Vorwort 11

1. Einleitung 13
   1.1 Quellen- und Forschungslage 14
   1.2 Fragestellung und Vorgehensweise 18

2. Hinrik Dunkelgud und sein Rechnungsbuch 21
   2.1 Dunkelguds Niederlassung in Lübeck 21
   2.2 Das Rechnungsbuch: Aufbau, Inhalt und quellentypologische
       Bestimmung 30
       2.2.1 Quantitative Auswertungen zu den Einträgen
             im Rechnungsbuch 32
       2.2.2 Aufbau und Anlage des Rechnungsbuches 35
       2.2.3 Typologische Einordnung 39

3. ‚Haus' und Haushaltsführung 44
   3.1 Familie und Haushaltsangehörige 45
       3.1.1 Hinrik Dunkelguds neue Kleinfamilie und seine
             verschwägerten Verwandten 49
       3.1.2 Kunnekes und Hinrik Dunkelguds Nachkommen 55
       3.1.3 Weitere Haushaltsmitglieder 62
   3.2 Vermögensentwicklung in Lübeck 67
       3.2.1 Mobile Wertgegenstände und Hinweise auf
             umlaufendes Kapital 67
       3.2.2 Rentenentwicklung 72
   3.3 Selbstdarstellung innerhalb der Stadt 83
   3.4 Ernennung der Nachlasspfleger als Zeichen personeller
       Verflechtungen 90

4. Persönliche Rechtssicherung durch stadtbürgerliche Schriftlichkeit 104
   4.1 Kaufmännische Rechnungsbücher und Stadtbücher öffentlichen
       Glaubens 104
   4.2 Testamente 109

5. Mitgliedschaft in der Krämerkompanie 115
   5.1 Die Krämerkompanie im Gefüge der kaufmännischen
       Korporationen 115
   5.2 Hinrik Dunkelgud als Ältermann 118

6. Kaufmännische Handelspraxis 124
   6.1 Geschäftskomplex in Lübeck 124
   6.2 Buchführungstechniken für den Haushalt und das
       Handelsgeschäft 131
       6.2.1 Zwischen Notizzettel, Geschäftsbrief und Rechnungsbuch ... 132
       6.2.2 Führung der Gesellschaftskonten mit Peter Kegeben
             und Hans Borne 140
       6.2.3 Gewinn- und Verlustrechnung im Roggenhandel 144
   6.3 Kenntnisse in den verschiedenen Platzgebräuchen 150
       6.3.1 Maßeinheiten 150
       6.3.2 Umgang mit Unkosten 158
       6.3.3 Währungen 162
       6.3.4 Kreditinstrumente 164
   6.4 Handelswaren 167
       6.4.1 Übergang von teureren, exklusiveren Handelswaren zu
             günstigen Massenprodukten (Handelsphasen 1 und 2) 170
       6.4.2 Die zweite Widerlegung mit Peter Kegeben (Handels-
             phase 3): Von günstigen Massenwaren zu ‚typischen'
             hansischen Waren 181
       6.4.3 Ausklingen der Handelsgeschäfte (Handelsphase 4) 183
   6.5 Geschäftsbeziehungen 184
       6.5.1 Personelle Verflechtungen in alle Handelsrichtungen 187
       6.5.2 Handelskontakte zu Nürnberg-Lübecker-Kaufleuten 196
       6.5.3 Der Gesellschafter Hans Sledorn (Handelsgesellschaft A) 198
       6.5.4 Der Gesellschaftshandel mit Peter Kegeben und
             Hans Borne (Handelsgesellschaft C) 204
       6.5.5 Der Gesellschaftshandel mit Peter Kegeben (Handels-
             gesellschaft D) 209
       6.5.6 Handelsgeschäfte mit Verwandten und Haushalts-
             angehörigen 210
   6.6 Einordnung von Hinrik Dunkelguds Tätigkeit in den
       lübeckischen Handel 213

7. Hinrik Dunkelguds Frömmigkeitsformen und Stiftungen 223
   7.1 Frömmigkeitsformen 223
   7.2 Stiftungen 228

8. Ergebnisse 236

9. Edition 241
   9.1 Handschriftenbeschreibung 241
   9.2 Editionsrichtlinien 247
   9.3 Abkürzungen der Währungen 248
   9.4 Edition des Rechnungsbuches 249

10.	Verzeichnis der Abbildungen, Diagramme und Tabellen		351
	10.1	Abbildungen	351
	10.2	Diagramme	351
	10.3	Tabellen	351
11.	Anhang		352
	11.1	Warentabellen	352
		11.1.1 Bilder und Bücher	352
		11.1.2 Diverse Waren	353
		11.1.3 Dolche und Dolchmesser	358
		11.1.4 Drogen, Beiz- und Färbemittel	360
		11.1.5 Fettwaren	361
		11.1.6 Fisch	364
		11.1.7 Flachs	367
		11.1.8 Getränke	368
		11.1.9 Getreide und Mehl	368
		11.1.10 Gewürze	372
		11.1.11 Honig und Honigseim	373
		11.1.12 Kleidung und Textilwaren	373
		11.1.13 Lebensmittel	377
		11.1.14 Metallwaren	380
		11.1.15 Osemund	382
		11.1.16 Rauch- und Lederwaren	383
		11.1.17 Salz	386
		11.1.18 Tuche	386
		11.1.19 Wachs (*wasse*)	392
		11.1.20 Begleittext u. Abkürzungsverzeichnis Warentabellen	393
	11.2	Diagramm: Datierte Einträge im Dunkelgudschen Rechnungsbuch	395
	11.3	Tabelle: Aufbau des Rechnungsbuches	396
	11.4	Stammtafel von Hinrik Dunkelgud	401
	11.5	Verwandtschaftstafel von Hinrik Dunkelgud	402
	11.6	Hinrik Dunkelguds Renten	404
		11.6.1 Diagramm: Rentenentwicklung	404
		11.6.2 Tabelle: Rentenentwicklung	405
	11.7	Tabelle: Hinrik Dunkelguds Hochzeitsausstattung und Brautkoste	406
	11.8	Tabelle: Amtszeiten der Älterleute der Krämerkompanie	408
	11.9	Handelsmarken	412
	11.10	Hinrik Dunkelguds Gesellschaftshandel mit Peter Kegeben (HG B)	414
	11.11	Hinrik Dunkelguds Buchungen für seinen Gesellschaftshandel mit Peter Kegeben und Hans Borne (HG C)	414
	11.12	Hinrik Dunkelguds Buchungen für seinen Gesellschaftshandel mit Peter Kegeben (HG D)	417

11.13	Hinrik Dunkelguds Handel auf Gegenseitigkeit mit Hans Borne (HaG A)	420
11.14	Hinrik Dunkelguds Gesellschaftshandel mit Hans Borne (u. Bernd Pal) (HaG B)	420
11.15	Tabelle: Preiskalkulation im Roggenhandel	421
11.16	Warengewichtszeichen	423
11.17	Tabelle: Hinrik Dunkelguds Legate und Stiftungen	424

12. Quellen- und Literaturverzeichnis 428
    12.1 Ungedruckte Quellen 428
    12.2 Gedruckte Quellen 429
    12.3 Literatur 431

13. Seitenkonkordanz des Rechnungsbuches 450

14. Währungen 454

15. Register 455
    15.1 Personenindex 455
    15.2 Ortsindex 462
    15.3 Sachindex 465

16. Abkürzungsverzeichnis 469

17. Siglenverzeichnis 470

VORWORT

Die vorliegende Arbeit ist die für den Druck leicht überarbeitete Fassung meiner Dissertation, die an der Christian-Albrechts-Universität zu Kiel im Jahr 2016 eingereicht und verteidigt wurde.

Herzlich danken möchte ich zuerst meinem Doktorvater Prof. Gerhard Fouquet, der mich nicht nur auf diese bisher kaum untersuchte Quelle aufmerksam gemacht hat, sondern mich auch durch die Doktorandenzeit mit wertvollen Hinweisen und seiner Unterstützung begleitete. Für intensive Diskussionen und die Beantwortung vieler Fragen sowie die freundliche Bereitstellung von ungedrucktem Material möchte ich mich ganz besonders bei Dr. Sven Rabeler, Prof. Harm von Seggern, Prof. Rolf Hammel-Kiesow, Prof. Stephan Selzer, Prof. Albrecht Cordes, Prof. Carsten Jahnke, Dr. Gerrit Deutschländer sowie bei allen Kolleginnen und Kollegen am Lehrstuhl für Wirtschafts- und Sozialgeschichte an der Christian-Albrechts-Universität bedanken. Besondere Unterstützung erhielt ich auch bei den Korrekturarbeiten, der Literatur- und Archivalienbeschaffung oder so manchem technischen Problem durch Franka Zacharias, meine Mitdoktorandinnen Mirja Piorr, M.Ed., und Jette Fischer, meine wissenschaftliche Hilfskraft Torge Ulke und die anderen wissenschaftlichen Hilfskräfte am Lehrstuhl. Euch allen sei an dieser Stelle herzlichst gedankt!

Stellvertretend für die unerschöpfliche Hilfe aus meinem gesamten Freundeskreis möchte ich hier im Besonderen Jörg Villmow, M.A., Arne Voß, M.A., Anne-Christin Draeger, M.A., Stefan Weber, Dipl.-Kfm., Dipl.-Volksw., Dipl.-Hdl., und Dr. Carsten Groth für ihre tatkräftige Unterstützung beim Korrekturlesen und bei den abschließenden Formatierungsarbeiten danken.

Einen ganz besonderen Dank schulde ich zudem den Mitarbeitern aus dem Archiv der Hansestadt Lübeck, stellvertretend Dr. Jan Lokers und Angela Schlegel, die mir bei meinen unzähligen Besuchen im Archiv der Hansestadt Lübeck die ganze Zeit über geduldig und überaus engagiert zur Seite standen. Bei der Stadtbibliothek Lübeck bedanke ich mich ganz herzlich bei Herrn Hatscher und allen anderen Mitarbeitern für die immer hilfsbereite Unterstützung und die Erteilung der Abdruckgenehmigung einiger Fotos aus der Originalhandschrift. Weiter möchte ich mich bei den Mitarbeitern und Mitarbeiterinnen und besonders bei meiner Ansprechpartnerin Katharina Stüdemann vom Franz Steiner Verlag für ihre Arbeit bedanken.

Dank gebührt zudem der Christian-Albrechts-Universität zu Kiel für die Gewährung eines Stipendiums am Projektkolleg „Erfahrung und Umgang mit Endlichkeiten" des Collegium Philosophicum. Desgleichen gilt mein Dank Prof. Cornelius Borck und Prof. Hans Wißkirchen für die Gewährung eines Abschlussstipendiums am Zentrum für Kulturwissenschaftliche Forschung in Lübeck.

Danken möchte ich schließlich Herrn Prof. Gerhard Fouquet und Herrn Prof. Mark Spoerer für die freundliche Aufnahme in die Reihe der Beihefte der Vierteljahrschrift für Sozial- und Wirtschaftsgeschichte.

Kiel, den 7. Februar 2019   Sabrina Stockhusen

1. EINLEITUNG

Am Sankt Martinstag des Jahres 1509, dreißig Jahre nach der Erlangung des Bürgerrechts und dem Beginn seiner Handelstätigkeit in Lübeck, verfasste der nunmehr bejahrte Krämer Hinrik Dunkelgud ein letztes vollständiges Testament. Dieses trug er, wie auch die acht vorherigen Versionen, in sein Rechnungsbuch F ein, das einzige aus seinem Besitz erhaltene Geschäftsbuch.[1] Neben dem Legat für Wege und Stege, den frommen und karitativen Vergabungen sowie den Vermächtnissen für seine Verwandten und Bekannten schrieb er zum wiederholten Male Stiftungen für das Birgittenkloster Marienwohlde vor Mölln fort, dessen großer oder vielleicht größter Förderer er bereits um die Jahrhundertwende gewesen war.[2] Aus demselben Jahr stammt eine Liste im Rechnungsbuch, in der Hinrik Dunkelgud akribisch den Wert aller seiner Zuwendungen, beispielsweise für die Errichtung eines eigenen Altars und den Kauf von liturgischen Geräten, aufzählte, die er im Laufe der Jahre für Marienwohlde geleistet hatte.[3] In ihrer Gesamtheit zeigen diese Bestimmungen, dass Hinrik Dunkelgud als ein frommer Lübecker Stadtbürger seinen Verpflichtungen innerhalb der Stadtgemeinde und seines Familien- und Bekanntenkreises nachkam. Zudem erwartete er als Stifter für seine Zuwendungen die entsprechende Gegenleistung in Form von Fürbitten für sein Seelenheil.[4] In diesem ersten Beispiel zu seiner Stiftertätigkeit für Marienwohlde offenbart sich eine typische kaufmännische Eigenschaft: die berufsbedingte ökonomische Rationalität. So legte Dunkelgud als ein geübter buchführender Kaufmann mit der genannten Liste in exakter schriftlicher Form Rechenschaft über seine Zuwendungen ab.[5]

Hinrik Dunkelgud führte dieses Rechnungsbuch in den Jahren 1479 bis 1517, somit erst in seiner Zeit als Lübecker Stadtbürger, einsetzend mit seiner Eheschließung und seiner Mitgliedschaft in der Krämerkompanie. Die inhaltlich heterogenen Einträge gewähren Einblicke in seine Vermögensentwicklung bis zum Jahr 1517. Sie zeigen Handelsgeschäfte mit Partnern aus Lübeck und Umgebung, überdies nach Danzig, Reval, Stockholm, Brügge und Bergen. Das Rechnungsbuch enthält daneben Rechnungseinträge zu seiner persönlichen Haushaltung, wie beispielsweise die Ausgaben für seine Hochzeitsfeier. Anhand dieser Aufzeichnungen ist es möglich, sowohl Dunkelguds Position als Vorstand seines Haushalts als auch seine Etablierung innerhalb der Stadtgemeinde und der Krämerkompanie sowie sein Engagement als Stifter nachzuzeichnen.

---

1 Memorial oder Geheim-Buche des Lübecker Krämers Hinrich Dunkelgud, Stadtbibliothek Lübeck, Ms. Lub. 2° 732, f. 225v. Im Folgenden wird das Memorial als Kurzzitat mit ‚Rechnungsbuch' bezeichnet.
2 DORMEIER: Immigration, S. 148 und DERS.: Ordensniederlassungen, S. 44.
3 Rechnungsbuch, f. 193r.
4 BRANDT: Bürgertestamente, S. 19 f.; POECK: Klöster, S. 445; JARITZ: Seelenheil, S. 61 f.
5 Vgl. MASCHKE: Berufsbewußtsein, S. 389.

1.1 QUELLEN- UND FORSCHUNGSLAGE

Hinrik Dunkelguds Rechnungsbuch ist der Forschung seit langem bekannt, aber bisher aufgrund der jahrzehntelangen kriegsbedingten Auslagerung nur wenig untersucht. Gemäß seiner letzten Stiftungsverfügung im Rechnungsbuch selbst wurde es, vermutlich bis zum Aussterben seiner Familie, im Kloster Marienwohlde aufbewahrt,[6] bevor es zu den von der Krämerkompanie verwalteten Testamenten kam.[7] Von dort gelangte es in Ludwig Heinrich Ernst Deeckes Privatbesitz und über den Ankauf seines Nachlasses, zusammen mit einer von ihm angefertigten vollständigen Abschrift samt Register, schließlich in den Bestand der Stadtbibliothek Lübeck.[8] Nach ihrer Auslagerung während des Zweiten Weltkrieges kehrten das Rechnungsbuch und ein Teil dieser Abschrift Ende der 1990er Jahre wieder dorthin zurück.[9] Seit Kurzem ist die Handschrift auch als vollständiges Digitalisat online zugänglich.[10]

Im Jahr 1866 veröffentlichte Wilhelm Mantels den ersten Aufsatz über Dunkelguds Rechnungsbuch. Dieser bietet neben einigen Lebensdaten zum Urheber auch Auszüge aus der Quelle.[11] Auf diesen Studien aufbauend folgte 1888 eine kurze Untersuchung von Theodor Hach zu Hinrik Dunkelguds Stiftungen für das Birgittenkloster Marienwohlde.[12]

Die ersten Einträge im Rechnungsbuch dokumentieren Dunkelguds Vorbereitungen zu einer Pilgerreise nach Santiago de Compostela und seinen Aufbruch. Die Reise selbst wird nicht beschrieben, vermerkt werden erst wieder seine Ankunft und Niederlassung in Lübeck. Einige Stationen auf dem Hin- und Rückweg, nämlich Hamburg, Brügge und Hannover, lassen sich aber durch Dunkelguds Rechnungseinträge erschließen.[13] Als Pilger findet Hinrik Dunkelgud auf der Grundlage von Wilhelm Mantels' Auszügen in der Literatur zu Reisen und Reiseberichten im Spätmittelalter häufiger Erwähnung, so beispielsweise in einem Aufsatz über Jakobspilger aus dem Hanseraum von Marie-Luise Favreau-Lilie, obgleich in diesen Arbeiten keine intensiven Analysen erfolgen.[14]

---

6   Freilich sind diese Anweisungen nicht datiert. Rechnungsbuch, f. 194v und MANTELS: Memorial, S. 368.
7   MANTELS: Memorial, S. 368.
8   Ebd., S. 346f.; Memoriale des Hinrich Dunkelgud, 1479–1517 (Abschrift von Ernst Deecke), Stadtbibliothek Lübeck, Ms Lub. 4° 733,3.
9   Vgl. dazu auch DORMEIER: Ordensniederlassungen, S. 44.
10 http://digital.stadtbibliothek.luebeck.de/viewer/resolver?urn=urn:nbn:de:gbv:48-1-245989 [Zuletzt abgerufen am 21.06.2018].
11 MANTELS: Memorial. Dieser Aufsatz wurde im Jahr 1881 nochmals gedruckt.
12 HACH: Geschichte.
13 Rechnungsbuch, f. 2v, 7r, 8v.
14 FAVREAU-LILIE: Nord- und Ostsee, S. 109f., 115, 119. Vgl. außerdem HÄBLER: Wallfahrtsbuch, S. 38f.; FARINELLI: Viajes, S. 147; VÁZQUEZ DE PARGA: Peregrinaciones, S. 100; MIECK: Témoignages, S. 15, Nr. 18; GANZ-BLÄTTLER: Andacht, S. 73. Dunkelguds Handschrift ist außerdem noch mit der Bemerkung „Original verschollen" bei HALM: Reiseberichte, S. 188 Nr. 80 aufgeführt.

1.1 Quellen- und Forschungslage

Neben der Beschäftigung mit Dunkelguds Pilgerreise steht seine Tätigkeit als Krämer und buchführender Kaufmann im Interesse der Forschung. Anfang des 20. Jahrhunderts stellte Balduin Penndorf das Dunkelgudsche Rechnungsbuch auf der Basis von Ernst Deeckes Abschrift in seiner „Geschichte der Buchhaltung in Deutschland" in Zusammenschau mit einigen anderen nieder- wie oberdeutschen kaufmännischen Geschäftsbüchern vor.[15] Hermann Hohls verwies im Zusammenhang mit dem norddeutschen Leinwandhandel ebenfalls auf Dunkelgud und seine Handelsgeschäfte.[16] Erich Köhler zog ihn in seiner grundlegenden Monographie zum Einzelhandel im Mittelalter mehrfach als ein Beispiel für einen mittelalterlichen Krämer heran, der sowohl Fernhandelsbeziehungen als auch drei Krambuden vor Ort betrieb.[17] Hinsichtlich des Fernhandels konnte auch Walter Stark Hinrik Dunkelgud und dessen Schwiegersohn Claus Lange mithilfe der Lübecker Pfundzollbücher als Befrachter im Handel zwischen Lübeck und Danzig in der zweiten Hälfte des 15. Jahrhunderts identifizieren.[18] Ferner erwähnte ihn Marie-Louise Pelus-Kaplan in zwei Aufsätzen, die sich mit niederdeutschen Kaufleuten des 16. und 17. Jahrhunderts und ihren Geschäftsbüchern befassen.[19]

Eine andere wirtschaftsgeschichtliche Perspektive eröffnete Stephan Selzer, indem er sich im Rahmen eines Aufsatzes über den Konsum als Zeichen der sozialen Zuordnung in spätmittelalterlichen Städten des Hanseraumes anhand einiger kurzer Beispiele aus dem Rechnungsbuch ansatzweise mit Hinrik Dunkelguds Konsumverhalten befasste.[20]

Auf das mittlerweile aus der kriegsbedingten Auslagerung zurückgekehrte Original bezog sich erstmals wieder Heinrich Dormeier in einem Aufsatz über Pilgerfahrten nach Santiago de Compostela im späten Mittelalter, in dem er Hinrik Dunkelgud wiederum als Pilger in den Blick nahm.[21] Abgesehen von kürzeren Erwähnungen in anderen Beiträgen[22] befasste er sich, an Theodor Hach anschließend, in einer Untersuchung über die Lübecker Stiftungen zugunsten des Birgittenklosters Marienwohlde bei Mölln ausführlich mit Dunkelguds dortigen Vergabungen.[23]

Der Krämer Hinrik Dunkelgud und sein Rechnungsbuch lassen schon aufgrund dieser wenigen, häufig nicht am Original, sondern einzig an den von Wilhelm Mantels edierten Auszügen erfolgten Teiluntersuchungen ein reichhaltiges Potential für die weitere Auswertung unter verschiedenen thematischen Zugriffen erkennen. Einen ersten gruppenspezifischen Untersuchungsansatz bietet Dunkelguds Tätig-

---

15 PENNDORF; Geschichte, S. 24–26.
16 HOHLS: Leinwandhandel, S. 146.
17 KÖHLER: Einzelhandel.
18 STARK: Lübeck, S. 259 f.
19 Hier wird die Handschrift noch als „verloren" gekennzeichnet. PELUS-KAPLAN: Archive, S. 26 und DIES.: Geschichte, S. 33, 36 f. Hinrik Dunkelguds Rechnungsbuch wird auch in der Aufzählung der erhaltenen hansischen Buchführung bei DE ROOVER: Origines, S. 184 und DERS.: Development, S. 174 kurz erwähnt.
20 SELZER: Schoß, S. 104, 113 Anm. 149, 119, 189.
21 Dieser Aufsatz enthält eine vollständige Edition des Testaments aus dem Jahr 1479. DORMEIER: Jakobuskult, S. 26–31.
22 DORMEIER: Immigration, S. 140, 147 f.; DERS.: Neubelebung, S. 103.
23 DORMEIER: Ordensniederlassungen, S. 44–50, 83, 85–80, 90–96.

keit als Lübecker Krämer, womit an Erich Köhlers Überblickswerk zum mittelalterlichen Einzelhandel anzuknüpfen ist. Beiträge zur mittelalterlichen Krämerei oder zum Detailhandel bilden ansonsten häufig nur einen kurzen Teil in epochenübergreifenden Überblickswerken wie in der „Geschichte des Deutschen Einzelhandels".[24] Ferner gibt es vereinzelt Literatur über verschiedene Krämerkompanien, so drei Untersuchungen zur Geschichte der Leipziger Kramerinnung, zunächst mit dem Schwerpunkt auf dem 15. und 16. Jahrhundert,[25] daran anschließend zur Entwicklung bis zum Ende des 19. Jahrhunderts,[26] schließlich ein kurzer epochenübergreifender Aufsatz zu den weiblichen Mitgliedern der Kramerinnung vom späten 15. bis zum späten 17. Jahrhundert.[27] Jüngst rückte ein Aufsatz den Kramhandel Breslaus im Spätmittelalter in den Blick der Forschung.[28] Weitere Monographien behandeln mehrere Städte im regionalen oder überregionalen Zusammenhang: So werden die Verhältnisse in Augsburg, Ulm, Straßburg und Worms,[29] in Freiburg im Breisgau und Zürich,[30] in Lüneburg, Goslar und Hildesheim untersucht.[31] Für den nordelbischen Raum hingegen stehen bisher nur eine Abhandlung über die Geschichte der Kieler Kramerkompanie[32] und eine wirtschaftsgeschichtliche Untersuchung der spätmittelalterlichen Krämer in Hamburg von Ulrich Theuerkauf zur Verfügung. Theuerkauf legt den Schwerpunkt auf die Analyse der Vermögensverhältnisse und der daraus resultierenden Sozialstruktur.[33]

Die Lübecker Krämerkompanie und ihre Mitglieder haben in der Forschung bislang nur wenig Aufmerksamkeit erfahren. Einzig Johannes Warncke beschäftigte sich in einem sehr kurzen Aufsatz explizit mit der Krämerkompanie sowie in einer weiteren Untersuchung mit deren Haus in den Schüsselbuden vom ersten Viertel des 16. bis zum Beginn des 19. Jahrhunderts.[34] Zu dieser Zeit bestand noch der Zugriff auf alle Akten des Archivs der Hansestadt Lübeck, bevor diese kriegsbedingt ausgelagert werden mussten. Dazu gehörte auch das „älteste Brüderbuch" der Krämerkompanie,[35] das heute als verschollen angesehen werden muss. Von diesem Brüderbuch sind dank eines Aufsatzes von Johann Hennings (1938) noch die Namen der Mitglieder erhalten geblieben.[36] Ferner fasste Carl Friedrich Wehrmann

---

24 BEREKOVEN: Geschichte.
25 MOLTKE: Kramerinnung.
26 BIEDERMANN: Geschichte.
27 SCHÖTZ: Mitgliedschaft.
28 MYŚLIWSKI: Retail Trade.
29 ECKERT: Krämer.
30 BIRKENMAIER: Krämer.
31 PARK: Krämer- und Hökergenossenschaften.
32 UNTERHORST: Geschichte.
33 Insgesamt wurden von den zwischen 1248 und 1500 nachweisbaren 200 Krämern aufgrund der Überlieferungslage 42 Krämer in zwei zeitlichen Querschnitten, nämlich den sechziger und den neunziger Jahren des 14. Jahrhunderts, ausgewählt und untersucht. THEUERKAUF: Wirtschafts- und Sozialstruktur, S. 6.
34 WARNCKE: Krämerkompanie; DERS.: Haus.
35 Johannes Warncke konnte noch auf dieses Brüderbuch sowie auf weitere, heute nicht mehr im AHL befindliche Archivalien wie beispielsweise das „husschaffer-Bock" zugreifen. WARNCKE: Haus, S. 198 f.
36 HENNINGS: Mitglieder.

in seiner Untersuchung zu den Lübecker Zunftrollen die Amtsrollen der Krämerkompanie aus dem Jahr 1353 (Bürger- und Gästerolle), mehrere Ergänzungen aus den Jahren 1372, 1380, 1389 sowie eine neue Rolle von 1573 samt einigen Einzelbestimmungen zusammen.[37] Im Archiv der Hansestadt Lübeck befindet sich zudem eine weitere bisher kaum untersuchte Quelle: das Denkelbuch der Älterleute aus den Jahren 1372 bis 1585.[38] Eine wichtige Quelle aus dem städtischen Verwaltungsbereich stellen daneben die oben erwähnten Lübecker Pfundzollbücher aus den Jahren 1492 bis 1496 dar, die einen großen Teil der über die Ostsee verfrachteten Waren und die Namen der befrachtenden Kaufleute beinhalten.[39]

Diese vorgenannten Quellen bilden die Grundlage für den wirtschafts- und sozialgeschichtlichen Kontext, in den Hinrik Dunkelgud und seine Tätigkeit als Krämer einzuordnen sind. Ansätze und erste Ergebnisse wurden bereits in zwei Aufsätzen zu den Mitgliedern der Krämerkompanie dargelegt, die erstens den Werdegang der Einwanderer Hermen und Thewes Trechouw sowie zweitens die Fernhandelsgeschäfte der Mitglieder der Kompanie am Beispiel der Pfundzollbücher aus den Jahren 1492 bis 1496 thematisieren.[40]

Das Rechnungsbuch selbst bietet als zweiten, handelsgeschichtlichen Untersuchungsansatz umfangreiche Informationen zu Dunkelguds Geschäftstätigkeit. Dazu zählen die verhandelten Waren, die Warenwerte, die Handelswege sowie die genutzten Maße und Gewichte oder die Buchführungstechnik. Seit dem 19. Jahrhundert werden mittelalterliche Rechnungsbücher und Geschäftsbriefe auf diese und weitere Aspekte hin untersucht.[41] Für Lübeck liegen einige Editionen von kaufmännischen Rechnungsbüchern vor, wie beispielsweise das Handlungsbuch der Fernhändler Herman und Johann Wittenborg aus der ersten Hälfte des 14. Jahrhunderts[42] sowie die zwölf Geschäftsbücher Hildebrand Veckinchusens vom Ende des 14. und Anfang des 15. Jahrhunderts.[43] Weiterhin zu nennen ist das Einkaufsbüchlein der Nürnberg-Lübecker Kaufleute Matthias und Paul Mulich von der Frankfurter Fastenmesse 1495.[44] Für den Detailhandel gibt es nur einen Aufsatz über die Rechnungsrolle eines Lübecker Gewandschneiders aus dem späten 13. Jahrhundert.[45]

37 WEHRMANN: Zunftrollen.
38 AHL, Kaufmännische (Private) Archive: Krämerkompanie Nr. 1: Älterleute Denkel-(Memorial)buch 1372–1585. Im Folgenden wird das Älterleute Denkelbuch als Kurzzitat mit ‚Denkelbuch' bezeichnet.
39 BRUNS: Pfundzollbücher und VOGTHERR: Lübecker Pfundzollbücher.
40 STOCKHUSEN: Einwanderer; DIES.: Mitglieder.
41 Einen sehr guten Überblick über den Forschungsstand gibt Matthias Steinbrink in seiner Dissertation über den Basler Kaufmann Ulrich Meltinger und dessen Rechnungsbuch vom Ende des 15. Jahrhunderts. STEINBRINK: Ulrich Meltinger. Für den hansischen Handelsraum hat Anna Paulina Orłowska im Rahmen ihrer Dissertation vor kurzem eine Auswertung und Edition des Handelsbuches des Danziger Kaufmanns Johann Pyre vorgelegt. Siehe bisher ORLOWSKA: Handel. An älterer Literatur zu Pyre siehe SCHMIDT-RIMPLER: Geschichte und SLASKI: Danziger Handel mit einigen Auszügen aus dem Rechnungsbuch; STARK: Untersuchungen; TOPHINKE: Handelstexte; PENNDORF: Geschichte.
42 MOLLWO: Handlungsbuch.
43 LESNIKOV: Handelsbücher; DERS./STARK/CORDES: Handelsbücher.
44 RÖRIG: Einkaufsbüchlein; FOUQUET: Geschäft; DERS.: Krieg.
45 BRANDT: Stück.

Rechnungsbücher oder Geschäftskorrespondenzen von Krämern oder Kleinhändlern sind im Gegensatz zu ähnlichen Dokumenten anderer Kaufleute spärlich erhalten. Zu den erhaltenen Dokumenten gehören die Aufzeichnungen des Danzigers Jakob Lubbe aus den Jahren 1465 bis 1489, die uns allerdings nur als Abschrift des Dominikaners Martin Gruneweg aus dem 17. Jahrhundert überliefert sind.[46] Wie Roman Czaja feststellte, handelt es sich hierbei nicht um ein von Jakob Lubbe als Familienchronik angelegtes Buch, sondern um ein Handlungsbuch.[47] Lubbe weist in seinem Lebenslauf zudem einige deutliche Parallelen zu Hinrik Dunkelguds Werdegang auf, so dass dieser sich auch aufgrund der zeitlichen Nähe in einigen Punkten als ein Vergleichsbeispiel anbietet. Ferner gibt es Fragmente und vollständig erhaltene Rechnungsbücher eines nicht namentlich bekannten schlesischen Krämers des 15. Jahrhunderts,[48] des Görlitzer Krämers Hans Brückner aus dem späten 15. Jahrhundert[49] sowie des Mainzer Krämers Hans Drudel aus der ersten Hälfte des 16. Jahrhunderts.[50] Das wohl bekannteste Beispiel ist das Münchner Lererbuch aus der zweiten Hälfte des 15. Jahrhunderts.[51]

Aufgrund des heterogenen Inhalts des Dunkelgudschen Rechnungsbuches lässt sich drittens besonders mithilfe der nur darin enthaltenen neun vollständigen und zwei fragmentarischen Testamente ein biographischer Untersuchungsansatz verfolgen. Diese bieten personengeschichtliche Informationen zu Dunkelguds Familienstruktur, seinem Vormünderkreis, der Entwicklung seines Besitzes bis hin zu seinem individuellen Stiftungsverhalten. Damit schließt die Analyse auf mikrogeschichtlicher Ebene an vorherige Untersuchungen zu den Lübecker Testamenten des 14. Jahrhunderts und der erste Hälfte des 15. Jahrhunderts sowie im weiteren Umkreis spätmittelalterlicher Testamente allgemein an.[52]

1.2 FRAGESTELLUNG UND VORGEHENSWEISE

Hinrik Dunkelguds Aufzeichnungen bieten die seltene Möglichkeit, das Leben eines Krämers von seiner Niederlassung und der Erlangung des Bürgerrechts in einer neuen Stadt über seine Familiengründung und seine jahrelange kaufmännische Tätigkeit bis kurz vor seinem Tode nachvollziehen zu können. Im Besonderen der Umstand, dass es sich bei Hinrik Dunkelgud nicht um einen Kaufmann einer städtischen Führungsgruppe, sondern vielmehr um ein Mitglied der gewerblichen

---

46 HIRSCH: Jacob Lubbe's Familienchronik; STREBITZKI: Lubbe's Chronik; KROLLMANN: Art. „Lubbe, Jakob", S. 409; RÜHLE: Jakob Lubbe; PAWIS: Art. „Lubbe, Jakob", Sp. 925 f.; die neueste Edition bei BUES: Aufzeichnungen, Bd. 1.
47 Vgl. CZAJA: Stand, S. 223; MOŻDŻEŃ: Jakob Lubbes Familienaufzeichnungen, S. 193 f.
48 LÖFFELER: Samt.
49 SCHULZE: Krämerbuch.
50 DOBRAS: Quelle.
51 SCHWAB: Lererbuch.
52 NOODT: Religion; MEYER: Bürger; BIEBERSTEDT: Textstruktur; FÖRSTER: Lebenswelt; DIES.: Selbstverständnis, vgl. weitere Arbeiten beispielsweise zu den spätmittelalterlichen Testamenten der Stadt Lüneburg und der Görlitzer Testamente des 16. Jahrhunderts. WEIDEMANN: Vorsorge; MARQUARDT: Bürgertestamente.

Korporation der Krämer handelte, der zudem von seinen Zeitgenossen explizit als *kremer* bezeichnet wurde, verlangt nach einer breit angelegten Fragestellung. Ziel dieser Untersuchung sind folglich die umfassende Analyse von Hinrik Dunkelguds sozialen und wirtschaftlichen Verhaltensweisen und seine Einordnung innerhalb der Stadtgemeinde in Lübeck sowie der im Ostseeraum tätigen Kaufmannschaft an der Wende vom 15. zum 16. Jahrhundert. Zudem schließt sich diesen Ausführungen die erste vollständige Edition seines Rechnungsbuches an.

In Anlehnung an Arno Borst beschreibt der Begriff „Lebensformen" in dieser Untersuchung die in sozialen Gruppen ausgebildeten Verhaltensweisen und Praktiken.[53] Gemeinsame Lebensformen sicherten das Fortbestehen dieser Gemeinschaften und fanden Ausdruck in den sozialen Praktiken ihrer Mitglieder. Diese werden beispielsweise sichtbar in der Form der existentiellen Bedürfnisbefriedigung durch Ess- und Trinkgewohnheiten, ferner durch die in diesen Gemeinschaften geteilten sozialen Konventionen, wie Rechtsordnungen und verinnerlichte Normen- oder Wertvorstellungen.[54]

Im Folgenden wird eine mikrogeschichtliche Perspektive auf Hinrik Dunkelgud gerichtet. Seine Lebensformen werden in seinen durchlebten Stationen (*Conditio humana*) als Junggeselle, Haushaltsvorstand, Kaufmann, Vorsteher der Krämerkompanie sowie als alternder Rentenempfänger innerhalb seiner Lebenskreise (*Societas humana*) der Stadtgesellschaft Lübecks oder der Förderer um das Kloster Marienwohlde, in Beziehung und Interaktion mit seiner Familie, seinen Geschäftspartnern oder anderen Gruppen und Individuen analysiert.[55] Von besonderer Relevanz sind zudem die wenigen Dunkelgud betreffenden zeitgenössischen Zuschreibungen und Wertungen nach sozialen, rechtlichen und ökonomischen Merkmalen, da diese einen äußeren Blick auf seine Lebensformen sowie seine vergleichende Einordnung in die städtischen Gruppen ermöglichen.

Städtische Gruppen teilen sich in die schwer fassbaren informellen oder okkasionellen Gruppen, wie beispielsweise ein Treffen von Frauen am Brunnen, und die formellen oder sozialen Gruppen. Diese formieren sich durch soziale Praktiken in Form von Kommunikation oder Handlungen immer wieder neu,[56] um als soziale Einheit möglichst auf Dauer fortzubestehen. Sie sind „aufgrund von explizit oder implizit vereinbarten Regeln und Normen abgrenzbar [...] und [verfügen] damit über gemeinsame, unverwechselbare und Identitäten stiftende Lebensformen und Verhaltensweisen [...]".[57] Einen inneren Zusammenhalt gewinnen diese Gruppen zudem aus mehr oder minder ausgeprägten Verflechtungen von Bekanntschaften, Freundschaften und Verwandtschaften.[58] Freilich gehört jedes Individuum mehreren sozialen Gruppen an.[59]

---

53 Borst: Lebensformen, S. 14.
54 Ebd., S. 19, 21. Vgl. auch Fouquet: Lebensformen, S. 14.
55 Borst: Lebensformen, S. 21.
56 Oexle: Gruppen, S. 17 f.
57 Fouquet: Lebensformen, S. 14; mit Bezug auf Oexle: Gruppen, S. 17 f.
58 Fouquet: Lebensformen, S. 14.
59 Maschke: Gruppen, S. 127.

Die vorliegende Untersuchung gliedert sich nach der Einleitung in acht auswertende Hauptkapitel, die sich an Hinrik Dunkelguds sozialen Praktiken und häufig an seiner Zugehörigkeit zu den verschiedenen städtischen Gruppen orientieren und in Kapitel 9 in die Edition des Rechnungsbuches münden. Das erste Kapitel beginnt mit der Beschreibung von Dunkelguds Niederlassung sowie der daran anknüpfenden Entstehungsumstände seines Rechnungsbuches. Anschließend werden der Aufbau und Inhalt seines Buches näher beschrieben, zudem wird eine quellentypologische Einordnung vorgenommen. Zeitlich anknüpfend an seine Haushaltsgründung behandelt Kapitel 3 Dunkelguds Familien- und Haushaltsangehörige. Daneben werden die Vermögensentwicklung von seiner Niederlassung bis zu seinem Tod sowie die Ausgaben für seine Hochzeit unter dem Aspekt stadtbürgerlicher Selbstdarstellung und die Auswahl seiner Nachlasspfleger als Indikator für seine sozialen Verflechtungen innerhalb Lübecks analysiert. Die Praktiken spätmittelalterlicher Schriftlichkeit werden in Kapitel 4 an der Nutzung und Absicherung der eigenen Rechtsansprüche durch den Rat und die städtische Kanzlei sowie an der Abfassung von Dunkelguds Testamenten betrachtet. Im Kapitel 5 stehen seine Mitgliedschaft in der Krämerkompanie und vor allem die Einordnung seiner jahrelangen Vorstehertätigkeit im Vergleich zu den anderen Älterleuten im Mittelpunkt. Dem vielseitigen Kaufmann widmet sich Kapitel 6, in dem Dunkelguds Handelspraxis anhand seiner Buchhaltung, seiner Handelswaren und -wege, seiner Nutzung von Kreditinstrumenten, der verwendeten Geld- und Maßeinheiten sowie seiner Handelsformen und geschäftlichen Verflechtungen nachgegangen wird. In Kapitel 7 folgt die Analyse seiner Frömmigkeitsformen und seines Engagements als Stifter insbesondere für das Birgittenkloster Marienwohlde. Nach der Zusammenfassung der Ergebnisse in Kapitel 8 bilden die Handschriftenbeschreibung sowie die Edition des Rechnungsbuches in Kapitel 9 den Schluss der Untersuchung.

2. HINRIK DUNKELGUD UND SEIN RECHNUNGSBUCH

Zunächst sollen die biographischen Daten zu Dunkelgud zusammengetragen sowie die Umstände seiner Niederlassung in Lübeck dargelegt werden. Im nächsten Schritt folgt die Analyse der Struktur und Funktion seines Rechnungsbuches als Haushalts- und Schuldbuch bei Gründung seines Hausstands in Lübeck, der sich eine quellentypologische Einordnung des Buches anschließt.

2.1 DUNKELGUDS NIEDERLASSUNG IN LÜBECK

Hinrik Dunkelguds Geburtsjahr und -ort sind unbekannt. Da seine Verwandten im östlichen Holstein in Timmendorf, Offendorf, Ratekau und Neustadt lebten und er selbst wiederholt die Kirchen zu Ratekau, Süsel und Gleschendorf sowie mehrmals das Siechenhaus St. Jürgen in Schwartau und dasjenige in Neustadt mit Legaten bedachte,[1] stammte Dunkelgud vermutlich aus dem Umland von Lübeck.[2] Dafür spricht auch, dass einige Einträge vor dem Bürgerrechtserwerb für die Jahr 1474 und 1478 bereits auf seine Geschäftskontakte in Lübeck und dessen Umland hinweisen.[3]

Zu Dunkelguds Kindheit und seiner Ausbildung im Lesen, Schreiben und Rechnen sowie in anderen kaufmännischen Fertigkeiten können keine näheren Aussagen gemacht werden. In Kaufmannsfamilien war es üblich, die Söhne oder auch Töchter ab dem Alter von sechs Jahren[4] vorzugsweise an einer der städtischen Schreibschulen unterrichten zu lassen,[5] bis sie häufig mit etwa zwölf Jahren zu ihrem Lehrherrn geschickt wurden.[6] Hinrik Dunkelgud aber ließ später auch noch

---

1 Siehe dazu im Rechnungsbuch die Testamente von 1479 fol. 11v–12r; 1484 fol. 232r; o.D. fol. 231v; 1487 fol. 230v; 1492 fol. 230r; 1493 fol. 229v; 1502 fol. 228r; 1502 fol. 228v; 1507 fol. 227v–226r; 1509 fol. 226v–225r; außerdem die Bestätigung der letzten Abfassung von 1517 fol. 225r.
2 Mantels: Memorial, S. 349.
3 Für das Jahr 1474 gibt es einen Eintrag zu Dunkelguds späterem Schwiegervater Hans Meyer, ferner zu einem Mützenverkauf an Otte, der Schreiber von Herrn Erik Akselsen, der 1480 in Travemünde beglichen wurde. Dem schließen sich für das Jahr 1478 Warenverkäufe an Hans Davit in Hoppersdorf (West-Ratekau) und ein Verkauf von mehreren Pelzen an die Frau des Lübecker Bürgers Timeke Suselmann an. Rechnungsbuch, fol. 4r, 5r, 6r; vgl. zu Hoppersdorf Oldekop: Topographie, Bd. 2, XVI. Fürstentum Lübeck, S. 51.
4 Afflerbach: Alltag, S. 69. In der ersten Hälfte des 15. Jahrhunderts schickte der Kölner Kaufmann Johann Slossgin neben seinen Söhnen Johann, Reynalt und Andreas auch seine Töchter Alit und Stijn mit sechs Jahren in die Schule. Kuske: Handel, Bd. 3, S. 328.
5 Bruchhäuser: Quellen, S. LVI f.
6 Afflerbach: Alltag, S. 69–71. Zur kaufmännischen Ausbildung vgl. auch Jeannin: Handbuch, S. 101.

seine Lehrjungen Hans Borne und Peter Kegeben zumindest zeitweise bei einem Schulmeister unterrichten.[7]

Da sich zwischen Dunkelgud und seinem späteren Schwiegervater, der Krämer Hans Meyer, bereits für das Jahr 1474 ein Geschäftskontakt nachweisen lässt,[8] vermutet Wilhelm Mantels, dass Meyer oder ein anderer Lübecker Krämer sein Lehrherr gewesen sein könnte, bei dem er die Stationen vom Lehrjungen über den Gesellen, der in Lübeck als Knecht bezeichnet wurde, bis zum selbständigen Krambudenbesitzer durchlaufen hätte.[9] In Lübeck wurden die Krämer, Brauer, Schiffer und Gewandschneider, wie auch in vielen anderen Städten, den Handwerkern gleichgestellt. Sie vereinigten sich in Ämtern, in diesem Fall in der Krämerkompanie, die dem Lübecker Rat unterstellt waren.[10] Ob Lübecker Krämer vor ihrer Zeit als Knechte eine vom Amt vorgegebene Ausbildung durchlaufen mussten, ist nicht überliefert. Erst aus der zweiten Hälfte des 17. Jahrhunderts erfahren wir von einer achtjährigen Lehrzeit, an die sich mindestens vier Jahre als Handelsgeselle oder Knecht anschlossen, falls ein selbständiger Kramhandel angestrebt wurde.[11] Für die frühere Zeit müssen andere Städte zum Vergleich herangezogen werden. Die Goslarer Quellen sprechen, allerdings für das Ende des 13. Jahrhunderts, von einem Ausbildungsbeginn für angehende Krämer, ähnlich wie bei den Kaufmannskindern, mit zwölf Jahren.[12] Für die Handwerksberufe lässt sich, beispielsweise für die oberrheinischen und süddeutschen Städte, vor dem 15. Jahrhundert eine durchschnittliche Ausbildungsdauer von zwei bis drei Jahren feststellen, die sich bis zum 16. Jahrhundert tendenziell immer mehr verlängerte.[13]

Die chronologisch ältesten Einträge in Dunkelguds Rechnungsbuch gehen auf die Jahre 1474 (zehn Einträge),[14] 1477 (ein Eintrag)[15] und 1478 (zwölf Einträge)[16] zurück und belegen seine Handelsgeschäfte und personellen Verflechtungen in Lübeck schon vor dem Erwerb des Bürgerrechts und der Heirat im Jahr 1479.[17] Die ebenfalls bereits vorhandenen Handelsverbindungen nach Brügge, Reval und Stockholm[18] weisen auf seine Ausbildung bei einem Lehrherrn mit Fernhandelsbeziehungen hin, da die jungen Kaufleute innerhalb der Lehrzeit häufig auf Auslandsreisen geschickt wurden, um sich dort Fremdsprachenkenntnisse anzueignen und

---

7   Nennung von Kosten für den Schulmeister für die beiden Lehrjungen. Rechnungsbuch, fol. 14r–v.
8   Ebd., fol. 4r.
9   MANTELS: Memorial, S. 349.
10 WARNCKE: Handwerk, S. 6; WEHRMANN: Zunftrollen, S. 31.
11 WARNCKE: Krämerkompanie, S. 4.
12 Hier werden die ausgebildeten Krämer synonym als Handelsdiener oder Handelsgeselle bezeichnet. Vgl. auch PARK: Krämer- und Hökergenossenschaften, S. 131.
13 SCHULZ: Handwerksgesellen, S. 248.
14 Rechnungsbuch, fol. 4r, 5r–v, 6v.
15 Ebd., fol. 5r.
16 Ebd., fol. 3v, 4r–v, 6r, 8r, 15r und 46v.
17 Ebd., fol. 1r, 47r; MANTELS: Memorial, S. 348f.
18 Rechnungsbuch, fol. 2r, 5r, 8r. Zu Dunkelguds Handelsbeziehungen vgl. Kapitel 6.5.1 (Personelle Verflechtungen in alle Handelsrichtungen).

2.1 Dunkelguds Niederlassung in Lübeck

erste Geschäftskontakte aufzubauen.[19] Dass die gleichen Ausbildungsmaßnahmen sowohl von besonders gut situierten Kaufleuten als auch von Hinrik Dunkelgud als Krämer genutzt wurden, zeigen später die Aufenthalte seiner Lehrjungen Hans Borne und Peter Kegeben in Stockholm und Reval.[20] Als Indiz für Dunkelguds Ausbildung bei einem Kaufmann fallen bei vielen seiner ältesten Geschäfte die qualitativ hochwertigen und teuren Waren auf, beispielsweise englische und brüggische Laken,[21] die bei späteren Einträgen nach seiner Niederlassung im Rechnungsbuch nur noch vereinzelt belegt werden können.[22] Aufgrund Dunkelguds weitreichender Geschäftskontakte ist davon auszugehen, dass er erst nach seiner abgeschlossenen kaufmännischen Lehr- und Gesellenzeit zurück nach Lübeck kam.[23] Darauf deutet zudem seine Wohnsituation in Lübeck hin. Am 2. Februar 1479 wohnte er vorerst noch als Gast, also als Fremder ohne lübeckisches Bürgerrecht,[24] bei seinem Wirt Claus van Calven zur Miete,[25] wie es auch für andere junge Kaufleute zu Beginn ihrer selbständigen Handelstätigkeit üblich war.[26]

Die ersten Handelsverbindungen zu Claus van Calven sowie zu Hans Meyer und dessen Tochter Kunneke sind – wie bereits erwähnt – im Jahr 1474 fassbar,[27] so dass Hinrik Dunkelgud wohl schon zu dieser Zeit zumindest zuweilen in Lübeck Quartier genommen haben wird. Die Praxis der Übernahme des väterlichen oder schwiegerväterlichen Handelshauses samt Geschäftsbeziehungen stellte für die jungen fernhandeltreibenden Kaufleute nicht die einzige Möglichkeit für den Start in die Selbständigkeit dar,[28] sondern es konnte auch eine Verschwägerung mit den ortsansässigen Krämerfamilien erfolgen.[29] Beispielsweise ging der Kaufmann Jakob Lubbe unter anderem bei dem Danziger Fernhandelskaufmann Hintze Sanauw in die Lehre, arbeitete dort später als Geselle und unterhielt Geschäftsbeziehungen

---

19 AFFLERBACH: Alltag, S. 72 f. Siehe zur Ausbildung und zum Aufbau der ersten Geschäftskontakte in der Lehrzeit zwei Beispiele bei JAHNKE: Geld, S. 4–11.
20 Vgl. Kapitel 6.1 (Geschäftskomplex in Lübeck) und Kapitel 6.5.4 (Der Gesellschaftshandel mit Peter Kegeben und Hans Borne (HG C)).
21 Rechnungsbuch, fol. 4r, 6r, 8r.
22 Vgl. Kapitel 6.4 (Handelswaren).
23 Wie viele Jahre die Jungen die kaufmännische Lehre durchliefen und wie lange sie im Anschluss bei demselben Kaufmann als Geselle arbeiten mussten, ist nur sehr vereinzelt überliefert. Ein Lehrling Hildebrand Veckinchusens musste sich 1418 auf fünf Jahre als Auszubildender und Gehilfe verpflichten, um eine mögliche Weiterbeschäftigung als Kaufmannsgeselle in Aussicht gestellt zu bekommen. STIEDA: Briefwechsel, Nr. 201; WINTERFELD: Veckinchusen, S. 16; AFFLERBACH: Alltag, S. 71.
24 WEITZEL: Art. „Gast, -recht, -gericht", Sp. 1130.
25 MANTELS: Memorial, S. 348 f.; Rechnungsbuch, fol. 8v, 11v. Vgl. zur Person Claus van Calven Kapitel 3.4 (Ernennung der Nachlasspfleger als Zeichen personeller Verflechtungen).
26 Beispielsweise konnte sich der Kölner Kaufmann Johann Slossgin erst zehn Jahre nach seiner Einbürgerung ein eigenes Haus kaufen. HERBORN: Selbstverständnis, S. 499. Der Danziger Kaufmann Johann Pyre wohnte während seiner Handelstätigkeit in den Jahren 1421 bis 1455 in Danzig beinahe ausschließlich bei seinem Wirt, der spätere Ratsherr Johannes van dem Hagen. ORLOWSKA: Handel, S. 32, 36.
27 Rechnungsbuch, fol. 4r.
28 AFFLERBACH: Alltag, S. 74 f.; JAHNKE: Geld, S. 4–7.
29 MASCHKE: Unterschichten, S. 25 f.

bis nach Antwerpen,[30] bevor er im Jahr 1465 die Krämerin Barbara heiratete und als neues Mitglied der gewerblichen Vereinigung der Krämer ihre drei Häuser in der Krämerstraße in Danzig übernahm.[31]

Wann sich die Ehe zwischen Hinrik Dunkelgud und Hans Meyers Tochter Kunneke anbahnte und ob es sich um eine Liebesheirat oder um ein rational, d.h. an Gewinn und gesellschaftlichem Ansehen orientiertes Einvernehmen zwischen Dunkelgud und seinem zukünftigen Schwiegervater handelte, wie dies in Kaufmannskreisen und im besitzenden Stadtbürgertum allgemein häufig der Fall war,[32] muss offenbleiben. Es ist aber durchaus denkbar, dass Dunkelguds Familie der vermögendere Part war, da Hans Meyer bei Dunkelguds und Kunnekes Eheschließung im Jahr 1479 bei seinem neuen Schwiegersohn und dessen Mutter Schulden in Höhe von 161 mk 4 ß 1 d hatte. Diese resultierten zum großen Teil aus den Ausgaben für Kleidung, die Dunkelgud *vor em utlede*, also für Hans Meyer, dessen Töchter Kunneke und Gretke und dessen *knecht*, sowie für das Hochzeitsfest selbst.[33] Zudem verweist er auf sein Geschäftsbuch A, in dem stehe, *wes ik Hanseken Meyer don hebbe*,[34] d.h., inwieweit er auch seinen Schwager finanziell unterstützt habe. Da Hinrik Dunkelguds Einträge bereits für das Jahr 1474 von der Abrechnung von Handelsgeschäften berichten,[35] wird er im Jahr 1479 ein etablierter Kaufmann in einem vermutlich fortgeschrittenen Alter gewesen sein, der erst nun, wie in Kaufmannskreisen nicht ungewöhnlich, aufgrund von finanziellen Mitteln[36] die erforderlichen Qualifikationen für den Bürgerstatus oder beispielsweise auch den Zugang als selbständiger Krämer zu einem der gewerblichen Ämter erhielt und damit die Möglichkeit bekam, einen eigenen Hausstand zu gründen.[37] Vergleichbares lässt sich für den nach Köln eingewanderten Kaufmann Johann Slossgin feststellen,

---

30 BUES: Aufzeichnungen, Bd. 1, S. 194; MOŻDŻEŃ: Familienaufzeichnungen, S. 195.
31 MOŻDŻEŃ: Familienaufzeichnungen, S. 196 f.; BUES: Aufzeichnungen, Bd. 1, S. 202 f.
32 ROPP: Kaufmannsleben, S. 41. Vgl. auch SIMON: Geschäft, S. 93; MASCHKE: Berufsbewußtsein, S. 178; FOUQUET: Milieu, S. 363–366. Hildebrand Veckinchusen und sein späterer Schwiegervater, der Rigaer Kaufmann Engelbrecht Witte, verhandelten über eine mögliche Eheschließung und damit über die Intensivierung der Handelsgeschäfte bereits im Vorfeld durch Briefkontakt über ihre Handelspartner. STIEDA: Briefwechsel, Nr. 3, S. 2 f. Auch die Eheschließung zwischen dem Kaufmann Jakob Lubbe und der Danziger Krämerin Barbara beruhte auf wirtschaftlichen Überlegungen. BUES: Aufzeichnungen, Bd. 1, S. 196–203.
33 Rechnungsbuch, fol. 47r.
34 Ebd., fol. 47r.
35 Ebd., fol. 4r, 5r–v, 6v.
36 ROPP: Kaufmannsleben, S. 41.
37 WUNDER: Mann, S. 140 f. Den einzigen Hinweis auf Hinrik Dunkelguds Geburtsjahr gibt Hermann Hohls mit dem Jahr 1458, allerdings ohne die Nennung eines Quellenbelegs. Nach Hohls' Angabe hätte Dunkelgud bereits mit 18 Jahren im Jahr 1474 selbständig Handelsgeschäfte getätigt und wäre dann zwischen 1517 und 1519 im Alter von 59 bis 61 Jahren verstorben. In Anlehnung an dieses vermeintliche Geburtsjahr hätte Dunkelgud im Jahr 1479 vergleichsweise jung mit 22 Jahren geheiratet, HOHLS: Leinwandhandel, S. 146, Fn. 58.

der mit 27 Jahren heiratete,[38] oder für den Danziger Krämer Jakob Lubbe, der seine Frau Barbara sogar erst mit 35 Jahren ehelichte.[39]

Zu Beginn von Dunkelguds Aufzeichnungen in seinem Rechnungsbuch vom 2. Februar 1479 waren seine Hochzeit und damit seine Niederlassung in Lübeck eine beschlossene Sache. Dafür spricht der an demselben Tag angefertigte und nur im Rechnungsbuch überlieferte erste Testamentsentwurf, in dem er nicht nur Hans Meyer zum Nachlasspfleger bestimmte,[40] sondern auch Kunneke als Begünstigte von immerhin 20 mk nannte, um sie im Falle seines Todes auf der Pilgerreise zumindest kurzzeitig versorgt zu wissen.[41] Bei seiner Abreise ließ Hinrik Dunkelgud seine wenigen Besitztümer, seine Kleidung, sein Kontor, seine Geschäftsbücher, auf Leinwand gemalte Gemälde im Wert von 70 fl rh, zwei Sättel, einen Spieß sowie eine kleine Kiste mit *allerley eventur, ruch unde rap*, d. h. verschiedene Dinge durcheinander, bei seinem Wirt Claus von Calven in Lübeck zurück.[42]

Vermutlich noch im Februar trat Hinrik Dunkelgud seine Reise nach Santiago de Compostela zusammen mit seinem Geschäftspartner Hans Sledorn an,[43] der seinerseits am 10. Februar 1479 ein Testament mit Ankündigung seiner Wallfahrt verfasst hatte.[44] Dunkelgud verband seine Pilgerreise mit beruflichen Interessen.[45] Die Hinreise erfolgte über Hamburg, wo er seinen Handelspartner Gosswin van dem Mor zu treffen beabsichtigte,[46] und über Brügge mit Waren für seinen Handelspartner Claus Wernicke.[47] Am 21. März erledigte Dunkelgud weitere geschäftliche Angelegenheiten in Sluis, dem Brügger Hafen,[48] und von dort ging es weiter mit dem Schiff nach Galizien.[49] Auf der Rückreise landete er noch vor Pfingsten (30. Mai) wieder in Brügge an und übernahm Waren von Claus Wernicke.[50] Auf einer der

---

38 KUSKE: Handel, Bd. 3, S. 327.
39 Sein Geburtsjahr war 1430 und seine Verlobung und Hochzeit fanden 1465 statt. BUES: Aufzeichnungen, Bd. 1, S. 194, 202. Vgl. auch MOŻDŻEŃ: Familienaufzeichnungen, S. 196.
40 Rechnungsbuch, fol. 11v; MANTELS: Memorial, S. 349.
41 Ebd., fol. 1r, 12r.
42 Ebd., fol. 8v; MANTELS: Memorial, S. 353 f.
43 Unmittelbar vor einer längeren Reise ein Testament abzufassen kam bei Kaufleuten recht häufig vor. DOLLINGER: Hanse, S. 239. Zu den Geschäftsbeziehungen zwischen Hinrik Dunkelgud und Hans Sledorn vgl. Kapitel 6.5.3 (Der Gesellschafter Hans Sledorn (Handelsgesellschaft A)).
44 DORMEIER: Jakobuskult, S. 28. Wilhelm Mantels setzt das Datum der ersten Einträge im Rechnungsbuch, d. h. den Beginn des Buches, die Reisevorbereitungen sowie den ersten Testamentsentwurf, mit dem Abreisedatum Dunkelguds gleich. MANTELS: Memorial, S. 348; Rechnungsbuch, fol. 1r, 8v, 11v–12r. AHL, Testamente: 1479 Februar 10 Sledorne, Hans.
45 HABELER: Wallfahrt, S. 38 f. und VÁZQUEZ DE PARGA: Peregrinaciones, S. 100. Von der Verbindung von Wallfahrt und Geschäftsreise erfahren wir auch bei dem Danziger Krämer Jakob Lubbe. Vgl. MOŻDŻEŃ: Familienaufzeichnungen, S. 201; BUES: Aufzeichnungen, Bd. 1, S. 203 f.
46 Rechnungsbuch, fol. 8v. Dunkelgud plante vor seiner Abreise aus Lübeck, seinen Mantel in Hamburg zu verkaufen oder ihn von einem Geschäftspartner verkaufen zu lassen.
47 Rechnungsbuch, fol. 7r. Zu den Geschäftsbeziehungen mit Claus Werneke vgl. Kapitel 6.5.1 (Personelle Verflechtungen in alle Handelsrichtungen).
48 Rechnungsbuch, fol. 10r.
49 MANTELS: Memorial, S. 349; DORMEIER: Jakobuskult, S. 28.
50 Rechnungsbuch, fol. 7r.

beiden Wegstrecken, wohl auf dem Rückweg, reiste Hinrik Dunkelgud mit Hans Sledorn auch über Hannover.[51] Mitte Juli waren die Reisenden zurück in Lübeck.[52]

Ebenfalls im Jahr 1479, vermutlich erst nach seiner Pilgerreise, gewann Dunkelgud mit der Zahlung von 6 mk Bruderbeitrag, 1 mk zugunsten der St. Annenkapelle in der Petrikirche und 12 ß für die Älterleute die Mitgliedschaft in der Krämerkompanie[53] sowie gegen 2 mk 4 d das Lübecker Bürgerrecht.[54] Über Verhandlungen Dunkelguds mit seinem zukünftigen Schwiegervater Hans Meyer im Vorfeld seiner Verlobung ist nichts bekannt, wie auch keine Ausgaben für die öffentliche Verlobungsfeier oder die Handtreue, die häufig in Form wertvoller gegenseitiger Gaben zwischen Braut und Bräutigam in kaufmännischen Rechnungsbüchern festgehalten wurden.[55] Dass derlei Vereinbarungen bereits im Vorfeld besprochen wurden, zeigt beispielsweise der Briefverkehr vor der Eheschließung zwischen Hildebrand Veckinchusen und seiner Braut Margarethe Witte.[56] Das Fehlen einer schriftlichen Fixierung der Mitgift- und Brautschatzvereinbarungen zu Kunnekes Aussteuer in Form von Kleidung, Wäsche und Schmuck[57] und eines Verzeichnisses der Ausgaben für die Verlobungsfeier könnte auf die zunehmend in den Vordergrund tretende Funktion des Dunkelgudschen Rechnungsbuches vor allem als Schuldbuch hindeuten. Seine Hochzeit mit der Krämertochter fand am 24. Oktober 1479, ein Sonntag, statt.[58] Sorgfältig notierte der Bräutigam alle Ausgaben für seine und Kunnekes Einkleidung, ebenso für die der Familie Meyer, schließlich für die Kosten der Feier, die er seinem Schwiegervater – wie bereits erwähnt – erst einmal vorstreckte.[59]

---

51 Heinrich Dormeier vermutet, dass Dunkelgud auf der Hinreise Hannover berührte. DORMEIER: Jakobuskult, S. 28. Eine Abrechnung Dunkelguds im Dezember 1479 mit Hans Sledorn besagt: *Item entfink ik wedder van em van de gelde, ik em lende, 4½ lb grot 3½ ß noch to Hannofer [...].* Rechnungsbuch, fol. 2v. Wahrscheinlicher ist, dass Hans Sledorn den Betrag in Pfund grote erst nach dem Aufenthalt in Brügge, aber noch vor der Ankunft in Lübeck an Dunkelgud zurückzahlte.
52 Nach dem Eintrag vom 21. März in Brügge folgt chronologisch der nächste Eintrag am 13. Juli 1479 über eine Kreditschuld aufgrund einer Warenlieferung an Hans Hovenborg. Aus diesem Eintrag geht nicht deutlich hervor, dass Dunkelgud bereits nach Lübeck zurückgekehrt war. Rechnungsbuch, fol. 10r, 7v. MANTELS: Memorial, S. 349; DORMEIER: Jakobuskult, S. 28. Spätestens am 21. Juli war Dunkelgud wieder in Lübeck bei seinem Wirt Claus van Calven. Rechnungsbuch, fol. 2r.
53 Rechnungsbuch, fol. 1r; AHL, Denkelbbuch, fol. 61v. Die erste Seite des Rechnungsbuches beginnt mit dem Einzeleintrag: *Anno Domino 1479 up Lychtmyssen* [2. Februar] *wart anhaven dyt boek in dem namen der hilgen Drefaldycheit amen,* d. h. kurz vor Dunkelguds Pilgerreise. Der nächste Sammeleintrag zum Eintritt in die Krämerkompanie, zur Gewinnung des Bürgerrechts usw. erfolgte mit einem kleinen Absatz und mit einer anderen Tintenfarbe, woraus hier die Schlussfolgerung gezogen wird, dass der Sammeleintrag erst später erfolgte.
54 Rechnungsbuch, fol. 1r.
55 Vgl. EBEL: Rechtsleben, S. 4 f. Der Krämer Jakob Lubbe beschrieb in seinem Rechnungsbuch neben der Eheanbahnung auch seine Verlobungs- und Hochzeitsfeier. BUES: Aufzeichnungen, Bd. 1, S. 196–202.
56 STIEDA: Veckinchusen, S. XX f., Nr. 3.
57 ISENMANN: Stadt, S. 781.
58 Rechnungsbuch, fol. 47r.
59 Ebd., fol. 13v–14r, 47r.

2.1 Dunkelguds Niederlassung in Lübeck

Von der zwischen Hans Meyer und Hinrik Dunkelgud vereinbarten Mitgift Kunnekes berichtet indirekt ein für Dunkelguds Niederlassung in Lübeck grundlegender Niederstadtbucheintrag vom 28. März 1480.[60] In diesem regelte Hans Meyer die Besitz- und Erbansprüche seiner leiblichen Kinder, d. h. seines Sohnes Hans Meyer, der im Folgenden als ‚der Jüngere' bezeichnet wird, seiner Tochter Greteke sowie seiner Tochter Kunneke und ihres Ehemanns Hinrik. Dass Hans Meyer mit *ene vorrameden scrift unde cedelen*[61] vor dem Lübecker Rat erschien, deutet auf eine Verschriftlichung dieser Vereinbarungen schon im Vorfeld der Ratsanrufung oder gar der Eheschließung Kunnekes und Hinriks hin. Eine schriftliche Fixierung konnte Dunkelgud nachträgliche Streitigkeiten mit seinem Schwiegervater ersparen, da eine Eintragung der genauen Höhe des Brautschatzes in das Niederstadtbuch vor mehreren Zeugen und dem Lübecker Rat als rechtlich abgesichert gelten konnte.[62] So verwies bereits Gunnar Meyer für die erste Hälfte des 15. Jahrhunderts auf Eintragungen der Ehemänner über den Empfang des Brautschatzes im Niederstadtbuch, wobei dort freilich nicht immer auch konsequent dessen Höhe genannt wurde.[63] So kam es zwischen Hildebrand Veckinchusen und seinem Schwiegervater Engelbrecht Witte nachträglich zu Streitigkeiten über die vor der Eheschließung abgesprochenen vereinbarten Summen, da Witte versuchte, diese einzubehalten, und sich hierbei auf die ausschließlich im Stadtbuch niedergeschriebenen Vereinbarungen berief.[64]

Dunkelguds zukünftiger Schwager Hans Meyer d. J. sollte erst zu seiner Mündigsprechung *dat ene hus, uppe deme markede bii der Grashoveschen huse unde deme kake to Lubeke belegen,* und zwar die Hausnummer 266 A bekommen.[65] Im Oberstadtbuch wird dieses Haus als *bude* geführt.[66] Hans Meyer teilte seinem Sohn dazu noch *de helfte des ingedomes* [Hausrats], *alse van kannen, gropen* [bronzene

---

60 Dieser Niederstadtbucheintrag ist bereits von Wilhelm Mantels ediert worden, MANTELS: Memorial, S. 360 f., und befindet sich im AHL, Niederstadtbuch Urschrift 1478 Crp. Chr.–1481, fol. 151v–152r. Von Wilhelm Mantels wird fälschlicherweise fol. 140v angegeben.
61 MANTELS: Memorial, S. 360; AHL, Niederstadtbuch Urschrift 1478 Crp. Chr.–1481, fol. 151v.
62 STOCKHUSEN: Rechnungsbuch, S. 163 f.; vgl. auch Kapitel 4.1 (Kaufmännische Rechnungsbücher und Stadtbücher öffentlichen Glaubens).
63 Gunnar Meyer spricht zuerst über die Angabe der Höhe des Brautschatzes in den Testamenten der Ehemänner. Er beschreibt dann die übliche Praxis, die Brautschatzübergabe beweiskräftig in das Niederstadtbuch eintragen zu lassen, allerdings lässt er offen, wie konsequent hierbei die genaue Höhe angegeben wurde. MEYER: Bürger, S. 77 f.
64 BECHTEL: Wirtschaftsstil, S. 350; STIEDA: Veckinchusen, S. XX f., Nr. 3, 8, 41, 476, 494, 498.
65 Die Hausnummern in den Schröderschen Regesten richten sich nach der Quartierzählung von 1820, bei der die Grundstücke der vier Quartiere fortlaufend durchnummeriert wurden und nicht mit den fünf mittelalterlichen Kirchspielen übereinstimmen. In der modernen Häuserzählung entsprechen die Buden 266 A, B und C, die Dunkelgud schließlich zu einem Haus vereinigte, heute zusammengefasst der Hausnummer 5. Zur besseren Unterscheidung der Buden vor ihrer Zusammenlegung werden diese in den folgenden Ausführungen als einzige Ausnahme mit der Quartierzählung aus dem frühen 19. Jahrhundert benannt. Zur Häuserzählung vgl. HAMMEL: Hauseigentum, S. 98 Anm. 7; zur Lage der fünf Lübecker Kirchspiele vgl. auch HAMMEL-KIESOW: Entwicklung, S. 57 Abb. 15.
66 MANTELS: Memorial, S. 360. AHL, Schrödersche Regesten, Marienquartier, S. 344.

Dreifußtöpfe][67], *ketelen unde vaten etc.*, zu, ausgenommen alles *sulverwerk, smyde, kledere unde klenade*. Für die Zeit bis zu seiner Mündigsprechung blieb das Haus im Besitz von Hans Meyer d. Ä. Im Falle seines vorzeitigen Todes sollte das Haus bis zur Mündigkeit seines Sohnes Hans Meyer d. J. an Dunkelgud und Kunneke gehen.[68] Neben Dunkelgud wurden noch Hermen Tyling, Cord (van) Reisen und Timeke Suselman zu den Vormündern Hans Meyers d. J. bestimmt.[69] Außerdem sollte dieser im Todesfall seines Vaters noch einmalig 50 mk aus dessen nachgelassenem Vermögen erhalten, die Summe war von Hinrik und Kunneke an ihn auszuzahlen. Mit diesen Vergabungen sollten sämtliche Ansprüche Hans Meyers d. J. gegenüber seinem Schwager und seiner Schwester abgegolten sein.[70] Der Wert der Krambude 266 A ist unbekannt. Im Jahr 1490 verkaufte sie Hans Meyer d. J. an Dunkelgud gegen einen nicht näher ausgewiesenen Betrag[71] und eine lebenslange jährliche Rente von 20 mk.[72] Für die Krambude 226 B zahlte Dunkelgud 1480 einen Kaufpreis von 540 mk.[73]

Hans Meyers Tochter Gretke bekam eine Einmalzahlung von 400 mk zugeteilt, die ihr als Leibrente dienen sollte. Falls Hinrik und Kunneke sie in ihrem Haushalt aufnähmen, sei dieses Geld von ihnen treuhänderisch zu verwahren: Entweder sei die gesamte Rente an Gretke auszuzahlen oder sollte so verwaltet werden, dass ihre Unterhaltskosten direkt davon abgezogen würden und ihr nur nach Bedarf Geld für ihren Eigenverbrauch zu geben sei. Im Falle von Gretkes Auszug sollten Hinrik und Kunneke diesen Betrag zu ihrem Vorteil so anlegen, dass sie abgesichert sei.[74]

Kunneke und Schwiegersohn Hinrik bekamen *dat ander hus [266 C], by deme ergenanden huse belegen, quiit unde frig, mit siner tobehoringe, darto de anderen helfte des ergenannten ingedomes,* und außerdem Hans Meyers *kraem*, der weiterhin von ihm mitgenutzt werden konnte. Meyer behielt sich vor, nach Bedarf 100 mk als *nodpenninge* aus dem Kram herauszuziehen.[75] Hinrik Dunkelgud erwähnt diese Mitgift seiner Frau im Rechnungsbuch für das Jahr 1480: *do let my Hans Meyer, mynes wyfes fader, toschryven dat hus, dat he my medegaf myt syner dochter Konneken* und verweist auf einen Oberstadtbucheintrag im Petrikirchspiel auf Folio 139.[76] Im Oberstadtbuch wird diese Überschreibung *quiit unde frig*, d.h. frei von einer Belastung mit Renten, als Verkauf der *bude* am Markt 266 C von Hans Meyer, *deme kremer*, an Hinrik Dunkelgud aufgeführt.[77] Aus dem Vergleich dieser drei Einträge wird deutlich, wie unscharf das Oberstadtbuch die genauen Umstände von Immo-

---

67 BRANDT: Bürgertestamente, S. 351.
68 MANTELS: Memorial, S. 360.
69 Mündigkeitserklärung Hans Meyers d. J. vom 30. November 1489 AHL, Niederstadtbuch Reinschrift 1489–1495, fol. 51r.
70 MANTELS: Memorial, S. 361.
71 Rechnungsbuch, fol. 26v.
72 AHL, Niederstadtbuch Reinschrift 1489–1495, fol. 63v.
73 Rechnungsbuch, fol. 1r.
74 MANTELS: Memorial, S. 360 f.
75 Ebd., S. 349, 361.
76 Rechnungsbuch, fol. 25v; MANTELS: Memorial, S. 361.
77 AHL, Schrödersche Regesten, Marienquartier, S. 345.

bilientransaktionen wiedergibt.[78] Auch die unterschiedliche Bezeichnung als Haus mit Kram oder als Bude wirft Fragen auf. Für Lübeck ist die Zusammenlegung von Wohnhaus und Verkaufsstelle besonders auf dem räumlich eng begrenzten Marktplatz schon im 13. Jahrhundert fassbar,[79] so dass bereits im 14. Jahrhundert einige Buden am Markt über Keller und in einem Obergeschoss gelegene Wohnungen verfügten[80] und als „wertvollere Marktbuden" im Vergleich zu den auf das gesamte Stadtgebiet verteilten Buden mit einer geringeren Wohnqualität anzusehen sind.[81] Die verschiedenen Wohneinheiten konnten jeweils auch als getrennte Immobilien behandelt werden.[82] Da das Oberstadtbuch für die Hausnummern 266 A und C von Marktbuden spricht, aber Hans Meyer seine Immobilie (266 C) als Haus mit Kram bezeichnet,[83] wird es sich bei diesem Gebäude mit sehr hoher Wahrscheinlichkeit um eine wertvollere Marktbude mit einer separaten Wohnetage gehandelt haben.[84]

Hans Meyer bemühte sich, seinen Immobilienbesitz zusammenzuhalten, indem er am Ende seiner Nachlassregelung bestimmte, dass die für seinen Sohn vorgesehene Marktbude Nummer 266 A im Falle einer Veräußerung ausschließlich an Kunneke und Hinrik gegen *enen mogeliken penningk*, also zu einem angemessenen Preis, verkauft werden sollte.[85] Als Zeugen vor dem Rat traten Dunkelguds Wirt Claus van Calven, Bertelt Rickman, Hermen Tilingk, Timeke Suselman und Cord Reise auf.[86]

Für das Jahr 1480 beschreiben Dunkelguds Einträge im Rechnungsbuch Schritt für Schritt seine eigentliche Niederlassung in Lübeck. Am 12. März nahm er einen ersten Lehrjungen namens Hans Borne in seinen Haushalt auf.[87] Ferner leisteten er und sein Schwiegervater Hans Meyer am 23. März im Rathaus ihre Schosszahlung für dieses Jahr.[88] Für den 25. März notierte Dunkelgud die Einrichtung seines Kirchensitzes im Gestühl der Krämerkompanie in der Annenkapelle der Petrikirche[89] und am 28. März waren er und sein Schwiegervater erneut im Rathaus, um die vereinbarte Mitgift, also die Überschreibung von Haus und Kram, sowie die Erbregelungen Hans Meyers, wie gerade dargestellt, in das Nieder- wie auch in das Oberstadtbuch eintragen zu lassen. Ferner kaufte Dunkelgud am 19. Juni von

---

78 Vgl. auch HAMMEL: Hauseigentum, S. 101 f.
79 WARNCKE: Krämerkompanie, S. 5; HOFFMANN: Lübeck, S. 188, 325.
80 PAULI: Zustände, Bd. 1, S. 55.
81 HAMMEL: Hauseigentum, S. 101.
82 PAULI: Zustände, Bd. 1, S. 55; HAMMEL: Hauseigentum, S. 101.
83 MANTELS: Memorial, S. 361.
84 Die Kombination von Wohnfläche mit Verkaufsladen bestätigt sich weiter in der Aussage von Hinrik Dunkelguds Tochter Anneke Lange im Jahr 1558, die in ihrem Testament ebenfalls explizit von ihrem Wohnhaus am Markt spricht. AHL, Testament 1558 Mai 19, Lange, Anneke.
85 AHL, Niederstadtbuch Urschrift 1478 Crp. Chr.–1481, fol. 151v–152r. MANTELS: Memorial, S. 361.
86 Ebd.
87 Rechnungsbuch, fol. 14v.
88 Ebd., Vorsatz vorderer Einbanddeckel.
89 Ebd., fol. 1r. MANTELS: Memorial, S. 349. Zur Annenkapelle in der Petrikirche vgl. Bau- und Kunstdenkmäler, Bd. 2, S. 23.

Albert Jacobsen die Krambude 266 B am Markt, die genau zwischen seiner und der Hans Meyer d. J. versprochenen Bude lag.[90]

Hinrik Dunkelgud schaffte es, gerechnet ab dem Zeitpunkt seiner Rückkehr von der Pilgerreise im Herbst 1479, binnen eines Jahres seine Niederlassung in Lübeck auf mehreren Ebenen erfolgreich abzuschließen. Er verschwägerte sich mit der Familie Meyer und gründete zusammen mit Kunneke einen eigenen Haushalt, dem neben seinem Schwiegervater vermutlich sein Schwager Hans Meyer d. J. und seine Schwägerin Gretke, sein Lehrjunge Hans Borne und ab dem Jahr 1481 Peter Kegeben als zweiter Lehrjunge angehörten.[91]

2.2 DAS RECHNUNGSBUCH: AUFBAU, INHALT UND QUELLENTYPOLOGISCHE BESTIMMUNG

Mittelalterliche Zeugnisse erfuhren bei ihrer Auffindung und Archivierung zuweilen eine moderne Benennung durch Archivare oder Bibliothekare, die ihrer zeitgenössischen Funktion nicht gerecht wird. Die Inventarisierung und erste Bezeichnung des Dunkelgudschen Rechnungsbuches erfolgten im 19. Jahrhundert vermutlich durch Ernst Deecke als „Memorialbuch".[92] Aufgrund von Dunkelguds „Personalien" und seiner Testamentsentwürfe schlug Wilhelm Mantels auch die Bezeichnung als „Geheimbuch" vor.[93] Marie-Louise Pelus-Kaplan sah in Dunkelguds Buch, in einer Zeit der sich ausdifferenzierenden lübeckischen Buchhaltung im 15. Jahrhundert, ebenfalls eine „Art Tagebuch, in welchem der Lübecker Krämer sowohl biographische Elemente wie seine Vermächtnisse oder seine mit seiner Wallfahrt nach Compostela in Verbindung stehenden Ausgaben für sich aufschrieb".[94] Balduin Penndorf kritisierte die Bezeichnung als „Memorial" oder „Geheimbuch", da er inhaltlich keine relevanten Unterschiede zu anderen von ihm untersuchten nieder- und oberdeutschen Geschäfts- oder Handlungsbüchern des 14. und 15. Jahrhunderts konstatieren konnte.[95]

Mit der nachträglichen Charakterisierung als „Memorial", „Geheimbuch" oder „Tagebuch" gibt es mehrere quellenkritische Schwierigkeiten, da diese Begriffe ab dem späten Mittelalter auch von denjenigen verwendet wurden, die derartige Bücher selbst führten. Nördlich der Alpen verwies der Basler Kaufmann Ulrich Meltinger in seinem einzig überlieferten Hauptbuch (um 1466 bis 1494) auf ein weiteres, als Memorial bezeichnetes Rechnungsbuch.[96] Magdalena Römer (1519–1568), die Ehefrau des Nürnberger Kaufmanns Paulus I. Behaim, hingegen führte

---

90 Rechnungsbuch, fol. 1r; AHL, Schrödersche Regesten, Marienquartier, S. 344.
91 Ebd., fol. 14r–v. Vgl. auch Kapitel 3.1 (Familie und Haushaltsangehörige).
92 Vgl. die Ausführungen zu der Überlieferung des Rechnungsbuches in der Einleitung.
93 Hierbei führt Wilhelm Mantels leider nicht genauer aus, was für ihn inhaltlich den „Personalien" zuzuordnen wäre. MANTELS: Memorial, S. 347; vgl. auch PENNDORF: Geschichte, S. 24.
94 PELUS-KAPLAN: Geschichte, S. 37.
95 PENNDORF: Geschichte, S. 24.
96 STEINBRINK: Meltinger, S. 52, 55.

2.2 Das Rechnungsbuch: Aufbau, Inhalt und quellentypologische Bestimmung

ein *Mammorial zu alerlei sachen*.[97] Eine unzutreffende Bezeichnung kann für die spätere Rezeption mittelalterlicher Handschriften schwerwiegende Folgen haben, wie das Beispiel der vorgeblichen Familienchronik des Danziger Krämers Jakob Lubbe zeigt. Die von Theodor Hirsch solchermaßen charakterisierten, nur als zensierte Abschrift des frühen 17. Jahrhunderts überlieferten Aufzeichnungen wurden erst in der jüngsten Forschung als Teile eines Handlungsbuches mit vermutlich heterogenem Inhalt erkannt.[98]

Die Bezeichnung von Dunkelguds Buch als „Memorial" kann allerdings auch im Sinne kaufmännischer Schriftlichkeit gedeutet werden. In diesem Zusammenhang wiesen bereits Claus Nordmann und Michail P. Lesnikov auf die schwierige Benennung und Typologisierung von mittelalterlichen kaufmännischen Handschriften hin, da für diese die Bezeichnungen als Handels-, Kaufmanns-,[99] Rechnungs- und Geschäftsbuch in der Forschung variieren. Einige Handschriften benannten die Editoren einfach nach dem Namen des Verfassers, wie beim Runtingerbuch und beim Lererbuch.[100] Die Schwierigkeit einer exakten Bezeichnung all dieser Bücher liegt in ihrem oft sehr heterogenen Inhalt[101] oder in ihrer Überlieferung begründet, da für den hansischen Raum mit Ausnahme der 13 erhaltenen Rechnungsbücher des Hildebrand Veckinchusen immer nur ein einziges Rechnungsbuch mit einer bestimmten Funktion, häufig als Teil einer nicht überlieferten komplexeren, zusammenhängenden Buchhaltung mithilfe von losen Zetteln und verschiedenen Büchern, erhalten ist.[102] Die genaue Funktion seines Buches gibt auch Hinrik Dunkelgud nicht an und benennt es anhand einer Beschriftung auf dem Vordereinband in roter und schwarzer Farbe mit einem F. Seine anderen Bücher bezeichnete er mit den Buchstaben A bis E, das Buch C auch als das schwarze Buch. Weiter erwähnt er ein Pergamentbuch, ein rotes Registerbuch sowie ein weißes Buch, das er nach

---

97 Zitat nach SCHMID: Schreiben, S. 109.
98 Der Herausgeber Theodor Hirsch übersah in der zensierten Abschrift durch den späteren Verwandten Lubbes, Martin Gruneweg, dass dieser die Aufzeichnungen nach eigenen Aussagen „aus einem alten Buch" abgeschrieben hatte und weiterhin angab, dass „[...] das buch zum meisten theile ein rechtes regesterr war. Alle kaufschlagereye las ich aus: dan nichts sonderlichs daraus zu verstehen ist." Biblioteka Polskiej Akademii Nauk w Gdańsku, Mskr. 1300, S. 65, hier zitiert nach CZAJA: Stand, S. 223. Vgl. auch HIRSCH: Jacob Lubbe's Familienchronik, S. 692–694.
99 NORDMANN: Veckinchusen, S. 81; LESNIKOV: Handlungsbücher, S. IX f.
100 SCHWAB: Lererbuch. Ein Münchner Kaufmannsbuch. Diese Geschäftsbücher sind zudem von der Quellengattung der sogenannten Kaufmannsnotizbücher, Handelspraktiken oder Kaufmannshandbücher zu unterscheiden. Diese stellten individuell verfasste Nachschlagewerke oder für junge Kaufleute kompilierte (Standard-)Lehrbücher dar. DENZEL: Handelspraktiken, S. 11–15, 17 f. Vgl. auch zur Quellengattung der Handbücher von 1420 bis 1600 HOOCK/JEANNIN: Ars Mercatoria, Bd. 1, S. VIII–X.
101 NORDMANN: Veckinchusen, S. 81, 84 f.; LESNIKOV: Handelsbücher, S. XX.
102 Für Veckinchusen sind heute nur noch zwölf Bücher vorhanden, da Af 10 verschollen ist. LESNIKOV: Kontobücher, S. XXXVII. Freilich besteht die Schwierigkeit einer Zuordnung von nur im Einzelnen überlieferten Büchern aus einer komplexeren, mehrteiligen Buchhaltung auch für italienische Geschäftsbücher. ARLINGHAUS: Notiz, S. 18 f., 112 f.

eigener Aussage täglich nutzte.[103] Geschrieben ist sein Rechnungsbuch F größtenteils in der Ich-Form und von einer Hand, wohl derjenigen Dunkelguds selbst. Ausnahmen bilden einige Seiten, die Quittungen seiner Geschäftspartner und seines Schwagers Hans Meyer d. J. enthalten.[104]

Eine Besonderheit in Dunkelguds Buch F bilden die bereits angeführten, nur hier überlieferten Testamente.[105] Vom Zeitpunkt seiner nachweisbaren Niederlassung im Jahr 1479 in Lübeck bis zu seinem Tod vermutlich im Jahr 1519,[106] also in einem Zeitraum von 40 Jahren, verfasste Dunkelgud neun vollständige Testamente samt zwei nachträglicher Ergänzungen sowie einer nochmaligen Bestätigung des letzten Testaments.[107]

2.2.1 Quantitative Auswertungen zu den Einträgen im Rechnungsbuch

Um sich der Funktion von Hinrik Dunkelguds Rechnungsbuch als Gesamtkomposition zu nähern und die bisher in der Forschung verbreitete Bezeichnung als „Memorial" zu überprüfen, müssen zuerst der Zeitpunkt und der Anlass seiner Entstehung, seine Nutzungsdauer, sein Aufbau sowie sein Inhalt genauer analysiert werden. Hinrik Dunkelgud beschrieb sein 234 Blätter umfassendes Rechnungsbuch von vorne beginnend ab fol. 1r (einschließlich des Vorsatzes am vorderen Einbanddeckel) bis fol. 48r. Gleichzeitig gebrauchte er es auf dem Kopf stehend vom Buchende her (einschließlich des Vorsatzes am hinteren Einbanddeckel) auf fol. 234v bis fol. 193r in Richtung Buchmitte.[108] Von diesen Seiten sind 19 leer.[109] Das Blatt 37 ist herausgerissen und war sehr wahrscheinlich mindestens auf einer Seite mit den fortlau-

---

103 Vgl. MANTELS: Memorial, S. 347, 351 f. Für weitere Ausführungen zu Dunkelguds verschiedenen Rechnungsbüchern vgl. das Kapitel 6.2.1 (Zwischen Notizzettel, Geschäftsbrief und Rechnungsbuch).

104 Quittungen: 1485 Geschäftspartner Hans Hovenborch, zweimal 1487 und 1489 Schwager Hans Meyer, fol. 21v; 1487 Geschäftspartner Hans Sledorn, 1492 Geschäftspartner Hans Blanke, 1494 Schwager Hans Meyer d. J., f. 22r; 1500 Geschäftspartner Hans Blanke mit Handelsmarke, fol. 28v, Geschäftspartner Peter Kegeben und Hans Borne, fol. 211v.

105 Zeitlich anknüpfend an die umfangreichen Arbeiten von BRANDT: Regesten; NOODT: Religion und MEYER: Bürger bilden die Testamente aus der zweite Hälfte des 15. Jahrhunderts den Mittelpunkt des laufenden Dissertationsprojektes „Soziale Netzwerke. Lübecker Kaufleute im Spiegel ihrer Testamente 1450–1499" von Ann-Mailin Behm.

106 Für weitere Ausführungen zu Hinrik Dunkelguds vermutlichem Todesjahr vgl. Kapitel 3.1 (Familie und Haushaltsangehörige).

107 Vgl. auch Kapitel 4 (Persönliche Rechtssicherung durch stadtbürgerliche Schriftlichkeit) und Anhang: 11.17 (Tabelle: Hinrik Dunkelguds Legate und Stiftungen).

108 Vgl. MANTELS: Memorial, S. 348. Rechnungsbücher vom Buchanfang und vom Buchende in Richtung Buchmitte zu beschreiben war im Mittelalter eine durchaus gängige kaufmännische Praxis, die beispielsweise auch von dem Danziger Kaufmann Johann Pyre aus der ersten Hälfte des 15. Jahrhunderts und dem aus Nürnberg stammenden und im Handel von Frankfurt a. M. nach Lübeck tätigen Kaufmann Paul Mulich zeitgleich mit Dunkelgud angewandt wurde. Zu Pyre siehe SLASKI: Handel, S. 8; zu Mulich siehe RÖRIG: Einkaufsbüchlein, S. 292.

109 Leer geblieben sind die Seiten: fol. 24r, 25r, 26r, 30v, 31r, 33r, 38r; von hinten in die Buchmitte fol. 234r, 233r, 231r, 224r–v, 223v–r, 212r, 207r, 205r, 197v und 166v.

2.2 Das Rechnungsbuch: Aufbau, Inhalt und quellentypologische Bestimmung

fenden Renteneinnahmen aus dem Verkauf einer Immobilie beschrieben. Innerhalb von 38 Jahren nutzte Dunkelgud mit 124 beschriebenen Seiten sowie dem vorderen und dem hinteren Vorsatz weniger als ein Drittel der zur Verfügung stehenden 234 Blätter. Auf diesen 124 Seiten finden sich 428 datierte und 108 undatierte Einträge. Diese Zählung ist insofern nicht ganz eindeutig, als Dunkelguds Einträge fast immer eine dynamische Struktur aufweisen. Er führte sie nicht nur chronologisch fort, sondern ergänzte sie auch nachträglich zwischen den Zeilen, am Seitenrand oder unter dem ursprünglichen Text beispielsweise mit weiteren Warenlieferungen oder Querverweisen auf Passagen in seinen anderen Rechnungsbüchern.

Als ein Eintrag wird im Folgenden eine geschlossene Sinneinheit gezählt, so dass weder jeder einzelne Absatz noch eine unterschiedliche Tintenfärbung berücksichtigt werden, da beides nicht eindeutig den Beginn eines neuen zeitlich oder inhaltlich getrennten Eintrags anzeigt. Ein Eintrag erfasst hier erstens die unter einem Datum stehenden Informationen, zweitens die ohne ein Datum, aber zu einem bestimmten Gegeneintrag gehörigen Angaben zu einer vorherigen Abrechnung oder zu einem gemeinsamen Handelsgeschäft. Diese undatierten Einträge treten nämlich zumeist innerhalb der teilweise verwendeten zweispaltigen Abrechnungsmethode Dunkelguds auf.[110] Einträge ohne ein Datum werden auch dann einzeln gezählt, wenn sie drittens mit einem *Item* eingeleitet und gleichzeitig nach einem deutlichen Absatz oder sogar eingerückt unterhalb der vorherigen Abschnitte notiert wurden. Da der Verfasser *Item* innerhalb von Aufzählungen teilweise synonym mit *noch* verwendet, kann es aber nicht grundsätzlich als ein Signalwort für einen neuen Eintrag gewertet werden. Da die undatierten Einträge keine Informationen zur zeitlichen Nutzungsdauer oder zur Intensität bestimmter Nutzungsphasen des Rechnungsbuches liefern, bildet das Diagramm (Anhang 11.2) zu den 428 datierten Einträgen deren Verteilung auf die einzelnen Jahre ab. Inhaltlich werden im Folgenden drei Formen von Einträgen unterschieden: erstens zu Dunkelguds Geschäften und Verflechtungen mit verschiedenen Handelspartnern,[111] zweitens separiert davon sein langjähriger Gesellschaftshandel mit Hans Borne und Peter Kegeben sowie drittens alle im weitesten Sinne Dunkelguds Niederlassung und Haushaltung betreffende Einträge. Es handelt sich um eine rein analytisch bedingte Aufteilung, da beispielsweise bei der Abzahlung von Immobilien oder bei Rentengeschäften Dunkelguds Haushaltungs- und Handelsangelegenheiten häufig ineinander übergingen.

Betrachtet man im Diagramm (Anhang 11.2) von den insgesamt 428 Einträgen als Erstes die 266 zu Dunkelguds Handelsgeschäften, so fällt auf, dass diese sich auf die Jahre von 1474 bis 1508 beschränken. Ferner deuten sich insgesamt fünf Phasen in seiner Handelstätigkeit an. Für die Einträge aus den Jahren 1474 bis 1480 überwog die Rechnungslegung mit verschiedenen Handelspartnern. Von 1481 bis 1487 handelte Dunkelgud, verbunden durch zwei Widerlegungen mit Borne und Kegeben, parallel mit anderen Handelspartnern, die dann allerdings für die Zeit von 1487 bis 1498 im Rechnungsbuch nicht mehr vorkommen. Für die Jahre 1489 und 1490 vermerkte Dunkelgud sogar gar keine Geschäftransaktionen. In den Jah-

---

110 Vgl. Kapitel 6.2 (Buchführungstechniken für den Haushalt und das Handelsgeschäft).
111 Vgl. Kapitel 6.5 (Geschäftsbeziehungen).

ren 1488 bis 1499 kam es hingegen zu einer erneuten Widerlegung und einer ausschließlichen Handelstätigkeit mit Peter Kegeben, während Dunkelgud die Wiederlegung mit Borne bereits 1488 abgeschlossen hatte. Das Diagramm zeigt von 1500 bis zur Beendigung des Gesellschaftshandels mit Kegeben 1506 einen scheinbar plötzlich auftretenden Handel mit weiteren Handelspartnern und -kontakten. Es ist davon auszugehen, dass dieses Bild trügt und nur aus den inhaltlichen Beschränkungen des Rechnungsbuches resultiert. Bildete doch im Besonderen über Jahre entstandenes oder durch eine gute Reputation gestütztes Vertrauen zwischen den hansischen Kaufleuten die Grundlage ihres gemeinsamen Handels, so dass gleich mehrere ad hoc durchgeführte Geschäfte nach einer jahrelangen Handelspause eher unwahrscheinlich anmuten.[112] Auf kontinuierlich geführte und über die in seinem Rechnungsbuch F hinausgehende Handelsgeschäfte Dunkelguds verweisen zudem fünf Befrachtungen in den Lübecker Pfundzollbüchern aus den Jahren 1492 bis 1496, durch die Ex- und Importe aus und nach Dänemark, Schonen und Stockholm belegt sind.[113]

Die Verteilung der Einträge zu den Haushaltungsangelegenheiten beginnt 1478 mit der sich anbahnenden Niederlassung in Lübeck und setzt sich kontinuierlich mit maximal zehn Einträgen pro Jahr bis 1517 fort. Besonders für die Jahre 1506 und 1517 handelt es sich dabei fast ausschließlich um fortlaufende Renteneinnahmen aus bereits verkauften Immobilien oder auch aus neuen Immobilienverkäufen.

Insgesamt lässt sich festhalten, dass eine Zahl von 428 datierten und 108 undatierten Einträgen für eine Nutzungsdauer von 38 Jahren nicht besonders hoch anmutet. Doch spiegeln der Inhalt und die zeitliche Verteilung dieser Einträge in Buch F fünf Phasen von Dunkelguds Lebenslauf gut wider: die Abrechnung alter Geschäfte bei seiner Niederlassung (1474 bis 1480), seine weiterhin aktive Fernhandelstätigkeit und Neuorientierung durch den Aufbau des Gesellschaftshandels zuerst mit den beiden Lehrjungen Borne und Kegeben (1481 bis 1487), danach vorerst nur noch mit Kegeben (1488 bis 1499) sowie in einer letzten aktiven Handelsphase (1500 bis 1508) neben Kegeben auch wieder mit mehreren anderen Handelspartnern, schließlich die Aufgabe seiner im Rechnungsbuch F notierten Geschäfte und sein Lebensabend ausschließlich als Rentenempfänger (1509 bis 1517).[114]

---

112 Vgl. zum Aufbau einer Handelsgesellschaft JAHNKE: Geld, S. 4f., 8–11; zur wichtigen Rolle gegenseitigen Vertrauens im hansischen Handel vgl. auch SELZER/EWERT: Verhandeln, S. 150–154.

113 VOGTHERR: Pfundzollbücher, Bd. 1, S. 335–337. Einen Eintrag ordnete Vogtherr einem *Hans Dunkelgud* zu. Da bei der Durchsicht zahlreicher Quellen im AHL sowie edierten Materials bisher kein *Hans Dunkelgut* zu Tage gefördert werden konnte und die verhandelte Ware, der vergleichsweise geringe Warenwert und der Import aus Schonen zu den anderen Hinrik Dunkelgud betreffenden Einträgen passen, wird dieser Eintrag hier aus Gründen der größeren Wahrscheinlichkeit eines Fehlers des Zollschreibers – vielleicht auch eines Versehens des Herausgebers? – Hinrik zugeordnet.

114 Diese vorerst mithilfe der Einträge rein analytische Einteilung von vier aktiven Handelsphasen findet ihre Bestätigung in der jeweiligen Neuorientierung in den verhandelten Waren, Gesellschaftern und Geschäftsbeziehungen. Vgl. Kapitel 6.4 (Handelswaren) und Kapitel 6.5 (Geschäftsbeziehungen).

2.2.2 Aufbau und Anlage des Rechnungsbuches

Mithilfe der Tabelle zum Aufbau des Rechnungsbuches (Anhang 11.3) sollen im Folgenden die Struktur und der Inhalt des Buches näher betrachtet werden, um Dunkelguds Vorgehensweise bei dessen Anlage zu ermitteln. Es gibt 45 Seiten, die im weitesten Sinne Dunkelguds ‚Haus‘ (Hochzeiten, Immobiliengeschäfte, Testamente) betreffen, denen 71 Seiten mit Dunkelguds Handelsaktivitäten (Abrechnungen mit verschiedenen Handelspartnern, teilweise mit Quittungen und zugehörigen Widerlegungen, sowie der Gesellschaftshandel mit Peter Kegeben und Hans Borne) gegenüberstehen. Sieben Seiten (fol. 13v, 14r, 17v, 18r, 21v, 47v, 48r) enthalten nach dieser einfachen Einteilung gemischte Einträge zu Haushalt und Handel, und auf fol. 38v wurde ein Eintrag mit dem Namen Simon Jonsen[115] begonnen, ohne ihn weiter auszuführen, so dass diese Seite thematisch nicht zugeordnet werden kann.

Hinrik Dunkelgud beschrieb die Seiten entweder im durchgehenden Fließtext oder teilte sie bei den Abrechnungen in zwei Spalten, wobei er in der linken Spalte den Geschäftsvorfall einleitete und den entsprechenden Fortgang durch Bezahlung oder Zusendung anderer Waren in der rechten fortführte.[116] Eine nachvollziehbare Struktur ist nur teilweise erkennbar und viele Einträge wurden nicht stringent chronologisch niedergeschrieben, so dass im Folgenden allein einige Regelmäßigkeiten sowie Auffälligkeiten thematisiert werden können.

Als zeitlichen Beginn seiner Niederschrift notierte Dunkelgud gleich auf der ersten Seite den 2. Februar 1479,[117] kurz bevor er seine Pilgerreise nach Santiago de Compostela antrat.[118] Unter demselben Datum finden sich ganz unterschiedliche Einträge, verteilt auf fol. 2r, 7r, 8v, 9v, 10r, 11v. Aufgrund dieser übereinstimmenden Datierung wird im Folgenden von einer gleichzeitigen Abfassung im Vorfeld von Dunkelguds Reise ausgegangen. Diese sieben ältesten Einträge werden zur Erschließung der Struktur der Handschrift als Orientierungspunkte ausgewählt (Anhang 11.3). Die Einträge bestehen aus einem Verzeichnis der wenigen mobilen Besitztümer Dunkelguds, die er in seiner Kammer bei seinem Wirt Claus van Calven zurückließ, seinem ersten Testament,[119] einem Eintrag über eine sogenannte Hochzeitswette mit seinem Geschäftspartner Hans Roekelosen, bei der Dunkelgud bei einem Wetteinsatz von 5 mk im Falle seiner Rückkehr und Eheschließung einen Wettgewinn von 2 mk von Roekelosen erhalten sollte,[120] sowie einigen Einträgen zu den aktuellen Kreditschulden seiner Geschäftspartner und zu einigen Warenlieferungen Dunkelguds.[121] Zu Beginn seines Buches fasste Dunkelgud folglich zusammen, welches Vermögen er zu diesem Zeitpunkt als Junggeselle hatte, ein-

---

115 Bei Simon Jonsen wird es sich mit sehr hoher Wahrscheinlichkeit um Hinrik Dunkelguds Schwiegersohn gehandelt haben. Vgl. Anhang 11.5 (Verwandtschaftstafel von Hinrik Dunkelgud).
116 Vgl. Kapitel 6.2 (Buchführungstechniken für den Haushalt und das Handelsgeschäft).
117 Rechnungsbuch, fol. 1r.
118 Ebd., fol. 8v.
119 Ebd., fol. 8v, 11v–12r.
120 Ebd., fol. 10r.
121 Ebd., fol. 2r, 7r, 9v.

schließlich seines Kapitals in laufenden Geschäften, und wie damit im Falle seines Todes verfahren werden sollte. Ob diese wenigen Einträge seinen gesamten Geschäftsumfang widerspiegeln, kann nicht nachvollzogen werden. Zudem ergeben sich Hinweise auf den gesamten Umfang seines Vermögens nur indirekt aus den testamentarischen Legaten des ersten Testaments.

Den ersten Orientierungspunkt dieser ältesten Einträge bildet der erste Satz im Buch auf fol. 1r, den letzten das erste Testament auf fol. 11v bis 12r. Dunkelguds schon zu diesem Zeitpunkt geplante Niederlassung ab dem Jahr 1479 spiegelt sich auch in der durchdachten Anlage seines Buches wider. So ließ er zwischen den genannten Orientierungspunkten in einem Fall nur die restliche Seite (zwischen fol. 9v und 10r), sonst aber immer mehrere Seiten frei, um dort zu einem späteren Zeitpunkt Notizen aus seinen älteren Geschäftsunterlagen zu übertragen oder spätere Eintragungen aus aktuellen Geschäften hinzuzufügen. Diese Vorgehensweise zeigt sich bereits auf fol. 1r–v, zwischen dem ersten und zweiten Orientierungspunkt und dem erst nachträglich genutzten Vorsatzblatt des vorderen Einbanddeckels. Auf fol. 1r notierte er nach dem ersten Eintrag in sein Buch nachträglich Schritt für Schritt für das Jahr 1480 die Zahlungen im Zusammenhang mit seiner Niederlassung in Lübeck: den Aufnahmebeitrag für die Krämerkompanie, das Bürgergeld, eine Spende an die Leichnamsbruderschaft zur Burg sowie für die Jahre 1482 bis 1486 den Kauf seiner zweiten Krambude am Markt und die daraus resultierenden jährlichen Rentenzahlungen. Dass diese Eintragungen erst nachträglich erfolgten, wird daran deutlich, dass Dunkelgud nicht mit dem vorhandenen Platz auskam und am Ende von fol. 1v einen Verweis auf fol. 23 machte, um dort die Einträge der laufenden Rentenzahlungen fortzuführen.[122] Die Zahlung des ersten Schosses für die ihm von Hans Meyer überschriebene Krambude und die Auslagen für die gemeinsame Koste mit dem ebenfalls neuen Bruder Jacob Calveswinkel anlässlich der Aufnahme in die Krämerkompanie wurden ebenfalls aufgrund von Platzmangel nachträglich in den vorderen Innendeckel geschrieben.[123] Dies war nötig, weil auf fol. 2r, als zweiter gewählter Orientierungspunkt, ein Eintrag vom 2. Februar zu Dunkelguds Geschäftspartner Hinrik Witte folgte.[124] Hier legte Dunkelgud ein Personenkonto mit einem ersten Geschäftsvorfall vor seiner Reise an und fügte weitere Eintragungen erst nach seiner Rückkehr ab dem 21. Juli 1479 hinzu,[125] denen auf fol. 2v weitere Abrechnungen vom 13. Dezember und 25. Juli 1479 mit seinem Geschäftspartner und Reisebegleiter Hans Sledorn folgten.[126] In einem ersten Schritt notierte Dunkelgud die meisten der chronologisch ältesten Rechnungseinträge aus Handelsgeschäften für die Jahre 1474, 1477 und 1478.[127]

---

122 Ebd., fol. 23v.
123 Ebd., Vorsatz am vorderen Einbanddeckel. Dunkelgud verwies unter der Schosszahlung auf fol. 25[v], wo ebenfalls im Jahr 1480 die Überschreibung dieser ersten Krambude durch Hans Meyer notiert wurde. Ebd., fol. 25v.
124 Zu Hinrik Witte vgl. Kapitel 3.4 (Ernennung der Nachlasspfleger als Zeichen personeller Verflechtungen) und Kapitel 6.5.1 (Personelle Verflechtungen in alle Handelsrichtungen).
125 Rechnungsbuch, fol. 2r.
126 Ebd., fol. 2v.
127 Ebd., fol. 3v–6v.

2.2 Das Rechnungsbuch: Aufbau, Inhalt und quellentypologische Bestimmung 37

So ist mit großer Wahrscheinlichkeit davon auszugehen, dass Dunkelgud die Geschäfte vor 1479 erst nach seiner Rückkehr ab der zweiten Julihälfte 1479 oder noch später aus seinen anderen Geschäftspapieren oder -büchern in das Rechnungsbuch F übertrug. Beispielsweise folgt ein Eintrag zum 18. November 1478 zu einer Abrechnung mit seinem Handelspartner Jan Raven auf fol. 8r. Das bestätigt die nachträgliche Eintragung, denn fol. 7r enthält einen Eintrag für das Jahr 1479 sowie für den 2. Februar 1479 und fol. 7v einen Eintrag zum 5. Februar 1479, d. h., diese Seiten waren schon beschrieben.[128] Zwei Einträge zu Dunkelguds Geschäftspartner Marquart Mus zum 29. September 1478 wurden erst viel später auf fol. 15r und 17r übertragen, wobei es sich im zweiten Fall nur um einen angefangenen Eintrag unter diesem Datum und dem Vornamen Marquart handelt.[129] Diese Verteilung deutet darauf hin, dass Dunkelgud zuerst die ältesten noch nicht abgerechneten Handelsgeschäfte und erst später die aktuelleren Einträge vom Ende des Jahres 1478 in sein neues Buch übertrug.[130] Warum und nach welchem Maßstab Dunkelgud zu Beginn des Buches die Abstände zwischen den sieben Einträgen zum 2. Februar 1479 so festlegte, kann nicht geklärt werden. Für die Niederschrift seiner Reisevorbereitungen nutzte Dunkelgud fol. 8v und ließ die darauf folgende Seite frei, die er später mit den Nachträgen von 1478 beschrieb. Fol. 9v–10v wurden wiederum gleich zu Beginn mit Geschäftsvorfällen vom 2. und 9. Februar 1479 gefüllt.[131] Sein erster Testamentsentwurf als letzter der gewählten Orientierungspunkte folgte im Abstand von einer Seite.[132] Diese aufgezählten Einträge aus dem Jahr 1479 und früher befinden sich folglich in der ersten Hälfte des Buches. Die einzigen Ausnahmen bilden zwei Einträge auf fol. 46v für das Jahr 1478 und darauf folgend für das Jahr 1479. Der erste Eintrag ist eine Abrechnung zwischen Dunkelguds Mutter und Hans Meyer, wonach Meyer ihr noch 20 mk schuldete. Der zweite Eintrag listet die Kosten für Speisen, Getränke und anderes für Dunkelguds Hochzeitsfest auf, die er Meyer vorstreckte. Direkt im Anschluss auf der nächsten Seite folgt unter dem Datum 24. Oktober 1479 ein Eintrag zur Hochzeit mit weiteren Auslagen für Hans Meyer.[133] Diese Zusammenstellung deutet auf eine nachträgliche Einfügung des Eintrags von 1478 hin, was aber nicht weiter verifiziert werden kann.

Neben dem Abfassungsbeginn am 2. Februar 1479 existieren zwei weitere auffällige Ordnungsschemata in der anderen Hälfte des Buches, d. h. vom Buchende von fol. 234v bis fol. 193r Richtung Buchmitte. Dunkelgud fasste hier die Rechnungseinträge zu den Widerlegungen mit seinen beiden Geschäftspartnern und früheren Lehrjungen Hans Borne und Peter Kegeben in den Jahren von 1482 bis 1506

---

128 Ebd., fol. 7r–v.
129 Ebd., fol. 8r, 15r, 17r.
130 Auf fol. 6r wird nur einer von drei Einträgen in der rechten Abrechnungsspalte genauer auf den 11. Dezember 1478 datiert und bezieht sich auf einen vorhergehenden Eintrag in der linken Spalte, der auch nur mit 1478 gekennzeichnet wurde. Die anderen Einträge für dieses Jahr liegen alle vor August 1478. Ebd., fol. 3v–4v.
131 Ebd., fol. 9v–10v.
132 Ebd., fol. 11v–12r.
133 Ebd., fol. 46v–47r.

chronologisch zusammen.¹³⁴ Dasselbe tat er mit seinen Testamentsfassungen aus den Jahren 1484 bis 1517, bei deren Verteilung im Buch ebenfalls eine durchdachte Vorgehensweise erkennbar wird.¹³⁵ So notierte Dunkelgud die ersten Einträge zum gemeinsamen Gesellschaftshandel aus dem Jahre 1482 erst auf fol. 210v und führte diese zur Buchmitte hin weiter. Er ließ also auch hier Seiten vom Buchende zur Buchmitte hin frei. Ab dem Beginn des Jahres 1483 richtete er mit nur wenigen Seiten Abstand einen Abschnitt für die Verwaltung des Geldes seiner vier Mündel aus der Familie Kegeben ein, dessen Einträge bis zum Jahr 1494 fortdauerten und chronologisch aneinandergereiht wurden.¹³⁶ Zum 13. September 1484 versuchte er in zwei Anläufen auf fol. 234v und erneut auf fol. 233v–332r sein zweites Testament niederzuschreiben und führte die weiteren Fassungen zur Buchmitte aus. Dunkelguds Chronologie zufolge fügte er zwischen den Testamentsentwürfen und den Einträgen zur Verwaltung des ihm überantworteten Gelds seiner vier Mündel 1499 ein Verzeichnis mit den Kosten für die Brautausstattung samt Mitgift seiner Tochter Anneke ein.¹³⁷ Im zweiten Teil seines Buches gibt es zudem eine Liste von Dunkelguds Stiftungen für das Birgittenkloster Marienwohlde bei Mölln.¹³⁸ Er versah den ersten Eintrag auf einer der beiden Seiten mit der Jahresbezeichnung 1496, fuhr dann aber erst für das Jahr 1509 fort. Da das flüssige Schriftbild dieser Seite auf eine gleichzeitige Ausführung hindeutet, wird von einer Niederschrift erst zum zweiten Datum ausgegangen.

Versucht man eine thematische Ordnung in den beiden Buchhälften zu erkennen, kommt man nur oberflächlich zu dem Ergebnis, dass Dunkelgud sämtliche Immobilienangelegenheiten, den Empfang der ersten Krambude von Hans Meyer, den Erwerb und die Abtragung der zwei weiteren Krambuden, den Kauf und Verkauf des sogenannten Heringshauses und des Hofes in Ruppersdorf in Ostholstein verstreut in die erste Hälfte eintrug. Dunkelgud versuchte aber auch hierbei gezielt Abschnitte für den einzelnen Immobilienkauf oder -verkauf einzurichten, um dort gesammelt wie auch bei den Zahlungen für seine Mündel alle fortlaufenden Eintragungen vorzunehmen. Ferner beinhaltet dieser erste Buchteil bis auf zwei Ausnahmen sämtliche Quittungen,¹³⁹ eine Widerlegung mit seinem Knecht Lammerd Hemekynck und eine weitere mit seiner Tochter Anneke,¹⁴⁰ zudem alle anderen

---

134 Ebd., fol. 211v–194r. Die beiden Quittungen zum Anfang dieses Gesellschaftskontos können nicht eindeutig einem Datum zugeordnet werden, da sie jeweils auf den Beginn des Gesellschaftshandels mit beiden Handelspartnern und die Abrechnung am 3. Juni 1486 hinweisen.
135 Ebd., fol. 234v, 233v–225v.
136 Ebd., fol. 212v–211r.
137 Seine Mündel waren Peter Kegeben, dessen Bruder Lutke und ihre beiden Schwestern Talke und Abelke. Ebd., fol. 222v.
138 Ausnahmsweise nutzte er für diese zwei Seiten die Schreibrichtung von links nach rechts, d.h., er schrieb hier zum Buchende hin. Ebd., fol. 193r–194v.
139 Quittungen: 1485 vom Geschäftspartner Hans Hovenborch; fünf Quittungen in den Jahren 1487 und 1489 von seinem Schwager Hans Meyer d. J. im Zuge dessen Mündigkeitserklärung und des Verkaufs seiner Krambude an Dunkelgud, ebd., fol. 21v, 26v; 1487 vom Geschäftspartner Hans Sledorn; 1492 vom Geschäftspartner Hans Blanke; 1494 nochmals vom Schwager Hans Meyer d. J., fol. 22r und 1500 vom Geschäftspartner Hans Blanke mit Handelsmarke, fol. 28v.
140 Ebd., fol. 34v–35r; 47v–48r.

2.2 Das Rechnungsbuch: Aufbau, Inhalt und quellentypologische Bestimmung

Abrechnungen mit seinen Handelspartnern außer Hans Borne und Peter Kegeben. Dazu kommen einige ganz unterschiedliche Einträge: wie die bereits erwähnten Kreditauslagen für Hans Meyer im Zuge von Dunkelguds Hochzeitsfest,[141] eine Abrechnung mit Hans Bussouwe über die Hochzeitszeitkleidung für Dunkelgud und Kunneke sowie eine weitere mit dem Goldschmied Hans Helpe über die Anfertigung von Schmuck ebenfalls anlässlich der Hochzeit,[142] Kosten für die Ausstattung und den Schulmeister im Zusammenhang mit seinen Lehrjungen Hans Borne und Peter Kegeben,[143] eine Abrechnung über die Vergabe eines Darlehens an seine Verwandte Metke für die Bestreitung einer Beerdigung,[144] die Aufnahme eines Kredits über 400 mk bei dem Dominikanerkloster in Wismar und Dunkelguds anschließende Rentenzahlungen in den Jahren 1495 bis 1505 sowie die Rückzahlung des Betrags,[145] endlich eine undatierte Eintragung zum Aufbewahrungsort von Dunkelguds schriftlichen Unterlagen zur Verwaltung seiner Altarstiftung in Marienwohlde.[146]

Aus den genannten Angaben lässt sich schließen, dass Dunkelguds Rechnungsbuch F aus Anlass seiner unmittelbar bevorstehenden Pilgerreise begonnen wurde, um seine Nachlassangelegenheiten und die noch laufenden Geschäfte zu regeln. Zu diesem Zeitpunkt betraf die Nachlassregelung den wohl bereits verlobten Junggesellen, worauf unter anderem auch die genannte Hochzeitswette verweist. Nach 1480 nutzte Dunkelgud, nunmehr als verheirateter Bürger Lübecks und Familienoberhaupt,[147] sein Rechnungsbuch F als ein Schuldbuch für sein ‚Haus', dessen Einnahmen und Ausgaben er verwalten musste, um es in seinem Bestehen zu sichern.[148] Hinrik Dunkelgud trug sich beispielsweise bei seinen Immobilienverkäufen selbst als Schuldner von Dritten mit seinen zu zahlenden Renten ein; gleichzeitig war er in seinem Rechnungsbuch aber auch Kreditgeber für seine Handelspartner oder Verwandten.

2.2.3 Typologische Einordnung

Hinrik Dunkelguds Vermengung von persönlichen Einträgen zu seinem ‚Haus' mit weiteren Rechnungseinträgen zu seinen Handelsgeschäften findet mehr oder minder stark ausgeprägte Parallelen in den Geschäftsbüchern und -briefen anderer Kaufleute wie beispielsweise des Fernhändlers Hildebrand Veckinchusen, aber

---

141 Ebd., fol. 47r.
142 Ebd., fol. 13v, 14r. Goldschmid Hans Helpe erwarb 1485 das Haus Wahmstraße 39. In der Zeit von 1489 bis 1504 war er zudem Besitzer der Goldschmiedebude Markt 8. WARNCKE: Edelschmiedekunst, S. 139 (Nr. 224), 146.
143 Rechnungsbuch, fol. 14r–v.
144 Ebd., fol. 17v.
145 Ebd., fol. 27v–28r.
146 Diese deponierte er in der Lade der Krämerkompanie in der Annenkapelle in der Petrikirche. Ebd., fol. 32v. Zu seinen Stiftungen vgl. Kapitel 7.2 (Stiftungen).
147 WUNDER: Mann, S. 134.
148 BRUNNER: Haus, S. 106; zum Begriff ‚Haus' vgl. Kapitel 3 (‚Haus' und Haushaltsführung).

auch des Konstanzer Goldschmiedes Steffan Maignow.[149] Diese bei mittelalterlichen Kaufleuten häufig auftretende Handlungsweise deutet auf die grundsätzliche Koordinierung ihrer im weitesten Sinne familiären mit ihren geschäftlichen Angelegenheiten hin.[150]

Dass die Eröffnung des Dunkelgudschen Buches F im Besonderen mit Niederlassung und Haushaltsgründung zusammenhing, zeigen die detaillierten Angaben zum Bürgergeld, zum Bruderbeitrag der Krämerkompanie sowie zu den Hochzeitskosten. Beim Niederschreiben dieser Ausgaben, die keine Schuldbeträge darstellten, sondern bar bezahlt wurden, dokumentierte Hinrik Dunkelgud, dass er die entsprechenden Anforderungen und Qualifikationen aufwies, um jetzt einen eigenen Haushalt zu gründen.[151] Zudem wies er sich so selbst als Bürger Lübecks und Mitglied der Krämerkompanie aus. Folglich können Teile seines Buches dem breiten Rahmen mittelalterlicher Selbstzeugnisse zugeordnet werden,[152] in denen eine Person über sich oder über ihr Handeln Zeugnis ablegt[153] und die unter anderem in Form von Autobiographien, Memoiren, Chroniken, Haushaltsbüchern, Tagebüchern, Reiseberichten und Briefen erhalten sind.[154]

Die Anlage des Buches zum Zeitpunkt von Dunkelguds Haushaltsgründung weist Parallelen zu den ab dem späten Mittelalter vermehrt auftretenden stadtbürgerlichen Haus- und Familienbüchern auf.[155] Hausherren konnten diese gleich zu Beginn einer Haushaltsgründung oder erst im hohen Alter führen.[156] Die genauen Entstehungsprozesse dieser Selbstzeugnisse können bis heute nicht im Detail nachvollzogen werden, und die Übergänge zwischen einzig geschäftlich ausgerichteten

---

149 In den zwölf heute noch erhaltenen Veckinchusenschen Rechnungsbüchern finden sich einzig auf den letzten Blättern fol. 139v–140v des großen Kontobuches Af 2 einige Einträge über Haushalts- und Familienangelegenheiten, welche die Jahre 1402–1406 betreffen, LESNIKOV: Handelsbücher, S. XX.
Zu Hildebrand Veckinchusens Briefen siehe STIEDA: Hildebrand Veckinchusen, S. XV f.; IRSIGLER: Alltag, S. 75–99, bes. 75–79. Zu Mathias Mulich siehe FOUQUET: Geschäft, S. 312–314 sowie DERS.: Krieg, S. 169 f. Zu Maignow siehe SIGNORI/MÜNTZ: Geschäftsbuch, S. XI, XV f.
150 STUDT: Einführung, S. IX–XX. Es gibt aber auch hier Ausnahmen. So enthält das Rechnungsbuch (1421 bis 1455) des Kaufmanns Johan Pyre aus Danzig gar keine persönlichen Informationen. ORLOWSKA: Handel, S. 34.
151 Vgl. WUNDER: Mann, S. 140 f.
152 Sabine Schmolinsky unterscheidet in diesem Zusammenhang zwischen selbständigen Selbstzeugnissen und nicht selbständigen Selbstzeugnissen als Teile umfangreicher Werke. SCHMOLINSKY: Selbstzeugnisse, S. 27 f. Daneben plädieren sowohl Schmolinsky für mittelalterliche Selbstzeugnisse als auch Krusenstjern insbesondere für frühneuzeitliche Selbstzeugnisse für eine Differenzierung in verschiedene Typen innerhalb der Quellengattung. SCHMOLINSKY: Welt, S. 70; KRUSENSTJERN: Selbstzeugnisse, S. 464 f.
153 Ebd., S. 462 f.; SCHMOLINSKY: Selbstzeugnisse, S. 19.
154 KRUSENSTJERN: Selbstzeugnisse, S. 463; SCHMOLINSKY: Selbstzeugnisse, S. 19 f. Die in der Forschung anhaltende Begriffsdiskussion zwischen „Selbstzeugnis" und „Ego-Dokument" kann hier vernachlässigt werden. Siehe zu dieser Diskussion beispielsweise SCHULTZE: Ego-Dokumente, S. 13–17, 20–28; KRUSENSTJERN: Selbstzeugnisse, S. 469–471; SCHMOLINSKY: Welt, S. 60–71. ULBRICH/MEDICK/SCHASER: Selbstzeugnis, S. 1–5.
155 Einen ausführlichen, aktuellen Überblick über den Forschungsstand bietet: STUDT: Einführung, S. IX–XX.
156 ROHMANN: Clemens Jäger, S. 143.

2.2 Das Rechnungsbuch: Aufbau, Inhalt und quellentypologische Bestimmung

kaufmännischen Rechnungsbüchern und Lebensbeschreibungen der Verfasser können fließend sein.[157] Die früheste und umfangreichste Überlieferung solcher Haus- und Familienbücher stammt aus der Toskana. Am Ende des 13. und zu Beginn des 14. Jahrhunderts entwickelten sich dort aus den sich ausdifferenzierenden italienischen Geschäftsbüchern die sogenannten Ricordanzen.[158] Diese konnten neben den Aufzeichnungen zur Autobiographie des Verfassers, Güterverzeichnissen, Abschriften von Verträgen und Aufzählungen der geborenen Kinder beispielsweise auch chronikalische Zusätze enthalten. Zudem wurden diese Bücher über Generationen vom Vater an den Sohn weitergegeben.[159] Für den Raum nördlich der Alpen gibt es ähnliche Aufzeichnungen seit dem ausgehenden 14. Jahrhundert, ohne dass eine kulturelle Verbindungslinie zwischen den Ricordanzen und diesen deutschsprachigen Memorialbüchern nachweisbar wäre.[160] Auch hier entwickelten sich familiengeschichtliche Aufzeichnungen aus den Geschäftsbüchern der gehobenen Stadtbürger, da diese ihre Rechnungen mit Informationen zu Taufen, Hochzeiten und Todesfällen in der Familie vermengten.[161] Zuerst dienten Familien- und Hausbücher den führenden und häufig den Stadträten verbundenen Familien als Instrument generationsübergreifender schriftlicher Legitimation ihrer gesellschaftlichen Position innerhalb der Stadtgemeinschaft. Mit zunehmender Schriftlichkeit wurden solche Bücher auch von anderen Stadtbürgern zur Begründung einer eigenen Familientradition genutzt[162] und im Fall von Berner „Hausbüchern" nachweislich auch von „agrarwirtschaftlich orientierten Grundherren".[163] Diese Zeugnisse variieren in ihrer Ausprägung von nur wenigen, nüchternen familiengeschichtlichen Notizen bis hin zu illustrierten Prachthandschriften. Sie entstanden innerhalb der spezifischen städtischen Lebensformen ihrer Verfasser und konnten mit dem Bedürfnis oder der Notwendigkeit einer sozialen Statuslegitimation innerhalb der Stadt oder der Zusammenstellung einer Genealogie dienen. Daneben nutzten die Verfasser ihre Aufzeichnungen, um an ihre Nachkommen ihre Erfahrungen in kaufmännischen oder hauswirtschaftlichen Belangen oder auch ihr ethisches, politisches, literarisch-erbauliches oder historisches Wissen weiterzugeben.[164]

Da für Lübeck anscheinend keine Haus- oder Familienbücher vor dem 17. Jahrhundert überliefert sind[165] und Hinrik Dunkelgud sich zudem nicht unter die Verfasser einreiht, die aus ratsgesessenen Familien stammten und den städtischen oder grundherrschaftlich orientierten Eliten, muss andernorts nach Vergleichsbeispielen gesucht werden. Bei den nur als Abschrift aus dem 17. Jahrhundert erhaltenen,[166]

---

157 ZAHND: Aufzeichnungen, S. 288, 308. Auch Gerhard Fouquet verweist im Zusammenhang mit den Inhalten kaufmännischer Rechnungsaufzeichnungen auf das „typische […] Gemisch aus Geschäft und Privatem". FOUQUET: Rechnungswesen, Abschnitt II.
158 ZAHND: Aufzeichnungen, S. 281, 287.
159 Ebd., S. 287.
160 Ebd., S. 288.
161 SPRANDEL: Gesellschaft, S. 217 f.
162 STUDT: Einführung, S. IX f.
163 ZAHND: Aufzeichnungen, S. 297–308.
164 STUDT: Einführung, S. XII f.
165 Ebd., S. XIV.
166 MOŻDEŻŃ: Familienaufzeichnungen, S. 191.

seit Kurzem auch als „Handlungsbuch" charakterisierten Aufzeichnungen des Danziger Krämers Jakob Lubbe (*1430, † um 1500)[167] handelt es sich um eine Mischform aus einem kaufmännischen Handlungsbuch mit autobiographischen Zügen und chronikalischen Angaben zur Danziger Stadtgeschichte.[168] So leitet Jakob Lubbe einen Teil seiner Aufzeichnungen mit den Worten ein: *Item in dis buch schreibe ich, was ich gedencken sol, und tzeugnusse geben vor mihr etc.*,[169] also mit der Intention, das Buch als Gedächtnisstütze einerseits, andererseits aber auch als eine schriftliche Form der Rechenschaftsablegung nutzen zu wollen. Aufgrund der nachträglichen Auswahl und Zusammenstellung der übernommenen Textpassagen und späteren Zusätze durch Lubbes Verwandten, den Dominikanermönch Martin Gruneweg,[170] lässt sich die genaue Textzusammensetzung allerdings nicht mehr nachvollziehen.

Die in der Forschung bisher verwendeten Bezeichnungen „Memorial", „Geheimbuch" und „Tagebuch" für Hinrik Dunkelguds Buch F begründeten Wilhelm Mantels und Marie-Louise Pelus-Kaplan mit den persönlichen Einträgen zu Dunkelguds Leben, womit sie dieses Buch ebenfalls in die Nähe autobiographischer Zeugnisse rückten. Allerdings füllen diese Informationen wie beispielsweise die Kosten für seine Hochzeit, seine Immobilienangelegenheiten und seine Testamentsentwürfe nur insgesamt 45 Seiten im Vergleich zu den für seine Handelsgeschäfte, insbesondere zu seinem Gesellschaftshandel mit Hans Borne und Peter Kegeben genutzten 71 Seiten, so dass der inhaltliche Schwerpunkt des Buches auf seiner Handelstätigkeit liegt.[171] Dunkelguds Buch F zeichnet sich durch eine typisch rationale, nüchterne, kaufmännische Schreibweise ohne jegliche persönliche Wertung oder Kommentierung und eine allein die Kosten ausweisende Auswahl der familiengeschichtlichen Informationen aus.[172] So gibt er neben seiner Eheschließung mit Kunneke und der Verheiratung seiner Tochter Anneke mit Claus Lange keine näheren Auskünfte über familiäre Ereignisse. Im Gegensatz zu den Familien- oder Hausbüchern des oberdeutschen Kaufmanns Lucas Rem[173] und des Kölner Krämers Johan Slossgin[174] sowie zu dem vermutlich durchmischten Handelsbuch des Danziger Krämers Jakob Lubbe zählt Dunkelgud beispielsweise nicht die Ge-

---

167 Vgl. CZAJA: Stand, S. 223.
168 Vgl. MOŻDŻEŃ: Familienaufzeichnungen, S. 222–227.
169 BUES: Aufzeichnungen, Bd. 1, S. 48 (fol. 67).
170 MOŻDŻEŃ: Familienaufzeichnungen, S. 193–195.
171 Da die bereits erwähnten Seiten fol. 13v, 14r, 17v, 18r, 21v, 47v und 48r Einträge zu Haushalt und Handel enthalten, wurden diese bei der Gegenüberstellung nicht berücksichtigt. Vgl. Anhang 11.3 (Tabelle: Aufbau des Rechnungsbuches).
172 In den autobiographischen Haus- und Familienbüchern beispielsweise des Wilhelm Löffelholz wird mit einigen emotionalen Worten der Tod der Ehefrau beklagt. Zur Familie Löffelholz siehe GNM HA, Familienarchiv Löffelholz, D 52, fol. 303v, GROTH: Geschäftsbücher, S. 485 Anm. 50. Zum kaufmännischen Berufsbewusstsein immer noch grundlegend MASCHKE: Berufsbewußtsein, hier S. 381 f., 389 f., 394.
173 Lucas Rem notierte nicht nur die genaue Geburtsstunde und teilweise die Todesumstände seiner Kinder, sondern machte auch einige Bemerkungen zu ihrem Charakter und ihrem Aussehen. Vgl. GREIFF: Tagebuch, S. 68 f. Zur Charakterisierung als Familien- bzw. Hausbuch siehe ZAHND: Aufzeichnungen, S. 290 und SEGGERN: Bewertung, S. 242 f., 245–247.
174 KUSKE: Quellen, Bd. 3, S. 328–330.

2.2 Das Rechnungsbuch: Aufbau, Inhalt und quellentypologische Bestimmung 43

burten oder Taufen seiner mindestens drei Töchter auf. Er nennt seine vermutlich Erstgeborene Anneke einmal in seinem zweiten Testament aus dem Jahre 1484 namentlich, in den weiteren Versionen erwähnt er seine Töchter nur allgemein. Seine Tochter Lisbet wird im Zusammenhang mit Annekes und Claus Langes Hochzeit im Jahr 1499 ebenfalls einmal genannt. Nur zwei Mal, in einer Nachlassregelung zu den fortlaufenden Renteneinnahmen aus dem Verkauf einer Immobilie im Jahr 1509 und in einer weiteren Regelung zur Aufteilung des im Haushalt befindlichen Silbergeschirrs, die wohl zur Ergänzung seines letzten Testaments aus dem Jahr 1517 gehört, führt er seine Töchter Anneke, Geseke und Lisbet an.[175] Obgleich er die Namen seiner Schwiegersöhne im Rechnungsbuch erwähnt, gehen die Eheschließungen seiner Töchter Geseke und Lisbet nur aus anderen städtischen Schriftzeugnissen hervor.[176] Auch der Tod seiner Mutter, seines Schwiegervaters oder seiner Ehefrau bleiben unkommentiert. So schreibt Dunkelgud sein Buch F eben nicht orientiert an den zentralen Lebensereignissen wie Geburt, Hochzeit und Tod innerhalb seiner Familie und Verwandtschaft, um ein Familien- oder Hausbuch zu verfassen.[177]

Folglich ist Dunkelguds Buch F nicht den vor allem durch die innerstädtischen Führungsgruppen geführten Familien- und Hausbüchern des ausgehenden Mittelalters, sondern den kaufmännischen Rechnungsbüchern zuzuordnen, so dass die bisher aufgrund der angeführten persönlichen Informationen verwendete Benennung als „Memorial" im Buch abzulehnen ist und im Folgenden die Bezeichnung als Rechnungsbuch mit einem typischen Gemenge von geschäftlichen und persönlichen Einträgen vorgezogen wird. Freilich erlauben es einige dieser Einträge oder Abschnitte wie beispielsweise die Testamente, diese Quelle auch als ein Selbstzeugnis eines Lübecker Krämers zu lesen.

---

175 Rechnungsbuch, die Testamente: 1484 fol. 232r–v, 1487 fol. 231v, 1492 fol. 230r, 1493 fol. 230v, 1502 fol. 228v, 1502 fol. 228v, 1507 fol. 227v, 1509 fol. 226r und der Zusatz zum Silbergeschirr ohne ein eigenes Datum fol. 225v sowie die Nennung der drei Töchter 1509 fol. 35v. Die Erwähnung von Lisbet 1499, fol. 222v.

176 Geseke heiratete 1496 den Krämer Arnt Bolte, der in den Jahren 1502 und 1517 auch als Provisor eingesetzt wurde. Zu Arnt Bolte siehe ebd., fol. 30r, 229v und 225r. Lisbet heiratete in erster Ehe Simon Jonsen und war in zweiter Ehe mit Kersten Brockhus verehelicht, der nicht im Rechnungsbuch erwähnt wird. Dunkelgud begann eine Seite mit dem undatierten und zusammenhanglosen Eintrag *Simon Jonsen* und führte diesen nicht weiter fort. Rechnungsbuch, fol. 38v. Zu den Eheschließungen der Töchter vgl. das Kapitel 3.1 (Familie und Haushaltsangehörige).

177 SCHMID: Familienbewusstsein, S. 130.

3. ‚HAUS' UND HAUSHALTSFÜHRUNG

Im folgenden Kapitel werden Hinrik Dunkelguds ‚Haus' und seine Haushaltsführung betrachtet. Dabei wird der Terminus ‚Haus' drei zusammengehörige Parameter umfassen: erstens die ihm zugrunde liegende Immobilie als der gemeinsame Wohnsitz der zweitens gemeinsam dort zusammenlebenden personellen Erwerbs- oder Hausgemeinschaft, die drittens für das Haus als eine gemeinsame Vermögensgrundlage, bestehend aus Immobilien, Hausrat u. a., wirtschaftete.[1] In Abweichung von den Haus- und Haushaltskonzepten Otto Brunners und Erich Maschkes setzte sich Dunkelguds Haus personell aus seiner Kern- oder Kleinfamilie zusammen, bestehend aus ihm, seiner Ehefrau Kunneke sowie aus ihren in demselben Haus lebenden Kindern.[2] Hinzu kamen Verwandte und andere Personen wie beispielsweise Mägde, Knechte, Lehrjungen oder Mündel, die gemeinsam unter einem Dach wohnten und als eine Erwerbsgemeinschaft mit der Kernfamilie für die Erhaltung des Hauses wirtschafteten.[3] In einer Erweiterung dieses Terminus werden hier auch Personen, die einzig über finanzielle Zuwendungen, beispielsweise in Form testamentarischer Legate, indirekt an dem gemeinsamen Haushalt beteiligt wurden, näher untersucht, da dies Aufschlüsse über Hinrik Dunkelguds Wirken als Vorsteher seines Hauses ermöglicht. Auch die gezielte Auswahl und Ernennung der nach lübeckischen Rechtsnormen geforderten Nachlassverwalter zur Auflösung des Haushalts geben Einblicke in Hinrik Dunkelguds Einbindung in die Stadtgemeinde des spätmittelalterlichen Lübecks.

Nach der Betrachtung der personellen Zusammensetzung des Dunkelgudschen Hauses werden die ökonomischen Entwicklungen des Haushalts über die ca. 40 Jahre von Dunkelguds Niederlassung bis zu seinem Tod im Jahr 1519 untersucht. Danach folgt eine Analyse seiner Selbstdarstellung und damit auch Repräsentation seines Haushalts innerhalb der Stadtgemeinde am Beispiel seiner Eheschließung mit Kunneke. Das Kapitel schließt mit Dunkelguds Auswahl seiner Nachlasspfleger als ein Zeichen für seine personellen Verflechtungen.

---

1   OEXLE: Geschichtliche Grundbegriffe: Art. „Wirtschaft III. Mittelalter, 1. Der mittelalterliche Begriff ‚Haus'", S. 526–528, hier S. 526 f.
2   In Erich Maschkes Überlegungen zu Familie und Haushalt bleiben erwachsene, hier im Sinne bereits selbständig erwerbstätiger Kinder, die noch mit ihren Eltern in einem Haushalt zusammenlebten, unberücksichtigt. Vgl. MASCHKE: Familie, S. 11–13; MITTERAUER: Familie, S. 6.
3   Vgl. BRUNNER: Haus, S. 105 f.; vgl. MASCHKE: Familie, S. 11–13; vgl. auch Michael Mitterauer, der bereits bei der Definition der Familie und des Familienverbandes eher die Wichtigkeit der funktionalen Zusammenhänge und des gemeinsamen Alltagslebens vor die rein genealogische Verbindung stellt. MITTERAUER: Familie, S. 7 f.

3.1 FAMILIE UND HAUSHALTSANGEHÖRIGE

Hinrik Dunkelgud partizipierte an verschiedenen sozialen Gruppen in Lübeck. In der Regel stellte die konstitutive Gruppe erst einmal die Familie, genauer die Verwandtenfamilie als die Abstammungsgemeinschaft, dar. Sie nahm inmitten anderer formeller Gruppen innerhalb der Stadtgemeinde eine gesonderte Stellung ein, da sie biologisch determiniert war.[4] Erst bei der Eheschließung und Gründung einer eigenen neuen Kern- oder Kleinfamilie[5] spielten die Wahl der Ehepartner und damit kulturelle Praktiken eine bestimmende Rolle. Eingeschränkt wurde die Partnerwahl durch soziale und ökonomische Voraussetzungen, wie der Familienstatus innerhalb der Stadtgemeinde und das Vermögen sowie andere gesellschaftliche Zwänge.[6]

Im Folgenden werden erstens Hinrik Dunkelguds Verwandtenfamilie, seine neue Kleinfamilie einschließlich der verschwägerten Verwandten und deren Nachkommen – dargestellt in seiner Stammtafel und Verwandtschaftstafel[7] – sowie alle dem Haushalt als Wohn- und Arbeitsgemeinschaft angehörigen Personen wie seine Lehrjungen, sein Knecht und sein Gesinde aufgezeigt. Obgleich diese Betrachtung mit einigen verschwägerten Verwandten wie den Ehepartnern und Kindern seiner eigenen drei Töchter über seinen eigenen Haushalt hinausgeht, dient sie der Analyse seiner personellen Verflechtungen und sozialen Einordnung in die Stadtgemeinde. Fortgeführt wird diese in einem zweiten Schritt mit weiteren nicht zur Verwandtenfamilie gehörenden Personen innerhalb und außerhalb Lübecks. Als besonders hilfreich erweisen sich hierbei seine Testamente, da in diesen, wie auch in anderen Lübecker Vermächtnissen üblich, nicht nur generationenübergreifend Eltern, Geschwister, Neffen und Nichten, Tanten, Onkel, Cousins und Cousinen aufgeführt, sondern zudem auch Handelspartner, Freunde und Bedienstete bedacht wurden.[8] Besonders die Einsetzung der Testamentsvollstrecker zeugt von einem näheren Vertrauensverhältnis zwischen dem Testator und der genannten Person.[9]

Über Dunkelguds Vater ist fast nichts bekannt. Dunkelgud erwähnte ihn nur indirekt über dessen Geschwisterbeziehungen und die Vergabungen an seine Tanten und Onkel sowie deren Kinder, so dass sein Vater zum Zeitpunkt der ersten Einträge im Rechnungsbuch verstorben gewesen sein dürfte.[10] Die Prüfung der Mitgliedslisten der Lübecker Krämerkompanie ergab für den Nachnamen Dunkelgud, mit Ausnahme von Hinrik Dunkelgud selbst,[11] einen Negativbefund. Folglich stammte er mit sehr hoher Wahrscheinlichkeit zumindest nicht aus einer in Lübeck ansässigen Krämerfamilie.

---

4   MASCHKE: Gruppen, S. 128, 131.
5   ISENMANN: Stadt, S. 777.
6   Vgl. MEYER: Bürger, S. 79 f.
7   Vgl. Anhang 11.4 (Stammtafel von Hinrik Dunkelgud) und Anhang 11.5 (Verwandtschaftstafel von Hinrik Dunkelgud).
8   BRANDT: Bürgertestamente, S. 349.
9   BURKHARDT: Bergenhandel, S. 232. Vgl. Kapitel 3.4 (Ernennung der Nachlasspfleger als Zeichen personeller Verflechtungen).
10 Rechnungsbuch, fol. 11v.
11 HENNINGS: Mitglieder, S. 85.

Auch Dunkelguds Mutter wird nie namentlich genannt, sondern er bezeichnet sie immer anonymisiert als seine *(leve) moder*. Ähnlich wie bei seinem Vater gibt Hinrik Dunkelgud auch indirekt nichts über ihre Herkunft oder ihren sozialen Status preis. Sie war spätestens ab dem Jahr 1478 in finanzielle Angelegenheiten zwischen Dunkelgud und seinem späteren Schwiegervater Hans Meyer involviert. Dunkelgud trug in sein Buch einen Hinweis auf eine Abrechnung zwischen ihr und Hans Meyer ein, nach der Hans Meyer ihr noch 20 mk schuldig blieb. Wie hoch der ursprüngliche Schuldbetrag Meyers vor dieser Abrechnung war und wie oder wofür er zustande gekommen war, geht daraus nicht hervor. Die späteren Einträge dieser Seite führen für das Jahr 1479 wohl vorbereitende Einkäufe für Dunkelguds Hochzeitsfest auf wie zum Beispiel Pfeffer, verschiedene Tuche zum Einkleiden der Knechte und einiger Mitglieder der Familie Meyer sowie Kissendecken und -unterlagen.[12] Da dieser Schuldbetrag Hans Meyers auf der folgenden Seite abermals im Textzusammenhang mit Dunkelguds Kosten für die Hochzeitsfeier wiederholt wird,[13] ist eine Verbindung mit diesem Ereignis zu vermuten, so dass Dunkelguds Mutter möglicherweise einige Kosten für die Hochzeitsvorbereitungen oder die -ausstattung für Hans Meyer vorstreckte. Sie scheint folglich in die Haushaltsangelegenheiten ihres Sohnes und Junggesellen Hinrik direkt involviert gewesen zu sein. Dies zeigt sich auch in der Zahlung von 1 mk seitens ihres Schwagers Marquart Mus, die sie stellvertretend für ihren Sohn entgegennahm.[14] Da sie nur im ersten und im zweiten Testament aus den Jahren 1479 sowie 1484 bedacht wurde, verstarb sie spätestens vor dem dritten Testament aus dem Jahr 1487.[15] Die Vergabungen an sie folgen in beiden Fällen erst nach der Aufzählung verschiedener Legate *ad pias causas* sowie der Legate an andere Verwandte, Freunde und Geschäftspartner. In der Testamentsversion aus dem Jahr 1484 wird sie sogar erst ganz zuletzt genannt. Bemerkenswert sind zudem Dunkelguds Formulierungen in diesen beiden frühen Testamenten, mit denen er als Adressaten direkt seine Testamentsvollstrecker anspricht und diese anweist, nach den vorgenannten Legaten seiner *leven moder* alles zu geben, *wes ik mer nalate van gude, alse myne boke wol utwysenn, und begere van juw vormunderen, dat gy er jo nene not laten. Beholdet it testemente by juw, dewile dat se levet, dat se jo nene not en lyde*. Aus Dunkelguds verbliebenem Vermögen war also für ihren lebenslangen Unterhalt Sorge zu tragen.[16] Im Zusammenhang mit dem Testament aus dem Jahr 1484 fordert Dunkelgud in verkürzter Form sogar, *dat gy myner moder jo nene not laten lyden boven al*.[17] Die Interpretation von *boven al* als vor allen anderen testamentarischen Bestimmungen wirft allerdings einige Fragen nach der rechtlichen Umsetzung dieses letzten Wunsches auf. Zudem ist das Verhältnis dieses auf einer Seite vollkommen allein stehenden Satzes zum Testamentstext selbst nicht ganz eindeutig zu klären,[18] da auf der gegenüberliegen-

---

12 Rechnungsbuch, fol. 46v.
13 Ebd., fol. 47r.
14 Ebd., fol. 6r.
15 Ebd., fol. 12r, 233v, 231v.
16 Ebd., fol. 12r.
17 Ebd., fol. 233v.
18 Ebd., fol. 233v.

den Seite unterhalb der Verfügungen des Testaments noch genug Platz für einen Satz gewesen wäre.[19] Dieser Satz könnte zeitlich folglich nicht nur nach der Abfassung des Testaments, sondern als erster Gedanke Dunkelguds auch vorher eingetragen worden sein. Diese Frage kann nicht eindeutig geklärt werden, auch wenn eine Niederschrift als Abschluss dieses Testaments wahrscheinlicher sein dürfte. Deutlich drückt Dunkelgud mit diesem Anliegen aber seine tiefe Verbundenheit und Sorge um das Wohlergehen seiner Mutter aus. Ferner erfahren wir von Heineke, Dunkelguds Tante mütterlicherseits, die mit Marquart Mus verheiratet war und deren Tochter in Neustadt lebte.[20]

Hinrik Dunkelguds Halbschwester Telske wird ausschließlich in den Testamenten aus den Jahren 1484 und 1487 bedacht.[21] Da er diese Testamentsversion ein Jahr später kurz vor Ostern 1488 mit nur wenigen Ergänzungen erneuerte, könnte sie zu diesem Zeitpunkt noch am Leben gewesen sein.[22] Ab dem Testament von 1492 begünstigte Dunkelgud Telske nicht mehr.[23] Aus den wenigen Erwähnungen wird nicht deutlich, ob sie die leibliche Tochter seiner Mutter oder seines Vaters war. Dunkelguds erwähnte testamentarische Verfügungen für seine Mutter legen nahe, dass es sich dabei um seine leibliche Mutter handelte. Telske könnte erstens aus einer möglichen ersten Ehe seiner Mutter hervorgegangen sein. Da aber das Kindbett das höchste Sterberisiko für Frauen im Erwachsenenalter ausmachte, ist es wahrscheinlicher, dass Telske aus einer ersten Ehe seines Vaters stammte. Allerdings können beide Annahmen in diesem Fall nicht näher gestützt werden. Unter Vorbehalt wird Telske so in der Verwandtschaftstafel dem väterlichen Abstammungszweig zugeordnet. Telske hatte mehrere Kinder, einmal werden explizit zwei Töchter genannt.[24] Diese bedachte Dunkelgud in seinem ersten Testament aus dem Jahr 1479 und wieder ab dem Jahr 1493 fortlaufend bis zu seiner letzten vollständigen Version im Jahr 1509.[25]

Eine Tante väterlicherseits (*fadersuster*) erwähnte Dunkelgud erstmals im Testament vom 2. Februar 1479. Gleichzeitig bestimmt er dort einen Betrag für die Kinder einer *fadersuster*, vermutlich derselben Tante.[26] In den Jahren 1484 und 1487 wird wohl diese Tante wiederum bedacht und 1492 zudem als *Rafen* benannt.[27] Ihre Kinder, Dunkelguds Cousins und Cousinen, erscheinen nach dem Jahr 1479 erst wieder in der zweiten Testamentsfassung vom August des Jahres 1502 und dann fortlaufend bis zum Jahr 1509 ausdrücklich als Begünstigte.[28] Da Dunkelgud dieses letzte Testament 1517 nur knapp bestätigte, kann angenommen werden, dass seine Neffen und Nichten bis zu diesem Zeitpunkt noch am Leben waren. Vermutlich bedachte Dunkelgud zu ihren Lebzeiten Rafen als nähere Verwandte und erst

19 Ebd., fol. 232r.
20 Ebd., fol. 6r.
21 Ebd., fol. 232r, 231v.
22 Ebd., fol. 231v.
23 Ebd., fol. 230r.
24 Ebd., fol. 229r.
25 Ebd., fol. 11v, 229v, 228v, 227r, 226v.
26 Ebd., fol. 11v.
27 Ebd., fol. 232r–v, 231, 230r.
28 Ebd., fol. 228v, 227r, 226v, 225r.

nach ihrem Versterben direkt ihre Kinder, wie es ebenfalls bei seiner Halbschwester Telske und deren Kindern zu beobachten ist.

Dunkelgud traf auch Vorsorge für die Nachkommen eines weiteren Cousins (väterlicherseits) namens Lutke Dunkelgud. Dessen Kinder, Dunkelguds Neffen und Nichten, wurden in den Testamenten der Jahre 1479 bis 1492 aufgezählt. Im Jahr 1484 verfügte Dunkelgud zudem über 6 mk für die Ausstattung einer von Lutkes Töchtern, vermutlich zusätzlich zu ihrer Mitgift.[29]

Dunkelguds Abstammungsfamilie umfasste noch einen weiteren Verwandten namens Hinrik Dunkelgud, dessen Kinder in Timmendorf lebten und in den Testamenten der Jahre 1479, 1484 sowie 1487 bedacht wurden.[30] Ferner übernahm Dunkelgud 1481 für eine Metke Dunkelgud kurzfristig die Kosten für die Ausstattung einer Beerdigung einer nicht näher genannten Person.[31]

Nicht eindeutig zu klären ist die Beziehung zu Dunkelguds Oheim Peter Schutte aus Travemünde. Hinrik Dunkelgud ernannte ihn am 2. Februar 1479 zu einem seiner Nachlasspfleger und bedachte ihn einzig in diesem Testament mit einem Betrag von 10 mk,[32] obwohl er zumindest noch bis zum Jahr 1495 mit einem Peter Schutte in geschäftlichen Beziehungen verbunden war. Es ist nicht mit letzter Sicherheit zu klären, ob Dunkelgud mit seinem Oheim Peter Schutte und seinem Handelspartner Peter Schutte dieselbe Person bezeichnete.[33] Der Name erscheint weder in den Mitgliederlisten der Krämerkompanie noch in den Lübecker Pfundzollbüchern.

Die Benennung als „Oheim" lässt viel Raum für Interpretationen. Die Möglichkeiten reichen von einem Onkel mütterlicherseits, seltener väterlicherseits über einen Schwestersohn, also einen Neffen, bis zu der respektvollen Bezeichnung keines unmittelbaren Verwandten, sondern einer älteren und höhergestellte Person.[34] Da Hinrik Dunkelgud gerade in seinem ersten Testament vor seiner endgültigen Niederlassung in Lübeck im Jahr 1479 ansonsten mit seinem Wirt Claus van Calven und seinem zukünftigen Schwiegervater Hans Meyer ihm vertraute Personen als Nachlasspfleger wählte, wird es sich bei Peter Schutte, auch aufgrund der wahrscheinlich ihm zuzuordnenden Handelsgeschäfte, nicht um einen Neffen, sondern eher um einen Onkel und älteren Vertrauten gehandelt haben. Peter Schutte war mit Gesche verheiratet[35] und führte am 18. März 1482 in seinem Testament *husz unde*

---

29 Ebd., fol. 11v, 232r–v, 230r.
30 Ebd., fol. 11v, 232r–v, 231v.
31 Ebd., fol. 17v.
32 Ebd., fol. 11r–v.
33 Ebd., fol. 5r, 9 v, 11r, 200r, 196r. Der Name Peter Schutte ist allerdings nicht selten. Allein im Rechnungsbuch kommen Träger des Namens Peter Schutte als Oheim, als Handelspartner und Schiffsbesitzer vor; ferner trug auch der Vogt des Domherrn diesen Namen. Ebd., fol. 11r, 196r, 30r.
34 SCHILLER/LÜBBEN: Mittelniederdeutsches Wörterbuch, Bd. 2, S. 227, s. v. <Alternative: Stw.> „Om". LASCH: Mittelniederdeutsches Handwörterbuch, Bd. 2, S. 1146 f., s. v. „Om s. ohm". GRIMM: Deutsches Wörterbuch, Bd. 13, Sp. 1198 f., s. v. Art. „Oheim, ohm, öhm; ohme, öhme". Vgl. auch die sprachwissenschaftlichen Untersuchungen zum Begriff Oheim. BLÜMEL: Oheim, S. 55–58 und MUCH: Oheim, S. 46–48. Vgl. zur Problematik der verwandtschaftlichen Zuordnung eines Oheims auch MEYER: Paläosoziometrie, S. 65 f.
35 Rechnungsbuch, fol. 5r, 11r.

hoff in Travemünde als Eigentum auf. In diesem Testament wählte er seinerseits Hinrik Dunkelgud zu einem seiner Vormünder. Eine Verwandtschaftsbeziehung wird dort nicht angeführt. Als Schwestersöhne erwähnte Peter Schutte Kersten und Hermen Brugeman.[36] Der Name Brug(g)eman kommt auch in Hinrik Dunkelguds Rechnungsbuch vor: Im Jahr 1479 benennt Dunkelgud mit diesem Familiennamen einmal einen Schiffer. Weiter lieferte er Peter Schutte in demselben Jahr vier Hüte aus leichtem Wollstoff, von denen einer direkt an Hinrik Bruggeman gehen sollte.[37] Einen Kersten Brugman erwähnte Dunkelgud zweimal für das Jahr 1492: Am 3. Juni 1492 empfing er aus Kersten Brugmans Schiffsladung Mehl und Butter vermutlich aus Danzig und zahlte ihm Frachtgebühr. Dass Kersten Brugman hier als Schiffer fungiert, deutet Dunkelguds Formulierung *entfangen ut Kersten Brugman* an, die in ähnlicher, abgekürzter Weise auch in den Lübecker Pfundzollbüchern für die Warenlieferungen der verschiedenen Schiffer verwendet wurde.[38] Am 19. Juni wiederum schickte Dunkelgud über den Schiffer Kersten Brugman Salz, Stockfisch, Mandeln und Rosinen zu seinem Handelspartner Peter Kegeben vermutlich nach Danzig zurück.[39] Ob es sich bei dem Schiffer Kersten Brugman und Hermen Brugman um die Schwestersöhne Peter Schuttes handelte, kann allerdings nicht mit letzter Sicherheit geklärt werden.

3.1.1 Hinrik Dunkelguds neue Kleinfamilie und seine verschwägerten Verwandten

Hinrik Dunkelguds angeheiratete Verwandtenfamilie begründete sich auf seiner Eheschließung vom 24. Oktober 1479 mit der Krämertochter Kunneke.[40] Ihr Geburtsjahr ist nicht bekannt. Kunneke trat, wie auch ihr Vater Hans Meyer, spätestens im Jahr 1474 in Dunkelguds Leben. Zu dieser Zeit wird sie sich bereits in einem jungen Erwachsenenalter befunden haben, da Dunkelgud ihr 6 mk geliehen hatte und sie im Rechnungsbuch entsprechend als Schuldnerin aufführte.[41]

Inwieweit Kunneke eine Ausbildung genossen hatte, ist ungewiss. Elisabeth, die Ehefrau Sivert Veckinchusens, konnte selbst noch nicht schreiben. Aber ihre Tochter Grete konnte 1414 im Alter zwischen neun und elf Jahren einen von der Mutter diktierten Brief an deren Schwager Hildebrand Veckinchusen verfassen, wenngleich noch nicht allzu sicher – ein Indiz für die über Generationen zunehmende Bildung der Kaufmannsfrauen. Auch Hildebrand Veckinchusens Tochter

---

36 AHL, Testamente 1482 März 18 Schutte, Peter.
37 Rechnungsbuch, fol. 3v, 11r. Neben dem Eintrag zur Zahlung der Fracht an den Schiffer Brugman ist eine Handelsmarke vermerkt. Es ist nicht klar zu erkennen, ob diese dem Schiffer oder Dunkelguds Handelspartner Hennink Bardenwerper zuzuordnen ist. Vgl. Anhang 11.9 Handelsmarken: Nr. 1.
38 Empfing Dunkelgud Waren von seinen Handelspartnern, verwandte er den Ausdruck „empfangen von", beispielsweise Peter Kegeben. Rechnungsbuch, fol. 200r.
39 Ebd., fol. 201v. Hier verwandte Dunkelgud die Formulierung *in Kersten Brugman*, die wiederum seine Funktion als Schiffer andeutet.
40 Ebd., fol. 47r.
41 Ebd., fol. 4r.

Drudeke musste für ihre Mutter Margarethe Briefe schreiben.[42] Zumindest im Köln des 15. und 16. Jahrhunderts war es auch in einer breiten Mittelschicht üblich, die Töchter vier Jahre lang auf eine Schule zu schicken, um sie danach zur abschließenden Ausbildung einem fremden Lehrmeister oder Verwandten anzuvertrauen oder sie im väterlichen Betrieb auszubilden.[43] Der Kölner Kaufmann Johann Slossgin schickte seine sechsjährige Tochter im Jahr 1428 in die Schule an Klein St. Martin, im Alter von zehn Jahren holte er sie wieder zu sich, um sie *ons kremeri* zu lehren.[44] Auch Dunkelgud ließ seinen Töchtern sehr wahrscheinlich eine Grundausbildung im Lesen, Schreiben und Rechnen angedeihen, vor allem in Anbetracht der bereits erwähnten gemeinsamen Widerlegung mit seiner Tochter Anneke in der Rolle als Kapitalführerin.[45]

Da über die Umstände und Vereinbarungen ihrer Hochzeit bereits im Zuge von Dunkelguds Niederlassung gesprochen wurde, geht es im Folgenden um Kunnekes Rolle als Ehefrau. Sie gebar ihm mindestens die drei Töchter Anneke, Geseke und Lisbet.[46] Über weitere Kinder schweigen die Quellen. Zu Kunnekes Haushaltspflichten gehörte zudem die Mithilfe bei der Betreuung von Dunkelguds vier Mündeln. Darunter fielen sein Lehrjunge Peter, dessen Bruder Lutke und ihre beiden Schwestern Talke und Abelke Kegeben.[47] Der Umfang dieser betreuenden Tätigkeit kann hier nicht näher ermessen werden. Die letzten Einträge zu Dunkelguds Mündeln stammen vom 13. April 1494 und bezogen sich auf die Anfertigung der Brautausstattung Talkes und eine Kostenaufstellung für ihre Hochzeit. Dass es sich hierbei um eine Hochzeit handelte, wird aus der durch Kunneke teilweise selbst angefertigten jungfräulichen Wäscheaussteuer, in diesem Fall Bettzeug und *badekappen*, deutlich. Eine der Badekappen diente nämlich als Geschenk der Braut an den Bräutigam am Hochzeitsmorgen, die andere trug die verheiratete Frau später zum Empfang von Gästen im Wochenbett.[48]

Inwieweit die eheliche Beziehung zwischen Hinrik und Kunneke auf Sympathie und tieferen Gefühlen beruhte, geht aus dem Rechnungsbuch nicht hervor. Schon vor ihrer Eheschließung wollte Hinrik Dunkelgud sie im Falle seines Todes mit 20 mk versorgt wissen.[49] Allerdings bezeichnete er Kunneke ohne jeden sentimentalen Zusatz mit ihrem Namen und als Tochter Hans Meyers, so dass aus dem Wortlaut dieses Dokuments keine tieferen Absichten oder eine bereits vollzogene Verlobung erkennbar werden. Nach Dunkelguds Rückkehr aus Galizien spendete er der Leichnamsbruderschaft zur Burg zusammen für sich und Kunneke 1 rh gl.[50] Wie auch bei den anderen Mitgliedern der Krämerkompanie üblich wurde Kunneke mit Dunkelguds Eintritt in die Kompanie ebenfalls ins Bruderbuch als seine

---

42 Vgl. STIEDA: Briefwechsel, Nr. 98, S. 117; Nr. 393, S. 408.
43 WENSKY: Stellung, S. 293 f.
44 KUSKE: Quellen, Bd. 3, S. 328.
45 Vgl. Kapitel 6.5.6 (Handelsgeschäfte mit Verwandten und Haushaltsangehörigen).
46 Rechnungsbuch, fol. 225v.
47 Ebd., fol. 212v.
48 Ebd., fol. 211r. Vgl. BREHMER: Leben, S. 14 f.; EBEL: Brautschatzfreiung, S. 83.
49 Rechnungsbuch, fol. 12r.
50 Ebd., fol. 1r.

3.1 Familie und Haushaltsangehörige

Ehefrau eingetragen.[51] Laut Dunkelguds Testament vom 13. September 1484 sollte Kunneke zusammen mit der gemeinsamen Tochter Anneke aus den nach Abzug der anderen Legate verbleibenden nachgelassenen Gütern versorgt werden.[52] Diese Regelung behielt Dunkelgud für das dritte Testament vom 11. April 1487 insofern bei, als nun mehrere Kinder geboren waren und alle einschließlich Kunneke einen gleichen Anteil bekommen sollten.[53] In den Mitgliedslisten der Krämerkompanie wurde bei Hinrik Dunkelgud und Kunneke ein Vermerk mit der Jahresangabe 1499 hinzugefügt.[54] Sehr wahrscheinlich handelte es sich dabei um Kunnekes Todesjahr. Mithilfe von Dunkelguds Testamenten lässt sich ihr Tod nämlich auch auf die Zeit zwischen dem 2. April 1493 und dem 22. März 1502 eingrenzen, da sie 1502 nicht mehr als Begünstigte und im Jahr 1508 als verstorben erwähnt wird.[55]

Hans Meyer trat 1449 zusammen mit seiner Ehefrau Katerine, eine Tochter Hans Bethmans, in die Krämerkompanie ein.[56] Laut dem Oberstadtbuch erwarb er in demselben Jahr die Bude 266 A von Conradus Meyer und 1462 zudem die Bude 266 C, gleichfalls direkt am zentralen Lübecker Markt, von Elzebe und deren Töchtern Gretke und Telzeke. Elzebe war die Witwe Albert van Warens, ebenfalls ein ehemaliges Mitglied der Krämerkompanie.[57] Spätestens seit 1464 bekleidete Hans Meyer mit Unterbrechungen bis zum Jahr 1477 innerhalb der Kompanie das Amt eines der Vorsteher.[58] Er verstarb noch vor dem Jahr 1487, da Hinrik Dunkelgud seinem Schwager, dem jüngeren Hans Meyer, am 24. Juli 1487 vermutlich das erste Geld aus dem Nachlass seines Schwiegervaters auszahlte, wie dies im Niederstadtbuch am 28. März 1480 vereinbart worden war.[59] Dies geht zum einen daraus hervor, dass der ältere Hans Meyer bei der Erklärung vor dem Rat nicht anwesend war, und zum anderen daraus, dass Hinrik Dunkelgud in einem Eintrag über diesen Vorgang am 4. Dezember 1489 in seinem Rechnungsbuch von seinem verstorbenen Schwiegervater schrieb.[60]

Über Hans Meyers Ehefrau Katerine sind keine weiteren Details bekannt. Neben Kunneke hatte Meyer, wie bereits angesprochen wurde, einen gleichnamigen Sohn sowie eine zweite Tochter namens Gretke. Letztere wurde im Zuge der im

---

51 HENNINGS: Mitglieder, S. 85.
52 Rechnungsbuch, fol. 232r.
53 Ebd., fol. 231v.
54 HENNINGS: Mitglieder, S. 85.
55 Rechnungsbuch, fol. 230v, 229v–228r, 227v.
56 Er wird in der Mitgliedsliste als *Hans Meyger* geführt. HENNINGS: Mitglieder, S. 190. Im Archiv der Hansestadt Lübeck sind mehrere Testamente von Testatoren mit dem Namen Hans Meyer erhalten. Von diesen passt vom Abfassungszeitraum vor 1487 und vom Inhalt her allerdings keines auf den Krämer und Schwiegervater Hinrik Dunkelguds. Ein Hans Meyer testierte am 9. März 1479, war allerdings mit einer Gheseke und nicht mit einer Katerine verheiratet. AHL, Testament 1479 März 9, Meyer, Hans.
57 AHL, Schrödersche Regesten, Marienquartier, S. 344 f. Es handelt sich um den in den Mitgliederverzeichnissen aufgeführten jungen Albert van Waren mit dem Eintrittsjahr 1428. HENNINGS: Mitglieder, S. 197.
58 Vgl. auch AHL, Denkelbuch, fol. 1v, 4r, 31v, 34r–36r, 40r–42r, 49v–51r, 52v, 54v, 55v.
59 MANTELS: Memorial, S. 350, 362; Rechnungsbuch, fol. 21v. Vgl. auch AHL, Niederstadtbuch Urschrift 1478 Crp. Chr.–1481, fol. 151v–152r.
60 Rechnungsbuch, fol. 24v.

Niederstadtbuch festgehaltenen Abschichtungsbestimmungen mit einer Einmalzahlung von 400 mk abgefunden und konnte nach Hinrik und Kunnekes Belieben in deren Haushalt verbleiben.[61] Allerdings wird nicht deutlich, ob es dazu kam oder nicht. Gretke wurde außer im Zusammenhang mit der Kleiderausstattung für Dunkelguds Hochzeitsfeier nicht noch einmal in seinem Rechnungsbuch erwähnt[62] und verstarb vor der 1489 erfolgten Mündigkeitserklärung ihres Bruders.[63]

Hans Meyer d. J., Dunkelguds Schwager, stand wie sein Vater mit Dunkelgud schon vor der Eheschließung mit seiner Schwester in vermutlich geschäftlichen oder anderen finanziellen Angelegenheiten in Kontakt. Dunkelgud beendete einen Eintrag vom 24. Oktober 1479 über seine Hochzeit mit einem Verweis auf sein Rechnungsbuch A fol. 69, wo stehe, was er Hans Meyer *don hebbe*, also geliehen oder übereignet hatte.[64] Da der ältere Hans Meyer verstarb, bevor sein Sohn das gemäß lübischem Recht mit 18 Jahren anzusetzende Mündigkeitsalter erreicht hatte,[65] ist es sehr wahrscheinlich, dass Hans Meyer d. J. nach dem Tod seines Vaters bis zu seiner Mündigkeitserklärung 1489 und damit seiner Abschichtung zusammen mit Kunneke und vielleicht auch Gretke in Hinrik Dunkelguds Haushalt lebte. Ein Eintrag im Rechnungsbuch vom 15. Juni 1486 deutet sogar darauf hin, dass Hans Meyer d. J. von Dunkelgud als Lehrjunge, Handlungsgeselle oder in anderen geschäftlichen Angelegenheiten eingesetzt wurde. Hinrik Dunkelgud schickte ihn nämlich mit 10.000 *natlen staden* zu 3,5 mk 4 ß im Gepäck zu Peter Kegeben und Hans Borne vermutlich nach Reval.[66]

Unter dem Datum 24. Juli 1487 schrieb Hans Meyer d. J. eine erste Quittung im Dunkelgudschen Rechnungsbuch über Schulden von 111 mk nieder, unter der – wohl nachträglich – eine weitere über 24 mk folgte.[67] Am 14. April 1489 quittierte Hans Meyer d. J. in Anwesenheit seiner anderen beiden Vormünder Cort Reyse und Tilmeke Suselman im Dunkelgudschen Rechnungsbuch eine bis dahin von Dunkelgud an ihn ausgezahlte Summe in Höhe von 223 mk und erklärte sich mit diesem Betrag ihm gegenüber als zufriedengestellt, d. h. ausbezahlt. Allerdings schlossen sich noch in demselben Jahr zwei weitere Quittungen am 23. September über 24 mk und am 29. September über 30 mk an.[68] Im Beisein seiner vier Vormünder fand Hans Meyers d. J. Mündigsprechung vor dem Lübecker Rat am 30. November 1489 statt, womit ihm die vererbte Krambude 266 A am Markt zufiel. Gleichzeitig quittierte er die Rechnungslegung seiner vier Vormünder und dankte ihnen für ihre Dienste.[69] Ob Hans Meyers d. J. formale Mündigsprechung unmittelbar mit dem Erreichen seines 18. Lebensjahres zusammenhing, lässt sich nicht mit Sicherheit feststellen.

---

61 AHL, Niederstadtbuch Urschrift 1478 Crp. Chr.–1481, fol. 151v.
62 Rechnungsbuch, fol. 47r.
63 AHL, Niederstadtbuch, Reinschrift 1489–1495, fol. 51r.
64 Rechnungsbuch, fol. 47r.
65 SEGGERN: Quellenkunde, S. 170 und KRANZ: Vormundschaft, S. 15.
66 Rechnungsbuch, fol. 202r.
67 Ebd., fol. 21v.
68 Ebd., fol. 21v.
69 AHL, Niederstadtbuch, Reinschrift 1489–1495, fol. 51r. Siehe hierzu den Eintrag in Dunkelguds Rechnungsbuch vom 4. Dezember 1489, fol. 24v und MANTELS: Memorial, S. 362 f. Zur Quittung des Mündels siehe KRANZ: Vormundschaft, S. 63 f.

Nach lübeckischem Recht war ein solches Verfahren vor dem Rat zumindest nicht obligatorisch, sondern wurde eher in Ausnahmefällen verlangt, wenn eine vorzeitige Mündigkeit zur Erfüllung bestimmter rechtlicher Pflichten, beispielsweise für die Führung eines Prozesses oder den Empfang einer bestimmten Leistung, vonnöten war.[70] Im Falle Hans Meyers d. J. werden seine formale Mündigkeitssprechung und die Entlassung seiner Vormünder vor dem Rat sehr wahrscheinlich mit dem Antritt seines Erbes in Zusammenhang stehen.[71] Bereits am 25. Januar 1490 erschien Meyer erneut reisefertig vor dem Lübecker Rat und ließ wiederum in Anwesenheit aller seiner ehemaligen Vormünder den Verkauf seiner Bude an seinen Schwager sowie die Einrichtung einer Leibrente von jährlich 20 mk bis zu seinem Lebensende ins Niederstadtbuch eintragen.[72] Dem schloss sich am 2. Februar 1490 eine weitere Quittung im Dunkelgudschen Rechnungsbuch an. Hans Meyer d. J. bestätigte nunmehr den Erhalt von insgesamt 332 mk von seinem Schwager. Freilich wird nicht deutlich, aus welchen Einzelposten sich diese Summe genau zusammensetzte. Sie enthielt u. a. einen anteiligen Verkaufspreis für die Krambude, die noch ausstehenden Anteile Gretkes und Hans Meyers d. J. am Erbe ihres Vaters und mit sehr hoher Wahrscheinlichkeit die bereits im Jahr 1489 an Hans Meyer d. J. ausgezahlten 277 mk.[73]

Die Hausüberschreibung im Oberstadtbuch erfolgte laut Dunkelgud am 7. Oktober 1490,[74] d. h. nach Hans Meyers d. J. Rückkehr. In Anwesenheit Hermen Tylings und Wilmer Sovkens,[75] ein Mitglied der Krämerkompanie,[76] übergab Hinrik Dunkelgud ihm noch vor Ort im Rathaus 10 mk als erste halbjährliche Rentenzahlung. Unter demselben Datum notierte Dunkelgud die für seinen Schwager übernommene Gebühr für den Schreiber Reynerus von 8,5 ß, die Übernahme für Hans Meyers d. J. *kost* während seines Aufenthalts im Brigittenkloster Marienwohlde, die Begleichung von dessen Schulden in Höhe von insgesamt 3 mk 7,5 ß, weitere Ausgaben für verschiedene Tuche mit 1 mk 15,5 ß 2 d. Auch legte Dunkelgud zu einem *ladebreve* 4 ß dazu. Schließlich nahm Hans Meyer d. J. von „der Krogerschen" in Marienwohlde für Dunkelgud einen Betrag von 22,5 ß ein.[77] Ziel und Zweck von Meyers Reise bleiben offen. Wilhelm Mantels vermutet, dass er neben der

---

70 KRANZ: Vormundschaft, S. 14 f. So ermittelte Seggern für den Zeitraum von 1478–1495 ‚nur' 101 im Niederstadtbuch eingetragene formale Mündigkeitssprechungen. SEGGERN: Quellenkunde, S. 171.
71 Vgl. SEGGERN: Quellenkunde, S. 170 f.
72 Weder der Eintrag im Rechnungsbuch, fol. 25v noch der entsprechende Eintrag im Niederstadtbuch ist klar datierbar, beide könnten vom 24. oder 25. Januar 1490 stammen. Niederstadtbuch Reinschrift 1489–1495, fol. 63v. MANTELS: Memorial, S. 350, 363.
73 Rechnungsbuch, fol. 26v; MANTELS: Memorial, S. 350, 363.
74 Rechnungsbuch, fol. 25v; Niederstadtbuch Reinschrift 1489–1495, fol. 63v. In den Schröderschen Regesten wurden die Datierungen nicht übertragen. AHL, Schrödersche Regesten, Marienquartier, S. 344. Vgl. MANTELS: Memorial, S. 350, 363.
75 Rechnungsbuch, fol. 27r.
76 Wilmer Sovkens Aufnahme wird nicht in der Mitgliedsliste der Krämerkompanie aufgeführt. Im Denkelbuch der Kompanie wurde 1464 ein Werner Soveken Mitglied, der in späteren Nennungen auch als *Wylmer Soveken* erscheint. HENNINGS, Mitglieder (24), S. 195. AHL, Denkelbuch, fol. 32r, beispielsweise fol. 70v.
77 Rechnungsbuch, fol. 27r.

54   3. ‚Haus' und Haushaltsführung

Erledigung eigener Angelegenheiten zumindest zum Birgittenkloster im Interesse Dunkelguds und dessen Stiftungen reiste.⁷⁸ Darauf deutet Dunkelguds Übernahme der Kosten für Meyer d. J. *kost*, also der Verpflegung, vielleicht auch anderer Unkosten, in Marienwohlde hin. Die anderen für ihn ausgelegten Gelder verrechnete Dunkelgud mit dessen nächster Rente, so dass er Hans Meyer d. J. am 31. März 1491 nur noch 2 mk 6,5 ß auszahlte.⁷⁹ Die Ausgaben für den Schreiber Reynerus resultierten vermutlich aus der kostenpflichtigen Eintragung des Hausverkaufs in das Oberstadtbuch⁸⁰ und aus der Ausstellung des erwähnten *ladebreve[s]*, der hier wohl einen Gilde- oder Zunftbrief bezeichnete.⁸¹ Bei diesem *ladebreve* könnte es sich auch um ein Leumunds- oder Echtheitszeugnis gehandelt haben. Diese wurden in Lübeck auch als „echte Briefe" oder „Legitimationes" bezeichnet.⁸² Sie waren u. a. für Handwerker erforderlich, die in eine andere Stadt auswandern wollten, um dort in eine Zunft aufgenommen zu werden. Echtbriefe wurden in Anwesenheit der Amtsvorsteher vom Rat der Heimatstadt ausgestellt und sollten die eheliche Geburt des Handwerkers bestätigen. Sie konnten aber auch als Empfehlungsschreiben zur Aufnahme in die Zunft dienen.⁸³ Die Ausstellung dieses Ladebriefes deutet folglich auf eine vorherige Ausbildung oder Anstellung Hans Meyers d. J. in Lübeck hin. Ob Hans Meyer d. J. eine Lehre zum Krämer absolvierte, ist nicht nachzuvollziehen; als ein Bruder, also ausgelernter Krämer mit eigenem Kram, wird Hans Meyer d. J. in der Mitgliederliste der Krämerkompanie zumindest nicht aufgeführt.⁸⁴ Hans Meyer scheint zudem die Entscheidung seines Sohnes zum Verkauf der geerbten Krambude 266 A schon in seinen letzten Verfügungen vom 28. März 1480 vorhergesehen zu haben, da er bereits dort in einem Passus seinem Schwiegersohn Hinrik Dunkelgud für diesen Fall ein Vorkaufsrecht einräumte.⁸⁵ Die Kombination von Ausgaben für einen Gildebrief mit dem Kauf von Sardock, Foderdok, schwarzem Tuch aus Leiden und westerlindeschem Tuch aus England⁸⁶ deutet auf eine neue Einkleidung Hans Meyers d. J. im Zusammenhang mit der Suche nach einer ersten oder neuen Anstellung hin.

Im Dunkelgudschen Rechnungsbuch wird sein Schwager nach der Hausüberschreibung nur noch durch die fortlaufenden Rentenzahlungen in den Jahren 1490,

---

78 Vgl. MANTELS: Memorial, S. 350, 363.
79 Rechnungsbuch, fol. 27r. Die Rechnung stimmt nicht ganz. Bei einer halbjährlichen Rentenzahlung von 10 mk und den von Dunkelgud ausgelegten Kosten von 7 mk 9½ ß 2 d schenkte Dunkelgud Hans Meyer d. J. die 2 d.
80 Vgl. PITZ: Schrift- und Aktenwesen, S. 416.
81 MANTELS: Memorial, S. 363. Neben dieser Bedeutung kann „Ladebrief, Ladsbrief" auch für ein Vorladungsschreiben vor Gericht oder allgemein als Aufforderung zur Teilnahme an einer Versammlung verwendet werden. Diese Bedeutung wird im Deutschen Rechtswörterbuch sogar vorangestellt, während für den weiteren Bedeutungszusammenhang als Gilden- oder Zunftbrief nur auf Schiller/Lübben verwiesen wird (Bd. 8, Sp. 250–252). Vgl. auch SCHILLER/LÜBBEN: Mittelniederdeutsches Wörterbuch, Bd. 2, S. 611; LASCH: Mittelniederdeutsches Handwörterbuch, Bd. 2, Sp. 720.
82 SCHULZ: Handwerk, S. 52.
83 GRASSMANN: Menschen, S. 25.
84 Vgl. HENNINGS: Mitglieder, S. 189 f.
85 AHL, Niederstadtbuch Reinschrift 1478 Crp. Chr.–1481, fol. 152r; MANTELS: Memorial, S. 361.
86 Vgl. JAHNKE: Aspects, S. 86.

1491, 1492 und 1494 greifbar. Nach dem 14. September 1494 wurden keine weiteren Rentenzahlungen im Rechnungsbuch notiert. Sämtliche Einträge Dunkelguds zu seinen Rentenzahlungen und die Quittungen Hans Meyers d. J. wurden gestrichen, d. h. für erledigt erklärt.[87] Wilhelm Mantels spricht von einer Verwundung Hans Meyers d. J. – wenngleich ohne Nennung eines Quellenbelegs –,[88] so dass Dunkelguds Schwager vermutlich noch vor der Jahrhundertwende verstarb.[89] Dass Meyer d. J. bis zu seiner Mündigkeit bei Dunkelgud in dessen Haushalt lebte,[90] kann nur vermutet werden. Hinrik Dunkelgud füllte die Rolle eines Vormunds und älteren Verwandten Hans Meyers d. J. aus und unterstützte ihn auch nach dessen Mündigkeitserklärung immer wieder über seine Verpflichtungen hinaus finanziell.

3.1.2 Kunnekes und Hinrik Dunkelguds Nachkommen

Aus der Ehe Hinrik Dunkelguds mit Kunneke gingen drei Töchter hervor, die das Erwachsenenalter erreichten. Die Älteste war Anneke, die erstmals in Dunkelguds zweitem Testament erwähnt und folglich zwischen 1480 und 1484 geboren sein wird.[91] Ab dem dritten Testament aus dem Jahr 1487 begünstigte Dunkelgud *Kunneke myt eren kinderen*, ohne genauere Aussagen über deren Anzahl und Geschlecht zu treffen[92]. Die erste und einzige namentliche Nennung aller drei Töchter liegt in einem undatierten Eintrag vor, der sehr wahrscheinlich aus der Zeit um 1517 stammt und einen Nachtrag zu Dunkelguds letzten testamentarischen Verfügungen darstellt.[93] Dass die drei Töchter irgendeine Schul- oder andere Ausbildung genossen, kann ähnlich wie bei Kunneke nur sehr stark vermutet werden.

Im Jahr 1499 heiratete Anneke zwischen ihrem 19. und 23. Lebensjahr den Krämer Claus Lange.[94] Die Heirat in eine ‚etablierte' Krämerfamilie schuf für Lange eine gute Basis für eine langfristige Selbständigkeit, vorerst vermutlich zusammen mit seinem Schwiegervater.[95] Ähnlich wie bei Hinrik Dunkelguds und Kunneke Meyers Heirat ist auch im Vorfeld dieser Eheschließung von festen Absprachen zwischen Brautvater und Bräutigam über die Mitgift und Morgengabe

---

87 Rechnungsbuch, fol. 22r, 25v, 26v–27r.
88 MANTELS, Memorial, S. 350.
89 Im Archiv der Hansestadt Lübeck sind mehrere Testamente von Erblassern mit dem Namen Hans Meyer erhalten: Von diesen passt inhaltlich allerdings keines auf den Schwager Hinrik Dunkelguds.
90 KRANZ: Vormundschaft, S. 13–15.
91 Rechnungsbuch, fol. 232v.
92 Ebd., fol. 231v.
93 Ebd., fol. 225v. Es handelt sich um eine Aufzählung des familiären Silbergeschirrs, das nach Dunkelguds Tod unter den drei Töchtern aufgeteilt werden sollte. Der Eintrag gehört sehr wahrscheinlich zu Dunkelguds letzten testamentarischen Verfügungen aus dem Jahr 1517 (fol. 225r), da erst im Abstand von zwei Leerseiten ein Eintrag zu Anneke Dunkelguds Hochzeit im Jahr 1499 (fol. 222v) folgt.
94 Rechnungsbuch, fol. 222v.
95 HENNINGS: Mitglieder, S. 188. Claus Lange war seit 1493 Mitglied der Lübecker Krämerkompanie und bekleidete dort ähnlich wie Dunkelgud über lange Jahre verschiedene Ämter. Vgl. Kapitel 5.2 (Hinrik Dunkelgud als Ältermann) und STOCKHUSEN: Fernhandelsgeschäfte, S. 367.

Annekes auszugehen.[96] Dunkelguds Aufzeichnungen zu Annekes Mitgift lassen ferner darauf schließen, dass das junge Ehepaar mindestens ein Jahr oder länger in seinem Haushalt lebte. Als Teil ihrer Mitgift machte er seinem Schwiegersohn einen vorteilhaften Kaufpreis für den zu diesem Zeitpunkt bereits erweiterten und umgebauten Wohn- und Geschäftskomplex am Markt und übernahm für ein Jahr die Kosten für dessen Unterhalt mit Holz und Kohlen.[97] Dunkelgud legte damit das Fortbestehen seines Geschäfts in die Hände seines Schwiegersohnes. Neben den Mitgiftsvereinbarungen deutet auch Langes Hauskauf der Wahmstraße 43 im Jahr 1509 darauf,[98] dass er und Anneke zumindest einige Zeit als Mitglieder des Dunkelgudschen Haushalts gelebt und mit sehr hoher Wahrscheinlichkeit auch im Kramladen mitgearbeitet haben. Das Konzept eines aus mehreren Generationen bestehenden Haushalts, in dem Eltern mit ihren ebenfalls erwerbstätigen Kindern und verschwägerten Verwandten zusammenlebten, ist wie auch die Weitergabe der dem Haus zugrunde liegenden Produktionsmittel an die direkten familiären Nachfolger, in diesem Fall das umgebaute Kram am Markt, für den städtischen Lebensbereich eher für wohlhabendere Kaufmannsfamilien oder reiche Grundbesitzer belegt.[99] Vermutlich gründete Claus Lange mit seiner Familie spätestens mit dem Hausbesitz in der Wahmstraße 1509 einen eigenen separaten Haushalt. Auf seinen Auszug verweist eine knappe Äußerung Langes in seinem Testament aus dem Jahre 1527. Zur Unterscheidung seiner Immobilien sprach er in diesem von dem Haus, welches seine Frau Anneke in die Ehe eingebracht hatte und in dem er *jetzt*, also zum Zeitpunkt der Abfassung wohnte, und der anderen Immobilie in der Wahmstraße. Ein möglicher Schluss aus dieser Formulierung ist, dass er nicht die ganze Zeit über im Haus 266 am Markt wohnte. Offiziell wurde die Hausüberschreibung Dunkelguds an seinen Schwiegersohn erst 1512 im Oberstadtbuch nachgetragen.[100]

Das neubegründete verwandtschaftliche Verhältnis zwischen Schwiegervater und -sohn scheint sich insgesamt positiv gestaltet zu haben. Bereits am 22. März 1502 setzte Dunkelgud seinen Schwiegersohn testamentarisch als einen seiner Provisoren ein.[101] Sehr wahrscheinlich galt diese Entscheidung implizit auch für die zwei weiteren Testamente vom 15. August 1502 sowie vom 3. Juni 1507, in denen keine Nachlassverwalter aufgeführt wurden.[102] In den nachfolgenden Jahren bis 1506 beteiligte sich Claus Lange an Handelsgeschäften mit seinem Schwiegervater, belieferte ihn beispielsweise mit Waren oder bürgte und zahlte schließlich für

---

96 Vgl. KÖBLER: Familienrecht, S. 149.
97 Rechnungsbuch, fol. 222v.
98 AHL, Schrödersche Regesten, Johannisquartier, S. 455.
99 MITTERAUER: Familie, S. 23, 25–27. Über Familienhandelsgesellschaften MASCHKE: Familie, S. 31, 54–56.
100 AHL, Schrödersche Regesten, Marienquartier, S. 345. Anneke Lange bezeichnete das Haus in der Wahmstraße im Jahr 1529 als *semehusz*, d. h., dort wurde gewerblich sämisch Leder, mit Fett (Seim) gegerbtes Waschleder, hergestellt. AHL, Testament 1529 Juli 15 Lange, Anneke; die Erklärung siehe bei Ebel: Bürgerliches Rechtsleben, S. 57 Anm. 6.
101 Vgl. Kapitel 3.4 (Ernennung der Nachlasspfleger als Zeichen personeller Verflechtungen).
102 Rechnungsbuch, fol. 229v, 228v–226r.

einen Handelspartner Dunkelguds.[103] Als es im Zuge eines Immobilienverkaufes 1505 und 1506 zur Abzahlung des veräußerten Hofes und zu erneuten Verhandlungen über zukünftige Zahlungskonditionen kam, stand Claus Lange auch dort seinem Schwiegervater beratend zur Seite.[104] Selbständig führte er die Gespräche mit Dunkelguds ehemaligem Lehrjungen und Geschäftspartner Peter Kegeben, nunmehr ein Danziger Bürger, über dessen ausstehende Beträge aus der gemeinsamen Handelsgesellschaft. Am 14. Februar 1506 erzielte Lange eine Einigung mit einem dreijährigen Zahlungsziel, so dass Dunkelgud an Claus Langes noch in demselben Jahr die Vollmacht zur endgültigen Abwicklung dieser Angelegenheit[105] und möglicherweise anderer persönlicher Angelegenheiten im Zusammenhang mit seiner Altarstiftung im Birgittenkloster Marienwohlde übertrug.[106]

Aus der Ehe Claus Langes mit Anneke gingen mindestens vier Kinder hervor: die Söhne Jochim und Claus sowie die Töchter Magdalene und Anneke.[107] Weitere Mitglieder des Haushalts waren vermutlich Claus Langes Lehrjunge Hanse, der für das Jahr 1511 erwähnt wird,[108] und die Dienstmagd Anneke Plogers, fassbar in Langes Testament aus dem Jahr 1527.[109] Zeitweise lebte Hinrik Dunkelguds Tochter folglich in einem mindestens achtköpfigen Haushalt.

Anneke, geborene Lange und Enkelin Dunkelguds, heiratete in erster Ehe Peter Snider, der seit 1514 Mitglied der Krämerkompanie[110] und seit 1518 auch in der Leonardsbruderschaft zur Burg war.[111] Sie gebar ihm mindestens die vier Kinder Peter, Tonnies, Gertrud und Anneke. Letztere heiratete später Frederich Knevel, der seine Frau überleben sollte.[112] Nach dem Tod Peter Sniders war Anneke in zweiter Ehe mit Berndt Rotgers verbunden, der seit 1539 gleichfalls zu den Mitgliedern der Krämerkompanie gehörte[113] und mit dem sie auch eine unbekannte Zahl von Kindern hatte.[114] Laut der Mitgliederliste der Krämerkompanie verstarb Berndt Rotgers im Jahr 1567 und hatte einen Sohn namens Johan Rotgers, der 1568 ebenfalls in die Krämerkompanie eintrat und mit hoher Wahrscheinlichkeit aus der Ehe mit Anneke hervorging, da dort nur sie als Ehefrau aufgeführt wurde.[115]

---

103 Ebd., fol. 29r, 31v–32r, 35r. Siehe zu den Handelsgeschäften Hinrik Dunkelguds mit seinem Schwiegersohn Kapitel 6.5.6 (Handelsgeschäfte mit Verwandten und Haushaltsangehörigen).
104 Rechnungsbuch, fol. 30r.
105 Ebd., fol. 195v, 194r.
106 Ebd., fol. 194v. Die entsprechenden Einträge sind nicht datiert. Sie folgen den Einträgen aus dem Jahr 1506 (fol. 193r).
107 AHL, Testament 1527 August 3 Lange, Clawes.
108 Rechnungsbuch, fol. 36r.
109 AHL, Testament 1527 August 3 Lange, Clawes.
110 In der Mitgliederliste wird der Eintritt eines Peter Sniderick für das Jahr 1514 aufgeführt, der in erster Ehe mit Katrine und in zweite Ehe mit Anneke verheiratet war. HENNINGS, Mitglieder, S. 195.
111 Dort wurde er als *peter snyder de kremer* aufgenommen. JAHNKE: Mitgliederverzeichnisse, S. 196.
112 AHL, Testament 1527 August 3 Lange, Clawes und AHL, Testament 1558 Mai 19 Lange, Anneke.
113 HENNINGS: Mitglieder, S. 192 f.
114 AHL, Testament 1558 Mai 19 Lange, Anneke.
115 HENNINGS: Mitglieder, S. 193.

Über die beiden Söhne ist kaum etwas Näheres bekannt. Jochim wird nur einmal im Testament Claus Langes vom 3. August 1527 sichtbar. Bereits am 15. Juli 1529 ließ Anneke Lange ihn in ihrem Testament nicht mehr aufführen, folglich verstarb er vermutlich noch vor dessen Abfassung. Ähnlich verhielt es sich mit seinem Bruder Claus Lange. Dieser sollte im Testament seines Vaters noch mit 800 mk abgeschichtet werden, knapp fünf Jahre später sollte er laut dem ersten Testament seiner Mutter nach ihrem Tod und mit der Erreichung seiner Mündigkeit das Haus 266 am Markt mit all seinem Gerät sowie das Haus in der Wahmstraße 43 zugeschrieben bekommen.[116]

Magdalene Lange gehörte wie ihr Bruder Claus zu den jüngeren Kindern und war 1529 noch nicht verheiratet, worauf auch die Vergabe der Wäscheaussteuer laut dem Testament ihrer Mutter Anneke Lange hinweist.[117] Magdalene heiratete in erster Ehe Hieronimus Hagenauer. Dessen Vater Hans Hagenauer stammte ursprünglich aus Nürnberg und ließ sich 1510 in Lübeck nieder. Mithilfe von Verschwägerung mit dem Lübecker Bürger Kunz Rode, ein ebenfalls aus Nürnberg stammender und im Nürnberg-Lübecker Handel tätiger Kaufmann, und des Aufbaus von Beziehungen zu dessen Schwiegersohn Hans Bars, der seinerseits recht erfolgreich nach Frankfurt und Köln handelte, sowie durch Nutzung anderer verwandtschaftlicher Kontakte, beispielsweise zu der Lübecker Familie Wiggering, konnte Hans Hagenauer weitreichende Handelsbeziehungen sowohl in Nürnberg als auch in Lübeck aufbauen und handelte erfolgreich auf der Route Nürnberg-Lübeck. Seine Söhne, insbesondere Anton sowie Magdalenes Ehemann Hieronimus, führten diese fort und bauten den Handel von Nürnberg über Lübeck weiter in den Ostseeraum aus. Nachdem Hieronimus 1537 verstorben war, setzte Anton seine Handelsgeschäfte mit seinen anderen Brüdern weiter fort.[118] In zweiter Ehe heiratete Magdalene Hagenauer Jacob van Hellen, der sie schließlich auch überlebte.[119]

---

116 AHL, Testament 1527 August 3 Lange, Clawes und Testament 1529 Juli 15 Lange, Anneke. Im Archiv der Hansestadt Lübeck gibt es ein weiteres Testament eines Claus Lange vom 13. Juni 1535. Dunkelguds Schwiegersohn war zu diesem Zeitpunkt bereits verstorben. Ob es sich um seinen gleichnamigen Enkel handelt, kann nicht mit Sicherheit geklärt werden, da das Testament einzig von der verstorbenen Ehefrau Agnete berichtet und keine weiteren verwandtschaftlichen Verbindungen aufzeigt. Ein einziges möglicherweise verbindendes Indiz mit der Familie Dunkelgud ist die Wahl eines Provisors namens Jochim Trechow. AHL, Testament 1535 Juni 13 Lange, Clawes. Dieser war seit 1504 Mitglied der Krämerkompanie. Hennings: Mitglieder, S. 197.
117 AHL, Testament 1529 Juli 15 Lange, Anneke.
118 Nordmann: Großhändler, S. 83 f., 87, 90–92; zu der Familie Hagenauer vgl. auch Rossi: Lübeck, S. 83–91.
119 AHL, Testament 1558 Mai 19 Anneke Lange.

Dunkelguds Schwiegersohn Claus Lange verstarb vor dem Jahr 1528.[120] Als Testamentsvollstrecker setzte er zwei Mitbrüder der Krämerkompanie, Hinrick van Delden und Gert Schulte,[121] sowie seinen Schwiegersohn Peter Snider ein.[122]

Am 15. Juli 1529 setzte die Witwe Anneke Lange ein erstes Testament auf.[123] Im Oberstadtbuch wurde das Haus 266 am Markt zukünftig als Anneke Langes Haus bezeichnet, worin ihr anhaltender Witwenstand deutlich wird.[124] Als Kauffrau führte sie das Geschäft ihres Vaters und verstorbenen Ehemanns bis ins hohe Alter alleine weiter. Gesundheitlich geschwächt setzte sie am 19. Mai 1558 ein zweites Testament auf[125] und ließ sich 1562 die beiden Immobilien Markt 266 und Wahmstraße 43 offiziell im Oberstadtbuch zuschreiben. Sie verstarb vor dem Jahr 1567, d.h. mit mindestens 82 Jahren, da ihre Testamentsvollstrecker, die drei Ehemänner ihrer Enkelinnen Berndt Rotgers, Jacob van Hellen und Frederick Knevel sowie ein Herman Arndes, in diesem Jahr den Verkauf beider Immobilien an Arnt Kockert abwickelten.[126]

Obwohl Hinrik Dunkelgud in seinen Testamenten wiederholt den Wunsch äußerte, dass eine seiner Töchter sich ins Birgittenkloster Marienwohlde begeben und für sein Seelenheil beten möge,[127] setzten sich alle drei darüber hinweg. Geseke heiratete den Witwer Arnt Bolte. Dieser trat 1496, damals noch in erster Ehe mit einer gewissen Barbara verbunden, in die Krämerkompanie ein.[128] In die zweite Ehe mit Dunkelguds Tochter Geseke brachte Bolte neben seiner Tochter Barbara auch die Bude Markt 6 ein, die ehemals Teil der Brautausstattung seiner ersten Frau gewesen war und die neben dem Haus von Gesekes Schwester Anneke Lange lag. Über weiteren Immobilienbesitz ist nichts bekannt. Aus der Ehe von Arnt und Geseke Bolte gingen die Kinder Anneke (Anna) und Christoffer hervor. Gesekes

---

120 Claus Langes Tod ergibt sich indirekt aus einem Niederstadtbucheintrag von Judica 1528, in dem er als Mitvormund des Stiefsohnes seiner Schwägerin Lisbet, Dunkelguds Tochter, als bereits verstorben aufgeführt wird. AHL, Niederstadtbuch Reinschrift 1528, fol. 143v. Ferner verzeichnet das Oberstadtbuch, um die Positionen der Gebäude zueinander deutlich zu machen, in den jeweiligen Einträgen immer auch ein Nachbarhaus. Für das Jahr 1536 wurde so beispielsweise aufgeführt, dass die Immobilie Markt 265 *op dem markede by Anneke Langhen hus* gelegen sei. Da hier von dem Haus der Anneke Lange und nicht des Claus Lange gesprochen wird, bestätigt dies den vorherigen Tod ihres Ehemanns. AHL, Schrödersche Regesten, Marienquartier, S. 343.

121 Hinrick van Delden, Mitglied seit 1489, und Gerdt Schulte, Mitglied seit 1498. HENNINGS, Mitglieder, S. 84, 194.

122 AHL, Testament 1527 August 3 Lange, Clawes.

123 AHL, Testament von 1529 Juli 15 Lange, Anneke.

124 AHL, Schrödersche Regesten, Marienquartier, S. 343 (Haus Markt Nr. 6).

125 AHL, Testament 1558 Mai 19 Anneke Lange.

126 AHL, Schrödersche Regesten, Marienquartier, S. 345 und Johannisquartier, S. 456; die Namen ihrer gewählten Testamentsvollstrecker sind aufgeführt in AHL, Testament 1558 Mai 19 Anneke Lange.

127 Rechnungsbuch, Testament vom 11 April 1487, fol. 231v; Testament vom 17 April 1492, fol. 230r, Testament vom 2 April 1493, fol. 230v und das Testament vom 22. März 1502, fol. 228r.

128 HENNINGS: Mitglieder, S. 83.

Stieftochter Barbara heiratete Herman Koppersleger, mit dem sie die Töchter Lisbet, Barbara und Geseke hatte.[129]

Im Dunkelgudschen Rechnungsbuch wird Arnt Bolte vier Mal erwähnt. Wie auch seinen Schwiegersohn Claus Lange setzte Hinrik Dunkelgud ihn am 22. März 1502, sehr wahrscheinlich implizit auch in den diesen Punkt gänzlich aussparenden Fassungen des 15. August 1502 sowie des 3. Juni 1507 und erneut am 11. November 1509 als einen seiner Nachlassverwalter ein. Da Dunkelgud dieses letzte vollständige Testament 1517 nur noch einmal bestätigte, ohne nochmals die Vormünder zu erwähnen, wird er Arnt Bolte wohl auch zu diesem Zeitpunkt dazu gezählt haben.[130] Aufgrund dieser Einsetzung als Provisor werden Geseke und Arnt Bolte wohl um das Jahr 1502 geheiratet haben. Gesekes Alter bei der Eheschließung beruht nur auf Schätzungen. Da nach der Ältesten Anneke zwischen dem 13. September 1484 und dem 11. April 1487 entweder eine oder beide Schwestern geboren wurden, könnte Geseke bei ihrer ersten Eheschließung ca. 17 Jahre oder etwas jünger gewesen sein.[131]

Im Zusammenhang mit Dunkelguds Immobilienverkäufen zählte er seinen Schwiegersohn Arnt Bolte 1505 als einen der Anwesenden bei der Übergabe von 30 mk an Hinrik Dankwer, Hans Dankwers Sohn, auf. Hans Dankwer kaufte Dunkelgud 1504 seinen Hof in Ruppersdorf beim Ruppersdorfer See ab und zahlte ihn in mehreren Raten aus. Warum Hinrik Dankwer eine Zahlung Dunkelguds erhielt, wird nicht klar. Für den 3. November 1506 bemerkte Dunkelgud im Zusammenhang mit Hinrik Dankwer, dass dieser im nächsten Frühjahr *sal wedder van den have faren*, so dass Hinrik wohl als Schiffer oder Kaufmann tätig war.[132] Am 10. Dezember 1512 erschien Dunkelgud vor dem Lübecker Rat und vermachte seine restlichen beweglichen und unbeweglichen Güter seinen beiden Schwiegersöhnen Arnt Bolte und Simon Jonsen.[133] Die Überschreibung der Immobilie 266 am Markt im Oberstadtbuch an Claus Lange kann ohne Tagesdatum für dasselbe Jahr festgestellt werden. Diese erfolgte aber mit hoher Wahrscheinlichkeit vor dem Niederstadtbucheintrag. Welche Güter Dunkelgud seinen anderen beiden Schwiegersöhnen dann noch vererben wollte und konnte, wird auch unter Hinzuziehung der Dunkelgudschen Testamente aus den Jahren 1502, 1507 und 1509 nicht deutlich. Dort verzeichnete er seine Legate für mildtätige Zwecke, an einige verbliebene Blutsverwandte, allerdings ohne dabei seine Töchter oder Schwiegersöhne aufzuführen.[134]

Am 29. Juni 1513 fungierte Arnt Bolte als Geldbote und nahm von Hinrik Lycherdts Frau eine Zahlung von 6 mk als Rate für den Kauf des Heringshauses vor dem Holstentor für Dunkelgud entgegen.[135] Nach dem Tod Boltes wählte seine

---

129 AHL, Schrödersche Regesten, Marienquartier, S. 342 f. und Testament 1542 Oktober 16 Hoper, Johan.
130 Rechnungsbuch, fol. 229v, 228v–226r, 225r. Vgl. Kapitel 3.4 (Ernennung der Nachlasspfleger als Zeichen personeller Verflechtungen).
131 Rechnungsbuch, fol. 231v.
132 Ebd., fol. 30r.
133 AHL, Niederstadtbucheintrag 1512–1514, f. 147v–148r.
134 Rechnungsbuch, fol. 228v–225r.
135 Ebd., fol. 36r.

Witwe Geseke am 29. März 1528 für sich und ihre Kinder Hans Meyer und Hans Busch zu ihren Vormündern.[136] Die Immobilie Markt 265 wurde ihren Vormündern laut Oberstadtbucheintrag im Jahr 1536 zur weiteren Verwaltung zugesprochen.[137] Eine zweite Eheschließung Gesekes mit Johan Hoper erfolgte spätestens bis zum Jahr 1531, da Geseke und ihre Kinder ab diesem Zeitpunkt in den Testamenten Hopers Erwähnung fanden.[138] Nach der vollständigen Erfüllung von Arnt Boltes Testament und der Abschichtung der anderen Erbberechtigten ging die Immobilie 265 im Jahr 1537 in den Besitz Johan Hopers über.[139] Wann Johann und Geseke Hopers verstarben, kann nur bedingt nachvollzogen werden. Sein drittes und letztes Testament verfasste Johan Hoper, damals bereits krank, am 16. Oktober 1542.[140] Da das Haus Markt 265 im Jahr 1560 an seine drei Urenkelinnen Lisbet, Barbara und Geseke, die Nachkommen von Gesekes Stieftochter Barbara und Hermann Koppersleegers, überging, wird sie spätestens um diese Zeit ebenfalls verstorben sein.[141]

Die dritte Tochter Lisbet heiratete Simon Jonsen, der aus der Ehe mit seiner ersten Frau Margaret einen Sohn namens Lamberd mitbrachte.[142] Ihre Ehe wird sehr vermutlich erst einige Jahre nach ihrer Schließung im Jahr 1513 in Jonsens Testament fassbar. Jonsen war kein Mitglied der Krämerkompanie. Neben der Erwähnung eines persönlichen Rechnungsbuches in seinem Testament[143] verweisen zwei Niederstadtbucheinträge auf seine Beteiligung an Handelsgeschäften mit Kersten Brockhus und weiteren Partnern, u. a. Hans Busch, nach Bergen.[144]

Hinrik Dunkelgud erwähnte Simon Jonsen in seinem Rechnungsbuch nur ein einziges Mal, indem er einen undatierten Eintrag mit dessen Namen begann und nicht weiter ausführte, so dass keine über das verwandtschaftliche Verhältnis hinausgehende Aussagen gemacht werden können.[145] Infolge einer Erkrankung verfasste Simon Jonsen am 1. August 1513 ein Testament, das bereits im folgenden Jahr verlesen wurde.[146] Als Testamentsvollstrecker wählte Jonsen seine zwei Schwager Arnt Bolte und Claus Lange sowie Hermen Eggebrecht und Hans van Schrarve.[147] Die Vormundschaft über Simons Sohn, also Lisbets Stiefsohn, Lamberd übernahmen, wie ein späterer Niederstadtbucheintrag aus dem Jahr 1528 ausführt, Hans Busch und sein Schwager Claus Lange, nach dessen Tod ein Hinrik

---

136 AHL, Niederstadtbuch 1528, fol. 141v.
137 AHL, Schrödersche Regesten, Marienquartier, S. 343.
138 AHL, Testament 1531 September 21 Hoper, Johan; 1536 September 28, Hoper, Johan und 1542 Oktober 16 Hoper, Johan.
139 AHL, Schrödersche Regesten, Marienquartier, S. 343.
140 AHL, Testament 1542 Oktober 16 Hoper, Johan.
141 AHL, Schrödersche Regesten, Marienquartier, S. 343. Zur verwandtschaftlichen Verflechtung siehe auch AHL, Testament 1542 Oktober 16 Hoper, Johan.
142 AHL, Testament 1513 August 1, Jonsen, Symon (krank) und Niederstadtbuch Reinschrift 1512–1514, f. 25v.
143 AHL, Testament 1513 August 1, Jonsen, Symon (krank).
144 AHL, Niederstadtbuch Reinschrift, 1518–1519, fol. 183r.
145 Rechnungsbuch, fol. 38v.
146 AHL, Testament 1513 August 1, Jonsen, Symon (krank) und Niederstadtbuch Reinschrift 1512–1514, f. 25v.
147 AHL, Testament 1513 August 1, Jonsen, Symon (krank).

Noumann.[148] Zudem wurde einzig Lamberd als Erbe einer nicht näher bestimmten Immobilie eingesetzt. Weitere Kinder Simons und Lisbets werden nicht erwähnt.

Nach wenigen Jahren ging Lisbet eine zweite Ehe mit Kersten Brockhus ein, als dessen Ehefrau sie am 13. Dezember 1519 geführt wurde.[149] Seit dem Jahr 1515 besaß Kersten Brockhus das Haus Klingenberg 21 *myt vyff thoren*.[150] Seine zumindest für das Jahr 1517 nachweisbare Mitgliedschaft und sein aktives Mitwirken als Schaffer in der Landfahrer-Krämer-Bruderschaft mit Sitz im Dominikanerkloster St. Johann in Rostock deuten auf eine kaufmännische Profession hin.[151] Als Mitglied der Lübecker Krämerkompanie ist er allerdings nicht nachweisbar.[152] Lisbet verwitwete ein zweites Mal und stand zusammen mit ihrem Schwager Claus Lange und dessen Schwiegersohn Peter Snider am 16. Juni 1526 vor dem Lübecker Rat. Streitfrage waren die Höhe und Auszahlung ihres Brautschatzes, den ihr Vormund Hans Busch[153] ihr übereignen sollte. Lange und Snider beschworen ihre Aussage, dass sie 1513 mk in bar und dazu Kleiderschmuck im Wert von 600 mk als Brautschatz mit in die Ehe eingebracht habe.[154] Der genaue Fortgang dieses Rechtsstreits kann nicht aufgezeigt werden. Indes wurde wohl eine Einigung zwischen ihren Vormündern und den anderen Erben Kersten Brockhusens erzielt, indem Lisbet das Haus Klingenberg 21 zugesprochen bekam, das ihr 1529 offiziell im Oberstadtbuch überschrieben wurde. Lisbet verstarb wohl noch in demselben Jahr und vererbte ihren Schwestern das Haus am Klingenberg, wobei Gesekes Vormünder Anneke ihren Anteil am Haus abkauften.[155]

3.1.3 Weitere Haushaltsmitglieder

Weitere nicht eindeutig nachweisbar durch Blutsverwandtschaft oder Verschwägerung mit Dunkelgud verbundene Haushaltsmitglieder waren zeitweise die Lehrjungen Hans Borne und Peter Kegeben. Ersterer kam am 12. März 1480 zu Dunkelgud in die Lehre und damit sehr wahrscheinlich in den Haushalt seines Lehrherrn. Bei Hans Borne könnte es sich möglicherweise um einen Cousin Hinrik Dunkelguds gehandelt haben. In einer Abrechnung Dunkelguds mit seinem Oheim Peter Schutte vom 24. August 1479 erwähnte Dunkelgud, dass Schutte ihm noch „*von Heyneken, Borns wegen 5 mk*" geben solle.[156] In einem weiteren, nicht gestrichenen Eintrag vom 16. Oktober 1500 bezeichnete Dunkelgud Heineken, seine Tante mütterlicherseits, verheiratet mit Marqward Mus, als Mutter eines *Hans Bron*. Dieser schuldete Hinrik Dunkelgud rund 400 mk.[157] Mit seinem Kapitalführer Hans Borne be-

---

148 AHL, Niederstadtbuch Reinschrift 1528, fol. 143v.
149 AHL, Niederstadtbuch Reinschrift 1518–1519, fol. 281r.
150 AHL, Schrödersche Regesten, Johannisquartier, S. 814.
151 Lisch: Landfahrer-Krämer-Compagnie, S. 190.
152 Vgl. Hennings: Mitglieder, S. 83.
153 Hans Busch war auch einer der Zeugen.
154 AHL, Niederstadtbuch, Reinschrift 1526–27, f. 75v.
155 AHL, Schrödersche Regesten, Johannisquartier, S. 814.
156 Rechnungsbuch, fol. 15r.
157 Ebd., fol. 11r.

trieb Dunkelgud vom 25. Juli 1483 bis zum 17. Oktober 1488 Gesellschaftshandel und errechnete zum Abschluss ihrer Gesellschaft einen Schuldbetrag Bornes von 265 mk 15 ß.[158] Obgleich zwischen dieser Abrechnung aus dem Jahr 1488 bis zum Eintrag im Jahr 1500 zwölf Jahre lagen und zwischen den angegebenen beiden Beträgen eine nicht unwesentliche Differenz bestand, könnte es sich bei Heinekens Sohn um Hans Borne gehandelt haben.[159]

Als zweiter Lehrjunge folgte Peter Kegeben im Jahr 1481. Beide Lehrjungen erhielten eine neue Kleiderausstattung sowie Unterricht von einem Schulmeister, dem Hinrik Dunkelgud seine Dienste vergüten musste. Bei der ersten Erwähnung sprach Hinrik Dunkelgud von der *schole in gank*,[160] d.h., der Unterricht fand in einem kleinen Haus oder eher einer Bude auf einem rückwärtigen Hofgrundstück statt. Dies deutet eher auf einen unabhängigen Rechenmeister, der Bornes und Kegebens mathematische Fähigkeiten weiter schärfen sollte,[161] als auf eine der Latein- oder Elementarschulen hin.[162]

Ob Hans Borne und Peter Kegeben eine Ausbildung zum Krämer oder zum Handelsgesellen bei Dunkelgud machten und inwiefern es darin Unterschiede gab, wird nicht deutlich. Ganz allgemein ist nur selten überliefert, wie viele Jahre die Jungen eine kaufmännische Lehre durchliefen und wie lange sie im Anschluss bei demselben Kaufmann als Geselle arbeiten mussten. Hildebrand Veckinchusens Lehrling Sasse musste sich 1418 auf insgesamt sieben Jahre, davon zwei Jahre gegen freie Kost, und anschließend fünf weitere Jahre als Kaufmannslehrling und Gehilfe verpflichten, um von Hildebrand eine mögliche Weiterbeschäftigung als Kaufmannsgeselle in Aussicht gestellt zu bekommen.[163] Auch über das Alter Bornes und Kegebens erfahren wir nichts. Der spätere in Reval tätige Bernd Pal wurde als Sohn eines erfolgreichen Lübecker Kaufmanns im Alter von sieben Jahren zur Ausbildung von Lübeck nach Reval zu einem Geschäftspartner seines Vaters geschickt. Nach zehn Jahren hatte sich Pal dort den Gesellenstatus erarbeitet.[164] Peter Kegeben ging im Rahmen seiner ersten Widerlegung mit Hinrik Dunkelgud bereits im Jahr 1481 auf eine einmonatige Handelsreise ohne seinen Lehrherrn, was eher auf das Alter eines Jugendlichen hindeuten dürfte.[165] Im Gegensatz dazu ging Hans Borne etwas über drei Jahre bei Dunkelgud in die Kaufmannslehre, bevor er nach

---

158 Ebd., fol. 209v, 202v.
159 Vgl. Anhang 11.4 Stammtafel Hinrik Dunkelguds. Vgl. zu Hans Borne auch Kapitel 6.5.4 (Der Gesellschaftshandel mit Peter Kegeben und Hans Borne (HG C)).
160 Rechnungsbuch, fol. 14r–v, Zitat nach fol. 14r. Wilhelm Mantels gab fälschlicherweise Hans Blanke als zweiten Lehrjungen an. Vgl. MANTELS: Memorial, S. 349. Vgl. WARNCKE: Handwerk, S. 56f.
161 ROPP: Kaufmannsleben, S. 10.
162 In Lübeck entstand neben der Domschule bereits im Jahr 1262 eine zweite Lateinschule an der Jakobikirche, in der nachweislich während ihres Bestehens seit der zweiten Hälfte des 14. bis zur Mitte des 15. Jahrhunderts auch kaufmännische Unterrichtsinhalte gelehrt wurden. Daneben richteten Rat und Bürgerschaft um 1300 zuerst an der Marien- und Petrikirche öffentliche Elementarschulen ein. CORDES: Juristische Bildung, S. 49; WRIEDT: Schulen, S. 11.
163 STIEDA, Briefwechsel, Nr. 201, S. 225. WINTERFELD, Veckinchusen, S. 16.
164 JAHNKE: Geld, S. 4; DERS.: Bernd Pal, S. 159f.
165 Rechnungsbuch, fol. 14r, 211v, 210v.

Reval geschickt wurde. Recht wahrscheinlich weisen die mehrmaligen, nicht genauer datierten Einkleidungen Bornes mit mindestens vier Hosen, vier Paar Schuhen, zwei Röcken, zwei Gugeln, zwei Wämsen und einer Hoike auf sein noch nicht abgeschlossenes Körperwachstum hin und lassen ihn jüngeren Alters als Kegeben erscheinen. Zudem musste Dunkelgud für Borne mehrmals einen Schulmeister bezahlen. Dies könnte allerdings auch einfach auf eine unzureichende Grundausbildung Bornes im Gegensatz zu Kegeben hinweisen,[166] oder Dunkelgud trug weitere Ausbildungskosten für Kegeben als eines seiner Mündel nicht mehr im Rechnungsbuch F, sondern in sein von Marie-Louise Pelus-Kaplan als „Vormünderbuch" bezeichnetes Buch B ein.[167]

Weitere Mündel Dunkelguds waren Peter Kegebens Bruder Lutke sowie deren Schwestern Talke und Abelke. Über die genauen Umstände der Begründung dieser Vormundschaft erfahren wir nichts. Da ihre Mutter Wobbeke noch lebte, wird es sich auch in diesem Fall um eine Altersvormundschaft aufgrund des Todes des Vaters gehandelt haben.[168] Die Verwaltung des Mündelgeldes und die finanzielle Abwicklung der Ausgaben für die Kinder erfolgten nachweislich ab dem 1. Januar 1483 über ihren Onkel Titke Kegeben.[169] Wiederholte Verweise Dunkelguds deuten zudem auf ein eigenes Vormünderbuch, sein Buch B, hin.[170] Ob die Führung eines speziellen Buches ausschließlich zur Verwaltung des Mündelgeldes auf weitere Pflegekinder hinweist, kann aufgrund der Quellenlage nicht beantwortet werden. Aus den Einträgen des Dunkelgudschen Rechnungsbuches F geht nicht hervor, ob die drei anderen Mündel Lutke, Talke und Abelke Kegeben auch direkt in seine Obhut gegeben wurden. Da er ihre Mutter Wobbeke zweimal erwähnt und Titke Kegeben davon berichtet, dass *Lutke Kegeben et sin moder Wobbeke* eine Geldzahlung empfangen hätten, wohnte wohl zumindest Lutke bei seiner Mutter. Da beide Schwestern ebenfalls ausschließlich im Zuge von Zahlungen erwähnt werden, galt dies sehr wahrscheinlich auch für sie.[171] Die letzten Einträge zu Dunkelguds Mündeln stammen vom 13. April 1494 und beziehen sich auf die bereits erwähnte Anfertigung der Brautausstattung Talkes und eine Kostenaufstellung für ihre Hochzeit, eine Abrechnung Dunkelguds mit mehreren anderen Parteien sowie einen Verweis auf sein Rechnungsbuch B.[172] Im Zusammenhang mit der Ausrichtung eines Festes für Peter Kegeben stellte Kunneke eine Ausstattung, bestehend aus Kissen und Bettzeug, Seide (?), Bademänteln, Leinwand und rot gegerbtem Leder sowie einer Kiste, für ihn zusammen.[173]

Bei den letzten drei Mitgliedern von Dunkelguds Haushalt handelte es sich um seine Knechte Lammerd Hemekynck und Bernt Menke sowie um seine Magd

---

166 Ebd., fol. 14v, 211v, 210v.
167 PELUS-KAPLAN: Geschichte, S. 37. Zu Verweisen auf sein „Vormünderbuch" vgl. Rechnungsbuch, fol. 212v–211r; MANTELS: Memorial, S. 351.
168 KRANZ: Vormundschaft, S. 12 f.
169 Rechnungsbuch, fol. 212v.
170 Ebd., fol. 212v–211r. Vgl. MANTELS: Memorial, S. 351 A Nr. 3.
171 Rechnungsbuch, fol. 212v–211r.
172 Ebd., fol. 212v–211r.
173 Ebd., fol. 211r.

3.1 Familie und Haushaltsangehörige   65

Gretke Tessins. Für ihre Dienste in seinem Haushalt und zu ihrer späteren Versorgung bedachte Dunkelgud seine Magd in seinem Testament aus dem Jahr 1509 mit einer jährlichen Rente von 5 mk.[174] In diesem Fall erscheint es sehr wahrscheinlich, dass diese Rentenzahlung implizit auch für Dunkelguds letzte Testamentsbestätigung im Jahr 1517 gelten sollte. Solche Legate weisen üblicherweise auf eine langjährige Dienstzeit im Haushalt hin[175] und stellten für die wohlhabenderen Familien Lübecks eine übliche Form der Fürsorge dar,[176] die bei Mägden aus Haushalten der städtischen Führungsgruppen sogar in die Unterstützung beim Einkauf in einen der Beginenkonvente münden konnte.[177]

Im Dunkelgudschen Rechnungsbuch erscheint sein Knecht Bernt Menke nur ein einziges Mal im Jahr 1482, als er eine Geldzahlung für seinen Herrn annahm.[178] Der Knecht Lammerd Hemekynck wird erstmals im Zusammenhang mit einem Botendienst am 29. September 1503 erwähnt, später zudem im gemeinsamen Gesellschaftshandel mit Hinrik Dunkelgud am 15. Juni 1504 und im Rahmen einer Abrechnung von Handelsgeschäften in Verbindung mit Dunkelgud und dessen Schwiegersohn Claus Lange am 11. April 1505.[179] Bei Dunkelguds Knecht Lambert Hemekynck handelte es sich wahrscheinlich um einen Handelsdiener im Kramhandel. Ob unverheiratete Krämer ähnlich wie die Gesellen im Handwerk im Haus ihrer Dienstherren wohnen mussten, bis sie sich mit einem eigenen Kramladen selbständig machen konnten, ist nicht überliefert. Laut Johannes Warncke kamen bei den anderen Gewerben verheiratete Knechte mit einem eigenen Haushalt in der Regel nicht vor.[180] In die Krämerkompanie wurde 1493 ein *Lambert Hermelink*, verheiratet mit einer gewissen Anneke, aufgenommen.[181] Dieser Quellenbeleg eröffnet mehrere Probleme. Zunächst ergibt sich die grundsätzliche Frage, ob es sich um dieselbe Person handelte. Für diese Annahme sprechen die Namensähnlichkeit, die zeitliche Nähe und der Zusammenhang mit der Krämerei. Zwei Fragen schließen sich an. Zumindest zum Zeitpunkt seines Eintritts in die Kompanie war Hemekynck verheiratet – war dieser Umstand gleichbedeutend mit einem eigenen Haushalt getrennt von Dunkelguds Haus? War es für Krämer erst mit der Nutzungsmöglichkeit einer eigenen Krambude, d. h. als selbständiger Kleinhandelskaufmann, möglich, als vollwertige Brüder in die Kompanie einzutreten? Demnach wäre jener *Lambert Hermelink* im Brüderbuch kein Knecht in der Bedeutung eines Handelsgesellen mehr gewesen.[182] Auch die Frage nach Hemekyncks Wohnort muss offenbleiben. Zwischen seinem Eintritt und der ersten Erwähnung im Dunkelgudschen Rechnungsbuch liegen immerhin zehn Jahre, in denen die erwähnte Ehefrau Anneke

---

174 Ebd., fol. 225r.
175 MITTERAUER: Familie, S. 8. Vgl. auch MASCHKE: Unterschichten, S. 336.
176 Vgl. BRANDT: Bürgertestamente, S. 342.
177 NOODT: Religion, S. 353 f.
178 Rechnungsbuch, fol. 19v.
179 Ebd., fol. 28r, 34v, 35r.
180 WARNCKE, Handwerk, S. 56 f.
181 HENNINGS: Mitglieder, S. 88.
182 Vgl. zu Hemekynck auch Kapitel 6.5.6 (Handelsgeschäfte mit Verwandten und Haushaltsangehörigen).

möglicherweise verstorben und Hemekynck aufgrund dessen doch ins Dunkelgudsche Haus gezogen sein könnte.

Zusammenfassend kann über Hinrik Dunkelguds familiären Verhältnisse vor seiner Niederlassung kaum etwas ausgesagt werden. Einzig seine Mutter wird auch im Zusammenhang mit seiner zukünftigen verschwägerten Familie Meyer erwähnt. Als vermutlich älterer Verwandter und Vertrauter Dunkelguds tritt nur sein Oheim Peter Schutte aus Travemünde hervor, da sich beide gegenseitig zu Nachlasspflegern ernannten. Eine Einbindung Dunkelguds in bestehende familiäre Verflechtungen, die seine kaufmännische Tätigkeit vor oder nach seiner Niederlassung im Kramhandel bedingt haben könnten, wird nicht sichtbar.

Grundlegend im Leben von Dunkelgud erwies sich seine Verschwägerung mit der Familie Meyer, da diese neben der Bildung einer neuen Kleinfamilie mit Kunneke und seinen Töchtern auch seinen Einzug zuerst in den Haushalt seines Schwiegervaters zusammen mit seinem unmündigen Schwager und seiner vermutlich unverheirateten Schwägerin nach sich zog. Nach dem Tod Hans Meyers übernahm Dunkelgud nicht nur die Vormundschaft nachweislich für Hans Meyer d. J., sondern wurde auch erstmals Vorstand seines eigenen Haushalts. Dieser setzte sich zeitweise aus seiner Kleinfamilie, bestehend aus ihm und seiner Ehefrau Kunneke und ihren drei Töchtern, den durch Heirat verschwägerten Verwandten, vorübergehend seinem noch unmündigen Schwager Hans Meyer d. J. und möglicherweise für einige wenige Jahre seiner Schwägerin Gretke zusammen. Ab 1480/81 erweiterte sich dieser Kreis um die beiden Lehrjungen Hans Borne und Peter Kegeben. Den Zeitraum, in dem der Knecht Bernt Menke, die Magd Gretke Tessins und möglicherweise der Handelsgeselle Lammerd Hemekynck ebenfalls dort Wohnsitz nahmen, kann nicht näher bestimmt werden. Nach dem Tod Kunnekes 1499 und der Eheschließung seiner ältesten Tochter Anneke mit Claus Lange in demselben Jahr wohnte das frischvermählte Paar vermutlich zumindest eine Zeit lang bis zur Gründung eines eigenen Haushalts mit ihm unter einem Dach. Obgleich es an Untersuchungen und vergleichenden Beispielen aus anderen Haushalten von Krämern mangelt und keine Einordnung oder Abgrenzung möglich ist, erscheint es sehr wahrscheinlich, dass zuerst Dunkelgud und später Lange nicht nur in die Haushalte des Schwiegervaters zogen, sondern auch im Kramhandel mitarbeiteten. So wurden die Produktionsmittel als Grundlage der Erwerbstätigkeit für den Haushalt, in diesem Fall die Krambude, jeweils unmittelbar von der älteren an die jüngere Generation weitergegeben.[183]

Da seine anderen beiden Schwiegersöhne Arnt Bolte und Simon Jonsen Hausbesitz hatten, werden Dunkelguds Töchter Geseke und Lisbet zum Zeitpunkt ihrer jeweiligen Eheschließung – Geseke um 1502, Lisbet vor 1513 – das elterliche Haus verlassen haben. So kann Dunkelguds Haushalt zumindest in der Zeit vor 1499 zeitweise auf wenigstens zehn Mitglieder geschätzt werden. Zieht man vergleichend Zahlen zu Stralsunder Haushalten aus einer Untersuchung von 1.200 Testamenten vom Beginn des 14. bis zum Ausgang des 16. Jahrhunderts heran, lag Dunkel-

---

183 Zur Berufsvererbung und Vererbung der Produktionsmittel vgl. auch Kapitel 5.2 (Hinrik Dunkelgud als Ältermann).

gud mit einer Magd und einem Knecht, also zwei Haushaltsgehilfen im üblichen, wohlhabenderen Bereich. Häufiger gab es nur eine helfende Person im Haushalt. Drei Bedienstete kamen deutlich seltener, vier sogar äußerst selten vor. Zudem war unter den Testamentaren die Zahl der nicht so wohlhabenden Haushalte ohne einen Bediensteten ebenfalls nicht gering. Die durchschnittliche Größe der Kernfamilie betrug vier bis fünf Personen, doch auch dreiköpfige Familien sowie kinderlose Ehepaare waren nicht selten, Haushalte mit sechs bis acht Personen traten innerhalb des untersuchten Testamentsbestands in Stralsund nur in geringer Zahl auf.[184] Verglichen mit diesen Befunden zeichnete sich Hinrik Dunkelguds Haushalt durch eine recht hohe Zahl an Familienmitgliedern aus, die mindestens zwei Bediensteten lassen ihn durchaus als wohlhabend erscheinen.

3.2 VERMÖGENSENTWICKLUNG IN LÜBECK

3.2.1 Mobile Wertgegenstände und Hinweise auf umlaufendes Kapital

Hinrik Dunkelgud gibt in seinem Rechnungsbuch an keiner Stelle einen direkten Einblick in sein Gesamtvermögen. Punktuelle Aussagen, auch zu seiner Liquidität, erlauben verschiedene Angaben zu seinem Besitz, die er im Zusammenhang mit seiner Niederlassung in Lübeck macht, zur Höhe der jeweiligen Mitgift zweier Töchter sowie zu Baumaßnahmen, beispielsweise im Zuge seiner Stiftungen für das Birgittenkloster Marienwohlde. Innerhalb seiner Vermögensentwicklung können die für viele spätmittelalterlichen Stadtbürger typischen Investitionsformen aufgezeigt werden. Dazu gehörte erstens die Investition in Handelsgeschäfte, etwa in die Widerlegungen mit Hans Borne und Peter Kegeben.[185] Zweitens bildete der Erwerb von Objekten aus Edelmetall, beispielsweise Silbergeschirr, eine sichere, möglicherweise auch prestigefördernde Anlageform, freilich ohne dass ein Kapitalzuwachs zu erwarten gewesen wäre.[186] Im Jahr 1504 war Dunkelgud im Besitz von einer Kanne, zwölf Bechern, sechs Bechern ohne Fuß (*stope*), 42 Löffeln, vier Schalen und einem kleinen Fass (*kouwschen*) aus Silber.[187] Doch erst die dritte Form der Kapitalinvestition, der Erwerb von Immobilien, ermöglicht aufgrund der dokumentierten Käufe und Verkäufe und der daraus resultierenden Rentenausgaben oder -einkünfte Einblicke in seine Besitzentwicklung für die knapp 40 Jahre, in denen er in Lübeck ansässig war.

---

184 SCHILDHAUER: Bürgertestamente, S. 67, 71 f.
185 Die Position eines Kapitalgebers innerhalb einer Widerlegung wurde häufig von dem vermögenderen Gesellschafter eingenommen, der den Kapitalführer mit seinem Geld handeln ließ und sich so selbst weniger auf den aktiven Handel konzentrieren musste. Seine freien zeitlichen Kapazitäten konnte er dann für andere Handelsgeschäfte oder für die Ausübung städtischer Ämter nutzen. Vgl. CORDES: Kaufmann, S. 17.
186 PELUS: Investitionsformen, S. 97 f.; SAMSONOWICZ: Bürgerkapital, S. 121.
187 Rechnungsbuch, fol. 34v. Bis zur zweiten Erwähnung des Silberbestands im Jahr 1509 waren zwölf der 42 Löffel wohl in den Besitz des Birgittenklosters Marienwohlde übergegangen. Ebd., fol. 225v; DORMEIER: Ordensniederlassungen, S. 355.

Zu Hinrik Dunkelguds Vermögen zur Zeit seiner Niederlassung in den Jahren 1479 und 1480 können nur vereinzelte Aussagen getroffen werden. Sehr wahrscheinlich war ein nicht unbeträchtlicher Anteil in seinen laufenden Handelsgeschäften festgelegt, wie dies für kaufmännisches Kapital üblich war und wodurch häufig eine Bargeldknappheit bei Kaufleuten bedingt wurde.[188] Genaueres erfahren wir von diesen in Handelsgeschäfte investierten Summen aus seinem Rechnungsbuch F nur sehr wenig, wie im Kapitel zu Dunkelguds Handelspraxis ausführlich dargelegt wird. Dass er aktiv im Handel tätig war, beweisen daneben seine zu dieser Zeit aktuellen Außenstände vom Februar und März 1480 sowie seine bei mehreren Handelspartnern zwischengelagerten Waren.[189] Sein weniges Hab und Gut, sein Kontor, zwei Sättel, einen Spieß, mehrere Kisten mit seinen Geschäftsbüchern, Kleider und andere Dinge ließ er, wie bereits ausgeführt, vor seiner Abreise nach Santiago de Compostela bei seinem Wirt Claus van Calven zurück. Unter diesen Besitztümern befand sich ferner ein auf Leinwand gemaltes Bild im Wert von 70 rh gl.[190] Nicht zu klären ist, ob es sich hierbei um Warenbestände handelte, da er in den Jahren 1479 bis 1480 auch Bilder unterschiedlicher Art, darunter auf Leinwand, verkaufte.[191] Da er zudem keine Aussagen über die Anzahl der gelagerten Bilder machte, kann keine preisliche Einordnung vorgenommen werden. Doch ist bei einem Leinwandbild wahrscheinlich von einem qualitativ vergleichsweise hochwertigen Stück auszugehen, das möglicherweise seinem zukünftigen Haushalt und der eigenen Repräsentation als erfolgreicher Lübecker Bürger und Kaufmann dienen sollte.[192]

Nach seiner Rückkehr im Juli 1479 war Hinrik Dunkelgud in der Lage, einige Beträge umgehend in bar zu zahlen. Der Eintritt in die Krämerkompanie sowie in die zugehörige religiöse Bruderschaft in der Annenkapelle in der Petrikirche kostete ihn insgesamt 7 mk 12 ß[193] und setzte sehr wahrscheinlich den Nachweis eines Vermögens von 10 mk oder mehr voraus.[194] Dazu kamen 2 mk 4 d zur Erlangung

---

188 JAHNKE: Geld, S. 12 f.
189 Rechnungsbuch, fol. 2r, 7r–v, 9v, 10v.
190 Ebd., fol. 8v.
191 Vgl. Anhang 11.1.1 Bilder und Bücher: Nr. 2, 4–11, 13–14.
192 Vgl. zu Kunstwerken und Luxuswaren und ihrem im Laufe des Spätmittelalters erweiterten Kundenkreis auch JEGGLE: Luxus, S. 515, 517, 527, 530; vgl. auch Kapitel 6.4.1 (Übergang von teureren, exklusiveren Handelswaren zu günstigen Massenprodukten (Handelsphasen 1 und 2)).
193 Rechnungsbuch, fol. 1r. Die erste Seite des Rechnungsbuches beginnt mit dem Einzeleintrag: *Anno Domino 1479 up Lychtmyssen* [2. Februar] *wart anhaven dyt boek in dem namen der hilgen Drefaldycheit, amen*, dieser erfolgte also kurz vor Dunkelguds Pilgerreise. Der nächste Sammeleintrag zum Eintritt in die Krämerkompanie, zur Gewinnung des Bürgerrechts usw. schloss sich dann mit einem kleinen Absatz und mit einer anderen Tintenfarbe an, woraus die Schlussfolgerung gezogen werden kann, dass dieser Sammeleintrag später erfolgte. Hinrik Dunkelgud verzeichnete in seinem Rechnungsbuch 6 mk Eintrittsgebühr plus 1 mk für die St. Annenschaffer. Das Denkelbuch der Kompanie merkt zu Dunkelguds Aufnahme noch eine weitere Gebühr von 12 ß zur Zahlung an die Älterleute an. AHL, Denkelbuch, fol. 61v.
194 Vom Anwärter wurden erstmals in der Krämerrolle für Lübecker Bürger aus dem Jahr 1353 und wiederholt in der Überarbeitung vom 24. Juni 1380 10 mk Mindestvermögen gefordert. Weder die vereinzelten amtsinternen Bestimmungen vom Anfang des 16. Jahrhunderts noch die spätere Amtsrolle vom 20. August 1573 fordert ein Mindestvermögen beim Eintritt. Am 13. März

des Lübecker Bürgerrechts,[195] die ermittelten Gesamtkosten für seine Hochzeit mit Kunneke am 24. Oktober 1479 lagen bei 221,5 mk 6,5 ß 5 d.[196] Ferner spendete er der Leichnamsbruderschaft zur Burg für Kunnekes und sein Seelenheil 1 rh gl.[197] Am 12. März 1480 mussten er und der ebenfalls neu eingetretene Jacob Kalveswinkel[198] jeweils mit 4,5 mk für die von dem Amt der Krämer geforderte Koste zu ihrem Einstand aufkommen.[199] Weitere Ausgaben von 2 mk für den Platz und wohl je 5 mk für die Anfertigung eines Kirchengestühls zusammen mit Hans Kabel in der Annenkapelle der Krämerkompanie folgten.[200]

Am 23. März 1480 war Hinrik Dunkelgud gemeinsam mit seinem Schwiegervater Hans Meyer im Rathaus und leistete eine Schosszahlung von 20 ß.[201] Diese alljährliche Zahlung war eine gemischte Vermögens- und Personalsteuer, die in Lübeck von allen Bürgern, in geringerem Maße auch von Einwohnern und von Gästen abzuleisten war. Bis ins 15. Jahrhundert wurde allgemein aufgrund einer Selbsteinschätzung geheim geschosst, nachweislich ab 1459 war dies nur noch den Vermögenden vorbehalten. Gestaffelt war der zu zahlende Schoss in drei Teile. Als Kopfsteuer betraf der Vorschoss wohl nur die Wohlhabenderen, nämlich die Immobilieneigentümer, und betrug in der zweiten Hälfte des 15. Jahrhunderts 4 ß. Alle Personen, die innerhalb Lübecks über einen eigenen Herd, d.h. einen eigenen Hausstand, verfügten, mussten ferner einen Feuerstellenschoss zahlen, der sich in dieser Zeit auf die Höhe von 26 d jährlich belief. Der Hauptschoss wiederum lehnte sich direkt an das individuelle Vermögen an und lag spätestens ab 1450 bis 1605 in der Regel bei 0,13 Prozent.[202]

Durch Dunkelguds Eintrag zu seiner Schosszahlung kann ein Annäherungswert seines zu versteuernden Vermögens ermittelt werden, wozu allerdings einige Vor-

---

1501 wird einzig der Besitz eines eigenen Harnischs gefordert. WEHRMANN: Zunftrollen, S. 274–276, 283.
195 Rechnungsbuch, fol. 1r.
196 Ermittlung dieses Werts im Kapitel 3.3 (Selbstdarstellung innerhalb der Stadt).
197 Rechnungsbuch, fol. 1r.
198 HENNINGS: Mitglieder, S. 90.
199 Rechnungsbuch, Vorsatz am vorderen Einbanddeckel (ohne Foliierung). Vgl. MANTELS: Memorial, S. 349. Heinrich Dormeier interpretiert die Organisation dieser Koste im Zuge einer Schaffertätigkeit Dunkelguds für die Kompanie. DORMEIER: Jakobuskult, S. 29. Diese Auslegung ist abzulehnen, denn erstens gehörte die Veranstaltung einer gemeinsamen Koste für die Kompaniemitglieder zu den Aufnahmevoraussetzungen in die Kompanie, wohingegen zweitens die Übernahme von Ämtern innerhalb der Kompanie, beispielsweise ein Schafferamt, üblicherweise nicht unmittelbar nach dem Eintritt erfolgte. Vgl. STOCKHUSEN: Fernhandelsgeschäfte, S. 366–371.
200 Rechnungsbuch, fol. 1r. Das Bruderschaftsbuch weist den Eintritt eines Hans Kale für das Jahr 1473 nach. HENNINGS: Mitglieder, S. 90. Im Denkelbuch der Kompanie findet sich kein entsprechender Eintrag, so dass hier nur mit hoher Wahrscheinlichkeit davon ausgegangen werden kann, dass es sich um dieselbe Person handelte.
201 Rechnungsbuch, Vorsatz an dem vorderen Einbanddeckel.
202 Allerdings kam es durch die Stadt auch vereinzelt zur Einforderung höherer Jahressätze, beispielsweise von 1,04% in den Jahren 1410 und 1507/08, die allerdings der Zustimmung der Bürgerversammlung bedurften. HAMMEL-KIESOW: Schoßeinnahmen, S. 303, 306. Vgl. auch HARTWIG: Lübecker Schoß, S. 24–32, 102 f., 112.

überlegungen notwendig sind. Erstens erfolgt die Grundannahme, dass Dunkelgud diese Zahlung vor allem für sein unbewegliches Vermögen, d. h. seine Immobilien in Lübeck ableistete. Zweitens bleibt offen, inwieweit das in laufenden Handelsgeschäften investierte Kapital oder bei Handelspartnern gelagerte Warenbestände bei der Zahlung des Hauptschosses berücksichtigt werden mussten und auch tatsächlich wurden. Abzüglich der beiden fixen Beträge zahlte Dunkelgud als Hauptschoss 15 ß 8 d. Zum Jahr 1480 betrug die Höhe des zu zahlenden Hauptschosses 1 d von 2 mk Silber. Hartwig wies nach, dass sich die jeweilige Quote nicht auf den reellen Wert der Mark Silber bezog,[203] der im Verhältnis zu der ausgeprägten und im Silbergehalt ständig sinkenden Mark Pfennige im Laufe des 15. Jahrhunderts kontinuierlich stieg. Die Gründe für die Abkoppelung vom reellen Markwert vermutet Hartwig in den praktischen Übertragungsschwierigkeiten bei der jährlichen Anpassung der Erhebung, da alle Schosspflichtigen ihre zu zahlenden Beträge selbst hätten umrechnen müssen. So wurde die jeweilige Quote nicht von dem derzeitigen Kurswert der Mark Silber, sondern nach einem festgelegten Umrechnungswert zwischen Mark Silber und Mark Pfennige ermittelt. Zur Zeit von Dunkelguds Schosszahlung stand die Mark Silber zur Mark Pfennige in einem Verhältnis von eins zu zwei.[204] Bei einer Zahlung von 15 ß 8 d ergibt die Hochrechnung auf den ursprünglich zu versteuernden Betrag ein Vermögen Dunkelguds von 752 mk oder 376 Mark Silber.[205] Zum Vergleich lag der Kaufpreis für eine Immobilie in recht guter Lage wie Königsstraße 28 im Jahr 1462 bei 600 mk,[206] der Kaufpreis der Marktbude 266 B, die zwischen den Buden A und C Dunkelguds und Hans Meyers d. J. lag, betrug hingegen nur 540 mk.[207] Weitere Schosszahlungen sind nicht überliefert.[208] Unter Berücksichtigung des von Hinrik Dunkelgud zu versteuernden Vermögens und der durch ihn in den Jahren 1479 und 1480 direkt bei seiner Niederlassung geleisteten Zahlungen ergibt sich ein Näherungswert an sein Vermögen im Umfang von 897,5 mk 7 ß 3 d. Mit einiger Wahrscheinlichkeit wird sein Gesamtvermögen aufgrund seines im Handel befindlichen Kapitals diesen Wert überstiegen haben.

Als weitere punktuelle Indizien für Hinrik Dunkelguds Besitzentwicklung, genauer: für seine Vermögensverhältnisse um 1500, dienen zwei Angaben zum Brautschatz seiner Töchter Anneke und Lisbet. Laut Gunnar Meyer kann die Höhe des Brautschatzes als ein recht sicherer Indikator für das Vermögen eines Ehepaares und das Sozialprestige innerhalb der Stadtgesellschaft dienen, wobei die Höhe des Brautschatzes auch einen „kompensatorischen Charakter" zum Ausgleich sozialer Unterschiede der Eheleute gehabt haben könne. Sollte eine Tochter in einen bes-

---

203 HARTWIG: Schoß, S. 105.
204 Ebd., S. 107 f., 110–113. Der Feingehalt der Mark lübisch sank 1433 von 31,3 g auf 24,4 g (um 21,4 %), 1439 weiter auf 23,9 g und erneut in den Jahren von 1507 bis 1530 auf 18 g. HAMMEL-KIESOW: Schoßeinahmen, S. 308.
205 Diese Berechnung kann auch durch eine Gegenprobe überprüft werden, so ergeben 0,13 % von 376 Mark Silber wiederum 15 ß d, also Dunkelguds Schosszahlung.
206 HAMMEL: Hauseigentum, S. 142 f.
207 Rechnungsbuch, fol. 1r.
208 Die Nachzeichnung von Dunkelguds Besitzentwicklung mithilfe seines Steueraufkommens, wie dies Erich Maschke für den Augsburger Burkard Zink durchführte, ist daher nicht möglich. Vgl. MASCHKE: Aufstieg.

seren ‚sozialen Stand' einheiraten, war der Brautvater folglich angehalten, einen höheren Brautschatz zu veranschlagen.[209] Dies war im Falle von Dunkelguds Töchtern wohl nicht nötig, weil alle drei in erster Ehe andere Krämer heirateten. Bei solchen Eheschließungen ist im Regelfall von einer recht ähnlichen Vermögenslage beider Partner auszugehen, worauf zudem die Hochzeitsordnungen aus der ersten Hälfte des 15. Jahrhunderts hindeuten.[210] Als Dunkelgud seine älteste Tochter Anneke 1499 mit dem Krämer Claus Lange verheiratete, schichtete er sie mit einem Brautschatz im Gesamtwert von 900 mk ab, wobei sich dieser aus 500 mk Bargeld, einem recht vorteilhaften Kaufpreis für Dunkelguds Immobilie am Markt (266) samt dem dazugehörigen Inventar und den Kosten für deren Unterhaltung auf ein Jahr zusammensetzte.[211] Seine Tochter Geseke heiratete wohl um oder nach 1502 den verwitweten Krämer Arnt Bolte, wobei die Höhe des Brautschatzes nicht überliefert ist. Wann Lisbet den verwitweten Simon Jonsen heiratete, ist ebenfalls nicht bekannt. Jonsen bezifferte die Höhe ihres Brautschatzes in seinem Testament vom 1. August 1513 auf 1.000 mk, wozu noch *sulversmyde* und alles andere kam, was sie in die Ehe mitgebracht habe.[212] Im Zusammenhang mit Rechtsstreitigkeiten mit dem Kaufmann Kersten Brockhus während ihrer zweiten Witwenschaft gab sie selbst 1.530 mk und zusätzlich Kleider und Schmuck im Wert von 600 mk an.[213] Als Vergleich für die Höhe des Brautschatzes von Hinrik Dunkelguds Töchtern bei ihren ersten Eheschließungen kann der Brautschatz der Ehefrau des um 1500 bedeutendsten Lübecker Livlandhändlers Peter Possik herangezogen werden, der laut seinem Testament aus dem Jahr 1518 1.300 mk betragen habe.[214] Trotz seiner umfangreichen Handelstätigkeit gehörte der Großhändler Possik nicht den Lübecker Führungsgruppen an.[215] Zum ersten Mal ergeben sich auch am Beispiel der Brautschatzhöhe Hinweise auf die ökonomische Nähe zwischen wohlhabenderen Krämern und einem Großkaufmann ohne Teilhabe an der städtischen Führung.[216]

---

209 MEYER: Milieu, S. 124–126.
210 HARTWIG: Frauenfrage, S. 61; HAMMEL: Hauseigentum, S. 139.
211 AHL, Testament Lange, Anneke 1529 Juli 15; Langen, Anneke 1550 September 15; Lange, Anneke 1558 Mai 19; Rechnungsbuch, fol. 222v.
212 AHL, Testamente Jonsen, Symon 1513 August 1.
213 AHL, Niederstadtbuch Reinschrift 1526–27, fol. 75v (Eintrag vom 16. Juni 1526); vgl. auch Kapitel 3.1 (Familie und Haushaltsangehörige).
214 DORMEIER: Gründung, S. 55 f.
215 SEGGERN: Handelsgesellschaften, S. 463; STARK: Lübeck, S. 226–228; DORMEIER: Livlandkontakte, S. 77; DERS.: Gründung, S. 55–57; GRASSMANN: Greveradenkompanie, S. 119 f.
216 Der einzige systematische Versuch zur Analyse der Sozialstruktur der Lübecker Bürger, d. h. zur Verortung ihrer sozialen Position mithilfe von Beruf, Steueraufkommen und Partizipation an der Stadtführung, stammt von Ahasver von Brandt, der sich darin allerdings mit der zweiten Hälfte des 14. Jahrhunderts befasste. Schon aufgrund der zeitlichen Diskrepanz ist dieser Beitrag für Hinrik Dunkelguds Einordnung in die Stadtgemeinde an der Wende vom 15. zum 16. Jahrhundert wenig hilfreich. BRANDT: Struktur. Allerdings verwies auch von Brandt bereits auf die zu dieser Zeit vorliegenden „beachtlichen Unterschiede in Vermögen, Geschäftsumfang und Umsatz" bei den Lübecker Handwerkern und Krämern. Ebd., S. 235.

3.2.2 Rentenentwicklung

In den folgenden Ausführungen werden Hinrik Dunkelguds Praktiken im Kauf und Verkauf von Immobilien, von ihm getätigte Rentengeschäfte oder auch von ihm aufgenommene Kredite näher betrachtet. Die Analyse dieser geleisteten oder empfangenen Renten, also die Rentenentwicklung, soll zum einen weitere Erkenntnisse zu Dunkelguds ökonomischen und sozialen Praktiken erbringen und zum anderen Hinweise auf die wirtschaftliche Entwicklung seines Haushalts während seines 40-jährigen Aufenthalts in Lübeck geben (vgl. Anhang 11.6.1 Diagramm: Rentenentwicklung und Anhang 11.6.2 Tabelle: Rentenleistungen).

Am 19. Juni 1480 kaufte Dunkelgud von Albert Jacobsen für 540 mk die Bude 266 B am Markt,[217] die zwischen der bereits in seinem Eigentum befindlichen Bude (266 C) und derjenigen seines Schwagers Hans Meyer d. J. (266 A) lag. Der Vertragsabschluss fand im Haus von Jacobsens Tochter Gretke Spikherink statt. In Anwesenheit von Albert Jacobsen, dessen Tochter und Gotke Spikherink, vermutlich ihr Ehemann, sowie ihres Gasts Hinrik Gerke musste Dunkelgud eine Einmalzahlung an Gretke in Höhe von 10 mk leisten. Es wurde vereinbart, dass das Haus nach Zahlung des Gesamtbetrags vollkommen bezahlt und frei von einer Rentenbelastung sein sollte. Weitere Barzahlungen von 110 mk am 21. Juli und von 30 mk am 24. Juli folgten. Zudem notierte sich Dunkelgud, dass Albert Jacobsens Frau Metke eine Rente von 20 mk, d. h. zu dem in Lübeck üblichen Zinsfuß von 5 Prozent der noch ausstehenden 400 mk, begründen wollte.[218] Die Zahlung der ersten Rente wurde zwischen dem 29. September 1481 und 29. September 1482 festgesetzt, so dass es sich demnach um eine jährlich zu zahlende Rente handelte. Für die Jahre 1481 bis 1489 erfolgten halbjährliche Rentenzahlungen von 10 mk. 1485 verrechnete Hinrik Dunkelgud eine Halbjahresrente mit an Albert Jacobsen gelieferten Tuchen im Wert von 9 mk 14 ß 8 d, es blieb also ein offener Differenzbetrag von 1 ß 4 d.[219] Von 1490 bis 1497 zahlte Dunkelgud jeweils eine jährliche Rente in Höhe von 20 mk. 1498 ging die letzte Zahlung an einen Tilman und an Dirik Rostuscher. Dunkelgud überschrieb ihnen 425 mk *up de wessel by Hinrik Greveraden*, also über die von 1495 bis 1500 von Hinrik Greverade geleitete ‚öffentliche' Wechselbank in Lübeck.[220] Dieser Betrag enthielt den geliehenen Hauptstuhl und noch eine letzte Rente für ein Vierteljahr. Demnach hatte Dunkelgud seine Schuld am 29. Januar 1499 komplett abgezahlt.[221]

Neben diesen beiden Immobilien innerhalb der Stadtmauern kaufte Hinrik Dunkelgud von Gotke Pleskow am 9. Februar 1481 eine Altrente im Wert von 60 mk.

---

217 Rechnungsbuch, fol. 1r und AHL, Schrödersche Regesten, Marienquartier, S. 344.
218 Ahasver von Brandt bezieht sich hier allerdings auf den Zinsfuß in der Mitte des 14. Jahrhunderts. BRANDT: Rentenmarkt, S. 20.
219 Rechnungsbuch, fol. 1v. Vgl. auch MANTELS: Memorial, S. 361.
220 PAULI: Bedeutung, S. 108, 111 f. Zur Bedeutung Lübecks als Bankenplatz des Nordens und zur Geschichte dreier Lübecker Bankhäuser des 15. Jahrhunderts vgl. auch JAHNKE: Lübeck, S. 149–168, zur Bank Alf und Hinrik Greveradens bes. 155–157. Zu den italienischen Wechslern in Lübeck in der ersten Hälfte des 15. Jahrhunderts siehe FOUQUET: Italiener, bes. S. 197–202, 209–214, 214 f.
221 Rechnungsbuch, fol. 23v. Vgl. auch MANTELS: Memorial, S. 362.

Bezogen wurde diese Rente aus dem Hof Ruppersdorf, der im gleichnamigen Dorf in der Nähe des Ruppersdorfer Sees nordöstlich von Ratekau im östlichen Holstein lag. Dass es sich hierbei um diesen Hof und nicht um ein anderes Anwesen im Dorf Ruppersdorf handelte, wird aus einem Testament Dunkelguds aus dem Jahr 1509 deutlich, in dem er von dem [...] *hove by dem Ratkouwer see gheheten Ruberstorpe* sprach.[222] Der Hof gehörte nach Henning Oldekop seit 1366 zu den Besitzungen des Lübecker Domkapitels, wobei die genaue räumliche Trennung des ehemaligen Adelssitzes und Hofes Ruppersdorf und des gleichnamigen Dorfes heute unscharf bleibt.[223] Wolfgang Prange führt Ruppersdorf unter den Erwerbungen des Lübeckischen Domkapitels des 13. bis 15. Jahrhunderts in Holstein zwar nicht auf, doch werden das nahegelegene Hemmelsdorf, Teile Pansdorfs sowie ganz allgemein mehrere Dorfschaften um Ratekau als bischöfliche Besitzungen erwähnt, deren Verwaltung dem holsteinischen Vogt oblag.[224] Sehr wahrscheinlich war es den jeweiligen Hofinhabern zur Kapitalbeschaffung möglich, die Immobilien oder Landgüter mit ablösbaren Renten zu belasten,[225] wozu der Lübecker Bischof seine Zustimmung erteilen und eine entsprechende Änderung im *hovetbreff* vorgenommen werden musste, wie im Dunkelgudschen Rechnungsbuch deutlich wird.[226] Ferner hatte der Hofinhaber dem Bischof eine jährliche *pacht* im Umfang von 8 mk zu zahlen.[227]

Inhaber des Hofs und Rentenschuldner waren Marquart Elvers und seine Ehefrau Sanneke, die zu einer jährlichen Zahlung von 4 mk an Gotke Pleskow und nach dem Verkauf der Rente an Hinrik Dunkelgud verpflichtet waren.[228] Vom 1. Februar 1482 bis zum 17. Januar 1495 entrichtete Marquart Elvers jährlich pünktlich seine Rente von 4 mk. Eine Ausnahme bildete das Jahr 1492, in dem keine Zahlung erfolgte. Im Ausgleich dafür lieferte er Dunkelgud 1496 Kohlen. Am 16. September 1497 notierte Dunkelgud in sein Rechnungsbuch, dass noch die *hure* für zwei Jahre, also 8 mk offen stehen würden.[229] Woher die noch nicht bezahlten Beträge stammen, bleibt ungewiss. Zeitlich können sie wohl auf noch fällige Zahlungen für das Jahr 1496 eingegrenzt werden, da der Hof mitsamt der Rentenbelastung von 60 mk zum 22. Februar 1497 in den Besitz von Marquart Gerdes überging.[230] Daher ist zu vermuten, dass die Familie Elvers im September 1497 noch nicht die Rente für das

---

222 Rechnungsbuch, fol. 18v, 225r; OLDEKOP: Topographie, Bd. 2, S. 80f.; vgl. auch LAUR: Ortsnamenlexikon, S. 534, 559. Zu dem Kauf von Altrenten vgl. auch WENNER: Handelskonjunkturen, S. 64.
223 OLDEKOP: Topographie, Bd. 2, S. 80f.
224 PRANGE: Bischof, S. 123f. Bereits Konrad Fritze verwies auf die sehr wahrscheinlich lückenhafte Überlieferung des bürgerlichen Lübecker Grund- und Rentenerwerbs auf dem Land und führte in seiner Auflistung zu den zeitweise in Bürgerhand befindlichen Dörfern oder Besitzungen in Dörfern Ruppersdorf ebenfalls nicht auf. FRITZE: Bürger, S. 84–87.
225 Prange erwähnt diese Möglichkeit zumindest im Zusammenhang mit den Lübecker Domhöfen. PRANGE: Bischof, S. 117f.
226 Rechnungsbuch, fol. 18v, 29v. Der Ausdruck *hovetbreff* ist hier wohl in der Bedeutung als Hauptdokument oder Originaldokument in Bezug auf die Rentenvereinbarungen zu verstehen. SCHILLER/LÜBBEN: Mittelniederdeutsches Wörterbuch, Bd. 2, S. 319.
227 Rechnungsbuch, fol. 29v.
228 Ebd., fol. 18v.
229 Ebd., fol. 19r.
230 Ebd., fol. 29v.

Jahr 1496 abgeleistet hatte, die um Maria Lichtmess des Folgejahres, also 1497, an Dunkelgud hätte gezahlt werden müssen. Warum Dunkelgud in diesem Fall abweichend den Begriff *hure* verwandte, bleibt offen. Zum 4. November 1497 notierte er abschließend, dass die Elvers ihm 15 Jahre lang von 1481 bis 1496 die auf Ruppersdorf liegende *rente* gezahlt hätten.[231] Folglich nutzte er die beiden Begriffe *rente* und *hure* in diesem Fall synonym. Von den ausstehenden 8 mk beglich Marquart Elvers 5 mk 6 d wiederum mit einer Kohlenlieferung. Einen weiteren Differenzbetrag über 3 mk 5,5 ß verzeichnete Dunkelgud später ebenfalls als beglichen. So blieben noch 2,5 mk 7,5 ß unbezahlte *hure* übrig, über deren Zahlung nichts ausgesagt werden kann.[232] Mit dem Inhaberwechsel des Hofs an Marquart Gerdes stellte Dunkelgud diesem noch 40 mk zusätzliches Kapital zur Verfügung. Dunkelguds Rentenanspruch am Hof Ruppersdorf belief sich folglich auf ein geliehenes Kapital von 100 mk, so dass er die jährlich zu entrichtende Rente auf 6 mk anpasste und die erste Zahlung auf Michaelis 1498 festsetzte.[233] Bis 1503 blieb Marquart Gerdes die Rente allerdings schuldig, wodurch sich Schulden in Höhe von 24 mk ergaben. Diese summierten sich zusammen mit einem weiteren Betrag von 41 mk, den Dunkelgud Gerdes darüber hinaus geliehen hatte, zu einer Neuverschuldung von 65 mk. Gegen die Gesamtverschuldung von 165 mk überschrieb Marquart Gerdes Dunkelgud *den hof to Roberstorp by dem see belegen myt al syner tobehorenghe in al nycht buten beschaden in felde, akker, weyde, wysch, holt, stok unde sten* zum Pfandbesitz.[234] Die genaueren Umstände von Gerdes' Zahlungsverzug und seiner stetig wachsenden Verschuldung bleiben im Dunkeln. Doch könnte dieser Fall den für das Spätmittelalter ganz allgemein steigenden bäuerlichen Rentenverkäufen sowie deren fortschreitender Verschuldung, häufig bedingt durch schwankende Ernteerträge, zugeordnet werden.[235]

1504 schloss Hinrik Dunkelgud mit Hans Dankwer einen Vertrag über die Verpachtung des Hofes ab. Von der Pfandsumme in Höhe von 165 mk sollten 65 mk in zwei gleichen Teilen zum kommenden und darauffolgenden Martinstag (11. November) gezahlt werden, für die restlichen 100 mk verlangte Dunkelgud eine jährliche Pacht von 6 mk. Diese Verzinsung von 6 Prozent ist für das Jahr 1494 beispielsweise auch bei Pachtbesitz im Umland von Stralsund belegt.[236] Erste Zahlungen erfolgten am 1. März über 37 mk und am 17. März 1505 über 3 mk durch Hans Dankwers Sohn Hinrik Dankwer und dessen Frau. Dann scheint es zu einer neuen nicht im Rechnungsbuch vermerkten Vereinbarung gekommen zu sein, da Hinrik Dunkelgud in Anwesenheit seiner Schwiegersöhne Claus Lange und Arnt Bolte sowie Marquart Elver Hinrik Dankwer 30 mk wieder zurückzahlte.[237] Über

---

231 Ebd., fol. 18v.
232 Ebd., fol. 19r.
233 Ebd., fol. 18v, 29v.
234 Ebd., fol. 29v. Zum Pfandbesitz allgemein vgl. FRITZE: Bürger, S. 61 f.
235 GILOMEN: Motiv, S. 179, 181 f., 184.
236 Rechnungsbuch, fol. 30r; FRITZE: Bürger, S. 89.
237 Neben dem genannten Betrag von 165 mk bezieht Dunkelgud diese Verrentung allerdings auch einmal auf den Betrag von *165 mk 10 mk myn 2ß*. Es wird hier nicht deutlich, ob die 10 mk 2 ß nachträglich hinzugesetzt wurden oder woher sie resultieren. Rechnungsbuch, fol. 30r.

die mutmaßlichen Unstimmigkeiten zwischen der Familie Dankwer und Dunkelgud, vielleicht auch einfach den ein- oder beidseitigen Wunsch nach Kündigung der Pacht wurde am 3. September 1506 in Marquart Elvers Haus verhandelt. Als Ergebnis hatte Hinrik Dankwer den Hof zum 22. Februar 1507 zu verlassen.[238] Damit lief dieses Pachtverhältnis nach ungefähr drei Jahren aus. Zu weiteren Aushandlungen der Details wurden jeweils vier Verhandlungspartner für die jeweiligen Parteien hinzugezogen. Auf Dunkelguds Seite waren dies der Vogt des Bischofs, Marquart Maken, Marquart Elver, Hans Joden und schließlich sein Schwiegersohn Claus Lange. Die Seite Hinrik Dankwers wurde vom Vogt des Domherrn, von dem nur der Nachname Schutte genannt wird, von Claus Dorne, Marquart Greleberch und Klaus Havenkrat unterstützt. Hinrik Dunkelgud hatte seinem ehemaligen Pächter in einem für Lübeck üblichen Rahmen einige seiner geleisteten Dienste auszuzahlen. So nennt Dunkelgud Kosten für Hofumbauten für 4 mk und landwirtschaftliche Dienste wie das Ausbringen von Mist und das Pflügen für 11 mk. Schließlich übernahm er zudem die Hälfte der an den Bischof jährlich zu entrichtenden *hure*, also 4 mk. Von diesen insgesamt 19 mk wurden wiederum 6 mk abgezogen, da dies als noch ausstehender Pachtbetrag für die Nutzung des Hofs festgelegt wurde.[239] Die einzigen eingegangenen und nicht von Dunkelgud zurückerstatteten Zahlungen Hinrik Dankwers waren die 10 mk vom März 1505. Demnach brauchte er als Pacht entweder nur 16 mk für den Zeitraum vom Jahr 1504 bis zum 22. Februar 1507 zu zahlen oder es erfolgten noch weitere Gegenrechnungen anderer Leistungen oder Beträge, die nicht durch Dunkelguds Aufzeichnungen deutlich werden. Die vereinbarten 13 mk empfing Hinrik Dankwer zu einem nicht näher genannten Datum in Dunkelguds Haus. Schließlich beendete Dunkelgud seine Aufzeichnungen zu dem Hof Ruppersdorf mit einer Auflistung von Sachkosten in Form von Saatgut, in Anspruch genommenen Diensten für dessen Aussaat sowie weiteren Unkosten für eine Fuhre, die er insgesamt noch einmal mit 19 mk ansetzte. Schließlich verursachten die Erneuerung des Haus- und Scheunendachs sowie andere Reparaturen und der für den Hof aufgebrachte Unterhalt weitere Kosten von insgesamt 9 mk 10 ß.[240] Der Pfandbesitz des Hofes Ruppersdorf blieb laut Dunkelguds Testamentsfassung zumindest bis zum 11. November 1509 bestehen. Der entsprechende Passus wurde aus dieser Version jedoch gestrichen und so für die letzte Erneuerung von Dunkelguds Testament im Jahr 1517 getilgt.[241] Da es sich laut Henning Oldekop bei dem Hof Ruppersdorf noch bis zum Beginn des 17. Jahrhunderts um ein holsteinisches Lehen handelte, verlieh König Christian III. dieses im Jahr 1520 Gerhard Reyter, seinem Faktor in Lübeck.[242]

In die Position eines Verpächters und späteren Pfandnehmers des Hofs Ruppersdorf geriet Hinrik Dunkelgud wohl eher zufällig als geplant über seinen ursprünglichen Kauf von Altrenten. Da über die Hofgröße keine genaueren Aussagen möglich sind, kann hier nur vermutet werden, dass Hinrik Dunkelgud mit diesem

---

238 Ebd., fol. 30r.
239 Ebd., fol. 30r. Vgl. SCHMIDT: Agrargeschichte, S. 88 f.
240 Rechnungsbuch, fol. 30r.
241 Ebd., fol. 225r; MANTELS: Memorial, S. 350 f.
242 OLDEKOP: Topographie, Bd. 2, S. 81.

Pachtbesitz deutlich unterhalb des Landbesitzes anderer Lübecker einzuordnen ist. Konrad Fritze beschreibt sehr viele wohlhabende Stadtbürger als Verpächter einzelner Höfe,[243] wohingegen Angehörige der städtischen Führungsgruppen ganze Dörfer, aber auch Mühlen, Seen oder Torfmoore im Wert von bis zu mehreren Tausend Mark erwerben konnten. So gelangte am Ende des 15. Jahrhunderts der Lübecker Bürgermeister Hermann von Wickede auch aufgrund einer vorteilhaften Vermählung in den Besitz der fünf Dörfer Groß Steinrade, Roggenhorst, Bliestorf, Rondeshagen und Crummesse.[244]

Hinrik Dunkelguds Gründe für den anfänglichen Kauf von Renten, später den Pfanderwerb des Hofs Ruppersdorf liegen sehr wahrscheinlich in dem Wunsch einer sicheren und zinsbringenden Anlage von Kapital, wie dies auch Henry Samsonowicz für Danziger Stadtbürger in der zweiten Hälfte des 15. Jahrhunderts nachwies.[245] Diese Form der Geldanlage trug ferner zu einer erhöhten Kreditwürdigkeit bei, da Land- und Rentenbesitz als Sicherheit bei Kreditgeschäften herangezogen, belastet oder im Falle von Bargeldknappheit problemlos wieder veräußert werden konnten. Diese postulierten Motive werden dadurch bekräftigt, dass Dunkelgud die Zahlungen Marquart Elvers in den meisten Fällen als Geldrente und nur in Ausnahmefällen in Form von Kohlenlieferungen erhielt. Dunkelguds Aufzeichnungen geben keinen Einblick, ob Hinrik oder sein Vater Hans Dankwer Erträge aus dem von Dunkelgud bezahlten Saatgut einfahren konnten und ob sie diese teilweise wiederum an Dunkelgud in Form einer zusätzlichen Naturalrente zu entrichten hatten. Es bleibt zudem unerwähnt, um welche Getreidesorten es sich handelte. Freilich wird auch nicht deutlich, ob Dunkelgud das Getreide für seinen Eigenverbrauch für den Haushalt in Lübeck verwendete[246] oder es weiterverhandelte, da er zur selben Zeit auch Getreide aus Danzig importierte.[247] Ein weiteres denkbares Motiv, nämlich dass Dunkelgud durch diesen Pachtbesitz sein Sozialprestige hätte aufwerten und dadurch eine Annäherung an die Lebensformen der städtischen Führungsgruppen oder gar des niederen Adels erreichen wollen, ist eher zu vernachlässigen. So betonte bereits Konrad Fritze, dass für die erfolgreiche Verschwägerung oder den Aufstieg in den Adelsstand eher wenige Fälle bekannt seien, die ausschließlich Vertreter der Führungsgruppen betrafen.[248] Für Dunkelgud dürfte dies weit außerhalb seiner Möglichkeiten gelegen haben.

Im Jahr 1489 kaufte Hinrik Dunkelgud das sogenannte Heringshaus vor dem Holstentor von der Witwe Klarke van Reyne mit Zustimmung ihrer Vormünder und ihres Sohnes, Johan van Reyne.[249] Zum Kreis ihrer Vormünder gehörten neben

---

243 FRITZE: Soziale Aspekte, S. 29.
244 DERS.: Bürger, S. 87 f. Zu Hermann von Wickede siehe FEHLING: Ratslinie, Nr. 568, S. 82 f.
245 SAMSONOWICZ: Untersuchungen, S. 112–115.
246 Vgl. FRITZE: Bürger, S. 89, 91.
247 Vgl. Anhang 11.1.10 Getreide und Mehl.
248 FRITZE: Bürger, S. 91 f.; DERS.: Soziale Aspekte, S. 29.
249 Der Immobilienkauf wurde laut Hinrik Dunkelgud nicht nur im Oberstadtbuch für das Petrikirchspiel, sondern auch im Gartenbuch der Stadt eingetragen. Rechnungsbuch, fol. 25v. Die Durchsicht der noch erhaltenen Archivalien und der Schröderschen Regesten ergab allerdings keinen Befund. Wilhelm Mantels bezeichnet die Verkäuferin als Clärchen von Rehna. Vgl. auch MANTELS: Memorial, S. 350,

Hinrik Dunkelgud selbst auch Hermen Hushere, Wilmer Sovken und Hans Schroder.[250] Bei diesen Personen handelte es sich nicht nur um Mitglieder der Krämerkompanie, sondern zugleich auch um Personen aus dem Kreis der dort rotierenden Vorsteher,[251] also einem Dunkelgud sehr vertrauten Personenkreis. Den Kaufpreis für das Heringshaus führte Dunkelgud nicht auf, doch schätzte er dessen Wert am 15. August 1502 bei einem möglichen Verkauf auf 500 mk oder mehr.[252] Als späteren Verkaufspreis der Bude gab er 1509 umgerechnet 450 mk an.[253] Ein hochwertiges Wohnhaus in guter Lage wie Königstraße 560 kostete im Jahr 1462 hingegen 600 mk.[254] Da Hinrik Dunkelgud keine Rentenleistungen seinerseits wie beim Kauf der Krambuden eintrug und die Hausüberschreibung im städtischen Gartenbuch der Wetteherren laut seiner Aussage bereits am 9. Februar 1490 stattgefunden hatte, handelte er es sich wohl um einen direkten Eigentumswechsel bei sofortiger Entrichtung des Kaufpreises, der möglicherweise um 450 mk lag. Laut Dunkelgud war für diese Immobilie ein jährlicher *worttinss* von 4,5 mk an die Wetteherren abzuleisten, dessen erste Zahlung er am 9. Februar 1490 tätigte. Da er keine weiteren Zahlungsvermerke eintrug, kann nur vermutet werden, dass er diesen Zins regelmäßig bis zum Verkauf der Heringsbude im Jahr 1509 fortsetzte. Dies ist schon deshalb sehr wahrscheinlich, da er den Verkaufs- und Zahlungsbedingungen für den neuen Käufer Hinrik Lycherd wieder einen Verweis auf den nun durch Lycherd zu leistenden Grundzins beifügte.[255] Die Gründe für Hinrik Dunkelguds Kauf des Heringshauses können nur vermutet werden. Der Kauf von Renten(-anteilen) wie im Falle des Hofs in Ruppersdorf oder von Immobilien stellte bereits seit dem 14. Jahrhundert grundsätzlich für alle Inhaber des Lübecker Bürgerrechts eine Möglichkeit dar, gerade zur Verfügung stehendes, also nicht in Handelsgeschäften gebundenes Kapital für einen längeren Zeitraum zinsbringend anzulegen.[256] Dass es sich so-

---

250 Dass Hinrik Dunkelgud auch einer der Vormünder der Klarke van Reyne war, wird aus einem anderen Immobilienverkauf, nämlich dem des Hauses am Markt Nr. 264 B der Witwe des Hans Kremer an Gerd Blotnick, ebenfalls seit 1479 Mitglied der Krämerkompanie, deutlich. Hingegen bleibt Hans Schroder dort unerwähnt. Schrödersche Regesten, Marien-Quartier, S. 341; HENNINGS: Mitglieder, S. 83.
251 Rechnungsbuch, fol. 25v. Im Jahr 1463 wurde ein Hinrick Husher aufgenommen, der im Denkelbuch der Kompanie allerdings als Hermen aufgeführt wird. Wahrscheinlich handelt es sich hier um einen Transkriptionsfehler von Johann Hennings. In den Mitgliederverzeichnissen werden zwei Hans Schroder, Vater und Sohn, mit den Eintrittsdaten 1452 und 1484 aufgeführt. Wilmer Sovken fehlt in den Listen, kann aber an anderer Stelle nachgewiesen werden. HENNINGS: Mitglieder, S. 89, 194.
252 Rechnungsbuch, fol. 228v.
253 Ebd., fol. 35v.
254 HAMMEL: Hauseigentum, S. 142 f.
255 Rechnungsbuch, fol. 35v. Im 15. Jahrhundert bezeichnete der Wortzins fortwährend bestehende Renten auf städtischen Immobilien, die unter Vorbehalt diese Rentenzahlung zu vollem Eigentum verkauft wurden. Vgl. REHME: Ober-Stadtbuch, S. 50.
256 Diese Gruppen teilt Hammel-Kiesow in die Mitglieder der obersten Führungsgruppe, die Großkaufleute, Kaufleute, Krämer, Brauer, Schiffer sowie jegliche im Gewerbe tätigen Handwerker. HAMMEL-KIESOW: Häusermarkt, S. 48 f., 51.

wohl bei dem Hof in Ruppersdorf als auch bei dem Heringshaus[257] um eine jederzeit aufzulösende Kapitalanlage handelte, zeigt sich am deutlichsten im Zeitpunkt ihrer Veräußerung. Hinrik Dunkelguds wohl spätestens 1496 einsetzenden und fortlaufenden kostspieligen Schenkungen, Umbaumaßnahmen und Stiftungen für das Birgittenkloster Marienwohlde erreichten nämlich in einer Vereinbarung mit dem Konvent Ende Dezember 1508 und der Überweisung eines Betrags von 700 mk im Namen Dunkelguds durch den Bankier Godert Wiggerinck ihren finanziellen Höhepunkt. Bereits ab seinem siebten Testament vom 15. August 1502 beauftragte Hinrik Dunkelgud seine Provisoren, den Hof und in den späteren Versionen auch das Heringshaus zu verkaufen, um die Finanzierung der von ihm gewünschten Seelmessen im Kloster zu gewährleisten.[258] Wann genau die Überweisung durch Wiggerinck stattfand, ist nicht bekannt, allerdings deutet der Verkauf des Heringshauses am 29. September 1509 an Hinrik Lycherd für 300 rh gl *van foller wycht*, d. h. umgerechnet 450 mk, auf Hinrik Dunkelguds zu dieser Zeit akuten Kapitalbedarf hin.[259] Jeweils als Barzahlung wurden die ersten 100 mk nämlich bereits zu Ostern und weitere 50 mk zu St. Michaelis des Jahres 1510 fällig. Für die restlichen 200 rh gl war eine jährliche Rente zu 15 mk zu entrichten.[260] Zudem sei noch einmal daran erinnert, dass ebenfalls der Hof in Ruppersdorf irgendwann im Zeitraum zwischen dem 29. September 1509 und dem Jahr 1517 von Dunkelgud abgestoßen wurde.

Bis zum 29. September 1510 hatte Dunkelgud dementsprechend von Hinrik Lycherd die ersten 150 mk erhalten. Daraus ergab sich noch eine Restschuld über 300 mk, die jährlich mit 15 mk zu verrenten waren. Allerdings schrieb Dunkelgud, dass Lycherd bereits mit einer Rente im Rückstand war, was er durch eine spätere Berechnung bestätigte. Die Nachvollziehbarkeit von Lycherds Rentenzahlungen ist nur bedingt möglich, da Dunkelgud mehrmals auf die Eintragungen zu Hinrik Lycherd und dessen Warenlieferung und Geldzahlungen in seinem Geschäftsbuch C Bezug nahm und diese mit der Rente verrechnete. Für das Jahr 1510 erhielt Dunkelgud unter Verweis auf Buch C 152,5 mk 1 ß in Form von Osemund und Geldzahlungen. Den zu viel entrichteten Betrag von 2,5 mk 1 ß verrechnete er dann mit der Rente für das Jahr 1511, zu der noch zwei Einzelzahlungen von 3 mk kamen. Dunkelgud fasste diese erste Rentenzahlung mit 8,5 mk 1 ß zusammen. Hierbei berücksichtigte er nicht den von ihm notierten Betrag von 7 ß, den ihm Hans Styppekelk, möglicherweise ein Geschäftspartner Lycherds und Dunkelguds, übergab.[261] Für das Jahr 1512 erhielt Dunkelgud wiederum in drei kleineren Beträgen von 6 mk, 7 mk und 5 mk insgesamt 18 mk. Diese Summe verrechnete Dunkelgud mit den

---

257 Für die ausführliche Diskussion zur Nutzung des Heringshauses und Bedeutung innerhalb des Dunkelgudschen Handelsbetriebs vgl. Kapitel 6.1 (Geschäftskomplex in Lübeck).
258 Rechnungsbuch, fol. 227v; vgl. Kapitel 6.3.4 (Kreditinstrumente) sowie Kapitel 7 (Hinrik Dunkelguds Frömmigkeitsformen und Stiftungen).
259 Diese Umrechnung wird auch durch seine folgenden Angaben zu den Zahlungsvereinbarungen deutlich. JESSE: Münzverein, S. 218; vgl. Kapitel 6.3.3 (Währungen).
260 1504 und erneut 1506 legte der wendische Münzverein eine Umrechnung von 1 rh gl zu 1,5 mk oder zu 24 ß fest. Rechnungsbuch, fol. 35v und JESSE: Münzverein, S. 129, 218.
261 Rechnungsbuch, fol. 35v–36r.

3.2 Vermögensentwicklung in Lübeck

8 mk 9 ß aus dem Vorjahr und kam am 2. Dezember 1512 auf 26 mk 9 ß und notierte eine Restschuld von 18 mk 7 ß, d. h., Dunkelgud hatte bis zu diesem Zeitpunkt mit drei Rentenzahlungen gerechnet. Im Jahr 1513 folgten zwei kleinere Beträge von insgesamt 8 mk 15 ß. Laut Dunkelgud wurde noch in demselben Jahr eine Zahlung von 15 mk Rente auf St. Michaelis vereinbart. Diese Zahlungen fehlen zwar im Rechnungsbuch, doch verwies Dunkelgud in diesem Zusammenhang später auf sein schwarzes Buch C.[262] 1514 zahlte Lycherd wiederum in vier Einzelzahlungen 22 mk. Für das Jahr 1515 erhielt Dunkelgud keine Rente, so notierte er erst wieder am 2. Februar 1516 eine Einnahme von 8 mk, die zu Ostern des Vorjahres fällig gewesen sei. Weitere 13 mk Rente folgten noch in demselben Jahr. Am 25. Januar und 9. Februar 1517 zahlte Lycherd Dunkelgud noch 2 mk, womit Hinrik Dunkelgud das vergangene Jahr 1516 als vollständig bezahlt auswies. Für 1517 zahlte Lycherd dann in Einzelbeträgen noch insgesamt 10 mk. Zum 13. November 1517 verwies Dunkelgud wiederum auf eine Seite in seinem Buch C.[263] Dieser Eintrag ist der letzte im Dunkelgudschen Rechnungsbuch. Er verstarb zwischen diesem Datum und dem Termin seiner Testamentseröffnung am 13. Dezember 1519.[264] Bereits am 29. September 1510 vermachte Dunkelgud seinen drei Töchtern und danach seinen weiteren Erben den Anspruch auf die zu seinem Todeszeitpunkt möglicherweise noch offenen Rentenleistungen Hinrik Lycherds.[265] Diese Nachlassregelung war vermutlich der Grund dafür, dass Blatt 37 mit den sehr wahrscheinlich nach 1517 fortlaufenden Rentenzahlungen aus dem Rechnungsbuch gerissen wurde.

Bereits kurz nach dem Kauf des Heringshauses im Jahr 1489 erwarb Hinrik Dunkelgud von seinem Schwager Hans Meyer d. J. am 25. Januar dessen ererbte Immobilie am Markt 266 A. Die Höhe des Preises wird nicht genannt. Hans Meyer d. J. quittierte Dunkelgud den Empfang von 332 mk, doch diese Summe enthielt neben dem Kaufpreis des Hauses auch die Anteile an seinem väterlichen und schwesterlichen Erbe[266] sowie sehr wahrscheinlich frühere Schulden bei seinem Schwager.[267] Ferner kam es im Zuge des Immobilienverkaufs zur Begründung einer Leibrente in Höhe von 20 mk jährlich, die erstmals bis Ostern 1491 fällig werden sollte.[268] Dieses Immobiliengeschäft und die daraus resultierenden Leibrenten-

---

262 Ebd., fol. 36r.
263 Ebd., fol. 36v.
264 AHL, Niederstadtbuch Reinschrift 1518–1519, fol. 281r.
265 Rechnungsbuch, fol. 35v.
266 AHL, Niederstadtbuch Reinschrift 1489–1495, fol. 63v. MANTELS: Memorial, S. 350, 363. Die entsprechende Quittung Hans Meyers d. J. im Rechnungsbuch datiert vom 2. Februar 1490. Rechnungsbuch, fol. 26v. Zum 7. Oktober 1490 verfasste Dunkelgud selbst einen Eintrag in sein Buch F und verwies auf die offizielle Überschreibung der Immobilie im Oberstadtbuch für das Petrikirchspiel (fol. 59) sowie auf einen weiteren Eintrag im Niederstadtbuch unter der Rubrik zum 25. Januar 1490. Ebd., fol. 25v und AHL, Niederstadtbuch Reinschrift 1489–1495, fol. 63v. Zu Hans Meyer d. J. vgl. auch Kapitel 3.1 (Familie und Haushaltsangehörige und Kapitel 4.1 (Kaufmännische Rechnungsbücher und Stadtbücher öffentlichen Glaubens).
267 Die quittierten Schulden betrugen demnach 277 mk. Ob der Differenzbetrag von 55 mk aus weiteren Schulden Hans Meyers d. J. resultierte oder dem Kaufpreis zuzurechnen ist, muss hier offenbleiben. Rechnungsbuch, fol. 21v.
268 Ebd., fol. 26v.

zahlungen wurden in das Diagramm zur Rentenentwicklung nicht aufgenommen (vgl. Anhang 11.6.1 Diagramm: Rentenentwicklung und Anhang 11.6.2 Tabelle: Rentenleistungen), da diese sich als vergleichsweise kurzfristige finanzielle Belastungen herausstellen sollten. Die ersten 10 mk Rente zahlte Dunkelgud seinem Schwager bereits am 7. Oktober 1490, die zweite Hälfte erhielt Hans Meyer d. J. in Form von Waren, ausgelegten Beträgen und einer Restzahlung von 2 mk 6,5 ß bis zum 8. April 1491. Am 29. September folgte die erste halbjährliche Rentenzahlung für das Jahr 1491/92. Erst zum 31. August 1492 zahlte Dunkelgud seinem Schwager dann *de rente, de ik em plychtych was*, d. h. wohl die zweite Hälfte für das Jahr 1491/92, die vollständige Rente für das Jahr 1492/93 sowie die vollständige Rente von 20 mk für das Jahr 1493/94 im Voraus.[269] Eine letzte Zahlung quittierte Hans Meyer d. J. für den 14. September 1494 in Dunkelguds Rechnungsbuch.[270] Sämtliche Einträge Dunkelguds zu seinen Rentenzahlungen und die Quittungen Hans Meyers d. J. wurden im Rechnungsbuch später gestrichen und deuten auf das Erlöschen des Rentenanspruchs Hans Meyers d. J. mit dessen Tod hin.[271]

Auf St. Michaelis des Jahres 1495 ließ sich Dunkelgud 400 mk seitens des Dominikanerklosters in Wismar überschreiben. Bis zur Ablösung dieses geliehenen Betrags hatte Dunkelgud dem Kloster eine jährliche Rente in Höhe von 20 mk, also zu einem Zinsfuß von 5 Prozent, in Form von Geld oder *in ware krut, was, olge, wat en to kloster dent* abzuleisten.[272] Fünfmal zahlte Dunkelgud direkt an St. Michaelis, fünf weitere Rentenzahlungen erfolgten spätestens bis Mitte November an das Kloster. So sandte Hinrik Dunkelgud den Dominikanern die erste Rente für das Jahr 1496 in Form von Pfeffer, Safran und Weihrauch im Warenwert von 8,5 mk 6 ß, so dass noch ein Differenzbetrag von 11 mk 2 ß offenblieb.[273] Für die zweite Rentenzahlung im Jahr 1496 lieferte Dunkelgud dem Kloster Wachs im Wert von 33 mk 6,5 ß sowie Tuch im Wert von 2 ß. Abzüglich des Differenzbetrags aus dem Vorjahr erhielt Dunkelgud von Bruder Peter Emeryk für die erhaltenen Waren einen Gegenwert von 22 mk 5,5 ß auf seine nächste Rentenzahlung angerechnet. Nach Abzug des Differenzbetrags und des Gegenwerts blieb vom ursprünglichen Warenwert noch ein Restbetrag von 1 ß offen, Hinrik Dunkelgud erhielt folglich nicht den von ihm für die Waren geforderten Preis und notierte sich den durch Peter Emeryk ‚gedrückten' Preis und zusätzlich den fehlenden Differenzbetrag sogar gleich zweimal in seinem Rechnungsbuch.[274] Es wird allerdings nicht deutlich, warum er nicht auch den für die Rente des Jahres 1497 überschüssigen Gesamtbetrag von 2 mk 6,5 ß separat vermerkte. 1497 folgte eine weitere Wachslieferung im Warenwert von 20 mk. Im Jahr 1498 wurde Dunkelgud allerdings von seiner Rentenzahlung freigestellt, da er mit Baumaßnahmen an seinem *hus* beschäftigt war. Sehr wahrscheinlich betrafen diese Bau- oder Umbaumaßnahmen die in diese Zeit fallende Vereinigung seiner nun abbezahlten drei Immobilien am Markt (266 A, B und C) zu

---

269 Ebd., fol. 26v und Hans Meyers d. J. Quittungen auf fol. 27r.
270 Rechnungsbuch, fol. 22r.
271 Vgl. ISENMANN: Stadt, S. 544.
272 Rechnungsbuch, fol. 27v.
273 Ebd., fol. 28r.
274 Ebd., fol. 27v, 28r.

einem Haus,²⁷⁵ für die er möglicherweise diesen ansehnlichen Kredit hatte aufnehmen müssen. Im Jahr 1499 lieferte Dunkelgud wieder Wachs im Wert von 20 mk, für die Jahre 1500 und 1501 zahlte er den Betrag bar ab oder ließ ihn dem Kloster überschreiben. Die letzte Warenlieferung für das Jahr 1502 umfasste Laken, Butter und Lachs. 1503 beglich er die Rente in *retgelt* und ließ es dem Kloster über Gert Kremer zukommen.²⁷⁶ Eine letzte reguläre Rentenzahlung erfolgte im Jahr 1504, der sich 1505 die Überweisung des geliehenen Kapitals (*hofstol*) über Hinrik Greveradens Wechselbank, eine letzte halbjährliche Rentenzahlung von 10 mk und eine darüber ausgestellte eigenhändige Quittung Bruder Peter Emeryks anschlossen.²⁷⁷ Dass Hinrik Dunkelgud nur noch einmal für ein halbes Jahr Rente und nicht für ein vollständiges Jahr nachzahlen musste, ist wohl durch ein Entgegenkommen des Dominikanerklosters und Bruder Peter Emeryks zu erklären.

Hinrik Dunkelguds Kapitalbedarf zum 29. September 1495 könnte, wie er selbst andeutete, mit seinen Baukosten für die Umbauten und die Vereinigung der drei Buden am Markt im Jahr 1498 zusammenhängen. Allerdings sei schon einmal auf sein Engagement in Marienwohlde verwiesen, für das er im Jahr 1496 den Bau eines Kreuzgangs auf dem Kirchhof finanzierte und in dessen Kirche sein Altar bis zum Jahr 1502 bereits vorhanden war.²⁷⁸

Den vorherigen Ausführungen folgend zeigt das Diagramm Rentenentwicklung die Entwicklung der durch Hinrik Dunkelgud real geleisteten oder von ihm empfangenen Renten im Zeitraum von 1480 bis 1517 (vgl. Anhang 11.6.1 Diagramm: Rentenentwicklung und Anhang 11.6.2 Tabelle: Rentenentwicklung). Unter seinen Renteneinnahmen und Ausgaben wurden hierbei sowohl der abzuleistende Wortzins für das Heringshaus, Immobilienrenten als auch seine Rentenzahlungen für die Aufnahme des Kredits bei dem Dominikanerkloster in Wismar zusammengerechnet. Keine Berücksichtigung finden die an seinen Schwager entrichtete Leibrente sowie eine weitere Rente, die der Krämer Jochim Trechouw für eine Immobilie in den Weiten Krambuden an Dunkelgud abzuleisten hatte.²⁷⁹ Dieser Rentenbezug wird einzig in Dunkelguds neuntem Testament vom 11. November 1509 erwähnt und scheint auch zur Zeit der erneuten Bestätigung dieser letztwilligen Verfügungen im Jahr 1517 noch aktuell gewesen zu sein. So kann weder die Rentenbegründung noch die Gesamthöhe ermittelt werden, da Hinrik Dunkelgud sich nur auf einen Teil dieser jährlichen Renteneinnahme im Umfang von 5 mk bezog, die nach seinem Tod seiner Magd Gretke Tessin als Altersversorgung auszuzahlen war.²⁸⁰

Insgesamt lässt sich Hinrik Dunkelguds Entwicklung hin von einem Rentenzahler zu einem Rentier im fortgeschrittenen Alter feststellen, ähnlich wie dies –

---

275 MANTELS: Memorial, S. 350 und AHL, Schrödersche Regesten Marienquartier, S. 345.
276 Der Name Gert Kremer wird nur dieses eine Mal im Rechnungsbuch erwähnt. Rechnungsbuch, fol. 28r. In den Mitgliederverzeichnissen der Krämerkompanie ist keine Person dieses Namens aufgeführt. Dafür findet sich eine stattliche Anzahl von Einträgen in den Lübecker Pfundzollbüchern unter diesem Namen. Vgl. VOGTHERR: Pfundzollbücher, Bd. 2, S. 791–803.
277 Rechnungsbuch, fol. 28r.
278 Vgl. Kapitel 7.2 (Stiftungen).
279 Mitglied der Krämerkompanie seit dem Jahr 1504. HENNINGS: Mitglieder, S. 197.
280 Rechnungsbuch, fol. 225r.

wenn auch in einem deutlich höheren Umfang – für andere vermögende Kaufleute überliefert ist.[281] Nach einer ersten Phase der Immobilienkäufe zum Aufbau und zur Erweiterung des Handelsbetriebes am Markt folgten weitere Kapitalinvestitionen durch den Kauf des Heringshauses vor dem Holstentor und der Altrente für den Hof in Ruppersdorf. Hinrik Dunkelguds um 1495 nachweislich erhöhter Kapitalbedarf kann aufgrund fehlender Quellenzeugnisse nicht mit der Abschichtung seiner zwei jüngeren Töchter in Verbindung gebracht werden,[282] sondern die Aufnahme von Kreditschulden und die Abstoßung von Immobilien deuten eher auf einen Zusammenhang mit seiner umfassenden Stiftertätigkeit für das Birgittenkloster Marienwohlde. Zum Lebensende hin empfing er fortlaufend Renten aus dem Verkauf des Heringshauses und wohl der Immobilie in den Weiten Krambuden. Offene Schulden seinerseits können in seinem Rechnungsbuch F nicht nachgewiesen werden. Die Immobilie am Markt 266 verkaufte er zum Anlass der Eheschließung zwischen Anneke und Claus Lange im Jahr 1499 zu vorteilhaften Konditionen an seinen Schwiegersohn. Im Oberstadtbuch wurde diese Hausübertragung erst für das Jahr 1512 vermerkt.[283] Vergleiche mit der Vermögensentwicklung anderer Lübecker Krämer sind aufgrund der desolaten Forschungslage zu dieser Personengruppe nicht möglich.

Ähnlich wie für den Augsburger Burkhard Zink kann auch für Hinrik Dunkelgud ein mittleres Wohlstandsniveau innerhalb der jeweiligen Stadtgemeinde vermutet werden. So war es beiden möglich, durch ihre erwirtschafteten Gewinne ein gewisses Vermögen anzuhäufen, welches aber Zeit ihres Lebens begrenzt blieb. Erich Maschke sprach in diesem Zusammenhang von der Suche nach einer gewissen Sicherheit und dem Maßhalten im Streben nach Gewinn als typischen Eigenschaften solcher Kaufleute. Zudem konnte das Vermögen im Laufe des Lebens wieder abnehmen, was der Abschichtung von Nachkommen geschuldet gewesen sein könnte.[284] Bei Hinrik Dunkelgud hingegen schmälerte sich sein Besitz durch seine zum Lebensende hin wachsende Sorge um sein Seelenheil, das er mithilfe umfangreicher frommer Legate zu befördern suchte.[285]

---

281 KEUTGEN: Handelsgesellschaften, S. 294 f.
282 Erich Maschke deutet einen Zusammenhang zwischen einem sinkenden zu versteuernden Vermögen und der kostspieligen Abschichtung der eigenen Nachkommen an, konnte dies im Falle Burkhard Zinks allerdings auch nicht unmittelbar nachweisen. MASCHKE: Burkhard Zink, S. 257 f.
283 Rechnungsbuch, fol. 222v; AHL, Schrödersche Regesten, Marienquartier, S. 345.
284 Der Augsburger Kaufmann Burkhard Zink (*1396 † 1474/1475) bildet eines der wenigen gut überlieferten und untersuchten Beispiele für einen aus den sozialen Unterschichten aufgestiegenen Kaufmann. MASCHKE: Burkard Zink, S. 442 f., 445. Vgl. auch FOUQUET: Familie.
285 Vgl. auch MASCHKE: Berufsbewußtsein, S. 404–409.

3.3 SELBSTDARSTELLUNG INNERHALB DER STADT

Obgleich das Rechnungsbuch von Hinrik Dunkelgud durch einige Aussagen über ihn und seinen Haushalt auch die Lesung als ein Selbstzeugnis zulässt,[286] bleibt seine Sicht auf die eigene Position innerhalb der Stadtgemeinde weitgehend diffus. Doch einige Einträge ermöglichen immerhin Einblicke in seine Selbstdarstellung, in die Art und Weise, wie er sich in Szene zu setzen verstand. Thematisch berühren diese Einträge beispielsweise Dunkelguds bereits mehrmals angesprochenes intensives Stiftungsverhalten und seine letztwilligen Verfügungen für das Birgittenkloster Marienwohlde, wozu an späterer Stelle nähere Ausführungen erfolgen werden.[287] Für seinen knapp 40-jährigen Aufenthalt in Lübeck ist ferner seine in einigen Punkten sehr detailreich dokumentierte Eheschließung mit der Krämertochter Kunneke am 24. Oktober 1479 besonders aussagekräftig,[288] die nicht nur den Beginn seiner persönlichen Eingliederung in die Gemeinde bildete. Hochzeiten „[…] dienten vielmehr der Selbstdarstellung der gesamten Verwandtschafts- und Freundschaftsgruppe, sie waren Demonstration ihrer Lebensformen"[289] und damit auch des „sozialen Ranges" in der Stadt.[290] Da Eheschließungen neben den Taufen und Begräbnissen zu den bedeutendsten Familienfeiern im Laufe des Lebens gehörten,[291] wurden diese – abhängig von den Möglichkeiten der Veranstalter – mit einem beträchtlichen oder gar übermäßigen Aufwand begangen.[292] Das ‚richtige' Maß für solche Feiern setzten allerdings die städtischen Tauf-, Hochzeits- und Begräbnisordnungen fest, von denen die ältesten um 1200 in Straßburg und im Jahr 1220 in Worms entstanden und deren Zahl bis zum späten 15. Jahrhundert auf eine Zahl von etwa 500 in über 70 Städten des Reichs anstieg.[293] Von den in Lübeck überlieferten Ordnungen sind mit Blick auf Hinrik Dunkelgud vor allem die Hochzeits- und Kleiderordnungen von Belang,[294] da er in seinem Rechnungsbuch im Besonderen die Auswahl und den Wert der Speisen sowie die Kleiderausstattung von Kunneke und weiteren Mitgliedern seiner Familie näher beschreibt.[295] Einer ersten entsprechenden Satzung im 14. Jahrhundert folgten fünf weitere im 15. Jahrhundert, deren letzte auf den Zeitraum zwischen 1467 bis 1478 datiert wird.[296] Die Motive für diese städtischen Restriktionen liegen zum einen im „Gemeinen

---

286 Zur quellentypologischen Einordnung des Dunkelgudschen Rechnungsbuches vgl. Kapitel 2.2 (Das Rechnungsbuch: Aufbau, Inhalt und quellentypologische Bestimmung).
287 Vgl. Kapitel 7.2 (Stiftungen).
288 Rechnungsbuch, fol. 47r.
289 FOUQUET: Lebensformen, S. 29 f.
290 BULST: Fest, S. 40.
291 Ebd.
292 FOUQUET: Lebensformen, S. 29–31; KÜMMEL: Alltag, S. 87.
293 BULST: Fest, S. 40. Grundlegend zu den mittelalterlichen Kleiderordnungen der deutschen Städte vgl. EISENBART: Kleiderordnungen.
294 FINK: Wette, S. 222.
295 Rechnungsbuch, fol. 13v–14r, 47r.
296 SIMON: Stand, S. 52, Tabelle 1. Zur Datierung der Luxusordnung auf den Zeitraum 1467 bis 1478 vgl. WEHRMANN: Luxusordnung, S. 508 f.

Nutzen", also das Gesamtwohl der Stadt und ihrer Bürger,[297] wie dies auch zeitgenössisch angeführt wurde. Indem der Rat den erlaubten Aufwand, gemessen an Steueraufkommen und Mitgifthöhe, reglementierte, sollte verhindert werden, dass sich Bürger durch übermäßigen Aufwand und Verschwendung bei Feiern ruinierten. Zum anderen orientierten sich diese Verordnungen an „sittlich-moralischen Überlegungen"[298] aus der Perspektive der im Rat sitzenden Führungsgruppen, die versuchten, ihre Vorstellungen auf die gesamte Stadtgemeinde zu übertragen.[299] Die Restriktionen bei der Veranstaltung von Festen oder im Besonderen bei der eigenen Kleiderwahl wiesen einen nicht unbeträchtlichen diskriminierenden Charakter in der sozialen Differenzierung der Stadtbürger auf.[300] Insbesondere Kleidung besaß aufgrund der städtischen Vorgaben eine „soziale Verweisfunktion", die ihren Träger optisch einer bestimmten Gruppe innerhalb der Stadt zuordnete oder durch bestimmte Farben und Kennzeichen gegenüber anderen abgrenzte.[301] Die ausdifferenzierten Vorschriften regelten, inwieweit bestimmte Kleidungsstücke nur wenigen Personengruppen vorbehalten waren, sie bezogen die Stoffqualität und die Verarbeitung, die Farbenauswahl sowie das Tragen von Pelz oder Schmuckstücken ein.[302] Der Aufwand bei Festlichkeiten wurde in der Anzahl der Gäste, der Dauer der Veranstaltung, dem Wert, der Menge und der Qualität der dargebotenen Speisen und Getränke sowie dem zu beschäftigenden Personal, beispielsweise der Anzahl der Spielleute, bemessen. Sogar die Geschenke, die sich das Brautpaar gegenseitig reichte oder die es von Gästen, Paten und Brauteltern erhielt, unterlagen städtischen Auflagen.[303] Als Kontrollinstrument wurde in Lübeck zum einen gefordert, dass die Veranstalter die Einhaltung der Verordnungen nachträglich beeideten, also den sogenannten Ledigungseid leisteten. Zum anderen nutzte der Rat städtische Beauftragte zur direkten Kontrolle der Feierlichkeiten.[304] In Lübeck fielen die Wahrung des öffentlichen Rechtsfriedens und der Einzug aller entsprechenden Strafgebühren der Wette zu, deren Leitung jeweils zwei Ratsherren, den Wetteherren, oblag.[305] Diesen war ein sogenannter *spelgreve* untergeordnet, der Aufzeichnungen zu den Hochzeitsfeiern führte und den Wetteherren Verstöße gegen bestehende Verbote anzuzeigen hatte, da ihm bei Zuwiderhandlung der Verlust seines Dienstes drohte.[306]

Obgleich in den ersten lübeckischen Luxusordnungen aus dem 14. Jahrhundert noch keine Vermögensunterschiede erwähnt wurden, folgte in den vier Ordnungen des 15. Jahrhunderts die Einteilung von zuerst sechs Vermögensgruppen, deren Zahl im Jahr 1467 sogar auf sieben erhöht wurde. Die oberste oder siebte Gruppe reichte von einem Vermögen von 6.000 bis 7.000 mk, die unterste oder erste Gruppe

---

297 Für grundlegende Ausführungen vgl. ROGGE: Gemeinen Nutzen.
298 BULST: Fest, S. 41 f., 48 f. Vgl. auch DRIEVER: Konsum, S. 61.
299 DRIEVER: Konsum, S. 61.
300 BULST: Fest, S. 49.
301 REICH: Kleidung, S. 45 f.
302 ISENMANN: Stadt, S. 470.
303 BULST: Fest, S. 41 f.
304 Ebd., S. 44 f.
305 FINK: Wette, S. 209 f., 212.
306 WEHRMANN: Luxusordnung, S. 523.

von 100 bis 200 mk.[307] Da Hinrik Dunkelgud am 23. März 1480 eine Schosszahlung im Umfang von 20 ß leistete, kann die Höhe seines gesamten (Steuer-)Vermögens zu diesem Zeitpunkt, also nach seiner Hochzeit am 24. Oktober 1479,[308] mit 752 mk ermittelt werden.[309] Demnach sind er und Kunneke der vierten Vermögensgruppe von 400 bis 1.000 mk zuzuordnen.[310] Den Ausführungen und Restriktionen zur Abhaltung von Tages- und Abendhochzeiten wurde in den lübeckischen Ordnungen zudem eine Kleiderordnung vorangestellt, die sich auf die weibliche Ausstattung bezieht. Die Frau und ihre Kleidung repräsentierte nicht nur ihren Ehemann und ihr gemeinsames Vermögen, sondern auch ihre soziale Einordnung in der Stadtgemeinde.[311] Auf der Ebene des städtischen Normenverständnisses, insbesondere des Rates, der darin aus eigener Sicht als Agent des „Gemeinen Nutzens" handelte, gibt die lübeckische Kleider- und Hochzeitsordnung folglich Hinweise zu der zeitgenössischen Sicht auf Hinrik Dunkelgud und seinen Haushalt. Da auf die wenigen Hinweise zur Eheanbahnung und auf die vertraglichen Absprachen zu Kunnekes Mitgift, insbesondere hinsichtlich der ersten Krambude am Markt mit den entsprechenden Einträgen im Niederstadtbuch, bereits eingegangen wurde,[312] konzentrieren sich die folgenden Ausführungen auf die Kostenaufstellung von Hinrik Dunkelgud zur Einkleidung der Familie Meyer sowie auf Kunnekes Aussteuer, Dunkelguds Geschenke an seine Braut und die Veranstaltung der Brautkoste (vgl. Anhang 11.7 Tabelle: Hochzeitsausstattung und Brautkoste).[313]

Unter dem Eintrag zu seiner Eheschließung mit Kunneke am 24. Oktober 1479 vermerkte Dunkelgud, dass er für Hans Meyers Töchter, also Kunneke und Gretke, ein *brun*[314] Mechelsches Laken im Wert von 40 mk bereitgestellt hatte, für Kunneke dazu noch einen Scheter, ferner folgten ein halbes rotes Mechelsches Laken für 20 mk sowie 6 Ellen Leidisches Tuch für die Hoike und Gugel Hans Meyers, und sogar dessen *knecht* wurde mit acht Ellen Brüggesches Laken ausgestattet. Bei den Tuchen handelte es sich ausschließlich um im Vergleich zu heimischen

---

307 FRENSDORFF: Verlöbnis, S. 104 f. Zu den einzelnen Vermögensgruppen in der Ordnung von 1467/78 vgl. auch WEHRMANN: Luxusordnung, S. 512–515.
308 Rechnungsbuch, fol. 47r.
309 Ebd., Vorsatz an dem vorderen Einbanddeckel, vgl. zur Ermittlung des Gesamtvermögens Kapitel 3.2 (Vermögensentwicklung in Lübeck).
310 WEHRMANN: Luxusordnung, S. 514.
311 FRENSDORFF: Verlöbnis, S. 104 f. Zu den einzelnen Vermögensgruppen vgl. auch WEHRMANN: Luxusordnung, S. 512–515.
312 Vgl. Kapitel 2.1 (Dunkelguds Niederlassung in Lübeck). Die entsprechenden Vereinbarungen zur Eheschließung seiner Tochter mit dem Krämer Claus Lange notierte Dunkelgud hingegen direkt in sein Rechnungsbuch. Rechnungsbuch, fol. 222v. Auch der Nürnberger Ratsherr Wilhelm Löffelholz führte in den Jahren 1446 bis 1465 ein 400 Seiten umfassendes Geschäftsbuch und trug darin Notizen anlässlich seiner vorteilhaften Eheschließung mit Kunigunde Paumgartner ein, die Tochter des Ratsherrn Konrad Paumgartner. GROTH: Geschäftsbücher, S. 478, 482.
313 Die Tabellen enthalten alle im direkten Zusammenhang mit der Hochzeit entstandenen Kosten sowie vier unbestimmte Kosten aus dem Jahr 1479, die Dunkelgud auch für seinen Schwiegervater Hans Meyer auslegte, so dass diese ebenfalls dem weiteren Rahmen der Eheschließung zugerechnet werden.
314 Bei dieser Farbe handelte es sich vermutlich um ein dunkles Violett. Zur Diskussion um die Farbe *brun* vgl. JESKE: Fachwortschatz, S. 27.

Sorten teurere Importwaren aus Brabant, Holland und Flandern sowie um Scheter, also Glanzleinen aus Oberdeutschland. Dunkelgud sorgte folglich dafür, dass seine zukünftigen Verwandten und darüber hinaus ein Mitglied des bereits bestehenden Haushalts seines Schwiegervaters in qualitativ mittlere bis gute Tuchsorten eingekleidet wurden.[315] Einschränkungen zu den Tuchsorten wurden in der Lübecker Kleiderordnung aus dem letzten Viertel des 15. Jahrhundert nicht gemacht, dafür enthielten die Ausführungen zu Dunkelguds Vermögensgruppe Verbote in Bezug auf die Verzierung oder Unterfütterung der Kleidung mit bestimmten Pelzsorten, wie Hermelin oder feiner grauer Eichhörnchenpelz, oder das Tragen eines *besmydede*[n] *kragen*[s][316], also wohl – ähnlich den „besmideten Röcken" – ein Kragen, der mit goldenen oder silbernen Applikationen oder mit Perlen verziert wurde.[317] Hinrik Dunkelguds Kostenaufstellung für die Anfertigung der Hochzeitskleider für sich und Kunneke bei Hans Bussouwe sind freilich nur bedingt mit der Kleiderordnung in Beziehung zu setzen, da er neben der Anfertigung eines Brusttuchs, von Ärmeln (*mouwen*) und eines Paar Strümpfe für Kunneke zwar die vom Rat erlaubte Verbrämung ihrer *brun* Hoike sowie die Fütterung seiner grauen Schaube und wohl auch eines Handschuhpaares bezahlte, dabei aber auf die Benennung der Pelzsorten verzichtete.[318] Daneben ließ er eine Decke aus Leder und Wolfsfell für 24 ß von Bussouwe herstellen. Ähnlich wie die zweite Ehefrau des Augsburgers Burkhard Zink, Dorothea Kuelinbeck, diesem eine Decke aus Fuchsfell mit in die Ehe brachte,[319] gehörte die Wolfsdecke recht wahrscheinlich zu Kunnekes Aussteuer. Dazu kamen noch zwölf Kissendecken, die offenbar aus Brügge stammten, da Dunkelgud ihren Preis sowohl in Pfund grote als auch in Mark lübisch angab, und rot eingefärbte lederne Unterlagen für die zwölf Kissen im Gesamtwert von 6,5 mk 5 ß.[320] Ob sich die Zahl zwölf auch auf die Gästezahl bezog, kann nicht nachgewiesen werden. Es scheint sich um eine standardisierte Zahl gehandelt zu haben, da in der Luxusordnung in Bezug auf die Mitgift der Braut unter anderem zwölf Stuhlkissen oder zwölf *kisten kussene* genannt werden; das waren nach Wehrmann an den Wänden befestigte Kisten, die ausgepolstert als Sitzgelegenheit dienten.[321] Bemerkenswert ist, dass Hinrik Dunkelgud die entstandenen Kosten für die Einkleidung Kunnekes und der Familie Meyer für seinen Schwiegervater auslegte. Auch die Fuchsfelldecke und das Kissenzubehör als Teil von Kunnekes Aus-

---

315 Rechnungsbuch, fol. 46v, 47r. MICKWITZ: Luxus- oder Massenware, S. 248; SELZER: Geheimer Schoß, S. 102 f. Vgl. auch Kapitel 6.4.1 (Übergang von teureren, exklusiveren Handelswaren zu günstigen Massenprodukten (Handelsphase 1–2)).
316 WEHRMANN: Luxusordnung, S. 514.
317 Vgl. SELZER: Geheimer Schoß, S. 104; BREMER: Leben, S. 15. Vgl. auch zum „Witten", der weiße Kragen anlässlich des Gangs zum Altar, SIMON: Stand, S. 51.
318 WEHRMANN: Luxusordnung, S. 514. Hinrik Dunkelgud gab allerdings für die Anfertigung der Kleidung Felle – Menken-, Marder-, Wolf-, Vielfraß- und Biberfelle sowie anderes skandinavisches *Gangwerk* – bei Bussouwe in Zahlung. Rechnungsbuch, fol. 13v; vgl. auch Kapitel 6.4.1 (Übergang von teureren, exklusiveren Handelswaren zu günstigen Massenprodukten (Handelsphase 1–2)).
319 Chroniken der Deutschen Städte, Bd. 5, S. 139.
320 Rechnungsbuch, fol. 46v, 47r.
321 WEHRMANN: Luxusordnung, S. 517.

steuer bezahlte der Bräutigam selbst und nicht wie üblich der Brautvater.[322] Da alle entsprechenden Einträge von Dunkelgud durchgestrichen wurden, kann hier nur deren Tilgung durch Hans Meyer vermutet werden.[323]

Die Verlobung bleibt im Rechnungsbuch unerwähnt. Allerdings gibt es einen Hinweis auf die Veranstaltung eines *brutvisschens* oder einer *juncfrowennacht,* also eines Fischessens der Braut ausschließlich mit anderen Frauen, da Dunkelgud Meyer eine halbe Tonne Lachs für das Jahr 1479 als weitere ausgelegte Zahlung anrechnete.[324] Dunkelgud notierte aber nicht nur Kosten, die er seinem Schwiegervater vorstrecken musste, sondern auch er zahlte erst nachträglich die Ausgaben für die Brautkoste an die aus dem Verwandtenkreis gewählten Schaffer zurück.[325] Dazu gehörten die Personalkosten für Spielleute und einen Koch sowie eine Leihgebühr für Becher, wobei Dunkelgud keine genaue Anzahl nannte.

An Speisen waren Dunkelgud ausdrücklich nur die Pasteten untersagt, die allein den obersten Vermögensgruppen zugestanden wurden.[326] Doch waren ihm vier nicht näher bestimmte Gerichte im Umfang von zwölf Schüsseln erlaubt, und da aus jeder Schüssel zwei Personen essen durften, bedingte dies gleichzeitig die Höchstzahl von 24 Gästen.[327] Auf den Tisch kamen schließlich vier „gute" Fleischgerichte: ein Ochse, zwei Hammel, Wurst und Würstchen.[328] Neben Mandeln und Rosinen wurde das Essen mit Zucker und Safran gewürzt. Bemerkenswert ist hierbei, dass Dunkelgud beide Gewürze sonst nicht selbst verhandelte. Nur zweimal, 1474 und 1485, verkaufte oder versandte er hochwertigen, weißen Kandiszucker, dessen Preis pro Pfund zwischen 6 ß und später 12 ß schwankte.[329] Da Dunkelgud zu seiner Brautkoste ausdrücklich *sukker* reichte, wird es sich vermutlich ebenfalls um einen aus Zuckerrohr hergestellten und importierten, jedoch günstigeren Hartzucker gehandelt haben, der aufgrund eines Preisverfalls in der zweiten Hälfte des 15. Jahrhunderts für breitere Vermögensgruppen erschwinglich geworden war. Eine ähnliche Entwicklung zeigte sich gleichzeitig im Konsum von Pfeffer.[330] Obgleich Hinrik Dunkelgud Pfeffer sogar nur wenige Monate nach seiner Hochzeit im April 1480 durch seinen Gesellschafter Hans Hovenborch in einer Menge von 220 lb erhielt,[331] scheint es keinen bei seiner Koste gegeben zu haben. Vielmehr wählte

---

322 ISENMANN: Stadt, S. 781.
323 Rechnungsbuch, fol. 46v–47r.
324 Ebd., fol. 46v; TSCHIPKE: Lebensformen, S. 139. Ropp nennt als weiteren Quellenbegriff recht wahrscheinlich auch für diese Veranstaltung das „brautbade". ROPP: Kaufmannsleben, S. 43.
325 Rechnungsbuch, fol. 47r; BREMER: Leben, S. 25.
326 In Anlehnung an diese Bestimmungen wurden diese Hochzeiten auch als „Pastetenköste" bezeichnet. SIMON: Stand, S. 51; WEHRMANN: Luxusordnung, S. 522.
327 SIMON: Stand, S. 52; WEHRMANN: Luxusordnung, S. 522.
328 Rechnungsbuch, fol. 47r; vgl. SELZER: Geheimer Schoß, S. 107. Zur zeitgenössischen Einordnung von „guten" Speisen vgl. DIRLMEIER/FOUQUET: Ernährung, S. 517.
329 Vgl. Anhang 11.1.10 Gewürze: Nr. 2, 15.
330 Vgl. DIRLMEIER/FOUQUET: Ernährung, S. 523. Vgl. zu den verschiedenen Zuckerqualitäten auch SCHULTE: Geschichte, Bd. 2, S. 172–175.
331 Vgl. Anhang 11.1.10 Gewürze: Nr. 5–6. Weitere Detailverkäufe von Pfeffer fanden auch 1484 und 1485 statt, ein letzter Verkauf Dunkelguds von 123 lb schließlich im Jahr 1504. Anhang 11.1.10 Gewürze: Nr. 11–12; 20.

Dunkelgud den im Vergleich zum Pfeffer noch wertvolleren Safran.[332] Nur ein einziges Mal im Jahr 1495 belieferte er das Dominikanerkloster in Wismar im Zuge seiner jährlichen Rentenzahlung mit einem Pfund Safran im Wert von 6 mk.[333] Bei Übertragung dieses Preises hätte Dunkelgud für 12 ß um 60 Gramm Safran erhalten.[334] Dies wiederum entsprach bei einem Tageslohn eines Tischlergesellen von 3 ß im Jahr 1499 immerhin vier Tagen Arbeit.[335] Die in den obersten Vermögensgruppen beliebten Fleischgerichte aus Geflügel und Wild, Eier- oder Süßspeisen sowie Kompotte oder kandierte Früchte wurden bei Hinrik Dunkelgud allerdings nicht aufgetragen.[336]

Als Hauptgetränk servierte Dunkelgud drei Tonnen Hamburger Bier im Wert von 6,5 mk 2 ß, womit er sich in seinen Konsumgewohnheiten den Führungsgruppen anpasste[337] und von den lübeckisches Dünnbier trinkenden unteren Vermögensklassen absetzte.[338] Allen Vermögensklassen war anderes „oberelbisches Bier" verboten, worunter wohl in südlicheren Städten gebrautes Bier gefasst wurde.[339] Einbecker Bier oder Braunschweiger Mumme wurde hingegen bei offiziellen Festmählern des Lübeckischen Rats oder als Gastgeschenk für Personen aus dem Adelsstand oder Gesandte verwendet.[340] Darüber hinaus gab es nicht nur bei seiner Hochzeit mit Kunneke, sondern auch zwanzig Jahre später bei der Verheiratung seiner ältesten Tochter Anneke mit dem Krämer Claus Lange Wein für die Gäste. Dieser Posten kam mit 6 mk 2 ß dem Bier gleich[341] und war sogar höher als die 6 mk betragende Eintrittsgebühr in die Lübecker Krämerkompanie,[342] für die der Tischlergeselle bei einem Tageslohn von 3 ß immerhin 32 Tage hätte arbeiten müssen.[343] Die letzte Luxusordnung des 15. Jahrhunderts erlaubte der fünften Vermögensgruppe zwar den Biergenuss, verbot aber ausdrücklich Wein und setzte für den Fall der Missachtung eine Strafe von 3 mk fest. Erst der dritten Gruppe mit einem Vermögen über 1.000 mk war dieses Getränk in begrenztem Umfang erlaubt, allerdings ohne eine genauere Bezeichnung der Sorten.[344] Nach Simon charakterisierte das „Feiern mit Wein [...] im Vermögen und sozial höher stehende Bevölkerungsgruppen".[345] Obgleich Hinrik Dunkelgud keine Auskunft über die Weinsorten oder die ausgeschenkte Menge des Weins machte, ist seine Wahl dieses Getränks insofern bemerkenswert, als Wein im niederdeutschen Raum auch noch im 16. Jahr-

---

332 FOUQUET: Ernährung, S. 522 f.
333 Rechnungsbuch, fol. 28r.
334 Ausgehend von dem Preis von 6 mk für 1 Pfund, also 484,7 g. Vgl. 6.3.1 (Maßeinheiten).
335 HARTWIG: Lübecker Schoss, S. 236.
336 DIRLMEIER/FOUQUET: Ernährung, S. 521, 523.
337 Rechnungsbuch, fol. 47r; vgl. auch SIMON: Stand, S. 50.
338 BREMER: Leben, S. 24.
339 SIMON: Stand, S. 50.
340 BREMER: Leben, S. 24. Grundlegend zur Bierbrauerei und zu der Verbreitung von Bier innerhalb der Hanse vgl. auch BLANCKENBURG: Hanse.
341 Rechnungsbuch, fol. 47r, 222v.
342 Ebd., fol. 1r.
343 HARTWIG: Lübecker Schoss, S. 236.
344 WEHRMANN: Luxusordnung, S. 522; SIMON: Stand, S. 50, 52.
345 SIMON: Stand, S. 50.

hundert vor allem auf aufwendige Festmähler beschränkt blieb.³⁴⁶ Doch wie schon der Lübecker Bürgermeister Heinrich Brömbse um 1478 neben eine der Luxusordnungen notierte, hielten sich die Stadtbürger oftmals nicht an die ihnen auferlegten Beschränkungen.³⁴⁷ Lieber nahmen sie eine Strafzahlung in Kauf als sich in ihren Lebensgewohnheiten den Vorstellungen des Rates anzupassen, und so musste auch Dunkelgud eine Strafzahlung (*wedde*) einkalkulieren: Tatsächlich zahlte er noch in demselben Jahr eine Strafe in Höhe von 2,5 mk 4,5 ß an die Ratsherren Tideman Evinghusen und Diderik Basedow, die zu dieser Zeit wohl das Amt der Wetteherren bekleideten.³⁴⁸ Worin seine Brautkoste gegen die Aufwandsregulierungen verstoßen hatte, ist freilich nicht überliefert. Allerdings erscheint eine Strafzahlung für den bezogen auf Hinrik Dunkelguds Vermögensklasse unerlaubten Weingenuss plausibel, auch wenn er mit 2,5 mk 4,5 ß deutlich unter der geforderten *wedde* von 3 mk blieb.

Da die Schenkung der Mantelspange oder Bretze in der Luxusordnung aus dem letzten Viertel des 15. Jahrhunderts als typisches Brautgeschenk abgeschafft worden war, ließ Dunkelgud für Kunneke, wie es nun üblich war, einen Rosenkranz mit einem erlaubten Kleinod durch den Goldschmied Hans Helpe anfertigen. In diesem Fall handelte es sich um 56 Steine und eine Pilgermuschel,³⁴⁹ wohl als Erinnerung an seine Wallfahrt nach Santiago de Compostela.³⁵⁰ Ob dieses Geschenk den für Dunkelgud zulässigen Wert von 25 mk einhielt,³⁵¹ kann nur vermutet werden, da er den Goldschmied nicht allein mit 11 mk in bar, sondern zusätzlich mit 13 Lot und einem Quentin Silber bezahlte. Außerdem fertigte Hans Helpe ihm weiteren Zierrat zu seiner *brutlacht an golde und an sulver* im Gesamtwert von 20 mk 6 ß.³⁵² Laut Kleiderordnung standen Kunneke neben dem Brautgeschenk als Schmuck allerdings nur noch vergoldete Knöpfe im Wert von bis zu 5 mk zu. Ähnlich wie der unerlaubte Genuss von Wein wurde ein Verstoß mit einer Strafzahlung von 3 mk geahndet.³⁵³ Allerdings wäre auch danach zu fragen, wie genau der den Lübecker Wetteherren untergeordnete *spelgreve* solche Verstöße während der Hochzeitsveranstaltung überprüfen oder abschätzen konnte.³⁵⁴

Insgesamt beliefen sich die Kosten von Hinrik Dunkelguds Hochzeit auf 159,5 mk 7,5 ß 1 d. Hinzu kam die *wedde* in Höhe von 2,5 mk 4,5 ß, also umgerechnet von nur 1,7 Prozent aller Ausgaben, die sehr wahrscheinlich wegen des verbotenen Weinkonsums fällig wurde, aber im Gesamtaufwand keine große Rolle gespielt

---

346 DIRLMEIER/FOUQUET: Ernährung, S. 522. Vgl. auch in Bezug auf Dunkelgud Stephan Selzers Ausführungen zum Weinkonsum in den spätmittelalterlichen Hansestädten. SELZER: Geheimer Schoß, S. 111–113.
347 FOUQUET: Lebensformen, S. 32.
348 Rechnungsbuch, fol. 1r; FINK: Wette, S. 210.
349 MANTELS: Memorial, S. 359 C 4.
350 Vgl. DORMEIER: Jakobuskult, S. 28; RÖCKELEIN: Verehrung, S. 5.
351 WEHRMANN: Luxusordnung, S. 514.
352 Rechnungsbuch, fol. 14r.
353 WEHRMANN: Luxusordnung, S. 514.
354 Ebd., S. 523.

haben dürfte.[355] Obgleich sich Dunkelgud zum größten Teil an die städtischen Aufwandsbeschränkungen hielt, machten die Aufwendungen für seine Eheschließung rund ein Fünftel (21,3 Prozent) seines für 1480 ermittelten Steuervermögens von 752 mk aus. Deutlich wird daran erstens, dass Dunkelgud bereit war, erhebliche Teile seiner Ressourcen zur eigenen Repräsentation in der Teilöffentlichkeit seines Verwandten- und Freundeskreises einzusetzen. Zweitens nutzte er seine vorhandenen finanziellen und den nicht genau vorgegebenen Rahmen der Hochzeitsordnung, um bei seinen Gästen neben dem Wein wohl auch mit dem besonders kostspieligen und in der Regel nur in wohlhabenderen Haushalten gebräuchlichen Safran Eindruck zu hinterlassen. Insgesamt zeichneten sich seine sozialen Praktiken auch in seiner Selbstpräsentation durch ein angemessenes und ihm durch die Zeitgenossen zugestandenes maßvolles Verhalten aus.[356]

3.4 ERNENNUNG DER NACHLASSPFLEGER ALS ZEICHEN PERSONELLER VERFLECHTUNGEN

Hinrik Dunkelguds neun Testamente eröffnen über einen Zeitraum von 30 Jahren die Möglichkeit, die wechselnde Wahl seiner Nachlasspfleger nachzuvollziehen.[357] Sichtbar wird damit eine Personengruppe, mit der ihn vermutlich ein besonderes Vertrauensverhältnis verband.[358]

> „In den betreffenden letztwilligen Verfügungen werden die familiären, landsmannschaftlichen und geschäftlichen Verbindungen so deutlich wie vielleicht in keiner anderen Quelle. Denn als Testamentare bestimmte man gewöhnlich Verwandte, Mitbrüder in den verschiedenen Bruderschaften oder Kollegen in den Korporationen, hin und wieder auch Nachbarn und womöglich auch die Werkmeister der bedachten Pfarrkirchen, nicht zuletzt aber auch Geschäftspartner oder persönliche Freunde."[359]

---

355 Auch Bulst geht davon aus, dass Hinrik Dunkelgud diese im Vergleich zu den Kosten alleine für die Spielleute oder die Getränke nicht allzu hoch erscheinende Strafe „billigend" einkalkuliert habe. BULST: Fest, S. 47.
356 Zur typisch kaufmännischen Verhaltensnorm des Maßhaltens vgl. MASCHKE: Berufsbewußtsein, S. 384–386.
357 Für die folgende Analyse werden ausschließlich die neun vollständigen Testamentsfassungen herangezogen. Hinrik Dunkelguds Nachtrag vom 2. April 1488 zu seinem dritten Testament (11. April 1487) und seine knappe Bestätigung im Jahr 1517 seines neunten Testaments (11. November 1509) bleiben unberücksichtigt. Rechnungsbuch, 231v, 226v–225r. Vgl. auch Kapitel 4.2 (Testamente).
358 BURKHARDT: Bergenhandel, S. 232.
359 DORMEIER: Immigration, S. 111. Um Hinrik Dunkelguds Provisoren in sein soziales oder berufliches Umfeld einordnen zu können, wurden deren Mitgliedschaften, Ämter oder Handelstätigkeit mithilfe der folgenden Quellen geprüft: Rats- oder Bürgermeisterämter bei FEHLING: Lübeckische Ratslinie; Mitgliederliste der Krämerkompanie bei HENNINGS: Mitglieder; Fernhandelsgeschäfte über die Ostsee bei VOGTHERR: Lübecker Pfundzollbücher; Mitgliederliste der Zirkelgesellschaft bei DÜNNEBEIL: Lübecker Zirkel-Gesellschaft, S. 304–312; Mitgliederliste der Greveradenkompanie bei GRASSMANN: Greveradenkompanie, S. 132–134; Mitgliederlisten der Antonius-, Leonhard- und Leichnamsbruderschaft zur Burg bei JAHNKE: Mitgliederverzeichnisse.

3.4 Ernennung der Nachlasspfleger als Zeichen personeller Verflechtungen

Die Aufgaben der Nachlasspfleger, die in den mittelniederdeutschen Quellen als *provisoren*, *vormundere* oder *testamentarier* bezeichnet werden, bestanden in der Auflösung des Haushalts nach den Wünschen des Erblassers, also in der Verteilung seines Vermögens nach einer bestimmten Reihenfolge an die im Testament begünstigten Personen sowie an geistliche Gemeinschaften und Institutionen.[360] Das zu Lebzeiten gewonnene Vertrauensverhältnis zwischen Nachlasspfleger und Erblasser sicherte diesem die korrekte Ausführung seiner Bestimmungen. Die Übernahme dieser Aufgabe war in manchen Fällen mit erheblichem Aufwand verbunden. So konnte sie teilweise eine gewisse Verschwiegenheit der Provisoren bei der Erbgutverteilung voraussetzen oder eine konsequente und dem Erblasser gegenüber loyale Haltung trotz der Konfrontation mit Erbstreitigkeiten erfordern. In manchen Fällen konnte bereits die bloße Verteilung der Legate einige Zeit in Anspruch nehmen, zumal wenn der Kreis der Empfänger weit über Lübeck hinausreichte, im Falle Dunkelguds etwa bis nach Schweden. Ferner gehörte zu ihren Aufgaben die Abrechnung aller zum Todeszeitpunkt noch nicht abgeschlossenen Handelsgeschäfte des Testators. Dunkelgud notierte entsprechende Anweisungen allerdings nur in seinen ersten vier Testamenten.[361] Inwieweit längerfristige Aufgaben wie die Übernahme der Vormundschaft für (noch) nicht mündige Familienmitglieder vorgesehen waren, erschließt sich aus Dunkelguds letzten Verfügungen nicht. Die einzige dauerhafte Aufgabe bildete die Verwaltung seiner Altarstiftung im Birgittenkloster Marienwohlde. Diese übertrug er neben seinen Vormündern auch seinen Erben und nach deren Tod den Älterleuten der Krämerkompanie.[362] Als Dank für ihre Dienste bestimmte Hinrik Dunkelgud im ersten und dann wieder ab dem vierten Testament entweder einen rheinischen oder einen lübeckischen Gulden für jeden seiner Provisoren.[363]

Hinrik Dunkelgud benannte in seinen neun vollständigen Testamenten aus den Jahren 1479 bis 1509 insgesamt 18 verschiedene Provisoren, deren Wechsel zum einen aus ihrem Tod resultierte, zum anderen im Zusammenhang mit den sich verändernden sozialen Verflechtungen Dunkelguds in diesen dreißig Jahren zu sehen ist.[364] Seine Nachlasspfleger lassen sich in drei Gruppen einteilen (Tabelle 1).

---

360 BURKHARDT: Bergenhandel, S. 232; MEYER: Paläosoziometrie, S. 57.
361 Rechnungsbuch, fol. 11v, 232r, 231v, 230r.
362 Vgl. MEYER: Bürger, S. 121–128; Rechnungsbuch, fol. 194v, 227v.
363 Noch in der ersten Hälfte des 15. Jahrhunderts erhielt die Mehrzahl der Provisoren keine materiellen Zuwendungen durch die Erblasser. MEYER: Bürger, S. 131.
364 Vgl. auch BURKHARDT: Bergenfahrer, S. 238.

3. ‚Haus' und Haushaltsführung

Tabelle 1: Hinrik Dunkelguds Provisoren[365]

Testamente	(1) 2. Feb. 1479[366]	(2) 13. Sept. 1484;[367] (3) 11. Apr. 1487;[368] (4) 17. Apr. 1492; [(5) 2. Apr. 1493]	(6) 22. März 1502;[369] [(7) 15. Aug. 1502];[370] [(8) 3. Juni 1507][371]	(9) 11. Nov.1509;[372] [Bestätigung 1517][373]
Kaufleute	Claus van Calven Titke Sluter	Hans Pawes	<u>Hinrik Witte</u> <u>Hans Cordes</u>	Godert Wiggerinck Emunt Wylmes
Krämer	Hans Meyer	Hermen Hushere Hermen Tyling	Gerd Schulte <u>Hermen Tyling</u> Claus Lange Arnt Bolte	Arnt Bolte
Sonstige	Peter Schutte (Oheim)	Timeke Suselman	Heyne Kedink Claus Kruse	Claus Kruse

Titke Sluter bekleidete zur Zeit der Abfassung des ersten Testaments am 2. Februar 1479 das Amt eines Zöllners am Holstentor,[374] er war also ein städtischer Bediensteter. Welche Einkünfte Sluter aus dieser Tätigkeit erzielte und wie diese Position innerhalb der Stadtverwaltung vergeben wurde, kann aufgrund fehlender Forschungen zur lübeckischen Verwaltungsgeschichte nicht nachvollzogen werden. Sluter wird im Folgenden den Kaufleuten zugeordnet, da es zwei Hinweise auf eine Handelstätigkeit seinerseits gibt. Allerdings lebten Anfang der 1480er Jahre zwei Personen des gleichen Namens in Lübeck. Für einen Titke Sluter sind frühere Handelsgeschäfte nach Stockholm und vermutlich Riga nachweisbar. Seine Aktivitäten im Stockholmhandel belegt eine von dem Rat der Stadt Lübeck 1468/69 zusammengestellte Auflistung von Kapereischäden, die der dänische König Christian I. zu verantworten hatte. Dieser ließ im Zuge des schwelenden Konflikts mit Schweden in den 1470er Jahren in der Ostsee Schiffe kapern und deren Ladung beschlagnahmen. Darunter fielen im Jahr 1468 schließlich mehrere Schiffe aus Riga und aus Stockholm, die nach Lübeck segelten und Handelswaren dortiger Kaufleute ge-

---

365 Grundlage der Tabelle 3 sind Hinrik Dunkelguds neun vollständige Testamente aus dem Zeitraum von 1479 bis 1509. Da er in dem fünften, siebten und achten Testament keine Provisoren benannte, wird hier davon ausgegangen, dass diejenigen aus dem vierten und dem sechsten Testament jeweils beibehalten werden sollten. Allerdings wählte er im sechsten Testament zuerst vier Personen, die hier durch eine Unterstreichung gekennzeichnet sind, und widerrief diese Wahl noch vor dem 15. August desselben Jahres, wobei er Claus Kruse, Claus Lange, Arnt Bolte und Heyne Kedink als neue Vormünder benannte. Seine letzten im Jahr 1509 bestimmten Nachlasspfleger bestätigte er noch einmal 1517.
366 Rechnungsbuch, fol. 11v–12r.
367 Ebd., fol. 232r–v.
368 Ebd., fol. 231v.
369 Ebd., fol. 229v–228r.
370 Ebd., fol. 228v.
371 Ebd., fol. 227r–226r.
372 Ebd., fol. 226v–225r.
373 Ebd., fol. 225r.
374 Ebd., fol. 11v–12r.

laden hatten. Nach mehrmaligen Verhandlungen mit dem dänischen König konnte durch den Bürgermeister Hinrik Castorp und den Ratsmann Cord Moller in einem Vertrag vom 31. August 1469 die Zustimmung Christians I. zu Entschädigungszahlungen erreicht werden. Eine Liste mit den Forderungen übereignete ihm 1469 der Lübecker Rat. In einer weiteren Urkunde vom 2. Oktober 1469 verpfändete der dänische König aufgrund seiner finanziell angespannten Lage gegen die Gesamtforderungen von 26.685 mk Stadt und Schloss Kiel an die Stadt Lübeck.[375] Erst am 29. September 1496 wurde die Lübecker Forderung durch Christians zweitgeborenen Sohn Friedrich I., als Herzog von Schleswig und Holstein, vollständig in bar beglichen, so dass der Rat nun all diejenigen auszahlen musste, die vormals ihren Anspruch auf Entschädigung kundgetan hatten. Da die meisten bereits verstorben waren, gingen die Zahlungen nun an deren Erben oder Nachlasspfleger.[376] Auch die noch überlebenden Provisoren Sluters, Hans Pawes und Jurgen Louwe, quittierten dem Lübecker Rat am 23. August 1498 den Erhalt von 182 mk 7 ß 2 d.[377] Ursprünglich beliefen sich Titke Sluters Ansprüche laut der vom Lübecker Rat 1468/69 aufgestellten Liste auf insgesamt 214 mk 6 ß. Dieser Betrag ergab sich aus 2 Last 7 Fass Osemund (103 mk 6 ß), 1 Mese Kupfer (55 mk 8 ß), Waffen und Harnisch in Form eines Panzers und eines Kragens, eines Helms, eines Krebses und einer Armbrust (gesamt 15 mk), Stabeisen und neuen Grapen (20 mk) sowie verschiedenem Pelzwerk und Schaffellen (gesamt 6 mk 8 ß), Bettzeug und Bettkiste (10 mk), Butter (2 mk 8 ß) und Bargeld (1 mk 8 ß).[378] Außerdem erhielt seine Witwe Geseke im Jahr 1484 50 mk rg von dem durch Titke Sluter noch zu Lebzeiten beauftragten *koepgeselle[n]* Herman Hunteborge, der das Geld von Hinrik Seyer einforderte.[379] Aus diesem Schadenanspruch Sluters geht hervor, dass er ähnlich wie Hinrik Dunkelgud im Handel mit Stockholm tätig gewesen und noch vor dem Jahr 1484 verstorben war. Sluters recht durchmischte Fracht enthielt neben hochwertigen Rohstoffen ein Sammelsurium von Töpfen, Schaffellen, Bettzeug und anderem. Dies könnte ein Hinweis für eine nur gelegentliche, begrenzte Handelstätigkeit sein. Hierfür spricht auch, dass Sluter in keine der von den führenden lübeckischen Kaufleuten bevorzugten Bruderschaften oder Korporationen eintrat.

Ein anderer oder derselbe Titke (*Tideke*) Sluter verfasste auf dem Krankenbett am 3. September 1482 ein Testament und bestimmte dabei den bereits erwähnten Kaufmann Hans Pawes sowie Tile Tegetmeyer zu seinen Nachlasspflegern.[380] Bemerkenswert ist, dass sowohl Pawes als auch Tegetmeyer zu den 45 aktivsten Kaufleuten in den Lübecker Pfundzollbüchern gehörten.[381] Neben diesem Personenkreis deutet Sluters Erwähnung eines Rechnungsbuches auf seine Handelstätigkeit hin.

---

375 WEHRMANN: Verpfändung, S. 42–51.
376 Ebd., S. 64 f.
377 AHL, Kämmerei 327. Von diesen Quittungen waren zur Zeit der Abfassung von Wehrmanns Aufsatz im Jahr 1863 noch 29 überliefert. WEHRMANN: Verpfändung, S. 65.
378 Ebd., S. 50.
379 AHL, Niederstadtbuch Reinschrift 1481–1488, fol. 337v.
380 AHL, Testament 1482 September 3 Sluter, Tideke (krank).
381 SEGGERN: Handelsgesellschaften, S. 462. Nach Walter Stark war Tile Tegetmeier vor allem im Handel mit Stockholm tätig. STARK: Lübeck, S. 258.

Eine Ehefrau oder Kinder bedachte er nicht, doch erwähnte er seinen Oheim *Tideke Sluter*. Folglich gab es zwei Personen, die mit dem im Jahr 1479 am Holstentor tätigen Zöllner identisch gewesen sein könnten und die beide wohl vor dem Jahr 1484 und der Abfassung Dunkelguds zweitem Testament verstarben. Ob der Onkel oder der Neffe Dunkelguds Provisor war, muss offenbleiben. Allerdings deuten auch die Legate des jüngeren Sluters mit dem höchsten Betrag von 165 mk für seine Mutter, 40 mk für seinen Oheim gleichen Namens und 10 mk für seinen Knecht Hans Werkmester, daneben die Vererbung vor allem von Kleidung, wie zwei Hoiken, ein Rock und eine Schaube, sowie eines siebenteiligen Silberbestecks ebenfalls an seine Mutter auf ein mittleres Vermögen hin.[382] Zum Vergleich zahlte Hinrik Dunkelgud um die Jahrhundertwende alleine für den Brautschatz seiner dritten Tochter Lisbet eine Summe von 1.000 mk, zu der noch Silberschmuck hinzukam.[383]

Hinrik Dunkelguds Wirt Claus van Calven war nicht nur sein Provisor im ersten Testament, sondern er wurde auch mit 20 mk begünstigt.[384] Wenige Hinweise – und diese einzig aus dem Jahr 1479 – deuten außerdem auf gemeinsame Handelspartner oder nicht näher bestimmbare gemeinsame Geschäfte der beiden hin.[385] Zudem war er einer der Zeugen vor dem Rat bei der Eintragung der Mitgiftregelungen zwischen Hans Meyer und Hinrik Dunkelgud in das Niederstadtbuch am 23. April 1480.[386] Seit dem Jahr 1461 gehörte ihm das Haus Breite Straße 35.[387] Spätestens um das Jahr 1485 muss er gestorben sein, da seine Frau Katherine dann als Witwe bezeichnet wird.[388] Zudem war er nicht nur in allen drei Bruderschaften zur Burg Mitglied, sondern bekleidete 1465/66 auch das Amt des Schaffers in der Antoniusbruderschaft[389] und richtete im Jahr 1467 die jährliche Koste in seinem Haus aus.[390] Aus seinem Hausbesitz in der von vermögenden Kaufleuten bevorzugten Wohngegend[391] und seiner Schaffertätigkeit kann so seine vorteilhafte wirtschaftliche Situation abgeleitet werden.[392]

Ein weiterer gut situierter und recht aktiver Kaufmann war der bereits erwähnte Hans Pawes, den Dunkelgud ab seinem zweiten Testament im Jahr 1484 bis zu seinem fünften Testament im Jahr 1493 als Testator vorsah. Da Pawes 1501/02 ver-

---

382 AHL, Testament 1482 September 3 Sluter, Tideke (krank).
383 AHL, Testamente Jonsen, Symon 1513 August 1.
384 Die Mitgliederlisten der Leichnamsbruderschaft führen auch einen Claus van Calven *de olde* auf, der im Jahr 1472 das Schafferamt bekleidete und der vermutlich der Vater des Claus van Calven war. JAHNKE: Mitgliederverzeichnisse, S. 31.
385 Rechnungsbuch, fol. 2r–v, 4r, 7r.
386 AHL, Niederstadtbuch Reinschrift 1478 Crp. Chr.–1481, fol. 152r.
387 AHL, Personenkartei, Kasten 52. Bis zum Jahr 1458 gehörte ihm zudem das Haus Mengstraße 51. Ebd.
388 Das Haus wurde im Jahr 1491 durch die Nachlasspfleger verkauft. AHL, Personenkartei, Kasten 52.
389 Nachweisbar ist seine Mitgliedschaft in der Leonhardsbruderschaft seit 1458/60 und in der Leichnamsbruderschaft seit 1473. Obgleich das Verzeichnis der Antoniusbruderschaft seinen Eintritt nicht überliefert, wird er bereits vor seiner Schaffertätigkeit auch dort Mitglied gewesen sein. JAHNKE: Mitgliederverzeichnisse, S. 31, 91, 131.
390 JAHNKE: Koste, S. 109.
391 HOFFMANN: Lübeck, S. 68.
392 JAHNKE: Mitgliederverzeichnisse, S. 18; DERS.: Koste, S. 109.

starb,[393] wurde er im sechsten Testament von 1502 nicht mehr erwähnt. In seinem eigenen Testament benannte er Dunkelgud nicht als Nachlasspfleger.[394] Mit 78 Befrachtungen belegte er unter den 45 aktivsten Großkaufleuten der Jahre 1492 bis 1496 den 24. Platz,[395] wobei er Waren im Gesamtwert von 16.670 mk im- und exportierte.[396] Eine ähnliche Höhe der verfrachteten Güter erreichte von den Mitgliedern der Krämerkompanie einzig Hans Smyt mit 14.632 mk. Insgesamt erreichte in den Pfundzollbüchern nur eine Spitzengruppe von acht Personen der insgesamt 40 nachgewiesenen Kompaniemitglieder Werte über 1.000 mk.[397] Abgesehen von Pawes' Einsetzung als Nachlasspfleger sind keine unmittelbaren sozialen oder wirtschaftlichen Verbindungen zu Dunkelgud nachweisbar. Neben seiner Handelstätigkeit wurde er noch vor 1470 Mitglied der Leonhardsbruderschaft, 1466 der Leichnamsbruderschaft und 1469 der Antoniusbruderschaft und engagierte sich 1483/84 zuerst als Schaffer in der Leichnamsbruderschaft und 1486/87 auch in der Antoniusbruderschaft.[398] Zudem war er einer der Mitbegründer der personell eng mit dem Lübecker Rat verknüpften Bruderschaft Mariä Verkündigung in der Marienkirche.[399]

Obgleich Hinrik Witte nur wenige Monate lang als Nachlasspfleger Dunkelguds im sechsten Testament vorgesehen war, ist er neben Claus van Calven der Einzige, für den zwei Handelstransaktionen mit dem Testator überliefert sind. Im Jahr 1479 sandte er Dunkelgud eine Pipe Öl (*olleges*) von Brügge aus und noch eine weitere Pipe Olivenöl (*bomolges*) nach Lübeck.[400] Hierbei handelte es sich sehr wahrscheinlich um den späteren Lübecker Ratsherrn und Bürgermeister dieses Namens, der im Rahmen seiner frühen Geschäfte in Flandern tätig und im Jahr 1477 Ältermann des Kontors in Brügge war.[401] Mit mehreren Zahlungen und Überweisungen Dunkelguds über verschiedene Handelspartner an Witte schlossen sie ihre Handelsgeschäfte endgültig am 22. April 1481 ab. Einen letzten Dienst erwies Witte seinem früheren Partner am 1. Juli 1483, indem er Dunkelguds Gesellschafter Sledorn in dessen Namen eine Überweisung in der Höhe von 100 mk zukommen ließ.[402] Als Westwaren verhandelte Witte vor allem Tuche in den Osten, die er über eigene Faktoren, Diderik Ellerbuttel und Hans Lubbink, über die „Brückenstation" Hamburg aus Flandern oder England bezog.[403] Wohl in den 1490er Jahren kehrte Witte wieder nach Lübeck zurück.[404] Innerhalb der Lübecker Pfundzollbücher nahm er insgesamt 52 Mal Befrachtungen vor und stand damit auf dem 41. Platz der

---

393 RABELER: Stiftungsverzeichnis, 190. Pawes (Pawest), Hans [in Vorbereitung].
394 AHL, Testamente 1473 August 7 Pawes, Hans.
395 SEGGERN: Handelsgesellschaften, S. 462.
396 VOGTHERR: Pfundzollbücher, Bd. 3, S. 1099–1108.
397 STOCKHUSEN: Fernhandelsgeschäfte, S. 354; vgl. auch die gesamte Aufstellung: Ebd., S. 366–371.
398 JAHNKE: Mitgliederverzeichnisse, S. 28, 35, 91, 98, 129.
399 DORMEIER: Bruderschaften, S. 26, 40.
400 Rechnungsbuch, fol. 2r, 5r; vgl. Anhang 11.1.5 Fettwaren: Nr. 1–2.
401 STARK: Danzig, S. 221.
402 Rechnungsbuch, fol. 2r, 5r.
403 VOGTHERR: Faktoren, S. 39, 72 Nr. 66; vgl. auch FEHLING: Lübeckische Ratslinie, Nr. 578, S. 85.
404 STARK: Danzig, S. 221.

häufigsten Befrachter.⁴⁰⁵ Mit einem Gesamtumsatz von 41.999 mk in den Jahren 1492 bis 1496 stand er unter den Lübecker Livlandfahrern in dieser Zeit an fünfter Stelle. Deutlich tritt sein Livlandhandel nach Reval, Riga und Pernau mit einem Umsatz von 28.574 mk hervor. Ferner handelte er auch nach Danzig, Schonen und Dänemark.⁴⁰⁶ Im Jahr 1496 wurde er in den Lübecker Rat aufgenommen und war bereits ein Jahr später an den Verhandlungen in Narva zur Wiedereröffnung des Petershofes in Nowgorod beteiligt, eine Aufgabe, die mit seinen Erfahrungen im Livlandhandel zusammenhängen könnte. Von 1513 bis zu seinem Tod im Jahr 1523 besetzte er sogar das Amt eines Bürgermeisters. Seit 1473 gehörte er der Antoniusbruderschaft an und trat nach seinem Aufstieg zum Bürgermeister im Jahr 1518 auch der Leonhardsbruderschaft bei.⁴⁰⁷ Aus den Mitgliedslisten der drei Bruderschaften zur Burg geht freilich hervor, dass es an der Wende zum 16. Jahrhundert fünf Mitglieder mit diesem Namen gab. Es könnte sich bei Dunkelguds Provisor aus dem Jahr 1502 so auch um den gleichnamigen Sohn des Ratsherrn Hinrik Witte handeln⁴⁰⁸ oder um den Sohn Pawel Wittes⁴⁰⁹, möglicherweise kommen noch weitere Personen desselben Namens in Frage. Daher ist nicht mit letzter Sicherheit zu klären, ob Dunkelgud 1502 tatsächlich den Ratsherrn und Livlandhändler Hinrik Witte zum Provisor bestimmte.⁴¹⁰ Dafür spricht neben den früheren Handelskontakten in Flandern vielleicht gerade der nur sehr kurze Zeitraum, in dem Witte im Rechnungsbuch als Provisor angeführt wurde. Da es sich bei Hinrik Dunkelguds Testamenten um keine dem Rat zur Aufbewahrung übergebenen Dokumente handelte, sondern er diese in recht kurzen Zeitabständen selbständig änderte oder ergänzte, ist fraglich, ob er seine Provisoren erst nach deren Zustimmung aufführte und ob ein Ratsherr einem Krämer diesen letzten Dienst erweisen wollte.

Bei den letzten drei Kaufleuten handelte es sich wie bei Hans Pawes um Personen, die nicht der städtischen Führungsgruppe zuzuordnen sind, die aber alle in den Lübecker Pfundzollbüchern als Befrachter in Erscheinung treten. Ihre dort nachweisbaren geschäftlichen Aktivitäten bewegten sich bei Hans Cordes im Umfang von fünf Befrachtungen im Wert von 333 mk,⁴¹¹ bei Emunt Wylmes von acht Befrachtungen im Wert von 1.836 mk⁴¹² und bei Godert Wiggerinck von 28 Befrachtungen im Wert von 1.764 mk.⁴¹³ Demnach handelte Wiggerinck nach Schonen und Dänemark und Reval. Zudem sind für ihn auch Handelsgeschäfte nach Nürnberg

---

405 SEGGERN: Handelsgesellschaften, S. 462.
406 Hier zitiert nach VOGTHERR: Livlandhandel, Tab. 6, S. 208; vgl. auch DERS.: Lübecker Pfundzollbücher, Bd. 4, S. 1722–1728.
407 STARK: Danzig, S. 221.
408 Der *(junge) Hinrik Witte,* wohl der Sohn des Ratsherrn Hinrik Witte, trat 1514 in die Antoniusbruderschaft und die Leichnamsbruderschaft ein. Im Jahr 1518 schloss sich sein Eintritt in die Leonhardsbruderschaft an. JAHNKE: Mitgliederverzeichnisse, S. 49, 110, 146.
409 Hinrik Witte, Sohn des Pawel Witte, trat 1520 in die Leonhardsbruderschaft und ein Jahr später in die Antoniusbruderschaft ein. JAHNKE: Mitgliederverzeichnisse, S. 114, 148.
410 Hinrik Witte trat bereits 1473 in die drei Bruderschaften zur Burg ein. JAHNKE: Mitgliederverzeichnisse, S. 31, 93, 131.
411 VOGTHERR: Lübeckische Pfundzollbücher, Bd. 2, S. 764.
412 Ebd., Bd. 4, S. 1696f.
413 Ebd., S. 1687–1691.

3.4 Ernennung der Nachlasspfleger als Zeichen personeller Verflechtungen

und mit den Augsburger Fuggern belegt, für die er Kupfer und Metallwaren von Lübeck weiter in den Ostseeraum verkaufte.[414] Besonders für Wylmes und Wiggerinck deutet zudem ihr intensives Engagement in den geistlichen Bruderschaften auf ihre erfolgreiche Handelstätigkeit und eine recht gute Vermögenslage hin.[415] So waren Wylmes und Wiggerinck nicht nur Mitglieder und Schaffer der drei Bruderschaften zur Burg, sondern auch in der Rochusbruderschaft im Dom und in der Bruderschaft Mariä Verkündigung in der Marienkirche.[416] Darüber hinaus ist Wiggerinck auch in der Greveradenkompanie nachgewiesen.[417] Die einzige unmittelbare Transaktion zwischen dem um 1490 aus Westfalen nach Lübeck eingewanderten Kaufmann Godert Wiggerinck und dem Testator bestand in einer Überweisung im Namen Dunkelguds im Umfang von 700 mk an das Birgittenkloster Marienwohlde, die dieser im Rechnungsbuch etwas unbestimmt für den Zeitraum Ende Dezember 1507 bis Anfang Januar 1508 notierte.[418] Obgleich Wiggerinck in einer sehr vorteilhaften Wohngegend ansässig war – seit 1496 in der Braunstraße 7, seit 1503 in den Schüsselbuden 20 –, er den Zugang zu den angesehensten geistlichen Bruderschaften erlangte und sich sogar viermal in wirtschaftlicher oder sozialer Hinsicht vorteilhaft mit zwei Töchtern aus Ratsfamilien verheiraten konnte, übernahm er nie ein Ratsherrenamt.[419]

Zur zweiten Gruppe von Hinrik Dunkelguds Testatoren, die Mitglieder der Krämerkompanie, gehörten vor allem mit ihm verschwägerte Personen wie sein Schwiegervater Hans Meyer und seine Schwiegersöhne Claus Lange und Arnt Bolte. Bei Hermen Hushere, der 1463 Mitglied in der Krämerkompanie wurde,[420] handelte es sich nicht nur um einen langjährigen Amtskollegen von Dunkelguds Schwiegervater, sondern auch um einen im Zeitraum von 1468 bis 1495 nur mit

---

414 DORMEIER: Immigration, S. 101–104. Grundlegend zu Godert Wiggerinck: Ebd. und DERS.: Wirtschaftlicher Erfolg.
415 Hans Kordes wurde 1483 sowohl in die Antonius- als auch in die Leichnamsbruderschaft aufgenommen. JAHNKE: Mitgliederverzeichnisse, S. 35, 96.
416 Emont Wilms trat 1493 in die Leichnamsbruderschaft (Schaffer 1512/13), 1492 in die Antoniusbruderschaft (Schaffer 1511) und 1497 in die Leonhardsbruderschaft (Schaffer 1510/11) ein. JAHNKE: Mitgliederverzeichnisse, S. 40, 48, 100, 108, 139, 143. Im Jahr 1511 war er Ältermann der Rochusbruderschaft. ZMYSLONY: Geistliche Bruderschaften, S. 78. Von 1511 bis 1512 übernahm er das Schafferamt in der Bruderschaft Mariä Verkündigung in der Marienkirche. DORMEIER: Bruderschaften, S. 41. Godert Wiggerinck trat im Jahr 1493 in die Antoniusbruderschaft (Schafferamt 1503–1504) und in die Leonhardsbruderschaft (Schafferamt 1501–1502) ein. JAHNKE: Mitgliederverzeichnisse, S. 100, 105; 137, 140. Seine Mitgliedschaft in der Leichnamsbruderschaft ist nicht verzeichnet, da er aber im Jahr 1519 zwei neue Mitglieder in diese Bruderschaft einführte, ist sie als sehr wahrscheinlich anzusehen. Ebd., S. 52. In der Rochusbruderschaft ist er zudem als Mitglied und im Jahr 1508 als Schaffer in der Bruderschaft Mariä Verkündigung nachgewiesen. DORMEIER: Bruderschaften, S. 31, 41.
417 Er war dort von 1497 bis zu seinem Tod im Jahr 1518 Mitglied. GRASSMANN: Greveradenkompanie, S. 134.
418 Rechnungsbuch, fol. 227v; DORMEIER: Immigration, S. 98, 147 f. Vgl. ausführlich zu dieser Überweisung und Wiggerincks Rolle als Bankier Kapitel 6.3.4 (Kreditinstrumente) und Kapitel 7.2 (Stiftungen).
419 DORMEIER: Immigration, S. 99, 108 f.
420 HENNINGS: Mitglieder, S. 89.

geringen Unterbrechungen häufig wiedergewählten Ältermann.[421] Im Laufe dieser Zeit bekleidete er zeitgleich sowohl mit Hans Meyer[422] als auch mit Hinrik Dunkelgud eines der Vorsteherämter. So setzte Dunkelgud Hushere im Jahr 1484 während ihrer ersten gemeinsamen Amtsperiode als Nachlasspfleger ein.[423] Fernhandelsgeschäfte über die Ostsee sind für Hushere zwischen 1492 und 1496 nur zweimal in einem Gesamtumfang von 120 mk überliefert,[424] wodurch er mit dem 24. Platz einen mittleren Rang unter den insgesamt 40 in den Pfundzollbüchern ermittelten Krämern besetzen konnte.[425] Allerdings deutet seine Mitgliedschaft in der Antoniusbruderschaft seit dem Jahr 1472 – damit ist er dort als erster Krämer nachweisbar – auf Akzeptanz bei den anderen Kaufleuten und so auf einen gewissen Wohlstand hin.[426] Als Teil des Brautschatzes seiner Ehefrau Katherine van der Vechte kam ihm das Haus in der Markttwiete 17 in der Nähe des Marktes zu, das er 1495 an Cord Vogel verkaufte.[427] Im 15. Jahrhundert war zumindest die Braunstraße noch bei den Mitgliedern der Fahrgemeinschaften, etwa die Schonenfahrer, die Bergenfahrer und die Stockholmfahrer, beliebt, während sich die vermögenden und ratssitzenden Kaufleute von den unmittelbar an den Marktplatz grenzenden Straßen zurückgezogen hatten und Häuser in der Breiten Straße, der Königstraße und in der oberen Mengstraße bevorzugten.[428]

Hermen Tyling erscheint nicht nur als Provisor, sondern zählte zusammen mit Claus van Calven, Timeke Suselman, Bertelt Rickman und dem Krämer Cord Reise[429] sowohl zu den Zeugen bei der Eintragung der Mitgiftregelungen zwischen Hans Meyer und Hinrik Dunkelgud vor dem Rat am 23. April 1480[430] als auch zu den von Meyer gewählten Vormündern für seinen Sohn Hans Meyer d. J.[431] In die Krämerkompanie wurde bereits 1422 ein *Hermen Tilen* aufgenommen.[432] Entweder erreichte Tyling ein besonders hohes Alter oder es handelte sich bei ihm um einen Sohn dieses Hermen Tilen. Dass es eine Verknüpfung zwischen Tyling und der Krämerkompanie gab, verdeutlicht Dunkelgud in zwei Randbemerkungen seines Rechnungsbuches. Tyling stiftete am 30. August 1496 mit 60 mk Rente zehn geistliche Pfründen zur täglichen Durchführung der Marientiden in der Jakobikirche.[433] Dunkelgud bestimmte wohl um das Jahr 1506, dass seine Altarstiftung in Marienwohlde

---

421 Vgl. Kapitel 5.2 (Hinrik Dunkelgud als Ältermann).
422 Laut Hennings trat Hans Meyer 1449 der Kompanie bei. HENNIGS: Mitglieder, S. 190. Im Jahr 1462 wurde er zum ersten Mal als Ältermann erwähnt und vertrat dieses Amt ebenfalls mit Unterbrechungen bis zum Jahr 1477. AHL, Denkelbuch, fol. 31v; 55v.
423 Hinrik Dunkelgud bekleidete in der Zeit von 1484 bis 1486 sowie von 1488 bis 1493 eines der Vorsteherämter. AHL, Denkelbuch, fol. 68v, 69v, 70v, 72v, 76v, 80r, 81r, 84r, 86r, 87v.
424 VOGTHERR: Pfundzollbücher, Bd. 2, S. 602 f.
425 STOCKHUSEN: Fernhandelsgeschäfte, S. 369.
426 JAHNKE: Mitgliederverzeichnisse, S. 93. Vgl. Kapitel 7.1 (Frömmigkeitsformen).
427 AHL, Schrödersche Regesten, S. 263.
428 HOFFMANN: Lübeck, S. 68, 70.
429 Er wird in den Mitgliederverzeichnissen seit dem Jahr 1481 als *Cort van Reiste* geführt. HENNINGS: Mitglieder, S. 192.
430 AHL, Niederstadtbuch Reinschrift 1478 Crp. Chr.–1481, fol. 152r.
431 Rechnungsbuch, fol. 21v; AHL, Niederstadtbuch Reinschrift, 1489–1495, fol. 51r.
432 HENNINGS: Mitglieder, S. 196.
433 Bau- und Kunstdenkmäler, Bd. 3, S. 329; AHL, Testamente, 1500 Februar 1 Tyling, Hermen.

3.4 Ernennung der Nachlasspfleger als Zeichen personeller Verflechtungen

nach dem Aussterben seines Geschlechts wie die Stiftung Tylings für die Marientiden von den Älterleuten der Krämerkompanie verwaltet werden sollte. Dunkelguds und Tylings Stiftungsbriefe wurden zudem zusammen in der Annenkapelle der Krämerkompanie in der Petrikirche verwahrt.[434] Auch die Erwähnung eines Rechnungsbuches in Tylings Testament deutet auf eine kaufmännische Tätigkeit hin.[435] Im Jahr 1496 wohnte er in der Fischergrube.[436] In seinem Testament vom 1. Februar 1500 bestimmte er Dunkelgud zu einem seiner Provisoren.[437] Tatsächlich verstarb er vor Dunkelgud, der 1506 den Verkauf eines Hauses in der Kleinen Burgstraße mit abwickelte.[438] Obgleich seine Ehefrau Hilike nur einen Brautschatz von 150 mk in die Ehe eingebracht hatte, bestimmte Tyling eine Aufstockung dieses Betrags aus seinem Vermögen auf insgesamt 600 mk, falls diese sich nach seinem Tod wieder verheiraten sollte.[439] Dies stellte immerhin den Gegenwert eines Hauses in guter Lage dar. So wurde das Gebäude Königstraße 28 im Jahr 1462 ebenfalls für 600 mk verkauft.[440]

Den Krämer Gerd Schulte benannte Dunkelgud nur einmal im sechsten Testament[441] und widerrief diese Wahl kurze Zeit später noch im August desselben Jahres. Auch mit Schulte fasste Dunkelgud immerhin einen zukünftigen Vorsteher der Krämerkompanie, der 1531 im Zusammenhang mit dem Kauf des neuen Kompaniehauses in den Schüsselbuden 24 erwähnt wird.[442]

Hinter den sonstigen Nachlasspflegern steht eine heterogene Gruppe von Personen, zu denen noch keine Untersuchungen vorliegen. Einen verwandtschaftlichen Bezug dürfte einzig Dunkelguds Oheim Peter Schutte aufweisen, der bereits im Kapitel zu Dunkelguds Niederlassung ausführlich vorgestellt wurde. Der mögliche familiäre Hintergrund wird durch ein Legat in Höhe von 10 mk an Schutte[443] und die gegenseitige Provisorenwahl auch in Schuttes Testament vom 18. März 1482 gestützt. Zusammen mit seiner Ehefrau Geseke bewohnte er *hus unde hoff to Travemunde*. Da ihr Brautschatz 60 mk betrug[444] und in der Regel von einem ungefähr gleich hohen Vermögen der Brautleute bei Eheschließung auszugehen ist,[445] deutet dies auf bescheidene Vermögensverhältnisse hin, wenn man diesem Betrag beispielsweise allein die Höhe von Dunkelguds Brautkoste von knapp 160 mk gegenüberstellt.[446]

---

434 Rechnungsbuch, fol. 194v.
435 AHL, Testamente 1500 Februar 1 Tyling, Hermen.
436 Bau- und Kunstdenkmäler, Bd. 3, S. 329; AHL, Testamente, 1500 Februar 1 Tyling, Hermen.
437 Ebd.
438 AHL, Schrödersche Regesten, Jakobiquartier, S. 622.
439 AHL, Testamente 1500 Februar 1 Tyling, Hermen.
440 HAMMEL: Hauseigentum, S. 143.
441 Gerd Schultes Aufnahme in die Krämerkompanie erfolgte im Jahr 1508. HENNINGS: Mitglieder, S. 194.
442 WARNCKE: Haus, S. 201; AHL, Schrödersche Regesten, Marienquartier, S. 230.
443 Rechnungsbuch, fol. 12r.
444 AHL, Testamente 1482 März 18 Schutte, Peter.
445 HARTWIG: Frauenfrage, S. 61; HAMMEL: Hauseigentum, S. 139.
446 Vgl. Anhang 11.7 Tabelle: Hinrik Dunkelguds Hochzeitsausstattung und Brautkoste.

Wie bereits ausgeführt, gehörte Timeke Suselman zum Kreis der von Hans Meyer für seinen Sohn bestimmten Vormünder. Verheiratet war er mit Gretke, die Tochter des Hermen Borst. Aus der Ehe ging ein Sohn namens Hans hervor. Die Familie bewohnte das Haus Mühlenstraße 38.[447] Im Jahr 1478 kaufte Gretke von Dunkelgud *7 tymer werkes, it tymer vor 10 ß*, also 280 günstige Eichhörnchenfelle für insgesamt 4 mk 6 ß auf Kredit, den sie darauf Kunneke bis auf 3,5 ß beglich.[448] Im 14. Jahrhundert bewohnten Angehörige unterschiedlicher städtischer Gewerbe die Mühlenstraße, unter denen sich auch fellverarbeitende Berufe befanden.[449] Ein letzter Eintrag im Dunkelgudschen Rechnungsbuch stammt aus dem Jahr 1490. In diesem wird deutlich, dass Geseke Hans Meyer d. J. 7,5 ß geliehen hatte, die Dunkelgud ihr dann zurückzahlte.[450] Die Familie Suselmann scheint so vor allem über die Familie Meyer mit Dunkelgud bekannt gewesen zu sein. Timeke Suselman verstarb vor dem Jahr 1505, so dass das Haus an seine Witwe und den Sohn überging, aber schließlich 1510 zwangsverkauft wurde.[451] Da Suselmann bereits 1502 nicht mehr als Nachlasspfleger erscheint, könnte er bereits zuvor verstorben sein.

Claus Kruse wohnte mit seiner Frau Katherina seit 1499 in der Beckergrube 6. Er trat als Testamentarier des Arnt Meyer in der Wahmstraße 32 in Erscheinung (1491), ebenso als Mitvormund der Witwe des Krämers Kersten Dame,[452] Wobbeke, die wohl die Bude 4 am Markt besaß.[453] Kruses Wohnlage in der Beckergrube[454] sowie seine sich solchermaßen andeutende soziale Verflechtung lassen seine berufliche Einordnung in das städtische Gewerbe plausibel erscheinen. Zu Heyne Kedink liegen bisher keine Quellenbefunde vor.

Es lässt sich zusammenfassen, dass Dunkelgud in seinem ersten und zweiten Testament auf bereits bestehende personelle Verflechtungen, wohl vor allem über Hans Meyer, und die Verwandtschaftsbeziehung zu seinem Oheim Peter Schutte zurückgriff, außerdem mit Titke Sluter möglicherweise auf einen ebenfalls im Schwedenhandel engagierten Kaufmann. Mit seiner sozialen und wirtschaftlichen Festigung in Lübeck wählte er dann mit Hermen Hushere einen seiner direkten Amtskollegen aus dem Vorsteherkreis der Krämerkompanie sowie mit Claus Lange und Arnt Bolte seine Schwiegersöhne. Parallel zu diesen bestimmte er aber seit dem Jahr 1484 fortlaufend recht aktive Großkaufleute, die allerdings nicht den lübeckischen Führungsgruppen zuzuordnen sind. Das einzig erkennbare verbindende

---

447 AHL, Personenkartei, Kasten 326.
448 Rechnungsbuch, fol. 6v, vgl. auch Anhang 11.1.16 Rauch- und Lederwaren: Nr. 3. Im Rechnungsbuch schwankten die Preise für ein Timmer *werkes* zwischen diesem niedrigsten Wert von 10 ß und weiteren Werten je Timmer von 14 ß oder 15 ß, einmal sogar 1,5 mk. So kostete ein einziges Marderfell beispielsweise auch 10 ß. Vgl. Anhang 11.1.16 Rauch- und Lederwaren: Nr. 1, 13, 14, 19.
449 HOFFMANN: Lübeck, S. 69 Abb. 19, 70, S. 72 f. Abb. 20–21.
450 Rechnungsbuch, fol. 27r.
451 AHL, Personenkartei, Kasten 326.
452 Eintritt in die Krämerkompanie im Jahr 1485. AHL, Denkelbuch, f. 75v. Nicht nachgewiesen bei HENNINGS: Mitglieder.
453 AHL, Personenkartei, Kasten 60. Für das Jahr 1482 erwähnt Dunkelgud Kersten Dame und Hans Mertens, den Schuhmacher, als seine beiden direkten Nachbarn. Rechnungsbuch, fol. 1v.
454 HOFFMANN: Lübeck, S. 69 Abb. 19, S. 72 f. Abb. 20–21.

3.4 Ernennung der Nachlasspfleger als Zeichen personeller Verflechtungen 101

Element war ihre gemeinsame Mitgliedschaft in der Antoniusbruderschaft.[455] Bemerkenswert ist zudem, dass Dunkelgud diesen Kaufleuten den Vorzug zumindest vor seinem Schwiegersohn Claus Lange gab und diesen nicht erneut zum Provisor ernannte.

Eine gegenseitige Wahl zum Provisor ist nur über die Testamente seines Oheims Peter Schutte und von Hermen Tylings nachzuweisen. Aus dem sozialen Umfeld der Krämerkompanie übernahm Dunkelgud zusammen mit den Krämern Hermen Hushere und Wilmer Soveken die Vormundschaft für Klarke van Reyne, die Witwe Hans Kremers, der er 1489 das Heringshaus vor dem Holstentor abkaufte. Als Vormünder erwähnt Dunkelgud neben Hermen Hushere und Wilmer Sovken noch ihren Sohn, Meister Johan van Reyne, und Hans Schroder.[456] Zudem wickelte er mit den anderen Vormündern – dieses Mal ohne Nennung Schroders – im Jahr 1492 auch den Verkauf einer ihrer Buden am Markt an den Krämer Gerd Blotnick ab.[457]

Ferner erschien Hinrik Dunkelgud zusammen mit Hans Klinkrat als gewählter Nachlasspfleger bei der Testamentseröffnung eines weiteren Gerd Schulte am 17. Januar 1496 vor dem Lübecker Rat.[458] Außerdem setzte der Kaufmannsgeselle Claus Koestke Dunkelgud in seinem Testament vom 17. Januar 1496 zum Provisor ein. Koestke wohnte zu dieser Zeit bei seiner Wirtin Katherine van Calven, Claus van Calvens Witwe. Neben Dunkelgud bestimmte er seinen Bruder Otte, ferner Frederick Kortsack und Peter Possick zu seinen Nachlasspflegern.[459] Possick wird im Dunkelgudschen Rechnungsbuch nur ein einziges Mal im Jahr 1501 als Abnehmer einer Lieferung Bollards sichtbar,[460] so dass bisher keine weiteren Hinweise zu den sozialen Verflechtungen Koestkes und Dunkelguds vorliegen. In den Pfundzollbüchern wird Koestke mit insgesamt 43 Befrachtungen, davon 39 im Handel mit Riga, mit einem gesamten Warenwert von 7.197 mk geführt.[461] Weder wird er im Dunkelgudschen Rechnungsbuch erwähnt noch sind für Dunkelgud Handelsverbindungen mit Riga überliefert. Möglicherweise bildete auch die Witwe van Calven, die ehemals auch Dunkelguds Wirtin gewesen war, das verbindende Glied zwischen den beiden Kaufleuten.

Innerhalb des Zeitraums von 30 Jahren bestimmte Hinrik Dunkelgud mit ihm verschwägerte Personen zu seinen Nachlasspflegern, ferner direkte Amtskollegen aus dem Vorsteherkreis der Kompanie, aber vor und kurz nach seiner Niederlassung auch Personen, die vermutlich aus dem sozialen Umfeld seines Schwiegervater Hans Meyer stammten. Bereits ab dem zweiten Testament im Jahr 1484 wählte Dunkelgud mit Hans Pawes und in den weiteren Jahren mit Hinrik Witte, Emunt Wylmes und Godert Wiggerinck sozial und wirtschaftlich deutlich über ihm ste-

---

455 Vgl. zur Mitgliedschaft in der Antoniusbruderschaft auch Kapitel 7.1 (Frömmigkeitsformen).
456 Rechnungsbuch, fol. 25v.
457 AHL, Schrödersche Regesten, Marienquartier, S. 341; Gerd Blotnick trat 1479, Hans Kremer 1480 in die Lübecker Krämerkompanie ein. HENNINGS: Mitglieder, S. 83, 91.
458 AHL, Niederstadtbuch Reinschrift 1496–1500 Letare, fol. 4r.
459 Er selbst bezeichnete sich als *en geselle to Lub[eck]* und verwies auf sein Rechnungsbuch, so dass hier von einem Kaufmannsgesellen ausgegangen wird. AHL, Testamente, 1496 Januar 17 Koestke, Clawes. Ganz herzlich danke ich Ann-Mailin Behm, M.A. für diesen Hinweis.
460 Rechnungsbuch, fol. 195r; vgl. Anhang 11.1.16 Rauch- und Lederwaren: Nr. 33.
461 VOGTHERR: Pfundzollbücher, Bd. 2, S. 774–779.

hende Kaufleute. Woher diese sozialen Verflechtungen oder möglicherweise sogar Vertrauensverhältnisse zwischen dem Testator und seinen Nachlasspflegern resultierten, ist nicht nachvollziehbar. So bemerkte bereits Meyer, dass Testatoren aus allen ihren Lebensbereichen Provisoren bestimmt hätten, die für sie „von finanzieller und emotionaler Bedeutung waren".[462] Am Beispiel der Lübecker Bergenfahrer konnte Burkhardt nachweisen, dass diese recht konstant in 60 Prozent der Fälle andere Bergenfahrer, zu 40 Prozent aber Personen außerhalb ihrer Fahrtgemeinschaft als Provisoren wählten.[463] Diese Zahlen lassen sich nicht exakt auf das Beispiel Dunkelguds übertragen, da einige Mitglieder der Kompanie zugleich seine Verwandten waren, doch im Durchschnitt entstammte nur die Hälfte seiner Provisoren der Krämerkompanie und die andere Hälfte der Gruppe der wohlhabenderen Kaufleute und vereinzelt den Handwerkern. Geschäftliche Verbindungen werden nur zu seinem Hauswirt Claus van Calven sowie zu Hinrik Witte sichtbar, so dass die Motive für die Wahl von Hans Pawes, Emunt Wylmes und Godert Wiggerinck allein in der von Meyer angenommenen sozialen Nahbeziehung zwischen Testator und Provisor vermutet werden können.[464] Diese manifestierte sich bei Pawes, Witte und Wiggerinck allerdings nicht in einer gegenseitigen Wahl zum Testator,[465] wie dies einzig in den Testamenten des Oheims Peter Schutte und von Hermen Tylings erfolgte.[466] Jahnke sieht in der Vergabe von Testamentsvormundschaften und von Patenschaften oder dem Engagement in Bruderschaften verschiedene Instrumente der Kaufleute, sich neue Informationsquellen zu erschließen.[467] Dies war nötig, da Informationen die grundlegende Ressource zur Aufrechterhaltung der vorherrschenden Handelsnetzwerke des Ostseeraums bildeten. Der Zugang dazu war für jeden erfolgreichen Kaufmann wichtig, da dieser ständig nicht nur neue Informationen empfangen, sondern als Gegenleistung auch in das Netzwerk einspeisen musste.[468] So könnten auch Godert Wiggerinck oder Emunt Wylmes an einer neuen Informationsquelle wie Hinrik Dunkelgud interessiert gewesen sein. Gleichzeitig beobachtet Meyer, wiederum in den Testamenten der Bergenfahrer, dass in der Zeit zwischen 1440 und 1470 einige „bedeutende Kaufleute" mit weitreichenden Verbindungen über die Fahrgemeinschaft hinaus besonders häufig und gern als „vertrauenswürdige Persönlichkeit" als Nachlasspfleger gewählt wurden,[469] worin auch ein Motiv Dunkelguds zu vermuten sein könnte. Als das „wesentliche an den Vormundschaftswahlen" sieht Meyer die teilweise aufwendigen und langfristigen Aufgaben und Mühen der Provisoren, die dafür auf keine „adäquate Gegenleistung"

---

462 MEYER: Bürger, S. 193.
463 BURKHARDT: Bergenhandel, S. 250. Aus dem Zeitraum von 1360 bis 1510 wurden drei Referenzperioden ausgewählt – Phase 1: 1360–1400, Phase 2: 1440–1470, Phase 3: 1490–1510. Ebd., S. 23 f.
464 Für eine ausführliche Diskussion des Begriffs „Vertrauen" vgl. HIRSCHBIEGEL: Nahbeziehungen, S. 53–63.
465 AHL, Testamente 1511 Juli 19 Wiggerinck, Godert.
466 Allerdings verwies bereits Gunnar Meyer für die erste Hälfte des 15. Jahrhunderts darauf, dass eine gegenseitige Bestimmung eine „klare Ausnahme" geblieben sei. MEYER: Bürger, S. 136.
467 JAHNKE: Handelsnetze, S. 200.
468 Ebd., S. 207.
469 MEYER: Bürger, S. 247.

hoffen konnten.[470] So kann hier insgesamt nicht von einem Vertrauensverhältnis zwischen dem Testator und seinen Provisoren und einem von Seiten der Kaufleute strategisch begründeten Verhalten zur Erschließung neuer Informationsquellen unterschieden werden.

Im Übrigen war besonders für die beiden im neunten Testament erstmals bestimmten Kaufleute Wylmes und Wiggerinck ein vergleichsweise geringer und kurzfristiger Aufwand bei der Umsetzung von Dunkelguds letztwilligen Verfügungen zu erwarten. So mussten keine Vormundschaften mehr von ihnen übernommen werden, da Dunkelguds Töchter abgeschichtet waren und seine Ehefrau Kunneke verstorben war. Der größte Teil seines Vermögens, eine Krambude, hatte er bereits für seinem Schwiegersohn Claus Lange und seiner Tochter Anneke vorgesehen, obgleich die Überschreibung im Oberstadtbuch erst 1512 erfolgte, und die Einrichtung seiner Seelmessen und Vigilien an seinem Altar im Birgittenkloster Marienwohlde war ebenfalls seit dem Beginn des Jahres 1508 schriftlich fixiert worden.[471] Neben der Verteilung der Legate versprachen wohl nur die abschließende Abwicklung des Verkaufs des Heringshauses und die Verwaltung der noch eingehenden Renten aus dem Haus von Jachim Trechouwe in den Weiten Krambuden etwas Mühe zu bereiten.

---

470 Ebd., S. 136.
471 Vgl. Kapitel 7 (Hinrik Dunkelguds Frömmigkeitsformen und Stiftungen).

4. PERSÖNLICHE RECHTSSICHERUNG DURCH STADTBÜRGERLICHE SCHRIFTLICHKEIT

Die vielfältigen Funktionen des Dunkelgudschen Rechnungsbuches F betrafen die Verwaltung seines Haushalts, indem er finanzielle Belastungen beispielsweise durch Immobilienkäufe oder die Versorgung und Abschichtung seiner Familienangehörigen, erwirtschaftete Erträge aus Renteneinkünften sowie die zur Organisation seiner Handelsgeschäfte nötigen Informationen aufzeichnete.[1] Ferner fasste er seine letztwilligen Verfügungen zur Auflösung seines Haushalts nach seinem Tod und die Benennung der dafür verantwortlichen Nachlasspfleger in diesem Buch zusammen. Mit diesen Maßnahmen suchte er alle seine persönlichen rechtlichen Ansprüche abzusichern.[2]

4.1 KAUFMÄNNISCHE RECHNUNGSBÜCHER UND STADTBÜCHER ÖFFENTLICHEN GLAUBENS

Anhand der Untersuchung von drei miteinander verflochtenen Einträgen aus Dunkelguds Rechnungsbuch und der Überlieferung von Einträgen zu demselben Sachverhalt in den Stadtbüchern kann für ihn die Nutzung verschiedener Instrumentarien zur Absicherung seiner Rechtsansprüche festgestellt werden.[3] Im Zusammenhang mit seiner Eheschließung mit Hans Meyers Tochter Kunneke am 24. Oktober 1479 scheinen bereits die Mitgiftvereinbarungen, d. h. die Übertragung der ersten Krambude samt Teilen von deren Ausstattung, im Vorfeld nicht nur ausgehandelt, sondern auch als persönliche Notizen verschriftlicht worden zu sein. Mit diesen traten Hinrik Dunkelgud und Hans Meyer am 23. März 1480 vor den Lübecker Rat und ließen sie in das Niederstadtbuch eintragen. Dazu gehörten weitere Absprachen zur Abschichtung und zur Bestimmung der Vormünder für Kunnekes noch unmündigen Bruder Hans Meyer d. J. und ihre Schwester Gretke. Im Rechnungsbuch

---

1   Vgl. Kapitel 3 ('Haus' und Haushaltsführung); Kapitel 6.2 (Buchführungstechniken für den Haushalt und das Handelsgeschäft).
2   Vgl. Kapitel 3.4 (Ernennung der Nachlasspfleger als Zeichen personeller Verflechtungen); Kapitel 7.2 (Stiftungen).
3   Diese Einträge betreffen mehrere Rechtsvorgänge im Zusammenhang mit seiner Niederlassung und seinem Immobilienerwerb. Es handelte sich um zwei Immobiliengeschäfte, zum einen die Übernahme und Ausübung der Vormundschaft über seinen Schwager Hans Meyer d. J., zum anderen dessen Mündigkeitserklärung samt Entlassung der Vormünder und Erbschaftsantritt. Vgl. den Abschnitt zur Eheschließung Dunkelguds in Kapitel 2.1 (Hinrik Dunkelguds Niederlassung in Lübeck) und den entsprechenden Abschnitt zu seinem Schwager Hans Meyer d. J. in Kapitel 3.1 (Familie und Haushaltsangehörige) oder die entsprechenden Einträge im Rechnungsbuch, fol. 25v (1480), fol. 24 (4. Dezember 1489), fol. 26v (2. Februar 1490), fol. 25v (7. Oktober 1490).

selbst vermerkte Dunkelgud die von Hans Meyer vorgenommene Hausübertragung im Zuge der Eheschließung für das Jahr 1480 und verwies zudem auf den entsprechenden, wohl obligatorischen Eintrag im Oberstadtbuch. Seine mögliche Vormundschaft über seinen Schwager erwähnte er hingegen nicht.[4] Die Fixierung von Abschichtungsregelungen und Vormundschaftswahlen im Niederstadtbuch stellte am Ende des 15. Jahrhunderts keine Seltenheit dar. Im Zeitraum von 1478 bis 1495 wurden 97 Abschichtungen und sogar 105 Vormundschaftswahlen für unmündige Kinder dokumentiert.[5] Die vereinbarte Mitgift und damit die Besitzübertragung des Hauses mit Kram als Grundlage seiner Existenz als Krämer scheint Dunkelgud so wichtig gewesen zu sein, dass er diese dreifach nicht nur in seinem persönlichen Rechnungsbuch notierte, sondern zusammen mit seinem Schwiegervater gleich in zwei Stadtbücher eintragen ließ.[6] Damit unterwarfen sich alle Beteiligten zu ihrer persönlichen Rechtssicherheit den städtischen Sekretären und der Niederschrift ihrer Rechtsangelegenheiten in die Niederstadtbücher als eine „Form des Notariats"[7] und einer „Instanz der freiwilligen Gerichtsbarkeit".[8] Dunkelgud war es so möglich, eventuellen nachträglichen Ansprüchen des mündigen Hans Meyer d. J. oder anderer nach dem Tod Hans Meyers vorzubeugen. Auch Kunneke hätte sich im Witwenfall auf diesen öffentlichen Eintrag als Beweis berufen können,[9] da diesen Büchern öffentlicher Glauben beigemessen wurde.[10]

Inhalt des zweiten Rechnungsbucheintrags vom 4. Dezember 1489 war die Mündigsprechung Hans Meyers d. J. Demnach erschien dieser zusammen mit seinen vier Vormündern Hinrik Dunkelgud, Hermen Tyling, Timeke Suselman und dem Krämer Cort Reyse[11] vor dem Lübecker Rat, um diese nach der Verlesung des Niederstadtbucheintrags vom 23. März 1480, seiner Mündigsprechung und seiner Übernahme des väterlichen Erbes aus ihrer Verpflichtung ihm gegenüber zu entlassen. Der Empfang des Erbes vor nicht näher genannten Zeugen wurde zudem durch den Ratsschreiber Johannes Bracht quittiert. Neben dem Ablauf dieser Rechtsvorgänge notierte Dunkelgud in seinem Buch genauestens die verschiedenen Daten und verwies noch einmal auf den Stadtbucheintrag mit den Vereinbarungen zur Mitgift samt deren Quittierung sowie auf die Aufnahme der Mündigsprechung

---

4   STOCKHUSEN: Rechnungsbuch, S. 159 f., 164. Die Frage, ob jedes Immobiliengeschäft einer Eintragungspflicht in die Oberstadtbücher unterlag, konnte für das Mittelalter bisher nicht abschließend geklärt werden. Vgl. die entsprechende Diskussion bei REHME: Ober-Stadtbuch, S. 251–270.
5   SEGGERN: Quellenkunde, S. 167 f., 170.
6   STOCKHUSEN: Rechnungsbuch, S. 161, 164.
7   SEGGERN: Quellenkunde, S. 98, 115–118; Zitat nach: Ebd., S. 117.
8   SIMON: Lübecker Niederstadtbuch, S. 12. Im Falle Hinrik Dunkelguds erschien dieser mit einem freiwilligen Begehren und nicht auf Aufforderung vor dem Lübecker Rat. AHL, Niederstadtbuch Urschrift 1478 Crp. Chr.–1481, fol. 151v; MANTELS: Memorial, S. 360 f.; vgl. SEGGERN: Quellenkunde, S. 115.
9   Vgl. ebd., S. 98, 121.
10 GRASSMANN: Beständeübersicht, S. 63.
11 HENNINGS: Mitglieder, S. 192.

Hans Meyers d. J. und fügte diesen Verweisen in den meisten Fällen auch die Folioangabe hinzu.[12]

Bei dem letzten in diesem Zusammenhang vorzustellenden Eintrag handelt es sich um eine eigenhändige Quittung Hans Meyers d. J. vom 2. Februar 1490, in der er den Verkauf seiner ererbten Krambude am Markt an seinen Schwager bekannte und die zwischen ihnen getroffenen Zahlungsvereinbarungen sowie die Einrichtung einer Leibrente offenlegte. Dieser Quittung war allerdings eine Niederstadtbuchinskription vom 25. Januar 1490 vorausgegangen, aus der hervorgeht, dass dieser Rechtsvorgang nicht nur in Anwesenheit Dunkelguds und seiner drei Mitvormünder, sondern auch zweier Mitglieder der Krämerkompanie, Hermen Husher und Hans Schroder, als Zeugen vonstattengegangen war. Obgleich die Vormundschaft Dunkelguds, Suselmans, Reyses und Tylings seit gut anderthalb Monaten beendet gewesen sein dürfte, beteiligten sie sich – möglicherweise noch als Vormünder – an den Verhandlungen und dienten nun als zusätzliche Zeugen, was für ihr ehemaliges Mündel Hans Meyer d. J. die rechtliche Absicherung verstärkt haben mag. Erst unter dem 7. Oktober 1490 verwies Dunkelgud in seinem Rechnungsbuch auf die endgültige Überschreibung der Immobilie im Oberstadtbuch und führte zudem den Niederstadtbucheintrag vom 25. Januar 1490 als Beleg für diese Vereinbarungen an.[13] Auch bei diesem letzten Textbeispiel aus dem Dunkelgudschen Rechnungsbuch wird die bei Kaufleuten sehr häufig anzutreffende sorgfältige und um Vollständigkeit bemühte Buchführung sichtbar.[14]

Nach dieser formalen und öffentlichen Abwicklung der Immobilienübertragung nutzte Dunkelgud sein Rechnungsbuch in diesem Zusammenhang nur noch, um seine Rentenzahlungen und das Ansteigen der schon vor Erreichung seiner Mündigkeit bestehenden Schuldenlast Hans Meyers d. J. zu dokumentieren, da Dunkelgud diese Schulden mit seinen folgenden Rentenzahlungen verrechnete. Dabei nutzte Dunkelgud die Form der eigenhändigen Schuldeinträge oder Quittungen, mit denen Meyer den Erhalt von Rentenzahlungen bestätigte.[15] So hatte die Eintragung von Quittungen in ordentlich geführten Rechnungsbüchern, die der gerichtlichen Annahme nach den gesamten Vor- und Nachgang zu dieser Verschuldung dokumentierten, eine viel höhere Beweiskraft bei späteren Streitigkeiten als lose Schuldscheine.[16] Allerdings erfahren wir auch von einer solchen losen Quittung, die Claus Lange seinem Schwiegervater bei der Rückzahlung seines Kredits vom Wismarer Dominikanerkloster mitbrachte. Darin bekannte der Dominikanermönch Peter Emeryk, *dat he dyt vorschreven gelt wedder entfangen heft*.[17] Die Rentenzahlung an Hans Meyer d. J. sicherte Dunkelgud bis zu dessen Verwundung und vermutlichem Tod nach dem 31. August 1492 dreifach ab, indem er die fälligen Beträge am 7. Oktober 1490, 8. April und 29. September 1491, auch schon im Voraus für das

---

12 Rechnungsbuch, fol. 24v; STOCKHUSEN: Rechnungsbuch, S. 165 f.
13 Ebd., fol. 26v; STOCKHUSEN: Rechnungsbuch, S. 167–169; HENNINGS: Mitgliederverzeichnisse, S. 89, 194.
14 MASCHKE: Berufsbewußtsein, S. 389 f.
15 STOCKHUSEN: Rechnungsbuch, S. 167, 170.
16 EBEL: Beweiskraft, S. 126–130; CORDES: Spätmittelalterlicher Gesellschaftshandel, S. 204.
17 Rechnungsbuch, fol. 28r.

Jahr 1493 am 31. August 1492 erstens immer in Anwesenheit von Zeugen an Hans Meyer d. J. auszahlte. Zum Kreis der Zeugen gehörten neben Meyers ehemaligem Vormund und Dunkelguds vorgesehenem Nachlasspfleger Hermen Tylink sowie Hans Merten auch Mitglieder der Krämerkompanie wie Wilmer Sovken und möglicherweise Hans Mylde.[18] Zweitens ließ er sich den Empfang dieser Gelder von Meyer durch eigenhändige Quittungen in seinem Rechnungsbuch bestätigen und drittens nahm Dunkelgud selbst noch einen entsprechenden Gegeneintrag vor.[19]

Insgesamt nutzte Hinrik Dunkelgud neben seinem kaufmännischen Rechnungsbuch bei bedeutenderen Rechtsgeschäften zusätzlich die rechtssichernde Öffentlichkeit. Dies geschah durch die Hinzuziehung von Zeugen aller beteiligten Parteien, die er später in seinem Rechnungsbuch benannte. Zu diesen Zeugen gehörten häufig Stadtbürger, mit denen er über die Krämerkompanie oder die Einsetzung als Nachlasspfleger eng verbunden war.[20] Gerade in dieser Hinzuziehung von ausgewählten Zeugen werden Dunkelguds personelle Verflechtungen innerhalb der Lübecker Krämer, besonders der Gruppe der Älterleute, sichtbar.[21] So erwähnte er im Zuge der Beendigung eines bis vor das Niedergericht gelangten Rechtsstreits in den Jahren 1484 bis 1485 mit seinen beiden ehemaligen Gesellschaftern Hans Sledorn und Hans Hovenborch einige Krämer wie Hermen Hushere, Tonies van Konren und Jacob Huls als Zeugen.[22] Ähnlich wie bei den rechtlichen Einigungen mit seinem Schwiegervater und Schwager notierte er auch hier die fortschreitenden Verhandlungen genauestens mit dem Hinweis auf eine Eintragung Peter Monniks, des Schreibers am Niedergericht, vom 5. Juni 1485 in das Protokoll- und Urteilsbuch.[23] Neben seinen Verweisen auf diese obligatorischen Inskriptionen, wie im Fall der Immobilienübertragungen in das Oberstadtbuch, für das Heringshaus ferner in das Gartenbuch der Wetteherren,[24] nutzte Dunkelgud für die Absicherung von rechtlichen Vereinbarungen zudem die Möglichkeit der freiwilligen Eintragung in die städtischen Bücher öffentlichen Glaubens wie das Niederstadtbuch. Darüber hinaus schuf er mithilfe seiner Verweistechnik im Rechnungsbuch eine größere Transparenz Dritten gegenüber, um seine Rechtssicherung zu erhöhen.[25]

---

18 STOCKHUSEN: Rechnungsbuch, S. 170 f.; Rechnungsbuch, fol. 27r. *Wilm Sovkens* Aufnahme wird nicht in der Mitgliedsliste der Krämerkompanie aufgeführt. Nach dem Denkelbuch der Kompanie wurde 1464 ein *Werner Soveken* Mitglied, der in späteren Nennungen auch als *Wylmer Soveken* bezeichnet wird. AHL, Denkelbuch, fol. 32r, beispielsweise fol. 70v. 1469, genau zwanzig Jahre nach Hans Meyer, wurde ein *Hans Mylyes* in die Krämerkompanie aufgenommen. Ob es sich bei dieser Person aber um den erwähnten Hans Mylde handelt, kann ohne weitere Quellenbelege nicht geklärt werden. HENNINGS: Mitglieder, S. 190.
19 STOCKHUSEN: Rechnungsbuch, S. 170; Rechnungsbuch, fol. 26v–27r.
20 STOCKHUSEN: Rechnungsbuch, S. 171. Vgl. auch Kapitel 3.4 (Ernennung der Nachlasspfleger als Zeichen personeller Verflechtungen) und Kapitel 5.2 (Hinrik Dunkelgud als Ältermann).
21 Vgl. Kapitel 5.2 (Hinrik Dunkelgud als Ältermann).
22 Rechnungsbuch, fol. 20r, 21r; HENNINGS: Mitglieder, S. 89, 91; vgl. Kapitel 6.5.3 (Gesellschafter Hans Sledorn, HG A).
23 Rechnungsbuch, fol. 18r. Ich danke Prof. Dr. Harm von Seggern für diesen Hinweis.
24 Rechnungsbuch, fol. 25v.
25 STOCKHUSEN: Rechnungsbuch, S. 159, 171 f.

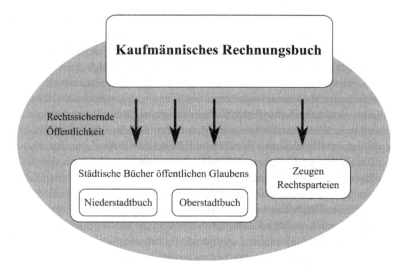

Abbildung 1: Instrumentarien zur Rechtssicherung

Obgleich Wilhelm Ebel der Frage nach der Beweiskraft von persönlichen Rechnungsbüchern eigens eine Untersuchung widmete, bezog er für das 15. Jahrhundert nur 14 Ratsurteile und kaufmännische Rechnungsaufzeichnungen in seine Überlegungen ein,[26] indem er die jeweiligen Bearbeiter der Rechnungsbücher der Wittenborgs und des Vicko von Geldersen zur Frage nach der Beweiskraft ‚ihrer' Bücher kurz zu Wort kommen ließ.[27] Laut Albrecht Cordes prägte sich diese erst im späten 15. und 16. Jahrhundert „voll aus", während vorher sehr häufig die städtischen Bücher, also zum Beispiel das Lübecker Niederstadtbuch, für Schuldeinträge genutzt worden seien.[28] Dass kaufmännische Rechnungsbücher im Streitfall vor Gericht hinzugezogen wurden und ihnen unbestreitbar eine Beweiskraft zugemessen wurde, zeigt freilich schon die Überlieferung der meisten Rechnungsbücher. Häufig gelangten diese nämlich infolge der Einziehung bei Rechtsstreitigkeiten in die heutigen Archive und wurden nicht wie in den weitaus meisten anderen Fällen mit Begleichung aller Außenstände und Löschung aller relevanten Einträge als unwichtig angesehen und anschließend vernichtet.[29]

---

26 Ebd., S. 153 f.; vgl. EBEL: Beweiskraft. In seiner Untersuchung zum Lübischen Kaufmannsrecht vornehmlich nach Ratsurteilen des 15. und 16. Jahrhunderts ging Wilhelm Ebel hingegen nicht noch einmal gesondert auf die kaufmännische Rechnungsführung und deren Beweiskraft ein.
27 MOLLWO: Handlungsbuch, S. XLIII, XLVI f.; NIRRNHEIM: Handlungsbuch, S. XXXIV.
28 CORDES: Handel, S. LVI.
29 DERS.: Spätmittelalterlicher Gesellschaftshandel, S. 204 f.

4.2 TESTAMENTE

Im Zusammenhang mit Hinrik Dunkelguds Streben, die „Rechtsnachfolge" seines Vermögens nach dem Tod seinem Willen entsprechend abzusichern,[30] verfasste er im Laufe seines knapp 40-jährigen Aufenthalts in Lübeck gleich mehrere Testamente.

Diese Verschriftlichung seiner letztwilligen Verfügungen stellte allerdings keine individuelle Ausnahme dar, sondern gehörte vielmehr zu den typischen spätmittelalterlichen Verhaltensweisen.[31] So ist alleine für Lübeck die beeindruckende Zahl von rund 6.400 Testamenten aus dem Mittelalter überliefert.[32] Obgleich diese Möglichkeit einem breiten Kreis – nicht nur Bürgern, sondern auch Frauen, Klerikern, Adligen und Auswärtigen – offenstand,[33] erfolgte doch eine erhebliche soziale Selektierung, da es sich bei den Testatoren um Personen aus den mittleren und hohen Vermögenslagen handelte, die auch Besitz zu vererben hatten.[34] Als Rechtstexte dienten Testamente dem Erblasser als einseitige, letztwillige, doch widerrufbare Verfügung über sein zu Lebzeiten selbst erworbenes Gut, die sogenannte Fahrhabe.[35] Legate konnten wahlweise Verwandten, Freunden, Dienern und vertrauten Geschäftspartnern zugutekommen, zugunsten bestimmter Gemeinschaften erfolgen, mit denen der Erblasser verbunden war, beispielsweise eines gewerblichen Amts oder einer Bruderschaft, sowie allgemein frommen und mildtätigen Zwecken in Erwartung von Fürbitten zum Schutz seiner unsterblichen Seele gelten.[36] Das sogenannte gebundene Erbgut, zu dem vor allem ererbte Immobilien gehörten, wurde über die lübeckischen Normen an eine festgesetzte Erbfolge geknüpft. Zuvorderst waren die aus der Ehe hervorgegangenen und noch lebenden Kinder erbberechtigt. Je nachdem, ob es sich um eine beerbte Ehe mit Kindern oder eine unbeerbte Ehe ohne Kinder handelte, folgten mit komplexen Regelungen und möglichen Abstufungen die gegenwärtige Ehefrau, Kinder aus früheren Ehen und weiterhin die nächsten Verwandten, so dass vor allem der Grundbesitz des Erblassers oftmals nicht zwingend einer Nennung im Testament bedurfte. Folglich zeigen Testamente sehr häufig nur Ausschnitte des Gesamtvermögens der Testatoren.[37] Um diese normierte Erbfolge zu umgehen, ließen Lübecker Stadtbürger bereits im Laufe des 13. Jahrhunderts mit Einverständnis ihrer Erben Immobilien, die sie selbst im Erb-

---

30 ZAHND: Bürgertestamente, S. 59.
31 NOODT: Religion, S. 403.
32 BRANDT: Bürgertestamente, S. 338.
33 MEYER: Bürger, S. 25–32.
34 ZAHND: Bürgertestamente, S. 58 f. Gunnar Meyer betonte allerdings bereits für die erste Hälfte des 15. Jahrhunderts die Heterogenität dieser testierenden Personengruppe in Lübeck. MEYER: Bürger, S. 203 f. Auch neuere Untersuchungen von Kadri-Rutt Hahn für die Revaler Testamente des 15. und 16. Jahrhunderts stützen diese Aussage und belegen bei einem grundsätzlichen Anstieg der Testamente die langfristige Tendenz eines zunehmenden Anteils von Testatoren aus den weniger vermögenden städtischen Gruppen. HAHN: Testamente, S. 164–167.
35 BRANDT: Regesten, Bd. 1, S. 7; DERS.: Bürgertestamente, S. 336.
36 NOODT: Religion, S. 3–6 und BRANDT: Bürgertestamente, S. 346.
37 BRANDT: Regesten, Bd. 1, S. 7 und DERS.: Bürgertestamente, S. 336, 341. NOODT: Religion, S. 18 f.

gang erhalten hatten, mithilfe von entsprechenden Eintragungen im Oberstadtbuch zum selbst erworbenen und daher frei vererbbaren Gut erklären.[38] Auch daraus folgten ab Mitte des 14. Jahrhunderts regelmäßige Nennungen des Hausbesitzes in Lübecker Testamenten.[39]

Neben der Schriftform bestand zudem die Möglichkeit zu einem mündlichen Testament beispielsweise auf dem Sterbebett unter Bezeugung zweier Ratsherren oder Bürgermeister, die ihr Wissen im Nachgang protokollierten und so in den Rat einbrachten. Viel gebräuchlicher war allerdings die schriftliche Abfassung. Diese musste auf Pergament vorgenommen werden, da der Rat Papier als Beschreibstoff für Testamente bis zum Jahr 1517 ablehnte. Entscheidend für die rechtsgültige Anerkennung eines Testaments blieb aber vor allem die Einbringung in den Rat durch die mündliche Willensäußerung des Testators vor dem Rat oder, wie beschrieben, auf dem Sterbebett oder durch die Hinterlegung der Schriftfassung beim Rat.[40]

Im Kreis hansischer Kaufleute war es nicht ungewöhnlich, vor größeren Reisen über See und Wallfahrten oder angesichts unsicherer Kriegs- und Pestzeiten mehrmals ein Testament aufzusetzen, Gültigkeit kam dann dem jeweils jüngsten zu.[41] Vor seiner Wahlfahrt nach Santiago de Compostela verfasste Dunkelgud am 2. Februar 1479 ein erstes Testament. Angesichts der drohenden Pestepidemie der Jahre 1483 bis 1484 in Magdeburg, Lübeck, Lüneburg, Braunschweig, Hildesheim und Hannover machte Dunkelgud am 13. September 1484 vorsorglich ein zweites Testament. Darin bezog er sowohl sein eventuelles Dahinscheiden infolge dieser Epidemie als auch den möglichen Tod seiner Ehefrau Kunneke in seine letzten Verfügungen ein.[42] Dunkelguds drittes Testament datierte er auf den 11. April 1487 mit Ergänzungen vom 2. April 1488.[43] Es folgten das vierte Testament vom 17. April 1492, das fünfte vom 2. April 1493, das sechste vom 22. März 1502, das siebte vom 15. August 1502, das achte vom 3. Juni 1507, das neunte und letzte vollständige vom 11. November 1509 sowie dessen Bestätigung im Jahr 1517.[44] Hinrik Dunkelgud verfasste seine Testamente am häufigsten in der Osterwoche (drittes Testament, dazu auch die Ergänzung, viertes, fünftes und sechstes Testament) und an anderen wichtigen Feiertagen wie an Mariä Himmelfahrt (siebtes Testament), am Heiligen

---

38 REHME: Lübecker Ober-Stadtbuch, S. 135 f.
39 BRANDT: Bürgertestamente, S. 349 f.
40 EBEL: Rechtsleben, S. 32–34.
41 Ebd., S. 32, 36. Zu den Testamenten von Pilgern vgl. BRANDT: Bürgertestamente, S. 344.
42 Rechnungsbuch, fol. 232r–v. Vgl. IBS: Pest, S. 121 f. Jean-Noël Biraben weist die Pestepidemie für das Jahr 1484 allerdings nicht direkt für Lübeck, sondern für Lüneburg, Braunschweig, Hildesheim, Hannover und Berlin nach. BIRABEN: Hommes, Bd. 1, S. 410. Vgl. auch zu den Schwankungen in der Anzahl von abgefassten Testamenten seit den Pestjahren 1348/50 und den deutlich erhöhten Abfassungszahlen in den erneuten Pestjahren 1358 und 1367 BRANDT: Bürgertestamente, S. 343 f. Vgl. auch die sehr ausführliche Untersuchung zum Testierverhalten Lübecker Bürger in diesen beiden Jahren im Vorfeld, im Angesicht und im Nachklang beider Pestwellen bei NOODT: Religion, S. 177–199, 207–216. Meyer konstatiert ebenfalls steigende Abfassungszahlen in Zeiten von Epidemien in der ersten Hälfte des 15. Jahrhunderts. MEYER: Bürger, S. 44 f.
43 Rechnungsbuch, fol. 231v.
44 Ebd., fol. 230r, 230v–229r, 229v–228r, 228v, 227r–226r, 226v–225r.

Leichnamstag (achtes Testament) und an Martini (neuntes Testament). Innerhalb des von Meyer untersuchten Testamentsbestands aus der ersten Hälfte des 15. Jahrhunderts konnten mit 178 Testatoren nur 10 Prozent mit mehreren in den Rat eingebrachten Testamenten ermittelt werden.[45] Die Höchstwerte liegen hier im Vergleich zu Dunkelguds Niederschriften mit einem Testator mit sechs Ausfertigungen, drei Testatoren mit fünf und acht Testatoren mit vier Ausfertigungen deutlich niedriger.[46] Möglicherweise erklärt sich diese verminderte Häufung auch durch den deutlich höheren Aufwand bei der Testamentsabfassung und Einbringung in den Rat.[47]

Als verbindliche Rechtstexte wurden Testamente nach einem feststehenden Formular von professionellen Schreibern aufgesetzt, die zwar zunächst im Umfeld der städtischen Kanzlei zu vermuten sind, deren Identität aber bisher weder für das 14. Jahrhundert noch für die erste Hälfte des 15. Jahrhunderts eindeutig nachgewiesen werden konnte.[48] Auf die formulargebundenen und rechtsverbindlichen Bestandteile von Testamenten verwies Ahasver von Brandt bereits für die Zeit des späten 13. und des 14. Jahrhunderts, doch hielten sich diese trotz des Wechsels der Urkundensprache vom Lateinischen zum Mittelniederdeutschen bis in das 15. Jahrhundert.[49] In Anlehnung an die von Andreas Bieberstedt erarbeitete und durch Gunnar Meyer modifizierte Makrostruktur Lübecker Testamente des 15. Jahrhunderts sollen im Folgenden Hinrik Dunkelguds neun vollständige Testamentsfassungen mit dem üblichen Formular verglichen und mögliche Unterschiede herausgearbeitet werden. Ziel dieser Analyse ist die Überprüfung der vorgeblich rechtsverbindlichen Testamentsbestandteile in Dunkelguds Testamentsfassungen sowie möglicher Besonderheiten.[50]

Nach Gunnar Meyer setzt sich die Basisstruktur mittelalterlicher Testamente aus neun Teilen zusammen: der Invocatio, der Intitulatio, seltener einer Arenga, der Promulgatio, den verschiedenen Legaten, der Wahl der Vormünder, der Widerrufsklausel, dem Datum und der Zeugennennung. In einigen Teilen kann sich diese Basisstruktur zudem noch in Substrukturen auffächern. Für die Frage nach der Rechtswirksamkeit von Dunkelguds Testamenten sind hier besonders die obligatorischen und üblichen Formeln interessant.[51] Einleitend begann Dunkelgud grundsätzlich abweichend von Gunnar Meyers Makrostruktur mit der Angabe des Datums: *Anno Domino* [sic!] und fügte dem nur zweimal eine abgewandelte Form der Gottesanrufung hinzu: zum einen *in deme namen der hilgen Drefaldychey unde sunte annen*

---

45 FÖRSTER: Lebenswelt, S. 38; vgl. dazu die Auswertungen bei MEYER: Bürger, S. 15, 17.
46 MEYER: Bürger, S. 17.
47 Ulrike Förster führt die wiederholte und modifizierende Ausfertigung von Testamenten erst auf die Notwendigkeit durch sich verändernde Lebenssituationen des Testators zurück. So untersucht sie am Beispiel Claus Schernekowes vier Testamente aus den Jahren 1427, 1436, 1439 und 1442 sein sich im Zeitraum von 16 Jahren veränderndes Testierverhalten. FÖRSTER: Lebenswelt.
48 MEYER: Bürger, S. 38–43.
49 Vgl. BRANDT: Regesten, S. 7 und DERS.: Bürgertestamente, S. 337. Zum Formular siehe auch NOODT: Religion, S. 62–69 und MEYER: Bürger, S. 17–25.
50 BIEBERSTEDT: Textstruktur, S. 95–97 und MEYER: Bürger, S. 17–25.
51 MEYER: Bürger, S. 18–22.

myt al erme slechte, zum anderen – und in diesem Fall erst nach der Arenga – *in dem namen der hilgen drefaldycheyt*.[52]

Die Intitulatio wechselte bei ihm zwischen der Angabe seines Namens (*ik, Hinrik Dunkelgut*)[53] und der bloßen Selbstbenennung (*ik*).[54] Die laut Gunnar Meyer seltene Angabe zum Status als Lübecker Bürger findet sich auch bei Dunkelgud nicht.[55] Weiter fällt auf, dass die Angabe seines Namens außer in seinem ersten Testament erst wieder und dann konsequent in den vier Testamentsfassungen zu Beginn des 16. Jahrhunderts erfolgte. Die obligatorische Formel zu seiner Testierfähigkeit kommt in verschiedenen Varianten – *by myner wolmacht* oder mit leichten Unterschieden in der Schreibweise *in myner wolmacht unde suntheyt etc.* – ebenfalls erst in seinen letzten vier Fassungen vor.[56] Den Grund der Abfassung (Arenga) benennt Dunkelgud im ersten Testament mit seinem möglichen Ableben auf der bevorstehenden Pilgerreise nach Santiago de Compostela und in seinem zweiten Testament mit der Furcht vor dem Pesttod: *Item isset sake, dat my Got esschevde worde in desser pestelenseren* [...].[57] In den drei folgenden Testamentsfassungen bediente er sich einer ähnlich lautenden, verkürzten Floskel, beispielsweise: *Item isset sake, dat my Got esschet* [...],[58] in den drei letzten Fassungen nach 1500 entfällt diese.[59] Im Anschluss an die Arenga folgt auch bei Dunkelgud die Vollzugsformel (Promulgatio).

Das obligatorische Wege- und Stege-Legat, die frommen und mildtätigen Legate sowie die Legate für Dunkelguds Verwandte, Freunde, Handelspartner und Dienstpersonal wurden innerhalb der knapp 40 Jahre mit einigen personellen Wandlungen durchgehend aufgeführt. Ähnlichen Wandlungen war die Wahl der Vormünder unterworfen.[60] Auch hier hielt Dunkelgud sich nicht an das von Meyer ermittelte Formular. Im ersten Testament findet die Vormundwahl früh im Text Erwähnung, in den folgenden drei Versionen (1484, 1487, 1492) erst ganz am Ende.[61] 1493 wurden keine Nachlasspfleger aufgezählt, sondern erst wieder am Textende des Testaments vom 22. März 1502 und dort sogar doppelt, da Dunkelgud die zunächst genannten vier Personen nachträglich strich und durch vier andere Namen ersetzte. In den Testamenten vom 15. August 1502 und vom 3. Juni 1507 fehlt die Vormundwahl erneut. Die letzten Provisoren ernannte Dunkelgud in seiner letzten vollständigen Version vom 11. November 1509.

---

52   Rechnungsbuch, fol. 11v, 232r. Sehr ähnliche Varianten der Invocatio führt Andreas Bieberstedt in seiner sprachwissenschaftlichen Untersuchung zu 125 Lübeckischen Testamenten aus den Zeiträumen 1350–1400, 1445–1455 und 1490–1500 an. BIEBERSTEDT: Textstruktur, S. 10, 31, 101.
53   Rechnungsbuch, fol. 11v, 229v, 228v, 227r, 226v.
54   Ebd., fol. 232r, 231v, 230r, 230v.
55   Einige Beispiele für die Intitulatio bei BIEBERSTEDT: Textstruktur, S. 35–37.
56   Rechnungsbuch, 229v, 228v, 227r, 226v.
57   Ebd., fol. 11v, Zitat nach fol. 232r.
58   Ebd., Zitat nach fol. 231v, 230r, 230v, 229v.
59   Ebd., fol. 228v, 227r, 226v.
60   Vgl. Kapitel 3.4 (Ernennung der Nachlasspfleger als Zeichen personeller Verflechtungen).
61   Rechnungsbuch, fol. 232r, 231v, 230r.

Die laut Gunnar Meyer das Testamentsformular abschließende obligatorische Nennung von Zeugen kommt in Hinrik Dunkelguds Testamenten nicht vor, obgleich er sich in einigen anderen Angelegenheiten in seiner persönlichen Buchführung durchaus des Instruments der Zeugen bediente.[62] Ob zudem beim Rat hinterlegte Ausfertigungen existierten, die nach Ahasver von Brandt erst die rechtsverbindliche Form in Lübeck begründeten,[63] und die Fassungen in Dunkelguds Rechnungsbuch folglich nur einen vorläufigen Charakter hatten, kann nicht befriedigend aufgelöst werden. Bei einer Überlieferungsdichte von knapp 1.000 Testamenten in der Zeit von 1480 bis 1530 ist es allerdings eher unwahrscheinlich, dass von neun Fassungen keine einzige als Ausfertigung überliefert ist.[64] Ferner könnte die zunehmende formale Genauigkeit seiner Texte auf eine Aufweichung der zwingenden Zeugenschaft zweier Ratsherren für die Rechtsgültigkeit eines Testaments zum Beginn des 16. Jahrhunderts hindeuten. Wilhelm Ebel vermutete in der Abholung der bereits verfassten Testamente und der anschließenden Einbringung derselben in den Rat sogar eine „übliche" Praxis.[65] Zudem nutzte Hinrik Dunkelgud für seine letztwilligen Verfügungen mehrere Wege und Formen der schriftlichen Absicherung und verwies auf diese wie auch bei seinen anderen Rechtsangelegenheiten beinahe immer in seinem Rechnungsbuch. Bereits im Jahr 1499 notierte er zu der Eheschließung seiner Tochter Anneke mit dem Krämer Claus Lange die Höhe ihrer Mitgift in Form eines vorteilhaften Kaufpreises für den zu diesem Zeitpunkt bereits erweiterten und umgebauten Wohn- und Geschäftskomplex am Markt.[66] Zu dieser Zeit gehörte Dunkelgud als einer der Vorsteher des Birgittenklosters Marienwohlde gleichzeitig zu dessen großzügigsten Unterstützern, so dass er zu Anfang des Jahres 1508 nach mehreren Schenkungen und finanzierten Umbauten eigens eine schriftliche Vereinbarung über eine Seelgerätstiftung in Höhe von 700 mk anfertigen ließ.[67] Am 11. November des Folgejahres verfasste Dunkelgud sein neuntes und letztes vollständiges Testament, in dem er neben anderen frommen Legaten nochmals Marienwohlde bedachte, ferner das Familiensilber und die noch ausstehenden Renten für das Heringshaus zu gleichen Teilen seinen drei Töchtern vermachte und für seine Magd Gretke Tessin eine Altersversorgung aus einer weiteren Immobilienrente in den Weiten Krambuden bestimmte. Seine Krambude hingegen musste er hierbei nicht noch einmal erwähnen.[68] 1512 erfolgte nicht nur deren verbindliche Überschreibung an Claus Lange im Oberstadtbuch, sondern Dunkelgud ließ im Dezember desselben Jahres eine freiwillige Eintragung im Niederstadtbuch vornehmen, in dem er die Abschichtung seiner beiden weiteren Schwiegersöhne Arnt Bolte und Simon Jonsen mit seinen restlichen *guder*[n]*, bewechlick und un-*

---

62 Vgl. Kapitel 4 (Persönliche Rechtssicherung durch stadtbürgerliche Schriftlichkeit).
63 BRANDT: Bürgertestamente, S. 337.
64 DORMEIER: Stiftungswesen, S. 285.
65 EBEL: Rechtsleben, S. 33. Kadri-Rutt Hahn kann den Bedeutungsverlust der zwei Ratsherren als „perfekte Zeugen" mithilfe von „einigen" Revaler Testamenten für das 15. und zunehmend, aber nicht stringent für das 16. Jahrhundert belegen. HAHN: Testamente, S. 55–58.
66 Rechnungsbuch, fol. 222v.
67 Ebd., fol. 227v; vgl. Kapitel 7.2 (Stiftungen).
68 Rechnungsbuch, fol. 226v–225v; Anhang 11.17 (Tabelle: Hinrik Dunkelguds Legate und Stiftungen).

bwechlich, so he hir bynnen Lubeck hefft, festschrieb.⁶⁹ Die letzte Bekräftigung des neunten Testaments im Jahr 1517 diente den Provisoren zur Orientierung und bestätigte die immer noch vorliegende inhaltliche Aktualität der Testamentsfassung aus dem Jahr 1509.⁷⁰ Zudem wird durch diesen kurzen Zusatz der Eindruck vermittelt, dass für Dunkelgud der rechtsverbindliche Charakter seiner im persönlichen Rechnungsbuch niedergeschriebenen Testamente außer Zweifel stand.⁷¹

Einige Rechtsstreitigkeiten am Ende des 15. Jahrhunderts zeigten auch andere Bürger, die ihre letztwilligen Verfügungen vor ihrem Tod nicht in den Rat einbrachten. Dabei ging es um die Frage nach dem rechtsverbindlichen Charakter von Rechnungsbucheinträgen, die offenbar Ratstestamente ergänzten,⁷² oder gar um das Problem eines losen Schriftstücks, das nach Aussage einer Partei den letzten Willen des Erblassers enthalte.⁷³ Während die Zusätze aus den persönlichen Rechnungsbüchern für voll rechtsverbindlich erklärt wurden,⁷⁴ entschied der Rat im Falle des einzelnen „testamentsähnlichen" Schriftstücks, dass [w]*o woll sodane schrifft is worden vorrameth unde doch nicht alse eyn testament vullentogen, so is de schrifft by nenen werden, sunder machtlos*.⁷⁵ Obgleich Hinrik Dunkelgud seine Testamente vermutlich nicht von zwei Lübecker Ratsherren bezeugen ließ und so in den Rat einbrachte, hatte er durch unterschiedliche Instrumente – dazu zählten Stadtbücher ebenso wie die schriftlich fixierte Übereinkunft mit dem Kloster Marienwohlde – seinen Haushalt und sein Seelenheil vollständig abgesichert. Sein letztes Testament regelte nur noch seine Legate *ad pias causas*, die Altersvorsorge für seine Magd und den Verbleib der wenigen letzten Renteneinkünfte aus dem Heringshaus. Recht wahrscheinlich zeigt dieses Beispiel eine im spätmittelalterlichen Lübeck gelebte Praxis, die nicht den in anderen Quellen, wie sie von der einschlägigen Forschung vornehmlich herangezogen werden, fassbaren rechtlichen Normen entspricht und wohl nur anlässlich von Rechtsstreitigkeiten sichtbar wird.⁷⁶

---

69 AHL, Schrödersche Regesten, Marienquartier, S. 345; AHL, Niederstadtbuch Reinschrift 1512–1514, fol. 147v.
70 Rechnungsbuch, fol. 225r.
71 Zu unterschiedlichen Formen der Testierpraxis vgl. auch RABELER: Testaments- und Stiftungsbücher, S. 110 f.
72 EBEL: Ratsurteile, Bd. 1, Nr. 403, S. 249 f.; Nr. 817, S. 446.
73 Ebd., Nr. 586, S. 336.
74 Ebd., Nr. 403, S. 250; Nr. 817, S. 446.
75 Ebd., Nr. 586, S. 336.
76 Zur Frage nach den gelebten Normen in der Stadt vgl. BRAND/RABELER/SEGGERN: Normen, S. 9–13.

5. MITGLIEDSCHAFT IN DER KRÄMERKOMPANIE

5.1 DIE KRÄMERKOMPANIE IM GEFÜGE DER KAUFMÄNNISCHEN KORPORATIONEN

Mit seiner Verehelichung mit der Krämertochter Kunneke und der Übernahme seiner ersten Krambude kam dem Eintritt in die Lübecker Krämerkompanie für Hinrik Dunkelgud zentrale Bedeutung zu, da in Lübeck, ähnlich wie in anderen Städten, seit dem Spätmittelalter ein Zunftzwang herrschte und bestimmten Berufen nur die Mitglieder der entsprechenden gewerblichen Vereinigung nachgehen durften.[1] In Lübeck hießen die Zünfte Ämter und umfassten auch die berufsgenossenschaftlichen Vereinigungen der Krämer, Brauer, Schiffer und Gewandschneider, die dadurch ratsunfähigen Handwerkern gleichgestellt und der Aufsicht des Lübecker Rates untergeordnet waren.[2] Bis zum letzten Viertel des 15. Jahrhunderts bildeten sich rund 50 Ämter heraus.[3] Als „städtische Verwaltungseinrichtungen" erhielten sie erst durch den Rat das Recht zu ihrem Zusammenschluss und zur Verschriftlichung ihrer Ordnungen, die sogenannten Rollen.[4] Obgleich für die Krämer in Hildesheim und Goslar ebenfalls Zunftzwang herrschte und sie dort und in Lüneburg, ähnlich wie in Lübeck, zu den gewerblichen Vereinigungen gezählt wurden und so in unterschiedlichem Maße vom Rat abhängig blieben,[5] waren sie wie die meisten anderen Handwerker in diesen drei Städten aber ratsfähig. In Lüneburg und Goslar sind einige Krämer als Ratsherren für das 13. Jahrhundert belegt, ferner erhielt die Krämergilde in Goslar durchgehend ein oder zwei Sitze im Rat.[6] In Hildesheim gehörte die Vereinigung der Krämer sogar zu den „bedeutenden ratsherrlichen Gilden" und nahm dort seit der ersten Hälfte des 15. Jahrhunderts fortdauernd ein bis zwei Ratssitze ein.[7]

Für die Lübecker Krämer sind aus den Jahr 1353 jeweils eine Bürger- und eine Gästerolle sowie einige Amtsbeliebungen aus den Jahren 1372, 1380 und 1389, 1501 und 1504, schließlich eine neue Rolle aus dem Jahr 1573 überliefert.[8] Nach den Ordnungen aus dem 14. Jahrhundert erforderte der Eintritt in die Krämerkom-

---

1   WEHRMANN: Zunftrollen, S. 103. Ausnahmen bildeten die wohl erstmals im 16. Jahrhundert direkt vom Rat ernannten „Freimeister", die nicht Mitglied eines Amts sein mussten. WEHRMANN: Zunftrollen, S. 64–66; MASCHKE: Soziale Gruppen, S. 131.
2   EBEL: Lübisches Recht, Bd. 1, S. 230; WARNCKE: Handwerk, S. 6; WEHRMANN: Zunftrollen, S. 31.
3   WEHRMANN: Zunftrollen, S. 15.
4   FINK: Wette, S. 219. Vgl. auch WEHRMANN: Zunftrollen, S. 55 f., 60–62.
5   PARK: Krämer- und Hökergenossenschaften, S. 93–98.
6   Ebd., S. 237–240.
7   Ebd., S. 241.
8   WEHRMANN: Zunftrollen, S. 270–284.

panie neben dem Lübecker Bürgerrecht die Zahlung eines Eintrittsgelds[9] und den Nachweis eines Mindestvermögens von 20 mk. Ferner musste der Anwärter in zwei Morgensprachen,[10] das waren die jährlich am Montag nach Oculi, also vier Wochen vor Ostern, im Rathaus stattfindende Versammlungen aller Mitglieder dieses Amts im Beisein der Wetteherren,[11] sein Anliegen vorbringen. Darüber hinaus sollte er beweisen, dass er eine unbescholtene (*bederve*) Person und dem Kram würdig (*werdich*) sei.[12] Die Eintrittsgebühr von 6 mk bezahlte Dunkelgud 1479.[13] Ob er, wie gefordert, zudem zweimal den Rat und die Versammlung der Älterleute anrief oder ein schriftliches Zeugnis über seine persönliche Eignung vorlegte, wie es für andere Mitglieder der Krämerkompanie um dieselbe Zeit belegt ist,[14] bleibt offen. Bereits wenige Jahre nach seinem Eintritt besetzte er 1482 die Position des Papageienschaffers und des Hausschaffers. Darauf folgte seine Amtstätigkeit als einer der Älterleute in den Jahren 1484 bis 1486 und 1488 bis 1493.[15]

Die vom Rat bestätigten Ordnungen der Kompanie schützten deren Mitglieder einerseits vor zu viel geschäftsschädigender Konkurrenz innerhalb des Stadtgebiets, beschränkten sie andererseits aber auf den Verkauf von Importwaren, um den heimischen Handwerkern ebenfalls gerecht zu werden.[16] Als erste unmittelbare gerichtliche Instanz war es die Aufgabe der Älterleute, Konflikte innerhalb der Kompanie zuerst selbst zu verhandeln und erst in einem zweiten Schritt vor den Rat zu bringen. Zu den weiteren durch die Stadt zugewiesenen Aufgaben der Vorsteher oder Älterleute der Krämerkompanie gehörte die Überprüfung ihrer Amtsgenossen, wie beispielsweise deren Nutzung von geeichten Maßen und Gewichten. Die Krämer waren auch aus eigenem Interesse dazu angehalten, andere Handel treibende Lübecker Bürger in der Abgabe der geforderten Mindestmengen zu kontrollieren, so dass diese ihre Waren nicht in ähnlich kleinen Einheiten verkauften, wie es allein den Mitgliedern der Krämerkompanie vorbehalten war. Ferner beaufsichtigten sie

---

9 Vgl. WEHRMANN: Zunftrollen, S. 125 f. Zudem kann die Notwendigkeit der Bürgerschaft aus der folgenden Formulierung geschlossen werden: *Item were jemand unser borghere, de by mynneren pennyngwerden vorkopen wolde,* […]. Ebd., S. 274.
10 WEHRMANN: Zunftrollen, S. 275.
11 WARNCKE: Krämerkompanie, S. 1020. Jedes Amt hielt mindestens eine oder mehrere Morgensprachen zu selbstbestimmten Terminen im Jahr ab. So versamelten sich die Grapengießer zu Mitfasten und zu Mariä Heimsuchung (2. Juli) und die Kannengießer sogar dreimal zu Ostern, Michaelis und zu Weihnachten. WEHRMANN: Zunftrollen, S. 73 f.
12 Laut den Ergänzungen aus dem Jahr 1380: *To dem irsten we de kopenschop antasten wil van deme crame unde by punden weghen wil, dat he de esche in twen morgenspraken, unde bewise, dat se bederve lude sind unde des crames werdich sind. Vortmer we den cram besitten will, he schal hebben unvorborghet 20 mark lubesch, dat he dat bewise, dat he so vele hebbe.* WEHRMANN: Zunftrollen, S. 275.
13 Rechnungsbuch, fol. 1r. HENNINGS: Mitglieder, S. 85; AHL, Denkelbuch, fol. 61v (Eintritt).
14 Von zugewanderten und neu eingebürgerten Personen konnte beim Eintritt in ein Amt ein Leumunds- oder Echtzeugnis erwartet werden, womit die eheliche Geburt oder die Unbescholtenheit der Person und anderes zu belegen waren. Vgl. mit weiteren ausführlicheren Ausführungen STOCKHUSEN: Einwanderer.
15 AHL, Denkelbuch, fol. 70v, 72v, 74r, 75r, 76r–77r, 78r, 80r, 81r–82v, 84r–85r, 86r–87v, 89r.
16 FINK: Wette, S. 222.

den Handel fremder Kaufleute, der Gäste.[17] Seit der zweiten Hälfte des 15. Jahrhunderts waren die Älterleute in wiederkehrende Streitigkeiten mit anderen Lübecker Gewerben und in Konflikte im Gästehandel, vor allem mit den Nürnberger Kaufleuten und fremden Krämern, involviert. Dabei ging es um die Erlaubnis oder die Restriktionen zur Vereinzelung von Waren, wobei auch die lübeckischen Handwerker, die ihre Waren selbst verkauften, den Krämern in ihrem Handel Grenzen setzten.[18] Beispielsweise wurde die Handelstätigkeit der Kaufleute und der Krämer durch die Ordnungen der Schwertfeger aus dem Jahr 1473 eingeschränkt. In diesen wurde die Mindestmenge von sechs Schwertern bei jedem Verkauf vorgeschrieben, was der Rat aufgrund von Streitigkeiten im Jahr 1489 noch einmal zu Gunsten der Schwertfeger festlegte, wonach die Vereinzelung von Schwertern nur ihnen vorbehalten bleiben sollte.[19] Häufig kam es zudem zu Konflikten mit den Filzhutmachern. In den Jahren 1465, 1478 und 1499 verbot der Rat den Krämern wiederholt die Vereinzelung von Filzhüten, diese durften sie bei jedem Verkauf erst ab einer Mindestzahl von sechs Stück verkaufen, da ähnliche Produkte ebenfalls von den Lübeckischen Hutmachern hergestellt wurden. Für andere importierte Hüte beispielsweise aus Flandern entfiel diese Vorgabe für die Krämer.[20] Nicht nur die wiederholten Beschwerden der Hutmacher, sondern auch die durch die gewerbliche Aufsicht, die Wetteherren, geforderten Strafzahlungen in den Jahren 1483, 1484 und 1486 für Verstöße der Krämer und die von ihnen praktizierte Vereinzelung von Filzhüten zeugen von der nur bedingten Einhaltung dieser Restriktionen.[21] Besonders in den 1460er Jahren kam es zudem zu vermehrten Beschwerden der Krämer gegen die fremden Kaufleute aus Nürnberg. 1463 beschränkte der Lübecker Rat diese auf den Handel mit in Nürnberg hergestellten Waren, der sogenannte „Nürnberger Tand".[22] Allerdings folgten bereits 1468 neue Beschwerden der Krämer darüber, dass die Nürnberger wiederum Gewürze verkauften.[23] In den 1480er Jahren, also zur Zeit von Hinrik Dunkelguds Vorstehertätigkeit, klagten die Älterleute über fremde „Gesellen" und die Lübecker Bürger, die an diese in zwei Fällen ein Haus oder einen Keller für deren Warenverkauf vermietet hatten. Der Lübecker Rat verbot diesen Gästen den Verkauf und beschränkte ihre Tätigkeit nach alter Gewohnheit, also wie dies auch bereits in der ersten Gästerolle der Krämer aus der Mitte des 14. Jahrhunderts festgesetzt worden war, auf den Verkauf an nur drei Tagen im Jahr auf dem

---

17 FINK: Wette, S. 220.
18 WARNCKE: Krämerkompanie, S. 1020. Zu den innergewerblichen Streitigkeiten und Ratsentscheiden zwischen der Krämerkompanie und anderen Gewerben von der Mitte des 15. bis zur Mitte des 16. Jahrhunderts vgl. WEHRMANN: Zunftrollen, S. 285–294 und STOCKHUSEN: Market conditions, S. 22 f.
19 WEHRMANN: Zunftrollen, S. 290, 456.
20 Ebd., S. 286 f.
21 AHL, ASA Interna: Wette Jahrbücher, HS Nr. 5 1483, Nr. 6 1484, Nr. 8 1486.
22 UBStL 10, Nr. 7, 119, 132, 161, 292, 308; NORDMANN: Großhändler, S. 5 f., 144; AMMAN: Wirtschaftliche Stellung, S. 139 f.
23 UBStL 11, Nr. 397.

Lübecker Marktplatz.[24] Hinrik Dunkelguds direkte Involvierung während seiner Vorstehertätigkeit in diese Vorgänge wird in den Quellen freilich nicht sichtbar.

Als Amt war die Krämerkompanie vom Rat folglich nicht nur in der grundlegenden Legitimation des Zusammenschlusses, bei der Verabschiedung oder Abänderung der Rollen und bei der Ernennung der neuen Vorsteher abhängig,[25] sondern die Krämer hatten zudem einige Funktionen für die gewerbliche Aufsicht zu übernehmen und waren gleichzeitig durch die vom Rat erlassenen Verordnungen in ihrer Handelstätigkeit eingeschränkt. Dadurch unterschied sich die Krämerkompanie von den anderen kaufmännischen Korporationen wie den bis zur zweiten Hälfte des 15. Jahrhunderts entstandenen drei Trinkstubengesellschaften der vermögenderen Lübecker Führungsgruppen,[26] in deren Reihenfolge ihrer Bedeutung und Stellung innerhalb der Stadt die Zirkelgesellschaft an der Spitze stand, gefolgt von der Kaufleutekompanie und schließlich der Greveradenkompanie[27] sowie den bis zum Ende des 15. Jahrhunderts „etwa zehn" berufsständisch ausgerichteten Fahrerkompanien, in denen sich beispielsweise Schonenfahrer, Bergenfahrer, Riga- und Stockholmfahrer zusammenfanden.[28]

5.2 HINRIK DUNKELGUD ALS ÄLTERMANN

Um Hinrik Dunkelguds Stellung als einer der Vorsteher der Krämerkompanie in den Jahren 1484 bis 1486 und erneut 1488 bis 1493 besser einordnen und weitere Kontinuitäten innerhalb der Kompanie ermitteln zu können, wurde die Besetzung der Vorsteherämter der Kompanie für einen Zeitraum von 47 Jahren betrachtet. Als Grundlage dieser Analyse diente das Denkelbuch der Älterleute aus den Jahren 1372 bis 1585,[29] das zwischen 1460 und 1507 mit einigen kleineren Lücken am Anfang des 16. Jahrhunderts durchgehend genutzt wurde. Die einschlägigen Abschnitte umfassen rund 120 Blätter. Danach setzen die Aufzeichnungen erst im Jahr 1566 wieder ein. Die Vorsteher vermerkten in diesem Buch beispielsweise die Zahlungen der Bruderbeiträge beim Eintritt eines neuen Mitglieds, die Namen der neugewählten Schaffer und Vorsteher sowie Abrechnungen der gemeinsam veranstalteten Feierlichkeiten. Daraus ergibt sich der Betrachtungszeitraum der Besetzung der Vorsteherämter von 1460 bis 1507.

---

24 EBEL: Lübecker Ratsurteile, Bd. 1, Nr. 305; Bd. 4 Nr. 235. Claus Nordmann vermutet hinter diesen fremden Gesellen Angestellte von Nürnberger Großkaufleuten. NORDMANN: Großhändler, S. 144.

25 WARNCKE: Handwerk, S. 17 f. Auf den jährlichen Morgensprachen wurden unter der Aufsicht der Wetteherren nicht nur das Anrufen von Anwärtern, sondern auch die Aufnahme der neuen Brüder, die Einführung neuer Älterleute und die Verlesung der Rollen durchgeführt. WARNCKE: Krämerkompanie, S. 1020.

26 DÜNNEBEIL: Kompanien, S. 206. Grundlegend zu diesen Vereinigungen DIES.: Lübecker Zirkel-Gesellschaft; GRASSMANN: Greveradenkompanie; DIES.: Statuten der Kaufleutekompanie.

27 GRASSMANN: Greveradenkompanie, S. 112.

28 HOFFMANN: Lübeck, S. 188.

29 AHL, Denkelbuch.

Für die verschiedenen Lübecker Ämter gibt Carl Friedrich Wehrmann die Zahl von jeweils zwei bis vier Älterleuten an.[30] Johannes Warncke spricht von sechs Älterleuten der Krämerkompanie, von denen die zwei Wortführer jeweils auf der jährlichen Morgensprache abtraten.[31] Die Quellen führen uneinheitlich vier[32] oder sechs Vorsteher auf. Allerdings werden diese in einigen Fällen als *de olderlude old unde junk bezeichnet*, dies meint die bereits abgetretenen Älterleute und die neu im Amt befindlichen.[33] Aufgrund der nicht stetig durchgehaltenen Benennung der „alten" und „jungen" Älterleute ist aus dem Wortlaut nicht immer zu schließen, welche der sechs Personen gerade abtraten und welche neu dazukamen. Zudem stellt die Tagesangabe der Wahl eher die Ausnahme dar. Allerdings werden in einigen Einträgen explizit zwei Schaffer, vier Älterleute und zwei St. Annenschaffer aufgezählt oder es wird von den vier „sitzenden" Älterleuten gesprochen,[34] so dass von vier amtierenden Vorstehern ausgegangen wird.[35] Über ihre Wahl, Ernennung und Amtszeit sowie den Umfang ihrer Tätigkeiten sind über das bereits Erwähnte hinaus nicht viele Informationen zu gewinnen. Bei den Morgensprachen übernahmen sie den Vorsitz und durften darüber hinaus auch außerplanmäßige Versammlungen der Amtskollegen einberufen. Carl Friedrich Wehrmann vermutet für die Ämter allgemein ein- bis zweimal im Jahr stattfindende Neuwahlen der Älterleute,[36] während Johannes Warncke von nur einer Neuwahl im Vorfeld der Morgensprache zu Oculi ausgeht.[37] Nach einer ersten Durchsicht scheint die Wahl häufig an verschiedenen Terminen kurz vor Ostern erfolgt zu sein, was zu Johannes Warnckes Aussage passt. Zwar gibt es für die Zeit um 1500 auch Hinweise auf eine zweite Wahl im Spätsommer,[38] doch bedürften genauere Aussagen dazu einer detaillierten Analyse des Denkelbuches der Älterleute.

In der Tabelle zu den Amtszeiten der Älterleute der Krämerkompanie werden alle 29 Personen aufgeführt, die im Zeitraum von 1460 bis 1507 einmal oder mehrmals das Vorsteheramt bekleideten (vgl. Anhang 11.8 Tabelle: Amtszeiten der Älterleute der Krämerkompanie). Da der Amtswechsel im laufenden Jahr stattfand und die Einträge des jeweils das Buch führenden Ältermanns sehr unterschiedlich ausfallen konnten, werden hier alle Personen dem Jahr zugeordnet, in dem sie das Amt hauptsächlich bekleideten, ohne genauer auf den Zeitpunkt ihrer Ernennung oder Absetzung einzugehen. Nach einer Auszählung der von Johann Hennings edierten

---

30 WEHRMANN: Zunftrollen, S. 133.
31 WARNCKE: Krämerkompanie, S. 1020.
32 AHL, Denkelbuch, fol. 2r, 7r.
33 Ebd., fol. 1r. Die Bezeichnung als alte und junge Amtsinhaber hatte innerhalb der vierköpfigen Leitung der Zirkelgesellschaft wohl eine etwas andere Bedeutung, da hier jeweils die zwei alten weiterhin im Amt befindlichen die zwei neuen Schaffer in ihre Tätigkeit einführen sollten. DÜNNEBEIL: Zirkel-Gesellschaft, S. 37.
34 AHL, Denkelbuch, fol. 2v.
35 Ebd., fol. 2r.
36 WEHRMANN: Zunftrollen, S. 133.
37 WARNCKE: Krämerkompanie, S. 1020.
38 AHL, Denkelbuch, fol. 90v, 94v, 95r.

Matrikel hatte die Krämerkompanie im Zeitraum von 1460 bis 1496 einen Zuwachs von 121 neuen Mitgliedern.[39] Etwa ein Fünftel von ihnen wurde Ältermann.[40]

In den Jahren von 1460 bis 1477 besetzte eine Kerngruppe von acht Älterleuten mit fünf oder mehr Amtszeiten im Wechsel diese Position, und zwar Günther Vigenbuck, Paul Louwe, Hans van deme Stade, Vicko van dem Felde, Hans Meyer, Hans Schroder, Hans Merkelsen und Hermen Hushere (Nr. 2, 4, 5, 6, 7, 8, 9, 11). Von diesen sind Paul Louwe, Hans van deme Stade und Vicko van dem Felde sogar schon in den späten 1450er Jahren als Vorsteher nachweisbar.

Im Denkelbuch gibt es für die Jahre 1478 bis 1480 und 1482 eine Überlieferungslücke, weshalb die Angaben zu den drei Älterleuten des Jahres 1480 – es handelt sich um Vicko van dem Felde und die ansonsten nicht nachweisbaren Hans Yllinges und Hans Glymer – dem Dunkelgudschen Rechnungsbuch entnommen sind. Im Jahr 1481 amtierten laut Denkelbuch nur Paul Louwe und ein einziges Mal Claus van Colne. So scheinen für die fünf Jahre von 1478 bis 1482 insgesamt einige Namen zu fehlen, da noch nicht einmal die Zahl von vier Vorstehern ermittelt werden kann. Außerdem kam es 1483 in Teilen zu einem Umbruch in der Ämterbesetzung, der aus dem Wegfall der zehn zeitweiligen Älterleute mit der längsten Mitgliedschaft (Nr. 1–10) vor dem Jahr 1460 resultierte. Sehr wahrscheinlich dürften alle oder zumindest einige dieser Personen verstorben sein. So wird Günther Vigenbuck im Denkelbuch ab dem Jahr 1475 nicht mehr erwähnt, Einträge finden sich aber noch zu Rentenzahlungen an die *Vikenbuksche*, vermutlich seine Witwe. Eine besonders ausgeprägte Kontinuität zeigt sich bei Hermen Hushere (Nr. 11), der in 21 Jahren das Vorsteheramt bekleidete, und Wilmer Soveken (Nr. 13) mit 19 Jahren bis in die Mitte der 1490er Jahre. Mit zwölf Amtszeiten folgt Hans van deme Stade (Nr. 5) und mit elf Hans Meyer (Nr. 7). Für den Zeitraum von 1483 bis 1507 gibt es bis auf das Jahr 1506 eine durchgehende Überlieferung von 17 Amtsträgern (Nr. 11–27), von denen sich neun durch ihre wiederholte Wahl auszeichnen (Nr. 11, 12, 13, 14, 18, 19, 21, 23, 24). Jeweils 13 Amtszeiten sind für Hans Schutte (Nr. 14), Bert Blotnick (Nr. 18) und Tomas Ponyck (Nr. 25) belegt, gefolgt von zehn Wahlperioden von Peter Kulen (Nr. 21), je neun von Hinrik Dunkelgud (Nr. 19) und Jacob Huels (Nr. 20) sowie acht von Hans van der Wyden (Nr. 24). Ähnlich wie in den frühen 1480er Jahren ist zu Beginn des 16. Jahrhunderts der Ausfall einiger Personen wie Hermen Hushere, Hermen Trechouw, Wilmer Soveken, Hans Schutte und Bert Blotnick (Nr. 11–14, 18) zu beobachten, die – nach ihrem Eintrittsjahr zu schließen – zu den ältesten Mitgliedern zählten, sowie gleichzeitig das Nachrücken

---

39 HENNINGS: Mitglieder, S. 81–91, 188–198. Von diesen 121 Mitgliedern können durch das Denkelbuch acht nicht bestätigt werden. Im Gegenzug führt es fünf neue Mitglieder auf, die nicht in den Matrikeln vorkommen. Diese Differenzen könnten sich aus Ungenauigkeiten in den Aufzeichnungen erklären. Für Hamburg sind im Zeitraum von 1248 bis 1500 insgesamt 210 zünftige Krämer nachweisbar. THEUERKAUF: Wirtschafts- und Sozialstruktur, S. 6f. Ein Mitgliedsverzeichnis der Lüneburger Krämergilde führt für die Zeit von der Mitte des 14. Jahrhunderts bis 1449 insgesamt 245 verstorbene Brüder auf. PARK: Krämer- und Höckergenossenschaften, S. 245.

40 Leichte Ungenauigkeiten ergeben sich daraus, dass die ersten zehn aufgelisteten Älterleute vor 1460 in die Krämerkompanie eintraten. Vgl. die Legende zu Anhang 11.8 (Tabelle: Amtszeiten der Älterleute der Krämerkompanie).

neuer Vorsteher wie Kersten Spyrinck, Hans van der Wyden, Hinrich Harder, Claus Lange und Arnt Bolte (Nr. 23, 24, 26, 27, 29). Für die Zeit nach der Jahrhundertwende werden besonders zehn Personen (Nr. 17, 20–22, 24–29) sichtbar, die im Wechsel die vier Vorsteherämter besetzten. Bemerkenswert ist die fünfmalige Wahl Hinrick Norenberchs, da dieser bereits für eine Amtsperiode von 1485 bis 1486 überliefert ist und sich wohl zu dieser Zeit noch nicht gegen die stärkere Konkurrenz der besonders häufig amtierenden Vorsteher hatte durchsetzen können, um erst nach deren Ausscheiden wiedergewählt zu werden. Hinrik Dunkelgud lag zusammen mit Jacob Huels mit seinen neun Amtsperioden im Vergleich der Häufigkeit der Wiederwahl der anderen Älterleute im ‚guten Mittelfeld', da neun Personen teilweise doppelt so häufig wie er dieses Amt bekleideten, aber 18 Personen seltener.

Allgemein geht Carl Friedrich Wehrmann für die lübeckischen Ämter von einem regelmäßigen Wechsel mit Rechenschaftsablegung der abgehenden Amtsinhaber und einer häufigen Wiederwahl derselben Vorsteher aus. Dies sieht er durch den Wunsch nach einer möglichst beständigen Amtsführung oder den Mangel an geeigneten Personen begründet, so dass sich wohl schrittweise eine Bekleidung dieser Position auf Lebenszeit eingestellt habe. Das Amt der Älterleute war recht wahrscheinlich ein Ehrenamt. Als Aufwandsentschädigung wurden sie aber häufig mit einem Anteil an eingegangenen Strafgebühren beteiligt oder sie selbst erhoben amtsintern Gelder beispielsweise für zu spätes Erscheinen bei Zusammenkünften oder bei Aufnahme eines Bruders in die Kompanie.[41] Auch Arnd Kluge spricht für das Spätmittelalter „von einem Trend zur Oligarchisierung" in den Zünften oder Ämtern, da die langjährigen, freiwilligen Zunftvorsteher häufig zu den gebildeteren sowie wirtschaftlich und finanziell besser gestellten Mitgliedern gehört hätten. Diese Mitglieder konnten sich ihre Amtsausübung „leisten",[42] dies schloss neben der guten finanziellen Lage auch die für die Amtsführung nötigen zeitlichen Kapazitäten ein. Sie mussten abkömmlich von ihren Geschäften sein, d. h., sie konnten sich nicht durchgehend persönlich um die Sicherstellung ihrer privaten Einkünfte kümmern. Ein Kaufmann, der selbst noch aktiv seine Handelsgeschäfte betreiben musste, war nur schwer abkömmlich. Die freiwillige Übernahme eines Amts könnte daher auch auf Einkünfte aus Renten hindeuten,[43] wie dies für Hinrik Dunkelgud allerdings nur in einem begrenzten Umfang der Fall war.[44] Eine andere Entlastung der Amtsträger stellte laut Carl Friedrich Wehrmann allerdings ohne Nennung der betreffenden Ämter die Erlaubnis dar, mehr Gesellen als andere Meister zu beschäftigen.[45] Die Vorsteher profitierten infolge ihrer Tätigkeit von einem erhöhten Prestige, einem Informationsvorsprung sowie der Aussicht, die „Zunftpolitik" zu ihren Gunsten zu beeinflussen.[46] Zudem sind unter den 29 Lübecker Älterleuten elf

---

41 WEHRMANN: Zunftrollen, S. 133 f.
42 KLUGE: Zünfte, S. 352 f.
43 WEBER: Politik, S. 170 f.
44 Vgl. Kapitel 3.2 (Vermögensentwicklung in Lübeck).
45 WEHRMANN: Zunftrollen, S. 133.
46 KLUGE: Zünfte, S. 352.

Personen,[47] also knapp 40 Prozent, die nachweislich am Ende des 15. Jahrhunderts im Fernhandel tätig waren. In der Gesamtschau mit den anderen 29 in den Lübecker Pfundzollbüchern nachgewiesenen Krämern verteilten sich diese Älterleute, gemessen an dem Warenwert ihrer verfrachteten Güter und abgesehen von Hans Schutte auf dem vierten und Peter Kulen auf dem sechsten Platz, im mittleren und unteren Feld der insgesamt 40 Befrachter.[48]

Für Hinrik Dunkelgud und seine Familienmitglieder können noch einige Bemerkungen zu ihrer generationsübergreifenden Tätigkeit in der Kompanie, vor allem auch im Amt der Vorsteher angefügt werden. Bereits sein Schwiegervater Hans Meyer gab seinen Kram und dadurch gleichzeitig seine Tätigkeit nicht nur an den Schwiegersohn Dunkelgud weiter, sondern ließ auch seinem Sohn Hans Meyer d. J. grundsätzlich die Möglichkeit offen, sein Erbe mit der zweiten Krambude seines Vaters anzutreten und in den Kramhandel einzusteigen.[49] Dunkelgud selbst übergab den ausgebauten Kram bei der Eheschließung seiner ältesten Tochter Anneke an seinen Schwiegersohn, den Krämer Claus Lange. Nachdem dieser gestorben war, verblieb die Immobilie im Besitz seiner Witwe Anneke. In ihrem Testament vom 25. Juli 1529 bekundete sie die Absicht, diesen an ihren gemeinsamen Sohn Claus Lange zu vererben.[50] Nach Ausweis ihres dritten und letzten Testaments vom 19. Mai 1558 besaß sie immer noch das „Warenhaus" am Markt. Zudem wurde ihr Sohn nicht Mitglied der Krämerkompanie. Allerdings heiratete ihre Tochter Anneke mit Peter Snider wiederum einen Krämer.[51]

Eine gewünschte „Berufsvererbung" bezeugen seit Beginn des 12. Jahrhunderts in vielen Städten herrschaftliche oder gemeindliche Verordnungen für unterschiedliche Gewerbe,[52] indem den Nachkommen, im Besonderen den Meisterssöhnen, ein „berufliches Erbrecht" eingeräumt wurde. Häufig handelte es sich um den erleichterten Zugang zur Zunft durch Wegfall oder Herabsetzung der Eintrittsgebühr.[53] Solche rechtlichen Normen fehlen nicht in den Ämterrollen der Krämerkompanie. Zudem zahlten Hans Meyer d. Ä., Hinrik Dunkelgud und Claus Lange einen gleich hohen Bruderbetrag, der bei Langes Schwiegersohn Peter Snider sogar noch anstieg. Da auch Hinrik Dunkelguds andere Töchter in erster Ehe Mitglieder der Kompanie heirateten, und zwar Geseke den Krämer Arnt Bolte und Lisbet den Krämer Simon Jonsen,[54] ist in der Familie Dunkelguds für mindestens zwei ihm nachfolgende Generationen die Verheiratung von Kindern mit anderen Krä-

---

47 Hans Meyer (Nr. 7) bleibt hier unberücksichtigt, da dieser Name sehr häufig vorkam und in den Lübecker Pfundzollbüchern mit 55 eine stattliche Anzahl von Befrachtungen mit teilweise recht unterschiedlichen Handelszielen oder -bezügen zugeordnet wird. VOGTHERR: Lübecker Pfundzollbücher, Bd. 2, S. 976–982.
48 Vgl. STOCKHUSEN: Fernhandelsgeschäfte, S. 366–371.
49 Vgl. Kapitel 2.1 (Dunkelguds Niederlassung in Lübeck).
50 AHL, Testamente, Lange, Anneke, 1519 Juli 15.
51 Mitglied seit 1518. HENNINGS: Mitglieder, S. 195; vgl. Anhang 11.5 (Verwandtschaftstafel von Hinrik Dunkelgud).
52 MASCHKE: Familie, S. 50.
53 Ebd., S. 50 f.
54 Vgl. Anhang 11.5 (Verwandtschaftstafel von Hinrik Dunkelgud) und Kapitel 3.1 (Familie und Haushaltsangehörige).

mern nachweisbar. Erich Maschke sah in Eheschließungen von Meistersöhnen und -töchtern ein Mittel zur verwandtschaftlichen Verflechtung innerhalb der Zunft, die zu einer gegenseitigen Absicherung und Förderung der Verwandtenfamilien geführt und durch die intendierte Berufsvererbung gleichzeitig die personelle Beständigkeit der Zunft gefördert habe.[55] Für Arnt Bolte und Claus Lange sind ebenfalls einige erste Amtsjahre als Vorsteher überliefert. Insgesamt ergibt sich daraus eine bemerkenswerte Kontinuität, die in der Berufswahl über vier Generationen, im Vorsteherkreis immerhin über drei Generationen reichte. Für andere Mitglieder der Krämerkompanie lassen sich ohne vertiefende prosopographische Untersuchungen nur sporadische Hinweise auf das verwandtschaftliche Verhältnis von Vater und Sohn gewinnen, etwa aufgrund der Namensgleichheit zweier nacheinander folgender Mitglieder oder der Nutzung derselben Handelsmarke. So war Paul Louwe oder Leuwe (Nr. 4) der Sohn von Albert Leuwe (Eintritt 1422). Hans Schroder (Nr. 8) folgte 1484 sein gleichnamiger Sohn, ebenso wie der Sohn Kersten Spyrincks (Nr. 22) im Jahr 1518.[56]

Die neuere Forschung lehnt die These der regelhaften Berufsvererbung ab. Arnd Kluge unterscheidet zudem zwischen der Berufsvererbung und der „Betriebsvererbung", wobei die Vererbung des Betriebs eine „sehr seltene Ausnahme" geblieben sei. Da im Handwerk je Betrieb nur ein Meister tätig sein durfte und dieser häufig bis zu seinem Lebensende arbeitete, blieb den Söhnen nur das Warten auf das Ableben ihrer Väter oder das Arbeiten als Geselle übrig.[57] Ferner konnte Sabine von Heusinger mithilfe einer prosopographischen Untersuchung von 308 männlichen Zunftmitgliedern für Straßburg feststellen, dass in knapp 70 Prozent die Söhne dem Vater in dessen Gewerbe nachfolgten und bei den anderen 30 Prozent ein Zunftwechsel vorlag.[58] Ob die für Hinrik Dunkelgud belegte Berufsvererbung sowie gleichzeitige Betriebsvererbung in mindestens drei aufeinanderfolgenden Generationen eher eine Ausnahme oder eine Regel darstellten, können nur zukünftige und breiter angelegte prosopographische Untersuchungen zeigen.

---

55 MASCHKE: Familie, S. 52.
56 HENNINGS: Mitglieder, S. 188, 194 f.
57 KLUGE: Zünfte, S. 244.
58 HEUSINGER: Zunft, S. 227 f. Vgl. auch wiederholt in komprimierter Form ihrer Ergebnisse. DIES.: Vater, S. 168.

6. KAUFMÄNNISCHE HANDELSPRAXIS

Nachdem in den vorherigen Kapiteln Hinrik Dunkelguds Einbettung in die lübeckische Stadtgesellschaft im Mittelpunkt der Betrachtungen stand, wendet sich dieses Kapitel nun seiner kaufmännischen Handelspraxis zu. Ziel ist deren Analyse mit Blick auf andere im Ostseeraum tätige Kaufleute. Bezugspunkte für diesen Vergleich bilden die Organisation seines Geschäftskomplexes in Lübeck, seine Kenntnisse von Maß und Zahl sowie im Umgang mit verschiedenen Platzgebräuchen, seine Buchführungstechnik, seine Warenpalette sowie schließlich die Wahl seiner Geschäftspartner.

6.1 GESCHÄFTSKOMPLEX IN LÜBECK

Hinrik Dunkelgud begann seine kontinuierliche Handelstätigkeit in Lübeck spätestens mit seiner Niederlassung und Verehelichung im Jahr 1479. Der Überschreibung seiner ersten Krambude 266 C mit Wohnetage durch seinen Schwiegervater Hans Meyer folgte in den Jahren 1480 und 1489 der Kauf der beiden angrenzenden Krambuden 266 B und 266 A. Nach der vollständigen Abzahlung vereinigte Dunkelgud diese durch kostenintensive Umbaumaßnahmen zu einem Haus. Inwieweit die Krambude 266 nach dem Umbau über einen Dachboden oder über Kellerräume verfügte, kann nicht mit Sicherheit geklärt werden. Allerdings sind bereits für das 14. Jahrhundert einige Marktbuden mit Keller nachweisbar.[1] Zudem sprechen zwei Einträge Dunkelguds im Zusammenhang mit zwei Roggenlieferungen für seinen Eigenbedarf, die er wohl direkt in seinem Haus lagerte, für Speicherkapazitäten.[2] Allerdings verwies er auch mehrmals auf eigene Warenbestände, die in Lübeck in fremden Kellerräumen zwischengelagert wurden.[3]

Schon seine erste Krambude wies ein Wohngeschoss auf, somit darf es als sehr wahrscheinlich gelten, dass Hinrik Dunkelgud mit seiner verschwägerten Familie und seinem gesamten Haushalt vor Ort wohnte[4] und auch von dort aus seinen Geschäften im Nah- und Fernhandel nachging. Da zwei Inventare für die Krambude am Markt 266 A aus dem Jahr 1480 und wiederholt für die umgebaute große Bude aus dem Jahr 1499 entsprechende Messinstrumente für kleine Gewichts- und Men-

---

1 PAULI: Lübeckische Zustände, Bd. 1, S. 55.
2 Im ersten Eintrag vom 13. Juli 1492 sprach Dunkelgud nur von der Herausnahme der ersten Roggenlieferung aus seiner Handelsgesellschaft für seinen Eigenbedarf. Bei der kurz darauf erfolgten zweiten Lieferung am 25. Juli 1492 notierte er zudem, dass er diesen Roggen im Haus behalte. Rechnungsbuch, fol. 200r, 199r.
3 Zwei Fässer Dunkelguds mit Osemund auf Timmens Boden, ebd., fol. 16r. Weiter standen drei Fässer Flachs in Lübeck, 29. Sept. 1486, ebd., fol. 204r.
4 Wohnobergeschosse über dem eigentlichen Kram sind auch für andere Städte wie Lüneburg überliefert. Vgl. PARK: Krämer- und Hökergenossenschaften, S. 40 f.

geneinheiten aufführen,[5] werden diese Krambuden – wie nicht anders zu erwarten – für den direkten Warenverkauf an Endverbraucher ausgelegt gewesen sein.

Zu Dunkelguds weiterem Immobilienbesitz gehörte in der Zeit von 1489 bis 1509 zudem ein Heringshaus, das nahe an der Holstenbrücke vor dem Holstentor stand.[6] Dieses Gebäude diente nach Wilhelm Mantels dem „Betrieb der Heringsaufbereitung".[7] Die Bezeichnung als Heringshaus ist allerdings nicht ganz einfach zu klären, weshalb an dieser Stelle weiter ausgegriffen werden muss.

Für Lübeck wird eine *domus, que vocatur harinchus* erstmals im Jahr 1262 erwähnt und bezeichnete zu dieser Zeit noch einen Komplex von neun *tabernae* auf dem Lübecker Zentralmarkt. Diese Verkaufsstellen wurden per Losentscheid von der Stadt an die dort tätigen Heringswäscher vermietet[8] und lassen sich bis 1418 nachweisen.[9] Ähnlich den anderen Gewerben durften ausschließlich Lübecker Bürger der Heringswäscherei nachgehen sowie den so aufbereiteten frischen Hering an die Endverbraucher verkaufen.[10]

Neben diesem als Heringshaus bezeichneten Budenkomplex sind ab der Mitte des 15. Jahrhunderts Heringsbuden und mindestens ein Heringshaus am Binnenhafen an der Holstenbrücke belegt. Diese wurden in der zweiten Hälfte des 16. Jahrhunderts zusammen mit einer großen Anzahl an Getreidespeichern zu Salzspeichern umfunktioniert und stehen auch heute noch an der oberen Trave.[11] Wann diese Heringsbuden und das Heringshaus dort errichtet und in dieser Funktion genutzt wurden, ist nicht überliefert.[12] Indirekte Hinweise auf noch weiter nördlich gelegene Heringsbuden finden sich in der ersten lübeckischen Kaufmannsordnung aus der ersten Hälfte des 14. Jahrhunderts, in der die Anwesenheit von Heringsmaklern im ältesten Seehafenabschnitt zwischen Mengstraße und Braunstraße *bi des stades woninghe* angesprochen wird. Möglicherweise handelte es sich also um Speichergebäude der Stadt für die Handelsware Hering.[13] Luise von Winterfeld

---

5 MANTELS: Memorial, S. 360f., 364 D 15; Rechnungsbuch, fol. 223v; AHL, Niederstadtbuch Urschrift 1478 Crp. Chr.–1481, fol. 151v–152r.

6 Rechnungsbuch, fol. 25v, 35v; vgl. auch MANTELS: Memorial, S. 350.

7 MANTELS: Memorial, S. 350.

8 RÖRIG: Markt, S. 43, 49, 70; UBStL 1, Nr. 269; S. 250; p.q. 1286 UBStL 2, Nr. 1087, S. 1029.

9 RÖRIG: Markt, S. 109, Anm. 32; UBStL 2, Nr. 1098, S. 1054. Der Betrieb von Verkaufsstätten auf dem Zentralmarkt zur Versorgung der Endverbraucher wird zudem vom archäologischen Befund gestützt. Vgl. ELLMERS: Verlagerung, S. 107.

10 WINTERFELD: Versuch, S. 397; UBStL 3, Nr. 769, S. 838; um 1360 wurden diese Buden dann als Privateigentum behandelt. RÖRIG: Markt, S. 70, Anm. 32.

11 WINTERFELD: Versuch, S. 399f.; HAMMEL-KIESOW: Grain, S. 93; vgl. auch die Abbildungen Fig. 1 und Fig. 2 zu den Lübecker Häfen. Ebd., S. 87f., 94.

12 Winterfeld erwähnt, ohne eine Belegstelle zu nennen, ein langes Salzhaus, welches schon um 1285 an der Trave nahe der Holstenbrücke gelegen haben soll. WINTERFELD: Versuch, S. 399. Bei Rolf Hammel-Kiesow ist auf den entsprechenden Hafenplänen keines eingezeichnet. HAMMEL-KIESOW: Grain, S. 87f.

13 UBStL 2, Nr. 1001, S. 921f. Diese Kaufmannsordnung steht im ältesten Lübecker Wettebuch zwischen zwei Urkunden von 1300 einerseits und einer unvollständig abgeschriebenen Urkunde von 1360 andererseits. Da die Kaufmannsordnung selbst nicht datiert ist, kann sie nur vage dem Zeitraum von 1300 bis 1360 zugeschrieben werden. Im UBStL wird sie auf „um 1350" datiert. Ebd., S. 921. Carl Wilhelm Pauli nennt als Datierung das Jahr „1300", da er die

vermutet hier auch den Heringsmarkt, bevor dieser weiter nördlich an die Untertrave zwischen Engelsgrube und Fischergrube verlegt wurde,[14] wo er noch im Jahr 1483 nachweisbar ist.[15]

Fritz Rörig verweist darauf, dass im Wetterentenbuch, mit Einträgen aus dem Zeitraum von 1419 bis 1489, die das „Heringshaus" am Markt betreffenden Seiten herausgerissen worden seien. Da das folgende Wetterentenbuch zudem nur noch die „Heringshäuser" vor dem Holstentor aufführe,[16] deutet er damit an, dass es am Holstentor mehrere dieser Einrichtungen gegeben habe. Obgleich diese Hinweise auf eine organisatorische Umstrukturierung oder Umfunktionierung der ehemals als Heringshaus bezeichneten neun Verkaufsbuden auf dem Zentralmarkt in der zweiten Hälfte des 15. Jahrhunderts hindeuten, können daraus keine weiteren Schlüsse für die Heringsbuden und das Heringshaus am Holstentor getroffen werden.[17]

Sogenannte Heringshäuser sind auch in anderen größeren Hansestädten wie beispielsweise in Wismar schon vor 1272 überliefert und dienten dort als fester Ort der Qualitätsprüfung und Weiterverarbeitung von Hering. Diese Form von Qualitätsprüfung, die sogenannte Wrake, wurde zuerst in Schonen direkt nach dem Fang des Herings und im Anschluss in den anderen hansischen Großhandelsstationen durch vereidigte Amtspersonen, die „Wraker", vorgenommen. Durch die Kennzeichnung mit einem stadtspezifischen Zeichen war es späteren Käufern möglich, den genauen Transport- und Handelsweg der so bezeichneten Tonnen über mehrere Stationen hinweg zurückzuverfolgen, um im Falle einer minderen Qualität den Schadensverursacher aufspüren zu können.[18] Für Lübeck fungierten die vereidigten Heringsmakler als städtische Amtspersonen für diese Warenqualitätskontrolle.[19] So mussten die Heringsmakler laut zwei aus dem Jahr 1461 überlieferten Ordnungen zur Sortierung und Bezeichnung der Heringe dem Rat in ihrem Eid schwören, dass die von ihnen geprüften und mit ihrem Zeichen, ein eingebrannter doppelter Zirkel, versehenen Fässer ordnungsgemäß mit Hering von gleichbleibender Qualität gefüllt seien.[20] Diese im Lübecker Heringshaus erfolgende Wrake hatte folglich auch

---

Ordnung als zeitgleich mit den beiden vorausgegangenen im Wettebuch eingetragenen Urkunden annimmt. PAULI: Recht, Bd. 3, S. 73.
14 WINTERFELD: Versuch, S. 400.
15 BREHMER: Straßennamen, S. 45.
16 RÖRIG: Markt, S. 109, Anm. 32.
17 Hinrik Dunkelgud selbst erwähnte, dass die Überschreibung dieser Immobilie in dem durch die Wetteherren geführten Gartenbuch vorgenommen worden sei. Rechnungsbuch, fol. 25v. In dem betreffenden noch im AHL erhaltenen Gartenbuch 08.01 Handschriften – Amtsbücher – Wette Sgn. 290 1431–1544 Gardenboeck [= Wette-Gartenbuch] ist allerdings kein entsprechender Eintrag vorhanden. Hingegen enthält das Topographische Register im AHL den Hinweis, dass Besitzwechsel der Heringsbuden am Holstentor seit den 1480er Jahren nicht mehr ins Gartenbuch, sondern ab dieser Zeit in die Oberstadtbücher eingetragen worden seien. Allerdings beginnen diese entsprechenden Einträge zu den verschiedenen Heringshäusern erst kurz nach Dunkelguds Immobilienerwerb und führen so weder seinen Kauf noch Verkauf auf.
18 JAHNKE: Silber, S. 221 f.
19 PAULI: Zustände, Bd. 3, S. 75.
20 UBStL 4, Nr. 137, S. 131 „Verordnung über die Sortirung [sic] und Bezeichnung der Heringe o. J. (1360–1370)"; eine weitere Heringsordnung vom 5. Aug. 1461: UBStL 10, Nr. 77, S. 82 f. Vgl. PAULI: Zustände, Bd. 3, S. 75. Die erstgenannte Heringsordnung wurde aufgrund des

eine Bedeutung für die innerhalb des binnenhansischen Handels allgemein verbindliche Qualitätsprüfung der Handelsgüter, die bereits seit dem frühen 14. Jahrhundert überliefert ist und „ein Wesensmerkmal des hansischen Fernhandels überhaupt dar[stellte]".[21] Bezeichnet wurden diese durch die Hansestädte geprüften und für den Fernhandel freigegebenen Waren als „Ventegüter", die in den Kontoren geprüften Waren wurden hingegen „Stapelgüter" genannt.[22] Innerhalb des schonischen und des seit der Mitte des 15. Jahrhunderts vornehmlich gen Livland verhandelten alborgischen Heringshandels fungierte Lübeck als eine der maßgeblichen Verteilerzentralen dieser Handelsware in alle Himmelsrichtungen. Neben der Versorgung sowohl der Städte der norddeutschen Tiefebene bis zum Thüringer Wald als auch der oberdeutschen Absatzmärkte gelangte der Hering von Lübeck aus zudem in den Westen nach Flandern oder Holland, in den Nordosten nach Finnland, in den Osten nach Preußen, genauer nach Danzig und Stettin, über Elbe und Moldau zudem nach Prag, worauf dort eine besonders für die Lübecker und Hamburger Kaufleute errichtete *domus allecium* hindeutet, ferner in die liv- und estländischen Städte wie Reval oder Narva und wohl erst von dort weiter nach Nowgorod und Russland.[23]

Das Heringshaus, welches Hinrik Dunkelgud der Witwe Klarke van Reyne im Jahr 1489 abkaufte, konnte er infolge der Einbindung in diese binnenhansischen Strukturen nur eingeschränkt für die vorgegebenen gewerblichen Zwecke nutzen. So forderte die Stadt Lübeck als eigentlicher Grundherr nicht nur einen jährlichen Grundzins, den Dunkelgud an die Wetteherren abzuleisten hatte,[24] sondern der Rat entschied in einem Streitfall zwischen Diderik Basedow und Everd Igenhusen im Jahr 1457 auch darüber, dass ein Heringshaus nahe den Heringsbuden am Holstentor weiterhin ausschließlich für die Heringswäscherei genutzt werden sollte.[25] Zu diesem Zweck konnte der Eigentümer das Heringshaus allerdings auch an einen Heringswäscher weitervermieten, wie aus einem weiteren Niederstadtbucheintrag aus dem Jahr 1453 hervorgeht.[26] Obgleich in beiden Ratsbeschlüssen jeweils nur von einem Heringshaus gesprochen wird, kann nicht mit Sicherheit festgestellt werden, ob sich zwischen den zum Verkauf dienenden Heringsbuden nur ein einziges derartiges Heringshaus befand. In Hildesheim gehörten die Höker und die Heringswäscher demselben Gewerbezweig an und mussten sich aufgrund eines Ratsbeschlusses im Jahr 1278 zur Ausführung ihres ‚unsauberen' Gewerbes aus eigenen finanziellen Mitteln ein Heringshaus ähnlich wie im Falle Lübecks vor den Toren der Stadt errichten. Ab dem Jahr 1379 sind dort zudem Abgaben sowohl für das Heringshaus als auch für die Verkaufsstellen der Heringswäscher überliefert.[27] Unter den von

---

Handschriftenbefundes in die zweite Hälfte des 14. Jahrhunderts datiert. Dietrich Schäfer widersprach dem und datierte sie auf den 19. Aug. 1461. SCHÄFER: Buch, S. 129. Eine dritte Lübecker Herings- oder Zirkelordnung aus dem Jahr 1576 ist ebenfalls abgedruckt bei Schäfer, ebd.: Buch, S. 132–138.
21 JENKS: Transaktionskostentheorie, S. 38f.
22 Ebd., S. 39.
23 JAHNKE: Silber, S. 229–236, 242, 244–250, 254f., 326.
24 Rechnungsbuch, fol. 35v.
25 UBStL 9, Nr. 491, S. 489f.
26 UBStL 9, Nr. 160, S. 159.
27 PARK: Krämer- und Hökergenossenschaften, S. 84, 99f.

Carl Friedrich Wehrmann zusammengestellten lübeckischen Zunftrollen befindet sich ferner nur eine einzige Ämterrolle der Höker vom 30. Oktober 1507.[28] Sehr wahrscheinlich ging das Amt der Höker in Lübeck aus einer der Gruppen der „Verlehnten" hervor,[29] worauf in der Rolle selbst mehrfach Bezug genommen wird, da dort mehrmals von dem Lehen und der Verlehnung der Berechtigung zu dieser Tätigkeit gesprochen wird.[30] Zu den sogenannten „Verlehnten" gehörten neben den verschiedenen Trägern zudem weiteres städtisches Aufsichtspersonal besonders für den Handel und einige Kleinhändlergruppen. Die betreffenden Personen bekamen erst durch den Rat oder vereinzelt von bedeutsamen Kaufmannsvereinigungen wie beispielsweise den Schonenfahrern auf Lebenszeit das Recht zur Ausübung ihrer gewerblichen Tätigkeit verlehnt.[31] In der Amtsrolle der Höker werden zwar in einigen Absätzen auch die Vorschriften und die unterschiedlichen gewerblichen Berechtigungen zum *verschen*, d.h. Auswässern von gesalzenem Fisch und zu dessen Verkauf auf den verschiedenen Binnenmärkten wie dem (Zentral-)Markt, dem Frischmarkt und dem Kohlmarkt sowie auf den Straßen Lübecks angesprochen, allerdings bleibt das Heringshaus am Holstentor unerwähnt. Auch das nähere Zusammenspiel zwischen Hökern und der Heringswäscherei bedürfte weiterer Forschung. Einige Höker bekamen ihr Gewerberecht explizit durch die *herrn uppe deme soltenmarket* für den Bereich des Salzmarktes verlehnt.[32] Der binnenstädtische Salzmarkt, erstmals 1296 als *forum salis* oberhalb der Ägidienstraße am Klingenberg belegt, lag dort bis mindestens 1459,[33] so dass die Quellen im 13. und 14. Jahrhundert mit dieser Bezeichnung ausschließlich auf diesen Salzmarkt Bezug nehmen.[34] Der an der oberen Trave zwischen Petersgrube und Holstenstraße gelegene *Soltenmarkede* lässt sich nur anhand der schriftlichen Ersterwähnung spätestens in das Jahr 1578 datieren.[35] Vermutungen Luise von Winterfelds tendieren allerdings zu einer deutlich früheren Datierung eines Salzmarktes als Teil des ältesten Ufermarktes an der Unteren Trave, der seinen Ursprung möglicherweise bereits im 12. oder 13. Jahrhundert hatte.[36] Die Anlage oder Verlegung dieses Salzmarktes bleibt jedoch im Dunkeln.[37]

Insgesamt lässt sich festhalten, dass Dunkelgud sein erworbenes Heringshaus sehr wahrscheinlich weiterhin zur gewerblichen Heringswäscherei zur Verfügung stellen musste. Inwieweit er es vermietete oder andere organisatorische Möglich-

---

28 WEHRMANN: Zunftrollen, Nr. 21 (Hoker), S. 235–240.
29 WITT: Die Verlehnten, Teil 1, S. 165.
30 WEHRMANN: Zunftrollen, Nr. 21 (Hoker), S. 235 f.
31 WITT: Die Verlehnten, Teil 1, S. 161 f., 165 f.
32 Vgl. WEHRMANN: Zunftrollen, Nr. 21 (Hoker), S. 235–238.
33 BREHMER: Straßennamen, S. 25.
34 WINTERFELD: Versuch, S. 399.
35 BREHMER: Straßennamen, S. 35.
36 WINTERFELD: Versuch, S. 399–401. Möglicherweise war eine als erster Salzmarkt genutzte Fläche bereits Teil des ältesten offenen Ufermarkts zwischen Braunstraße und Mengstraße. Dieser Ufermarkt wurde bereits kurz vor 1217 u. a. mit dem Ausbau der binnenstädtischen Märkte aufgegeben und lässt sich ausschließlich durch archäologische Befunde und eine Ausgrabung an der Untertrave und der Alfstraße in den Jahren 1982/83 nachweisen. ELLMERS: Verlagerung, S. 101; MÜHRENBERG: Plätze, S. 291 f.
37 Ebd., S. 294, Anm. 17.

keiten nutzen konnte, muss in dieser Untersuchung offenbleiben. Hieran schließt zudem die Frage an, ob er selbst als Zulieferer des Heringshauses und als Abnehmer von Hering für den Großhandel eingebunden war. Die wenigen aus seinem Rechnungsbuch zu gewinnenden Hinweise sprechen eher dagegen. Denn innerhalb seiner vier aktiven Handelsphasen machte gerade Hering den geringsten Anteil an dem durch ihn verhandelten Fisch aus. Nur zweimal im Jahr 1486, also vor dem Erwerb des Heringshauses, schickte Dunkelgud insgesamt 1,5 Last Alborgischen und Schonischen Hering zu Hans Borne nach Reval, um ihn an Bernd Pal zu verkaufen.[38] Hingegen handelte er im Zeitraum von 1489 bis 1509 im Vergleich am häufigsten, nämlich 19 Mal, mit Rotscher.[39] Zudem weisen die Lübecker Pfundzollbücher nur unter dem 21. Oktober 1495 einen Import einer Last schonischen Herings zu 24 mk für einen „Hans" Dunkelgud aus[40] – möglicherweise eine Verschreibung für Hinrik.

Die Organisation von Dunkelguds Handelsbetrieb basierte, wie für die mittelalterlichen Verhältnisse üblich, auf der Einbindung aller Familien- und Haushaltsangehörigen. So gibt es für seine Ehefrau Kunneke, die Tochter eines Krämers und Krambudenbesitzers, einige Hinweise, dass sie neben ihrer Leitung des zeitweise wohl mindestens elfköpfigen Haushalts mit mindestens einer Magd, einem Knecht, einem Handlungsdiener und zwei Lehrjungen auch noch anderweitig in den Handelsbetrieb eingebunden wurde.[41] Für das spätmittelalterliche Köln bildeten Frauen, die sich nur auf ihre häuslichen Tätigkeiten und die Kindererziehung beschränkten, sogar eher Ausnahmen.[42] Da für Dunkelgud nach seiner Niederlassung in Lübeck keine eigenen Handelsreisen mehr nachweisbar sind, war es wohl nicht nötig, ihn in diesem Sinne vor Ort zu vertreten und brieflich über das Geschäft oder die politischen Entwicklungen auf dem Laufenden zu halten.[43] Sehr wahrscheinlich wird Kunneke ihm aber bei Warenabwicklung und -verkauf in den Krambuden assistiert haben.[44] Nachweisbar wird ihre Beteiligung allerdings nur für Tätigkeiten, die mit dem Haushalt oder anderen geschäftlichen Transaktionen neben dem Kramhandel zusammenfallen. Bereits vor der Hochzeit im Jahr 1478 nahm Kunneke 2 mk aus dem Verkauf von Pelzwerk von Gretke Suselman sowie 6 mk für einen weiteren Warenverkauf von Hans Davit aus Ruppersdorf für Hinrik Dunkelgud entgegen.[45] Kunnekes Rolle als ihren Ehemann in Geschäft und Haushalt unterstützende Kaufmannsehefrau erfüllte sie auch in späteren Jahren bei der Abwicklung von Geldangelegenheiten, wobei Dunkelguds Rechnungsbuch davon sehr wahrscheinlich

---

38 Vgl. Anhang 11.1.6 Fisch: Nr. 11, 12. Zu den vier Handelsphasen erstmals Kapitel 2.2 (Quantitative Auswertungen zu den Einträgen im Rechnungsbuch und Anhang 11.2 (Diagramm: Datierte Einträge im Dunkelgudschen Rechnungsbuch); vgl. auch Kapitel 6.4 (Handelswaren) und Kapitel 6.5 (Geschäftsbeziehungen).
39 Vgl. Anhang 11.1.6 Fisch: Nr. 14–15, 17, 18, 20–25, 27, 29–36.
40 VOGTHERR: Pfundzollbücher, Bd. 1, S. 335.
41 Vgl. WENSKY: Stellung, S. 293. Zu Hinrik Dunkelguds Haushaltsangehörigen vgl. Kapitel 3.1 (Familie und Haushaltsangehörige).
42 WENSKY: Stellung, S. 290.
43 Vgl. FOUQUET: Briefe.
44 MITTERAUER: Familie, S. 19, 29, 33.
45 Rechnungsbuch, fol. 6v, 6r, 46v.

nur wenige Bruchstücke zeigt. Kunneke empfing nicht nur wiederholt aufgrund von Warenverkäufen Zahlungen von Schuldnern, etwa von Hans Kone (5 rh gl) und von der Ehefrau des Claus Dreiger (6 mk), sondern sie zahlte Dunkelguds Geschäftspartner Hans Sledorn für 2 ung gl 4 mk und ferner noch einmal einen Postulatsgulden eigenverantwortlich aus.[46] Inwieweit sie sich selbst mit den Umrechnungsverhältnissen von Währungen auskannte oder sie Anweisungen von ihrem Ehemann oder von Hans Sledorn entgegennahm, wird allerdings nicht deutlich. Dunkelgud notierte die gleiche Währungsumrechnung von ungarischen Gulden zu Mark nämlich in der gegenüberliegenden Spalte auf derselben Seite.[47] Kunneke zahlte auch Hans Borne und Peter Kegeben kleinere Beträge (6 mk und 1 mk) in bar aus.[48] In beiden Fällen ist nicht eindeutig zu klären, ob Dunkelguds ehemalige Lehrjungen als Handlungsdiener zu dieser Zeit (noch) in seinem Haushalt lebten, Kunneke folglich Geld an Haushaltsmitglieder auszahlte, oder ob beide bereits von ihm unabhängige Handelspartner waren, die außerhalb des Hauses lebten. Als Dunkelguds Ehefrau wirkte sie zudem an der Auszahlung der regelmäßigen Renten für das Heringshaus mit und händigte Albert Jacobsens Tochter Gretke Spikhering wiederholt in den Jahren 1491 und 1494 Beträge über 20 mk aus, und zwar in einem Fall direkt in Dunkelguds Dornse. Dass Dunkelgud den Ort der Übergabe in seinem Rechnungsbuch hervorhebt,[49] zeigt Kunnekes Zugang nicht nur zu einer ‚Haushaltskasse', sondern auch zu den privaten Räumlichkeiten des Hausherrn und den dort aufbewahrten weiteren finanziellen Reserven.

Auch seinen Schwager Hans Meyer d.J., der zum Zeitpunkt der Eheschließung mit Kunneke noch unmündig war, versuchte Hinrik Dunkelgud mit Aufträgen in den Handelsbetrieb einzubeziehen. Ein Eintrag im Rechnungsbuch vom 15. Juni 1486 deutet sogar darauf hin, dass Hans Meyer d.J. von Dunkelgud als Lehrjunge oder Handlungsgeselle oder in anderen geschäftlichen Angelegenheiten eingesetzt wurde. Hinrik Dunkelgud schickte ihn nämlich mit 10.000 *natlen staden* zu 3,5 mk 4 ß im Gepäck zu seinen beiden Handelspartnern Peter Kegeben und Hans Borne nach Reval.[50] Ende Januar 1490 reiste Hans Meyer d.J., wohl auch im Auftrag Dunkelguds, unter anderem zum Birgittenkloster Marienwohlde bei Mölln, möglicherweise im Zusammenhang mit dessen Stiftungen.[51] Darauf deuten zumindest einige Kosten für seine Unterbringung hin, die ihm Dunkelgud nachträglich erstattete.[52] Später erfahren wir von Hans Meyer d.J. nur noch im Zusammenhang mit seiner Abschichtung und deren finanzieller Abwicklung.

Wie bereits angesprochen wurde, folgten zum 12. März 1480 Dunkelguds erster Lehrjunge Hans Borne und im Jahr 1481 Dunkelguds Mündel Peter Kegeben

---

46 Ebd., fol. 10v, 13r, 3r.
47 Ebd., fol. 10v.
48 Ebd., fol. 201r, 200v. Da Kunneke Hans Borne die 6 mk ausdrücklich in bar auszahlte, wird sie mit hoher Wahrscheinlichkeit auch Peter Kegeben den Betrag von 1 mk bar gegeben haben.
49 Ebd., fol. 23v.
50 Ebd., fol. 202r.
51 AHL, Niederstadtbuch Reinschrift 1489–1495, fol. 63v; MANTELS: Memorial, S. 350, 363.
52 Rechnungsbuch, fol. 27r; MANTELS: Memorial, S. 350, 363.

ebenfalls in der Funktion eines Lehrjungen[53] und waren später über mehrere Jahre in geschäftlichen Beziehungen mit Hinrik Dunkelgud verbunden.[54]

Neben seinen ehemaligen Lehrjungen ging Hinrik Dunkelgud zum 23. April 1504 eine Widerlegung mit seiner 20- bis 24-jährigen und seit fünf Jahren verheirateten Tochter Anneke Lange ein. In diese legte Dunkelgud als Kapitalgeber verschiedene Sorten von Fischnetzen im Warenwert von 165 mk 10 ß 4 d ein, ihre Gegenlegung als Kapitalführerin, die auf gemeinsame Rechnung handeln sollte, bestand in weiteren Netzen.[55] Dass solche Geschäfte zumindest gelegentlich auch mit weiblichen Familienmitgliedern bereits lange zuvor praktiziert wurden, beweist der Gesellschaftshandel Hildebrand Veckinchusens zusammen mit seiner Frau Margarete und seiner Tochter Trudeke im Jahr 1400, in dessen Rahmen er seiner Frau von Brügge aus Waren im Wert von 1.700 mk nach Lübeck zum dortigen Verkauf zusandte.[56] So wird in beiden Fällen die im lübeckischen Recht verankerte Sonderstellung der Ehefrauen von Kaufleuten sichtbar. Diese erlaubte es Kauffrauen bereits seit der ersten Hälfte des 13. Jahrhunderts, selbständig, d.h. ohne einen Geschlechtsvormund wie den Ehemann, Vater oder Bruder und anderen Frauen gegenüber bevorteilt auch Verkäufe über einen Wert von 2,5 d hinaus zu tätigen. Innerhalb ihrer Handelsgeschäfte waren diese Kauffrauen den Männern rechtlich somit gleichgestellt. Obgleich es sich wohl vor allem um Witwen gehandelt haben dürfte, die dadurch die Geschäfte ihres verstorbenen Ehemanns weiterführten, sind besonders im Kramhandel sogar unabhängig von ihrem Ehemann tätige Frauen überliefert.[57]

Nach der Jahrhundertwende zog Hinrik Dunkelgud zudem Annekes Ehemann, seinen Schwiegersohn Claus Lange, immer häufiger zur Abwicklung von eigenen Rechts- und Kreditangelegenheiten sowie Handelsgeschäften heran. In der ersten Jahreshälfte 1505 reiste Lange im Auftrag seines Schwiegervaters nach Wismar, um dort die letzten Formalien zur vollständigen Rückzahlung des Kapitals zu klären, das Dunkelgud sich von dem Dominikanerkloster geliehen hatte. Mit einer eigenhändigen Quittung Bruder Peter Emeryks über den Eingang des Geldes kehrte Lange zu seinem Schwiegervater nach Lübeck zurück.[58]

6.2 BUCHFÜHRUNGSTECHNIKEN FÜR DEN HAUSHALT UND DAS HANDELSGESCHÄFT

Kaufmännische Buchführung ist im Ostseeraum seit dem späten 13. Jahrhundert nachweisbar. Sie diente den Kaufleuten erstens als Erinnerungsstütze für noch nicht erledigte Transaktionen, d.h. für offene Außenstände von Schuldnern. Zwei-

---

53 Ebd., fol. 14r–v. Vgl. Kapitel 3.1 (Familie und Haushaltsangehörige).
54 Vgl. Kapitel 6.5.4 (Gesellschaftshandel mit Peter Kegeben und Hans Borne (HG C)) und Kapitel 6.6.5 (Gesellschaftshandel mit Peter Kegeben (HG D)).
55 Rechnungsbuch, fol. 39v. Vgl. Kapitel 6.5.6 (Handelsgeschäfte mit Verwandten und Haushaltsangehörigen).
56 WINTERFELD: Veckinchusen, S. 51. STIEDA: Hildebrand Veckinchusen, Nr. 246, S. 270 f.
57 HARTWIG: Frauenfrage, S. 53 f.
58 Rechnungsbuch, fol. 28r.

tens half sie ihnen bei der Organisation ihres Handelsbetriebes und der Abrechnung ihres Gesellschaftshandels beispielsweise durch die Führung unterschiedlicher Personen-, Gesellschafts- oder Sachkonten. Schließlich wurde sie drittens zur Beweisführung bei rechtlichen Streitigkeiten hinzugezogen.[59] Zum Zweck dieser unterschiedlichen Funktionen führten hansische Kaufleute bereits zu Beginn des 14. Jahrhunderts mehrere Bücher parallel nebeneinander, wie aus dem umfangreichsten Korpus aus dem Ostseeraum, demjenigen des Kaufmanns Hildebrand Veckinchusen, der 13 Bücher und 540 Geschäftsbriefe umfasst, deutlich wird.[60] Die Analyse von Hinrik Dunkelguds Buchführungstechniken schließt sich an eine Reihe unterschiedlich intensiv erforschter und teilweise edierter kaufmännischer Rechnungsbücher im Hanseraum an. Für die vorangehende Zeit liegt neben den Veckinchusenschen Büchern eines von ursprünglich mindestens zwei Rechnungsbüchern des Danziger Kaufmanns Johann Pyre aus der ersten Hälfte des 15. Jahrhunderts vor.[61] Zeitgleich mit dem Dunkelgudschen Buch F wurden das sogenannte Einkaufsbüchlein Paul Mulichs von der Frankfurter Fastenmesse des Jahres 1495,[62] das Schuldbuch des Revaler Kaufmanns Bernd Pal aus den Jahren 1494 bis 1503 (sein Buch D), drei 1505 bzw. 1506 einsetzende Bücher des Revaler Ratsherrn Johan Selhorst sowie das Rechnungsbuch der Breslauer Kaufleute Markus Popplau und seines Neffen Hans aus den Jahren 1502 bis 1516 geführt. Zeitlich schließen sich in der ersten Hälfte des 16. Jahrhunderts zum Beispiel weitere Revaler Rechnungsbücher an, so von Helmich Ficke und Tönnis Smidt, die Gunnar Mickwitz untersucht hat.[63]

6.2.1 Zwischen Notizzettel, Geschäftsbrief und Rechnungsbuch

Hinrik Dunkelguds Rechnungsbuch stellt nur einen Teil seiner Buchführung dar, denn der Umschlag des Bandes ist auf der Vorderseite mit der Signatur „F" in roter und schwarzer Farbe gekennzeichnet. Hinrik Dunkelgud selbst bezeichnete den Band einfach als „*dyt bok*",[64] wenn er in seinen Einträgen darauf Bezug nahm. Seinen mindestens fünf anderen zeitgleich geführten Büchern „A" bis „E" kön-

---

59 CORDES: Handel, S. LV f.
60 CORDES: Spätmittelalterlicher Gesellschaftshandel, S. 236.
61 LESNIKOV: Handelsbücher; LESNIKOV/STARK/CORDES: Handelsbücher; STIEDA: Briefwechsel; zu Johann Pyre SLASKI: Handel; SCHMIDT-RIMPLER: Geschichte; ORLOWSKA: Handel, S. 34. – Das von dem Hoorner Kaufmann Gherit Comen Claesz in den Jahren 1457–1463 geführte Rechnungsbuch bleibt aufgrund der nach Orten untergliederten und darunter jeweils einfach aufeinanderfolgenden Einträge in der weiteren Untersuchung unberücksichtigt. DE ROOVER: Development, S. 174; SEGGERN: Kaufmannsbücher [ohne Zählung]; vgl. auch die Edition von BRÜNNER: Koopmansboek.
62 RÖRIG: Einkaufsbüchlein.
63 Hans Selhorsts Bücher umfassen jeweils die Jahre von 1506 bis 1532, von 1507 bis 1533 und von 1507 bis 1566. Einige Seiten und Abrechnungen aus den Selhorstschen Büchern liegen als Teiledition vor bei JAHNKE: Netzwerke; einige Einträge auch aus den Rechnungsbüchern der oben genannten Revaler bei Mickwitz: Aus Revaler Handelsbüchern; PETRY: Popplau.
64 Rechnungsbuch, fol. 1r, 16v, 19v, 20r, 35v, 195v.

nen unterschiedliche, wenn auch aufgrund der seltenen Hinweise nicht im Detail rekonstruierbare Funktionen zugewiesen werden. Sie sind sämtlich nicht erhalten. Im Einzelnen nennt Dunkelgud ein Buch A, ein Buch B, ein schwarzes Buch C, ein Buch D, ein weißes Buch E, *des ik alle dage bruke*, ein rotes Registerbuch und ein in Pergament gebundenes Buch.[65]

Die Kennzeichnung der unterschiedlichen Bücher mit Großbuchstaben entsprach der von italienischen Kaufleuten bereits im 14. Jahrhundert geübten Signier- und Verweispraxis, die von den oberdeutschen Kaufleuten wohl seit der ersten Hälfte des 15. Jahrhunderts ebenfalls übernommen wurde.[66] Im Ostseeraum ist sie erstmals gleichzeitig mit dem Dunkelgudschen Rechnungsbuch für das Einkaufsbüchlein Paul Mulichs belegt, das mit einem „Q" versehen war und dadurch ebenfalls als ein Teilstück einer viel umfangreicheren Buchführung ausgewiesen wurde.[67] Ferner gehörten zum Palschen Buchbestand neben seinem einzig erhaltenen Schuldbuch D die Hauptbücher A bis C.[68]

Das große Papierformat und der feste, wenn auch nur grob mit Segelband verzierte Ledereinband könnten auf die große Bedeutung des Dunkelgudschen Buches F als eine Form von Hauptbuch hinweisen. Obgleich Hinrik Dunkelgud einige (oder alle?) seiner Geschäftsbücher bei Aufbruch zu seiner Pilgerreise im Frühjahr 1479 bei seinem Wirt Claus van Calven in Lübeck zurückließ,[69] ist zu vermuten, dass zumindest einige seiner Bücher teilweise leichter transportable Formate als sein Buch F (Höhe ca. 29,3 cm, Breite 23 cm) hatten und diese, wie Dunkelgud selbst für ein Buch erwähnt, nur in Pergament eingeschlagen waren. Die heute noch erhaltenen zwölf Veckinchusenschen Bücher lassen sich ebenfalls gekoppelt an ihre Funktion als Memoriale und Kontobücher mithilfe äußerer Merkmale unterscheiden, wobei die Memoriale als praktikable Gedächtnisstützen für den Alltag alle eher kleinere Formate haben. Die Memoriale (Af. 1, Af. 6, Af. 3) weisen ein Schmalfolio-Format auf (ca. 41 × 15,5 cm), und auch das erste Kontobuch (Af. 2), das Hildebrand Veckinchusen ab 1401 führte, hatte noch dieses Format. Die folgenden Kontobücher (Af. 4, Af. 5) aber, die in Gruppen größerer (30 × 22 / 32 × 25 cm) und kleinerer Handschriften (20,5 × 14,5 cm) zerfallen, entsprachen nicht mehr die-

---

65 So bereits MANTELS: Memorial, S. 347, 351 f. Marie-Louise Pelus-Kaplan schätzt Hinrik Dunkelguds Buchbestand ohne weitere Begründung auf sieben bis zehn Bücher. PELUS-KAPLAN: Geschichte, S. 36.
66 ARLINGHAUS: Notiz, S. 141 f. Die Signierpraxis mit Großbuchstaben kann für die Buchhaltung der Nürnberger Familie Imhof bereits für die erste Hälfte des 15. Jahrhunderts vermutet werden. STROMER: Schriftwesen, S. 773 f.
67 RÖRIG: Einkaufsbüchlein, S. 289, 293, 308.
68 JAHNKE: Netzwerke, S. 56.
69 Rechnungsbuch, fol. 8v. Nach Raymond de Roover trug Dunkelgud sein Buch F mit einer Kopie (!) seines Testaments auf seiner Pilgerreise mit sich, da er in Brügge zudem Handelsgeschäfte tätigte. DE ROOVER: Development, S. 174. Falls Dunkelgud neben Notizzetteln oder vielleicht Kladden auch ein Geschäftsbuch oder gar mehrere Bücher mit sich geführt haben sollte, ist es unwahrscheinlich, dass er sein Reisegepäck ausgerechnet mit einem vergleichsweise sperrigen und durch den dicken Ledereinband schweren Buch mit seinem Testament beschwerte. Zur Frage nach der Gültigkeit von Dunkelguds Testament vgl. Kapitel 4 (Persönliche Rechtssicherung durch stadtbürgerliche Schriftlichkeit).

sem schmalen Format. Bei den kleineren Bänden handelt es sich u. a. um Bücher, die beispielsweise als Instruktion für Hildebrands Geschäftspartner in Brügge zurückgelassen wurden und bei seiner Rückkehr als Abrechnung dienten. Sofern ein Einband erhalten ist, handelt es sich immer um einen harten Pergamenteinband, der mit einer Schnalle oder einem Riemen als Verschluss versehen war.[70] Auch das Einkaufsbüchlein Paul Mulichs wies als Schmalfolio mit den Maßen 32,5 cm zu 10,5 cm eher eine transportable Größe auf,[71] um möglichst platzsparend auf den Reisen zur Rechenschaftslegung mit seinem Bruder Matthias Mulich in Lübeck verstaut werden zu können.

Für das 15. und 16. Jahrhundert nennt Marie-Louise Pelus-Kaplan als verbreitete Buchtypen die Memorial- oder Kladdebücher, in denen chronologisch erst einmal alle Geschäftsvorfälle notiert wurden. Weiter gab es Schuldbücher bzw. Kontenbücher zur Registrierung von Kreditgeschäften, also bei Warenverkauf auf Kredit; teilweise wurden dabei Konten für die einzelnen Handelspartner angelegt. Es gab Warenbücher oder Kontorbücher für den Einkauf und Verkauf der Waren oder für den Geldverkehr. Ferner wurden verschiedene Bücher für die Eigenhandelsgeschäfte (Properhandel) oder für besondere Handelsgesellschaften oder -unternehmungen geführt.[72]

Über Hinrik Dunkelguds andere acht erwähnte Bücher, die er im Buch F in 40 Jahren insgesamt nur 17 Mal erwähnt, können aufgrund der geringen Informationen nur wenige Aussagen getroffen werden.[73] Möglicherweise handelte es sich auch um eine kleinere Anzahl von Büchern, so dass den Buchstaben zugleich bestimmte Farben zugeordnet wurden, wie dies Dunkelgud für das schwarze Buch C angab. Insgesamt führte er diese Bücher im Zeitraum von 1479 (Registerbuch) bis 1509 (Buch C). Demgegenüber stammt der letzte Eintrag im Dunkelgudschen Buch F, der Handelsgeschäfte betrifft, vom 14. Juli 1508.[74] Am 29. September 1509 verkaufte Dunkelgud das Heringshaus vor dem Holstentor und trug bis zum Jahr 1517 die fortlaufenden Renteneinnahmen ein.[75] Andere spätere Einträge betrafen das letzte vollständige Testament vom 11. November 1509 sowie dessen letzte Bestätigung im Jahr 1517.[76] Mit Hinrik Dunkelguds Übergang vom aktiven Fernhandelskaufmann zum Rentier werden seine anderen Bücher folglich nicht mehr erwähnt.

Schuldbücher sieht Marie-Louise Pelus-Kaplan eventuell in dem roten Registerbuch und dem Buch B, das im Zusammenhang mit Dunkelguds vermutlichen Mündeln, den Neffen und Nichten Tideke Kegebens, in Erscheinung tritt und das Pelus-Kaplan deshalb als „Vormünderbuch" bezeichnet. Bei dem täglich verwendeten weißen Buch könnte es sich um ein ‚Tagebuch' ähnlich den späteren Konzepten

---

70 Vgl. die Ausführungen bei Lenz: Beschreibung, S. XLI–XLV; Lesnikov: Einleitung, S. XIX–XL. Auch Arlinghaus konnte am Beispiel der 35 Rechnungsbücher der Francesco Datini / Toro di Berto-Handelsgesellschaft in Avignon aus den Jahren 1367 bis 1373 acht Grundtypen von Rechnungsbüchern ausmachen. Arlinghaus: Notiz, S. 19.
71 Rörig: Einkaufsbüchlein, S. 288.
72 Pelus-Kaplan: Archive, S. 31; Dies.: Geschichte, S. 36 f.
73 So bereits Mantels: Memorial, S. 347.
74 Rechnungsbuch, fol. 32r.
75 Ebd., fol. 35v–36r.
76 Ebd., fol. 226v–225r.

Tabelle 2: Erwähnungen der anderen Rechnungsbücher Hinrik Dunkelguds in dessen Buch F[77]

Buch	Anzahl der Erwähnungen	Zeitraum der Erwähnungen
Buch A	1	1479
Buch B	2	1483–94
Schwarzes Buch C	7	1479–1509
Buch D	1	um 1500
Buch E	1	1486
Weißes Buch	2	1479
Rotes Registerbuch	1	1479
Pergamentbuch	2	1479/82

gehandelt haben. Hinter den anderen erwähnten Büchern, also A, C, D, E und das Pergamentbuch, vermutet Pelus-Kaplan verschiedene Warenbücher.[78] Diese Hypothesen können durch die erneute Beschäftigung mit dem Buch F weder gestützt noch widerlegt werden. Bei Buch C weisen die meisten Indizien tatsächlich auf eine Funktion als Warenbuch hin. In einem Warenbuch wurden die von Handelspartnern empfangenen Waren verzeichnet. Auf Buch C nahm Dunkelgud im Zeitraum von 1479 bis 1509 siebenmal durchweg im Zusammenhang mit Abrechnungen mit verschiedenen Personen Bezug. So verwies er unter anderem auf eine Widerlegung mit Hans Dinxsteden im Buch C, verrechnete wohl von Hinrik Licherd gelieferte Waren mit dessen Rentenzahlung oder nahm bei einer Abrechnung mit Hinrik Pawels Bezug auf die Waren, die er Pawels laut Buch C zugesandt hatte.[79] Zudem scheint Buch C das umfangreichste seiner Bücher gewesen zu sein, da er beispielsweise Blatt 203 erwähnte. Für seine anderen Bücher gab er als Belege für Buch A Blatt 69, für Buch B Blatt 125 und für Buch E Blatt 136 an.[80]

Mit Blick auf das Dunkelgudsche Buch F betont Marie-Louise Pelus-Kaplan im Anschluss an Wilhelm Mantels, dass dieses durch die Eintragung von Testamenten und Rentenangelegenheiten sehr persönliche und geheime Informationen enthalten habe und daher ein „Geheimbuch" oder „Tagebuch" des Prinzipals gewesen sei.[81] Balduin Penndorf lehnt diese Zuordnung allerdings ab und subsumiert es ganz allgemein den Rechnungsbüchern.[82] Dem ist zuzustimmen, da für lübeckische Rechnungsbücher die Vermischung von Einträgen zu den Handelsgeschäften sowie zu persönlichen Angelegenheiten wie beispielsweise dem eigenen Hausbau und Rentenbesitz bereits seit der ersten Hälfte des 14. Jahrhunderts in den Rechnungsbüchern Hermann Warendorps und Johann Clingenbergs sowie der Wittenborgs,

---

77 Ebd., fol. 47r (A); 212v–211r (B); 9r, 14r, 17r, 28v, 33v, 35v–36r (C); 28v (D); 22v (E); 11r, 14r (weißes Buch); 6r (Registerbuch); 9v, 16v (Pergamentbuch).
78 Pelus-Kaplan: Geschichte, S. 37.
79 Rechnungsbuch, fol. 14r, 33r; 35v–36r.
80 Ebd., fol. 22v, 35v–36r, 47r, 212v–211r.
81 Mantels: Memorial, S. 347; Pelus-Kaplan: Geschichte, S. 37.
82 Penndorf: Geschichte, S. 24.

Johann Tölners und Vicko von Geldersens überliefert ist.[83] Er verweist ferner auf die vergleichsweise hohe Anzahl von zehn Quittungen von Dunkelguds späterem Schwager Hans Meyer d. J. und einigen Geschäftspartnern, die sich auf vier Seiten konzentrieren.[84]

Zudem enthält das Rechnungsbuch F 14 Handelsmarken (vgl. Anhang 11.9 Handelsmarken). Neben Dunkelguds eigener können elf Handelsmarken seinen Geschäftspartnern zugeordnet werden,[85] von diesen führte sein ehemaliger Lehrjunge und späterer Gesellschafter Peter Kegeben sogar zwei.[86] Eine Handelsmarke gehörte dem Revaler Kaufmann Bernd Pal, der in den Forschungen zur hansischen Geschichte bereits gut untersucht ist.[87] Zwei weitere Handelsmarken lassen sich bisher keiner Person zuweisen.[88] Bemerkenswert ist Dunkelguds recht häufige Einzeichnung seiner eigenen Marke bei der Abrechnung von langjährigen Handelsgeschäften. Die Handelsmarken dienten in diesen Fällen wohl der besseren Verständlichkeit und Zuordnung der Transaktionen auch Dritten gegenüber.[89] Dies ist beispielsweise schon aus den Rechnungsbüchern Hildebrand Veckinchusens bekannt, der seine eigene oder die gemeinsam mit seinem Bruder Sivert benutzte Handelsmarke zu Beginn von Gesellschaftskonten mit anderen Handelspartnern einfügte.[90] Diese Handhabung gerade in Dunkelguds persönlichem Rechnungsbuch betont wiederum sein Bestreben nach einer hohen Rechtssicherung durch eine möglichst transparente Buchführung. Für die rechtliche Qualität im Verkehr mit anderen Kaufleuten spricht auch, dass seine Handelsmarke wie die der anderen Mitglieder der Lübecker Krämerkompanie in deren Bruderbuch verzeichnet wurde, das 1381 angelegt worden war und heute als verschollen gelten muss.[91]

Beim Rechnungsbuch F handelt es sich weder um ein Memorial, also ein Merkbuch mit ungeordneten, fortlaufenden Einträgen,[92] noch um eine durchgehende Reinschrift. Walter Stark sah in den im Ostseeraum überlieferten Rechnungsbüchern

---

83 HAMMEL-KIESOW: Schriftlichkeit, S. 226–228. Vgl. auch Kapitel 2.2 (Das Rechnungsbuch: Aufbau, Inhalt und quellentypologische Bestimmung).
84 PENNDORF: Geschichte, S. 26; Rechnungsbuch, fol. 21v, 22r, 28v, 58v. Für ausführlichere Ausführungen zu den Quittungen siehe Kapitel 4.1 (Kaufmännische Rechnungsbücher und Stadtbücher öffentlichen Glaubens).
85 Rechnungsbuch: Hennik Bardenwerper, fol. 3v; Hans Blanke, fol. 22r, 28v–29r; Hans Borne, fol. 211v, 203v, 202r–v; Hans Brun(ste), fol. 31v; Hinrik Kylenberch, fol. 22v; Merten Petersen (?), fol. 22v; Schiffer Hinrik Smyt (?), fol. 201v; Hans Sledorn, fol. 18r.
86 Rechnungsbuch: Hinrik Dunkelgud, fol. 28v, 32v, 34r, 210v, 209v, 208v, 207v, 206v, 205v, 203r–v, 202r, 201v, 194v; Peter Kegeben, fol. 211v, 209v, 203v–202r und 201v, 200v, 199v, 198v, 196r.
87 Ebd., fol. 206r, 204r. Zu Bernd Pal siehe beispielsweise JAHNKE: Bernd Pal; DERS.: Netzwerke.
88 Ebd., fol. 28v, 32v.
89 HELD: Marke, S. 488.
90 Vgl. LESNIKOV: Handelsbücher und DERS./STARK: Handelsbücher. Vgl. zu den Sozietätsmarken auch HELD: Marke, S. 498 f., 501.
91 HELD: Marke, S. 488. Heute sind diese Marken noch in der sogenannten Personenkartei des Archivs der Hansestadt Lübeck bei den jeweiligen Mitgliedern überliefert.
92 Beispiele für solche ungeordneten Memoriale bilden die Veckinchusenschen Bücher Af. 1, 6, 12 und 13, deren Einträge in einem nächsten Schritt unter bestimmten Ordnungsprinzipien in die Kontenbücher übertragen wurden. ARLINGHAUS: Bedeutung, S. 257 f.

Reinschriften, in die der buchführende Kaufmann Informationen erst nachträglich von losen Zetteln, aus Briefen oder vereinzelt aus anderen Rechnungsbüchern wie zum Beispiel Memorialen übertrug. Wie bereits hinsichtlich der Genese des Dunkelgudschen Buches erläutert wurde, bemühten sich die buchführenden Kaufleute bei der Übertragung dieser Informationen in ihre Rechnungsbücher um eine für sie und ihre Handelsorganisation sinnvolle Ordnung. Da diese häufig nicht abgeschlossene, sondern noch fortdauernde Geschäftstransaktionen betrafen,[93] reservierten die Kaufleute für Ergänzungen, die aus dem Fortgang der Transaktionen resultierten, häufig zusätzlichen freien Platz im Rechnungsbuch. Franz-Josef Arlinghaus vermutet für die hansischen Rechnungsbücher allerdings, dass aufgrund des im Ostseeraum vorherrschenden Handels in Wellen nicht in allen Fällen auf vorherige Notizen zurückgegriffen wurde. Ferner – so Arlinghaus – könnte dieser regelmäßige und immer wiederkehrende Zyklus von der Versendung von Waren an Handelspartner, der darauffolgenden Ankunft von Retoursendungen, deren sofortigen Verrechnung miteinander und der Reinvestition des sich daraus ergebenden Kapitals in eine neue Warensendung auch eine direkte Eintragung der Transaktionen in die Rechnungsbücher begünstigt haben.[94] Im Falle des Dunkelgudschen Rechnungsbuches sind alle diese Merkmale gegeben. Neben einer in Ansätzen strukturierten Anlage gleich bei Eröffnung des Rechnungsbuches und der Übertragung von noch nicht abgeschlossenen Handelstransaktionen erfolgte bald darauf die Einrichtung eines Abschnitts, der ab dem zweiten Testament alle weiteren Versionen seines letzten Willens aufnahm. Innerhalb der Personenkonten und der Gesellschaftskonten mit Peter Kegeben und Hans Borne scheinen die Einträge unmittelbar vorgenommen worden zu sein, wofür beispielsweise Korrekturen von Geldbeträgen, Streichungen oder spätere Einschübe zwischen bereits vorhandenen Zeilen Indizien bilden.[95] Einige wenige Formulierungen in Form einer direkten Anrede oder Anweisungen machen zudem deutlich, dass Dunkelgud Informationen zu den laufenden Geschäftsvorgängen erst von anderen Dokumenten in sein Rechnungsbuch übertrug. So schrieb er in einem Eintrag vom 15. Juni 1486 im Zusammenhang mit seinem Gesellschaftshandel mit Peter Kegeben und Hans Borne: „[…] *noch sende ik juw by Hanseken Meyer* […]",[96] was auf eine Übernahme dieser Textpassage aus einem Geschäftsbrief hindeutet. Diese gehörten neben den Rechnungsbüchern zu den grundlegenden Arbeitsinstrumenten mittelalterlicher Kaufleute, worauf bereits mehrfach hingewiesen wurde.[97] Aus Dunkelguds Geschäftskorrespondenz hat sich nur ein einziger Brief vom 10. Juni 1482 erhalten, aufgesetzt von seinem Handelspartner Claus Werneke in Brügge. Darin nahm Werneke Bezug auf einen Brief Dunkelguds vom 16. Mai, wohl des-

---

93 STARK: Kaufmannsbücher, S. 246. In seiner Aufstellung zu den überlieferten Rechnungsbüchern und Briefen fand Hinrik Dunkelguds Rechnungsbuch keine Berücksichtigung, vgl.: Ebd., S. 242 f. Zur Genese von Dunkelguds Buch F vgl. auch das Kapitel 2.2 (Das Rechnungsbuch: Aufbau, Inhalt und quellentypologische Bestimmung).
94 ARLINGHAUS: Bedeutung: S. 255.
95 Vgl. einige Beispiele im Rechnungsbuch, fol. 212v, 197r.
96 Ebd., fol. 202r.
97 STARK: Kaufmannsbücher, S. 246; vgl. auch FOUQUET: Geschäft; DERS.: Haus, mit einer umfangreichen Bibliographie zur mittelalterlichen Geschäftskorrespondenz.

selben Jahres.[98] Obgleich sich im gesamten Rechnungsbuch nur noch drei weitere Hinweise auf die Korrespondenz mit seinen Geschäftspartnern finden,[99] ist auch bei Hinrik Dunkelgud von einem regelmäßigen Briefwechsel auszugehen.

In seinem Rechnungsbuch F nutzte Hinrik Dunkelgud zum großen Teil Personen-, Gesellschafts- und Sachkonten zur Organisation seines Haushalts und Geschäfts. Wie seine ausdifferenzierte Buchführungstechnik in diesen Konten zeigt, besaß sein Rechnungsbuch dadurch gleichzeitig sowohl die Funktion eines Schuldbuches mit Personen- und Sachkonten als auch eines Warenbuches für seinen Gesellschaftshandel mit Peter Kegeben und Hans Borne.

Unter den Sachkonten werden im Folgenden die Konten zusammengefasst, über die Dunkelgud die Geschäftsvorgänge im Zuge seiner Immobilienkäufe und -verkäufe sowie die fortlaufenden Rentenzahlungen und -eingänge abwickelte. Die Eröffnung eines solchen Kontos setzte Dunkelgud optisch nicht immer durch den Beginn einer neuen Seite ab, doch zwangen ihn die geplanten fortschreitenden Einträge, anschließend Platz frei zu lassen. Bei Eröffnung des Kontos zum Erwerb der zweiten Krambude von Albert Jacobsen hatte er dies noch nicht bedacht, so dass er nach den ersten Einträgen auf Blatt 1r–v für den Fortgang der Zahlungen auf Blatt 23 ausweichen musste. Am Anfang eines solchen Sachkontos wurden die Vertragsmodalitäten vermerkt. Dem schlossen sich, chronologisch untereinander fortgeschrieben, einfache Buchungen zu (Renten-)Zahlungen oder Eingängen an. Zu den Geschäftsvorgängen, die in Sachkonten geführt wurden, gehörten neben dem Erwerb der zweiten Krambude von Albert Jacobsen auch derjenige der dritten Krambude von Dunkelguds Schwager Hans Meyer d. J. sowie der Kauf und Verkauf des Hofs in Ruppersdorf und des Heringshauses vor dem Holstentor.[100] Obgleich er diesen Sachkonten selbst keinen gesonderten, geschlossenen Abschnitt in seinem Rechnungsbuch zuteilte, dokumentierte er auf einer Seite gebündelt seinen fortschreitenden Immobilienbesitz, beginnend mit der ersten Übertragung durch seinen Schwiegervater Hans Meyer sowie dem Erwerb der beiden angrenzenden Krambuden und dem Kauf des Heringshauses.[101]

Die verschiedenen Personenkonten, die unterschiedliche Schuldangelegenheiten betrafen, konzentrieren sich vor allem auf die erste Buchhälfte. Bei den ältesten, wohl aus anderen Rechnungsbüchern oder Notizen übertragenen Ausständen umfassten diese Konten häufig nur wenige Einträge wie die Nennung der offenen Schuld und die Abtragung derselben. Die vollständige Tilgung dieser Außenstände wurde durch das Ausstreichen aller Einträge kenntlich gemacht.[102] Der zweite Teil des Buches enthält ein Konto für Dunkelguds Mündel, die Geschwister Peter,

---

98 Rechnungsbuch, fol. [234r] 71r.
99 Ebd., fol. 18r (Eintrag vom 25. August 1484); fol. 28v (10. Januar [1502?]); fol. 198r (24. Aug. 1493).
100 Ebd., fol. 1r–v, 23v (Kauf der zweiten Krambude); fol. 25v–27r (Kauf der dritten Krambude); fol. 18v–19r, 29v (Rentenerwerb und die Pfandnahme des Hofs in Ruppersdorf); fol. 30r (Verkauf des Hofs in Ruppersdorf); fol. 25v (Kauf des Heringshauses); fol. 35v–36r (Verkauf des Heringshauses).
101 Ebd., fol. 25v.
102 Ebd., beispielsweise fol. 4r.

6.2 Buchführungstechniken für den Haushalt und das Handelsgeschäft

Lutke, Abelke und Talke Kegeben, sowie für seinen Gesellschaftshandel mit seiner Tochter Anneke. Diese Personenkonten führte Dunkelgud anders als die Sachkonten. Dazu unterteilte er die Seiten in zwei Spalten. In die linke Spalte kamen die offenen Forderungen, denen in der rechten Spalte die Tilgungsbeträge gegenüberstanden. Häufig verkaufte Dunkelgud Waren auf Kredit und nahm von seinen Handelspartnern Geld oder wiederum Waren zur Begleichung der Schuld in Empfang. In einigen wenigen Personenkonten war Dunkelgud aber auch selbst Schuldner, listete seine Käufe beispielsweise für die Anfertigung von Schmuck und Zierrat in der linken Spalte auf und deren Bezahlung in der rechten Spalte.[103] In den meisten Personenkonten behielt er das Prinzip, den Schulden (linke Spalte) die Zahlungen (rechte Spalte) gegenüberzustellen, konsequent bei.

Mit Blick auf Dunkelguds Rechnungsbuch bezeichnete erstmals Raimond de Roover und später Basil Selig Yamey diese Form der Kontenführung als „bilateral accounts".[104] Eine recht ähnliche Methode der Buchführung nutzte auch der Danziger Kaufmann Johann Pyre, zumindest für die ersten beiden Abschnitte seines Rechnungsbuches aus den Jahren 1421 bis 1455.[105] Bei seinen Warenverkäufen auf Kredit und seinen Wareneinkäufen stellte er den Forderungen (linke Seite) ihre Tilgungszahlungen (rechte Seite) gegenüber. Für Pyres Buchführungstechnik führte Walter Schmidt-Rimpler erstmals die Bezeichnung als „Methode der Gegenseiten" ein, die bisher von der Forschung beibehalten wurde.[106] Allerdings ist dieser Begriff insofern irreführend, als es sich bei dieser Form der Buchungen vom Grundprinzip her um die wohl im Laufe des 14. Jahrhunderts oder spätestens seit der Wende zum 15. Jahrhundert in Italien unter dem Namen *alla veneziana* praktizierte Buchführung handelte.[107] Da deren Konten auch als *a sezioni contrapposte* bezeichnet wurden,[108] könnte sich davon die von Schmidt-Rimpler genutzte Formulierung „Methode der Gegenseiten" abgeleitet haben.[109] Zeitgleich mit Hinrik Dunkelgud wurde diese Buchführungstechnik ebenfalls im Rechnungsbuch (1502–1516) von Markus Popplau und seinem Neffen Hans Popplau in Breslau[110] sowie in Revaler Rechnungsbüchern, beispielsweise im Buch von Johan Selhorst, verwendet.[111] Dass eine ähnliche Technik nicht auch im Einkaufsbüchlein Paul Mulichs genutzt wurde,

---

103 Ebd., fol. 14r.
104 Raimond de Roover spricht hierbei von „accounts [...] in bilateral form". DE ROOVER: Development, S. 174; YAMEY: Bookkeeping, S. 167f.
105 Johann Pyre nutzte hierbei nicht zwei Spalten, sondern jeweils die beiden gegenüberliegenden Seiten seines Rechnungsbuches in Schmalfolio. Außerdem notierte er ausführlichere Informationen zum jeweiligen Handelsgeschäft, beispielsweise gab er vereinbarte Zahlungsziele an. SLASKI; Handel, S. 9; PENNDORF: Buchhaltung, S. 22f.; ORLOWSKA: Handel, S. 33f.
106 SCHMIDT-RIMPLER, Geschichte, S. 74f. und ORLOWSKA: Handel, S. 33f. Die Gegenüberstellung von ‚Leistung' und ‚Gegenleistung' findet sich auch im Rechnungsbuch des Nürnbergers Ulrich Starck von 1426 bis 1435. PENNDORF: Buchhaltung, S. 26–30.
107 Diese Buchführungstechnik ist von der doppelten Buchführung zu unterscheiden. STARK: Handelstechniken, S. 106. Vgl. auch ARLINGHAUS: Art. „Bookkeeping", S. 148; YAMEY: Bookkeeping, S. 167f.
108 YAMEY: Bookkeeping, S. 167.
109 SCHMIDT-RIMPLER: Geschichte, S. 75.
110 PETRY: Popplau, S. 7f.
111 MICKWITZ: Aus Revaler Handelsbüchern, S. 192f.

könnte sich in der beschränkten Funktion dieses ‚Spezialbüchleins' als Hilfsmittel für die spätere Rechenschaftslegung Paul Mulichs gegenüber seinem Bruder und Kommittenten, Matthias Mulich, begründen.[112] Aus diesen Aufzeichnungen lassen sich folglich keine weiteren Vergleiche zur Dunkelgudschen Buchführungstechnik ziehen.[113] Immerhin plausibel erscheint die Annahme, Hinrik Dunkelgud könnte die Buchführung *alla veneziana* im Zusammenhang mit seinen früheren Handelskontakten nach Brügge erlernt haben, da sowohl Rolf Hammel-Kiesow als auch Walter Stark besonders dort seit der zweiten Hälfte des 14. Jahrhunderts die Kontaktzone zwischen den oberdeutschen, italienischen und hansischen Kaufleuten sehen.[114]

Eine Besonderheit innerhalb der ersten Hälfte des Buches bilden die Konten für Dunkelguds ehemalige Gesellschafter Hans Sledorn und Hans Hovenborch, die zeitweise gemeinsam zu dritt Handelsgeschäfte betrieben. Für beide Gesellschafter eröffnete Dunkelgud jeweils getrennte Konten, deren Einträge nur in Ansätzen nach dem obigen Prinzip angelegt sind.[115] Diesen geordneten Buchungen schließen sich nämlich, häufig verstreut auf nicht zusammenhängenden Seiten, weitere Einträge an, wie lange Abrechnungen zum Gesellschaftshandel und Ausführungen zu einem Gerichtsprozess. Hierbei scheinen besonders die Abrechnungen nachträglich aus Konzepten, losen Zetteln oder anderen Rechnungsbüchern zusammengestellt worden zu sein. Insgesamt kann bei Hinrik Dunkelgud folglich nicht von einer stringenten Führung von Gesellschaftskonten gesprochen werden, wie dies allerdings auch bei den buchführenden Revaler Kaufleuten nicht ungewöhnlich war.[116]

6.2.2 Führung der Gesellschaftskonten mit Peter Kegeben und Hans Borne

Die Gesellschaftskonten für Peter Kegeben und Hans Borne umfassen einen Abschnitt im Rechnungsbuch, den Hinrik Dunkelgud vom Buchende zur Buchmitte hin fortschrieb. Inhaltlich geht es im ersten Konto um den Gesellschaftshandel zu dritt mit Peter Kegeben und Hans Borne (im Folgenden bezeichnet als Handelsgesellschaft [HG] C), im zweiten Konto nur noch um die Fortführung des Gesellschaftshandels mit Peter Kegeben (HG D). Die im Folgenden vorgenommene Unterteilung in zwei Konten dient einzig der analytischen Schärfung. Im Dunkel-

---

112 Rörig: Einkaufsbüchlein, S. 289, 292, 299, 306.
113 Auf den in Bezug auf die Entwicklung der hansischen Buchhaltungspraxis eher begrenzten Erkenntniswert der Buchführungstechnik Paul Mulichs wurde bereits hingewiesen, vgl. De Roover: Development, S. 174.
114 Hammel-Kiesow: Schriftlichkeit, S. 214; Stark: Handelstechniken, S. 106. Auch Albrecht Cordes führt die frühesten für den Ostseeraum überlieferten Kontobücher Hildebrand Veckinchusens ab dem Jahr 1401, die erstmals eine sichtbare planmäßige Anlage der Konten abbilden, auf Einflüsse von Brügger Kaufleuten und Handelspartnern Veckinchusens zurück. Cordes: Handel, S. LV; Ders.: Bildung, S. 43.
115 Rechnungsbuch, fol. 2v (Sledorn); fol. 7v, 10r, 16r (Hovenborch).
116 Ebd., fol. 3r, 17v, 18r (Sledorn); fol. 16v, 18r, 19v, 20r (Hovenborch). Vgl. die recht ähnliche Form der Abrechnungen in den Schuldbüchern Revaler Kaufleute zu Beginn des 16. Jahrhunderts bei Mickwitz: Aus Revaler Handelsbüchern, S. 193 f.

gudschen Buch selbst wurden die entsprechenden Einträge nach einer knapp vierjährigen Unterbrechung ohne eine besondere Kennzeichnung auf der folgenden Seite fortgesetzt (vgl. auch Anhang 11.11 Gesellschaftshandel mit Peter Kegeben und Hans Borne (HG C) und Anhang 11.12 Buchungen für Dunkelguds Gesellschaftshandel mit Peter Kegeben (HG D)).[117]

Die Einträge zu den beiden Gesellschaftskonten beginnen zwar auf Blatt 211v mit den chronologisch ältesten vom 24. Juni 1482 und vom 25. Juli 1483, genauer mit Peter Kegebens und Hans Bornes Quittungen im Rahmen der Widerlegung mit Hinrik Dunkelgud, doch schließen sich dem sogleich zwei ebenfalls eigenhändig eingeschriebene Abrechnungen vom 3. Juni 1486 an. Nach Anordnung und Tintenfarbe scheinen alle diese Einträge gleichzeitig eingeschrieben worden zu sein, so dass dies wohl erst im Zuge der Abrechnung im Jahr 1486 geschah. Hinzugefügt wurden jeweils die Handelsmarken Kegebens (zweimal) und Bornes,[118] ähnlich wie dies auch bei der Eröffnung und Führung der Personenkonten in Hildebrand Veckinchusens und Johann Pyres Rechnungsbüchern üblich war.[119] Die entsprechenden Einträge Dunkelguds zu diesen Widerlegungen, nun zum Teil begleitet durch seine Handelsmarke, folgen nach einer Leerseite erst auf Blatt 210v. Wie bei den vorangegangenen Quittungen deuten auch hier Schriftbild und Tintenfarbe darauf hin, dass die Eintragungen wahrscheinlich erst zusammen mit der Abrechnung vorgenommen wurden. Dafür könnte zudem sprechen, dass Dunkelgud zumindest für das erste gemeinsame Gesellschaftsgut mit Peter Kegeben an anderer Stelle im Zusammenhang mit seiner Aufnahme als Lehrjunge bereits einen inhaltlich gleichbedeutenden Eintrag vorgenommen hatte.[120]

Wurden die ersten Einlagen solcherart für die Gesellschafter noch getrennt dokumentiert, erfolgten die weiteren Buchungen ausdrücklich auf ihr Risiko zu dritt, beginnend auf Blatt 209v unter demselben Datum wie die Widerlegung Bornes, der 25. Juli 1483.[121] Für die Handelsgesellschaft mit Kegeben und Borne (HG C) fasste Dunkelgud seine Sendungen noch jeweils chronologisch auf mehreren, aber nicht immer unmittelbar aufeinander folgenden Seiten zusammen. Auf jeder Seite bildete er dann eine entsprechende Gesamtsumme seiner Sendungen, denen er neben dem Warenwert auch die angefallenen Unkosten zurechnete.[122] Die Angaben zu den Retourwaren Kegebens und Bornes gruppierte Dunkelgud ebenfalls auf einer Seite und wies dazu das *beholdens geldes*, also den Gesamtwarenwert abzüglich der Unkosten, am Ende der Einträge oder der Seiten aus.[123] Diese stellten folglich die für Dunkelgud zu verbuchenden Verrechnungsbeträge dar und wurden zur Vorbereitung für die spätere Abrechnung des Gesellschaftshandels gesondert ausgewiesen, wie dies auch aus Revaler Geschäftsbüchern zu Beginn des 16. Jahrhunderts überliefert ist. Gunnar Mickwitz bezeichnete diese Beträge wohl zur Abgrenzung vom

---

117 Rechnungsbuch, fol. 201r–v.
118 Ebd., fol. 211v, 210v.
119 SLASKI: Handel, S. 9.
120 Rechnungsbuch, fol. 14r, 210v.
121 Ebd., fol. 209v.
122 Ebd., fol. 209v, 208v, 206v, 205v, 204r–v.
123 Ebd., fol. 208r.

Verkaufserlös als „Verkaufssummen".[124] Insgesamt durchbrach Dunkelgud diese Ordnung des Gesellschaftskontos (HG C) allerdings durch Seiten oder einzelne Einträge für Sendungen innerhalb des Gesellschaftshandels und des Handels auf Gegenseitigkeit, die ihn mit Peter Kegeben (HG B) oder mit Hans Borne Handelsgeschäfte auf Gegenseitigkeit [HaG] A und HaG B allein verbanden (vgl. die Anhänge 11.10 Gesellschaftshandel mit Peter Kegeben (HG B); 11.13 Handel auf Gegenseitigkeit mit Hans Borne (HaG A) und 11.14 Handel auf Gegenseitigkeit mit Hans Borne u. Bernd Pal (HaG B)).[125]

Eine erste Abrechnung des gemeinsamen Gesellschaftshandels mit Peter Kegeben und Hans Borne schrieb Hinrik Dunkelgud zum 3. Juni 1486 nieder und fasste zusammen, zu welchem Wert er ihnen bis zu diesem Datum Waren zugesandt hatte. Unberücksichtigt blieben bei dieser ersten Summierung die von beiden an Dunkelgud nach Lübeck als Widerlegung geschickten Waren. Dunkelgud brauchte nur die von ihm auf jeder Seite ausgestellten Summen seiner versandten Waren zu addieren, so dass er insgesamt eine Warenschuld Kegebens und Bornes von 384,5 mk 4 ß 3 d errechnete.[126] Auf der nächsten Seite nahm er einen Übertrag des „behaltenen Geldes" aus den drei bisherigen Sendungen Kegebens und Bornes im Gesamtwert von 79,5 mk 7 ß (oder 80 mk *myn* 1 ß) vor. Dazu summierte Dunkelgud noch zwei weitere Posten von 10 ß, die er ihnen für das Pramgeld zu viel berechnet hatte, sowie eine bereits empfangene Zahlung durch Hertich Kremer aus Königsberg von 5,5 mk 1 ß.[127] Rechnerisch stellte Dunkelgud den Wert seiner versandten Waren den von Kegeben und Borne empfangenen Waren gegenüber und dividierte den dabei errechneten Schuldbetrag seiner Gesellschafter durch zwei. Dass die Quittungen Peter Kegebens und Hans Bornes trotzdem nicht denselben Schuldbetrag wie Dunkelguds eigene Abrechnung aufweisen, erklärt sich aus einer weiteren Sendung mit Seim im Wert von 77 mk nur an Hans Borne. Demnach schuldete ihm Peter Kegeben 150 mk und Hans Borne 227 mk und noch weitere Unkosten.[128] Warum Dunkelgud selbst den gesamten Schuldbetrag Bornes von 227 mk aufführte und Borne in seiner Quittung zuerst nur 200 mk notierte und nachträglich noch die restlichen 27 mk für die Seimsendung hinzufügte, kann nicht im Einzelnen nachvollzogen

---

124 Im Dunkelgudschen Rechnungsbuch siehe beispielsweise fol. 200v, 199v. Vgl. MICKWITZ: Aus Revaler Handelsbüchern, S. 190, 192.
125 Rechnungsbuch, fol. 210v, 209r–v, 208r, 206r, 204r, 202r.
126 Ebd., fol. 204v. Ich komme anhand seiner Summen zu einem leicht abweichenden Gesamtbetrag von 384,5 mk 2 ß.
127 Ebd., fol. 203r. Nach eigenen Berechnungen handelte es sich um 86 mk 2 ß.
128 Bei den folgenden Schritten ist nicht ganz exakt nachzuvollziehen, mit welchen genauen Werten Dunkelgud rechnete, so dass im Folgenden nur eine Annäherung an Dunkelguds Rechnung möglich ist. Die Warenschuld wurde für Kegeben und Borne in zwei gleiche Schuldposten aufgeteilt, womit sich – hier zur Vereinfachung ohne Berücksichtigung der 3 d – je Partner eine Schuld von 192 mk 6 ß ergibt. Hiervon wird je Partner anteilig der Wert der bereits zugesandten Waren von 43 mk 1 ß abgezogen. Dies führt zu einer Restschuld pro Person von 149 mk 5 ß. Dieser Betrag kommt der von Dunkelgud für Kegeben angegebenen und von Kegeben selbst quittierten Schuld von 150 mk recht nah. Hans Borne empfing von Dunkelgud hingegen noch 1 Last Seim im Wert von 77 mk. Zusammen mit den errechneten angenäherten Werten ergibt diese eine Schuld von 226 mk 5 ß für Hans Borne, die wiederum den von Dunkelgud angegebenen 227 mk recht nahe kommt. Ebd., fol. 211v, 204v, 203r.

werden. Bemerkenswert ist zudem, dass Dunkelgud in diesem Fall zusätzlich auf die eingeschriebene Quittung Kegebens auf Blatt 211[v] verwies.[129]

Dieselbe Buchungsweise nutzten die von Gunnar Mickwitz vorgestellten Revaler Kaufleute zu Beginn des 16. Jahrhunderts in ihren Warenbüchern, die auch als Caput oder Kaps bezeichnet wurden. Auch inhaltlich und organisatorisch entsprachen Dunkelguds Buchungen denjenigen in diesen Warenbüchern, da dort die innerhalb von Handelsgesellschaften hin- und hergehenden Warensendungen dokumentiert und abgerechnet wurden.[130]

Die zweite Abrechnung innerhalb der HG C, die Hinrik Dunkelgud anscheinend nur mit Hans Borne abwickelte, zog sich über mehrere ‚Zwischenabrechnungen' zum 3. Juni und 24. Juli 1487 bis zur letzten zusammenfassenden Abrechnung am 17. Oktober 1488 hin und ist nicht in allen Teilen nachvollziehbar. Zum einen scheint Dunkelgud Beträge teilweise gerundet zu haben. Beispielsweise erwähnte er mehrmals zwei Ulmer Sardock im Wert von 7 mk 4 ß und einen Sardock aus Biberach im Wert von 3 mk, die er Hans Borne mit nach Reval gab. Später bei der Abrechnung mit Borne bezifferte er ihren Wert nur noch mit 10 mk.[131] Ferner zahlte Hinrik Dunkelgud eine gemeinsame Warenschuld für Fuchsfelle an Gotschalk Horensey per Wechsel in Höhe von 64 mk 9 ß. Diese Überschreibung erwähnte er in seinem Rechnungsbuch F einzig in seiner Abrechnung mit Hans Borne.[132]

Innerhalb der Buchungen der zweiten Widerlegung (HG D) mit Peter Kegeben scheint Dunkelgud zu Beginn um mehr Stringenz innerhalb seiner Buchungen bemüht gewesen zu sein. Wie bereits in Ansätzen beim gemeinsamen Gesellschaftshandel mit Peter Kegeben und Hans Borne (HG C) notierte er jeweils gesammelt alle seine Sendungen chronologisch untereinander auf einer Seite und auf der nächsten Seite dann nach derselben Vorgehensweise die Retoursendungen Peter Kegebens aus Danzig, wobei er für jede Seite die Summen auswies. Bei den Summen zu seinen Sendungen enthielten diese auch die Unkosten, bei den Retoursendungen hingegen wurden die Unkosten schon abgezogen, also das „behaltene Geld" wurde notiert.[133]

Während Dunkelgud in seinem Buch F folglich für die Schuldkonten die gleichfalls noch in der ersten Hälfte des 16. Jahrhunderts von Großkaufleuten in Breslau und Reval praktizierte Buchhaltung *alla veneziana* nutzte, entsprechen die Gesellschaftskonten mit seinen beiden ehemaligen Lehrjungen den Eintragungen von Warenbüchern. Unter Hinzuziehung der Sachkonten, die eher den einfachen chronologischen Buchungen von Memorialen folgen, nutzte er innerhalb dieses einen Rechnungsbuches parallel drei Techniken für unterschiedliche Organisationsbereiche seines Haushalts und Handelsbetriebs.

---

129 Ebd., fol. 211v, 203r.
130 Mickwitz: Aus Revaler Handelsbüchern, S. 190–192.
131 Rechnungsbuch, fol. 202v, 201r. Vgl. Anhang 11.1.18 Tuche: Nr. 76, 77.
132 Auch hier bezifferte Dunkelgud seine Gesamtschuld sogar noch auf derselben Seite leicht abweichend mit 64 mk 9 ß 2 d. Rechnungsbuch, fol. 201r.
133 Ebd., fol. 201v–200v. Nähere Ausführungen zur HG D siehe im Kapitel 6.5.5 (Der Gesellschaftshandel mit Peter Kegeben (HG D)).

6.2.3 Gewinn- und Verlustrechnung im Roggenhandel

Im Zusammenhang mit Dunkelguds Buchführungstechnik sollen hier exemplarisch an einer Warengruppe seine rechnerischen und unternehmerisch-planerischen Fähigkeiten erkundet werden. Hierfür bietet sich das Getreide besonders an, worunter in den Jahren 1474 bis 1500 die Warentabelle mit all seinen Handelstransaktionen mit der Ware Getreide, hier verstanden als Roggen, Weizen, Hirse, Hopfen und Mehl, fallen (vgl. Anhang 11.1.9 Getreide und Mehl [im Folgenden Warentabelle Getreide u. Mehl]). Diese Einträge sind nämlich im Vergleich zu anderen Warengruppen deutlich detaillierter – einzig für Fisch, Butter und Wachs ist Ähnliches festzustellen – und lassen so Dunkelguds einzelne Rechenschritte in der Dokumentation dieser Geschäftsvorgänge erkennen. Von den insgesamt 27 Transaktionen mit Getreide stellen 21 Importe dar, die er von seinem Danziger Gesellschafter Peter Kegeben empfing, so dass Dunkelguds Getreidehandel beinahe ausschließlich als Gesellschaftshandel mit Kegeben von 1492 bis 1499 erfolgte. Dabei ging es je achtmal um Roggen und Hirse und nur ein einziges Mal um Weizen (Nr. 13). Mehl wurde insgesamt viermal, darunter je einmal spezifiziert als Roggen- sowie Weizenmehl erwähnt.[134] An einigen dieser Einträge zu Getreideimporten lässt sich Dunkelguds Berechnung von Verkaufspreisen einschließlich seines Gewinnaufschlags Schritt für Schritt nachvollziehen. Diese detaillierteren Abrechnungen benennen zudem die anfallenden Fracht- und anderen Unkosten, wie dies beispielsweise auch in den Rechnungsbüchern Hildebrand Veckinchusens, Johann Pyres und verschiedener Revaler Kaufleute üblich war.[135]

Von den 21 Transaktionen im Gesellschaftshandel mit Kegeben weisen neun (Getreide u. Mehl: Nr. 5–15, 18–25) eine solche detaillierte Preiskalkulation auf, an die sich teilweise noch eine Gewinn- und Verlustrechnung anschließt. Um eine bessere Vergleichbarkeit zu gewährleisten, sollen diese neun Einträge zum Roggen näher betrachtet werden, da beispielsweise Mehl in anderen Einheiten als Weizen oder Roggen in Tonnen abgefüllt wurde und so eine Vergleichbarkeit mit der Handelsware Roggen beschränkt bleiben würde.

Von diesen neun Roggensendungen (vgl. Anhang 11.15 Tab.: Preiskalkulation im Roggenhandel [im Folgenden Tab.: Preiskalkulation Roggen]) behielt Dunkelgud zwei Sendungen für seinen Eigenbedarf (Tab.: Preiskalkulation Roggen: Nr. 1, 3). Von den restlichen sieben lag in drei Fällen die Beteiligung eines dritten Gesellschafters namens Evert Sveberch vor (Tab.: Preiskalkulation Roggen: Nr. 4, 5).[136]

Als Einkaufspreis (*erstes kop*) gab Dunkelgud den Roggen, wie in Danzig üblich, nach Last,[137] bei kleineren Einkaufsmengen auch nach Tonnen, in mk pr oder mk lub an. Eine Schwierigkeit ergibt sich durch diese Vermischung der Maß- und Währungseinheiten nach Danziger und Lübecker Platzgebräuchen. Die Lübecker Last Roggen hielt 12 Tonnen zu insgesamt 96 Scheffeln zu je 23,1 bis 23,9 kg. Die Danziger Last hingegen wurde auf 60 Scheffel zu 36,03 kg ge-

---

134 Vgl. Anhang 11.1.9 Getreide und Mehl.
135 MICKWITZ: Aus Revaler Handelsbüchern, S. 190.
136 Vgl. Anhang 11.15 (Tabelle: Preiskalkulation im Roggenhandel).
137 So auch bei LINK: Getreidehandel, S. 111.

6.2 Buchführungstechniken für den Haushalt und das Handelsgeschäft

rechnet.[138] Insgesamt ergab sich dadurch eine Lübeckische Last zu 1.951,95 bis 2.019,55 kg im Vergleich zur Danziger Last mit 2162,16 kg.[139] Überliefert sind für Danzig nur die Relationen von je 12 Tonnen pro Last für Hering, Honig, Teer, Pech und Lüneburger Salz.[140] Zwar nennt Theodor Hirsch für die Danziger Last Mehl 16 Tonnen,[141] doch für diesen von Dunkelgud viermal verhandelten Artikel (Anhang 11.1.9 Getreide und Mehl: Nr. 6, 7, 16, 17) ergeben sich in einem Fall (Nr. 7) rechnerisch erneut 12 Tonnen je Danziger Last.[142]

Mit wie vielen Tonnen Dunkelgud die Danziger Last Roggen rechnete, kann aus seinen Aufzeichnungen folglich nicht direkt abgeleitet werden. Allerdings zeigt ein Beispiel (Tab.: Preiskalkulation Roggen: Nr. 1), dass er bei seiner Preiskalkulation von dem zu dieser Zeit üblichen Preis für die Danziger Last, also wohl von 12 Tonnen ausging. Aufgrund mehrerer Missernten war der Preis für eine Last Roggen bis zum Ende des 15. Jahrhunderts von 7 mk pr im Jahr 1486 auf zwischen 19 und 32 mk pr in den Jahren 1491/92 angestiegen.[143] Diese Spitzenwerte für das Jahr 1492 lassen sich auch im Dunkelgudschen Rechnungsbuch mit einer Preisspanne für eine Danziger Last von 16 mk lub, 23 mk pr und 29 mk lub belegen.[144] Für die Jahre 1493 bis 1496 gab Dunkelgud deutlich günstigere Preise zwischen 9 und 12,5 mk an.[145] Häufig rechnete er die Danziger Last zur weiteren Kalkulation des Verkaufspreises entweder in eine lübische Last (Tab.: Preiskalkulation Roggen: Nr. 6–8) oder in 96 lübische Scheffel um.[146]

Für seine Preiskalkulation nutzte Dunkelgud immer dasselbe Rechenschema und trug für jede Transaktion die jeweilige Warenmenge, den Einkaufspreis, die Höhe der Unkosten, den Verkaufspreis und die Verrechnungssumme ein.[147] Bei Anmeldung und Herausnahme der Roggenlieferungen für seinen Eigenbedarf (Tab.: Preiskalkulation Roggen: Nr. 1, 3) fiel dies leicht, da dann kein Aufschlag auf den Einkaufspreis erforderlich war und Dunkelgud nur bei Nr. 3 die Fracht- und die Unkosten angab.

---

138 SCHULTE: Kontorbuch, S. 44.
139 WOLF: Tragfähigkeiten, S. 54 f.; vgl. auch Kapitel 6.3.1 (Maßeinheiten).
140 SCHULTE: Kontorbuch, S. 64.
141 HIRSCH: Danzigs Handels- und Gewerbegeschichte, S. 249.
142 Bei einem Preis von 18,5 mk je Last ergeben die Relationen bei 16 Tonnen einen Tonnenpreis von 18,5 ß, bei 12 Tonnen einen Tonnenpreis von 24,5 ß 2 d. Da Dunkelgud gleichzeitig für 11 Tonnen den Preis von 16,5 mk, d. h. je Tonne 24 ß angab, wird er je Danziger Last von 12 Tonnen ausgegangen sein.
143 ABEL: Strukturen, S. 118. Oliver Volckart bezog sich hier auf die Angabe der Preise in Mark preußisch. Zwar gab Dunkelgud nur bei Tab. Preiskalkulation Roggen: Nr. 4 den Wert in Mark preußisch an, aber nach seiner Umrechnung von einer Mark preußisch in eine Mark lübisch im Verhältnis 1:1 passen die drei genannten Preise in Volckarts Preisspanne. VOLCKART: Münzpolitik, S. 214.
144 Tab.: Preiskalkulation Roggen: Nr. 1–3; vgl. LINK: Getreidehandel, S. 189.
145 Tab.: Preiskalkulation Roggen: Nr. 6–9.
146 Der Preis einer Danziger Last Roggen betrug 16 mk. In diesem Fall kaufte Dunkelgud den Roggen für seinen Eigenbedarf, d. h., es gab keinen Preisaufschlag, sondern er berechnete den Scheffel für sich und für die Verrechnung innerhalb seiner Bücher zu je 3 ß. Ausgehend von einem Lastpreis von 16 mk hätte ein Scheffel 4 ß 3,2 d gekostet. Rechnet man wie in Lübeck aber die Last Roggen zu 96 Scheffeln, kommt man auf ein Ergebnis von 2,5 ß 2 d je Scheffel.
147 Vgl. MICKWITZ: Aus Revaler Handelsbüchern, S. 190.

Notiert wurde, allerdings nicht immer in derselben Reihenfolge, entweder der Einkaufspreis (*erstes kopes*)[148] einer Last Roggen in Danzig oder der Gestehungspreis der Ware *went in schip*, d.h. der Einkaufspreis samt Unkosten bis ins Schiff.[149] In manchen Fällen gab Dunkelgud auch direkt die eingekaufte Menge in Last und den Preis an. Es folgte also die Menge des eingekauften Roggens, wobei Dunkelgud dann nach eigener Aussage wie im obigen Beispiel den Wert in lübeckische Maße umrechnete. Die Fracht- und Unkosten wurden wahlweise pauschalisiert oder recht detailliert notiert. Dunkelgud gab den Verkaufspreis in sechs Fällen je Scheffel an, in drei Fällen je Last. Dies könnte entweder auf den Verkauf des Roggens nach Scheffeln, also im Kramhandel, oder nach Tonnen im Großhandel hinweisen oder aus der Umrechnung der Danziger Maße in kleinere lübeckische Einheiten wie Drömt und Scheffel resultieren.

Recht häufig nannte Dunkelgud noch den Verkaufserlös. Zusätzlich notierte er das sogenannte *lutter gelt*, dessen Höhe sich durch den Abzug der entstandenen Fracht- und Unkosten vom Verkaufserlös ergab. Innerhalb seiner Abrechnungen zu Handelsgeschäften mit unterschiedlichen Handelskontakten und -partnern sowie innerhalb seiner ersten Handelsgesellschaft C mit Peter Kegeben und Hans Borne (vgl. Anhang 11.11 Gesellschaftshandel mit Peter Kegeben und Hans Borne (HG C)) verwendete Hinrik Dunkelgud dafür bis zum Jahr 1488 noch den Ausdruck des „behaltenen Geldes".[150] Bei einem von Walter Stark vorgeführten Eintrag aus einem Rechnungsbuch des Hildebrand Veckinchusen ging dieser nicht über die Ausweisung des „bleibenden Geldes" hinaus, weshalb Stark die späteren Gewinne nachträglich errechnen musste.[151] Die eigentliche Gewinn- oder Verlustrechnung ergab sich auch bei Dunkelgud erst in einem weiteren Schritt, indem er das *lutter gelt* mit dem Einkaufspreis in Beziehung setzte, woraus eine positive oder negative Differenz resultierte.

Beispiel aus der Tab.: Preiskalkulation im Roggenhandel: Nr. 4 (vgl. Anhang 11.15)

Beteiligte: drei Gesellschafter
Warenmenge 4 Last in Danzig = 3,5 Last in Lübeck
Preis *went int schip* = 91,5 mk 32 ß pr = 91,5 mk 8,5 ß lub
Fracht und Ungeld = 12 mk 3 ß
Verkaufserlös ges. 91 mk lub;
[je Scheffel] in drei Partien zu 14 wit [= 4,5 ß 2 d], zu 4,5 ß und zu 4 ß
lutter gelt 78 mk 13 ß
Verlust insgesamt 13 mk 3,5 ß; je Handelspartner 4 mk 6,5 ß
Verrechnungsbetrag 83 mk 3,5 ß

---

148 Vgl. STARK: Untersuchungen, S. 18.
149 MICKWITZ: Aus Revaler Handelsbüchern, S. 192; vgl. auch Walter Stark im Zusammenhang mit den Rechnungsbucheinträgen Hildebrand Veckinchusens. STARK: Untersuchungen, S. 18.
150 Im Dunkelgudschen Rechnungsbuch siehe beispielsweise fol. 4v, 12v, 208r; bei Gunnar MICKWITZ: Aus Revaler Handelsbüchern, S. 190. Hildebrand Veckinchusen nutzte in seinen Rechnungsbüchern die Umschreibung: [...] *is worden blyvendes*. STARK: Untersuchungen, S. 18. Innerhalb der ihm zugesandten Geschäftsbriefe sprachen seine Handelspartner ebenfalls von *blivendes geldes*. STIEDA: Briefwechsel, Nr. 16, S. 19.
151 STARK: Untersuchungen, S. 18; LESNIKOV: Handelsbücher, S. 25, Z. 22–26; DERS.: Frage, S. 35.

Für die neun herangezogenen Einträge wies Dunkelgud selbst zweimal einen *gewin* in der Bedeutung des heutigen Sprachgebrauchs, mithin einen Einnahmeüberschuss aus der abgeschlossenen Transaktion aus, der dann gleichmäßig nach Mannzahl aufgeteilt wurde (vgl. Preiskalkulation Roggen: Nr. 6, 7).[152] Den Begriff *winyge* nutzte Hinrik Dunkelgud hingegen in einer anderen Bedeutung (vgl. Tab.: Preiskalkulation Roggen: Nr. 1). Diese Roggensendung behielt Dunkelgud nämlich für seinen Eigenverbrauch ein, d. h., er löste sie aus dem gemeinsamen Gesellschaftskapital heraus.[153] Diese innerhalb seines Gesellschaftshandels zu buchende Einnahme (*winyge*) basierte in diesem Fall auf den Einkaufskosten sowie den angefallenen Unkosten ohne einen Gewinnaufschlag. Dieser Befund modifiziert die gängige Forschungsmeinung, dass einmal in die Gesellschaft eingelegtes Kapital aufgrund der fehlenden Möglichkeit zu Gewinn- und Verlustrechnungen während der laufenden Geschäfte bis zur endgültigen Abrechnung zwischen den Partnern zwangsläufig fest angelegt gewesen sei.[154]

Zweimal notierte Dunkelgud einen *verlust* (vgl. Tab.: Preiskalkulation Roggen: Nr. 4, 5). Einmal bei Nr. 4 setzte er dazu das *lutter gelt* und den Einkaufspreis zueinander in Beziehung: Da der Einkaufspreis um 13 mk 3,5 ß höher war, notierte Dunkelgud einen Verlust, der, wie auch in der Berechnung von Gewinnen, nach Mannzahl gleichmäßig zwischen den beteiligten drei Handelspartnern (je 4 mk 6,5 ß) aufgeteilt wurde. Bei den von ihm ausgezeichneten Verlusten rechnete er seinen Anteil am Verlust zum *lutter gelt* dazu und verrechnete diesen Betrag als Einnahme aus dem Verkaufserlös. Bei den Gewinnen zog er den Gewinnanteil Peter Kegebens vom *lutter gelt* ab und verrechnete dann diesen Wert in seinem Rechnungsbuch F als Einnahme aus dem Verkaufserlös.

Zum weiteren Verständnis von Dunkelguds Buchungstechnik hilft ein anderer Eintrag zu einer Lieferung Hirse aus Danzig (vgl. Anhang 11.1.9 Getreide u. Mehl: Nr. 19). Auch bei dieser Transaktion gab Dunkelgud einen Verlust an, teilte diesen zwischen sich und Peter Kegeben in zwei gleiche Teile auf und notierte – wohl in Übernahme einer brieflichen Anweisung an Kegeben – dazu, dass Kegeben ebendiesen Betrag zudem in seinen Büchern verrechnen sollte.[155] Folglich buchte Dunkelgud diesen ‚Verrechnungsbetrag', also das *lutter gelt* plus seinen Anteil am Verlust wohl als Einnahme und Peter Kegeben denselben Betrag entsprechend als Ausgabe. Die zwei Verluste aus Tab.: Preiskalkulation: Nr. 2 und Nr. 7 sowie den Gewinn aus Nr. 1 wies Dunkelgud möglicherweise aufgrund ihrer geringen Höhe selbst nicht gesondert aus. Hinrik Dunkelguds Ausweisung von Gewinnen oder Verlusten zu einzelnen Sendungen kam grundsätzlich nur bei den vorgenannten Beispielen im Gesellschaftshandel (HG D) mit Peter Kegeben vor (vgl. Anhang Buchungen für Dunkelguds Gesellschaftshandel mit Peter Kegeben (HG D)).[156]

---

152 Vgl. CORDES: Kaufmann, S. 6. Vgl. auch Walter Stark zur (nachträglichen) Ermittlung eines Gewinns oder Verlusts von Hildebrand Veckinchusen. LESNIKOV: Frage, S. 35.
153 Vgl. auch Rechnungsbuch, fol. 200r.
154 JAHNKE: Geld, S. 12.
155 Sendung vom 14. September 1494. Rechnungsbuch, fol. 197r.
156 Hierbei handelt es sich um ein bisher kaum untersuchtes oder nachgewiesenes Phänomen in der hansischen Buchführung. In Hildebrand Veckinchusens Rechnungsbüchern kommen zwar die

Etwas allgemeiner formulierte Dunkelgud im Zusammenhang mit seinen Warensendungen aus dem Jahr 1503 und den diesbezüglichen Abrechnungen mit seinem Gesellschafter Hinrik Pawels. Demnach habe er seinen *part gewin* noch nicht empfangen und bevor er aus dieser Transaktion Schaden nehme, wolle er sich diesen Betrag aus ihren anderen gemeinsamen, im Geschäftsbuch C verzeichneten Handelsgeschäften zurechnen.[157]

In dem vorgeführten Beispiel (aus Tab.: Preiskalkulation Roggen: Nr. 4) wird deutlich, dass Dunkelgud es noch nicht einmal schaffte, den Roggen in der Höhe des Einkaufspreises von 91,5 mk 8,5 ß (rechnerisch je Scheffel 4 ß 4,6 d) in Lübeck abzusetzen, sondern zumindest eine Partie nur zu 4 ß je Scheffel losschlagen konnte. Der Verlust von 13 mk 3,5 ß begründete sich aber vor allem in den entstandenen Unkosten für den Transport, die hier noch nicht aufgeschlagen worden waren. Das Bestreben der Kaufleute ging dahin, Preisunterschiede auf unterschiedlichen Märkten, in diesem Fall in Danzig und Lübeck, zu ihren Gunsten auszunutzen. Zur Erzielung eines Gewinns waren die Kaufleute gezwungen, einen im Vergleich zum Einkaufspreis höheren Verkaufspreis zu verlangen. Allerdings konnten insbesondere hohe Transportkosten dafür sorgen, dass sich diese Transaktionen für die Kaufleute und eben auch für Hinrik Dunkelgud langfristig nicht lukrativ gestalteten.[158] Grundsätzlich verhandelte Dunkelgud Roggen, Weizen, Hirse und Mehl in seinen 30 Jahren Handelstätigkeit beinahe ausschließlich mit Peter Kegeben und betrat mit dieser Warengruppe vorher unbekanntes (oder nicht nachweisbar bekanntes) Terrain.[159] Der Verlust könnte folglich auch auf Dunkelguds oder Kegebens mangelnde Kenntnis im Roggenhandel innerhalb des Nord- und Ostseeraums zurückzuführen sein, so dass sie sich von ihren Geschäftspartnern übervorteilen ließen.

Aufgrund der sehr geringen Datenmenge – von den neun Transaktionen (Tab.: Preiskalkulation Roggen) fallen zudem noch zwei wegen Eigenverbrauchs ohne einen Preisaufschlag heraus – können zur Rentabilität nur wenige Bemerkungen gemacht werden. Bei der Berechnung der Margen[160] im Roggenhandel zeigt sich, dass vier Verlusten drei Gewinne gegenüberstanden, die nicht auf ein langfristig rentables Importgeschäft von Roggen hindeuten.[161]

Begriffe *wynne* für Gewinn und *vorleys* für Verlust vor, doch wies er nur zweimal einen Gesamtverlust für einzelne Warentransaktionen aus. LESNIKOV/STARK: Handelsbücher, S. 389 f.
157 Rechnungsbuch, fol. 33v.
158 Vgl. LINK: Getreidehandel, S. 183.
159 Vgl. Anhang 11.1.9 Getreide und Mehl: Nr. 5–25; Ausnahmen bilden Nr. 1–4, 26–27.
160 Berechnung der Margen in Prozent: 100* (Verkaufserlös – Einkaufswert) / Verkaufserlös.
161 Vergleiche mit bisher in der Forschung genannten Rentabilitätsraten sind schwierig und nicht auf Hinrik Dunkelguds sehr geringfügige Einzeltransaktionen übertragbar. Die angegebenen Raten variieren bei Johannes Schildhauer/Konrad Fritze/Walter Stark allerdings bezogen auf das letzte Viertel des 14. Jahrhunderts von 7 bis 39%. Philippe Dollinger geht für den Beginn des 15. Jahrhunderts von durchschnittlichen Profiten von 15 bis 25% aus. SCHILDHAUER/FRITZE/STARK: Hanse, S. 151; DOLLINGER: Hanse, S. 285. Walter Stark nennt für die erste Hälfte des 15. Jahrhunderts bei Hildebrand Veckinchusen durchschnittlich Profitraten von 15 bis 20%, bei dem Danziger Kaufmann Johann Pyre von 10 bis 16%. STARK: Untersuchungen, S. 12, 131 f. Carsten Jahnke berechnete am Beispiel einer Handelsgesellschaft zwischen Lübeck, Reval und Amsterdam für die Jahre 1531–1533 eine Gewinnrate von 11,14%. JAHNKE: Geld, S. 15–19.

6.2 Buchführungstechniken für den Haushalt und das Handelsgeschäft

*Tabelle 3: Hinrik Dunkelguds Margen im Roggenhandel
(die Nr. bezieht sich auf Tab.: Preiskalkulation Roggen)*

Nr.	Gewinn	Verlust
2		20,5 %
4		14,5 %
5		1,5 %
6	23,1 %	
7		1,5 %
8	20,8 %	
9	2,6 %	

Dunkelguds Rentabilitätsberechnungen zu einigen Importen von Roggen und Hirse könnten seinerseits in solchen Überlegungen begründet gewesen sein. Da Kegeben aus ihrem gemeinsamen Gesellschaftshandel mit Hans Borne (HG C) noch Ausstände bei Dunkelgud hatte, könnten diese Rentabilitätsberechnungen ein Zeichen für Dunkelguds zunehmendes Misstrauen in die Fähigkeiten seines Gesellschafters sein. Diese Vorgehensweise schwächt zudem Walter Starks frühere, grundsätzliche Interpretation, „daß unter den Bedingungen des mittelalterlichen Handels eine Transaktion erst in der Einheit von Hin- und Rück-Geschäft als abgeschlossen angesehen werden konnte".[162] Die hansische Buchführung sei, so Carsten Jahnke, eben „nicht darauf eingerichtet [gewesen], einzelne Transaktionen nach Gewinn und Verlust aufzulisten, sondern nur nach Einkaufspreisen und Erlösen".[163] Innerhalb der Rechnungsbücher Hildebrand Veckinchusens, Johann Pyres und auch der durch Gunnar Mickwitz vorgestellten Revaler Buchführung mag diese Aussage zutreffend sein, da es sich in diesen Fällen ausdrücklich jeweils nicht nur um einzelne Sendungen, sondern jeweils um eine Handelswelle handelte, welche die Verrechnung der Retoursendung einschloss. Abgerechnet wurde, indem der Gesamtwert des behaltenen Geldes der versandten Güter mit dem Gesamtwert des behaltenen Geldes der empfangenen Güter verrechnet wurde.[164] Diese Form der Abrechnung wurde von Dunkelgud – wie bereits vorgestellt – ebenfalls am Ende seines Gesellschaftshandels mit Peter Kegeben und Hans Borne durchgeführt.

Inwieweit Dunkelguds Gewinn- und Verlustrechnungen Folgen für seine gemeinsame Tätigkeit mit Peter Kegeben hatten, ist nicht nachvollziehbar. Allerdings passen diese Ergebnisse gut zu Hinrik Dunkelguds eigener Aussage zur Abrech-

---

Überlegungen zu einigen Danziger Großkaufleuten in der zweiten Hälfte des 15. Jahrhunderts bei Henryk Samsonowicz: Untersuchungen, S. 66–72, zu zwei Revaler Kaufleuten in der ersten Hälfte des 16. Jahrhunderts bei Gunnar Mickwitz: Aus Revaler Handelsbüchern, S. 217–235.

162 Stark: Untersuchungen, S. 132; so bereits auch Lesnikov: Frage, S. 29. Gunnar Mickwitz gibt an, dass die Aufteilung des Gewinns oder Verlusts zwischen den Handelspartnern ebenfalls ganz am Ende ihrer Abrechnung stehe. Mickwitz: Aus Revaler Handelsbüchern, S. 192.
163 Jahnke: Geld, S. 12.
164 Mickwitz: Aus Revaler Handelsbüchern, S. 192.

150 6. Kaufmännische Handelspraxis

nung ihrer Gesellschaft am 25. Juli 1504, wenn er über Peter Kegebens Verbindlichkeiten abschließend bemerkt: „[…] *dyt is he my al myt rechte schuldich unde my heft grot schadet.*"

6.3 KENNTNISSE IN DEN VERSCHIEDENEN PLATZGEBRÄUCHEN

Umfassende Kenntnisse zu den Handelsusancen verschiedener Warenumschlagsplätze, wie im Fall Dunkelguds vor allem die Lübecks und Danzigs, stellten eine Grundvoraussetzung für eine erfolgreiche Handelstätigkeit dar und wurden von den Kaufleuten häufig bereits in ihren eigenen Lehr- und Wanderjahren erworben.[165] Mithilfe der im Rechnungsbuch verwendeten Geld- und Maßeinheiten lassen sich so die Reichweite von Dunkelguds Geschäften, sein persönlicher Wissensstand zu den Usancen an den verschiedenen Handelsplätzen sowie exemplarisch die von ihm im Groß- oder Detailhandel umgesetzten Warenmengen aufzeigen. Schließlich werden Dunkelguds Umgang und Inanspruchnahme von Kreditinstrumenten innerhalb Lübecks und sein bargeldloser Geldtransfer untersucht.

6.3.1 Maßeinheiten

Hinrik Dunkelgud nutzte in seinem Rechnungsbuch die im späten 15. und frühen 16. Jahrhundert in Lübeck und im Ostseehandel gängigen Gewichtseinheiten von Lot und Quentin ausschließlich im Zusammenhang mit Silber[166] und der Abmessung von Gewürzen,[167] ferner verwendete er die üblichen im Großhandel gebräuchlichen Gewichtseinheiten Markpfund oder Pfund, Liespfund, Zentner[168] und Schiffpfund. Die Schreibweise von Dunkelguds Angaben variierte hierbei insofern, als er die Gewichtseinheiten in den meisten Fällen abkürzte, beispielsweise das Markpfund mit der Kombination der üblichen Zeichen für Mark und Pfund,[169] deutlich seltener

---

165 STARK: Techniken, S. 192.
166 Einmal verkaufte Dunkelgud Hans Hovenborch zwei Mark lötiges Silber und gab deren Gewicht in Lot und Quentchen an. Rechnungsbuch, fol. 10r, wiederholt fol. 16r. Eine Ausnahme bildet die Annahme eines Löffels als Zahlungsmittel eines Schuldners, dessen Gewicht auch in Lot und Quentchen vermerkt wurde, ohne die Materialart näher anzugeben. Rechnungsbuch, fol. 31v. Innerhalb der Aufzeichnungen zu seinem Haushalt nutzte Dunkelgud diese Gewichtseinheiten noch einige wenige Male im Zusammenhang mit der Anfertigung eines Rosenkranzes für seine Hochzeit, des familiären Silbergeschirrs sowie dem von ihm gestifteten Altargerät für das Birgittenkloster Marienwohlde. Rechnungsbuch, fol. 14r; 34v, 225v; 193r.
167 Dunkelgud berechnete einmal verkauften Safran und einmal verkauften Pfeffer in Lot. Rechnungsbuch, fol. 18r, 19v.
168 Diese Maßeinheit wurde nur siebenmal in den 1480er und 1490er Jahren, ausnahmsweise auch 1504, im Zusammenhang mit Dunkelguds Fern- und Großhandelsgeschäften verwendet. Fünfmal betrafen Dunkelguds ausgeführte Sendungen Öl. Ebd., fol. 13r, 16v, 22v, 34v, 206v. 205v. Zweimal ging es um exportierte Haushaltsgegenstände, und zwar zwei Waschbecken und ein Bündel mit Kesseln. Ebd., fol. 16r, 205v.
169 Beispielsweise ebd., fol. 4r, 13r.

schrieb er die Maßeinheiten als ganzes Wort aus. In zehn Fällen nutzte er überdies Warengewichtszeichen.[170]

Über das Umrechnungsverhältnis der Maßeinheiten gibt das Rechnungsbuch nur in wenigen Fällen und nur indirekt durch das Nachverfolgen der Rechnungen Auskunft. Als erfahrener Kaufmann werden für Hinrik Dunkelgud wohl keine zusätzlichen Aufzeichnungen oder Erinnerungsstützen vonnöten gewesen sein. An einigen wenigen Beispielen wird zudem deutlich, dass Dunkelgud fremde Einheiten beim Warenempfang in Lübeck in dortige Maße umrechnete. So verkaufte er am 29. September 1482 Lissaboner Öl mit einem Gewicht von 1 Zentner weniger 2 lb, d. h. von 110 lb.[171] Dieses Gewicht entsprach einem westländischen Zentner und war um zwei Pfund leichter als der lübeckische oder der ostländische Zentner. Von wem Dunkelgud das Öl kaufte, kann nicht nachverfolgt werden. Es handelte sich aber unzweifelhaft um Westware. Im Jahr 1479 bezog Dunkelgud zweimal Öl und Olivenöl von Hinrik Witte aus Brügge,[172] der nach der Jahrhundertwende Lübecker Bürgermeister werden sollte.[173] Aus dem einzigen erhaltenen Geschäftsbrief vom 10. Juni 1482 geht zudem hervor, dass Dunkelgud mit seinem Geschäftspartner Claus Werneke, der sich ebenfalls in Brügge aufhielt, über die aktuelle örtliche Preisentwicklung für Öl und Butter korrespondierte.[174] Zusammen mit der Umrechnung von dem westländischen in einen lübeckischen Zentner deutet dies auf einen Bezug des Lissaboner Öls aus Brügge hin, den Dunkelgud dann bei Erhalt in Lübeck in die heimische Maße umrechnete. Ganz deutlich wird diese Vorgehensweise im Fall von Dunkelguds Getreidehandel, wobei er in sechs Fällen nach eigener Aussage Roggenlieferungen von der Danziger Last in Lübecker Maße umrechnete. Einem Eintrag vom 13. Juli 1492 zufolge entsprachen 7 Drömt 0,5 Scheffel Roggen in Lübeck ‚genau' (even) einer Last Roggen in Danzig,[175] in Hinrik Dunkelguds Relation war mithin eine Danziger Last 11,5 lübeckische Scheffel leichter als die Lübecker Last.[176] Mit den durch Wolf angegebenen modernen Maßeinheiten lässt sich Dunkelguds Angabe rechnerisch allerdings nicht in Einklang bringen. Nach Thomas Wolf betrug das Gewicht einer Lübecker Last zwischen 1.951,95 kg und 2.019,55 kg und wäre demnach deutlich leichter als eine Danziger Last mit bis zu 2.162,16 kg gewesen. Bei einer weiteren Roggenlieferung vom 25. Juli 1492 gab Dunkelgud an, dass 1 Last weniger 0,5 Scheffel nach lübeckischem Maße einer Last in Danzig entspreche,[177] d. h., nach Dunkelguds Angaben könnte eine Danziger Last als Transport- und Gewichtseinheit ähnlich wie die Lübecker Last zwischen

---

170 Vgl. Anhang 11.16 Warengewichtszeichen.
171 Vgl. Anhang 11.1.5 Fettwaren, Nr. 18; Rechnungsbuch, fol. 16v.
172 Vgl. Anhang 11.1.5 Fettwaren, Nr. 1–2; Rechnungsbuch, fol. 2r, 5r.
173 STARK: Danzig, S. 221.
174 Rechnungsbuch, am hinteren Einbanddeckel eingeklebter Brief, nach moderner Zählung fol. 71r (vgl. Anhang Seitenkonkordanz des Rechnungsbuches).
175 Rechnungsbuch, fol. 199r. Vgl. Anhang 11.15 Tab.: Preiskalkulation im Roggenhandel: Nr. 5. Vogelsang verweist bei der Gewichtsangabe für Baiensalz auf den Wortlaut für Über- oder Untergewicht „over" oder „myn" oder „even", genau. VOGELSANG: Schiffslisten, S. XXV.
176 WOLF: Tragfähigkeiten, S. 34.
177 Rechnungsbuch, fol. 199r. Vgl. Anhang 11.15 Tab.: Preiskalkulation im Roggenhandel: Nr. 6.

0,5 und 11,5 Scheffel nach lübeckischem Maße geschwankt haben. Grundsätzlich scheinen die vereidigten Wäger beim Abwiegen des Roggens an der Großen Stadtwaage in Danzig nach Dunkelguds Aussage großzügig in der Auslegung der Einheit Last gewesen zu sein,[178] so dass auch fünf Last gemessen in Danzig in Lübecker Maßen zwischen 424 und 432 Scheffel variieren konnten.[179]

Die folgenden Relationen der Maßeinheiten sind der Forschungsliteratur entnommen, ebenso die Näherungswerte zu den heutigen Maßeinheiten. Letztere dienen hier einzig der besseren Veranschaulichung.

Tabelle 4: Gewichts- und Maßeinheiten in Lübeck

1 Lot 1 Lot hielt 4 Quentin[180]	15,147 g[181]
1 Quentin	3,787 g[182]
1 (Mark-)Pfund	484,7 g[183]
1 Liespfund zu 14 (Mark-)Pfund 1 (Brutto-)Liespfund zu 16 (Mark-)Pfund (mit Verpackung)	6,785 kg 7,755 kg[184]

---

178 HIRSCH: Danzigs Handels- und Gewerbegeschichte, S. 218.
179 Rechnungsbuch, fol. 199r, 197r, 196r. Vgl. Anhang 11.15 Tab.: Preiskalkulation im Roggenhandel: Nr. 11, 14, 15. Dunkelguds letzte Relation betraf 2 Danziger Last zu 167 Lübecker Scheffel. Ebd., Nr. 8.
180 Aus einer Aufstellung in Lüneburg um 1650. WITTHÖFT: Umrisse, Bd. 1, S. 514; Bd. 2, Nr. 98, S. 696.
181 Im Köln des frühen 15. Jahrhunderts hielt ein Lot 14,377 Gramm. Entsprechende Werte des 17. und 18. Jahrhunderts variieren ebenfalls zwischen 14 und 15 Gramm. Das Verhältnis war ein Pfund zu 32 Lot. WITTHÖFT: Umrisse, Bd. 1, S. 72, 103, 514. Bei Übertragung dieser Relation für ein Pfund in Lübeck zu 484,7 Gramm wäre für ein Lot in Lübeck von ca. 15,147 Gramm auszugehen. Für Lüneburg gibt Harald Witthöft einen Wert von 15,187 Gramm an. WITTHÖFT, Umrisse, Bd. 1, S. 486. Bei Klaus-Joachim Lorenzen-Schmidt wird für Lübeck 1 Lot = 15,106 g angegeben. LORENZEN-SCHMIDT: Kleines Lexikon, S. 37.
182 Dieser Wert wurde hier mithilfe der vorherigen Zahlen errechnet und passt zur Angabe von 1 Quentin = 3,78 g bei LORENZEN-SCHMIDT: Kleines Lexikon, S. 49.
183 WITTHÖFT: Umrisse, Bd. 1, S. 103, 514. Thomas Wolf kommt anhand anderer Quellen zu demselben Wert. WOLF: Tragfähigkeiten, S. 40. Geringe Abweichungen auch hier bei Klaus-Joachim Lorenzen-Schmidt mit der Relation 1 Pfund = 483,47 g für Lübeck. LORENZEN-SCHMIDT: Kleines Lexikon, S. 47.
184 Den Wert eines Liespfunds von 14 Markpfund hat Thomas Wolf aus einer im ältesten Lüneburger Stadtbuch überlieferten Angabe der Relationen der Lüneburger Maßeinheiten Markpfund, Liespfund, Zentner und Schiffpfund aus dem letzten Viertel des 14. Jahrhunderts errechnet. WOLF: Tragfähigkeiten, S. 40. Zu dieser Quelle zuerst Harald Witthöft mit den entsprechenden Ausführungen zu ihrer Datierung. WITTHÖFT: Umrisse, Bd. 1, S. 50f., 87f. Der Wert eines (Brutto-)Liespfunds ist dementsprechend hier mithilfe des bei Harald Witthöft angegebenen Markpfundwertes ebenfalls errechnet worden. Klaus-Joachim Lorenzen-Schmidt gibt aufgrund seines leichteren Pfundwertes für 1 Liespfund zu 14 Pfund = 6,766 kg und für ein Liespfund zu 16 Pfund = 7,735 kg an. LORENZEN-SCHMIDT: Kleines Lexikon, S. 35.

6.3 Kenntnisse in den verschiedenen Platzgebräuchen   153

1 Zentner (ostländisch) zu 8 Liespfund oder 112 (Mark-)Pfund 1 Zentner westländisch zu 110 Pfund	54,286 kg 53,35 kg[185]
1 Schiffpfund hielt 20 Liespfund oder 280 Markpfund 1 (Brutto-)Schiffpfund (mit Verpackung, z. B. eine Tonne) hielt 20 Liespfund je 16 Markpfund oder 320 Markpfund	135,716 kg[186] 155,104 kg[187]
1 Last (netto) hielt 12 Schiffpfund = 3.360 Markpfund 1 Last schwer (brutto) hielt = 3.840 Markpfund[188]	
1 Scheffel Weizen 1 Scheffel Roggen 1 Drömt Roggen 1 Last Roggen	24,7–25,6 kg 23,1–23,9 kg 277,2–286,8 kg 2217,6–2294,4 kg[190]
Relationen 1 Tonne zu vier Scheffel 1 Drömt zu 12 Scheffel 1 Last zu 8 Drömt oder 96 Scheffel[189]	
1 Danziger Scheffel Roggen 1 Danziger Last Roggen zu 60 Scheffel 1 Danziger Last bei Fisch, Honig, Teer zu 12 Tonnen[191]	51,48 l/36,03 kg 2162,16 kg[192]

185 Zwei leicht variierende Angaben von 54,286 und 54,287 kg bei WITTHÖFT: Umrisse, Bd. 1, S. 103, 517. Klaus-Joachim Lorenzen-Schmidt gibt für 1 Zentner ostländisch = 54,32 kg und 1 Zentner westländisch = 53,35 kg an. LORENZEN-SCHMIDT: Kleines Lexikon, S. 78.
186 Dies stellt einen errechneten und nicht in dieser Form überlieferten Wert dar. WOLF: Tragfähigkeiten, S. 40. Vgl. die Angabe bei Klaus Joachim Lorenzen-Schmidt von 1 Schiffpfund zur See = 135,331 kg. LORENZEN-SCHMIDT: Kleines Lexikon, S. 59.
187 WITTHÖFT: Umrisse, Bd. 1, S. 112; WOLF: Tragfähigkeiten, S. 40. Der entsprechende Wert des Pfunds schwer wurde hier mithilfe der vorherigen Zahlen errechnet. Vgl. die Angabe bei Klaus-Joachim Lorenzen-Schmidt von 1 Schiffpfund zur Fuhre = 154,995 kg. LORENZEN-SCHMIDT: Kleines Lexikon, S. 59.
188 Diese Angaben beziehen sich auf die Stadt Lüneburg. WITTHÖFT: Umrisse, Bd. 1, S. 514 f.
189 WOLF: Tragfähigkeiten, S. 34.
190 Ausgehend von einem Maximalgewicht von 23,9 kg je Scheffel können die Rechnungen Thomas Wolfs in Bezug auf ein Drömt zu 287,2 kg und eine Last zu 2298,2 kg nicht stimmen. Aus diesem Grund sind die in der Tabelle angegebenen Werte nach Wolfs Maximalgewicht je Scheffel neu berechnet worden. WOLF: Tragfähigkeiten, S. 54. In Lübeck wurde ferner grundsätzlich zwischen dem Sommermaß für Gerste und Hafer zu 560 l und 420 l sowie dem Wintermaß für Weizen und Roggen zu 750 l und 700 l unterschieden. Ebd., S. 54. Abweichende Werte für 1 Drömt bei Weizen und Roggen (Winterkorn) zu 355,2 l. LORENZEN-SCHMIDT: Kleines Lexikon, S. 17. Auch Walter Stark rechnet mit anderen Lastwerten für Lübeck die Last Roggen zu 2.407,8 kg, für Weizen 2.533,7 kg. STARK: Lübeck, S. 91.
191 Christina Link folgt Carl Sattler und rechnet im „üblichen" Verhältnis von 1 Last Roggen zu 12 Schiffpfund, 1 Schiffpfund = 20 Liespfund, 1 Liespfund = 18 Pfund. LINK: Getreidehandel, S. 36, Anm. 39. Thomas Wolf gibt für Danzig ca. 1428 allerdings 1 Liespfund zu 16 Markpfund an. WOLF: Tragfähigkeiten, S. 34.
192 WOLF: Tragfähigkeiten, S. 55. Walter Stark gab die Danziger Last Roggen zu 2.257 kg an. STARK: Lübeck, S. 91. Die Relation zwischen Last und Scheffeln wird bestätigt von WÄCHTER: Scheffelgrößen, S. 32, 39; Jakob Stöves Kontorbuch um 1560. SCHULTE: Kontorbuch, S. 44.

Tabelle 5: Flüssigkeitsmaße

1 Pipe Öl (Volumen) zu 820 lb (Gewicht)	ca. 426,224 bis 436,495 Liter[193]
1 Stübchen = 4 Quartier = 8 Oeßel oder Planke 1 Weinstübchen 1 Quartier = 2 Oeßel oder 2 Planke[194] 1 Oeßel	3,6 Liter[195] 3,11 Liter[196] 0,9 Liter[197] 0,45 Liter[198]

Als Verpackungs- oder Handelseinheiten wurden ferner das Fass,[199] die Tonne, das Bündel,[200] der Packen, der Korb[201] genutzt. Die Bedeutung der von Dunkelgud genutzten Zählmaße wie der Decker für zehn Stück,[202] die Stiege für 20 Stück,[203] das Timmer für 40 Stück[204] und das Schock für 60 Stück[205] können hier nur anhand der vorliegenden Forschungsliteratur abgeleitet werden. Diese Einheiten stellen allerdings eindeutig Großhandelsmengen dar.

Als Handelsmaße wurde eine Last mit zählender Ware wie Lüneburger Salz, Rotscher, Butter, Hering, Fleisch, Bier und anderem zu 12 Tonnen gerechnet.[206] Diese Relation bestätigt sich im Zusammenhang mit einer Sendung von Met auch durch das Rechnungsbuch: Hinrik Dunkelgud gab den Preis für eine Tonne Met mit 2 mk, als Gesamtpreis für eine Last dementsprechend 24 mk an.[207] Einige Gewichtsangaben Dunkelguds lassen sich nur unter Vorbehalt nachvollziehen. So nutzte er beispielsweise für Butter häufig die Angaben von Tonnen mit einem be-

---

193 WITTHÖFT: Umrisse, Bd. 1, S. 536. Klaus-Joachim Lorenzen-Schmidt liegt mit seiner Volumenangabe für Hamburg und Lübeck bei einem mittleren Wert von 434,73 l. LORENZEN-SCHMIDT: Kleines Lexikon, S. 47.
194 Diese Umrechnungen entsprachen dem Lüneburger Maßsystem (um 1650/51), kamen aber den Angaben des Lübecker Maßsystems (um 1828) gleich. WITTHÖFT: Umrisse, Bd. 1, S. 526 u. Bd. 2, S. 697, 722.
195 BÖTTGER: Maße, S. 36. Diese Angabe entspricht dem aufgerundeten Rats- oder Bierstübchen von 3,554 l bei WITTHÖFT: Umrisse, Bd. 1, S. 525.
196 WITTHÖFT: Umrisse, Bd. 1, S. 525.
197 BÖTTGER: Maße, S. 29.
198 Ebd., S. 25.
199 Beispielsweise Rechnungsbuch, fol. 16r.
200 Beispielsweise ebd., fol. 205v.
201 Beispielsweise ebd., fol. 201v.
202 WITTHÖFT: Umrisse, Bd. 1, S. 547 und LORENZEN-SCHMIDT: Kleines Lexikon, S. 14.
203 WITTHÖFT: Umrisse, Bd. 1, S. 99, 547.
204 Timmer können in seltenen Fällen auch für 60 Stück stehen. WITTHÖFT: Umrisse, Bd. 1, S. 547 und JESKE: Fachwortschatz, S. 71.
205 Bei Witthöft aus Schillers Nelkenbrecher aus dem Jahre 1651. WITTHÖFT: Umrisse, Bd. 1, S. 547 und bei BÖTTGER: Maße, S. 35.
206 Harald Witthöft bezieht sich hier auf ein kaufmännisches Rechenbuch aus dem 17. Jahrhundert aus Lübeck, wobei dieselbe Relation für die sogenannten Tonnengüter auch noch in einem Hamburger Rechenbuch Mitte des 18. Jahrhunderts überliefert ist. WITTHÖFT: Umrisse, Bd. 1, S. 298, 302, 330 f. Das Gewicht für eine „hansische Last" gibt Harald Witthöft in Anlehnung an Arthur Agats und Theodor Hirsch mit 1.866,240 kg als einen äquivalenten Wert zur Lüneburger Last schwer an. Ebd., S. 315.
207 Rechnungsbuch, fol. 34v.

stimmten Gewicht. Hierbei wird nicht klar, ob er beim Verkauf der Handelswaren vom Brutto- oder Nettogewicht ausging, woraus zwei Möglichkeiten in Brutto und in Netto bei der Umrechnung von Schiff- oder Liespfundangaben in (Mark-)Pfund resultieren. Da er in einigen Fällen, beispielsweise bei Alaun oder Flachs, aber explizit von dem Füllgewicht,[208] also dem Nettogewicht der Tonnen sprach, wird für Angaben ohne diesen Zusatz im Weiteren vom Bruttogewicht ausgegangen.

Ähnlich wie Zentner nutzte Dunkelgud die Recheneinheit Last nur 16 Mal im Zusammenhang mit seinen Fernhandelsgeschäften. Bei diesen handelte es sich bis auf eine Ausnahme um Warensendungen Dunkelguds, welche sich auf den Zeitraum von 1479 bis 1504 verteilen.[209] Der einzige Warenempfang am 2. Februar 1479 bezog sich auf eine Last Travesalz; sieben Warensendungen betrafen ebenfalls Salz, welches Dunkelgud nach Danzig an seinen Gesellschafter Peter Kegeben sandte.[210]

In zehn Fällen verwandte Hinrik Dunkelgud Warengewichtszeichen für die Gewichtssysteme Tonne/Pfund und Schiffpfund/Liespfund/Pfund (vgl. Anhang 11.16 Warengewichtszeichen).[211] Vermutlich wurden Warengewichtszeichen an den städtischen Waagen schon lange traditionell zur Kennzeichnung der Kolli mit den ausgewogenen Gewichtsangaben genutzt, da dieses Zeichensystem von den an der Waage tätigen Mitarbeitern keine Schreib- und Lesekenntnisse erforderte. Dies mag ein Grund dafür sein, dass Gewichtszeichen nur vereinzelt in der weiteren kaufmännischen und städtischen Buchführung Verwendung fanden,[212] da dort ohnehin Schreibkenntnisse vorhanden waren. Die Zeichensysteme bezogen sich auf verschiedene Verpackungs- oder Handelseinheiten, denen bestimmte Waren zugeordnet wurden, so dass durch Pfündung oder Wägung der Einheiten, beispielsweise von Tonnen, ein nur leicht schwankendes Standardgewicht im hansischen Fernhandel eingehalten werden konnte.[213]

Dementsprechend gab Dunkelgud bei sechs Lieferungen das Gewicht von Rotscher, der in Tonnen über See transportiert wurde, mit einer Variante von Warengewichtszeichen an (vgl. Anhang 11.16 Warengewichtszeichen).[214] Die erste Lie-

---

208 Vgl. Anhang 11.1.4 Drogen, Beiz- und Färbemittel: Nr. 7–10 und Anhang 11.1.7 Flachs: Nr. 1–6.
209 Rechnungsbuch, fol. 16r, 19v, 20v, 22v; 33v, 34v, 35r, 206v. Eine Quittung Hans Bornes aus dem Jahr 1486 bestätigt eine offene Schuld über eine Last Seim. Rechnungsbuch, fol. 211v. Innerhalb von Dunkelguds Haushaltsführung verwendete er die Last Roggen außerdem wiederholt bei seinen für verschiedene kirchliche Einrichtungen bestimmten Legaten. Rechnungsbuch, fol. 230r, 229v, 228v, 227r, 225r.
210 Ebd., fol. 201v, 200v, 199v.
211 Vgl. GERLACH: Gewichtszeichen, S. 55.
212 WITTHÖFT: Zeichen, S. 206; DERS.: Umrisse, Bd. 1, S. 348 f. Überliefert sind einige wenige Warengewichtszeichen auf einem undatierten Zettel in einem Kellerei-Register des Lüneburger St. Michaelisklosters von 1518/19 (vgl. unten), vor allem sind sie in Rechen- oder Handbüchern des 16. und 17. Jahrhunderts nachgewiesen. Außer im Dunkelgudschen Rechnungsbuch sind sie bereits aus dem Maklerbuch des Lübeckers Steffen Molhusen bekannt. Schließlich nutzte auch die lübeckische Kanzlei das Zeichensystem für Schiffpfund/Liespfund/Pfund innerhalb der Buchführung für den Lübecker Pfundzoll in den Jahren 1492 bis 1496. VOGTHERR: Pfundzollbücher, Bd. 1, S. 29–31.
213 WITTHÖFT: Zeichen, S. 206.
214 Allgemein zu den Tonnengütern vgl. WITTHÖFT: Umrisse, Bd. 1, S. 330–334.

ferung exportierte er im Jahr 1492 nach Danzig zu seinem Gesellschafter Peter Kegeben (Nr. 7).[215] Bei den fünf Folgenden handelte es sich um Käufe Dunkelguds. Die Lieferung aus dem Jahr 1501 (Nr. 1) erhielt er von seinem Handelspartner Hans Blanke, die anderen vier (Nr. 2–5) in den Jahren 1502 und 1504 von einem weiteren Handelspartner namens Hans Brunsten, wobei nicht bekannt ist, ob diese den Stockfisch direkt oder über weitere Zwischenhändler aus Norwegen bezogen.[216]

Die Dunkelgudschen Gewichtszeichen sind der Forschung aus Quellen des ersten Viertels des 16. und der zweiten Hälfte des 17. Jahrhunderts bekannt. Sie fanden sich auf einem undatierten Zettel, der dem Kellerei-Register des St. Michaelis-Klosters zu Lüneburg beigefügt wurde und auf dem der *cellarius* zwei Posten Rotscher abrechnete. Peter Gerlach datiert diesen mithilfe des Rechnungsbuches „um die Jahreswende 1518/19". Demnach stand ein Kreis für eine Tonne mit 100 Pfund, ein Halbkreis für eine halbe Tonne mit 50 Pfund, diesen Zeichen schließt sich nach links eine waagerechte Hilfslinie an. Ein senkrechter Querstrich durch diese Hilfslinie bedeutete 10 Pfund, ein halber senkrechter Strich, der entweder auf diese Hilfslinie aufgesetzt oder nach unten abgehängt wurde, stand für 5 Pfund und ein Punkt für 1 Pfund. Dieses Zeichensystem scheint allgemein besonders für Tonnengüter wie beispielsweise Rotscher[217] oder Alaun genutzt worden zu sein.[218] Zu der Alaunsendung Nr. 6 gab Dunkelgud das Bruttogewicht dieser Sendung nicht nur in Warengewichtszeichen in Höhe von 363 lb an, sondern zog davon das Gewicht der Tonne von 36 lb ab und kam so auf ein reines Warengewicht des Alauns von 327 lb (vgl. Anhang 11.16 Warengewichtszeichen).[219] Dieser Abzug von ca. 10 Prozent Tara bei einer Tonne Alaun deckt sich mit Ergebnissen, die an anderen Quellen ermittelt wurden.[220]

I (Lübeck)		II (Lüneburg)	
O	= 1 Schiffpfund	O	= 100 Pfund
∩, ⌒	= ½ "	⊃	= 50 "
|	= 1 Liespfund	+	= 10 "
⌐	= ½ "	⊤	= 5 "
⊣	= 5 "	•	= 1 "
⊣⌐	= 4 ½ Liespfund		
•	= 1 Pfund		
V	= 5 Pfund		

Abbildung 2: Warengewichtszeichen nach Witthöft[221]

215 Rechnungsbuch, fol. 201v.
216 DOLLINGER: Hanse, S. 288.
217 GERLACH: Gewichtszeichen, S. 54 f. und WITTHÖFT: Umrisse, Bd. 1, S. 344. Vgl. auch eine undatierte Zusammenstellung von Warengewichtszeichen aus den „lübeckischen Archiven", in der dieses Tonne/Pfund-System wiederum für Rotscher verwendet wurde. SCHMIDT: Agrargeschichte, S. 154, Nr. 25.
218 Rechnungsbuch, fol. 201v und siehe Anhang 11.16 Warengewichtszeichen: Nr. 7. Vgl. zu den Tonnengütern WITTHÖFT: Umrisse, Bd. 1, S. 332.
219 Rechnungsbuch, fol. 201v.
220 WITTHÖFT: Umrisse, Bd. 1, S. 340.
221 Ebd., S. 344.

6.3 Kenntnisse in den verschiedenen Platzgebräuchen   157

Allerdings gibt es bei dem von Peter Gerlach vorgestellten Beispiel für jeweils 5 Pfund nur halbe der Hilfslinie aufgesetzte senkrechte Striche. Harald Witthöft stellt ein weiteres Beispiel für das Lüneburger Zeichensystem aus dem Rechenbuch des Nürnbergers Michael Schiller aus dem Jahr 1561 vor, in dem dieser 5 Pfund mit dem von der Hilfslinie nach unten abgehenden halben senkrechten Strich darstellte.[222] Die Interpretation Gerlachs und Witthöfts wirft insofern Fragen auf, als Hinrik Dunkelgud bei seinen Warengewichtszeichen bei Nr. 7 einen nach unten abgehängten halben senkrechten Strich setzte und bei Nr. 3, 4 und 5 dann jeweils einen halben senkrechten Strich auf die Hilfslinie setzte.[223] Dunkelgud nutzte also beide Möglichkeiten und nicht wie Michael Schiller und der buchführende Kellerer des St. Michaelis-Klosters jeweils nur eine Variante. Dies kann verschiedene Gründe haben. Möglicherweise variierten die verschiedenen Gehilfen an den städtischen Waagen Lübecks die Angabe für 5 Pfund und Dunkelgud schrieb diese dort jeweils für seine eigene Buchhaltung nur ab. Ferner könnte Dunkelguds Schreibweise auch darauf hindeuten, dass nicht beide Varianten für 5 Pfund standen, sondern eine möglicherweise für 0,5 oder 4,5 Pfund, so wie es ähnliche Abstufungen auch im lübeckischen Zeichensystem von Schiffpfund – Liespfund – Pfund gab.[224] Allerdings können die Mengenangaben nicht mithilfe der im Rechnungsbuch festgehaltenen Warenpreise in Beziehung gesetzt und so justiert werden. Zwar vermerkte Dunkelgud bei einigen Einträgen zu Rotscher sowohl die Menge als auch die entsprechenden Warenpreise,[225] doch bei den sechs durch Gewichtszeichen angegebenen Rotscherlieferungen fehlen die Preisangaben ganz. Hier kann folglich kein Vergleich vorgenommen werden. Aufgrund dessen ist die Entschlüsselung des Dunkelgudschen Zeichensystems nur bedingt in Anlehnung an die von Harald Witthöft und Peter Gerlach getroffenen Aussagen möglich. Demzufolge werden beide Varianten des halben senkrechten Striches als 5 Pfund gerechnet (vgl. Anhang 11.16 Warengewichtszeichen). Freilich konnte die Handelseinheit der Tonne in ihrem Gewicht auch variieren. So vermerkte Dunkelgud beispielsweise zum 15. Mai 1502, dass zwei Tonnen Rotscher (Verpackungseinheiten) so viel wogen wie drei Tonnen (Gewichtseinheiten), d. h. zusammen um die 300 Pfund.[226]

Parallel nutzte Dunkelgud in drei Fällen das Zeichensystem für Schiffpfund/Liespfund/Pfund für Butter, die er 1492 von seinem Gesellschafter Peter Kege-

---

222 WITTHÖFT: Umrisse, Bd. 1, S. 344, 346. Diese Variante wurde auch bei den undatierten Warengewichtszeichen aus den lübeckischen Archiven für Rotscher verwendet. SCHMIDT: Agrargeschichte, S. 154.
223 GERLACH: Gewichtszeichen, Tafel 18.
224 Siehe Beispiel Lübeck (I). WITTHÖFT: Umrisse, Bd. 1, S. 344.
225 Siehe die folgenden Sendungen, angegeben in Pfund, vom 9. Oktober 1492, fol. 200v; 9. März 1493, fol. 199v; 1. November 1500, 10. Juni 1501, 10. Januar 1501, fol. 29r. Bei der Sendung von zwei Tonnen, ebenfalls am 10. Januar 1502, gab Dunkelgud weder ein Warengewicht noch einen Preis an, fol. 28v. Weitere Sendungen von Rotscher in Pfund vom 7. Mai 1502, fol. 29r; 19. November 1502, fol. 29r; zwei Sendungen vom 25. November 1502, eine vom 1. Mai 1504; bei der Sendung von zwei Tonnen am 4. Oktober 1504 gab er wieder kein genaueres Gewicht an, fol. 32r.
226 Eintrag vom 15.5.1502 „[…] *2 tunnen rotscher wegen 3 tunnen tor wycht* […]", Rechnungsbuch, fol. 32r.

ben aus Danzig importierte und die auch zu den Tonnengütern gezählt wurde.[227] Ein Kreis stand hierbei für 1 Schiffpfund, ein nach unten offener Halbkreis für 0,5 Schiffpfund, ein durchgehender, die waagerechte Linie durchkreuzender Strich für 10 Liespfund sowie ein halber, senkrechter Strich unterhalb der waagerechten Linie für 5 Liespfund. Römische Zahlen, in Dunkelguds Fall nur Einsen, oberhalb der waagerechten Linie zeigten einzelne Liespfunde an. Wurden diese innerhalb des Kreises oder Halbkreises für Schiffpfund platziert, waren sie von diesem Wert abzuziehen.[228]

Diese Zeichen sind denen in der Dunkelgudschen Buchführung sehr ähnlich, außer dass er konsequent von links nach rechts schrieb und die Liespfunde nicht oberhalb der Schiffpfunde platzierte, sondern fortlaufend daneben anfügte.[229]

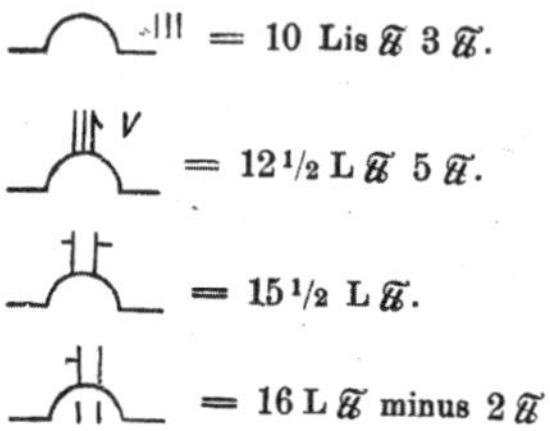

⌒⌣·ⁱⁱⁱ = 10 Lis ℔ 3 ℔.

⌒⌣ⁱⁱⁱ ᵛ = 12 ½ L ℔ 5 ℔.

⌒⌣ ⊥ = 15 ½ L ℔.

⌒⌣ ⊥⊥ = 16 L ℔ minus 2 ℔

Abbildung 3: Gewichtsangaben für einzelne Tonnen in Liespfund und Pfund für Butter[230]

6.3.2 Umgang mit Unkosten

Zur Handelspraxis gehörte auch das Einkalkulieren der anfallenden Unkosten auf die Verkaufspreise, wie dies beispielsweise aus den Rechnungsbüchern Hildebrand Veckinchusens und Johann Pyres aus dem 15. Jahrhundert sowie Hans Selhorsts aus der ersten Hälfte des 16. Jahrhunderts überliefert ist.[231] Im Gesellschaftshandel vor allem mit Peter Kegeben nach Danzig erwähnte Dunkelgud neben den Frachtkosten häufig pauschalisiert weitere Unkosten. In vier Fällen benannte er diese näher als *rutertollen*.[232] Die zeitgenössische Bezeichnung für kriegsbedingt durch Hamburg und Lübeck erhobene Pfundzölle als *rutertoll* wurde bereits in den Jahren 1485 bis 1487 für den auf ein- und ausgeführte Waren in Hamburg erhobenen Zoll verwandt.[233] Die in den Jahren 1492 bis 1496 durch Lübeck erhobenen Waren-

---

227 Vgl. WITTHÖFT: Umrisse, Bd. 1, S. 332.
228 Ebd., S. 344. Vgl. auch GERLACH: Gewichtszeichen, S. 53. Die zeitnah zum Dunkelgudschen Rechnungsbuch geführten Lübecker Pfundzollbücher aus den Jahren 1492 bis 1494. Vgl. VOGTHERR: Pfundzollbücher, Bd. 1, S. 29 f.
229 WITTHÖFT: Umrisse, Bd. 1, S. 345. Vgl. auch die Schreibweise Michael Schillers Nr. I.1 und S. 347 die Beispiele Arnold Möllers II.1 und SCHMIDT: Agrargeschichte, S. 154, Nr. 25.
230 SCHMIDT: Agrargeschichte, S. 154 Beispiel 3 Butter. Vgl. dieselbe Schreibweise auch bei WITTHÖFT: Umrisse, Bd. 1, S. 345 f. Beispiel 2.
231 Vgl. SCHMIDT-RIMPLER: Geschichte, S. 79; MICKWITZ: Aus Revaler Handelsbüchern, S. 190.
232 Rechnungsbuch, fol. 201v, 200v, 199v, 197r.
233 JAHNKE: Pfundgeldlisten, S. 41 f.

zölle trugen in der städtischen Verwaltungsschriftlichkeit allerdings die Bezeichnung als *punt tollen*.[234] Erhoben wurden diese Pfundzölle von der Stadt Lübeck zur Finanzierung von Friedensschiffen, die zum Schutz des Schiffsverkehrs gegen die anhaltenden Kapereibewegungen in der Ostsee patrouillierten. Die Kaufleute und Schiffsbefrachter mussten den Pfundzoll in der Zeit vom 15. April 1492 bis zum 1. Juli 1496 für ihre importierten und exportierten Waren entrichten, und zwar einen Pfennig je Mark Warenwert. Die Grundnahrungsmittel Getreide, Mehl und Hirse, möglicherweise auch bestimmte Fischsorten sowie außerhansisches Gut waren vom Pfundzoll befreit, so dass diese nach dem Jahr 1492 im Importregister nicht mehr erfasst wurden.[235] Obgleich im letzten Viertel des 15. Jahrhunderts weitere und wiederholte Pfundzollerhebungen auch in Danzig, Reval und Hamburg erfolgten,[236] bezogen sich Hinrik Dunkelguds Angaben aufgrund der zeitlichen Zuordnung, der Angabe der Schiffer sowie der Waren nachweisbar auf den in Lübeck erhobenen Pfundzoll. Die in Frage kommenden Danziger Im- und Exporte für den Zeitraum von April 1492 bis Juli 1496 finden sich im Dunkelgudschen Rechnungsbuch F ausschließlich innerhalb des Gesellschaftshandels mit Peter Kegeben.[237] Versucht man diese Rechnungsbucheinträge mit den für Dunkelgud in den Pfundzollbüchern überlieferten insgesamt zwölf Befrachtungen abzugleichen, werden verschiedene Unstimmigkeiten deutlich. Von diesen zwölf Befrachtungen waren fünf Im- und Exporte nach Schonen, Stockholm und Dänemark, die nicht im Dunkelgudschen Rechnungsbuch F aufgeführt sind, so dass sieben Befrachtungen nach Danzig übrigbleiben.[238] Diesen sieben Befrachtungen stehen 30 durch Dunkelgud selbst ausgewiesene Danziger Im- und Exporte im Rechnungsbuch gegenüber.[239] Die sieben Befrachtungen in den Pfundzollbüchern können mithilfe der verzeichneten Tagesdaten und der Namen der Schiffer zugeordnet werden. Hierbei fällt auf, dass Dunkelgud nachweislich dreimal Hirse aus Danzig importierte und für

---

234 VOGTHERR: Pfundzollbücher, Bd. 1, S. 13.
235 Ebd., S. 12, 17, 35.
236 Hinrik Dunkelguds nachweisbarer Handel nach Reval in den Jahren 1481 bis 1488 und sein verstärkter Handel nach Danzig in den Jahren 1491 bis 1499 fallen zusammen mit Lücken innerhalb der Überlieferung zur Zollerhebung dieser beiden Städte. So wurden in Danzig in den Jahren 1474 bis 1476 auf Importe, in den Jahren 1490 bis 1492 auf Exporte sowie im Jahr 1498 erneut auf Importe Pfundzölle erhoben. Für Reval sind Zollerhebungen auf Handelswaren für die Jahre 1479 bis 1494, von 1496 bis 1498 und erneut 1499 überliefert. JAHNKE: Pfundzollrechnungen, S. 167–169. Vgl. zu den Revaler Schiffslisten aus den Jahren 1425 bis 1471 und 1479 bis 1496 VOGELSANG: Schiffslisten; zu den Danziger Erhebungen in den Jahren 1474 bis 1476 und 1490 bis 1492 LAUFFER: Danzigs Schiffs- und Waarenverkehr (!).
237 Dieser Abschnitt umfasst im Rechnungsbuch insgesamt fol. 201v–196r.
238 Einer dieser sieben Einträge wurde einem *Hans Dunkelgut* zugeordnet. Es wird hier davon ausgegangen, dass es sich gleichfalls um *Hinrik Dunkelgut* handelte, da der Name in Lübeck eher selten überliefert ist und die Vornamen in den Pfundzollbüchern möglicherweise abgekürzt wiedergegeben wurden, so dass eine falsche Interpretation durch den Editor möglich scheint. VOGTHERR: Pfundzollbücher, Bd. 1, Dunkelgut, Hans (i143r), S. 335; Dunkelgut, Hinrik (e33v, e29v, e30r, i92v), S. 336 f.
239 Gezählt wurden alle in diesem Abschnitt von Dunkelgud datierten Befrachtungen mit Angabe der Schiffer unter der Kennzeichnung als versandte oder empfangene Waren. Rechnungsbuch, fol. 201v–196r.

diese auch den Pfundzoll in der allgemein vorgeschriebenen Höhe entrichtete.[240] Dies widerspricht der von Hans-Jürgen Vogtherr angenommenen Zollbefreiung für Hirse. Die weiteren vier Befrachtungen nach Danzig betrafen dreimal gemischte Warenexporte von Salz, Rotscher, Feigen, Mandeln oder Eisendraht und nur einen Import.[241] So bleiben von den 30 im Dunkelgudschen Rechnungsbuch erwähnten Befrachtungen im Zeitraum vom 4. April 1492 bis zum 24. Juni 1496 noch 23 übrig, die keinen Eingang in die Pfundzollbücher gefunden haben. Zumeist liegt dies in den versandten Waren begründet, da es sich zum großen Teil um zollfreie Nahrungsmittel wie Roggen, Weizen, Mehl und einmal um die beste Sorte Stockfisch (*flaskfyskes*) handelte. Allerdings importierte Dunkelgud am 3. Juni 1492 über die Schiffer Kersten Brugmann und [Claus?] Wedeman auch 3 Tonnen Butter,[242] die in den Pfundzollbüchern nicht auftauchen. Zudem fehlen drei Exporte aus dem Jahr 1493, obwohl für die verschifften Waren Zölle erhoben worden sein müssten. Dies betraf eine Sendung Dunkelguds vom 24. Februar 1493 durch den Schiffer Surber

---

240 Am 7. April 1493 ein Import durch Schiffer Mattyes Smyt von 5 Tonnen – eine Tonne ging verloren – Hirse mit einem Verkaufswert von 12,5 mk. Rechnungsbuch, fol. 198r, vgl. Dunkelgut, Hinrik Import (i43v) durch Schiffer *Mattes Smit na palmen* (31.3.) 1493 0,5 Last Hirse im Warenwert von 12 mk; am 10. April 1494 ein Import durch den Schiffer Merten Hegemester von 0,5 Last Hirse zu einem aus Dunkelguds Angaben ermittelten Warenwert von 11,5 mk 7 ß, davon *ruttertollen 1 ß*. Rechnungsbuch, f. 197r, vgl. Dunkelgut, Hinrik Import (i111v) durch Schiffer Merten Hegemester *na Lamberti* (17.9) 1494 von 0,5 Last *herink* im Warenwert von 12 mk, d. h., hier könnte ein Lesefehler Hans-Jürgen Vogtherrs vorliegen, da sogar der Warenwert mit einer minimalen Abweichung übereinstimmt; am 10. April 1495 ein Import durch Schiffer oder Schiffseigner Peter Schutte von 1 Last Hirse. Diese Last erwarb Dunkelgud für 21 mk 4 ß und verkaufte sie für 23 mk 4 ß. Rechnungsbuch, fol. 196r; vgl. Dunkelgut, Hinrik Import (i123v) durch Schiffer Peter Schutte *na judica* (5.4.) 1495 von 1 Last Hirse im Warenwert von 24 mk. Bei der Verzollung in Lübeck wurde folglich ein höherer Warenwert als Berechnungsgrundlage veranschlagt. VOGTHERR: Pfundzollbücher, Bd. 1, S. 336 f.

241 Für den 4. April 1492 ein Export durch Schiffer Hinrik Smyt von 1 Tonne Eisendraht, 3 Tonnen Feigen und 0,5 Tonne Alaun; 1 Futtertuch, vgl. Dunkelgut, Hinrik Export (e2v) durch Hinrik Smit und Kersten Bruggemann von 4,5 Tonnen zum Warenwert von 24 mk. Für den 19. Juni 1492 trug Dunkelgud zwei Warensendungen durch Schiffer Cleys Fykke (1 Last Salz, 1 Tonne Alaun, 1 Tonne Rotscher) und Kersten Brugman (1 Last Salz, 1 Tonne Rotscher, 1 Fass Mandeln, 1 Fass Rosinen) ein. Rechnungsbuch, fol. 201v. Diese Exporte durch die zwei Schiffer *Kersten Bruggeman* und *Claus Ficke* finden sich bei Dunkelgut, Hinrik (e15r) für das Jahr 1492 mit einer leicht abweichenden Warenzusammensetzung von 2 Last Salz, 4 Tonnen Rotscher, 1 Tonne Alaun und 1 Fass Rosinen im Wert von insgesamt 75 mk. Wodurch diese Unstimmigkeiten entstanden sein mögen, kann nur vermutet werden, da auch Dunkelgud seine Einträge zu den jeweiligen Frachten verteilt auf die beiden Schiffer etwas durcheinander notierte, so dass in der städtischen Verwaltungsschriftlichkeit möglicherweise vor allem Wert auf den Pfundzollbetrag gelegt wurde. Die Zuordnung des letzten Eintrags aus den Pfundzollbüchern wirft Probleme auf. Für 1492 notiert Dunkelgud einen Import durch Peter Schutte von *1 Stück fyskes* (Fisch?), *darin 75 bunt* mit dem Verkaufswert von 21 mk 14 ß. Rechnungsbuch, fol. 200r. Als sinnvollste Zuordnung passt dazu Dunkelgut, Hinrik Import (i22v) von *1 sostich visch* durch Peter Schutte im Jahr 1492 im Warenwert von 9 mk. VOGTHERR: Pfundzollbücher, Bd. 1, S. 335 f. Diese Zuordnung bleibt allerdings aufgrund der beiden nicht zu identifizierenden Exportwaren und des starken Auseinanderklaffens von Verkaufswert und errechnetem Warenwert recht unsicher.

242 Rechnungsbuch, fol. 200r.

über 2 Tonnen Feigen, 1 Fass Rosinen, 1 Tonne Gartenkümmel und 4 Tonnen Senf, eine weitere vom 9. März durch den Schiffer Hans Wegener über 1 Tonne Mandeln, 1 Tonne Reis, 1 Tonne Alaun, 2 Tonnen Rotscher und 2 Tonnen Lachsforelle (*ore*). Die letzte Sendung vom 6. Mai durch den Schiffer Matties Smit beinhaltete insgesamt 2 Last Salz sowie jeweils 1 Tonne Alaun, Reis, Mandeln und Vitriol nach Danzig. Einzig bei dieser Sendung vermerkte Dunkelgud den angefallenen *rutertollen*, ohne einen genauen Betrag zu nennen.[243]

Daneben notierte Hinrik Dunkelgud bei einer Sendung Weizen vom 25. November 1492 Richtung Lübeck Mietkosten für Lagerräume, vermutlich innerhalb Danzigs.[244] Weitere von Dunkelgud benannte Unkosten waren das sogenannte *prymgelt* und das *pramgelt*. Laut dem Mittelniederdeutschen Wörterbuch stellen beide Begriffe Synonyme dar und bezeichnen ein weiteres Entgelt neben den eigentlichen Frachtkosten, das dem Schiffer für die Aufsicht über die Waren gezahlt wurde.[245] Nach dem Eintrag von 25. November 1492 musste Dunkelgud aber beide Gelder entrichten, so dass es sich um verschiedene Unkosten handelte.[246] Pramgelt wird auch als Zahlung für die Nutzung eines Prahms zum Auf- und Abladen der Waren gedeutet[247] und Primegelt als eine neben der Fracht an den Schiffer oder die Schiffsmannschaft zu entrichtende Gebühr für die Aufsicht und sorgfältige Behandlung der Waren.[248] Hierbei resultierten drei Verluste aus der Beschädigung von Waren, etwa weil Getreide nass geworden war oder Tonnen während der Überfahrt Schaden genommen hatten oder verloren gegangen waren (vgl. Anhang 11.15 Tab.: Preiskalkulation im Roggenhandel: Nr. 10, 14, 19). Da die Schiffer damit ihrer Aufsichts- und Sorgfaltspflicht nicht zufriedenstellend nachgekommen waren, notierte Dunkelgud, dass diese ihm entweder die Frachtkosten erließen, teilweise die Unkosten übernahmen oder ihm den Verlust mit weiteren Bargeldbeträgen ausgleichen sollten.

Weitere Unkosten im Zusammenhang mit Roggen entstanden noch in Danzig für die geschworenen Träger, Kornwraker und Wäger sowie für die Makler, deren Dienste Peter Kegeben als Gast in Danzig noch in Anspruch nehmen musste.[249] Den Danziger Bäckern stand laut Dunkelgud ein fester Tarif für einen Umtrunk mit Bier in Höhe von 1 ß pro verkaufte Last Roggen zu. Hervorgegangen sind diese Normen des Trinkgeldgebens wohl aus dem Entrichten des Gottespfennigs (Haftgeld, Arrha) oder aus dem Weinkauf oder Leitkauf, also dem gemeinsamen Umtrunk zwischen Käufer und Verkäufer beim Abschluss eines Geschäfts.[250] Solche

---

243 Ebd., fol. 199v, 198v.
244 Ebd., fol. 199r; zu weiteren Unkosten vgl. auch AFFLERBACH: Alltag, S. 127–129.
245 SCHILLER/LÜBBEN: Mittelniederdeutsches Wörterbuch, Bd. 3, S. 376.
246 Rechnungsbuch, fol. 199r; vgl. Anhang 11.15 Tab.: Preiskalkulation im Roggenhandel: Nr. 9. Vgl. auch WOLF: Befrachtung, S. 586.
247 UBSTL 11, S. 367; LASCH: Mittelniederdeutsches Handwörterbuch, Bd. 2, Sp. 1658.
248 Ebd., Sp. 1686; UBSTL 11, S. 369; so auch WOLF: Befrachtung, S. 586.
249 Rechnungsbuch, fol. 197r, 198r; vgl. HIRSCH: Danzigs Handels- und Gewerbegeschichte, S. 218–220.
250 Ebd., fol. 198r; 197r; vgl. auch Anhang 11.15 Tab.: Preiskalkulation im Roggenhandel: Nr. 11, 12. Bei Beispiel Nr. 12 wird nicht genau genannt, für wen die Arrha anfiel. Allgemein zum Gottespfennig als Unkosten vgl. AFFLERBACH: Alltag, S. 128.

Trink- oder Biergelder waren darüber hinaus am Ende des 15. Jahrhunderts in Lübeck beispielsweise auch bei der Inanspruchnahme von Prahmschiebern oder Wagenladern üblich geworden.[251]

6.3.3 Währungen

Zu Hinrik Dunkelguds kaufmännischer Praxis gehörten ferner die Kenntnisse zu den für seinen Handel relevanten Währungen sowie deren Wertschwankungen. Mit weitem Abstand nutzte Dunkelgud am häufigsten die Mark lübisch und als entsprechend kleinere Einheiten Witten, Schillinge und Pfennige.[252] An weiteren im hansischen Handelsverkehr üblichen Währungen erwähnt Dunkelgud siebenmal für das Jahr 1479 und einmal für das Jahr 1480 das flämische Pfund Grote, welches er ausdrücklich zu 7 Mark lübisch umrechnete. Diese Einträge beziehen sich auf seine Abrechnungen mit seinem Gesellschafter Hans Sledorn, der ihn auf der Pilgerreise über Brügge begleitete und ihm teilweise wohl mit Bargeld aushalf. Ferner überschrieb sein Geschäftspartner Hinrik Witte für Dunkelgud einen Wechsel von Brügge nach Reval. Den entsprechenden Betrag in bar übergab Dunkelgud noch direkt in Sluis an den Schiffer Matties Werner für den Transport nach Reval.[253] Hinrik Dunkelguds Nutzung des Pfund Grote beschränkte sich folglich nur auf seine erste Handelsphase vor seiner Niederlassung in Lübeck.[254] Seine Angaben zum Währungswechsel finden keine exakte Bestätigung bei Peter Spufford und Wilhelm Jesse, die für 1474 und 1477 einen Kurs von 1 Pfund Grote zu 8 mk lübisch angeben.[255] In Anlehnung an Dunkelgud folgt die vorliegende Arbeit seinem Umrechnungsverhältnis.

Auf die Mark preußisch bezog sich Dunkelgud in wenigen Fällen seit Beginn seines Gesellschaftshandels mit Hans Borne und Peter Kegeben in Danzig.[256] Er erwähnte sie beinahe ausschließlich zur Angabe der dortigen Wareneinkaufspreise, in einem Fall inklusive der Unkosten.[257] Umgerechnet wurde sie von Dunkelgud 1:1 in Mark lübisch. Ergaben sich Schillingsbeträge, rechnete er diese stillschweigend, entsprechend der unterschiedlichen Anzahl von 16 ß zu 1 mk lub und 60 ß zu 1 mk pr, im Verhältnis 1 ß lub zu 3,75 ß pr um.[258] Bei Wilhelm Jesse findet sich der

---

251 WITT: Die Verlehnten, Teil 3, S. 195.
252 Die Relationen waren 1 Mark zu 16 Schillingen oder 192 Pfennigen sowie 1 Witte zu 4 Pfennigen. SPUFFORD: Handbook, S. 279.
253 Rechnungsbuch, fol. 2r–3r, 5r, 7v, 46v. In kleinere Währungseinheiten übertragen, rechnete Dunkelgud 13 ß gr zu 4,5 mk 1 ß, d. h. bei einem Währungsverhältnis von 1 lb gr zu 20 ß gr je 1 ß gr zu 5,6 ß lub. Anhang 11.1.12 Kleidung und Textilwaren: Nr. 15; STARK: Untersuchungen, S. 142.
254 Vgl. Diagramm 2: Dunkelguds Gesellschafter und Handelspartner in seinen vier Handelsphasen.
255 SPUFFORD: Handbook, S. 227 und JESSE: Münzverein, S. 221.
256 Rechnungsbuch, fol. 200r, 199r, 196r.
257 Anhang 11.15 Tab.: Preiskalkulation im Roggenhandel: Nr. 8; Rechnungsbuch, fol. 199r.
258 Die Umrechnungen ergeben sich aus den Einträgen Nr. 7 und 8, vgl. Anhang 11.15 Tab.: Preiskalkulation im Getreidehandel; Rechnungsbuch, fol. 199r. Bis in die späten 1470er Jahre galt

letzte Wechselkurs von 0,9 mk pr für 1 mk lub für das Jahr 1436.[259] Am 25. April 1497 erwarb Peter Kegeben für Hinrik Dunkelgud eine Last Hirse zum Preis von 25 mk 8 sc. Aus nicht nachvollziehbaren Gründen unterließ es Dunkelgud, diese 8 sc in seiner anschließenden Preiskalkulation zu berücksichtigen und in mk lub umzurechnen, wie ein Zusatz zum abschließenden Buchungsbetrag für diesen Warenverkauf von 27 mk 5 ß lub *ane 8 schot* deutlich macht.[260]

Goldgulden verwandte Dunkelgud eher bei der Zahlung größerer Summen wie beim Kauf des Hofs in Ruppersdorf im Jahr 1481, bei dem Dunkelgud den Kaufpreis von 60 mk lub an Gotke Pleskow in *ungerscen golde unde guden rinischen gulden* auszahlte.[261] Den ungarischen Goldgulden nannte Dunkelgud insgesamt dreimal und gab dessen Wert in einem Eintrag aus dem Jahr 1479 mit 2 Mark lübisch an.[262] Mit diesem Umrechnungsverhältnis lag Dunkelgud recht nahe an dem von Peter Spufford angegebenen Wechselkurs aus dem Jahr 1470 von 1 Floren zu 31 ß lübisch (1,5 mk 7 ß). Dabei geht Spufford von einem gleichen Wechselkurs des ungarischen Goldguldens und des Florens aus,[263] an dessen Vorbild sich die ungarische Münzprägung in Gewicht und Feingehalt bis ins 16. Jahrhundert hinein stringent ausgerichtet habe.[264]

Aus diesem Eintrag geht weiter hervor, dass Hinrik Dunkelgud bereits im Jahr 1481 zwischen guten rheinischen Gulden und im Gegensatz dazu jüngeren und leichteren rheinischen Gulden unterschied, deren Rau- und Feingewicht und damit auch Kaufkraft beständig sanken.[265] Im Jahr 1493 weigerte er sich in der Position eines Kommittenten sogar, zwei *arge* rheinische Gulden anzunehmen, die ein wohl unerfahrener Geselle beim Verkauf von Dunkelguds Waren erhalten hatte, und schickte diese nach Danzig zu seinem Gesellschafter Peter Kegeben zurück.[266] Diesem fortschreitenden Wertverfall im 15. Jahrhundert versuchte der Wendische Münzverein, in dem sich die Städte Lübeck, Hamburg, Lüneburg und Wismar zusammengeschlossen hatten, erstmals 1501 und erneut im Dezember 1504 mit der Abwertung des rheinischen Goldguldens von nominell 22 ß auf 21 ß 4 d entgegenzuwirken. Im Zahlungsverkehr blieb vorerst die vorherige Umrechnung von 1 rh fl

---

1 Mark preußisch = 4 Firdung = 24 Scot = 60 Schillinge = 720 Pfennige preußisch. LINK: Getreidehandel, S. 111. Nach einer Münzreform gliederte sich die preußische Währung nach 1490 wie folgt: 1 Mark preußisch = 4 Firdung = 20 Groschen = 24 Scot = 60 Schillinge = 360 Pfennige. VOLCKART: Münzpolitik, S. 218.

259 JESSE: Münzverein, S. 221. Bei Peter Spufford werden gar keine Kurse zur Mark lübisch gelistet. Selbst die Wechselkurse zum Floren reichen nur bis zum Jahr 1415 und der Wechselkurs zum Pfund Grote bezieht sich einzig auf das Jahr 1448, so dass auch mit diesen Werten keine weitere Annäherung an die Kursverhältnisse an der Wende zum 16. Jahrhundert möglich ist. SPUFFORD: Handbook, S. 228, 283.

260 In Anlehnung an Dunkelguds Umrechnung von 1 ß lub zu 3,75 ß pr ergaben diese 8 sc immerhin 5 ß 4 d lub. Vgl. Anhang 11.15 Tab.: Preiskalkulation im Getreidehandel, Nr. 17: Rechnungsbuch, fol. 196r.

261 Ebd., fol. 18v.

262 Ebd., fol. 3r, 10v, 18v.

263 SPUFFORD: Handbook, S. 279, 285.

264 NORTH: Aktie, S. 114.

265 Ebd., S. 240, 249 f.

266 Rechnungsbuch, fol. 198r.

zu 24 ß erhalten.²⁶⁷ Hintergrund waren zudem eine geplante Münzreform und die Einführung einer an der bisherigen lübischen Silbermark ausgerichteten Prägung großer neuer Silbermünzen, die im Wert dem rheinischen Goldgulden gleichkommen sollten, wie es bereits in Oberitalien, Tirol und seit der Jahrhundertwende in Annaberg in Sachsen praktiziert wurde. Endgültig beschloss der Wendische Münzverein im Dezember 1506 die Prägung von Münzen im Wert einer ganzen, halben oder viertel Mark. Den Bürgern war schon im Vorfeld empfohlen worden, die alten und minderwertigen fremden Münzen so schnell wie möglich umzutauschen. Als Zahlungsmittel blieb unter anderem der rheinische Gulden erlaubt, dessen nomineller Wert nunmehr auf 22 ß festgesetzt wurde, wohingegen sich sein Wechselkurs abhängig von seinem Bruttogewicht zur alten Mark lübisch im Verhältnis zu 26 ß zur neu geprägten Mark lübisch im Verhältnis zu 24 ß berechnete.²⁶⁸ Ferner erwähnte Dunkelgud am 29. September 1409 die *rinsche gulden van foller wycht, also nu gankbar syt* und rechnete diese im Verhältnis von 1 rh gl zu 1,5 mk um, d. h., 1 rh gl entsprach für ihn 24 ß.²⁶⁹

6.3.4 Kreditinstrumente

Wechsel als Instrumente des bargeldlosen Geldtransfers nutzte Hinrik Dunkelgud laut seinem Rechnungsbuch F fast nur bei den letzten Abrechnungen seiner Handelsgesellschaften. So ließ er seinem Wirt und Geschäftspartner Claus von Calven am 21. Juli 1479 über Dirik Loef einen Betrag von 50 mk überschreiben.²⁷⁰ Einen Monat später, am 24. August, stellte sein Handelspartner Hinrik Witte ihm wohl in Brügge über Hans Mouwer (d. Ä.?) einen Wechsel von 12 lb gr, also 84 mk lub aus und sandte ihm dazu eine Pipe Olivenöl. Zu diesem Wechsel notierte sich Dunkelgud in seinem Rechnungsbuch weiter, dass er von Hans Mouwer d. Ä. über Godert van Hövelen 31 mk und von Hans Mouwer d. J. 40 mk wohl in bar ausgehändigt bekam. Dass es sich vermutlich um Bargeld handelte, ergibt sich aus dem Wortlaut, da Hövelen und Mouwer ihm die Beträge „gaben".²⁷¹ Für diese Interpretation spricht auch ein weiteres mehrteiliges Wechselgeschäft, das bereits im Zusammenhang mit den fremdländischen Währungen Erwähnung fand.²⁷² Offenbar im Zuge der Abrechnungen seiner Handelsgeschäfte vor 1479 händigte Dunkelgud während seines Aufenthalts in Sluis auf seiner Pilgerreise 4 lb gr an den Schiffer Matthies Werner aus, der dieses an Hans Mouwer d. J. in Reval übergeben sollte. Mouwer schließlich hatte den Auftrag, diesen Betrag an einen dortigen Gesellen zu überschreiben. Obgleich das Geld bei Hans Mouwer d. J. wohlbehalten ankam, notierte Dunkelgud am 14. Mai 1480 wiederum die Rückerstattung durch eine erneute Überschreibung des Betrags durch Mouwer d. J. über seinen Vater Hans Mouwer d. Ä. Dem-

---

267 JESSE: Münzverein, S. 127 f., 218.
268 Ebd., S. 125, 128 f.; SPUFFORD: Money, S. 373.
269 Rechnungsbuch, fol. 35v. Vgl. auch JESSE: Münzverein, S. 218.
270 Rechnungsbuch, fol. 2r.
271 Ebd., fol. 5r.
272 Vgl. Kapitel 6.3.3 (Währungen).

nach sollte der ältere Mouwer Dunkelgud den Betrag von 4 lb gr nun als 20,5 rh fl 20 d lub aushändigen, Dunkelgud verbuchte bei diesem Wechselkurs mithin einen geringfügigen Gewinn von 1 ß 2 d.[273] Auch dieses Wechselgeschäft funktionierte als Kombination eines bargeldlosen Wechsels über Dritte mit der Ein- und Auszahlung von Bargeld. Bei den von Dunkelgud beschriebenen Wechseln handelte es sich folglich nicht um einen reinen Transfer von Buchgeld, der anschließend beispielsweise über den Warenaustausch abgewickelt wurde, sondern aufgrund der Beendigung der vorangehenden Geschäfte direkt in bar. Eine Ausnahme bildete ein Wechsel, den Dunkelgud selbst am 1. Juli 1483 im Rahmen seiner Abrechnungen mit Hans Sledorn wiederum über den bereits erwähnten Dirik Loef und Hinrik Witte veranlasste. Demnach sollte Loef 23 mk und Hinrik Witte 100 mk in Dunkelguds Namen an Sledorn überschreiben.[274]

Ferner nutzte Hinrik Dunkelgud zweimal die ‚öffentliche' Wechselbank Hinrik Greveradens, die zwischen 1472 und 1477 noch von dessen älterem Bruder Alf Greveraden eingerichtet worden war und deren Kontor zentral im Obergeschoss der Ratskanzlei lag, wo nebenan das Oberstadtbuch geführt wurde.[275] Aus Dunkelguds Kauf der zweiten Krambude am Markt 266 A von Albert Jacobsen resultierte neben den jährlich zu zahlenden Renten eine Schuld über 400 mk Kapital.[276] Diese und eine letzte Rentenzahlung ließ er im Jahr 1498 über Hinrik Greverades Wechselbank an Tilman und Dirik Rostuscher überschreiben, so dass er für den 29. Januar 1499 seine nun beglichene Schuld aus diesem Hauskauf in seinem Rechnungsbuch F vermerkte.[277]

Bereits am 29. September 1495 nahm Dunkelgud einen weiteren Kredit über 400 mk bei dem Dominikanerkloster in Wismar in Anspruch. Diesen hatte er dem Kloster bis zur vollständigen Rückzahlung mit einem Betrag von 20 mk in bar oder in Form von Warenlieferungen im gleichen Wert zu verrenten.[278] Ob dieser Kredit dinglich an eine seiner Immobilien gebunden war, kann aufgrund von Dunkelguds Ausführungen in seinem Rechnungsbuch nicht eindeutig bestimmt werden. Da das Wismarer Dominikanerkloster besonders im 15. Jahrhundert nicht nur auf dem heimischen, sondern auch auf dem Lübecker Rentenmarkt aktiv war,[279] ist dies keineswegs ausgeschlossen. Warum Hinrik Dunkelgud vornehmlich das Dominikanerkloster in Wismar als Kreditgeber auswählte, kann nur vermutet werden. Eine tiefere persönliche Verbundenheit mit diesem Konvent wird zumindest in Dunkelguds Testamenten nicht sichtbar. Hingegen bedachte er fortlaufend das Dominikanerkloster in Stockholm, in dessen Bruderbuch er eingetragen war. Dass dahinter jedoch eine besondere Wertschätzung gerade des Dominikanerordens stand, er-

---

273 Rechnungsbuch, fol. 10r. Rechnet man 1 rh gl nach Wilhelm Jesse aus dem Jahr 1479 im Wert von 22 ß lub, entsprachen die 4 lb gr einem Gegenwert von 5.432 d lub, so dass sich aus diesem Geldgeschäft für 1 lb gr ein Kurs von 7 mk 1 ß 2 d ergibt. JESSE: Münzverein, S. 218.
274 Rechnungsbuch, fol. 18r.
275 JAHNKE: Lübeck, S. 155.
276 Rechnungsbuch, fol. 25v.
277 Ebd., fol. 23v.
278 Ebd., fol. 27v.
279 ULPTS: Bettelorden, S. 284.

scheint fraglich, da sich in Dunkelguds Testamenten eine grundlegende Verbundenheit mit den schwedischen Klöstern auch der Johanniter und Zisterzienser abzeichnet, was den Ortsbezug in den Vordergrund rückt.[280]

Ganz allgemein stellten Zuwendungen in Lübecker Testamenten für die Bettelorden in Mecklenburg im 15. und 16. Jahrhundert eher Ausnahmen dar.[281] Die einzig nachweisbare Verbindung in den Raum Mecklenburg bilden die Legate, die Dunkelgud seit 1488 in allen seinen Testamentsentwürfen dem Antoniushof in Tempzin bei Wismar aussetzte. Hinweise auf vorherige Geschäftskontakte zum Wismarer Dominikanerkloster, etwa als Abnehmer von Waren, liegen ebenfalls nicht vor.

Nach der finanziell angespannten Lage in den späten 1470er Jahren, die das Wismarer Dominikanerkloster sowohl im Vorfeld als auch infolge der am 11. Juni 1468 durch Herzog Heinrich IV. eingeleiteten und an den Statuten der „Congregatio Hollandiae" ausgerichteten Reformen überbrücken musste,[282] erfreute es sich zu Anfang des 16. Jahrhunderts wieder großer Beliebtheit bei Testatoren. Bei diesen handelte es sich wie zur Zeit vor den Reformen zumeist um Ratsherren und wohlhabende Bürger, so dass der amtierende Prior über Kapitalien in ansehnlicher Höhe verfügte, die er selbständig, ohne Mitbestimmung der Prokuratoren, verleihen konnte. Investitionen sind für das Dominikanerkloster in Güter der näheren Umgebung oder auch in Bäckereien sowie Bürgerhäuser direkt in Wismar belegt.[283] Ferner können für die 1530er Jahre zwei nicht näher bestimmte Investitionen in Lübeck nachgewiesen werden, zum einen von 1.000 mk zu einem Zinsfuß von vier Prozent, zum anderen von 600 mk mit einem jährlichen Rentenertrag in Höhe von 23 mk, also knapp unter vier Prozent.[284] Dunkelgud musste hingegen 1495 den weithin verbreiteten Rentenfuß von fünf Prozent akzeptieren.[285] Neben den jährlichen Rentenzahlungen beglich er seine Kapitalschuld beim Dominikanerkloster am 9. April 1505 mit einem zweiten Wechsel über die Bank Hinrik Greveradens.[286] Dieser Eintrag im Rechnungsbuch verursacht insofern Unstimmigkeiten, als Hinrik Greveraden bereits im Jahr 1500 verstorben war, was die Schließung seiner Wechselbank und die Übernahme der Lübecker Bankgeschäfte durch die Augsburger Fugger zur Folge hatte. Als deren erster Vertreter fungierte Joachim Bilrinck,[287] der spätestens nach seinem Tod im Jahr 1504 von Godert Wiggerinck abgelöst wurde.[288] Da die Abwicklung der Greveradeschen Transaktionen bis zum Jahr 1510 andauerte,[289] ist es möglich, dass auch dessen Sohn Hinrich Greverade vorübergehend noch an den Bankgeschäften beteiligt war und Dunkelgud im Eintrag aus

---

280 Rechnungsbuch, fol. 231v, 230v, 228v, 227r, 226v.
281 ULPTS: Bettelorden, S. 268.
282 Ebd., S. 326 f. KLEIMINGER: Schwarze Kloster, S. 75 f.
283 KLEIMINGER: Schwarze Kloster, S. 77.
284 ULPTS: Bettelorden, S. 273.
285 Rechnungsbuch, fol. 27v.
286 Ebd., fol. 28r.
287 DITTMER: Familien, S. 9; JAHNKE: Lübeck, S. 155–157.
288 DORMEIER: Immigration, S. 104 f.; vgl. auch NORDMANN: Großhändler, S. 96 f.
289 JAHNKE: Lübeck, S. 156.

dem Jahr 1505 diesen meinte.[290] Bei der Inanspruchnahme seines dritten Wechsels über diese Bank, wahrscheinlich nach dem 3. Juni 1507, verwies Dunkelgud dann allerdings auf den zweiten Fuggerschen Vertreter Godert Wiggerinck, der im Namen Dunkelguds dem Birgittenkloster Marienwohlde vor Mölln einen Betrag von 700 mk zur Einrichtung einer Altarstiftung zukommen lassen sollte.[291]

Das Dunkelgudsche Rechnungsbuch zeugt von einem sicheren Umgang mit den vor allem in Lübeck und Danzig sowie in Brügge gebräuchlichen Gewichts- und Maßeinheiten und vorherrschenden Handelsusancen. Dunkelgud zeichnete sich als gut ausgebildeter und erfahrener Kaufmann aus, der über alle für seine individuelle Handelstätigkeit erforderlichen Kenntnisse verfügte. In Bezug auf seinen Umgang mit den Maßeinheiten erscheint ferner die äußerst seltene Nutzung von Lot und Quentin erwähnenswert, da diese besonders im Detailhandel an der Theke Verwendung fanden und das Dunkelgudsche Rechnungsbuch F aufgrund dessen eher ein Zeugnis seiner Groß- und Fernhandelstätigkeit und nur in Ausnahmefällen seines Detailhandels darstellt. Ferner wird innerhalb der Nutzung der fremdländischen Währungen des Pfund Grote und der Mark preußisch die räumliche Verlagerung seines Gesellschaftshandels vom Westen in den Osten und hierbei besonders nach Danzig sichtbar.

6.4 HANDELSWAREN

Als Versorger der Endverbraucher im Stadtgebiet boten Krämer und Krambudenbesitzer wie Hinrik Dunkelgud ein vielfältiges und ausdifferenziertes Angebot an Tuchen bzw. Kleidung und Textilwaren, Drogen, Beiz- und Färbemittel, also Apothekerwaren, Lebensmittel, darunter im Falle Dunkelguds auch Getränke, und die große Gruppe der Gewürze sowie verschiedene Konsumwaren für den täglichen Bedarf, etwa Metall- und Lederwaren, Küchengeräte wie Kessel, Schalen, Becher und Krüge,[292] Schreibutensilien wie Papier oder kleine Schreibtische[293] und Utensilien zur Körperpflege wie Kämme oder Spiegel an.[294] Dass sich die Waren von Krämern mit denen von Groß- und Fernhandelskaufleuten teilweise überschneiden konnten, wurde hier bereits mehrfach betont. So weist das Dunkelgudsche Rechnungsbuch neben den genannten Waren auch den Handel mit den von Philippe

---

290 Vgl. DITTMER: Familien, S. [5] (Stammtafel).
291 Rechnungsbuch, fol. 227v; vgl. auch DORMEIER: Immigration, S. 106, 147f.
292 Anhang 11.2 Diverse Waren: Nr. 16, 19, 28–29.
293 Anhang 11.2 Diverse Waren: Nr. 7, 38.
294 Anhang 11.2 Diverse Waren: Nr. 43–45, 50–54, 74. Erich Köhler traf eine Unterteilung in die drei Warengruppen „Spezereien und Drogen", „Schnittwaren" und „Kurzwaren", d. h. Metall- und Lederwaren, Konsumwaren wie Wachs, aber auch Kunstgegenstände, Bücher u. a. KÖHLER: Einzelhandel, S. 1, 7–21. Heung-Sik Park variierte und erweiterte die ‚Gattungen' des Warensortiments leicht um „Gewebe- bzw. Textilwaren", „Metallwaren", „Lederwaren", „Lebensmittel und Gewürze" und die „sonstigen Krämerwaren". PARK: Krämer- und Hökergenossenschaften, S. 149–168.

Dollinger als „typisch hansisch" charakterisierten acht Haupthandelswaren Tuche, Pelze, Fisch, Getreide, Wachs, Salz, Bier und Holz nach.[295]

Die nachfolgenden Ausführungen widmen sich, um das Dunkelgudsche Sortiment besser herausstellen zu können, vorzugsweise den Waren, die im hansischen Handel bisher kaum nachgewiesen wurden.[296] Um einer isolierten Betrachtung von Hinrik Dunkelguds Handelswaren entgegenzuwirken und Veränderungen aufzeigen zu können, soll sein Sortiment in einen zeitlichen Bezug auch zu seinen wechselnden Gesellschaftern, Handelspartnern und anderen personellen Verflechtungen gesetzt werden. Die bereits kurz vorgestellten vier aktiven Handelsphasen Dunkelguds basieren auf der Auswertung der datierten Rechnungsbucheinträge (siehe Anhang 11.2 Diagramm: Datierte Einträge im Dunkelgudschen Rechnungsbuch).[297] Sie orientieren sich insbesondere an dem im Dunkelgudschen Rechnungsbuch F besonders präsenten Gesellschaftshandel gemeinsam mit Hans Borne und Peter Kegeben in den Jahren 1481 bis 1488 und nur noch allein mit Peter Kegeben in der Zeit von 1491 bis 1506. Insgesamt geben die Rechnungsbucheinträge zur ersten Handelsphase von 1474 bis 1480 Hinweise auf Dunkelguds Geschäfte vor seiner Niederlassung in Lübeck, die noch in der zweiten Phase von 1481 bis 1488 parallel zum neu entstandenen Gesellschaftshandel mit Hans Borne und Peter Kegeben ausliefen. Nach der Abrechnung mit Hans Borne im Jahr 1488 folgten die dritte Phase von 1491 bis 1499, die vom verbliebenen Gesellschaftshandel mit Kegeben geprägt war, und endlich die vierte Phase von 1500 bis 1508, in der neben der bis zum Jahr 1506 fortgeführten Widerlegung mit Peter Kegeben bis dahin unerwähnte Geschäftspartner sichtbar werden.

Diese vier Handelsphasen bilden zwar vorderhand die Brüche innerhalb der Wahl der Handelspartner ab, auf die im nächsten Unterkapitel näher einzugehen sein wird. Sie stimmen aber ebenso mit Änderungen in Dunkelguds Warensortiment überein (vgl. Diagramm 1: Dunkelguds Warensortiment in seinen vier Handelsphasen).

In Anlehnung an die immer noch passende Charakterisierung und zur besseren Übersichtlichkeit lassen sich Hinrik Dunkelguds Handelswaren nach ihren Handelsrichtungen in Westwaren und in Ostwaren unterscheiden (vgl. alle Waren unter Anhang 11.1.1 bis 11.1.19). Die Westwaren umfassen Bilder und Bücher, den größten Teil der diversen Waren, Dolche und Dolchmesser, Drogen, Beiz- und Färbemittel, Fisch, Getränke, Gewürze, Honig und Honigseim, Kleidung und Textilwaren, Lebensmittel, Metallwaren, Speiseöle, Osemund, Salz und Tuche. Diesen

---

295 DOLLINGER: Hanse, S. 285.
296 Hinrik Dunkelguds Warensortiment wurde zur folgenden Analyse in 19 Warentabellen eingeteilt (vgl. Anhang 11.1). Diese Tabellen zeigen alle seine Warentransaktionen im Rechnungsbuch F. Gebildet wurden die folgenden Warengruppen: Bilder und Bücher; Diverse Waren; Dolche und Dolchmesser; Drogen, Beiz- und Färbemittel; Fettwaren; Fisch; Flachs; Getränke; Getreide und Mehl; Gewürze; Honig- und Honigseim; Kleidung und Textilwaren; Lebensmittel; Metallwaren; Osemund; Rauch- und Lederwaren; Salz; Tuche und Wachs.
297 Vgl. auch die einführenden Erläuterungen zum Diagramm Datierte Einträge im Dunkelgudschen Rechnungsbuch im Kapitel 2.2.1 (Quantitative Auswertungen der Einträge im Rechnungsbuch).

6.4 Handelswaren

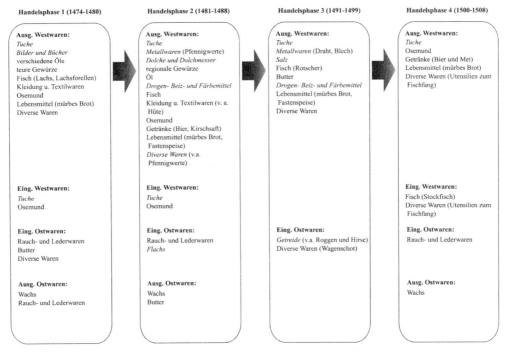

Diagramm 1: Dunkelguds Warensortiment in seinen vier Handelsphasen

stehen Dunkelguds Ostwaren mit Butter, Flachs, Getreide (Roggen, Weizen, Mehl, Hirse), Rauch- und Lederwaren sowie Wachs gegenüber.

Woher Dunkelgud seine Waren erhielt, kann nur in Einzelfällen genau nachvollzogen werden. Da er aber einen regen Warenausgang bzw. -verkauf hatte, muss dem ein entsprechender Wareneingang vorangegangen sein, den er sehr wahrscheinlich in eines oder mehrere seiner anderen mindestens fünf Bücher eintrug.[298] Der Eingang von Ostwaren wird zum größten Teil nur durch den Gesellschaftshandel mit Peter Kegeben und Hans Borne sichtbar. Der Eingang von Westwaren beschränkte sich auf Transaktionen mit anderen Geschäftspartnern und ist recht häufig im Zusammenhang mit Dunkelguds Abrechnungen vor und kurz nach seiner Niederlassung in Lübeck nachweisbar.

Durchgängig in allen vier Phasen von 1474 bis 1508 handelte Dunkelgud mit Tuchen, Fisch und *koken* oder *morbrod*, ein mürbes Brot.[299] Transaktionen von Rauch- und Lederwaren sowie Wachs erscheinen außer in der dritten Handelsphase mit Peter Kegeben kontinuierlich in seinem Sortiment. Exemplarisch näher eingegangen wird im Folgenden auf einige Handelswaren, die in besonderem Maße

---

298 Vgl. zu seinen Büchern allgemein PELUS-KAPLAN: Archive, S. 31; DIES.: Geschichte, S. 36 f.; vgl. auch Kapitel 6.2.1 (Zwischen Notizzettel, Geschäftsbrief und Rechnungsbuch).
299 Vgl. Hinrik Dunkelguds Hinweis auf die Gleichsetzung von *koken* und *morbrod* in Anhang 11.1.13 Lebensmittel: Nr. 50.

Aussagen über Dunkelguds Handelsprofil erlauben oder bisher wenig untersuchte Besonderheiten im hansischen Handel darstellen.

6.4.1 Übergang von teureren, exklusiveren Handelswaren zu günstigen Massenprodukten (Handelsphasen 1 und 2)

Zu dem von Hinrik Dunkelgud kontinuierlich betriebenen Tuchhandel ist festzustellen, dass das Rechnungsbuch F für die Handelsphase 1 (1474 bis 1480) mit weitem Abstand die meisten Transaktionen sowohl im Eingang als auch im Ausgang mit dem größten Sortenspektrum dokumentiert.[300] Obgleich in dieser Phase auch nicht genau bestimmbare Tuche wie *sichte doke* und *doke*, wohl allgemein gebraucht für Tuch,[301] ferner *foder(dok)*,[302] ein eher minderwertiges Unterfuttertuch für Kleidung, oder Leinwand ohne nähere Herkunftsangabe[303] sowie das ebenfalls preiswerte, leichte und in vielen Städten produzierte Saie, ein Wollgewebe, erwähnt werden,[304] handelt es sich im Vergleich zu den anderen Handelsphasen überwiegend um Tuchsorten höherer Preiskategorien.[305] Zu diesen gehören fünf hochwertige Sorten aus England (beispielsweise Stockbreit, *westerlendesche* und *norwykesche* Laken),[306] weitere teure Tuche kamen aus Flandern (Aalst, Brügge, Lille)[307] und aus Brabant (Mechelen).[308] Sorten des mittleren Preissegments bezog Dunkelgud aus Holland (Leiden, Naarden, Den Haag).[309] Günstigere Wolltuchsorten kamen aus dem westfälischen, thüringischen und sächsischen Raum (Minden, Erfurt, Stendal, Mühlhausen).[310] Schetter, d. h. Glanzleinen bzw. Glanzleinwand, und Ulmer sowie Augsburger Sardok, auch bekannt als Leinen-Baumwoll-Mischgewebe unter dem Namen Barchent, stammten aus den Produktionsstätten Oberdeutschlands.[311] In den

---

300 Vgl. Anhang 11.1.18 Tuche: Nr. 1–50. In die zweite Handelsphase, auch aus Abrechnungen früherer Handelsgeschäfte resultierend, fallen Nr. 51–77. Die dritte und vierte Handelsphase umfassen nur noch die Transaktionen Nr. 78–83 und Nr. 84–88. Zur Vertiefung siehe die zwei grundlegenden Untersuchungen zum Tuchhandel von AMMAN: Deutschland und HOLBACH: Handelsbedeutung, die seit Kurzem ergänzt werden durch HUANG: Textilien.
301 Anhang 11.1.18 Tuche: Nr. 6, 35. Bei *sichte dok* handelte es sich vermutlich um weniger qualitativen, dünnen Gebrauchsstoff. So erwähnt Victor Lauffer *sychte budele* als Sichtbeutel der Bäcker. LAUFFER: Danzigs Schiffs- und Waarenverkehr, S. 13.
302 Anhang 11.1.18 Tuche: Nr. 4, 14, 50.
303 Anhang 11.1.18 Tuche: Nr. 12, 42, 44–47.
304 Anhang 11.1.18 Tuche: Nr. 27, 28.
305 Vgl. zu den drei Qualitäts- und Preisstufen von im Ostseeraum verhandelten Tuchen MICKWITZ: Luxus- oder Massenware, S. 247 f.
306 Anhang 11.1.18 Tuche: Nr. 1, 10, 16, 26, 36. Zudem ließ sich Hinrik Dunkelgud drei weitere Laken aus Norwich wohl für den Eigenbedarf durch einen Handelspartner in Hamburg blau einfärben. Rechnungsbuch, fol. 7r.
307 Anhang 11.1.18 Tuche: Nr. 3, 8, 9, 11, 19, 23, 24, 31.
308 Anhang 11.1.18 Tuche: Nr. 217, 218.
309 Anhang 11.1.18 Tuche: Nr. 5, 7, 13, 21, 37, 38, 43.
310 Anhang 11.1.18 Tuche: Nr. 15, 39.
311 Anhang 11.1.18 Tuche: Nr. 20, 30, 40, 41, 48, 49. Zu den Begriffen Sardok und Barchent vgl. auch BAUR: Barchenthandel, S. 78–83; zu Schetter vgl. JESKE: Fachwortschatz, S. 18. In den

Norden wurde dieser Ulmer und Augsburger Barchent sehr wahrscheinlich über die Frankfurter Messen oder mithilfe von Direktverbindungen in diese Gewerberegionen gehandelt, wo Dunkelgud ihn erworben oder über einen Handelspartner erhalten haben wird.[312] Die Sorte *bagynen dok* konnte bisher nicht zugeordnet werden.[313] Hierbei könnte es sich um den Grundstoff der Kleidung für Beginen[314] oder möglicherweise auch von Beginen hergestellte Tuche handeln.[315] Dunkelguds Wareneingänge beschränkten sich auf zehn Transaktionen mit zwei Handelspartnern und einen weiteren Handelskontakt. Hans Mouwer d. J. schickte ihm ein Futtertuch (1477 post quem), von Hans Hovenborch erhielt er eine größere Lieferung von 543 Ellen, 60 schmalen Ellen und zwei Laken Leinwand zusammen mit einem blauen Laken aus Naarden. Schließlich beglich Gert van Lenten eine offene Schuld mithilfe von fünf Laken aus Mühlhausen und Stendal.[316] Über die Herkunft und Qualitätsstufe dieser Leinwand kann nur wenig ausgesagt werden, da Dunkelgud sie direkt von seinem Lübecker Handelspartner Hans Hovenborch bezog. Hermann Hohls teilt die Leinwandsorten nach ihren Produktionsgebieten in die besten Qualitätsstufen, die aus Nordfrankreich und den Niederlanden stammten, die mittleren Qualitäten aus den sich räumlich anschließenden westlichen Gebieten des Reichs,

Ausführungen bei Krünitz wird darauf hingewiesen, dass Schetter im oberdeutschen Raum neben der Glanzleinwand auch ganz allgemein verschiedene Arten gesteifter Leinwandgewebe bezeichnen konnte. KRÜNITZ: Art. „Schetter", Bd. 142, S. 165 f.

312 Vgl. BAUR: Barchenthandel, S. 85, 110. In ihrem Werk zu den Handelsbeziehungen zwischen Lübeck und Schweden in der ersten Hälfte des 16. Jahrhunderts verweist Helga Rossi auf einen Tuchverkauf des Lübecker Tuchhändlers Erik Lunte im Jahr 1490 an den „Fernhändler Hinrick Dunkelgod". ROSSI: Lübeck, S. 172, Anm. 409. Erik Lunte wird tatsächlich unter einem Eintrag aus diesem Jahr im Dunkelgudschen Rechnungsbuch erwähnt. Dieser Eintrag bezieht sich allerdings auf Ausgaben seines Schwagers Hans Meyer, die Dunkelgud für diesen beglich und worunter zwei Einkäufe von je einer Elle schwarzen Tuches aus Leiden und einer Elle Westerlindeschen Tuches aus England für insgesamt 22 ß bei Lunte fielen. Rechnungsbuch, fol. 27r. Ob Rossi diese beiden geringfügigen Posten meint, bleibt offen.

313 Anhang 11.1.18 Tuche: Nr. 29.

314 Vgl. LASCH/BORCHLING: Art. „bagine, baginne, bakine, bagu(t)e" mit dem Verweis auf den Art. „begine (becghine, begghine, bagine, bachine, bakine, bachinne, begineke[n], begut[t]e" in der Bedeutung Begine, Laienschwester, LASCH/BORCHLING: Mittelniederdeutsches Handwörterbuch, Bd. 1, Sp. 133 und 177.

315 Innerhalb des belgisch-niederländischen Raums machte die Tuchproduktion der Beginenhäuser einen so bedeutenden Wirtschaftsfaktor innerhalb der Städte aus, dass die Beginen beispielsweise in Maastricht bereits 1326 der Tuchmacherzunft beitreten konnten. Die Stadt Haarlem räumte ihnen zu Beginn des 15. Jahrhunderts gewisse Steuerprivilegien ein, begrenzte aber gleichzeitig ihren Tuchhandel, um das restliche städtische Handwerk vor einer allzu großen Konkurrenz zu schützen. Für den deutschsprachigen Raum ist für Köln eine rege Beteiligung verschiedener Konvente u. a. in der Woll- und Leinenweberei belegt. Dort kam es ab dem 15. Jahrhundert zudem zu Streitigkeiten u. a. mit dem Leinenweber- und Sartuchamt oder den Wappenstickern. Dass Beginen auch in anderen Städten in der Tuchherstellung und wohl auch im Vertrieb desselben tätig waren, deuten zudem Handelsrestriktionen in Würzburg oder Coburg an. UNGER: Beginen, S. 84–86; zu Würzburg und Coburg vgl. auch REICHSTEIN: Beginenwesen, S. 166 f. In Lemgo und Aschaffenburg wurde den Beginen die Tuchherstellung innerhalb der jeweiligen Beginenkonventsordnungen unter bestimmten Auflagen zugestanden. „Der freie Verkauf von durch Beginen angefertigten Waren wird nirgends bezeugt." Ebd.: S. 167.

316 Anhang 11.1.18 Tuche: Nr. 4, 32–34, 42–47.

vor allem Westfalen, und in schlechtere Qualitäten, darunter die eher grobgewebten Sorten aus dem Ostseeraum.[317]

Mit im Vergleich zum vorangehenden Zeitraum fast nur noch halb so vielen Transaktionen ging Dunkelguds Tuchhandel bereits in der zweiten Handelsphase (1481 bis 1488) deutlich zurück[318] und beschränkte sich nun auf wenige Handelspartner. In den Abrechnungen vor allem mit Hans Hovenborch und Hans Sledorn notierte Dunkelgud den Warenausgang der vergleichsweise teuersten Sorten aus Brügge, Lille, Mechelen, Leiden, Aalst und Deventer.[319] Bei den weiteren Tuchsorten handelte es sich häufig nicht mehr um die teuren, sondern eher mittleren Qualitäts- und Preisstufen aus dem Reich, so aus Braunschweig und Den Haag, Leinwand, Sardok aus Augsburg, Ulm und Biberach in Franken sowie Scheter, Saie, Futtertuch, aber auch Laken aus Naarden und Aalst sowie mit Westerlendeschen Tuchen um eine günstige englische Sorte. Bei den meisten dieser Transaktionen sandte Dunkelgud die Tuche als Zwischenhändler zu Hans Borne und Peter Kegeben in den Osten.[320]

Die beiden letzten Handelsphasen beinhalten nur je sechs bzw. fünf Ausgänge von Tuchen. Im Handel mit Peter Kegeben in der dritten Handelsphase schickte Dunkelgud neben günstigerem Tuch auch sieben teure Laken aus Brügge nach Danzig.[321] An seinen Geschäftspartner Hans Brunsten und seinen Gesellschafter und Handlungsdiener Lammerd Hemekynck (vierte Handelsphase von 1500 bis 1508) lieferte Dunkelgud günstige Wolltuche, wenige Ellen mitteltueren Tuchs aus Deventer (Overijssel) und ebenso wenige Ellen von *gotensk* Laken.[322]

Eine Konzentration in höheren Preissegmenten während der ersten Handelsphase mit auslaufenden Abrechnungen während der zweiten wird auch bei anderen Waren sichtbar. Von den insgesamt 33 Transaktionen für Rauch- und Lederwaren fielen 19 in die erste Handelsphase. Diese umfassten Ausgänge unter anderem von Menken-, Marder-, Hermelin- und Hasenfellen, sehr wahrscheinlich verschiedenen europäischen Eichhörnchenfellen unter dem Sammelbegriff *werk* und preisgünstiges *schatwerk*.[323] Wolfsfelle erhielt Dunkelgud zweimal von Hans Sledorn und Hans Hovenborch. Nach 1481 hingegen bekam Dunkelgud mit Ausnahme von Fuchsfellen nur noch günstige Eichhörnchenfelle (*bollerte*), gegerbtes Schafsleder, Kalbsfelle und Schafsfelle zugesandt.[324]

---

317 HOHLS: Leinwandhandel, S. 125. Der Preis der Elle Leinwand schwankte bei Dunkelgud sehr. Für eine schmale Elle nannte er den Preis von 9 d, andere Ellen lagen preislich bei knapp 1 d, 17,5 d und 18 d, die teuerste Leinwandelle bei 2 ß 4 d. Anhang 11.1.18 Tuche: Nr. 12, 42, 44–47. Zum Vergleich verkaufte Dunkelgud seinem Verwandten Marquart Mus Futtertuch für 10 d die Elle, und eine Elle Brügger Tuch berechnete Dunkelgud mit 11 ß. Anhang 11.1.18
318 Anhang 11.1.18 Tuche: Nr. 51–77.
319 Anhang 11.1.18 Tuche: Nr. 53–55, 57, 60.
320 Anhang 11.1.18 Tuche: Nr. 65–67, 70–71, 73–77.
321 Anhang 11.1.18 Tuche: Nr. 78–83.
322 Anhang 11.1.18 Tuche: Nr. 84–88. HUANG: Textilien, S. 277. Carsten Jahnke erwähnt die Sorte „gorlensche" Laken und „gorlowsche" Laken, ohne dessen Herkunft nachvollziehen zu können. JAHNKE: Netzwerke Anhang XVII (Kleine Warenkunde), S. 503 und DERS.: Some, S. 83.
323 Vgl. LESNIKOV: Pelzhandel, S. 228, 239; DELORT: commerce, S. 71.
324 Vgl. Anhang 11.1.16 Rauch- und Lederwaren.

Diese Reduzierung der Warensorten und der Wechsel des Preissegments lassen sich gleichfalls bei den Gewürzen und Fettwaren nachvollziehen. In der ersten und zweiten Handelsphase handelte Dunkelgud mit seinen alten Geschäftspartnern sowohl in Großhandelsmengen als auch im Detailverkauf beispielsweise mit Kandiszucker, Ingwer, Pfeffer, Mohnsamen, Pfefferkümmel und Kümmel. In den Osten zu Hans Borne und Peter Kegeben schickte er in der Folgezeit in Großhandelsmengen nur noch deutlich günstigere, heimische Gewürze, wie Senf und Gartenkümmel.[325] Einschränkend muss hier wieder betont werden, dass sich die Rechnungsbucheinträge für die zweite Handelsphase teilweise und für die dritte Handelsphase in Gänze auf Hinrik Dunkelguds Gesellschaftshandel mit Borne und Kegeben beziehen, weshalb nicht nachzuvollziehen ist, wie vollständig Hinrik Dunkelguds gesamter Handel im Buch F abgebildet wird. So steht eine für Dunkelgud vergleichsweise große und wertvolle Sendung von 123 lb Pfeffer zu 92 mk 4 ß in der vierten Handelsphase von 1500 bis 1508 an seinen Handelspartner Titke Kolsouwe recht isoliert dar. Die letzte Gewürzsendung an Peter Kegeben lag da bereits elf Jahre zurück.[326] Trotz weitgehend fehlender Nachweise zu Dunkelguds Handel mit Gewürzen ist es doch sehr unwahrscheinlich, dass ein Krämer solche nicht in seinem Kram vor Ort verkaufte und somit zumindest vom Großhändler bezogen haben müsste.

Hinrik Dunkelgud profitierte wohl auch von Lübecks Rolle als zentraler Umschlagsplatz hansischer Waren. So fiel in die erste und zweite Handelsphase beispielsweise auch sein Handel mit Honig. Ganz allgemein wird Honig, im hansischen Handel ohne eine Spezifizierung zumeist Tannenhonig, den Ostwaren zugeordnet, da dieser zusammen mit Wachs vor allem aus Livland und Russland, häufig über Danzig, nach Westen eingeführt wurde.[327] Allerdings bezeichnete Dunkelgud den in den Jahren 1480 bis 1482 an seinen Lübecker Gesellschafter Hans Hovenborch verhandelten Honig nur einmal schlicht als Honig und dreimal als Blumenhonig. Diese Benennung weist denselben als Westware, vermutlich aus Pommern, Mecklenburg oder Niedersachsen stammend, aus.[328] Auch der qualitativ höherwertige und im Gegensatz zum Honig noch vollkommen unbehandelte und dickflüssigere Honigseim kam vermutlich aus diesen Gebieten, da Dunkelgud ihn, wie im hansischen Handel üblich, von Westen aus nach Reval zu Hans Borne sandte, von wo dieser möglicherweise weiter nach Nowgorod oder sogar in den Orient gelangte.[329]

Als eine im hansischen Handel bisher wenig beachtete Warengruppe sollen im Folgenden die von Hinrik Dunkelgud ausschließlich in der ersten Handelsphase (1474 bis 1480) verhandelten Bücher und vergleichsweise günstigen Bildwerke – Tafelbilder und Leinwandbilder sowie weitere Gemälde, ebenfalls auf Leinwand oder auf Papier gemalt, Marienbilder, Atlanten und Stundenbücher – näher betrach-

---

325 Anhang 11.1.10 Gewürze: Nr. 1–19. Eine Ausnahme bildete die Sendung von 5 lb Kandiszucker vom 24. Juni 1485. Anhang 11.1.10 Gewürze: Nr. 15.
326 Vgl. Anhang 11.1.10 Gewürze: Nr. 20.
327 SASS: Einfuhrhandel, S. 88; DOLLINGER: Hanse, S. 295.
328 Vgl. Anhang 11.1.11 Honig und Honigseim: Nr. 1–4.
329 Anhang 11.1.11 Honig und Honigseim: Nr. 5; SASS: Einfuhrhandel, S. 89; DOLLINGER: Hanse, S. 295.

tet werden.³³⁰ Ganz allgemein werden diese preiswerten Varianten von Erzeugnissen hochspezialisierter Gewerbe nur vereinzelt in einigen der schon erwähnten hansischen Pfundzollrechnungen sichtbar. Die Revaler Schiffslisten zeigen als Importe, vermutlich eher aus Lübeck als aus Flandern kommend, in den Jahren 1426 bis 1435 mindestens neun Tafelbilder.³³¹ In den Jahren 1492 bis 1496 wurden nach den Lübecker Pfundzollbüchern zwei Heiligenbilder gen Riga, zwei Exemplare gen Reval und drei Tafelbilder nach Stockholm exportiert.³³² Da sogenanntes „geistliches Gut" allerdings zollfrei war, nimmt Bonsdorf an, dass Kunstgegenstände und Bücher nicht vollständig in den Pfundzollbüchern vermerkt wurden, insbesondere wenn der Transport derselben in Fässern oder Tonnen durchmischt mit anderem Gut erfolgte. Allein bei der Verfrachtung von drei Tafeln, möglicherweise Retabeln, zahlte der Lübecker Maler Merten Radeloff 4 ß als Pfundzoll, dies entspräche nach dem zugrunde liegenden Satz von 1 d Zoll auf 1 mk Warenwert einem Gesamtwert von 48 mk. Jan von Bonsdorff vermutet hinter dem Pfundzoll von 4 ß allerdings einen Pauschalbetrag möglicherweise für ein besonders großes Transportformat oder Ähnliches und nicht die übliche Pfundzollberechnung. Zu dieser These kommt er erstens aufgrund des ermittelten Preises für diese Tafeln von jeweils 16 mk, demnach wären diese recht günstig gewesen, vergleicht man sie preislich mit einer von Radeloff für die Marienkirche im Jahr 1493 angefertigten Tafel für 90 mk. Zweitens zieht er als Vergleich ein Fass mit Steinplastiken heran, welches ebenfalls mit 4 ß verzollt wurde, und hält einen gleichen Warenwert für eher unwahrscheinlich. Weiter betont Jan von Bonsdorff die bedeutende Rolle der Kaufleute als Zwischenhändler für die in Lübeck hergestellten Kunstgegenstände in nördliche und östliche Richtung.³³³

Für die Frankfurter Messen ist bereits für das erste Viertel des 15. Jahrhunderts die Anwesenheit von Malern, Bildschnitzern und wohl auch von Zwischenhändlern anzunehmen, die in den Handel mit auf Vorrat produzierten sogenannten Marktbildern involviert waren.³³⁴ Die Anfänge dieser Serienproduktion manifestierten sich

---

330 Anhang 11.1.1 Bilder und Bücher. Welche Waren unter *bylde an glas* genau zu verstehen sind, muss erst einmal offenbleiben. Um Fenster- oder Spiegelglas wird es sich wohl nicht gehandelt haben, da Dunkelgud diese entsprechend benannte. Anhang 11.1.1 Bilder und Bücher: Nr. 1; Anhang 11.1.2 Diverse Waren: Nr. 10, 23, 43, 44, 49–52.
331 Zum Handel von Kunstwerken im Hanseraum vgl. die immer noch grundlegende Untersuchung von Jan von Bonsdorff, hier insbes. S. 78, Tab. 8: Bildereinfuhr nach Reval in der Revaler Schiffsliste 1426–1429. Von Bonsdorff bezog sich bei seiner Analyse noch auf die durch Karl-Heinz Sass im Jahr 1955 veröffentlichte Auswertung zu der Revaler Schiffsliste von 1425 bis 1448. Sass: Einfuhrhandel, S. 95. Seit 1992 liegt eine durch Reinhard Vogelsang herausgegebene vollständige Edition der Revaler Schiffslisten aus den Jahren 1425–1471 und 1479–1496 vor. Vogelsang: Revaler Schiffslisten.
332 Bonsdorff: Kunstproduktion, S. 79, Tab. 9: Bilderausfuhr aus Lübeck in den Lübecker Pfundzollbüchern 1492–1496. Der Autor bezog sich in dieser Auswertung noch auf die Untersuchungen von Friedrich Bruns zu den Lübecker Pfundzollbüchern vom Anfang des 20. Jahrhunderts, im Zuge derer er sich auch mit den verschifften Kunstwerken befasste. Bruns: Kunstgeschichte, S. 140 f. Die Angaben zu den Exporten sind zudem in der neueren Edition von Hans-Jürgen Vogtherr überprüfbar. Vogtherr: Pfundzollbücher, Bd. 2, S. 501, 859; Bd. 3, S. 1148, 1175; Bd. 4, S. 1659.
333 Bonsdorff: Kunstproduktion, S. 78–81.
334 Wagner: Ideal, S. 234–237.

in eher kleinformatigen Tafelbildern und vor allem in Andachtsbildern,[335] zu denen sich sehr wahrscheinlich die von Dunkelgud 1479 jeweils zu mehreren Dutzend verkauften *malde tafelen*, darunter auch kleine und große Stücke, zählen lassen. Die *malde tafelen* kosteten je Stück 13 ß 4 d und die kleinen *malde tafelen* 2,5 ß 0,96 d.[336] Ferner verkaufte er auch auf Leinwand ausgeführte Tafelbilder und Gemälde auf Papier. Die Stückpreise für diese Bilder sowie die Marienbildnisse variierten zwischen 6 ß 4,8 d und 12 ß, die teureren von 1 mk 2 ß bis 1,5 mk.[337] Passende Vergleichspreise zu finden ist schwierig. Für eine im Auftrag der Lübecker Marienkirche im Jahr 1493 angefertigte Tafel berechnete der Lübecker Maler Marten Radeleff – wie schon erwähnt – 90 mk, was die gänzlich anderen Preisdimensionen großformatiger Auftraggeberstücke verdeutlicht.[338]

Dessen ungeachtet wird im Dunkelgudschen Rechnungsbuch ein ausdifferenziertes Warensortiment von verschiedenen Preisklassen und unterschiedlichen Ausführungen sichtbar. Der gleichzeitige Versand mehrerer Stücke zu gleichem Preis deutet ferner auf eine Herstellung der Bilder in Kleinserien für den freien Markt hin, so dass diese nunmehr auch für einen breiteren Kundenkreis erschwinglich wurden.[339] Vor Antritt seiner Pilgerreise zu Beginn des Jahres 1479 ließ Dunkelgud außerdem eine unbekannte Anzahl von Leinwandgemälden im Wert von 70 rh gl bei seinem Wirt Claus van Calven zurück, die ihm bei seiner Rückkehr wieder ausgehändigt wurden.[340] Nicht zu klären ist, ob es sich dabei um Warenbestände handelte oder um Teile seiner Privateinrichtung.

Bei den von Dunkelgud verhandelten Büchern kann aufgrund ihrer Preise davon ausgegangen werden, dass es sich um Druckwerke handelte. Die ältesten Druckereien nördlich der Alpen entstanden in der zweiten Hälfte des 15. Jahrhunderts in Mainz (1448/54), Straßburg (um 1459), Köln (1464), Basel (um 1468), Augsburg (1468) und Nürnberg (1469/70).[341] Der Nürnberger Handel mit gedruckten Büchern lief in der zweiten Hälfte des 15. Jahrhunderts zum größten Teil über die Frankfurter Messen nach Lübeck. Daneben wurden Druckerzeugnisse beispielsweise aus Straßburg und Mainz nach Lübeck verhandelt. Von dort aus fand eine weitere Verteilung in die Wendischen Städte wie Rostock oder Wismar sowie weiter gen Danzig, Reval und Riga oder Schweden statt.[342] Bis auf eine Ausnahme wird diese Handelsrichtung auch in den Lübecker Pfundzollbüchern aus den Jahren 1492–1495 sichtbar, die nur einen Import von einer Kiste Bücher aus Wismar/Rostock/Stralsund aufweisen, dem 14 Exporte gen Norden nach Dänemark und

---

335 HÄBERLEIN/JEGGLE: Einleitung, S. 25; JEGGLE: Luxus, S. 517 f.
336 Vgl. Anhang 11.1.1 Bilder und Bücher: Nr. 7, 10–11.
337 Vgl. Anhang 11.1.1 Bilder und Bücher: Nr. 2, 4–6, 8–9, 13–14.
338 BONSDORFF: Kunstproduktion, S. 80.
339 Vgl. JEGGLE: Luxus, S. 530 f.
340 Rechnungsbuch, fol. 8v.
341 ISENMANN: Stadt, S. 868.
342 NORDMANN: Großhändler, S. 122 f. Der Buchhandel bis zum Ende des 15. Jahrhunderts fand in den einschlägigen ersten drei Bänden zur Frankfurter Handelsgeschichte von Alexander Dietz gar keine und auch bei Michael Rothmann im Zusammenhang mit den Frankfurter Messen nur wenig Aufmerksamkeit. Vgl. ROTHMANN: Frankfurter Messen, S. 14, 117, 142, 452 f.; DIETZ: Frankfurter Handelsgeschichte, Bd. 1–3.

Schweden (vor allem Stockholm) und gen Osten nach Wismar, Rostock und Stralsund sowie nach Stettin, Danzig und Reval gegenüberstehen. Da diese Bücher in Fässern, Kisten oder anderen Verpackungseinheiten versandt wurden, fehlen Angaben zur Anzahl, so dass keine Stückpreise ermittelt werden können. So variierte der Warenwert für ein Fass Bücher zwischen 18 mk und 100 mk. Neben einer unterschiedlichen Füllmenge der Fässer ist auch von qualitativen Unterschieden der Bücher auszugehen, was die Vergleichbarkeit der Warenwerte noch mehr verzerrt.[343] Ähnlich wie die Bilder zählten auch Bücher teilweise zu den zollfreien geistlichen Gütern. Zwar wurden diese, sobald sie in größeren Verpackungseinheiten versandt wurden, auch in den Listen geführt, doch deuten einige Hinweise auf weitere größere geistliche Büchersendungen, die dort fehlen.[344] Die von Dunkelgud verkauften Bücher weisen große preisliche Unterschiede auf. Zu nennen sind ein in den Jahren 1479/80 verkauftes Evangeliar für stolze 8 mk, zwei „schöne" Atlanten zu je 2,5 mk, zwei nicht näher bestimmbare Bücher zu je 2 mk, 9 *boke hilghen*, möglicherweise Sammlungen von Heiligenviten, zu je 2,5 ß 2 d und ein letztes über 20 Jahre später verhandeltes Stundenbuch zu 4 ß.[345]

Zusammenfassend handelte es sich bei den durch Dunkelgud verkauften Bildern nicht um kostbare Retabeln oder Gemälde herausragender Künstler, sondern um Massenware. Er versandte die Bilder einzeln oder gebündelt mit bis zu zehn Stück. Die Tafelbilder verkaufte er im Dutzend zu Stückpreisen von 13 ß 4 d, „unbemalte" Tafeln rechnete er zu 2,58 ß je Stück.[346] Bilder unbekannten Motivs sowie solche mit Mariendarstellungen variierten zwischen knapp 6 ß 4,8 d und 18 ß je Stück. Wie aus den Warenbeständen anderer Krämer deutlich wird,[347] könnte Dunkelgud Bücher und Bilder auch direkt in seinem Kram angeboten haben, da Produkte dieser Preiskategorie neben den Mitgliedern der städtischen Führungsgruppen beispielsweise auch für wohlhabende Handwerker erschwinglich gewesen sein dürften.[348]

Während der ersten (1474 bis 1480) und zweiten Handelsphase (1481 bis 1488) beteiligte sich Hinrik Dunkelgud darüber hinaus am hansischen Zwischenhandel mit Kleidung und Textilwaren, vorzugsweise Kopfbedeckungen.[349] Bis 1480 fie-

---

343 VOGTHERR: Pfundzollbücher, Bd. 1, S. 51, 54, 171, 378, 433; Bd. 2, S. 491, 513, 704; Bd. 3, S. 1398, 1486; Bd. 4, S. 1648, 1649, 1650, 1653, 1658.
344 BONSDORFF: Kunstproduktion, S. 79.
345 Vgl. Anhang 11.1.1 Bilder und Bücher: Nr. 3, 12, 15, 16, 17, 18.
346 Vgl. Anhang 11.1.1 Bilder und Bücher: Nr. 7, 11.
347 Zeitgleich mit Dunkelgud kaufte der Görlitzer Krämer Hans Brückner gedruckte Bücher auf den Leipziger Messen ein, um diese in den Jahren 1476 bis ca. 1481 in Görlitz zu verkaufen. SCHULZE: Krämerbuch, S. 191; eine Liste der Buchtitel und -preise folgt auf S. 195–198.
348 Im Jahr 1499 erhielt beispielsweise ein Lübecker Tischlergeselle einen Tageslohn von 3 ß. HARTWIG: Schoß, S. 236, Anlage VI.
349 Vgl. sechs Schiffsbefrachtungen im Danziger Pfundzollbuch aus den Jahren 1409 und 1411 von entweder im Dutzend verhandelten oder in größeren Verpackungseinheiten wie Fässern sowie Tonnen transportierten Mützen, was schon zu dieser Zeit auf eine serielle Produktion hindeutet. JENKS: Pfundzollbuch, Nr. 223, 224, 594, 830, 1021, 1399. Vgl. auch das Rechnungsbuch des in Danzig ansässigen Kaufmanns Johann Pyre aus der ersten Hälfte des 15. Jahrhunderts. SLASKI: Handel, S. 47 f.

len unter seine Transaktionen Mützen, Doppelmützen, Hüte, Hüte aus Saien, sogenannte *flemische hode* und Barette, die er entweder im Detailhandel oder im Dutzend versandte oder verkaufte.[350] Hergestellt wurden diese Kleidungsstücke wahrscheinlich in Flandern. Neben der Namensgebung im Einzelfall deutet darauf auch Dunkelguds Bezug anderer Textilwaren, wie Kissenbezüge und Decken, über seinen Handelspartner Claus Werneke direkt aus Brügge.[351] Zudem ist für die zweite Hälfte des 15. Jahrhunderts ein bedeutender Export von Brügger Mützen als Massenware und anderen Produkten durch römische Zollregister überliefert.[352] Eine Besonderheit innerhalb der Transaktionen Dunkelguds stellt eine Sendung an seinen Handelspartner Hans Sledorn über 66 Dutzend Barette im Gesamtwert von 70 mk 2 ß, mithin zu einem Stückpreis von nur 1 ß 5 d, dar.[353] Als eine frühere, vergleichbare Warensendung kann nur ein im Jahr 1475 von Lübeck nach Danzig importiertes Fass mit „Berediken" herangezogen werden.[354] Die bisherige Forschung ging von der Verbreitung dieser Kopfbedeckung erst seit dem letzten Viertel des 15. Jahrhunderts und vorerst ausschließlich als Luxusartikel in Seide, Samt oder Damast mit schmückenden Garnituren wie Goldschnüren oder Straußenfedern aus. Diese Annahme muss insofern revidiert werden, als Barette offenbar bereits im letzten Viertel des Jahrhunderts für einen breiteren Anteil der städtischen Bevölkerung und nicht mehr nur für den Adel oder die städtischen Führungsgruppen erschwinglich waren.[355] So ist es zudem besser nachvollziehbar, dass verschärfte Restriktionen für das Tragen dieses Kleidungsstücks in den städtischen Luxusordnungen aus dem oberdeutschen Raum bereits im ersten Viertel des 15. Jahrhunderts erfolgten und Barette demnach auf Kaufleute und vermögende Handwerker beschränkt bleiben sollten.[356] Dunkelguds Handel mit Kopfbedeckungen veränderte sich in der zweiten Handelsphase (1481 bis 1487) nur insofern, als er innerhalb seines Gesellschaftshandels mit Hans Borne und Peter Kegeben nur noch verschiedene Hüte (flämische Hüte, Hüte aus Lammwolle und *punthode*) in Großhandelsmengen in den Osten sandte, die preislich etwas günstiger zwischen 11 d und 4 ß 4 d lagen.[357]

Im seinem Rechnungsbuch dokumentierte Hinrik Dunkelgud vergleichsweise viele Transaktionen zu seinem Gesellschaftshandel mit Hans Borne und Peter Kegeben (1481 bis 1488), in dessen Rahmen seine Warenpalette eine deutliche Erweiterung im Bereich der günstigen Konsumwaren oder Pfennigwerte erfuhr. Die drei Gesellschafter partizipierten nun vor allem an dem seit der zweiten Hälfte des 15. Jahrhunderts florierenden Nürnberger Export von Metallwaren, deren Hauptumschlagsplatz die Frankfurter Messen darstellten. Nach Aussage Claus Nordmanns beteiligten sich „alle" nach Norden gerichteten Nürnberger am Handel mit Metall

---

350 Anhang 11.1.12 Kleidung und Textilwaren: Nr. 1–2, 9, 10–11, 20–26.
351 Anhang 11.1.12 Kleidung und Textilwaren: Nr. 17–19.
352 ESCH: Kaufleute, S. 251, 253 f., 257.
353 Anhang 11.1.12 Kleidung und Textilwaren: Nr. 26.
354 LAUFFER: Schiffs- und Waarenverkehr, S. 13. Dunkelgud schreibt *beretken*, die bereits Wilhelm Mantels als Barette identifizierte. MANTELS: Memorial, S. 357.
355 Vgl. VAVRA: Art. „Barett", LexMa, Bd. 1, Sp. 1459.
356 FOLTIN: Kopfbedeckungen, S. 59, 159.
357 Anhang 11.1.12 Kleidung und Textilwaren: Nr. 35–47.

oder Metallwaren.[358] Bei Dunkelguds Metallwaren handelte es sich vermutlich zu einem großen Teil um solche Nürnberger Pfennigwerte (Nürnberger Tand), also um günstige, in Massenproduktion hergestellte Metallwaren wie Scheren, Schlösser, Nadeln verschiedener Sorten, Messingknöpfe, Schellen etc.,[359] die den wirtschaftsstärksten Gewerbezweig Nürnbergs überhaupt bildeten sowie einen bedeutenden Anteil des Exports einnahmen.[360] Zu den auf höherem Preisniveau angesiedelten Erzeugnissen des Nürnberger Handwerks gehörten, wie bereits erwähnt, auch Kunstgegenstände, Erzeugnisse des Buchdrucks sowie Gold- und Feinschmiedearbeiten. Daneben verhandelten Nürnberger aber auch Waren aus Italien und über Venedig aus dem Orient gekommene Artikel, beispielsweise Gewürze und Drogen, sowie Produkte anderer oberdeutscher Städten wie St. Gallen, Ravensburg, Ulm und Augsburg in den Norden.[361] Nürnberger Waren wurden nicht nur über die Frankfurter Messen, sondern auch von Köln und aus den niederrheinischen Gebieten oder im Direkthandel aus Nürnberg nach Lübeck eingeführt, um von dort weiter nach Norden und Osten verhandelt zu werden.[362]

Wo Dunkelgud Nürnberger Ware einkaufte, ob er diese direkt in Lübeck über einen anderen Großhändler bezog, kann nicht nachvollzogen werden. Bereits kurz nach der Mitte des 14. Jahrhunderts hatten die Nürnberger von Graf Ludwig III. von Flandern in den Städten Brügge, Gent und Ypern ein Zollprivileg verliehen bekommen, das sie den hansischen Kaufleuten weitgehend gleichstellte.[363] Auf dieser Grundlage verkauften sie ihre Waren nachweislich seit dem späten 14. Jahrhundert nach Brügge und Mechelen und setzten sie schließlich im 15. Jahrhundert auch mithilfe der Brabanter Messen über Antwerpen und Bergen-op-Zoom ab.[364] Diese Handelsroute über Flandern verlor für die Nürnberger aber in der zweiten Hälfte des 15. Jahrhunderts zu Gunsten der Nord-Süd-Verbindung über die Frankfurter Messen an Bedeutung.[365] Trotzdem gibt es Hinweise darauf, dass Hinrik Dunkelgud zumindest Öl über Brügge einkaufte, da ihm 1 Pipe 4 lb wohl nach dem 29. Sept. 1479 von dort von Hinrik Witte zugesandt wurde. Etwa zur gleichen Zeit schickte ihm Witte eine weitere Pipe Olivenöl zu.[366] Darüber hinaus erkundigte sich Hinrik Dunkelgud sogar noch bis zu drei Jahre später für den kommenden Winter 1482 bei seinem Geschäftspartner Claus Werneke nach der Entwicklung der Preise für Öl in Brügge.[367] Da es Hinrik Dunkelgud also möglich war, sowohl Nürnberger Waren als auch Gewürze und Öl über Brügge zu beziehen, können seine Bezugsquellen nicht mit letzter Sicherheit ermittelt werden.

---

358 NORDMANN: Großhändler, S. 37, 115 f., 136 f.
359 Anhang 11.1.14 Metallwaren: Nr. 3–35. Vgl. NORDMANN: Oberdeutschland, S. 9.
360 AMMANN: Stellung, S. 48.
361 NORDMANN: Oberdeutschland, S. 9.
362 AMMANN: Stellung, S. 63 f.
363 NORDMANN: Oberdeutschland, S. 17.
364 AMMANN: Stellung, S. 54–56.
365 NORDMANN: Großhändler, S. 111.
366 Rechnungsbuch, fol. 2r, 5r.
367 Ebd., fol. [234r] 71r.

Zudem sind einige Massenartikel und günstige Metallwaren nicht ganz eindeutig einzig dem Produktionsort Nürnberg zuzuordnen. Neben Nürnberg waren nämlich insbesondere auch maasländische Produktionszentren wie Dinant und Bouvignes, niederländische Zentren wie Namur, Huy, Mechelen, Middelburg und Nijmegen, am Niederrhein Köln, Aachen, Stolberg und Düren, schließlich die lothringischen Städte Champigneulles und Nancy überregional in die Herstellung und den Export von Metallwaren involviert.[368] So ist für die Stadt Dinant bis zu ihrer Zerstörung im Jahr 1465 durch Karl den Kühnen beispielsweise der Export von Messern, Scheren und Glocken nach London belegt.[369] Aber auch in der zweiten Hälfte des 15. Jahrhunderts florierte das Exportgeschäft von Messern, Dolchen, Rasiermessern und Spiegeln durch flandrisch-niederländische Kaufleute, die diese nach Italien ausführten.[370] Wie der Nürnberger Tand wurden vereinzelt auch die Kölner Metallwaren über die Frankfurter Messen gehandelt.[371] Beständig oder zeitweise der Hanse zuzurechnende Städte mit einem bedeutenden Metallexportgewerbe waren ferner Braunschweig, Hildesheim, Breslau und Krakau, wobei gerade in Braunschweig nicht zuletzt Gebrauchsgegenstände wie Kessel hergestellt und nach Osten gen Russland exportiert worden sein dürften. Zudem waren neben den Nürnbergern um 1500 Braunschweiger Kaufleute mit ihren Metallwaren in Brügge präsent.[372]

Es kann folglich nicht mit Sicherheit nachvollzogen werden, wo Dunkelgud seine Waren einkaufte, und nur deutlich vermutet werden, dass es sich um Nürnberger Metallwaren handelte. Allerdings scheint Lübeck für den Nürnberger Tand ein lukrativer Absatzmarkt gewesen zu sein,[373] da „Nürnberger Messer" bereits in der ersten überlieferten Gästerolle der Krämerkompanie aus dem Jahr 1353 im Kanon der üblichen Handelswaren von Gästen aufgeführt wurden.[374] Tatsächlich scheint ihr Absatz ein solches Ausmaß erreicht zu haben, dass den Gästen in dieser Ordnung zum Schutz der lübeckischen Kleinhändler die Vereinzelung dieser und anderer Waren verboten und ihnen der Verkauf ausschließlich in Großhandelsmengen, in diesem Fall erst ab einer Zahl von 50 Stück, erlaubt wurde.[375] Wohl um die Jahrhundertwende kam es zu erneuten Beschwerden der Lübecker Krämer über den zunehmenden Kleinhandel Nürnberger Kaufleute im Stadtgebiet, worauf der Rat die Handelsabgaben für die Nürnberger erhöhte.[376] Auch in den preußischen und livländischen Hansestädten wurden vor allem seit den 1440er Jahren wiederholt Handelsrestriktionen und -verbote erlassen, die sogar auf die Nürnberger Gäste und ihre Waren, insbesondere Messer, zugespitzt waren.[377] Die Klagen vor dem Rat

---

368 IRSIGLER: Kupferhandel, S. 16, 30.
369 DOLLINGER: Hanse, S. 327; SEGGERN: Export, S. 214.
370 ESCH: Kaufleute, S. 251 f.
371 DIETZ: Handelsgeschichte, Bd. 2, S. 170.
372 IRSIGLER: Kupferhandel, S. 16, 28, 31.
373 AMMANN: Stellung, S. 64.
374 Ebd., S. 52 f.; vgl. WEHRMANN: Zunftrollen, S. 271.
375 SEGGERN: Export, S. 215.
376 WERNICKE: Nürnbergs Handel, S. 268.
377 Ebd., S. 263, 272 f.

gingen nicht von den Groß- und Fernkaufleuten aus, sondern von den gewerblich organisierten Handwerkern und Krämern.[378] Seit den 1460er Jahren kam es erneut zu wiederholten Klagen vor allem der Lübecker Krämer über diese unmittelbare Konkurrenz im Stadtgebiet. Aufgrund der wohl recht hohen Nachfrage der Nürnberger Pfennigwerte gestattete der Lübecker Rat den Nürnbergern dennoch den Verkauf in geöffneten Ladenlokalen, beschränkte diesen allerdings ausdrücklich auf den in Nürnberg hergestellten *tant*[379] und schloss dadurch andere importierte Handelswaren aus, deren Verkauf so den Lübecker Krämern vorbehalten werden sollte. Diese Norm findet sich in Hinrik Dunkelguds ausdifferenziertem Sortiment an günstigen Dolchen, Dolchmessern und Messern bestätigt, denn Nürnberger Messer sind darunter nicht erkennbar. Im Sortiment waren häufig zu mehreren Dutzend versandte *brekerfelder daggen, munstersche daggen, hildemesche meste, luneborger dagge[n]*, ferner *schermess, pappenmeste* und *juncfrouwenmeste* sowie *meste myt kronen*.[380] Gerade die Kombination der genannten Sorten aus dem westfälischen Breckerfeld und Münster sowie dem niedersächsischen Hildesheim und Lüneburg zeigt erstens ein breiteres Sortiment an Metallwaren als nur Nürnberger Tand[381] und zweitens werden diese Waren sehr wahrscheinlich auf direktem Wege nach Lübeck und nicht über die Frankfurter Messen gehandelt worden sein.

Ein anderer Hinweis auf eine im hansischen Handel bisher nicht überlieferte Ware deutet wiederum vor allem auf Hinrik Dunkelguds Bezug oberdeutscher Handelswaren hin. Innerhalb seines Gesellschaftshandels mit Hans Borne und Peter Kegeben, d. h. in der zweiten Handelsphase (1481–1488), versandte Hinrik Dunkelgud am 24. Juni 1485 sechs Dutzend Brillen, verpackt in einer Lade, im Gesamtwarenwert von 1,5 mk, mithin zu einem Stückpreis von nur 4 d, gen Reval.[382] Da auch in diesem Fall seinem Rechnungsbuch nicht zu entnehmen ist, woher er die Waren bezogen hatte, kommen vornehmlich mehrere Produktionsstätten im Reich in Frage. Die Herstellung und der Vertrieb von Brillengestellen und -gläsern fanden seit der Mitte des 15. Jahrhunderts in Frankfurt am Main, Straßburg, Nürnberg und Regensburg statt, wo sich 1535 die erste Berufsvereinigung von Brillenmachern zusammenschloss.[383] Über Brillen als hansisches Handelsgut ist bisher nichts

---

378 DIRLMEIER: Beziehungen, S. 212.
379 AMMANN: Stellung, S. 64; vgl. erstmals bei NORDMANN: Großhändler, S. 115–117.
380 Vgl. Anhang 11.1.3 Dolche und Dolchmesser.
381 Bedeutende Produktions- und Exportgewerbe für Messer existierten noch in einer Reihe weiterer Städte im Reich, vor allem in Solingen, Passau, Schmalkalden sowie in den Hansestädten Köln, Braunschweig, Lübeck, Krakau und Breslau. HOLBACH: Frühformen, S. 243–245.
382 Anhang 11.1.2 Diverse Waren: Nr. 58. Dass es sich sehr wahrscheinlich um Brillen handelte, bestätigt die im Dunkelgudschen Rechnungsbuch erwähnte übliche Verpackungseinheit pro Dutzend in Laden. REITH: Art. „Brille, 2. Herstellungszentren und Handel", in: Enzyklopädie, Sp. 424. Heung-Sik Park verweist ebenfalls auf den Verkauf von Brillen in Lüneburger Kramläden und von Brillen aus Horn bzw. Knochen in Hildesheim. PARK: Krämer- und Hökergenossenschaften, S. 152, 167. Die Handelsware Brillen wird auch in einer Verordnung der Erfurter Krämer aus dem Jahr 1486 aufgeführt. KÖHLER: Einzelhandel, S. 14. Für Lübeck weist zudem ein Inventar eines (Landfahrer-)Krämers aus dem Jahr 1566 ebenfalls einen Posten mit einem halben Dutzend *ougenbrillen* auf. KOPPMANN: Krämer-Inventar, S. 205, Nr. 30.
383 MOZZATO: Luxus, S. 384 f.; REITH: Art. „Brille, 2. Herstellungszentren und Handel", in: Enzyklopädie, Sp. 423.

bekannt, so dass hier zum Vergleich auf Befunde aus anderen deutlich südlicher gelegenen Regionen zurückgegriffen werden muss. Die sogenannte Ravensburger Handelsgesellschaft führte vermutlich aus Nürnberg stammende Brillen, -bestecke, -hölzer und -gläser nach Mailand oder Spanien aus.[384] Ferner war es im Jahr 1477 möglich, Brillen in Flandern zu erwerben.[385] Auch der vielseitig engagierte venezianische Apotheker Agostino Altucci verhandelte in den Jahren 1464 bis 1475 annähernd 90.000 Brillen. Sein Sortiment umfasste Brillengestelle aus schwarzem, weißem oder gelbem Horn bzw. Bein oder Buchsbaumholz. Hierbei handelte er vor allem mit den Brillengestellen und nur vereinzelt nachweisbar auch mit den entsprechenden Brillengläsern, die er aus dem nordalpinen Reich bezog. Ausgehend von seinem Handel in Venedig, fanden diese in Syrien einen ansehnlichen Absatz. Ferner handelte es sich nicht um Einzelanfertigungen, sondern um massenhaft produzierte und vergleichsweise günstige Brillengestelle, so kosteten die preiswertesten Varianten aus weißem oder gelbem Buchsbaumholz nur knapp die Hälfte des venezianischen Preises von 5 Eiern im Jahr 1464.[386]

Die neue Konzentration auf Pfennigwerte innerhalb von Hinrik Dunkelguds Gesellschaftshandel mit Hans Borne und Peter Kegeben setzte sich auch bei weiteren Waren fort, die in der zweiten Phase neu hinzukamen, beispielsweise bei verschiedenen Sorten von Lederbeuteln, darunter *mannebudel* (Männerbeutel?) und Lübecker Beutel,[387] verschiedenen Riemen und Gürteln,[388] Spiegeln[389] und Kämmen[390].

6.4.2 Die zweite Widerlegung mit Peter Kegeben (Handelsphase 3): Von günstigen Massenwaren zu ‚typischen' hansischen Waren

Im Rahmen der zweiten Widerlegung ausschließlich mit Peter Kegeben (1491 bis 1506) modifizierte Hinrik Dunkelgud noch einmal sein Warensortiment. Anscheinend nur auf diese Phase beschränkt kam der Handel mit der Westware Salz[391] und der Ostware Getreide hinzu. Salz sandte er Peter Kegeben fünfmal im Jahr 1492 sowie ein weiteres Mal 1493 zu. Dies ist aus zweierlei Gründen bemerkenswert: Ers-

---

384 SCHULTE: Ravensburger Handelsgesellschaft, Bd. 2, S. 211 f.; Bd. 3, S. 308. Hinter der heutigen Bezeichnung der Ravensburger Handelsgesellschaft verbirgt sich im Kern eine Gesellschaft der drei schwäbischen Familien Humpis aus Ravensburg, Muntprat aus Konstanz sowie Mötteli aus Buchhorn vom Ende des 14. Jahrhunderts bis zur Auflösung um 1530. MEYER: Fernhandel, S. 40 f.
385 SCHULTE: Ravensburger Handelsgesellschaft, Bd. 2, S. 222.
386 MOZZATO: Luxus, S. 380, 394, 396–400, 403.
387 Anhang 11.1.2 Diverse Waren: Nr. [6], 34–37, 39–42. Die Lübecker Lederbeutel wurden von den Mitgliedern des gewerblichen Amts der *Remensnyder unde budelmaker* hergestellt, deren erste Amtsrolle in Lübeck aus dem Jahr 1359 stammt. WEHRMANN: Zunftrollen, S. 376 f.
388 Anhang 11.1.2 Diverse Waren: Nr. 21, 30–32, 59–65, 69–73, 75–76.
389 Anhang 11.1.2 Diverse Waren: Nr. 42–44, 49–52.
390 Anhang 11.1.2 Diverse Waren: Nr. 54, 74.
391 Noch aus dem Jahr 1474 stammend, notierte Dunkelgud den Verkauf von Salz im Wert von 30,5 mk 2 d. Anhang 11.1.17 Salz: Nr. 1.

tens handelte es sich im Vergleich zu seinen vorherigen Warensendungen aus den ersten Widerlegungen mit Hans Borne und Peter Kegeben um deutlich größere Warenmengen von 1, 2 und einmal 4 Last Salz mit entsprechend höheren Warenwerten zwischen 26 und 28 mk je Last.[392] Zweitens erhielt Dunkelgud nur ein einziges Mal eine Last Travesalz, vermutlich als Retoursendung am 2. Februar 1479 von Tile Mensen.[393] Da Hinrik Dunkelgud zwischen *solt* und *travenesolt* unterschied, kann daraus geschlossen werden, dass er unter „Salz" das seit der Mitte des 14. Jahrhunderts auftretende Baiensalz verstand. Dieses grobe Seesalz wurde ursprünglich in der Bucht von Bourgneuf gewonnen, wovon es seine Bezeichnung innerhalb des hansischen Handels erhalten sollte, die später auch für Salz aus Brouage sowie sogar für das über Lissabon eingeführte portugiesische Salz Verwendung fand. Den Umschlagsplatz für das Baiensalz bildete Brügge.[394] Freilich muss auch hier offenbleiben, ob Dunkelgud selbst das Salz über dortige Handelspartner nach Lübeck einführte oder ob er es in Lübeck von heimischen Großhändlern erwarb.

Da Peter Kegeben mit Dunkelgud während ihrer zweiten Widerlegung sehr wahrscheinlich stationär von Danzig aus handelte,[395] bot sich der Handel mit Roggen als das bedeutendste Danziger Exportgut besonders an.[396] Insgesamt fallen von den 27 Transaktionen Dunkelguds mit Getreide 21 mit Mehl, Weizen und Hirse in die zweite Widerlegung mit Kegeben (1491–1506).[397] Allerdings ergaben die bereits im Kapitel 6.2.3 (Gewinn- und Verlustrechnung im Roggenhandel) erläuterte Preiskalkulation und die Errechnung der Gewinn- bzw. Verlustmarge für sieben Transaktionen im Roggenhandel mit Peter Kegeben sowie teilweise einem dritten Gesellschafter namens Evert Sveberch viermal einen Verlust. Dieser variierte zwischen zweimal 1,5 Prozent sowie 14,5 Prozent und 20,5 Prozent. Die drei Gewinnmargen beliefen sich auf 2,6 Prozent, 20,8 Prozent und 23,1 Prozent. Von einem durchweg lohnenswerten Roggenhandel kann folglich nicht gesprochen werden.[398]

Das Fischsortiment, ursprünglich Lachs, Lachsforellen, alborgischer und schonischer Hering, schränkte Hinrik Dunkelgud im Handel mit Peter Kegeben ausschließlich auf die teuersten und am häufigsten verhandelten Sorten Stockfisch, *rotscher* und *flaskfyskes*, ein.[399]

Neben Wachs, das Dunkelgud grundsätzlich nicht in den Widerlegungen mit Borne und Kegeben handelte, entfiel in der zweiten Widerlegung allein mit Kegeben bis auf eine Sendung Bollard im Jahr 1501 auch der Handel mit Rauch- und Le-

---

392 Anhang 11.1.17 Salz: Nr. 3–8.
393 Anhang 11.1.17 Salz: Nr. 2.
394 DOLLINGER: Hanse, S. 288, 332 f.; WITTHÖFT: Friesensalz, S. 86, 96.
395 Dunkelgud bemerkte im Zusammenhang mit Peter Kegeben häufiger, dass die Sendungen explizit nach Danzig gingen, zudem benannte Dunkelgud Kegeben im Jahr 1506 als Danziger Bürger. Rechnungsbuch, fol. 195v. Dies wird auch durch einen Eintrag in einer um 1504 entstandenen Danziger Sonderschossliste bestätigt. APG 300,12/400, fol. 27r.
396 Anhang 11.1.9 Getreide und Mehl: Nr. 8–12, 15, 18, 21–22.
397 Anhang 11.1.9 Getreide und Mehl: Nr. 5–7, 13–14, 16–17, 19, 20, 23–25.
398 Vgl. Tab. 3: Hinrik Dunkelguds Margen im Roggenhandel.
399 Anhang 11.1.6 Fisch: Nr. 1–19.

derwaren.[400] Zudem wurde das Geschäft mit günstigen Massenwaren wie Dolchen und Dolchmessern, mit Hüten und Mützen sowie diversen anderen Pfennigwerten komplett eingestellt.[401] Auch bei den Metallwaren handelten Dunkelgud und Kegeben nur noch im Jahr 1492 mit Draht, was nun keine Pfennigwerte mehr betraf wie bei den vorherigen Sendungen, sondern einen eher hohen Warenwert von insgesamt 71,5 mk 3 ß. Ein letztes Mal transferierte Dunkelgud im Jahr 1500 zwei Stück Blech zu 6,5 mk 4 ß nach Danzig.[402]

6.4.3 Ausklingen der Handelsgeschäfte (Handelsphase 4)

Rechnet man die Transaktionen mit Peter Kegeben innerhalb der letzten Handelsphase heraus, wird neben bisher unbekannten, vermeintlich neuen Handelspartnern wiederum eine leichte Modifikation innerhalb der Westwarenpalette sichtbar, gleichzeitig reduzierte sich der Handel mit Ostwaren auf vereinzelte Transaktionen.[403] Dunkelgud beschränkte sich nun wiederum auf Waren, die aus der ersten und zweiten Handelsphase bekannt sind. Außer mürbem Brot verzichtete er auf den zuvor häufigen Handel mit Lebensmitteln, die als Fastenspeise geeignet waren. Die wichtige Ausnahme bildete Stockfisch, für den aber fast ausschließlich der Empfang nachweisbar ist.[404] Zudem erscheinen in dieser Handelsphase die wenigen Lieferungen in den Jahren 1502 bis 1505 bemerkenswert, die im Vergleich zu den Warenwerten innerhalb seiner Widerlegungen mit Borne und Kegeben einen hohen Wert aufwiesen. Neben einer Transaktion mit *walkolge* innerhalb seiner Widerlegung mit seinem Knecht Lammerd Hemekynck im Wert von 17 mk 5,5 ß 2 d erfolgten zwei Verkäufe über 123 lb Pfeffer für insgesamt 92 mk 4 ß an Titke Kolsouwe und über eine Last Osemund im Wert von 32 mk 4 ß an seinen Schwiegersohn Claus Lange sowie weitere Verkäufe von 1 Last 6 Tonnen Met und 1 Last Bier im Wert zwischen 12 und 28 mk an drei weitere Handelspartner.[405] Hinrik Dunkelgud knüpfte in dieser letzten Handelsphase also wieder an Warenmengen und -werte ähnlich der ersten und zweiten Handelsphase und damit an Handelsgeschäfte vor und zu Beginn seiner Niederlassung in Lübeck an. Dies könnte darauf hindeuten, dass die im Rahmen seiner Widerlegungen mit Borne und Kegeben ver-

---

400 Anhang 11.1.19 Wachs; Anhang 11.1.16 Rauch- und Lederwaren: Nr. 33.
401 Dolche und Messer wurden gar nicht von Kegeben gehandelt. Innerhalb des Handels mit Textilien gibt es nur einen Eintrag für einen Bettüberzug zu 20 ß und unter den diversen Waren handelte er nur zweimal Wagenschot, also Eichenholz, und vier Räder zu 12 mk. Anhang 11.1.3 Dolche und Dolchmesser; Anhang 11.1.12 Kleidung und Textilwaren: Nr. 49; Anhang 11.1.2 Diverse Waren: Nr. 81–82, 84.
402 Anhang 11.1.14 Metallwaren: Nr. 36–41.
403 Es gibt nur noch vier Transaktionen mit Wachs sowie eine mit Rauch- und Lederwaren, Anhang 11.1.19 Wachs: Nr. 10–13; Anhang 11.1.16 Rauch- und Lederwaren: Nr. 33.
404 Anhang 11.1.13 Lebensmittel: Nr. 45–52; Anhang 11.1.7 Fisch: Nr. 20–36, 38. Eine Ausnahme bildete die Sendung einer Tonne Schellfisch, ebd., Nr. 37.
405 Anhang 11.1.5 Fettwaren: Nr. 32; Anhang 11.1.10 Gewürze: Nr. 20; Anhang 11.1.15 Osemund: Nr. 13; Anhang 11.1.8 Getränke: Nr. 6–8.

handelten Waren insgesamt eher die Ausnahme als die Regel im Dunkelgudschen Handel bildeten und nur aufgrund der im Buch F überlieferten Einträge überrepräsentiert erscheinen mögen.

6.5 GESCHÄFTSBEZIEHUNGEN

Aufgrund der fragmentarischen Quellenüberlieferung – das gilt für die Geschäftskorrespondenz, aus der sich nur ein einzelner Brief erhalten hat, ebenso wie für die mehrteilige Rechnungsbuchführung, die allein in einem einzigen Exemplar auf uns gekommen ist – lassen sich weder Dunkelguds gesamter Geschäftsumfang noch all seine Geschäftsbeziehungen erschließen. Innerhalb seiner personellen Verflechtungen werden im Folgenden mit Hinrik Dunkelgud in einer Handelsgesellschaft verbundene Personen wie Hans Borne, Peter Kegeben, Hans Hovenborch, Lammerd Hemekynck, Anneke Lange und Hans Sledorn verstanden. Von diesen werden Dunkelguds Handelspartner wie Hans Mouwer d. Ä., Hans Mouwer d. J. sowie Claus Werneke abgegrenzt, zu denen sich in seinem Buch ausführliche Abrechnungen, eventuell auch Einschreibungen eigenhändiger Quittungen finden, was auf eine Widerlegung bzw. Selschop oder auf Handelsgeschäfte auf Gegenseitigkeit ohne eine vertragliche Bindung hinweisen könnte. Zudem werden die Personen als Handelspartner berücksichtigt, deren Handelsmarken im Rechnungsbuch eingezeichnet sind, was einen Indikator für eine längere Geschäftsbeziehung darstellt. Diese Handelsmarken erscheinen für Hans Blanke, Hennink Bardenwerper, Hans Borne, Hans Brunsten, Peter Kegeben, Hinrik Kilenberch, Bernt Pal, Merten Petersen, Hans Sledorn und den Schiffer Hinrik Smit.[406] Besonders häufig in der ersten und vierten Handelsphase verzeichnete Dunkelgud einzelne Transaktionen mit nur einmal zu diesem Anlass genannten Personen. Da das Rechnungsbuch zu diesen Personen und ihrer Handelstätigkeit mit Hinrik Dunkelgud keine näheren Aussagen erlaubt, finden diese in der näheren Auswertung zu Dunkelguds Geschäftsbeziehungen nur vereinzelt Berücksichtigung.[407]

In dem nachfolgenden Diagramm 2 (Dunkelguds Gesellschafter und Handelspartner in seinen vier Handelsphasen) sind Dunkelguds Gesellschafter und Handelspartner den vier aktiven Geschäftsphasen zugeordnet. Diese mithilfe der Dunkelgudschen Einträge ermittelten Handelsphasen lassen sich voneinander nicht nur durch die Variation innerhalb des Warensortiments, sondern auch durch den Wechsel der Gesellschafter und Handelspartner nachzeichnen. Den vier Handelsphasen entsprechend können für die jeweilige Zeitspanne intensivere Handelsbeziehungen zu bestimmten Geschäftspartnern festgestellt werden.

---

406 Vgl. Anhang 11.9 Handelsmarken.
407 In der Edition werden die Personen, mit denen Hinrik Dunkelgud Geschäftsbeziehungen pflegte, folglich als Gesellschafter, Handelspartner oder als ‚Handelskontakt', d.h. als Person mit einem einmaligen bzw. weniger intensiven Handelskontakt zu Dunkelgud benannt und als solche im Personenindex zur Edition ausgewiesen.

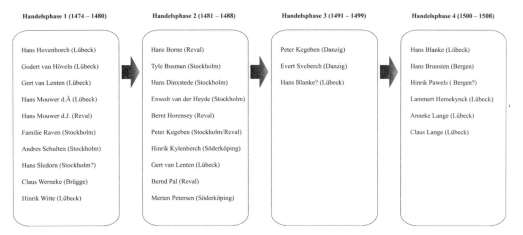

Diagramm 2: Dunkelguds Gesellschafter und Handelspartner in seinen vier Handelsphasen

Für einen mittelalterlichen Kaufmann stellten derartige personelle Verflechtungen sowohl im Ostseeraum als auch in Oberdeutschland häufig die ersten substantiellen Handelsbeziehungen überhaupt dar, die im Laufe des Lebens mit den sich entwickelnden verwandtschaftlichen und freundschaftlichen Verflechtungen von Kaufleuten zu Netzwerken ausgebaut wurden.[408] Diese Kaufleutenetzwerke werden hier in ihrem Grundmuster vereinfacht als Verbindungen zwischen mehr als zwei Personen untereinander verstanden, womit sie über zweiseitige, dyadische Verbindungen wie beispielsweise bei der Abwicklung eines Handelsgeschäfts hinausgehen.[409]

> „Grundlage des Netzwerkes ist ein Fluss an Ressourcen, deren Erlangung zum Erreichen eines allen im Netzwerk eingebundenen Akteuren gemeinsamen Ziels notwendig ist. Ein soziales Netzwerk ist eine soziale Organisationsform, bei der die Position des einzelnen Akteurs in der Gruppe nicht durch hierarchisch vorgegebene Muster, sondern allein durch den Zugang zu den für das Ziel des Netzwerks bedeutenden Ressourcen sowie die Qualität und Quantität der Verbindungen zwischen den Mitgliedern bestimmt wird."[410]

Um Zugang zu einem solchen Personennetzwerk zu erhalten, war es unabdingbar, einen guten Ruf (*gelouwe*) vorweisen zu können,[411] da dieser den Kaufleuten in einem auf gegenseitigem Vertrauen basierenden Handelsnetzwerk die einzige Sicherheit bot, nicht an einen Betrüger zu geraten. Hierbei übernahmen die anderen Mitglieder dieser Netzwerke die Funktion einer kontrollierenden Öffentlichkeit, so dass Fehlverhalten und Vertrauensmissbrauch im Netzwerk öffentlich gemacht wurden.[412] Ideale Voraussetzung für eine gute Reputation bot die Abkunft von einer bereits etablierten Kaufmannsfamilie. In dieser konnte sich der junge Kaufmann

---

408 SELZER/EWERT: Verhandeln, S. 144–147; FOUQUET: Freundschaft, S. 113 f.
409 JAHNKE: Handelsnetze, S. 190; grundlegend für die Herleitung und Anwendung des Netzwerkbegriffs unter handelsgeschichtlichen Gesichtspunkten ist BURKHARDT: Bergenhandel.
410 BURKHARDT: Kaufmannsnetzwerke, S. 119.
411 WUBS-MROZEWICZ: Hanse, S. 10.
412 SELZER/EWERT: Verhandeln, S. 150–152.

langsam zuerst im Handel mit Verwandten und dann in Erweiterung mit anderen Handelspartnern als qualifiziert und vertrauenswürdig beweisen.[413]

Dunkelguds Rechnungsbuch weist allerdings nur eine geringe Handelstätigkeit mit seinen Familienangehörigen und Verwandten zur Zeit seiner Niederlassung in Lübeck aus. Hier werden nur vereinzelt Verkäufe und dann beinahe ausschließlich en détail an Verwandte sichtbar. Von diesen wenigen Verkäufen reichen die ältesten in das Jahr 1474 zurück. Laut diesen Einträgen verkaufte Dunkelgud an Hans Meyer unter anderem ein halbes Mechelsches Laken sowie 125 lb Kümmel, die wahrscheinlich für den Kramverkauf vor Ort bestimmt gewesen sein dürften. Im Rahmen der Vorbereitungen für die Hochzeit mit dessen Tochter Kunneke lieferte ihm Dunkelgud im Herbst 1479 sowohl wenige Ellen oder vereinzelte Laken verschiedener Tuche zur Einkleidung der ganzen Familie bis hin zu Meyers Knecht, ferner Ausstattungsgenstände wie ein Dutzend Sitzkissen mit passenden Bezügen, endlich Getränke und Lebensmittel.[414] Ein Eintrag vom 11. November 1479 zeigt darüber hinaus, dass Hans Meyer auch direkt Hinrik Dunkelguds Waren, in diesem Fall immerhin 2 Schiffpfund und 3,5 Liespfund Wachs im Wert von 100 mk 9 d, an Dritte verkaufte.[415] Insgesamt deutet dies eher darauf hin, dass Dunkelgud seinen Schwiegervater förderte als umgekehrt.

Seinem angeheirateten Onkel Marquart Mus sowie Heineke und dessen Frau, eine Tante Dunkelguds, verkaufte er 1478 unter anderem eine Elle Tuch aus Den Haag, eine Bühre (Überzug) und ein Pfund Wachs, auch ein Pferd im Wert von 10 mk.[416]

Es ist nicht mit letzter Sicherheit zu klären, ob Hinrik Dunkelgud mit Peter Schutte im Einzelfall seinen Oheim Peter Schutte aus Travemünde oder den Schiffer gleichen Namens meint oder ob es sich dabei ohnehin um dieselbe Person handelte. Beteiligt war sein Oheim Peter Schutte wohl an einem Wachsverkauf vom 1. September 1479 an Gert van Lenten. Ferner wird Peter Schuttes Frau, Gessche, zweimal im Zusammenhang mit der Abrechnung Hinrik Dunkelguds mit Hans Mouwer d. J. am 24. August und noch einmal am 1. Dezember 1479 genannt, da sie eine Auszahlung von 2 mk an Dunkelgud vornehmen sollte.[417] Die Abrechnung vom 24. August bezog sich direkt auf Verkäufe Dunkelguds, unter anderem ein Paar Socken zu 1 ß, ein Pelz zu 30 ß und mehrere Pfund Öl (Olivenöl?), an Peter Schutte. Beglichen wurden diese Verbindlichkeiten durch Zahlungen Schuttes sowie ein einziges Mal mit einer Warensendung von 8 Stück Eichenholz. Allerdings verwies Dunkelgud unter diesen Einträgen auf sein weißes Buch,[418] so dass hier wahrscheinlich nur ein Teil der Transaktionen mit Schutte sichtbar wird.

Einen Hinweis auf eine doch durch die verschwägerte Verwandtschaft geförderte Einbindung in erste Handelsgeschäfte könnte Dunkelguds Gesellschaftshandel mit Hans Sledorn geben, der spätere Begleiter auf seiner Pilgerreise. Hans

---

413 JAHNKE: Geld, S. 4–8.
414 Rechnungsbuch, fol. 4r, 46v–47r.
415 Ebd., fol. 13r; vgl. Anhang 11.1.19 Wachs: Nr. 4.
416 Rechnungsbuch, fol. 6r. Vgl. Anhang 11.4 (Stammtafel Hinrik Dunkelguds).
417 Rechnungsbuch, fol. 200r, 196r (Schiffer); fol. 5r, 9v, 11r (Oheim und Handelspartner). Vgl. dazu auch Anhang 11.5 (Verwandtschaftstafel von Hinrik Dunkelgud).
418 Rechnungsbuch, fol. 11r.

Sledorn besaß nämlich neben einem Stiefvater auch zwei Brüder, die einen anderen Nachnamen führten: Hans Meyer und Ernst Meyer. Ob es sich bei Hans Meyer aber um Dunkelguds Schwiegervater handelte, lässt sich nicht verifizieren.[419]

Im Ergebnis scheinen Hinrik Dunkelguds erste Handelsbeziehungen nicht auf familiären Verflechtungen beruht zu haben, wie dies recht häufig innerhalb des hansischen Handels, beispielsweise im 15. Jahrhundert für die Familien Veckinchusen oder Castorp oder den Revaler Kaufmann Bernd Pal, belegt ist.[420]

Nach einem kurzen Überblick zu Hinrik Dunkelguds verschiedenen Handelspartnern und Personen mit gelegentlichen Handelskontakten, um so seinen Geschäftsradius nachzuzeichnen, wird auf einige bedeutende Gesellschafter eingegangen. Für Dunkelguds frühe Lübecker Phase (1474–1480) werden seine Handelsgeschäfte mit Hans Sledorn, für die zweite (1481–1488) und dritte Phase (1491–1499) die mit Hans Borne und Peter Kegeben, für seine letzte Handelsphase (1500–1508) die Gesellschaften mit seinen Familien- und Haushaltsangehörigen näher analysiert.

6.5.1 Personelle Verflechtungen in alle Handelsrichtungen

Informationen zu Dunkelguds persönlich unternommenen (Handels-)Reisen sind nur sehr bruchstückhaft überliefert. Im Zusammenhang mit seiner frühen Handelstätigkeit vor der Niederlassung in Lübeck (Phase 1474 bis 1480) erwähnt Dunkelgud in einer Abrechnung zum 18. November 1478 Geschäfte mit den Brüdern Jan, Dirik und Brun Raven und einen Aufenthalt in Stockholm.[421] Zudem war Dunkelgud in dieser ersten Handelsphase, teilweise aber auch noch in der ersten Hälfte der 1480er Jahre in Geschäfte mit weiteren in Stockholm ansässigen Gesellschaftern und Partnern wie Hans Degener, Hans Dinxstede und Hans Westfal involviert. Auf seinen ebenfalls im Stockholmhandel engagierten Gesellschafter Hans Sledorn wird später noch gesondert einzugehen sein.

Zu den Verbindungen mit Hans Degener finden sich im Rechnungsbuch keine näheren Details. Da dieser aber am 31. Juli 1474 verstarb, handelte es sich um weiter zurückliegende Transaktionen Dunkelguds. Hans Degener übernahm während seiner Zeit als Stockholmer Ratsherr von 1462 bis ca. 1470 zeitweise das Amt des Stadtbaumeisters, des Kämmerers sowie des Niedergerichtsvogts und war zudem nicht nur ein Mitglied, sondern im Jahr 1463 einer der Ältermänner der Gertrudengilde. Seine Frau hieß Margarete, seine zwei Söhne Hinrik und Georg waren beide Mönche, Hinrik spätestens seit 1504 sogar Prior im Stockholmer Dominikanerkloster.[422] Auf Handelsgeschäfte mit Hans Degener verwies Hinrik Dunkelgud nur indirekt durch eine noch offene Restschuld, die er in den aufeinanderfolgenden Testamentsfassungen der Jahre 1479, 1484, 1487 und 1492 erwähnte. Im Jahr 1479 schien Dunkelgud noch nicht genau zu wissen, wie viel Geld er Hans Degener bzw.

---

419 AHL, Testamente, Sledorne, Hans 1479 Februar 10.
420 JAHNKE: Geld, S. 4 f.; SELZER/EWERT: Verhandeln, S. 144–146.
421 Rechnungsbuch, fol. 8r.
422 WEINAUGE: Bevölkerung, S. 75 f.; Rechnungsbuch, fol. 31v.

nunmehr dessen Erben möglicherweise noch schuldete, und vermachte ihnen vorsorglich erst einmal einen Betrag von 30 mk, *eft ik er fadergut wes to unrechte noten hadden, dat se et wedde krigen.*[423] Dunkelguds Schätzung der Höhe des noch ausstehenden Betrags scheint sich bis 1484 beinahe halbiert zu haben, da er Degeners Söhnen in diesem Jahr und 1487 nur noch 16 mk vermachte. Im Testament von 1492 sprach Dunkelgud dann explizit von einer offenen Schuld von 16 mk bei Hans Degener, was letztlich aufs Gleiche hinauslief. Im Testament von 1493 und in den zwei Fassungen des Jahres 1502 vermachte er den beiden Söhnen seines früheren Geschäftspartners nur noch 10 mk, nun allerdings abwechselnd mit dem Wunsch verbunden, zum einen ihre Not zu lindern (1493), zum anderen die möglicherweise noch offenen Schulden ihres Vaters zu begleichen und sich ihrer Fürbitten zu versichern (1502). Im Testament vom 15. August 1502 ist diese Passage später gestrichen worden.[424] Eine letzte indirekte Erwähnung Hinrik Degeners erfolgte bei einer Geldtransaktion Dunkelguds am 15. August 1504, in der er Hinrik Degener, mittlerweile Prior, den Betrag von 6 ß zur Auszahlung an Titke Kolsouwe überschrieb. Gleichzeitig impliziert dieser Geldtransfer Titke Kolsouwes Standort in Stockholm. Aus dem Dunkelgudschen Rechnungsbuch wird nur noch deutlich, dass Kolsouwe eine vergleichsweise große Sendung von 123 lb Pfeffer von Dunkelgud erwarb und die daraus folgende Gesamtschuld von knapp 100 mk nur zum Teil beglich. Die Restschuld betrug 9 rh gl, also 13,5 mk, für deren Begleichung bis Martini 1508 Dunkelguds Schwiegersohn Claus Lange bürgte. Da die gesamte Transaktion ausgestrichen wurde, wird die Zahlung erfolgt sein.[425]

Die zweite der eingangs genannten Familien, die Dinxstede, ist in Stockholm bereits seit dem Beginn des 15. Jahrhunderts mit dem Ratsherrn Henrik Dinxstede vertreten. Sein Enkel Hans Dinxstede war seit 1463 mit Margit Petersstocher, vermutlich eine Tochter seines Vetters, der Stockholmer Bürgermeister Peder Jensson, verheiratet. Im Unterschied zu seinem Großvater ist er nicht in den Reihen der Stockholmer Ratsherren nachweisbar.[426] Ein erster indirekter Verweis auf Handelsgeschäfte mit Hans Dinxstede steht im Zusammenhang mit der Abrechnung Hinrik Dunkelguds mit seinem Gesellschafter Hans Sledorn vom 13. September 1479. Darin führte Dunkelgud ein Fenster im Wert von 1 mk als offenen Schuldposten Sledorns gegenüber Dinxstede auf, was auf vorhergehende Geschäfte zwischen den drei Kaufleuten verweist.[427] Auch wenn sich der direkte Geschäftskontakt mit Hans Dinxstede auf zwei recht durchmischte Warensendungen Dunkelguds vom 6. Juni und 12. Dezember 1482 im Wert von nur 18 mk 3 ß plus 1,5 mk geliehenen Geldes sowie die Begleichung dieser Schuld beschränkte, scheint es sich bei ihm um einen engeren Geschäftspartner gehandelt zu haben. Dunkelgud beteiligte Dinxstede nämlich – wenn auch nur kurzzeitig für vier Wochen – an der weiteren Ausbildung seines Mündels und Lehrjungen Peter Kegeben. Diese im Ostseeraum weit verbreitete Gepflogenheit, den eigenen Lehrjungen zur Abrundung seiner Ausbildung

---

423 Ebd., fol. 11v.
424 Ebd., fol. 232r, 231v, 230r–v, 229v, 228v.
425 Ebd., fol. 31v; vgl. auch Anhang 11.1.10 Gewürze: Nr. 20.
426 WEINAUGE: Bevölkerung, S. 34.
427 Rechnungsbuch, fol. 3r.

in die Obhut eines anverwandten oder gut bekannten Kaufmanns zu schicken, weist auf ein bereits länger bestehendes, über gelegentlichen Handel hinausgehendes kollegiales oder sogar freundschaftliches Verhältnis hin.[428] Möglicherweise handelte es sich bei Dunkelguds Warensendung von einem roten Arass, einem Augsburger Sardock, drei Scheter, 1 lb Öl, 7 Fenstern samt wohl dazugehörigen Eisenstangen zur Befestigung eines Windschutzes und Gardinenstangen, die Kegeben mit nach Stockholm führte, um explizite Wünsche Dinxstedes sowie einiger anderer Stockholmer, mit denen Dunkelgud in Kontakt stand. So verteilte sich die Begleichung dieser Warenschuld auf drei Personen: den Vater, Peter Krogers, Hans Sledorn und Klinkrat, wobei die beiden Letzteren recht wahrscheinlich auch in Stockholm lebten. Eine Teilschuld verrechnete Dunkelgud mit Auslagen in Höhe von 2,5 mk 7 ß für Peter Kegebens Reise und Aufenthalt.[429]

Neben seiner kaufmännischen Tätigkeit weist eine Formulierung Dunkelguds, der am 24. August und am 8. September 1482 jeweils zwei Warensendungen Peter Kegebens *by Hans Dinxsteden* und *ut Dinxsteden schepe* aus Stockholm erhielt, Dinxstede zudem als Schiffseigner aus.[430] Für den 2. Juli 1484 notierte Dunkelgud eine Restschuld Dinxstedes von 7 mk 5 ß. Dies ist bemerkenswert, weil dieser Eintrag im Rechnungsbuch F nie gestrichen, also als bezahlt markiert wurde.[431]

Kurz sei noch ein Handelsgeschäft zwischen Hinrik Dunkelgud und einem Stockholmer Wäger namens Hans Westfal erwähnt, dessen Frau bei Dunkelgud sechs (Bett-)Bezüge *van 18 strypen* (mit 18 Streifen?) für 4,5 mk erwarb. Für diesen Betrag bürgte Dunkelguds Gesellschafter Hans Hovenborch, so dass Dunkelgud ihm diesen auch auf ihre gemeinsame Abrechnung aufschlug.[432] Unklar ist, ob es sich bei Hans Westfal um ein Mitglied der seit dem letzten Viertel des 14. Jahrhunderts in Stockholm ansässigen Familie Westfal handelte, die bis zur Mitte des 15. Jahrhunderts ununterbrochen im Rat vertreten war. Wohl infolge des großen Stadtbrands im Jahr 1458 verarmte die Familie Westfal allerdings zusehends. Eberhard Weinauge nennt zwei Angehörige mit dem Namen Hans Westfal, die zur Zeit Dunkelguds gelebt haben könnten. Wahrscheinlicher ist die Identifizierung mit dem jüngeren der beiden, ein Sohn des Ratsherrn Lamprecht Westfal. Er scheint zu Beginn der zweiten Hälfte des 15. Jahrhunderts als Schiffer in Stockholm und in Lübeck nachweisbar und im Jahr 1514 verstorben zu sein.[433] Ob es sich bei ihm aber tatsächlich um den von Dunkelgud erwähnten Wäger Hans Westfal handelte, kann nicht genauer belegt werden.

Im Rechnungsbuch F werden keine späteren Handelstransaktionen Dunkelguds nach Stockholm sichtbar. Die möglichen Gründe für diesen Rückzug aus dem Stockholmer Handel sind vielfältig und nicht eindeutig zu gewichten. Neben einer

---

428 Ebd., fol. 13v–14r.
429 Ebd., fol. 13v.
430 Ebd., fol. 14r, 209r.
431 Rechnerisch korrekt ist 7 mk 4 ß. Allerdings gab Dunkelgud keinen Preis für seine Sendung von 1 lb Öl an. Ebd., fol. 13v.
432 Ebd., fol. 6v; 19v.
433 Der andere Hans Westfal war ein Sohn seines Großonkels Hendrik Westfal und damit sein Onkel zweiten Grades. WEINAUGE: Bevölkerung, S. 26, 104f.

Überlieferungslücke nur in diesem Rechnungsbuch F könnte dies auch in Dunkelguds Neuorientierung nach Osten begründet gewesen sein, da er seine beiden Lehrjungen und späteren Kapitalführer Peter Kegeben und Hans Borne zuerst nach Reval und Kegeben, dann weiter nach Danzig schickte. Aber der Handel nach Stockholm hätte einen vor Ort tätigen Handelsdiener oder Gesellen erfordert, da der Gesellschaftshandel zwischen Stockholmer und Lübecker Bürgern formal durch die gästerechtlichen Bestimmungen verboten war. Daher wurden Gesellen als Gäste direkt nach Stockholm geschickt, um im Auftrag ihres Prinzipals zu agieren.[434] Inwieweit auch die seit dem Jahr 1471 sich deutlich verschlechternden Bedingungen für die niederdeutschen Kaufleute in Stockholm Dunkelguds Verlagerung seiner Handelsrichtung beeinflusst haben könnten,[435] muss offenbleiben. In den Kontext dieser sich verschärfenden Handelssituation der Lübecker in Stockholm fällt zudem der erste Beleg zu den Lübecker Stockholmfahrern, der auf den 7. Juni 1480 datiert ist. Doch erst ab 1581 wird die Quellenüberlieferung zu dieser Fahrtgenossenschaft breiter.[436] Für Dunkelgud kann folglich nur vermutet werden, dass er in seiner Zeit vor seiner Niederlassung in Lübeck und dem Einsetzen des Rechnungsbuches F ebenfalls zu den Stockholmfahrern gehörte. Ein Indiz dafür ist sein Eintritt in die St. Antoniusbruderschaft zur Burg im Jahr 1486,[437] in der sich laut Rossi zahlreiche Stockholmfahrer zusammenfanden.[438] Zudem scheint Hinrik Dunkelgud den Handel mit Stockholmer Waren nicht vollkommen eingestellt zu haben, da er im Jahr 1494 Kupfer im Wert von 135 mk aus Stockholm importierte.[439] Dass dieser Import nicht im Rechnungsbuch F aufgezeichnet wurde, sondern einzig durch die Pfundzollbücher dokumentiert ist, verweist wiederum auf die lückenhafte Überlieferung von Dunkelguds Handelsaktivitäten infolge des Verlusts seiner anderen Bücher. So machen die Lübecker Pfundzollbücher noch weitere Exporte Dunkelguds im Jahr 1492 sichtbar, vor allem Hopfen und einmal 0,5 Last Salz nach Schonen und Dänemark. Ein Import von einer Last Hering im Jahr 1495 aus Schonen ist für einen *Hans Dunkelgut* aufgeführt.[440]

Obgleich die Überlieferung der ältesten Lübecker Fahrgemeinschaft, die Schonenfahrerkompanie, bereits im Jahr 1378 einsetzt, gibt es ähnlich der Korporation der Stockholmfahrer aufgrund der desolaten Überlieferungslage vor dem 16. Jahrhundert keine Hinweise, ob Hinrik Dunkelgud vor seiner Niederlassung möglicherweise engere Verbindungen zu den Schonenfahrern hatte oder selbst dieser Korporation angehörte.[441] Immerhin zeigen diese Überlieferungssplitter Dunkelguds fort-

---

434 Rossi: Lübeck, S. 7–9.
435 Dem vom schwedischen Reichsrat am 14. Oktober 1471 eingeführten Verbot der Partizipation Niederdeutscher als Bürgermeister oder Ratsherren am Stadtregiment folgten weitere Handelserschwernisse wie Fracht- und Exportrestriktionen und eine schärfere Einhaltung der Münz- und Zollgesetze. Rossi: Lübeck, S. 6f., 10; Weinauge: Bevölkerung, S. 40f.
436 Rossi: Lübeck, S. 10f.
437 Jahnke: Mitgliederverzeichnisse, S. 131.
438 Zudem war unter den Stockholmfahrern die Leonardsbruderschaft beliebt. Rossi: Lübeck, S. 13.
439 Vogtherr: Pfundzollbücher, Bd. 1, S. 337.
440 Ebd., Bd. 1, S. 335f.
441 Grassmann: Beständeübersicht, S. 185; Baasch: Schonenfahrer.

bestehenden Handel nach Norden, der nicht in seinem Rechnungsbuch F sichtbar wird. Dort trug er zum 10. Juli 1503 nur eine einzig Abrechnung zu einem Geschäft nach Bergen ein.[442]

In Hinrik Dunkelguds erster Handelsphase von 1474 bis 1480 zeigen sich Handelsverbindungen mit Hans Mouwer in Lübeck und seinem Sohn, im Folgenden Hans Mouwer d. J., ohne dass zu sagen wäre, seit wann diese bereits bestanden. Vermutlich weilte Hans Mouwer d. J. zu dieser Zeit bereits als Kaufgeselle in Reval. Darauf verweist sein Eintritt in die Bruderschaft der Revaler Schwarzhäupter im Jahr 1471. Wie auch in Riga und Dorpat war diese Korporation ein Sammelbecken vor allem für die Kaufgesellen,[443] die noch nicht das Bürgerrecht besaßen. Sie bildete „eine Vorstufe zur Großen Gilde", der jeder Kaufmann nach seiner Eheschließung und dem Erwerb des Bürgerrechts beizutreten hatte.[444] Der ältere der beiden Einträge zu Dunkelguds und Mouwers Handelsbeziehungen geht auf das Jahr 1477 zurück, in dem Dunkelgud wohl bereits Gesellschaftshandel mit Hans Mouwer d. J. betrieb. Über ihr gemeinsames Geschäft rechneten beide am 1. Dezember 1479 so weit miteinander ab, dass Mouwer nur noch wenige Zahlungen zu leisten hatte, die Dunkelgud später als erledigt kennzeichnete.[445] In den Jahren 1479 und 1480 werden Hans Mouwer d. Ä. und Hans Mouwer d. J. noch in einigen Abrechnungen Dunkelguds mit anderen Handelspartnern und über einzelne Geschäftskontakte erwähnt, wobei Dunkelgud Vater und Sohn Mouwer nutzte, um Beträge von Brügge oder Reval nach Lübeck oder von Lübeck nach Reval überschreiben zu lassen. Daraus lassen sich aber keine genaueren Folgerungen hinsichtlich der Geschäftsbeziehung zur Familie Mouwer ableiten.[446] Der junge Hans Mouwer wurde schließlich zu Weihnachten 1482 in die Revaler Tafelgilde aufgenommen, was seine Mitgliedschaft in der Großen Gilde voraussetzte. Das Revaler Bürgerrecht erwarb er am 22. April 1485.[447] In den Jahren 1480, 1481, 1484 und 1485 war er als Befrachter von Salzschiffen und Importeur von Baiensalz tätig,[448] das nicht nur in den livländischen Städten, sondern auch in Russland eine stetige Nachfrage genoss.[449] Obgleich Hans Mouwer auch nach der Jahrhundertwende Geschäftsbeziehungen nach Lübeck, beispielsweise mit Godert Wiggerinck, unterhielt[450] und um dieselbe Zeit wie Dunkelgud mit dem Revaler Kaufmann Bernd Pal in „vielschichtigen" geschäftlichen Beziehungen stand,[451] wird er nach dem Jahr 1480 im Dunkelgudschen Rechnungsbuch F nicht mehr erwähnt.

---

442 Rechnungsbuch, fol. 33v.
443 BRÜCK: Beziehungen, S. 183.
444 MÜHLEN: Frühgeschichte, S. 39.
445 Rechnungsbuch, fol. 5r.
446 Dies betrifft die Einträge vom 21. März 1479 und 14. Mai 1480. Ebd., fol. 10r.
447 DERRIK: Bruderbuch, S. 18, 137.
448 VOGELSANG: Schiffslisten, S. 614, 618, 639, 643. Im Jahr 1481 wird zudem ein Schiffer *Hans Mower* genannt. Ebd., S. 623. Ab dem Jahr 1487, 1490, 1491, 1492, 1494 trat Mouwer in den Schiffslisten entsprechend als *her Johan Mouwer[d]* als Befrachter auf. Ebd., S. 647, 649, 665 f., 668, 679, 680.
449 VOGELSANG: Salz, S. 137.
450 DORMEIER: Immigration, S. 130.
451 JAHNKE: Netzwerke, S. 96.

Hinrik Dunkelgud behielt seine östliche Handelsroute von Lübeck nach Reval auch in der zweiten Phase von 1481 bis 1488 aufgrund des Gesellschaftshandels mit seinen Kapitalführern Peter Kegeben und Hans Borne (HG C) bei. Einzig im Zusammenhang mit diesem Gesellschaftshandel werden zudem Dunkelguds Geschäftskontakte mit dem in Reval tätigen Handelsgesellen Bernt Horensey[452] und mit Gotschalk Horensey[453] sichtbar.[454] Ein anderer in der Forschung gut untersuchter Handelspartner Dunkelguds war der Revaler Kaufmann Bernd Pal.[455] Dieser war unter anderem in den Ankauf von Hering aus Lübeck involviert, um diesen in Reval und dessen weiterem Umland, in Einzelfällen sogar bis nach Dorpat abzusetzen.[456] Erstmals erwähnte Dunkelgud ihn am 8. September 1485, als er Pals Schiff für eine Warensendung von Lübeck nach Reval in Anspruch nahm.[457] Am 14. Mai 1486 schickten Bernd Pal und Peter Kegeben 10 Last 5 Tonnen Teer nach Lübeck, die Dunkelgud für 102,5 mk 4 ß verkaufte. Pals Beteiligung an diesem Handelsgeschäft machte Dunkelgud zudem über die Einfügung von dessen Handelsmarke am linken Seitenrand deutlich. Als Retourgut sandte Dunkelgud 1 Last Aalborger Hering, eine halbe Last schonischen Hering und 2 Fässer Rosinen an Pal und Kegeben. Als letzte Sendung aus Reval erhielt Dunkelgud schließlich drei halbe und eine viertel Tonne *argen* Lachs, die er in Lübeck für 7 mk absetzte.[458] Bei diesen drei Transaktionen handelte es sich sehr vermutlich um ein Handelsgeschäft auf Gegenseitigkeit zwischen Hinrik Dunkelgud und Bernd Pal zusammen mit Hans Borne. Aus Pals Rechnungsbuch wird zudem deutlich, dass er als Lehrherr Bornes diese drei halben Tonnen zur Verfügung gestellt hatte und zudem über den Verkauf in Lübeck informiert war und noch auf eine entsprechende Auszahlung Bornes wartete. Da die entsprechenden Einträge im Palschen Rechnungsbuch nicht ausgestrichen wurden, ist zu vermuten, dass er auf diese Zahlung vergebens hoffte.[459]

Bei zwei weiteren Transaktionen handelte es sich sehr wahrscheinlich gleichfalls um Handelsgeschäfte auf Gegenseitigkeit. Namentlich führte Dunkelgud zwar nur Hans Borne als Handelspartner auf, aber die am rechten Seitenrand vermerkte Handelsmarke Pals macht seine Beteiligung deutlich. Dunkelgud verkaufte am 29. September 1486 drei Fässer Flachs „zum Besten" Hans Bornes. Der Erlös aus dem Verkauf betrug 104,5 mk lub weniger 8 witte. Die Retourwaren, je sechs ner-

---

[452] Bernt Horensey wurde 1471 Mitglied der Revaler Schwarzhäupter und erst 1495 Bürger der Stadt Reval. TLA, Fond 87, 1, Nr. 20-1-13, Bruderbuch der Schwarzhäupter, 1446–1499, S. 168; GREIFFENHAGEN: Bürgerbuch, S. 37.
[453] *Gotschalk Horense* wurde zusammen mit seiner Frau im Jahr 1491 Mitglied der Lübecker Antoniusbruderschaft zur Burg. Ein Jahr später ist er auch als Mitglied in der Leonardsbruderschaft nachweisbar. In der Leichnamsbruderschaft bekleidete er 1507 zudem das Amt des Schaffers. JAHNKE: Mitgliederverzeichnisse, S. 39, 80, 134, 184.
[454] Vgl. dazu Kapitel 6.5.4 (Der Gesellschaftshandel mit Peter Kegeben und Hans Borne (HG C)).
[455] JAHNKE: Handelsnetzwerke; DERS.: Bernd Pal.
[456] DERS.: Silber, S. 230 f.
[457] Rechnungsbuch, fol. 205v.
[458] Ebd., fol. 206r.
[459] TLA, Af.1 Schuldbuch Bernt Pals, S. 168.

desche und altsche Tuche, zuzüglich der Unkosten beim Verkauf des Flachses berechnete Dunkelgud mit insgesamt 92 mk 4 ß.[460]

Im Rahmen der Handelsgesellschaft, die Dunkelgud in den Jahren 1491 bis 1499 nur noch mit Peter Kegeben verband (HG D), wechselte dieser seinen Standort und zog nach Danzig, wohin sich nun auch Dunkelguds Warensendungen verlagerten. Nur in zwei Fällen führte Hinrik Dunkelgud nicht allein mit Peter Kegeben, sondern unter Beteiligung eines weiteren Partners, Evert Sveberch, Roggen nach Danzig ein.[461]

In westlicher Richtung reichte Dunkelguds Handelsradius bis nach Brügge. Auf seiner Pilgerfahrt machte er dort sowohl auf dem Hin- als auch auf dem Rückweg bei seinem Geschäftspartner Claus Werneke Halt. Mit diesem stand er auch noch drei Jahre später in Kontakt, wie der mehrfach erwähnte Brief Wernekes vom 10. Juni 1482 deutlich macht.[462] Obgleich Werneke ihm nämlich den Brief von Antwerpen aus schickte, interessierten Dunkelgud nicht die dortigen Konjunkturen für Öl, sondern diejenigen in Brügge. Wo genau sich Claus Werneke langfristig aufhielt, ist nicht eindeutig zu klären. So erscheint ein *Clawesz Werneke* in den Lübecker Gästeschosslisten erstmals 1483 als Gast des bereits erwähnten Hans Mouwer d. Ä. und musste rückwirkend für die Jahre 1481 und 1482, darauf für die Jahre 1484, 1489 und 1490 schossen.[463] Dass es sich bei Hans Mouwer d. Ä. um einen gemeinsamen Geschäftspartner Dunkelguds und Wernekes handelte, kann hier nur vermutet werden. Möglicherweise erschien Werneke nicht weiter in den Gästeschosslisten, weil er sich dauerhaft in Lübeck niederließ. Darauf könnte sein Eintritt in die Antonius- und in die Leonards- und Leichnamsbruderschaft im Jahr 1493 hindeuten.[464] Ein Schiffer desselben Namens importierte im Jahr 1494 zudem Waren von Schonen und Dänemark nach Lübeck.[465]

Für die Jahre 1479 und 1480 gibt das Rechnungsbuch zwei Handelskontakte in Hamburg preis. Gosswin von dem Mor erwähnte Dunkelgud zweimal. Zuerst erscheint er im Rahmen von Dunkelguds Pilgerfahrt nach Santiago de Compostela, die Dunkelgud auf der Hinstrecke durch Hamburg führte, wo er seine mit Zobel gefütterte Schaube zuerst selbst zu verkaufen versuchte, um sie bei Misslingen Gosswin von dem Mor zur Abwicklung zu lassen. Abweichend von diesem ursprünglichen Plan nahm Dunkelgud die Schaube noch weiter bis nach Brügge mit, wo sie ungefähr drei Jahre später Claus Werneke verkaufte.[466] Zudem bleibt die Profession Gosswins von dem Mor als Kaufmann oder möglicherweise als Tuchhändler fraglich, da Dunkelgud ihm im Jahr 1479 drei weiße Laken aus Norwich zusandte, um diese von ihm blau einfärben zu lassen. Nach Rücksendung der Tuche ließ Dunkelgud Gosswin von dem Mor die Kosten für das Färben und die Unkosten

---

460 Rechnungsbuch, fol. 204r.
461 Ebd., fol. 199r–v (Einträge vom 9. und 28. Okt. 1492; Retoursendung 2 Last Salz vom 6. Mai 1493).
462 Ebd., fol. [234r] 71r.
463 AHL, Gästeschossregister, 1457–1494.
464 JAHNKE: Mitgliederverzeichnisse, S. 72 (HL), 134 (A), 184 (L).
465 VOGTHERR: Pfundzollbücher, Bd. 4, S. 1855.
466 Ebd., fol. 8v; fol. [234r] 71r; MANTELS: Memorial, S. 354.

von 12,5 mk über Claus von Calven zukommen.⁴⁶⁷ Für den 6. Mai 1480 verzeichnete Dunkelgud zudem die Verkäufe von mehr als 3,5 Schiffpfund 8,5 Liespfund 1 Markpfund Wachs für immerhin rund 94 mk und von 2 Pfund Öl an Wolmer von der Molen aus Hamburg. Zur Begleichung der Warenschuld für das Wachs erfolgte vermutlich eine Geldzahlung. Auch das Öl wird von der Molen in Waren oder in Geldwert bezahlt haben, da alle betreffenden Einträge von Dunkelgud gestrichen wurden.⁴⁶⁸ Ob er auf der Rückreise von Santiago de Compostela in der von ihm erwähnten Station Hannover ebenfalls Geschäfte mit Handelspartnern abwickelte,⁴⁶⁹ bleibt ungewiss.

Zu Hinrik Dunkelguds Gesellschaftern oder Handelspartnern direkt in Lübeck lässt sich insgesamt recht wenig aus seinem Rechnungsbuch F herauslesen. Gesellschaftshandel scheint in Dunkelguds erster Handelsphase einzig zwischen ihm und dem bereits erwähnten Hans Mouwer bestanden zu haben. Dafür spricht ein Eintrag vom 30. Dezember 1479, in dem drei Säcke Hopfen erwähnt werden, die bei Dunkelguds Handelspartner Andres Schulten wohl in Stockholm lagerten und die Schulten für Dunkelgud und Mouwer im Handel auf Gegenseitigkeit absetzte, wofür er Dunkelgud den Erlös auszahlte.⁴⁷⁰ Gemeinsam war Dunkelgud und Mouwer die Mitgliedschaft in der Antoniusbruderschaft, wobei Mouwer auch in die Leonhardsbruderschaft⁴⁷¹ und schließlich in die Leichnamsbruderschaft eintrat und dort 1490 sogar Schaffer war.⁴⁷² Er verstarb vor dem 17. April 1496, wie ein Niederstadtbucheintrag im Zusammenhang mit der Ausführung seiner testamentarischen Bestimmungen zeigt, in dem Hinrik Dunkelgud als Zeuge vor dem Rat fungierte.⁴⁷³ Neben diesen Einbindungen in einige Nachlassregelungen des verstorbenen Hans Mouwer könnte auch ein für Mouwer bestimmtes Legat über 20 mk aus Hinrik Dunkelguds erstem Testament vom 2. Februar 1479 auf eine engere Geschäftsbeziehung hindeuten.⁴⁷⁴

Möglicherweise ein weiterer Lübecker Handelspartner war Hans Blanke. Mit diesem scheint Dunkelgud bereits in der dritten Handelsphase (1491–1499) in einer Geschäftsbeziehung gestanden zu haben, da Blancke ihm am 6. Juni 1492 eine Quittung samt Handelsmarke über 22,5 mk in sein Rechnungsbuch F einschrieb.⁴⁷⁵ Über andere Geschäfte Dunkelguds neben denen mit Peter Kegeben und Evert Sveberch erfahren wir in dieser Handelsphase allerdings nichts. So lassen der Ursprung dieser Schuldeintragung sowie Blanckes nähere Identität einige Fragen offen. Möglicherweise handelte es sich um einen der neun „Lübecker Salzfahrer", genauer:

---

467 Rechnungsbuch, fol. 7r; zur Tuchsorte vgl. JAHNKE: Some, S. 85.
468 Ebd., fol. 9v; vgl. auch Anhang 11.1.19 Wachs: Nr. 7 und 11.1.5 Fettwaren: Nr. 11.
469 Ebd., fol. 2v.
470 Ebd., fol. 9r.
471 JAHNKE: Mitgliederverzeichnisse, S. 120 [A, Eintritt 1466], 172 [L, Eintritt vor 1470].
472 Ebd., S. 59 [Eintritt 1470], 69.
473 AHL, Niederstadtbuch Reinschrift 1496–1500 Letare, fol. 36r.
474 Rechnungsbuch, fol. 12r.
475 Ebd., fol. 22r. Vgl. auch eine weitere angefangene Quittung Blankes und jeweils die Vermerke Dunkelguds fol. 28, 23r.

den Besitzer von 30 Salzkähnen für den Transport auf dem Stecknitzkanal.[476] In den 1490er Jahren exportierte er Salz in die wendischen Städte, nach Schonen, Dänemark, Danzig und einmal nach Riga.[477] Im Jahr 1494 lief er allerdings auch einmal mit einer Frachtladung Baiensalz in Reval ein.[478] In Lübeck gab es freilich mehrere Personen mit diesem Namen. Ein *Hans Blanke* wurde 1478 Mitglied der Leichnamsbruderschaft zur Burg und bekleidete im Jahr 1500 das Amt des Schaffers. Seine Frau folgte ihm in demselben Jahr in die Bruderschaft. Ein *Hanß Blanke* trat 1476 ebenfalls der Antoniusbruderschaft bei. Schließlich weist das Verzeichnis der Leonhardsbruderschaft die Mitgliedschaft eines Hans Blancke ab dem Jahr 1487 nach.[479] Am 12. Juni 1500 quittierte Hans Blanke Dunkelgud eine Restschuld von nur noch 18 mk. Erst in den wenigen Einträgen zwischen 1500 und 1502 werden gegenseitige Warensendungen sichtbar, die für Blanke auf einen anderen Aufenthaltsort als Lübeck hindeuten. Zudem verwies Dunkelgud auf weitere Einträge im Zusammenhang mit Blanke in seinem Rechnungsbuch C. Dunkelgud schickte Blanke ausschließlich Wachs und Brotkuchen (*koken*) zu und empfing im Gegenzug vor allem Rotscher, einmal auch Schellfisch (*nopscher*).[480] Nur erwähnte Dunkelgud nicht, wohin die Waren für Blancke gesandt wurden. Am 29. Oktober 1518 erlangte ein *Hans Blancke* das Bürgerrecht in Reval.[481] Ähnlich wie bei Hans Mouwer d. J. könnte es sich bei diesem späteren Revaler Bürger in den Jahren 1500 bis 1502 noch um einen Handelsgesellen gehandelt haben.

Hinrik Dunkelguds Handelsgeschäfte mit anderen Lübeckern beschränken sich vor allem auf die erste und zweite Handelsphase (1474 bis 1488). Sie betrafen recht häufig nur vereinzelte Transaktionen entweder im Detailhandel mit Verwandten, wie sein Schwiegervater Hans Meyer, sein Oheim Peter Schutte und sein Onkel Marquard Mus, aber auch mit Titke Sluter, den er zu dieser Zeit als Nachlasspfleger vorsah,[482] oder mit anderen Handelspartnern wie dem Nürnberg-Lübe-

---

476 Die Salzfahrer schlossen sich ähnlich wie die Fahrerkompanien zusammen und versuchten den Lüneburger Salzhandel über den Stecknitzkanal nach Lübeck seit den 1470er Jahren zu monopolisieren. So kam es 1498 zur Bildung eines Kartells der Salzfahrer, indem sich neun Lübecker mit neun Salzfahrern verständigten, den gesamten Handel mit Lüneburger Salz ab dem kommenden Jahr ausschließlich durch die von ihnen gebildeten neun Handelsgesellschaften abzuwickeln. SEGGERN: Kaufleute, S. 301 f.
477 HUB, Bd. 11, Nr. 684, S. 437–439; Nr. 978, S. 601–603; VOGTHERR: Pfundzollbücher, S. 133–137. In den Lübecker Pfundzollbüchern wird Hans Blanke zudem als Befrachter und als Schiffer geführt.
478 VOGELSANG: Schiffslisten, S. 681; VOGTHERR: Pfundzollbücher, Bd. 4, S. 1758.
479 JAHNKE: Mitgliederverzeichnisse, S. 63, 75 f. [HL], 127 [A], 182 [L].
480 Rechnungsbuch, fol. 28v–29r.
481 GREIFFENHAGEN: Bürgerbuch, S. 43.
482 Zu Hans Meyer siehe beispielsweise für den Detailhandel im Zusammenhang mit der Vorbereitung und Durchführung von Hinrik Dunkelguds Hochzeit Anhang 11.1.18 Tuche: Nr. 17–22; Anhang 11.1.6 Fisch: Nr. 4; Anhang 11.1.13 Lebensmittel: Nr. 1, aber auch für den Verkauf von Kümmel in Großhandelsmengen Anhang 11.1.10 Gewürze: Nr. 1; zu seinem Oheim Peter Schutte vgl. Anhang 11.1.12 Kleidung und Textilwaren: Nr. 24, 28; zu Marquart und Heineke Mus siehe beispielsweise Anhang 11.1.19 Wachs: Nr. 2; Anhang 11.1.18 Tuche: Nr. 5–7, 14; Anhang 11.1.12 Kleidung und Textilwaren: Nr. 3; Anhang 11.1.6 Fisch: Nr. 1; zu Titke Sluter Anhang 11.1.16 Rauch- und Lederwaren: Nr. 20.

cker Kaufmann Kunz Rode oder Godert van Höveln und Gert van Lenten. In den beiden letztgenannten Fällen bleibt allerdings unklar, ob Dunkelgud jeweils mit den Vätern oder den Söhnen Handel trieb.[483] Aufgrund der wenigen Informationen im Rechnungsbuch lassen diese Einträge aber keine tieferen Erkenntnisse zu Dunkelguds möglicherweise darüber hinausgehenden Handelsbeziehungen zu diesen oder anderen Lübeckern zu. Das Rechnungsbuch F dokumentiert zudem nur einen Handelsvorfall mit einem anderen Lübecker Krämer außerhalb der Familie und des Haushalts: Vor dem 24. Juli 1487 kaufte Hinrik Dunkelgud von Hermen Hushere zwei Fuchsfelle für 7 ß.[484]

Hinrik Dunkelguds bereits vor seiner Niederlassung in Lübeck auch nach Stockholm und Reval reichenden Handelsbeziehungen entsprangen keinen nachweisbaren verwandtschaftlichen Verflechtungen. Demnach könnte er sich, ähnlich wie der Revaler Kaufmann Hans Selhorst am Beginn des 16. Jahrhunderts, erst mit Unterstützung durch seinen Lehr- oder Dienstherrn und anlässlich von Handelsaufenthalten und -reisen während seiner Ausbildungs- und Gesellenzeit eine erste Grundlage für eigene personelle Verflechtungen und die unabdingbare Reputation aufgebaut haben.[485] Dies deutet sich neben Lübeck auch für Stockholm und Reval an. In diesem Zusammenhang ist es recht unwahrscheinlich, dass es sich bei Hinrik Dunkelguds Lehr- und Dienstherrn um seinen späteren Schwiegervater Hans Meyer oder einen anderen Krämer handelte, wie dies Wilhelm Mantels vermutete.[486] Denn die frühen Verbindungen nach Stockholm und Reval sind Indizien für eine nachträgliche Hinwendung von einer Tätigkeit als Handlungsgeselle bei einem im Fernhandel engagierten Prinzipal zum Kramhandel, wie dies ähnlich für den Danziger Krämer Jacob Lubbe gilt.[487]

6.5.2 Handelskontakte zu Nürnberg-Lübecker-Kaufleuten

Obgleich Hinrik Dunkelgud vor allem auch in den 26 Jahren Handelstätigkeit vor der Jahrhundertwende durchgängig mit Westwaren handelte, worauf bereits Mantels hinwies,[488] bleibt der Bezug dieser Waren, wie bereits betont, im Rechnungsbuch F unerwähnt. Besonders deutlich wird sein Zwischenhandel mit mittelrheinischen und oberdeutschen Waren von Lübeck aus in den Osten nach Danzig und Reval. Die spezifischen Produktionsstätten wie auch die Transportwege der einzelnen Waren vor ihrer Ankunft in Lübeck lassen sich jedoch nur vermuten. Die Messe- und Handelsstadt Frankfurt am Main, als Umschlagsplatz im Besonderen für köl-

---

483 Zu Kunz Rode siehe beispielsweise Anhang 11.1.19 Wachs: Nr. 8; zu Godert van Höveln vgl. Anhang 11.1.16 Rauch- und Lederwaren: Nr. 9, 13–14; zu Gert van Lenten vgl. Anhang 11.1.6 Fisch: Nr. 7, 9; Anhang 11.1.18 Tuche: Nr. 32–34; 11.1.19 Wachs: Nr. 3. Vgl. zur Familie RABELER: Stiftungsverzeichnis, Höveln, Godert van Nr. 97–98 und Lenten, Gert van Nr. 142–143 [in Vorbereitung].
484 Rechnungsbuch, fol. 202v.
485 JAHNKE: Geld, S. 8–10.
486 MANTELS: Memorial, S. 349.
487 MOŻDŻEŃ: Familienaufzeichnungen, S. 195 f.; BUES: Aufzeichnungen, Bd. 1, S. 194, 203.
488 MANTELS: Memorial, S. 347.

nische und oberdeutsche Waren, bleibt im Dunkelgudschen Rechnungsbuch unerwähnt. Seine Waren wie beispielsweise das ausdifferenzierte Angebot an Messern, die Gewürze oder die rheinischen und oberdeutschen Tuche bezog er wohl nicht selbst über die Frankfurter Messen,[489] zumindest gibt es keinerlei Hinweise darauf. Wahrscheinlicher ist, dass er diese Waren erst über Handelspartner oder andere Groß- und Fernhändler in Lübeck erwarb oder sich zusenden ließ. Einige Lübecker Kaufleute sind auch im Einkaufsbüchlein des Nürnberg-Lübecker Kaufmanns Paul Mulich von der Frankfurter Fastenmesse des Jahres 1495 aufgeführt, mit denen dieser dort Handel trieb. Als Kommissionär seines Bruders Matthias Mulich, der als Lieferant für verschiedene Höfe, vorzugsweise des dänischen Königs, tätig war, galt Paul Mulichs Interesse allerdings vorzugsweise dem Einkauf von Luxuswaren sowie von Rüstungen und Waffen.[490] Zudem zeigt dieses Einkaufsbüchlein die sehr weit verzweigte personelle Verflechtung zwischen den unterschiedlich spezialisierten Lübecker Kaufleuten, da unter diesen auch Kunz Rode genannt wird.[491] Aus Nürnberg stammend, hatte dieser seit dem Jahr 1484 das Lübecker Bürgerrecht inne,[492] wird aber, wie auch Hinrik Dunkelgud, schon vorher Geschäfte in Lübeck betrieben haben. So verkaufte Dunkelgud ihm bereits am 6. Mai 1480 Wachs im Wert von über 280 mk. Ob Rode die Rechnung per Warensendung oder durch eine Geldzahlung beglich, ist nicht nachzuvollziehen, da Dunkelgud dies in sein nicht erhaltenes in Pergament eingeschlagenes Rechnungsbuch notierte.[493] Kunz Rode war ferner spätestens seit dem Jahr 1484 zusammen mit einigen anderen Kaufleuten aus Nürnberg und Lübeck in einem Konsortium verbunden, das Handel auf der Route Nürnberg – Lübeck betrieb. Auch der aus Nürnberg stammende und seit den 1480er Jahren in Lübeck tätige Hans Ringel gehörte dieser wirtschaftlichen Interessengemeinschaft an.[494] Obgleich sich in Dunkelguds Rechnungsbuch keine gemeinsamen Handelsgeschäfte erkennen lassen, ist eine Bekanntschaft der beiden sehr wahrscheinlich, da Hans Ringel, 1484 nur vier Jahre nach Dunkelgud, nicht nur das Lübecker Bürgerrecht erwarb, sondern darüber hinaus Mitglied in der Krämerkompanie wurde. Sein erkennbares Engagement beschränkte sich dort auf die Übernahme des Amts des Hausschaffers im Jahr 1489 sowie des St. Annen-Schaffers in den Jahren 1498–1499.[495] Neben Schwertklingen und Büchsen aus Nürnberg verhandelte Ringel unter anderem Gewürze und Metallwaren aus dem oberdeutschen Raum nach Lübeck und von dort weiter gen Osten nach Danzig und Riga.[496] Das Motiv für seinen Eintritt in die Krämerkompanie ist sehr wahr-

---

489 Vgl. zu den Waren der Frankfurter Messe im Überblick ROTHMANN: Frankfurter Messen, S. 137–145.
490 RÖRIG: Einkaufsbüchlein, S. 303, 311, 323 f.
491 Ebd., S. 340.
492 NORDMANN: Nürnberger Großhändler, S. 83.
493 Rechnungsbuch, fol. 13v und Anhang 11.1.19 Wachs: Nr. 8.
494 NORDMANN: Nürnberger Großhändler, S. 81. Laut dem Lübecker Gästeschossregister leistete er erstmals im Jahr 1481 und ein zweites Mal für das Jahr 1483 eine Schosszahlung. AHL, Gästeschossregister, 1457–1494.
495 NORDMANN: Nürnberger Großhändler, S. 83; AHL, Denkelbuch, fol. 72r, 82r, 94v, 96r.
496 NORDMANN: Nürnberger Großhändler, S. 82 f. In den Lübecker Pfundzollbüchern handelte Hans Ringel in den Jahren 1493–1494 nach Dänemark, Stockholm, Kalmar bzw. Schweden. Einmal

scheinlich in Ringels Wunsch zu sehen, die Erlaubnis zur Vereinzelung von Waren, wohl besonders der Gewürze, zu erlangen. Freilich können die Verbindungen Hinrik Dunkelguds mit Rode und Ringel nur Hinweise für möglicherweise in seinen anderen fünf Rechnungsbüchern festgehaltene Geschäfte mit in Lübeck ansässigen, aus Nürnberg gebürtigen Kaufleuten sein. Hinrik Dunkelguds Bezugsquellen für die meisten seiner nach Danzig und Reval verhandelten, vermutlich oberdeutschen Waren bleiben im Dunkeln.

6.5.3 Der Gesellschafter Hans Sledorn (Handelsgesellschaft A)

Besonders Hinrik Dunkelguds älteste nachweisbare Handelsgeschäfte sind in seinem Rechnungsbuch äußerst fragmentarisch überliefert. Zudem gestaltete sich die Suche nach zusätzlichen Informationen zu seinen Gesellschaftern und Handelspartnern über sein Buch hinaus als recht schwierig. Die Überlieferung zu Hans Sledorn bietet neben den Rechnungsbucheinträgen immerhin ein erhaltenes Testament. Dieses verfasste er beinahe zeitgleich mit Dunkelgud vor ihrer gemeinsamen Pilgerreise am 10. Februar 1479 noch als Lübecker Bürger.[497] Vermutlich schon bald nach ihrer Rückkehr im Herbst desselben Jahres ließ er sich dann offenbar in Stockholm nieder. Darauf deutet ein Eintrag Dunkelguds (wahrscheinlich nach dem 6. Juni 1482), demzufolge er seinen damaligen Lehrjungen Peter Kegeben mit Handelswaren zu Hans Dinxstede nach Stockholm schickte. Eine Teilzahlung für diese Waren wurde von Hans Sledorn übernommen.[498] Nach dem Jahr 1482 blieben Dunkelgud und Sledorn wohl durch Briefe miteinander in Kontakt.[499] Auch sonst riss Sledorns Verbindung zu seiner Heimatstadt Lübeck nicht ab. Noch im Jahr 1483 wurde er Mitglied der Leichnamsbruderschaft zur Burg.[500] Zudem scheint sich Sledorn im Zuge der Abwicklung einer Rechtsstreitigkeit im Rahmen des Gesellschaftshandels zu dritt mit Hinrik Dunkelgud und Hans Hovenborch zumindest kurzzeitig wieder in Lübeck aufgehalten zu haben, um nach Abschluss dieser Angelegenheit um die Mitte des Jahres 1485 wieder nach Stockholm aufgebrochen zu sein.[501] Ab 1486 erscheint Sledorn als Stockholmer Bürger und spätestens 1487 ehelichte er die Witwe des verstorbenen Stockholmer Bürgers Hans Smede.[502]

Neben ihrer gemeinsamen Pilgerreise und ihren Handelsgeschäften kann für Dunkelgud und Sledorn eine gewisse Verbundenheit mit den geistlichen Institutionen in und um Stockholm festgestellt werden, was möglicherweise in längeren

---

empfing er zudem Kupfer aus Stockholm. Ein weiterer Eintrag spricht von einem *Hans Ringe*, der 1492 eine Last Salz nach Wismar/Rostock/Dänemark verfrachten ließ. VOGTHERR: Pfundzollbücher, Bd. 3, S. 1207.
497 AHL, Testamente, Sledorne, Hans 1479 Februar 10; vgl. Rechnungsbuch, fol. 11v–12r.
498 Ebd., fol. 13r.
499 Ebd., fol. 18r.
500 JAHNKE: Mitgliederverzeichnisse, S. 66.
501 Rechnungsbuch, fol. 22r.
502 AHL, Niederstadtbuch Reinschrift, 1481–1488, fol. 430r–v; fol. 470v–471r. Nach dem Jahr 1487 benannte Dunkelgud als Sledorns Ehefrau allerdings eine Huster Wolboich. Rechnungsbuch, fol. 22r.

Aufenthalten vor Ort begründet gewesen sein könnte. Vor Beginn ihrer Reise bestimmte Dunkelgud als Legat immerhin 12 mk für den Bau eines St. Annenchors in einer Kirche zu Stockholm. Auch während seiner knapp 40 Jahre andauernden Handelstätigkeit in Lübeck berücksichtigte er in seinen Testamenten ab dem Jahr 1488 fortlaufend das dortige Dominikanerkloster, das Zisterzienserkloster Julita sowie die Johanniterkommende Eskilstuna mit jeweils einer Tonne Salz.[503] Hans Sledorn verfügte, dass sein noch in einer Selschop mit Gert van Lenten eingelegtes Kapital sowie der Gegenwert noch in Stockholm liegender Warenbestände für eine ewige Seelmesse in der Kirche des Stockholmer Dominikanerklosters zu verwenden seien, und spendete zusätzlich weitere 10 mk.[504]

Der Vergleich der beinahe zeitgleich abgefassten Testamente Sledorns und Dunkelguds legt nahe, dass Hans Sledorn mit Legaten in Höhe von 546 mk[505] zu diesem Zeitpunkt über mehr Besitz und finanzielle Mittel als Hinrik Dunkelgud verfügte, der für Schenkungen und zur Deckung offener Verbindlichkeiten Beträge in einer Gesamthöhe von 352 mk vorsah.[506] Allerdings kann die Höhe der zu vergebenden Legate nur bedingt als verlässlicher Indikator für das Vermögen einer Person zu einem bestimmten Zeitpunkt verstanden werden, vielmehr gibt sie eine vage Tendenz zu den Besitz- und Vermögensverhältnissen zu erkennen. Dies gilt insbesondere für Kaufleute, da deren Geld zumeist in großen Teilen auf eine Vielzahl von Handelsgeschäften verteilt war,[507] wie sich dies auch in Dunkelguds Testament in der Nennung seiner Verbindlichkeiten andeutet.

Die älteste Erwähnung Sledorns im Dunkelgudschen Rechnungsbuch stammt vom 24. Juni 1478. In einem Handelsgeschäft zwischen Hinrik Dunkelgud und Frederik Schroder sowie seiner *Meyrschen*, wohl seine Haushälterin, wurde Sledorn als Bürge notiert. Nicht ganz eindeutig ersichtlich ist, ob Sledorn für die Gesamtlieferung oder nur für den auf seine Haushälterin entfallenden Teil der von Dunkelgud verkauften Waren bürgte. Insgesamt lieferte Dunkelgud elf Dutzend Mützen, drei nerdesche Laken und ein Fass Osemund im Wert von 35 mk 3 ß, für die er im Gegenzug 7 Timmer Werk im Wert von 4 mk 6 ß erhielt. Inwieweit Sledorn für die noch offene Restschuld von immerhin 30,5 mk 3 ß von Dunkelgud wirklich herangezogen wurde, muss offenbleiben. Die entsprechenden Einträge wurden im Rechnungsbuch allerdings nicht getilgt.[508]

Auf welchen rechtlichen und zeitlichen Rahmenbedingungen die Geschäfts- und Handelsbeziehungen zwischen Dunkelgud und Sledorn beruhten oder welchen Gesamtumfang diese ausmachten, kann aufgrund der wenigen Informationen zur

---

503 Ebd., fol. 11v, 231v, 230r, 230v, 229v, 228v, 227r, 226v, 225r (Bestätigung der vorangehenden Testamentsversion).
504 AHL, Testamente, Sledorne, Hans 1479 Februar 10.
505 Hans Sledorn bezifferte die Legate für seine Angehörigen und Freunde mit *250 rh gl* bei einem Umrechnungsverhältnis des rheinischen Guldens zur Mark lübisch von 1:1,5, also 375 mk, außerdem 171 mk für fromme und mildtätige Legate. Falls seine finanzielle Lage besser sein sollte, erhöhte er die an seine Familie und andere Bezugspersonen zu vergebenden Legate noch einmal auf insgesamt 636 mk. AHL, Testamente, Sledorne, Hans 1479 Februar 10.
506 Rechnungsbuch, fol. 11v–12r.
507 Vgl. dazu auch JAHNKE: Geld, S. 5.
508 Rechnungsbuch, fol. 3v.

Abrechnung dieser Handelsgeschäfte nicht vollständig nachvollzogen werden. Daher liegt der Schwerpunkt der folgenden Betrachtungen auf der Form der Handelsbeziehung. Bei der Gegenüberstellung der gegenseitig zugesandten Waren zeigt sich, dass Dunkelgud beinahe ausschließlich Westwaren an Sledorn sandte, die zum größten Teil aus Tuchen und Kopfbedeckungen bestanden. Von Sledorns Seite sind sogar nur drei Warensendungen überliefert, bestehend aus 248 Timmer Werk im Wert von 300 mk, fünf Wolfsfellen sowie einer Schaube im Wert von 40 mk. Bis auf wenige Ausnahmen, etwa die 5 Ellen *bagynen dok*, die 1,5 lb Wachs oder die Doppelmütze von Dunkelguds Seite sowie die einzelne Schaube, handelte es sich um Großhandelsmengen, deren Überhang deutlich bei Dunkelgud lag. Den Ausgleich dieser Handelsbilanz erzielte Sledorn nicht nur durch Waren, sondern auch durch größere Zahlungen über 100 mk oder 50 mk.[509] Insgesamt zeigt sich also wiederum Dunkelguds Involvierung vor allem in den Westhandel bereits vor seiner Niederlassung in Lübeck.

Tabelle 6: Warensendungen Hinrik Dunkelguds und Hans Sledorns (HG A)

Dunkelguds Sendungen	Sledorns Sendungen
Tuche	Pelze und Rauchwaren
2 *rysselsche* Laken 115,5 mk[510]	248 Timmer Werk 300 mk[521]
7 Leidische Laken [123,5 mk 3 ß][511]	5 Wolfsfelle[522]
1 fein meliertes Brüggisches Laken 53 mk[512]	
0,5 Brüggisches Laken ?[513]	Kleidung
2 Stendelische Laken 6,5 mk[514]	1 Schaube 40 mk[523]
10 Westerlendesche Laken 60 mk[515]	
2 Sayen 76 mk[516]	
5 Ellen *bagynen dok*, 1 Scheter ges. 10 ß[517]	
Kleidung	
792 Barette, 70 mk 2 ß[518]	
12 Flämische Hüte 6 mk[519]	
1 Doppelmütze 9 ß[520]	

509 Ebd., fol. 2v.
510 Aus Lille. Anhang 11.1.18 Tuche: Nr. 23.
511 Anhang 11.1.18 Tuche: Nr. 37–38, 59.
512 Anhang 11.1.18 Tuche: Nr. 24.
513 Anhang 11.1.18 Tuche: Nr. 31.
514 Anhang 11.1.18 Tuche: Nr. 25.
515 Anhang 11.1.18 Tuche: Nr. 26.
516 Anhang 11.1.18 Tuche: Nr. 27–28.
517 Anhang 11.1.18 Tuche: Nr. 29–30.
518 Anhang 11.1.12 Kleidung und Textilwaren: Nr. 26.
519 Anhang 11.1.12 Kleidung und Textilwaren: Nr. 21.
520 Anhang 11.1.12 Kleidung und Textilwaren: Nr. 22.
521 Anhang 11.1.16 Rauch- und Lederwaren: Nr. 10. Zwei Timmer Werk fehlten, diese setzte Dunkelgud mit 2 mk an. Rechnungsbuch, fol. 2v.
522 Anhang 11.1.16 Rauch- und Lederwaren: Nr. 11. An dem Geschäft mit diesen Wolfsfellen war zudem auch Hans Hovenborch beteiligt. Rechnungsbuch, fol. 2v.
523 Anhang 11.1.12 Kleidung und Textilwaren: Nr. 27.

Dunkelguds Sendungen	Sledorns Sendungen
Bilder	
14 Bilder ges. 8,5 mk[524]	
1 Bild[525]	
Diverses	
2 Fenster 1 mk[526]	
Gewürze	
Kümmel 144 lb 14 mk 6 ß 4 d[527]	
Wachs	
1,5 lb Wachs 5 ß[528]	
Osemund	
6 Fässer Osemund[529]	

Dass er mit Sledorn in einer Form des Gesellschaftshandels verbunden war, hob Dunkelgud selbst deutlich hervor, indem er seine Abrechnung mit dem Verweis auf *al, wes wy tohope to donde hebben gehat an gelde efte an geldeswert* einleitete.[530]

Beide handelten aber nicht nur zu zweit, sondern einige Handelsgeschäfte liefen auch auf ihr gemeinsames Risiko zu dritt mit Hans Hovenborch.[531] Ein einziges Mal im Zusammenhang mit einer Abrechnung mit Hovenborch verwies Dunkelgud auf ihre Gesellschaftsform, eine *selschop*.[532] Begrifflich wurde *selschop* nachweislich erstmals durch Hildebrand Veckinchusen zu Beginn des 15. Jahrhunderts von der Gesellschaftsform der Widerlegung unterschieden und fasste, im Gegensatz zur Widerlegung mit einem passiven Kapitalgeber und einem aktiven Kapitalführer, den aktiven Gesellschaftshandel zweier oder mehrerer Gesellschafter,[533] wie dies bei der Gesellschaft Dunkelgud-Sledorn-Hovenborch der Fall gewesen zu sein scheint.

Andere Transaktionen liefen auf Dunkelguds alleiniges Risiko, was auf Handelsgeschäfte auf Gegenseitigkeit hindeutet.[534] Die ersten (Teil-)Abrechnungen mit Hans Sledorn stammen vom 13. September und 13. Dezember 1479. Zum 21. Oktober 1482 errechnete Dunkelgud eine Gesamtschuld seinerseits von 329 mk,[535] von

---

524 Anhang 11.1.1 Bilder und Bücher: Nr. 4, 6.
525 Anhang 11.1.1 Bilder und Bücher: Nr. 5. Das Bild ging zwar an Hans Hovenborch, doch vermerkte Dunkelgud diese Sendung als Schuldposten Sledorns.
526 Anhang 11.1.2 Diverse Waren: Nr. 10.
527 Anhang 11.1.10 Gewürze: Nr. 4.
528 Anhang 11.1.19 Wachs: Nr. 9.
529 Anhang 11.1.15 Osemund: Nr. 11. Hier ist nicht ganz eindeutig, ob Hans Sledorn das Osemund direkt von Hinrik Dunkelgud oder einem weiteren Geschäftspartner empfing.
530 Rechnungsbuch, fol. 3r.
531 Vgl. ebd., fol. 2v. Vgl. dazu auch die Abrechnungen mit Hans Hovenborch, ebd., fol. 16v, 20r.
532 Ebd., fol. 19v.
533 CORDES: Kaufmann, S. 6.
534 Rechnungsbuch, fol. 3r.
535 Ebd., fol. 2v–3r, 17v.

diesem Betrag zahlte er 240 mk bereits bis zum 17. Juli 1483 mithilfe zweier Wechsel über insgesamt 123 mk sowie einiger Warenlieferungen zurück und notierte nur noch eine (alte) Restschuld von 100 mk Sledorn gegenüber, die er noch ein Jahr für Handelsgeschäfte nutzen durfte.[536] Diesen durch Sledorn gewährten Zahlungsaufschub begründete Dunkelgud damit, dass *ich mer eventur stan van Hans van Gelten wegen 4 mk und van Hans Gerlyges wegen 14 mk 5½ß* [...]. Diese Verbindlichkeiten Geltens und Gerlyges sollten aufgrund der noch ausstehenden 100 mk nun Sledorn zufließen. Dass es sich um Verbindlichkeiten handelte, zeigt ein früherer Eintrag vom 2. Januar 1483, in dem Dunkelgud diese noch als Sledorns Schuld wegen der Zahlung an Hans Gerlyge aus Kiel von 7 mk und hier *Hans van Gangelten* aus Bremen von 4 mk notierte. Worin genau Dunkelguds „höheres Risiko" bestand und warum sich die Verbindlichkeiten im Nachhinein zum 17. Juli noch einmal verdoppelten, dokumentiert das Dunkelgudsche Rechnungsbuch nicht.[537]

Über einen Teil dieses Sledornschen Guthabens von 100 mk bei Hinrik Dunkelgud kam es in den Jahren 1484 und 1485 allerdings zu einem Rechtsstreit zwischen den drei ehemaligen Gesellschaftern. Aufgrund von ausstehenden Schulden Sledorns bei Hans Hovenborch pfändete Hovenborch am 25. April 1484 diesen Betrag von Dunkelgud, den dieser eigentlich als eine Teilrückzahlung für Hans Sledorn bei sich trug. Hovenborch rechtfertigte sein Vorgehen damit, dass ihm dieser Betrag vor dem Niedergericht in Anwesenheit zweier Mitglieder der Krämerkompanie, Hermen Hushere und Jacob Huls, als Zeugen zugesprochen und auch von Hinrik Dunkelgud anerkannt worden sei. Als Bevollmächtigten zur Anmahnung und Einziehung dieses Betrags nach einer Frist von Jahr und Tag bestimmte Hovenborch Peter Fos, ein weiteres Mitglieder der Kompanie. Als Entschädigung versprach Hovenborch Dunkelgud eine Gutschrift innerhalb ihrer gemeinsamen Abrechnung.[538] Am 23. Januar 1485 ließ sich Dunkelgud von Hans Hovenborch in Anwesenheit zweier Zeugen, nämlich der Krämer Hermen Hushere und der Schuhmacher Hans Mertens, Dunkelguds Nachbarn, eine Quittung über dessen Gesamtschuld in das Rechnungsbuch eintragen.[539] Nach Anmahnung des Betrags durch Peter Fos zahlte Dunkelgud diesem in Anwesenheit der Krämer Hermen Hushere und Tonies van Konren am 5. Juni 1485 schließlich die 65 mk in bar aus.[540]

Obgleich Hinrik Dunkelgud darüber hinaus am 26. August 1484, dieses Mal nach Aufforderung Sledorns, weitere Verbindlichkeiten von 35 mk bei Klaus Hinriksen für diesen beglich,[541] schieden beide recht positiv aus ihren gemeinsamen geschäftlichen Unternehmungen. Darauf deuten neben der Streichung sämtlicher Einträge zu ihren Abrechnungen auch seine zusätzlichen und genauen Anmerkungen wie beispielsweise: [...] *dyt boven screven ist dot rekent* [...], oder: [...] *do*

---

536 Ebd., fol. 18r, 20v. Diesen Schuldbetrag von 100 mk gegenüber Hans Sledorn erwähnte Hinrik Dunkelgud erstmals am 13. September 1479 und dann wiederholt auch innerhalb der Abrechnungen zusammen mit Hans Hovenborch. Ebd., fol. 3r, 16v, 18r, 20r.
537 Ebd., fol. 18r.
538 Ebd., fol. 20r, 21r; HENNINGS: Mitglieder, S. 86, 89.
539 Rechnungsbuch, fol. 20r, 21v (Quittung).
540 Ebd., fol. 18r, 20r, 21r.
541 Ebd., fol. 21r.

rekende ik myt Hans Sledorn alle desse jegenwardegen rekenschop qwyt unde doet, so dat unsser en van den anderen schedede myt leve unde fruntschop.[542] Für Dunkelgud stellte diese ‚Freundschaftsbekundung', so formelhaft sie ausfallen mag, in seinem Rechnungsbuch eine Ausnahme dar. Ähnliche Redewendungen verwandten Kaufleute darüber hinaus in Anreden in Briefen. Diese ‚freundschaftliche' Anrede behielt Dunkelgud auch nach dem Rechtsstreit um die 65 mk mit Peter Fos und Hans Hovenborch bei und beschloss dieses Ereignis am 5. Juni 1485 mit den Worten: *Item aldus bin ik Sledorn nicht schuldych, mer leve unde fruntschop.*[543] Eine Quittung Sledorns zum 10. April 1487 bekundet ihren anhaltenden Kontakt. So lieh Dunkelgud ihm erneut 20 mk und verkaufte ihm auf Kredit 2 Ulmer Sardock. Ferner wurde Sledorn bevollmächtigt, in Dunkelguds Namen einige seiner Verbindlichkeiten in Stockholm einzufordern, so dass sich eine erneute Verschuldung Sledorns über 100,5 mk ergab, deren Rückzahlung Dunkelgud nach Ablauf von drei Jahren erwartete. Laut einem undatierten Eintrag beglich Hans Sledorns Frau, Huster Wolboich, eine Schuld Dunkelguds über 50 mk bei dem Stockholmer Bürger Tile Busman.[544] Die restlichen 50 mk sollten Sledorn erlassen werden.[545] Bei Abfassung von Dunkelguds viertem Testament am 17. April 1492 nahm dieser allerdings wieder leichte Veränderungen an der Vereinbarung vor. Dunkelgud führte zum wiederholten Mal Schulden über 18 mk gegenüber Peter Scharvenhagen und über 16 mk gegenüber Hans Degener an.[546] Nun fügte Dunkelgud aber hinzu, dass Hans Sledorn diesen beiden gegenüber im Zahlungsrückstand sei und Dunkelguds Provisoren dieses Geld von ihm einfordern und als Almosen verwenden sollten.[547] Sehr wahrscheinlich hatten zwischen dem 10. April 1487 und dem Testament vom 17. April 1492 weitere Absprachen zwischen Dunkelgud und Sledorn stattgefunden, die im Rechnungsbuch F nicht nachzuvollziehen sind.[548] Die Abwicklung von Dunkelguds Verbindlichkeiten durch Sledorn ergab insofern Sinn, als die Familie De-

---

542 Ebd., fol. 3r, vgl. auch fol. 2v, 21v; Selzer/Ewert: Verhandeln, S. 146f. Die gemeinsame *fruntschop* wurde nicht nur von Dunkelgud wiederholt betont, sondern auch Sledorn verwendete in seiner selbst eingeschriebenen Quittung denselben Ausdruck. Vgl. auch die Anrede Hinrik Dunkelguds als *ersame*[n] *gude*[n] *vrunt* im Brief von Claus Werneke vom 10. Juni 1482. Ebd., fol. 18r, 22r, [234r] 71r.

543 Ebd., fol. 21v.

544 Ebd., fol. 22r. Bei Tile Busmann handelte es sich vermutlich um den Bruder des Lübecker Gewandschneiders und Fernhändlers *Hans Buschmann*, der wohl u.a. nach Reval handelte. Tile Busmann allerdings verlor aufgrund von zunehmender Verarmung – innerhalb der Stockholmer Bevölkerung wurde er den mittleren Vermögensklassen zugeordnet – im Jahr 1471 sein Ratsherrenamt und verstarb im Jahr 1495. Rossi: Lübeck, S. 162.

545 Hinrik Dunkelguds Begründung für den Erlass dieser Schulden Sledorns erscheint in einem kaufmännischen Rechnungsbuch etwas fehl am Platz. Er erließ ihm diese nämlich für den Fall, dass Sledorn ihm diesen Betrag schon vormals entrichtet habe oder dass Dunkelgud Sledorn diese Summe noch schuldig sei. Rechnungsbuch, fol. 22r.

546 Beide Verbindlichkeiten führt Hinrik Dunkelgud wiederholt in seinen Testamenten an. Zu Hans Degener vgl. Kapitel 6.5.1 (Personelle Verflechtungen in alle Handelsrichtungen) und zu Peter Scharvenhagen vgl. Rechnungsbuch, fol. 232r (Testament vom 13. Sept. 1484), fol. 231v (Testament vom 11. April 1487).

547 Ebd., fol. 230r.

548 Ebd., fol. 22r, 230r.

gener, wie bereits erwähnt, in Stockholm ansässig war und Hans Sledorn zwar nachweislich nicht mit Peter, aber möglicherweise mit einem ihm anverwandten Hans Scharvenhagen Handelsgeschäfte betrieben hatte.[549] Laut einem späteren Nachtrag zu diesem Testament war Hans Sledorn zwischenzeitlich verstorben, da Dunkelgud nun seine Provisoren beauftragte, dessen Witwe zur Begleichung der offenen Verbindlichkeiten von 58 mk 3 ß heranzuziehen. Falls diese noch lebende Kinder aus der Ehe mit Sledorn zu versorgen habe, solle ihr diese Schuld erlassen werden. Sei dies aber nicht der Fall, dürfe sie die bereits vormals angesprochenen 34 mk nicht selbst behalten, sondern müsse sie wiederum als Almosen verwenden.[550]

Zusammenfassend lassen sich über den Gesamtumfang und die Dauer von Hinrik Dunkelguds Handelsgeschäften mit Hans Sledorn keine Aussagen treffen, da ihr aktiver Handel bei Dunkelguds Niederlassung in Lübeck so gut wie beendet war und vornehmlich noch die abschließenden Abrechnungen vorgenommen wurden. Ihr Gesellschaftshandel, teilweise auch zu dritt mit Hans Hovenborch, basierte wohl auf der rechtlichen Form einer Selschop, in der Dunkelgud vor allem Westwaren versandte. Die in den Abrechnungen genannten Personen weisen wiederum auf Dunkelguds Handel mit Stockholmer Bürgern, wodurch die These bekräftigt wird, dass es sich bei Dunkelgud um einen Stockholmfahrer gehandelt haben könnte. Zwischen Dunkelgud und Sledorn scheint über ein rein kollegiales Verhältnis hinaus eine freundschaftliche Beziehung bestanden zu haben. Darauf deuten neben der gemeinsam unternommenen Pilgerreise auch der Wortlaut einiger Einträge im Rechnungsbuch, das gute persönliche Verhältnis selbst nach dem Rechtsstreit mit Peter Fos und Dunkelguds eher milde Einforderung von Sledorns Verbindlichkeiten, die er ihm bzw. seiner Witwe zu Gunsten von Sledorns Nachkommen sogar ganz erlassen wollte.

6.5.4 Der Gesellschaftshandel mit Peter Kegeben und Hans Borne (Handelsgesellschaft C)

Hinrik Dunkelguds erste Widerlegung mit Peter Kegeben datiert vom 24. Juni 1482 in Lübeck. Ihr gemeinsames Handelsgut bestand aus Riemen oder Gürteln (*remen*), Nadeln (*natlen*) und Haken (*haken*) im Gesamtwert von 3 mk 2 d. Als Kapitalführer begleitete Kegeben die Warensendung persönlich nach Stockholm zu Dunkelguds Geschäftspartner Hans Dinxstede.[551] Aufgrund einer Bemerkung Dunkelguds, der Kegeben zu dieser Zeit als seinen „Jungen" bezeichnete, scheint dieser sich noch in der Ausbildung befunden zu haben,[552] wobei diese erste Widerlegung auch auf den ‚Gesellenstatus' Kegebens hindeuten könnte. Die Gesellen hatten als Gäste in Stockholm Quartier bei einem Wirt zu nehmen, in der Regel einem Geschäftspartner

---

549 Laut einem Niederstadtbucheintrag von 1487 beliefen sich Hans Scharvenhagens Verbindlichkeiten gegenüber Hans Sledorn auf ca. 336 mk. AHL, Niederstadtbuch Reinschrift 1481–1488, fol. 479v.
550 Rechnungsbuch, fol. 230r.
551 Ebd., fol. 14r, 211v, 210v.
552 Ebd., fol. 13v.

des Prinzipals mit heimischem Bürgerrecht.[553] Wie lange Peter Kegeben in Stockholm blieb, ist nur zu vermuten. Für Kost zahlte Dunkelgud Dinxstede einen Betrag für vier Wochen. Ebenfalls zum 24. August bzw. zum 8. September vermerkte Dunkelgud die erste Retoursendung Kegebens aus Stockholm, bestehend aus einem Fass Osemund. Ob Kegeben diese selbst zurück nach Lübeck begleitete, bleibt ungewiss. Dies passte aber zu den von Dunkelgud ausgelegten Unterbringungskosten.[554] Zumindest ein Jahr später befand sich Kegeben noch oder eben wieder in Stockholm, da Dunkelgud ihm am 21. September 1483 eine Sendung über drei Tonnen Äpfel dorthin sandte. Schließlich folgte in Dunkelguds Buch F ein Verweis auf eine Umschreibung dieser Widerlegung in sein schwarzes Rechnungsbuch.[555]

Bereits kurze Zeit zuvor, am 25. Juli 1483, war Hinrik Dunkelgud auch eine Widerlegung mit Hans Borne eingegangen, bei der dieser 2 mk und Dunkelgud 3 mk zu ihrem Gesellschaftskapital zusammenlegten, um bei gleicher Gewinnbeteiligung Handelsgeschäfte zu betreiben. In der Folge schickte Dunkelgud Borne nach Reval.[556] Obgleich Dunkelgud diese beiden ersten Widerlegungen einzeln mit Kegeben und Borne abschloss, mündeten sie in einen gemeinsamen Gesellschaftshandel *up unser 3 eventur*, wie Dunkelgud unter demselben Datum erstmals erklärte.[557] Diese Handelsgesellschaft wird im Folgenden als Handelsgesellschaft C bezeichnet (vgl. Anhang 11.11 Gesellschaftshandel mit Peter Kegeben und Hans Borne (HG C)).

Von diesem gemeinsamen Gesellschaftshandel unterschied Dunkelgud weitere, parallel laufende Handelsgeschäfte in unterschiedlichen personellen Zusammensetzungen. So betrieb er auch Gesellschaftshandel zu dritt mit Peter Kegeben und Evert Sveberch bei zwei Roggensendungen aus Danzig.[558] Zudem war er in Handelsgeschäfte auf Gegenseitigkeit involviert, bei denen jeder Partner vor Ort für den Absatz der Waren des jeweils anderen sorgte, ohne am Gewinn beteiligt zu sein oder Gebühren zu erheben. Diese Handelsgeschäfte bestanden aus mindestens einer Sendung und der anschließenden Retoursendung, d. h. einer Welle. Danach war es möglich, sie sofort zu beenden oder beliebig fortzuführen. Diese Form des Handels bedurfte weder einer rechtlichen Grundlage noch eines gemeinsamen Kapitals. Geschäfte auf Gegenseitigkeit konnten aber wie im Fall Dunkelguds parallel zu dem auf Widerlegung beruhenden Gesellschaftshandel durchgeführt werden.[559] Abgrenzen lassen sich diese Handels- und Gesellschaftsformen durch die nähere Bestimmung, auf wessen Risiko und Rechnung gehandelt wurde.[560] Nahm Dunkelgud sich

---

553 Rossi: Lübeck, S. 8 f.
554 Rechnungsbuch, fol. 13v–14r.
555 Ebd., fol. 13v–14r, 210v, 209r. Diese Handelsgesellschaft wird im Folgenden als HG B bezeichnet, vgl. dazu Anhang 11.10 Gesellschaftshandel mit Peter Kegeben.
556 Rechnungsbuch, fol. 211v, 210v.
557 Ebd., fol. 209v. Diese Formulierung nutzte er wiederholt auch in fol. 208v, 207v.
558 Ebd., fol. 199r; vgl. auch Anhang 11.1.9 Getreide und Mehl: Nr. 11–12; Anhang 11.15 Tab.: Preiskalkulation im Roggenhandel: Nr. 4–5.
559 Vgl. Jahnke: Handelsnetzwerke, S. 197.
560 Hierbei unterschied er vor allem zwischen den Formulierungen für seinen Gesellschaftshandel *up unser 3 eventur* bzw. *up unser beyder eventur* und für Handelsgeschäfte auf Gegenseitigkeit *up erer beyder eventur* und *up myn egen eventur*.

dabei heraus, fungierte er in diesem Fall nur als ‚dienstleistender' Dritter, der die Waren seines Handelspartners zu dessen Besten, d. h. zu den für seinen Partner vorteilhaftesten Konditionen, vor Ort verkaufte, die anfallenden Erlöse für den Einkauf von Retourwaren verwendete und diese solchermaßen zurücktransferierte.[561] Innerhalb seiner Abrechnungen für die Handelsgesellschaft C vermischte Dunkelgud einige Einträge zu Warensendungen auf Gegenseitigkeit mit Hans Borne (vgl. Anhang 11.13 Handel auf Gegenseitigkeit mit Hans Borne (HaG A)), mit Hans Borne zusammen mit Bernd Pal (vgl. Anhang 11.14 Handel auf Gegenseitigkeit mit Hans Borne (HaG B)) sowie eine Sendung von 13 Tonnen Kirschbeerenfarbe an Borne und Kegeben auf sein alleiniges Gewinn- und Verlustrisiko.[562] Die Geschäfte auf Gegenseitigkeit machten also einen Teil von Dunkelguds Properhandel aus.[563] Wegen der Vermischung dieser Eigenhandelsgeschäfte und der späteren Abrechnung von Transaktionen, die im Rechnungsbuch F vorher nicht erwähnt wurden,[564] gestaltet sich eine vollkommene Durchdringung seines Gesellschaftshandels mit Peter Kegeben und Hans Borne als schwierig.

Die Handelsgesellschaft C (vgl. Anhang 11.11) zusammen mit Kegeben und Borne bestand vom 25. Juli 1483 bis zum 17. Oktober 1488, das Datum der letzten Abrechnung mit Hans Borne.[565] In diesen fünf Jahren wurden insgesamt 27 Sendungen verschifft, davon 20 Sendungen Dunkelguds und nur 7 Retoursendungen Bornes und Kegebens. In der gemeinsamen Handelsorganisation stattete Dunkelgud als Prinzipal seine beiden Kapitalführer noch in Lübeck über ihre Widerlegungen mit den ersten Waren aus. Zusammen mit Hans Borne wird auch Peter Kegeben spätestens Mitte September 1483 Aufenthalt in Reval genommen haben, da Dunkelgud seine zwei Sendungen vom 14. September und 9. Oktober 1483 ausdrücklich an beide versandte, so dass in diesem Jahr insgesamt Waren im Wert von 16 mk 6 ß von Lübeck nach Reval verschifft wurden.[566] Eine oder möglicherweise auch mehrere Retoursendungen Kegebens und Bornes im Wert von 38 mk 3 ß 1 d folgten ohne genaue Datierung im Jahr 1484.[567] Dunkelgud selbst schickte ihnen vier Sendungen in Folge am 3. Juni, 10. August, 29. September und 21. Oktober 1484 im Wert von 63 mk 1 ß 1 d, eine weitere Sendung für 42,5 mk 6 ß 3 d schloss sich seinerseits bereits am 17. März 1485 an.[568] Diese Frequenz lässt bereits erkennen, dass die Sendungen von Lübeck nach Reval und umgekehrt nicht in regelmäßigem Wechsel und nicht grundsätzlich auf gleiche Warenwerte hin abgestimmt erfolgten. Obgleich Hinrik Dunkelgud mit Peter Kegeben und Hans Borne Fernhandel zwischen den Städten Lübeck und Reval betrieb, hielt er sich anscheinend nicht konsequent

---

561 JAHNKE: Handelsnetze, S. 209.
562 Vgl. Anhang 11.1.4 Drogen, Beiz- und Färbemittel: Nr. 5; Rechnungsbuch, fol. 204r, 202v.
563 Vgl. JAHNKE: Handelsnetzwerke, S. 197.
564 Beispielsweise rechnete Hinrik Dunkelgud unter dem 24. Juli 1487 4 Timmer und 4 Fuchsfelle ab, die er von Gotschalk Horensey und wohl auch Hans Borne erhalten hatte. Die eigentliche Zusendung wurde nicht verzeichnet. Rechnungsbuch, fol. 202v, vgl. auch Anhang 11.1.16 Rauch- und Lederwaren: Nr. 32.
565 Rechnungsbuch, fol. 209v, 202v.
566 Ebd., fol. 209v.
567 Ebd., fol. 208r.
568 Ebd., fol. 208v, 207v.

an den für den im hansischen Fernhandel bisher angenommenen Warenzyklus in Wellen. Dieser hätte von Dunkelgud eine bessere Koordinierung seiner Sendungen mit denen Kegebens und Bornes erfordert. Bei einem solchen Zyklus hätte Hinrik Dunkelgud Waren gen Reval schicken und anschließend darauf warten müssen, dass Kegeben und Borne die ihnen zugesandten Westwaren zuerst abgesetzt, den Verkaufserlös wiederum in Ostwaren investiert und diese an ihn retourniert hätten. Dunkelgud aber sandte in zu kurzen Abständen zu hohe Warenwerte gen Reval, so dass seine Kapitalführer es nicht schafften, diese Waren dort abzusetzen und die entsprechenden Verkaufserlöse nach Lübeck zurückzuführen.[569]

Erst am 1. Mai 1485 nahm Dunkelgud in Lübeck wiederum Lammfelle für 15 mk 9 ß in Empfang[570] und versandte selbst bereits am 25. Mai sowie am 24. Juni 1485 verschiedene Waren im Wert von 155 mk 11 ß nach Reval.[571] Zum 22. Juli schickten Kegeben und Borne eine weitere kleinere Sendung im Wert von 25,5 mk 3,5 ß 4 d.[572] Für das Jahr 1485 vermerkte Dunkelgud noch drei weitere Sendungen seinerseits in kurzer Folge am 17. August, 8. September und 18. Oktober 1485 im Wert von 79,5 mk 7,5 ß nach Reval.[573] Nach knapp zweieinhalb Jahren seit ihrer Gesellschaftsgründung und Sendungen Dunkelguds im Wert von 317,5 mk 7,5 ß 4 d standen Peter Kegeben und Hans Borne demnach bereits mit drei Viertel dieses Werts im Verzug. Der detaillierte Verlauf der weiteren Sendungen der Jahre 1486, 1487 sowie der ersten Jahreshälfte 1488 braucht nicht im Einzelnen weiter vorgeführt zu werden, da sich die begonnene Tendenz fortsetzte und Dunkelguds Kapitalführer diesen Rückstand nicht aufholten. Bei ihrer ersten Abrechnung am 3. Juni 1486 bezifferte Hinrik Dunkelgud den Wert der von ihm versandten Waren mit 384,5 mk 4 ß 3 d.[574] Nach Verrechnung mit den aus Reval erhaltenen Waren trug Dunkelgud für Peter Kegeben eine Schuld von 150 mk und für Hans Borne eine Schuld von 227 mk ein, welche ihm beide zudem eigenhändig bestätigten.[575] Diesen Einträgen schlossen sich weitere Sendungen sowohl aus Lübeck gen Osten am 15. Juni und am 29. September 1486[576] als auch aus Reval gen Westen am 15. Juni 1486 und am 3. Juni 1487[577] an. Eine zweite Abrechnung folgte am 24. Juli 1487. Ohne Berücksichtigung der Widerlegung Kegebens und Bornes notierte Dunkelgud eine Neuverschuldung aus diesem Gesellschaftshandel von 32 mk 9 ß, die er nur mit Hans Borne abrechnete.[578] Warum Hans Borne jetzt die Schuld von beiden zugewiesen bekam und warum Peter Kegeben ab diesem Zeitpunkt keine Rolle mehr innerhalb dieser Abrechnungen spielen sollte, wird nicht deutlich. Aus Reval kam am 29. September 1487 nur noch eine letzte Sendung über 7,5 Last 5 Tonnen

---

569 Vgl. LESNIKOV: Frage, S. 29.
570 Rechnungsbuch, fol. 208r.
571 Ebd., fol. 206v.
572 Ebd., fol. 208r.
573 Ebd., fol. 205v.
574 Ebd., fol. 204v.
575 Ebd., fol. 211v, 210v, 204v–203r.
576 Ebd., fol. 202r, 208r.
577 Ebd., fol. 209v, 203v, 202v.
578 Ebd., fol. 202v.

Teer.[579] Kurz darauf, am 6. Oktober, schickte Dunkelgud noch drei Sardok nach Reval und zwischen dem 6. April und dem 25. Mai 1488 eine allerletzte Sendung von einer Last Feigen.[580] Bei der dritten und letzten Abrechnung am 17. Oktober 1488 notierte Dunkelgud eine Gesamtschuld Bornes von 265 mk 15 ß, zu der noch 26 mk hinzukamen,[581] was rechnerisch eine Schuld von 291,5 mk 7 ß ergeben hätte. Dieser Eintrag zu Hans Bornes Schuld ist nicht gestrichen, d. h. wohl nicht beglichen worden. Wie aus einem undatierten Eintrag im Schuldbuch des Revaler Kaufmanns Bernd Pal deutlich wird, stand Hans Borne bei diesem zumindest noch vor dem 7. April 1487 als Lehrjunge in Diensten.[582] Da nach Albrecht Cordes die den Prinzipal vertretenden Knechte oder Lieger von Dritten nur sehr begrenzt direkt haftbar gemacht werden konnten,[583] wäre es möglich, dass Hans Borne als Lehrjunge Bernd Pals noch nicht selbst für seine aufgelaufenen Verbindlichkeiten haftete oder haftbar gemacht werden konnte. Es gibt allerdings auch keine weiteren Hinweise darauf, dass diese Angelegenheit zwischen Bernd Pal und Hinrik Dunkelgud geklärt wurde, da weder im Dunkelgudschen noch im Palschen Schuldbuch diesbezügliche Einträge erfolgten. Auch zu Hans Bornes weiterem Werdegang gibt es kaum Anhaltspunkte. Ein *Hans von Born* erscheint 1489 als ein Ältermann des Kontors in Bergen.[584] Ein Schiffer *Hans Born* importierte 1492 Waren nach Königsberg und ein Jahr später nach Gotland. Ob es sich bei diesen Personen um Hinrik Dunkelguds ehemaligen Kapitalführer handelt, muss hier offenbleiben.[585] In einem letzten Eintrag vom 16. Oktober 1500 verweist Dunkelgud auf den Sohn seiner Tante Heineke (Mus) namens *Hans Bron*. Es liegt nahe, dass es sich hierbei um eine Verschreibung handelt. Dieser Hans Bron hatte bei Dunkelgud nämlich noch Verbindlichkeiten von ca. 400 mk offen, die seine Mutter Heineke mit einer ersten anteiligen Zahlung von 20 mk wohl abzutragen beginnen wollte. Auch diese Einträge sind nicht gestrichen worden, so dass zumindest in diesem Rechnungsbuch keine weitere Abrechnung der Schuld dokumentiert ist.[586]

Wie schon im Kapitel zu den Handelswaren ausgeführt wurde, erweiterte Hinrik Dunkelgud in seiner zweiten Handelsphase (1481 bis 1488) im Gesellschaftshandel mit Kegeben und Borne seine Westwarenpalette um kleine Metallwaren zu Pfennigwerten, wie beispielsweise Scheren, Nadeln, Schellen, Messingknöpfe, Dolche und Messer, aber auch um Spiegel, Kämme, verschiedene Hüte und Lederbeutel. Bei all diesen Waren handelte es sich um Massenwaren, die Dunkelgud in Großhandelsmengen nach Reval versandte. Vergleichsweise teure Westwaren wie 5 lb Kandiszucker, 0,5 Zentner Lissabonner Öl oder 72 Brillengestelle schickte er

---

579 Ebd., fol. 202r.
580 Ebd., fol. 202v, 203v.
581 Ebd., fol. 202v.
582 TLA, Af. 18, fol. 168r.
583 Cordes: Spätmittelalterlicher Gesellschaftshandel, S. 270 f.
584 Burkhardt: Bergenhandel, Pros. Kat., S. 36.
585 Vogtherr: Pfundzollbücher, Bd. 4, S. 1760.
586 Rechnungsbuch, fol. 15r. Vgl. zu den möglichen verwandtschaftlichen Beziehungen zwischen Hinrik Dunkelgud und Hans Borne auch Kapitel 3.1 (Familie und Haushaltsangehörige).

6.5.5 Der Gesellschaftshandel mit Peter Kegeben (Handelsgesellschaft D)

Sowohl zu den rechtlichen als auch zu den praktischen Aspekten des Übergangs vom Gesellschaftshandel zu dritt zu Dunkelguds und Kegebens Handel nur noch zu zweit ab dem 19. April 1491 gibt das Dunkelgudsche Buch keine näheren Informationen preis.[588] Allerdings wurde nachweislich spätestens ab der zweiten Sendung vom 4. April 1492 Peter Kegebens neuer und dauerhafter Aufenthaltsort Danzig,[589] wo er spätestens 1506,[590] vermutlich schon früher das Bürgerrecht erwarb.[591] Bis zur ersten Abrechnung am 25. Juli 1504 sandte Dunkelgud 13 Mal Waren nach Danzig und erhielt im Gegenzug sogar 25 Sendungen von Kegeben (siehe Tabelle 6), vermutlich um die noch aus der Handelsgesellschaft C angehäuften Rückstände abzubauen, was aber misslang. Am 25. Juli notierte Hinrik Dunkelgud die Gesamtschuld Kegebens, zusammengezogen aus den Transaktionen der hier als Handelsgesellschaft C und Handelsgesellschaft D bezeichneten Widerlegungen, mit 232 mk 11 ß.[592]

Tabelle 7: Jährliche Anzahl der Sendungen innerhalb der HG D

Jahr	Dunkelgud	Kegeben
1491	1	-
1492	6	9
1493	6	4
1494	-	3
1495	-	2
1496	-	1
1497	-	1
1498	-	1

---

587 Vgl. Anhang 11.1 Gesellschaftshandel mit Peter Kegeben und Hans Borne (HG C).
588 Rechnungsbuch, fol. 201v.
589 Ebd., fol. 201v.
590 Ebd., fol. 195v.
591 *Peter Kegelben* wird um 1504 in einer Liste für einen Sonderschoss, erhoben in den Jahren 1505–1506 in Danzig, aufgeführt, was auf Hausbesitz und damit indirekt auf sein Danziger Bürgerrecht bereits zwei Jahre vor der Erwähnung bei Dunkelgud hindeutet. Die Datierung des Eintrags lässt sich nicht genau auf eines der drei Jahre festlegen. Laut Archiv datiert diese Sonderschossliste auf die Jahre 1505/06. Allerdings folgt erst weit nach dem Eintrag zu *Peter Kegelben* als erste Jahresangabe 1504. APG 300,12/400, fol. 27r.
592 Rechnungsbuch, fol. 195v; vgl. auch Anhang 11.11 Gesellschaftshandel mit Peter Kegeben und Hans Borne (HG C) und 11.12 Buchungen für Dunkelguds Gesellschaftshandel mit Peter Kegeben (HG D).

Jahr	Dunkelgud	Kegeben
1499	-	1
1500	-	2
1501	-	1
1504	-	1

Nach dieser Abrechnung folgte nur noch eine Sendung aus Danzig am 24. August 1504. Möglicherweise verhielt sich Dunkelgud nach den gesammelten Erfahrungen aus der Handelsgesellschaft C ab dem Jahr 1494 passiv und erwartete nun nur noch Retoursendungen Kegebens. Erst zwei Jahre später, am 14. Februar 1506, folgte eine letzte Abrechnung mit einer ausgewiesenen Gesamtschuld Kegebens von 160 mk,[593] so dass er insgesamt immer noch Verbindlichkeiten beinahe in derselben Höhe wie aus der Handelsgesellschaft C (150 mk) bei Dunkelgud zurückbehalten hatte. Die Abrechnung und die Verhandlungen über weitere Zahlungen nahm wahrscheinlich in Danzig Dunkelguds Schwiegersohn Claus Lange vor. Nach der sofortigen Zahlung von 12 mk an Lange wurde vereinbart, dass Kegeben die letzten 148 mk innerhalb der nächsten drei Jahre ausgleichen sollte, beginnend mit einer ersten Zahlung im Sommer 1506. Dunkelgud erwähnte in diesem Zusammenhang einen eigenhändigen Schuldschein Kegebens, den er demnach dem Buch F beilegte, der heute aber verloren ist.[594] Weder ist dieser Eintrag gestrichen, noch erfahren wir etwas über den weiteren Ausgang des Gesellschaftshandels. Es war das letzte Mal, dass Hinrik Dunkelgud Peter Kegeben erwähnte. Für den Gesellschaftshandel sowohl mit Hans Borne als auch mit Peter Kegeben ist festzuhalten, dass beide laut den letzten, nicht durchgestrichenen Abrechnungen ihre Ausstände schuldig blieben und Dunkelgud demnach in beiden Fällen ein Verlustgeschäft gemacht hatte.

6.5.6 Handelsgeschäfte mit Verwandten und Haushaltsangehörigen

Die letzte und vierte Handelsphase Hinrik Dunkelguds (1500–1508) wies grundsätzlich eine deutlich geringere Anzahl von Transaktionen im Vergleich zu den vorherigen Phasen auf. Dies könnte in seinem mittlerweile fortgeschrittenen Alter oder auch in seiner ab dem Jahr 1504 vorteilhafteren Situation als Rentenempfänger ohne eigene Rentenschulden begründet gewesen sein.[595] Im Unterschied zu seinen vorherigen Handelsphasen wird nach Abschluss der Geschäfte mit Kegeben und Borne in dieser vierten Phase Dunkelguds Gesellschaftshandel mit weiteren Verwandten und Haushaltsangehörigen fassbar.

Am 15. Juni 1504 ging Hinrik Dunkelgud mit seinem Knecht Lammerd Hemekynck eine Handelsgesellschaft nicht näher bestimmter Art ein, möglicherweise

---

593 Ebd., fol. 195v.
594 Ebd., fol. 195v.
595 Vgl. dazu Anhang 11.6.1 Rentenentwicklung.

eine Widerlegung.[596] Die Bezeichnung „Knecht" bezog sich auf Handelsdiener oder Handlungsgehilfen, sowohl für den Kram als auch für den Groß- und Fernhandel.[597] Da Hemekynck bereits als verheirateter Mann im Jahr 1493 in die Krämerkompanie eintrat,[598] dürfte es sich bei ihm um einen ausgelernten Gesellen gehandelt haben.[599] Als schwierig erweist sich der Umgang der Forschung mit dem Terminus „Knecht" und seinen unterschiedlichen Entsprechungen und Deutungsmöglichkeiten.[600] So werden diese Begrifflichkeiten bei Helga Rossi nicht deutlich voneinander unterschieden. Einerseits spricht sie von den Liegern und Knechten als Gäste in Stockholm. Synonym verwendet sie „Gesellen" und „junge Handelsdiener", worunter sie wohl auch den Begriff „Knecht" fasst.[601] Für Danzig verweist Theodor Hirsch darauf, dass die Gesellen nicht dispositionsfähig, also nicht befugt gewesen seien, für ihren Prinzipal eigenständig Handelsgeschäfte abzuschließen. Dies machte wiederum den Unterschied zu den Liegern aus, die dispositionsfähig waren, also von ihrem Prinzipal bevollmächtigt werden konnten, seine Geschäfte abzuwickeln, offene Verbindlichkeiten einzuziehen oder auch Gerichtsprozesse an seiner Stelle zu führen. Hirsch fügt dem Terminus Lieger noch eine weitere Differenzierung hinzu, da er zwischen den Liegern in einem reinem Dienst- und Bevollmächtigtenverhältnis und denjenigen unterschied, die mit ihrem Prinzipal eine gemeinsame Widerlegung hatten.[602] „Vielleicht standen die Gesellen in der Handelshierarchie etwas höher als die Knechte", so Henry Samsonowicz, doch verwies er gleichzeitig auch auf die unzureichenden und nicht eindeutig zu interpretierenden Quellen zu dieser Frage.[603] Diese unterschiedliche Übertragung von selbständiger Entscheidungsgewalt der Gesellen, Knechte oder Lieger schlägt sich laut Albrecht Cordes in den Ratsurteilen vor allem in der Frage der Haftung nieder. Diener und Faktoren konnten so nicht zur Haftung für die Gesellschaft herangezogen werden. Zudem war es für Dritte erst einmal nicht erkennbar, welche genaue Position der seinen Herrn oder Prinzipal vertretende Knecht, Geselle, Lieger oder Kapitalführer innehatte.[604] Cordes spricht daher von recht „fließende[n] Übergänge[n] zwischen unselbständiger und selbständiger Tätigkeit".[605]

Bei der im Jahr 1504 von Hinrik Dunkelgud initiierten Gesellschaft übergab er Lammerd Hemekynck Waren (Met, Laken, *walkolges*, Lissabonner Öl, Kirschbeerenfarbe) im Wert von 55,5 mk Kapital. Dunkelgud verwandte keine exakte

---

596 Rechnungsbuch, fol. 34v.
597 SEGGERN: Verschuldung, S. 63.
598 Der Eintritt erfolgte unter dem Namen Lammerd Hemekynck. HENNINGS: Mitglieder, S. 88.
599 Es gibt widersprüchliche Aussagen über die Eheschließung und die Begründung eines selbständigen Haushalts von Gesellen. Johannes Warncke geht davon aus, dass Eheschließungen von Gesellen in der Regel nicht vorkamen. WARNCKE: Handwerk, S. 56 f. Dem widerspricht Michael Mitterauer mit Beispielen von Buchhaltern oder Handelsdienern an der Schwelle zur Frühen Neuzeit, die einen eigenen Haushalt führen konnten. MITTERAUER: Familie, S. 35.
600 SEGGERN: Verschuldung, S. 63.
601 ROSSI: Lübeck, S. 8.
602 HIRSCH: Handels- und Gewerbegeschichte, S. 226–228.
603 SAMSONOWICZ: Bürgerkapital, S. 19.
604 CORDES: Spätmittelalterlicher Gesellschaftshandel, S. 270 f.
605 Ebd., S. 271.

Bezeichnung für diesen Gesellschaftshandel, sondern stellte nur fest, dass Hemekynck und er auf gemeinsames Risiko handelten.[606] Lammerd Hemekynck scheint demnach kein weisungsgebundener Handelsdiener Dunkelguds gewesen zu sein, sondern ist eher als Kapitalführer oder möglicherweise als ‚Juniorpartner' einzustufen.[607] Es bleibt unerwähnt, ob Hemekynck eigenes Kapital in die Gesellschaft einlegte. Eine Widerlegung konnte auch begründet werden, indem der Prinzipal einen höheren Betrag als sein Kapitalführer einlegte und diesen Mehrwert als zinsloses Darlehen gewährte,[608] wie dies in Dunkelguds Handelsgesellschaft C sowohl bei Kegeben als auch Borne der Fall gewesen war. Ob Dunkelgud nun das gesamte Gesellschaftskapital alleine zur Verfügung stellte oder er eine entsprechende Widerlegung Hemekyncks nur nicht erwähnte, bleibt offen. Allerdings bezeichnete und bezifferte Dunkelgud in anderen Fällen die Gesellschaftsform und die Kapitaleinlagen recht genau. Das Rechnungsbuch gibt dann erst wieder über die Rückzahlung des Betrags Aufschluss. Am 14. April 1505 beglich Claus Lange für Hemekynck 27,5 mk bei Dunkelgud. Zwei weitere Warenlieferungen von zusammen einer Last Osemund für 32 mk 4 ß, diesmal wohl direkt von Hemekynck, folgten.[609] Dunkelgud erhielt für seine Kapitaleinlage also 59,5 mk 4 ß zurück, d. h. inklusive eines Überschusses von 4 mk 4 ß. Obgleich dieser Betrag wohl einen durch Hemekynck erwirtschafteten Gewinn ausmachte oder Claus Lange einfach einen zu hohen Betrag für Hemekynck beglich, zahlte Dunkelgud genau diesen Betrag von 4 mk 4 ß am 6. Mai desselben Jahres an Hemekynck zurück.[610] So scheint es sich zumindest nicht um einen gemeinsamen Gewinn gehandelt zu haben. Eine eindeutige Zuordnung zu einer Gesellschaftsform kann hier nicht gefunden werden. Zusammenfassend handelte Hemekynck als Kapitalführer mit einem von Dunkelgud anscheinend zinslos zur Verfügung gestellten Kapital, allerdings auf gemeinsames Risiko, wobei jedoch keine Gewinn- und Verlustausschüttung erwähnt wird.

Hinrik Dunkelgud bezog außerdem besonders seinen ersten Schwiegersohn, den Krämer Claus Lange, der mit seiner Tochter Anneke verheiratet war, nach der Jahrhundertwende in seine geschäftlichen Belange bis zum Jahr 1506 ein. Einen Hinweis auf den Handel auf gemeinsame Rechnung mit Claus Lange gibt ein Eintrag innerhalb von Dunkelguds Abrechnung mit Hans Blanke vom 19. November 1502. Nicht nur Dunkelgud zahlte ausstehende Beträge an seinen Handelspartner Blanke, sondern auch Claus Lange schickte Blanke Waren als Zahlungsmittel zur Begleichung von Dunkelguds Schuld zu.[611]

Selbständig führte Lange die Gespräche mit Dunkelguds ehemaligem Lehrjungen und Geschäftspartner Peter Kegeben, nunmehr Bürger zu Danzig, über dessen ausstehende Beträge aus der gemeinsamen Handelsgesellschaft. Am 14. Februar 1506 erzielte Lange eine Einigung mit einem dreijährigen Zahlungsziel, so dass Dunkelgud Lange zu dessen Geburtstag 1506 die Vollmacht zur endgültigen Ab-

---

606 Rechnungsbuch, fol. 34v.
607 Vgl. CORDES: Spätmittelalterlicher Gesellschaftshandel, S. 270.
608 Vgl. ebd., S. 291.
609 Rechnungsbuch, fol. 35r.
610 Ebd., fol. 34v.
611 Ebd., fol. 29r.

wicklung dieser Angelegenheit erteilte.[612] Claus Lange beteiligte sich auch in anderer Form an Handelstransaktionen seines Schwiegervaters, indem er einerseits am 19. November 1502 für Dunkelgud bei seinem Handelspartner Hans Blanke eine Teilschuld mithilfe einer Lieferung von 2,5 Liespfund Wachs übernahm[613] und andererseits, wie bereits erwähnt, am 14. April 1505 einen Teil der Verbindlichkeiten Lammerd Hemekyncks bei Dunkelgud beglich.[614] Unter dem 11. November 1508 bürgte Lange für die Verbindlichkeiten des Titke Kolsouwe, für den an dieser Stelle ein Handelskontakt mit Dunkelgud belegt ist, über ausstehende 9 rh gl, die Lange seinem Schwiegervater schließlich selbst auszahlte.[615] Obgleich Lange Zahlungen für seinen Schwiegervater und dessen Knecht wiederum an Dunkelgud übernahm, können für Lange ein Gesellschaftshandel oder Handelsgeschäfte auf Gegenseitigkeit mit Dunkelgud nicht nachgewiesen werden.

Mit seiner Tochter Anneke, Claus Langes Ehefrau, ging Hinrik Dunkelgud einmal eine Widerlegung ein. Obgleich er diese nicht wie im Falle der Widerlegungen mit Peter Kegeben und Hans Borne explizit als solche benannte, gab er seiner Tochter Waren wie verschiedene Fischnetze (*garn van 7 stygen, hamen*) und Lotleinen (*fadem*) im Wert von insgesamt 165 mk, gegen die sie ihrerseits denselben Wert in anderen Fischnetzen (*manse*) einbringen sollte. Auch hier trat Dunkelgud anscheinend als Kapitalgeber, seine Tochter als Kapitalführerin auf, wobei der Gewinn beiden zukommen sollte. Allerdings bestimmte Dunkelgud, dass sein Gewinn für die Ausstattung armer Jungfrauen mit einer Mitgift zu verwenden sei.[616] Anneke ließ ihrem Vater 37 Fischnetze im Wert von 18,5 mk zukommen. Weiter zahlte sie ihm 98 mk in bar aus. Immerhin verkaufte sie 100 *manse* an Peter Fresenberch, der Dunkelgud 50 mk zahlte.[617] Ähnlich wie in der Handelsgesellschaft mit seinem Knecht Lammerd Hemekynck trat Dunkelgud hier als reiner Kreditgeber auf, der seine Kapitalführer, in diesem Fall seine Tochter, selbständig handeln ließ. Obgleich Anneke ihrem Vater insgesamt mit der Zahlung Fresenberchs 166,5 mk zukommen ließ, notierte Dunkelgud kommentarlos ihre Zahlungen, ohne den Überschuss von 1,5 mk auszuweisen. Zudem sind die Einträge zu diesem Gesellschaftshandel allesamt nicht von Dunkelgud durchgestrichen worden.

6.6 EINORDNUNG VON HINRIK DUNKELGUDS TÄTIGKEIT IN DEN LÜBECKISCHEN HANDEL

Hinrik Dunkelguds Organisation seines Handelsbetriebs vor Ort in Lübeck und in Erweiterung durch seine ehemaligen Lehrjungen und Gesellschafter in Stockholm, Reval und schließlich Danzig in Form der Wirtschaftseinheit des gesamten Haushalts unterschied sich kaum von anderen kaufmännischen Familienbetrieben seiner

---

612 Ebd., fol. 195v, 194r.
613 Ebd., fol. 29r.
614 Ebd., fol. 35r.
615 Ebd., fol. 31v–32r.
616 Ebd., fol. 47v.
617 Ebd., fol. 48r.

Zeit. Auch sein Umgang mit Maßen und Gewichten, seine Kenntnisse über die für ihn relevanten Handelsusancen sowie seine angewendeten Buchführungstechniken zeugen von Handelspraktiken, wie sie zu dieser Zeit im Ostseeraum allgemein verbreitet waren.

Nur selten berühren die Einträge in seinem Rechnungsbuch F Dunkelguds Warenbezug. Die Ausnahme bilden einige Warensendungen im Rahmen des Gesellschaftshandels oder als Bezahlung für Warenkredite von Seiten Dunkelguds sowie die Sendungen innerhalb des Gesellschaftshandels mit Hans Borne und Peter Kegeben. So fehlt Dunkelguds Warenbezug von Westwaren bis auf ganz wenige Ausnahmen in der ersten und zweiten Handelsphase fast vollständig. Dies bedingt auch, dass sich über das Warensortiment seiner Krambude am Lübecker Zentralmarkt nur indirekt über seine Sendungen via Fernhandel und seine wenigen Detailgeschäfte, vorzugsweise mit Verwandten, Vermutungen anstellen lassen.

Die Abrechnungen seiner früheren Handelsgeschäfte vorzugsweise mit ‚typisch' hansischen Westwaren, die sich noch bis in die 1490er Jahre hineinzogen, sowie seine erwähnte Geschäftsreise nach Stockholm, seine kurzfristigen Aufenthalte in Hamburg, Hannover und Brügge während seiner Pilgerreise sowie der einzige erhaltene Geschäftsbrief aus dem Jahr 1482 von seinem Brügger Handelspartner Claus Werneke zeigen Hinrik Dunkelguds Handelskontakte in den Westen und Norden. Obgleich diese in seinem Rechnungsbuch F während der drei Widerlegungen mit Hans Borne und Peter Kegeben nicht weiter erwähnt wurden, müssen sie auch in dieser Zeit in irgendeiner Form Bestand gehabt haben. Dies tritt am deutlichsten anhand der nur in den Lübecker Pfundzollbüchern überlieferten Befrachtungen nach Schonen und Stockholm hervor. Auch Hinrik Dunkelguds einzige bekannte Sendung nach Bergen von immerhin zwei Last Bier im Jahr 1504 kann als ein vager Hinweis auf bestehende Handelskontakte gewertet werden.

Bei den ersten beiden Handelsgesellschaften mit Hans Borne und Peter Kegeben handelte es sich sehr wahrscheinlich um die im hansischen Handelsraum übliche Gepflogenheit, die ehemaligen Lehrjungen innerhalb oder am Ende ihrer Ausbildung als Kapitalführer in eine erste Widerlegung mit dem Lehrherrn als Kapitalgeber zu entlassen. In diesem Fall waren es zwei separate Widerlegungen Dunkelguds mit Borne und Kegeben. Zur Abrundung ihrer Ausbildung schickte Dunkelgud beide zu anderen, vermutlich befreundeten Kaufleuten. Kegeben reiste recht wahrscheinlich für vier Wochen nach Stockholm. Ein wenig später nahmen Kegeben und Borne Aufenthalt in Reval, wobei Borne dort zumindest zeitweise noch als Lehrjunge im Dienst Bernd Pals tätig war. Nach Beendigung der Handelsgesellschaft C handelte Dunkelgud dann in der Handelsgesellschaft D ausschließlich mit dem mittlerweile in Danzig ansässigen Peter Kegeben. Neben dieser Verschiebung seiner Handelsrichtung von Norden nach Osten veränderte Hinrik Dunkelgud darüber hinaus langsam sein Warensortiment: von hochwertigeren Westwaren, wie englische Tuche, Gemälde, Bücher, teurere Gewürze wie Pfeffer, hin zu vorzugsweise Nürnberger Tand, den er zu Hans Borne und Peter Kegeben nach Reval und später Danzig sandte. Sehr wahrscheinlich dürfte er dieselben Waren zudem selbst in seiner Krambude in Lübeck verkauft haben. Allerdings waren die Warenmengen und -werte innerhalb der ersten Widerlegung mit Borne und Kegeben im Vergleich

6.6 Einordnung von Hinrik Dunkelguds Tätigkeit in den lübeckischen Handel

zu Dunkelguds Sendungen innerhalb seiner anderen Handelsgesellschaften vergleichsweise niedrig. Das könnte darauf zurückzuführen sein, dass Dunkelgud als rationaler und auf Gewinn ausgerichteter Kaufmann noch nicht so große Summe in den Gesellschaftshandel mit Borne und Kegeben investieren wollte, da sich diese ja erst einmal ihre Reputation und sein Vertrauen in ihre kaufmännischen Fähigkeiten erarbeiten mussten. Nach der Abrechnung der zwei ersten gewinnbringenden Widerlegungen in den Jahren 1481 bis 1486 ging Dunkelgud nur mit Peter Kegeben eine weitere im Jahr 1492 ein, die insgesamt bis zum Jahre 1506 mit immer noch ausstehenden Zahlungen in einem Verlustgeschäft Dunkelguds enden sollte.

Im Falle der Handelsorganisation als Trio mit Hans Borne und Peter Kegeben und in der dritten Handelsphase nur noch mit Kegeben spezialisierte sich Dunkelgud auf den Versand vor allem oberdeutscher Ware in den Osten mit Rücksendung entsprechender Ostware an die Trave. So stellte Lübeck in der Verteilung der Nürnberger Waren in den Ostseeraum am Ende des 15. Jahrhunderts noch den zentralen Umschlagsplatz dar. Wie Dunkelgud sandten die ebenfalls von Lübeck aus agierenden Nürnberger Kaufleute ihre Handelswaren von dort vor allem nach Livland, insbesondere nach Reval und Riga, sowie nach Danzig an ihre Handlungsdiener oder Mitgesellschafter.[618] Auch die Familie Mulich verhandelte im letzten Viertel des 15. Jahrhunderts mehrmals Nürnberger Waren wie Spiegel, Gewürze, Reis, Papier oder Glaswaren von Lübeck aus weiter gen Reval.[619] Kunz Mulich handelte sogar vorzugsweise nach Reval und Riga, ferner nach Danzig sowie nach Rostock, Stralsund und Stettin.[620] Bemerkenswert erscheint, dass Hinrik Dunkelguds geschäftliche Aktivitäten zeitlich mit den sich fortwährend verschärfenden gästerechtlichen Bestimmungen in der zweiten Hälfte des 15. Jahrhunderts, etwa in Form von Zollerhebungen, sowie schließlich dem Verbot der Bürgerrechtsnahme der Nürnberger Händler in Lübeck im Jahr 1498 zusammenfielen,[621] obwohl sich in Lübeck mittlerweile eine kleine Kolonie Nürnberger Kaufleute gebildet hatte.[622] Aufgrund dieser steigenden Handelserschwernisse suchten neben anderen Kunz und Paul Mulich bereits 1482 die Unterstützung des Nürnberger Rates zu erlangen, der sich im Jahr 1503 auch für seine Bürger Kunz, Paul und Matthias Mulich gegenüber dem Lübecker Rat einsetzte.[623] Möglicherweise versuchte Dunkelgud als Lübecker Bürger und Zwischenhändler für Nürnberger Pfennigwerte von diesen neuerlichen Handelsrestriktionen der Nürnberger zu profitieren. Obgleich die Bezugsquellen seiner Waren ungeklärt bleiben, konnte er diese direkt von Lübeck aus nach Reval senden. In Reval selbst dürften Peter Kegeben und Hans Borne, als Handelsdiener und Lehrjungen, allerdings auch nur den Status von ‚Gästen' genossen haben.

---

618 Bereits NORDMANN: Großhändler, S. 136, 145, 150 f. SEGGERN: Export, S. 218; vgl. auch Horst Wernickes Auswertung der Lübecker Pfundzollbücher aus den Jahren 1492 bis 1496 in Bezug auf vermutete ‚Nürnberger Waren', wie Gewürze, Metallerzeugnisse, Drogen, Spezereien, Glas, Papier und Bücher. WERNICKE: Nürnbergs Handel, S. 275–282.
619 NORDMANN: Großhändler, S. 71 f.
620 WERNICKE: Nürnbergs Handel, S. 283.
621 NORDMANN: Großhändler, S. 150.
622 SEGGERN: Export, S. 216.
623 RÖRIG: Einkaufsbüchlein, S. 319, Anm. 74.

Für weitere Überlegungen wäre folglich erst einmal die rechtliche Unterscheidung von Gästen aus anderen Hansestädten und von Butenhansen in allen Einzelheiten zu klären. Aus den lübeckischen gästerechtlichen Bestimmungen wird ersichtlich, dass man sogar mindestens drei Gruppen unterschied. Diese Differenzierung bezog sich erstens auf die Kaufleute aus einer anderen Hansestadt, zweitens auf die Butenhansen sowie drittens auf die Kaufleute aus Nürnberg.[624] Als ein Ausdruck des spezifischen Lübecker Gästerechts wurden die Nürnberger nämlich nachweislich ungefähr seit der Mitte des 14. Jahrhunderts von den anderen Gästen durch ihnen gewährte gästerechtliche Privilegien begünstigt.[625] In den Hansestädten trafen folglich konkurrierende Interessengruppen von Butenhansen sowie Stadtbürgern mit einer mehr hansischen oder eher regionalspezifischen Ausrichtung aufeinander. Zudem mussten sich die Hansestädte nicht nur mit den unterschiedlichen Interessen ihrer Bürger auseinandersetzen, sondern sich mit einem „innerhansischen Präferenzsystem" arrangieren, in dem andere hansische Kaufleute gegenüber Fremden bevorzugt wurden oder werden sollten.[626] In seiner Untersuchung zum hansischen Gästerecht betont Stuart Jenks allerdings die eher als heterogen zu bewertenden gästerechtlichen Regelungen der Städte. Diese seien nur in Teilen mit der Intention eines Ausschlusses der fremden Kaufleute vom heimischen Handel oder gar einem gemeinsamen und grundsätzlich bestehenden Willen der Hansestädte zusammenzubringen. Vielmehr sei bei den von den Hansetagen verabschiedeten gästerechtlichen Bestimmungen von teilweise situativ bedingten Maßnahmen zu sprechen, „um einen spezifischen Gegner zu einer spezifischen Zeit zu Konzessionen zu zwingen".[627] Dies ist auch im Falle der lübeckischen und preußischen Restriktionen einzig den Nürnberger Kaufleuten gegenüber zu beobachten.

Ferner lässt sich für Hinrik Dunkelguds Handelstätigkeit feststellen, dass in seinem Rechnungsbuch die allmähliche Bedeutungsverschiebung vom vormals größten nordeuropäischen Handelsplatz Brügge nach Antwerpen noch nicht sichtbar wird, da Hinrik Dunkelgud in seinen Geschäften mit Peter Kegeben in den Jahren 1491 bis 1504 schon deutlich weniger Nürnberger Tand nach Danzig versandte und sein Rechnungsbuch F nach 1508 gar keine Einträge mehr zu seiner Handels-

---

624 HUB X, Nr. 76, § 1, 5–10, S. 49–51. Die Unterscheidung zwischen Hansekaufleuten und Butenhansen findet sich allerdings bereits in älteren Verordnungen. Für weitere Quellenbelege siehe ebd., S. 49, Anm. 1.
625 Diese Kaufmannsordnung stellt eine Ergänzung dar zu der ältesten Kaufmannsordnung aus der ersten Hälfte des 14. Jahrhunderts. UBStL 3, Nr. 117, S. 112; wiederholt in der Lübecker Verordnung über den Handel der Bürger und Gäste um den 6. Januar 1472, HUB X, Nr. 76, S. 49–53, hier § 5. In der Gästerolle der Lübecker Krämerkompanie aus dem Jahre 1353 wurden den Nürnbergern gegenüber den anderen fremden Kaufleuten und Krämern ebenfalls deutlich mehr Rechte im Detailverkauf zugestanden. Vgl. WEHRMANN: Zunftrollen, S. 270–272. Zu den individuellen städtischen Regelungen zu den Butenhansen und anderen fremden Kaufleuten vgl. auch JENKS: Gästerecht, S. 31.
626 SPRANDEL: Konkurrenzfähigkeit, S. 26, 30 f. Zu den getrennt zu betrachtenden Vorschriften für die hansischen Kaufleute im Umgang mit den Butenhansen sowie den Vorschriften für die Butenhansen beim Handel in den Hansestädten siehe zwei ausführliche Abschnitte bei JENKS: Gästerecht, S. 9–23, 31–45.
627 SPRANDEL: Konkurrenzfähigkeit, S. 59.

6.6 Einordnung von Hinrik Dunkelguds Tätigkeit in den lübeckischen Handel 217

tätigkeit enthält. Vermutlich wird ihn der zunehmende Bedeutungsverlust Lübecks im Nürnberger Handel nach Osten nicht mehr berührt haben. Obgleich Nürnberger Kaufleute noch in den 1520er Jahren in Lübeck präsent waren, verschoben sich ihre Handelswege im Verlauf des Jahrhunderts, indem sie von Antwerpen aus den direkten Seeweg durch den Sund nutzten oder dem Landtransport über Leipzig oder Breslau den Vorzug gaben.[628] So wird bereits bei dem in den 1530er Jahren ebenfalls nach Reval handelnden Lübecker Kaufmann Laurens Isermann deutlich, dass er seine Westwaren neben Frankfurt am Main auch über Antwerpen, Nürnberg und Leipzig bezog.[629]

Die größten Unterschiede zwischen Hinrik Dunkelguds Handelstätigkeit in Form von Groß-, Fern- und Detailhandel und der anderer hansischer Kaufleute bestand erstens in seinem gleichzeitigen Kramhandel in seiner Krambude am Markt und zweitens in seinem um ein Vielfaches geringeren Handelsvolumen. Die in der älteren Forschung grundsätzlich angenommene strikte Trennung zwischen hansischem Groß- und Fernhandel einerseits, Detailhandel andererseits ist nicht nur am Beispiel Dunkelguds, sondern auch aufgrund weiterer neuerer Untersuchungen deutlich zu relativieren. Dass es an den zentralen Umschlagsplätzen des Ost-West-Handels wie Lübeck vereinzelte, ausschließlich im Groß- und Fernhandel tätige Kaufleute gegeben haben könnte, erscheint auch weiterhin denkbar.[630] Allerdings ist bereits mehrfach von zwei Richtungen aus die Kombination verschiedener Handelsformen konstatiert worden. Carsten Jahnke konnte jüngst am Beispiel zweier Revaler Kaufleute deutlich verschiedene Handelsformen nachweisen. Für den Revaler Großkaufmann Bernd Pal stellte Jahnke im Zusammenhang mit dessen Heringshandel vier Handelsformen fest: den Kleinhandel in der Stadt und im Umland sowie Zwischenhandel und Fernhandel. Diese Variation der Handelsarten sei zudem grundsätzlich in allen großen Heringsabsatzgebieten zu beobachten. Beschränkt gewesen sei einzig der städtische Kleinhandel, indem dieser entweder nur den Gästen verboten blieb oder grundsätzlich nur den städtischerseits zugelassenen Fischhändlern, den Hökern, gestattet worden sei.[631] Diese Kombination verschiedener Handelsformen sei zudem in den meisten anderen hansischen Städten „von Rostock bis Reval" weit verbreitet gewesen, da die Großkaufleute dort auch als Verteilerstationen zwischen dem Groß- und dem Landhandel gedient hätten. Der Revaler Kaufmann Hans Selhorst musste sich erst einmal kleine Teilmengen seiner für den Fernhandel bestimmten Waren zusammenkaufen, um sie in Großhandelsmengen in den Ostseehandel einzuführen. Gleichzeitig war es notwendig, seinen zahlreichen Zulieferern aus dem Revaler Umland, etwa Großgrundbesitzern, wie beispielsweise der Bischof von Ösel-Wiek, Reinolt von Buxhöven, im Gegenzug Waren nicht nur in Großhandelsmengen, sondern beispielsweise Tuche, Gewürze

---

628 NORDMANN: Großhänder, S. 138 f.; BERTA: Revalgeschäft, S. 17.
629 Zu seiner Handelstätigkeit sind uns aufgrund von Rechtsstreitigkeiten mit einem Revaler Handelspartner fünf Geschäftsbriefe aus den Jahren 1532 bis 1535 in zeitgenössischer Abschrift im Lübecker Niederstadtbuch zum Jahr 1540 erhalten. Diese zeigen allerdings nur einen Teil der Isermannschen Handelstätigkeit. KOEHLER: Revalgeschäft, S. 7, 10, 18 f.
630 JAHNKE: Geld, S. 13.
631 DERS.: Silber, S. 232.

oder Wein en détail anbieten zu können. Jahnke bezeichnete diese Form des Eigenhandels als den „notwendigen Kleinhandel", der den Kaufleuten außerhalb ihres Gesellschaftshandels schnell zu barem Geld für ihren täglichen Lebensunterhalt verholfen habe. Ferner pflegte Selhorst Handelsbeziehungen mit Revaler Bürgern, die als Zwischenhändler zur Versorgung seiner Zulieferer fungierten. Entweder verkauften sie Selhorsts Waren wie der Revaler Kaufmann Hinrich Stalbroder in seiner „Handelsbude" in Reval oder sie zogen mit diesen Waren wie Gewürzen, Tuchen oder Metallen durch das Revaler Umland, um diese in haushaltsüblichen Einheiten an Selhorsts Partner auszuliefern. Diese „Zwischenhändler" seien keine „Krämer im eigentlichen Sinne", so Jahnke, da sie teilweise aufgrund ihrer recht hohen Warenbestände auch am Fernhandel teilgenommen hätten.[632] Ob es sich bei diesen Bürgern mit Besitz von Buden und Kellern teilweise auch um Mitglieder der gewerblichen Krämerzunft handelte, lässt Jahnke offen.

Die Kombination von Groß- und Fernhandel mit örtlichem Kleinhandel ist für Lübeck auch für die bereits erwähnten Nürnberg-Lübecker Kaufleute wie Matthias Mulich und Hans Ringel anzunehmen. In diesem Zusammenhang sei nochmals an Ringels Mitgliedschaft in der Krämerkompanie seit dem Jahr 1484 erinnert,[633] wodurch es ihm möglich wurde, die Handelsrestriktionen in Lübeck am Ende des 15. Jahrhunderts zu umgehen.

Auch in umgekehrter Richtung wird im Spätmittelalter das Bestreben einiger Krämer deutlich, sich auch dem Groß- und Fernhandel zuzuwenden. So ließ beispielsweise der Danziger Krämer Thomas Kruse im Jahr 1468 innerhalb dreier Handelsgesellschaften sein Sendegut von den Schiffern Paul Hoflede, Eler Bokelmann und Wiprecht van der Schellinge von Danzig nach England überführen und dort zu seinen Gunsten verkaufen.[634] Weitere Beispiele für die fließenden Übergänge vom Kleinhändler zum Groß- und Fernhändler[635] werden an wohlhabenderen Krämern in Hamburg im 14. Jahrhundert[636] oder in Hildesheim im 15. Jahrhundert sichtbar. In Hildesheim existierte sogar ein von der Krämergilde eingerichteter regelmäßiger Frachtverkehr nach Lüneburg, Hamburg und Lübeck.[637] In Goslar kam es im Spätmittelalter zu einer Vermischung der Kaufleute- und der Krämergilde, da einige Fernhandelskaufleute auch en détail und einige Krämer auch en gros verkaufen wollten und deswegen eine sogenannte „Doppelgildenschaft" führten.[638]

Quantitative Vergleiche des Handelsvolumens von Lübecker Kaufleuten und von Mitgliedern der Krämerkompanie sind aufgrund fehlender Quellenbelege recht schwierig. Die Zusammenführung zweier Untersuchungen im Zusammenhang mit den in den Lübecker Pfundzollbüchern in den Jahren 1492 bis 1496 verzeichneten Fernhandelsgeschäften von Kaufleuten und Mitgliedern der Kompanie erlaubt allerdings die Bildung einiger quantitativer Gegensatzpaare. Innerhalb dieses Zeit-

---

632 DERS.: Geld, S. 14; DERS.: Reval, S. 57 f., 60, 62, 64 f., 67–69, 71–75.
633 HENNINGS: Mitglieder, S. 192; STOCKHUSEN: Fernhandelsgeschäfte, S. 367.
634 SAMSONOWICZ: Neue Typen, S. 318 f.
635 IRSIGLER: Kaufmannstypen, S. 393.
636 THEUERKAUF: Wirtschafts- und Sozialstruktur, S. 177 f., 182 f.
637 PARK: Krämer- und Hökergenossenschaften, S. 258.
638 Ebd., S. 79 f., 254.

raums konnten von insgesamt 2.847 Schiffsbefrachtern 40 Befrachter als vermutliche Mitglieder der Lübecker Krämerkompanie identifiziert werden. Die jeweilige Anzahl ihrer Befrachtungen schwankte zwischen 1 und 115, der Warenwert zwischen 6 mk und 14.632 mk. Allerdings gab es eine Spitzengruppe von nur acht Befrachtern, die mit einem Warenwert von über 1.000 mk handelten. Für die anderen 32 Mitglieder der Krämerkompanie trifft hingegen die von Walter Stark eingeführte wirtschaftliche Zuordnung als „mittelgroße Händler bis Kleinhändler" zu. So blieben 26 Mitglieder sogar unter einem Warenwert von 500 mk. Folglich ordnete Stark auch Hinrik Dunkelgud auf Platz 16 mit elf Befrachtungen im Wert von 340 mk und seinen Schwiegersohn Claus Lange auf Platz 11 mit zehn Befrachtungen im Wert von 708 mk in dieser Gruppe ein. Kaufleute mit einem höheren Handelsvolumen als 1.000 mk bezeichnete er hingegen als Großhändler.[639] Der Gesamtwert aller Befrachtungen der Lübecker Krämer mit 42.989 mk lag beispielsweise mit dem Umsatz des Großhändlers Peter Possiks gleich, der in dieser Zeit allein in seinem Handel mit Danzig Waren im Wert von 44.242 mk verfrachtete.[640] Zur Einordnung von Possiks Handelstätigkeit ist noch anzufügen, dass er mit insgesamt 136 Befrachtungen den fünften Platz der aktivsten Kaufleute in den Lübecker Pfundzollbüchern belegte.[641] Diese Gegensatzpaare bestätigen allerdings einzig die bereits wiederholt festgestellten Unterschiede zwischen Krämern und Großhändlern in ihren Handelsvolumen[642] und sind für Hinrik Dunkelguds Einordnung in die Lübecker Kaufmannschaft nur bedingt zielführend.

Georg von Below ging in seiner Untersuchung zu den Großhändlern und Kleinhändlern im Mittelalter davon aus, dass „der Großhandel in der Hauptsache jedem frei stand" und so auch von Krämern betrieben werden konnte. Hingegen sei der städtische Kleinhandel lizenziert und besonders für auswärtige Kaufleute, d. h. Gäste, wie im Falle Lübecks beispielsweise die Nürnberger, erstrebenswert gewesen.[643] Eine Untersuchung zu den Handelsbedingungen innerhalb des Lübecker Stadtgebiets zum Ende des 15. Jahrhunderts konnte solche Zugangsbeschränkungen für die Mitgliedschaft in der Krämerkompanie, womit erst die dauerhafte Gewinnung des gewerblichen Rechts zum Kramhandel begründet wurde, bestätigen. Hierbei ist rechtlich zudem zwischen dem beschränkten Detailhandel durch Gäste oder Lübecker Bürger und dem gewerblichen Kramhandel mit importierten Waren in den kleinsten Verkaufseinheiten für die Endverbraucher zu unterscheiden. Diese Differenzierung zeigte sich nicht nur in der ersten überlieferten Ordnung der Krämerkompanie aus dem Jahr 1353,[644] sondern auch in den besonders in der zweiten Hälfte des 15. Jahrhunderts überlieferten Streitigkeiten zwischen den Nürnberger

---

639 STOCKHUSEN: Fernhandelsgeschäfte, S. 353 f., 366–371; STARK: Lübeck, S. 259 f.
640 STARK: Lübeck, S. 226.
641 SEGGERN: Kaufleute, S. 462.
642 Mit Bezug auf den Lübecker Preußenhandel weist Walter Stark selbst auf den „relativen Charakter" und mögliche „Ungenauigkeiten" in der Unterteilung von Kaufleuten in Großkaufleute, mittlere Kaufleute und Kleinkaufleute einzig anhand ihrer Warenumsätze nur für eine bestimmte Handelsrichtung hin. STARK: Danzig, S. 146–148.
643 BELOW: Großhändler, S. 6 f.
644 WEHRMANN: Zunftrollen, Nr. 28 (Kremer), S. 270–275.

Kaufleuten und dem Amt der Krämer. Zudem wurde besonders der innerstädtische Warenhandel durch eine Vielzahl von Verordnungen auch zwischen den Ämtern geregelt. Beschwerden der Handwerksämter wie der Hutmacher und Straferhebungen der Wetteherren gegen einzelne Krämer zeigen, dass auch diese lieber gegen bestehende Rechtsnormen verstießen, als auf ein gutes Geschäft zu verzichten.[645] So ist der von Carsten Jahnke beschriebene Detail- oder Kleinhandel der Revaler Kaufleute zur Versorgung ihrer Zulieferer auch rechtlich von einem regelmäßigen Kramhandel im Stadtgebiet zu unterscheiden. Jahnke merkte dies im Zusammenhang mit der innerhalb der Städte nur für Höker lizenzierten Vereinzelung von Hering selbst an.[646]

Heung-Sik Park sieht die Zugangsbeschränkungen für Krämer zum Groß- und Fernhandel in der zu geringen Aufbringung von Kapital und in ihren fehlenden personellen Verflechtungen begründet.[647] Auch Ulrich Theuerkauf macht für eine Gruppe der wohlhabenderen Hamburger Krämer des 14. Jahrhunderts keine entscheidenden Unterschiede in ihrer Handelstätigkeit zu anderen Kaufleuten aus. Trotzdem habe ein „sozialer Übergang" nur in wenigen Fällen und dann einzig über das Konnubium stattgefunden. Die Übernahme von einem Ratsherrenamt sei zudem gar nicht überliefert.[648] Neben den wirtschaftlich begründeten unterschiedlichen Handelsmöglichkeiten könnte eine soziale Distinktion der verschiedenen Kaufleutegruppen konstitutiv für die soziale Verortung Hinrik Dunkelguds gewesen sein.

Hinrik Dunkelguds personelle Verflechtungen sind häufig einzig in Form von zweiseitigen Handelsverbindungen zu fassen, wodurch auch sein möglicher Zugang zu einem Kaufleutenetzwerk nicht mehr als in wenigen Ansätzen erkennbar ist. Im Zusammenhang mit der Abrechnung und finanziellen Abwicklung seiner Handelsgeschäfte mit Hans Mouwer d. Ä. und dem späteren Revaler Ratsherrn Hans Mouwer d. J. wird beispielsweise aber auch eine Beteiligung Dritter sichtbar. Zudem könnten Dunkelguds nur selten nachweisbarer Handel mit einigen Lübecker Kaufleuten, wie der spätere Bürgermeister Hinrik Witte, und seine vor allem nur durch den Gesellschaftshandel mit Borne und Kegeben sichtbaren Handelskontakte auch zu Bernd Pal, Bernt und Gotschalk Horensey auf weitere personelle Verflechtungen im Ostseeraum hindeuten.

Fassbar wird der Zugang zu oder die Ausgrenzung aus den verschiedenen Kaufleutegruppen und ihren Netzwerken außer durch Handelsbeziehungen zum großen Teil durch die Mitgliedschaft in den sozialen Gruppen in der Stadt. Diese miteinander teilweise konkurrierenden Gruppen wie die berufsgenossenschaftlichen Fahrtgemeinschaften, religiös motivierte Bruderschaften, gewerbliche Zünfte bzw. Ämter und Trinkstubengesellschaften der Führungsgruppen bildeten jeweils spezifische Wertesysteme, Denkformen, Handlungspraktiken aus. Diese wurden in Form von „handlungsleitenden Verhaltensnormen" in ihren Satzungen für alle Mit-

---

645 STOCKHUSEN: Market, S. 18–23. Vgl. zum kaufmännischen Gewinnstreben MASCHKE: Berufsbewußtsein, S. 383 f.
646 JAHNKE: Silber, S. 232.
647 PARK: Krämer- und Hökergenossenschaften, S. 78 f.
648 THEUERKAUF: Wirtschafts- und Sozialstruktur, S. 182 f.

glieder festgeschrieben, um dadurch ein Gefühl der Solidarität und ein Gruppenbewusstsein auszubilden. Im Umkehrschluss bedeutete dies, dass alle Mitglieder dieser Gruppen auch die Voraussetzungen erfüllen mussten, um diese ‚festgeschriebenen' Lebensformen und Werte ausleben zu können.[649] In Lübeck schlossen sich die führenden Kaufleute seit dem Ende des 14. Jahrhunderts auf freiwilliger Basis in der Zirkelgesellschaft (seit 1379), der Kaufleutekompanie (seit 1450) sowie der Greveradenkompanie (vor 1489) zusammen. In der zweiten Hälfte des 15. Jahrhunderts und zu Beginn des 16. Jahrhunderts zeichneten sich diese drei Kaufleutevereinigungen durch Mitglieder aus, die ihren Reichtum durch Fernhandelsgeschäfte erwirtschaftet hatten.[650] Die Greveradenkompanie nahm als jüngste Vereinigung den dritten Rang ein[651] und wies zudem einen höheren Grad an Heterogenität innerhalb ihrer Gemeinschaft auf. Neben vier Bergenfahrern, vier Schonenfahrern, fünf Stockholmfahrern, zwei Rigafahrern und sieben Gewandschneidern gehörte ihr in der Zeit von 1490 bis 1504 ein Mitglied der Krämerkompanie, Tonies van Konren, an.[652] Bei Tonies von Konren scheint es sich um eines der wohlhabenderen Mitglieder der Krämerkompanie gehandelt zu haben. Nach seinem Eintritt in die Kompanie im Jahr 1482 absolvierte er alle Stufen der dort möglichen ‚Ämterlaufbahn', so dass auf sein Schafferamt im Jahr 1485 auch die Besetzung eines der Vorsteherämter in den Jahren 1487 bis 1489 folgte. Zudem rangierte er mit 17 Befrachtungen im Umfang von 1.454 mk in den Jahren 1492 bis 1496 in den Pfundzollbüchern auf Platz sieben innerhalb der dort verzeichneten 40 Krämer. Inwieweit ihm diese oder weitere Handelsumsätze halfen, in den Kreis der Fern- und Großhandelskaufleute aufzusteigen, kann an diesem Punkt nicht weiter bewertet werden.[653] Für Hinrik Dunkelgud und auch seinen Schwiegersohn Claus Lange ist hingegen keine Mitgliedschaft in einer dieser drei führenden Kaufleutevereinigungen überliefert.

Eine allmähliche Öffnung einiger exklusiver genossenschaftlicher Vereinigungen für Krämer deutete sich etwa zu derselben Zeit auf überregionaler Ebene für den Danziger Artushof an. Dieser war wie auch die anderen Artushöfe in Elbing, Königsberg, Thorn und in einigen weiteren preußischen Städten um die Mitte des 14. Jahrhunderts von den Führungsgruppen dieser Hansestädte gegründet worden.[654] Die Artushöfe zeugten von einem gemeinsamen Selbstverständnis dieser führenden Kaufleutegruppen,[655] das zudem Ausdruck in der Anlehnung an die ritterlich-höfische Kultur, beispielsweise in der Veranstaltung von Turnieren, fand.[656] Zudem dienten sie den hansischen Kaufleuten gleichsam als regionale und überregionale Nachrichtenbörsen, so dass besonders Gäste aus dem gesamten Ostseeraum, aber auch aus Oberdeutschland zur Einkehr willkommen waren.[657] Nach

---

649 ROGGE: Geschlechtergesellschaften, S. 99 f., 102 f., 108.
650 GRASSMANN: Greveradenkompanie, S. 114 f.
651 DÜNNEBEIL: Kompanien, S. 213–125.
652 GRASSMANN, Greveradenkompanie, S. 118, 135.
653 STOCKHUSEN: Fernhandelsgeschäfte, S. 361, 367.
654 SELZER: Trinkstuben, S. 73.
655 DOLLINGER: Hanse, S. 212.
656 SELZER: Bürger, S. 126 f.
657 DERS.: Trinkstuben, S. 80, 95.

der ältesten, wohl um (1390–)1400[658] verfassten Hofordnung stellte der Danziger Artushof zu dieser Zeit einen exklusiven und nur den vermögenden Fernhandelskaufleuten zugänglichen Versammlungsort dar. Demnach wurde nicht nur die Höhe eines Mindestvermögens vorgeschrieben, sondern Handwerkern, Bierschenkern oder Personen, die zu Pfennigwerten verkauften, blieb der Zugang grundsätzlich versagt. Obgleich das Mindestvermögen in die nachfolgende Ordnung aus dem Jahr 1421 nicht mehr aufgenommen wurde, blieb die Zugangsbeschränkung beispielsweise für Kleinkrämer erhalten. Neben einigen Ergänzungen noch im 15. Jahrhundert und im ersten Viertel des 16. Jahrhunderts wurde dieser Paragraph zur Zugangsbeschränkung von Krämern allerdings ausgestrichen. In der darauffolgenden dritten Hofordnung vom 25. Januar 1527 galt diese Restriktion dann nur noch für alle Handwerker und Gesellen, damit vielleicht auch für Handelsgesellen,[659] „den Unterschied zwischen großen und kleinen Kaufleuten hatte man dagegen völlig aufgegeben".[660]

---

658 Die älteste Hofordnung des Danziger Artushofs datiert Stephan Selzer nach erneuter quellenkritischer Analyse auf etwa 1390. SELZER: Artushöfe, S. 153–157.
659 SIMON: Artushof, S. 20–23, 70, 307, 310; SELZER: Artushöfe, S. 156 f. (§ 10 und § 11).
660 Ebd., S. 70.

7. HINRIK DUNKELGUDS FRÖMMIGKEITSFORMEN UND STIFTUNGEN

Die im Mittelalter fest verankerten religiösen Vorstellungen von fortdauernden Seelenqualen aufgrund der zu Lebzeiten angehäuften Sündenlast führten je nach den finanziellen Rahmenmöglichkeiten zur Vorsorge für das eigene Seelenheil nach dem Tod.[1] Häufig versuchten Stadtbürger durch letztwillige Verfügungen *ad pias causas* sogenannte Seelgerätstiftungen einzurichten. Als Legate zu frommen Zwecken boten sich, abhängig von den finanziellen Rahmenbedingungen, dem sozialen Status und den Vorlieben des Stifters, einmalige Schenkungen für den Baufonds von Kirchen oder Objektstiftungen zur Bereicherung ihrer Ausstattung mit Altären, Messdecken, Chorgewändern, einzelnen Altargeräten wie Schalen und Kelchen ebenso an wie auf Ewigkeit angelegte Altar- und Messstiftungen.[2] Dabei ergaben sich verschiedene Möglichkeiten. Die Stiftung einer Frühmesse beispielsweise für das Gesinde eröffnete diesem zum einen ganz praktisch die Gelegenheit, am Gottesdienst teilzunehmen, zum anderen gedachten diejenigen, die der Messe beiwohnten, jedes Mal des Stifters.[3] Nüchtern betrachtet handelte es sich bei derartigen Legaten zu frommen Zwecken um Gaben an unterschiedliche Empfängerkreise wie Klöster, Konvente, Pfarrkirchen oder Einrichtungen der Armenfürsorge, für die der Stifter eine Gegenleistung in Form liturgischer Memoria oder gemeinschaftlicher Fürbitten der begünstigten Personen erwartete.[4] Großzügige Schenkungen oder Stiftungen dienten freilich nicht allein der Memoria, d.h. dem Totengedenken in Gebet und Liturgie, sondern sie kamen gleichzeitig dem Repräsentationsbedürfnis der häufig wohlhabenden Donatoren entgegen, hielten ihren Reichtum und ihr frommes Engagement selbst über ihren Tod hinaus in Erinnerung.[5] Auch für Hinrik Dunkelgud lassen sich Frömmigkeitsformen feststellen, und besonders auf der Grundlage seiner zahlreichen Testamentsentwürfe ist zudem sein Stifterprofil herauszuarbeiten.

7.1 FRÖMMIGKEITSFORMEN

Zur Erlangung seines Seelenheils konnte Hinrik Dunkelgud nicht nur Planungen für sein Ableben treffen, sondern bereits zu Lebzeiten selbst auf unterschiedliche Art aktiv werden. Eine Möglichkeit, für sich selbst oder für bereits verstorbene Verwandte und Freunde Fürbitte zu erlangen, bot eine Pilgerreise, wie sie im Fall

---

1 SCHLICHTING: Anschauungen, S. 51 f.
2 Ebd., S. 54; BRANDT: Bürgertestamente, S. 18.
3 REITEMEIER: Bedeutung, S. 76 f.
4 BRANDT: Bürgertestamente, S. 19 f.; POECK: Klöster, S. 445; JARITZ: Seelenheil, S. 61 f.
5 RÜTHER: Prestige, S. 222 f., 223; POECK: Wohltat, S. 17.

Dunkelguds zum Grab des Heiligen Jakobus d. Ä. überliefert ist.[6] So bestand der Anlass für die ältesten Einträge vom 2. Februar 1479 in das Dunkelgudsche Rechnungsbuch in den vorbereitenden Maßnahmen zu seiner Wallfahrt mit seinem Geschäftspartner Hans Sledorn, die Dunkelgud nach ungefähr fünfeinhalb Monaten zurück nach Lübeck führen sollte.[7] Auch andere Lübecker Bürger verfassten wie Hinrik Dunkelgud und Hans Sledorn ihr Testament noch kurz vor der Abreise.[8] Andere wiederum wiesen durch ihre letztwilligen Verfügungen Auftragspilger an, nach ihrem Tod an ihrer Stelle eine Wallfahrt zu unternehmen. Im Bestand von etwa 2.500 Testamenten aus dem Zeitraum von 1459 bis 1520 werden die üblichen Fernwallfahrtsziele Jerusalem (17 Mal), Rom (46 Mal) und vor allem Santiago (72 Mal) mit einer gewissen Regelmäßigkeit erwähnt. Dass für den Zeitraum von 1470 bis 1479 nur achtmal Pilgerfahrten zum Grab des Heiligen Jakobus d. Ä. erscheinen, deutet trotz der vermutlich unvollständigen Überlieferung dennoch auf die Exklusivität solcher Unternehmungen aufgrund des nicht unerheblichen Organisations- und Kostenaufwandes hin.[9] So stellte die von Hinrik Dunkelgud gewählte vergleichsweise bequeme Route, die er von Sluis aus teilweise per Schiff zurücklegte, im Vergleich zum längeren Weg über Land wegen der zu zahlenden Schiffspassage und der Übernahme der Verpflegungskosten an Bord die deutlich kostspieligere Variante dar, die eher den wohlhabenderen Pilgern vorbehalten blieb.[10] Im Zusammenhang mit Dunkelguds Pilgerfahrt, die zugleich eine Geschäftsreise war, wurde wiederholt sein kaufmännischer Pragmatismus betont, da er mit seinem Partner Hans Sledorn mehrmals von der direkten Reiseroute abwich, um Geschäftliches in Hamburg und Hannover zu regeln.[11] Dieses Vorgehen, eine Pilgerfahrt mit einer Geschäftsreise oder umgekehrt eine Geschäftsreise mit dem anschließenden Besuch einer Kultstätte zu verbinden, stellte allerdings gerade bei den hansischen Kaufleuten keine Seltenheit dar.[12] Möglicherweise lockte Sledorn und ihn die bis in den Ostseeraum verbreitete Nachricht über ein sogenanntes Goldenes Jahr. Ähnlich wie das Heilige Jahr für Rompilger versprach ein Goldenes Jahr, d. h. ein Jahr, in dem der Festtag des Apostels Jakobus, der 25. Juli, auf einem Sonntag lag, einen vollkommenen Ablass.[13]

Die Möglichkeit, fromme und wirtschaftliche Interessen zu verbinden, bot zudem der Eintritt in eine oder mehrere der verschiedenen geistlichen Bruderschaften, von denen sich in Lübeck seit der Mitte des 14. Jahrhunderts ca. 70 gebildet hatten.[14] Unter der religiösen Schirmherrschaft eines Heiligen zielten diese genossenschaftlichen Vereinigungen auf die Verehrung ‚ihres' Heiligen, auf eine durch die Beitragsgelder und Stiftungen finanzierte Armenfürsorge sowie auf eine Memoria

---

6 FAVREAU-LILIE: Pilgerfahrt, S. 31, 33.
7 GLANZ-BLÄTTLER: Andacht, S. 73; Rechnungsbuch, fol. 2r.
8 Ebd., fol. 11v–12r. Vgl. Kapitel 2 (Hinrik Dunkelgud und sein Rechnungsbuch).
9 DORMEIER: Pilgerfahrten, S. 55 f.
10 FAVREAU-LILIE: Nord- und Ostsee, S. 120–122.
11 HABELER: Wallfahrt, S. 38 f.; VÁZQUEZ DE PARGA: Peregrinaciones, S. 100.
12 RÖCKELEIN: Verehrung, S. 22.
13 Diese Vermutung bereits bei DORMEIER: Pilgerfahrten, S. 42; GANZ-BLÄTTLER: Andacht, S. 5.
14 ZMYSLONY: Bruderschaften, S. 28, 125, 127.

in Form von gemeinsam zelebrierten Begängnissen und Seelmessen für ihre verstorbenen Mitglieder. Diese Möglichkeit des Totengedenkens spielte besonders für weniger vermögende Personengruppen wie Handwerker, Dienstboten oder Gesellen eine Rolle, denen eine Mitgliedschaft grundsätzlich offenstand.[15] Zu den vornehmlich von Kaufleuten bevorzugten Bruderschaften zählt Monika Zmyslony die drei Bruderschaften zur Burg, die Leichnamsbruderschaft, die Antoniusbruderschaft und die Leonhardsbruderschaft, sowie die im Dom ansässige Rochusbruderschaft und die Bruderschaft Mariä Verkündigung in der Marienkirche.[16] Bereits kurz nach der glücklichen Rückkehr von seiner Pilgerreise spendete Hinrik Dunkelgud der Leichnamsbruderschaft zur Burg am 14. November 1479 1 rh gl.[17] Bemerkenswert ist seine wiederholte und gleichbleibend hohe Berücksichtigung dieser Bruderschaft auch in seinen Testamenten ab dem Jahr 1488 bis zu seinem Lebensende.[18] Allerdings versammelten sich in dieser Vereinigung wohl vornehmlich die wohlhabenden Kaufleute aus den Lübecker Führungsgruppen.[19] Hinrik Dunkelgud selbst trat 1487 ausschließlich der Antoniusbruderschaft bei.[20] Zu deren Mitgliedern zählten nach Hanna Link ebenfalls vor allem die „angesehenen" und nach Heinrich Dormeier die „vermögenden" Kaufleute Lübecks.[21] Durch seine Mitgliedschaft in dieser vergleichsweise vornehmen Bruderschaft profitierte Hinrik Dunkelgud besonders von der Teilnahme an den gemeinsamen Veranstaltungen wie den Prozessionen und den Festmählern, den jährlich stattfindenden *Kosten*.[22] Diese geselligen Zusammenkünfte konnten ihm als Plattform zur Intensivierung seiner personellen Verflechtungen und zum Ausbau seiner Reputation, auch in Bezug auf sein frommes Engagement innerhalb der Stadtgemeinde, und damit gleichzeitig zur Offenlegung seines Wohlstandes dienen.[23] „Hier, unter den besonderen Bedingungen der Koste, traf der ‚Normalbürger' auf den Ratsherren, und hier waren beide, natürlich innerhalb der mittelalterlichen Grenzen, gleichgestellt."[24]

In der Antoniusbruderschaft versammelten sich vor allem Mitglieder der Schonen- und Bergenfahrer, seltener werden auch Revalfahrer, Stockholmfahrer oder Englandfahrer in den Verzeichnissen aufgeführt. Mitglieder, deren Namen mit der Berufsbezeichnung *kremer* versehen wurden, wie dies bei Hinrik Dunkelgud, *kremer*, der erste seines Amts für das Jahr 1487, und Johann de Bere, *kremer geselle*, für

---

15 ISENMANN: Stadt, S. 657.
16 ZMYSLONY: Bruderschaften, S. 69.
17 Rechnungsbuch, fol. 1r.
18 Vgl. Anhang 11.17 (Tabelle: Hinrik Dunkelguds Legate und Stiftungen).
19 ZMYSLONY: Bruderschaften, S. 69 f.
20 Mein herzlicher Dank für diesen Hinweis geht an Prof. Dr. Carsten Jahnke: Unveröffentlichtes Manuskript zu den Mitgliederverzeichnissen der Lübecker Bruderschaften, der Heilig Leichnams-, St. Antonius- und St. Leonhards-Bruderschaft zur Burg, S. 99. Vgl. auch LINK: Brüderschaften, S. 251 Anm. 230.
21 LINK: Brüderschaften, S. 249 und DORMEIER: Immigration, S. 99; vgl. auch Monika Zmyslony, die von den Kaufleuten aus der „führenden Sozialschicht" spricht. ZMYSLONY: Bruderschaften, S. 72.
22 JAHNKE: Koste, S. 98 f.
23 DERS.: Ehren, S. 2.
24 Ebd., S. 7.

das Jahr 1521 der Fall war, kommen nur vereinzelt vor.[25] Johann de Bere erscheint wohl aufgrund seines Gesellenstatus nicht in den Mitgliederlisten der Krämerkompanie. Hanna Link nennt auch einen Claus Lange als Krämer und Mitglied der Antoniusbruderschaft.[26] Obgleich Carsten Jahnke diesen Mitgliedsnamen leicht abweichend für das Jahr 1519 mit *cleis Lange de kremer*[27] transkribierte, wird es sich mit ziemlich großer Wahrscheinlichkeit um dieselbe Person, nämlich Hinrik Dunkelguds Schwiegersohn Claus Lange gehandelt haben. Daneben war Claus Lange mit seiner Ehefrau Anneke, ebenfalls mit dem Zusatz dieser Berufsbezeichnung, im Jahr 1509 in die Leonhardsbruderschaft eingetreten.[28] Eine mögliche Erklärung für die Kennzeichnung dieser Personen vermutete Link darin, dass diese eher Ausnahmen darstellten. Allerdings wurden derartige Zusätze nicht konsequent verwendet. Beispielsweise erscheint die Berufsbezeichnung *de wantsnyder* nur ein einziges Mal in den Listen. Link selbst führt aber noch drei weitere Gewandschneider ohne entsprechende Kennzeichnung in den Mitgliederlisten auf.[29] Auch Zmyslony sah in diesen Berufsbezeichnungen eher eine Ausweisung der Personen einer „anderen sozialen Schicht" als die der sonstigen Mitglieder aus der Gruppe der führenden Kaufleute. Weiterhin vermutete sie in erster Linie eine Durchmischung verschiedener führender Kaufleutegruppen in diesen Bruderschaften, während grundsätzlich eine Abgrenzung zu anderen Stadtbürgern der gewerblichen Ämter bestehen geblieben sei.[30] Die nunmehr von Jahnke zur Edition vorbereiteten Mitgliederverzeichnisse aller drei Bruderschaften zeigen erstens, dass sich ausdrücklich vermerkte Mitglieder der Krämerkompanie nur in der Antonius- und der Leonhardsbruderschaft zusammenfanden. Zweitens war Hinrik Dunkelgud mit weitem zeitlichem Abstand der erste Krämer, der Zugang erhielt. Außer Dunkelgud und seinen Schwiegersohn vermerkten die Listen der Antoniusbruderschaft nur noch den bereits erwähnten Johan de Bere für das Jahr 1521. Die wenigen weiteren als Krämer aufgenommenen Mitglieder gruppierten sich in der Leonhardsbruderschaft. Hinrick Kerstens trat der Bruderschaft 1508 bei, die anderen folgten Claus Lange ab dem Jahr 1509. Es handelte sich um Hans Harder in demselben Jahr, Hans Mewes, Karsten Kulsow und Peter Snyder, der Ehemann von Dunkelguds Enkelin Anneke, im Jahr 1518 und die Krämerin Katrine Oldenborgesde im Jahr 1520.[31]

Inwieweit Hinrik Dunkelgud als erster ausdrücklich vermerkter Krämer in der Antoniusbruderschaft von dem religiösen und sozialen Netzwerk, also den personellen Verflechtungen der anderen Kaufleute profitieren und sein soziales Prestige dadurch aufwerten konnte,[32] ist schwer offenzulegen. Allerdings waren einige sei-

---

25 LINK: Brüderschaften, S. 250 f. und JAHNKE: Mitgliederverzeichnisse, S. 131, 153.
26 LINK: Brüderschaften, S. 251 Anm. 230.
27 JAHNKE: Mitgliederverzeichnisse, S. 151.
28 Ebd., S. 191.
29 LINK: Brüderschaften, S. 251.
30 ZMYSLONY: Brüderschaften, S. 126 f.
31 JAHNKE: Mitgliederverzeichnisse, S. 142 f., 146–148. Peter Snider wurde 1514 in die Krämerkompanie aufgenommen und war in zweiter Ehe mit Anneke, der Tochter Claus Langes und Kunneke [Dunkelguds] verheiratet. Vgl. Anhang 4 (Verwandtschaftstafel von Hinrik Dunkelgud); HENNINGS: Mitglieder, S. 195.
32 Vgl. JAHNKE: Ehren, S. 7.

ner im Rechnungsbuch erwähnten Handelskontakte und Handelspartner wie Hans Blanke, Peter Possick, sein Wirt Claus von Calven, Tonies van Konren, Hans van Dalen, Godert van Höveln, Diderik Loff, Hans Mouwer d. Ä., Bertold Rykman, Kunz Rode, Claus Werneke, Godert Wiggerinck und Hinrik Witte auch Mitglieder in der Antoniusbruderschaft.[33] In diesem Zusammenhang sind erneut die Stellung des Tonies van Konren und die vermutliche Sicht der Zeitgenossen auf ihn hervorzuheben. Dieser wurde nämlich nicht als Krämer in den Mitgliedslisten der Antonius-, Leichnams- und Leonhardsbruderschaft ausgewiesen. Ferner zeugt sein Engagement als Schaffer zuerst im Jahr 1502 für die Antoniusbruderschaft und bald darauf im Jahr 1505 für die Leichnamsbruderschaft von seinem finanziellen Handlungsspielraum. So musste er 1505 eine Koste für 140 Mitglieder organisieren und finanzieren.[34] Die Übernahme von Schafferämtern setzte folglich eine gewisse finanzielle Potenz voraus, die ohne das Risiko, den eigenen Haushalt damit übermäßig zu belasten, erbracht werden musste, um innerhalb dieser Gruppen langfristig bestehen und die neu erlangte Position wahren zu können.[35] Zudem übernahm Tonies van Konren im Jahr 1503 auch das Schafferamt in der ‚ratsnahen' Bruderschaft Mariä Verkündigung (1497–1527) mit ihrem Sitz in der Marientiden- oder Sängerkapelle in der Marienkirche.[36] Dieser Einzelfall des sozialen und wirtschaftlichen Aufstiegs eines Mitglieds der Krämerkompanie in die ausgesprochen exklusiven religiösen Vereinigungen der wohlhabenden und sogar der ratsnahen Kaufleute bedarf allerdings noch weiterer, ergänzender Untersuchungen.[37]

Eine weitere Möglichkeit zur Vergemeinschaftung mit anderen Krämern oder Kaufleuten bot die eigenständige Einrichtung von genossenschaftlich organisierten Bruderschaften. Solche Motive mögen einige Kaufleute im Jahr 1466 zur Gründung einer der Heiligen Dreifaltigkeit, der Heiligen Anna und dem Heiligen Apostel Jacobus gewidmeten Landfahrerkrämerbruderschaft bewogen haben, die auch als Landfahrerkrämerkompanie bezeichnet wurde. Sitz der Bruderschaft war der Altar der Heiligen Dreifaltigkeit im Johanneskloster der Dominikaner in Rostock. Neben einer Aufnahmegebühr von 4 ß musste von allen zu Pfingsten in Rostock Anwesenden eine jährliche Gebühr von 1 ß geleistet werden. Georg Friedrich Lisch betonte, dass sich bereits in den 1470er Jahren unter den jährlich neu dazukommenden durchschnittlich 12 bis 16 Mitgliedern auch vermehrt Kaufleute aus dem westlichen Niederdeutschland, unter anderem aus Lübeck, und den Niederlanden befunden hätten. Älterleute des Jahres 1517 waren zudem der Lübecker Krämer

---

33 JAHNKE: Mitgliederverzeichnisse, S. 127, 129, 120, 140, 129, 117, 129, 120, 121, 129, 134, 141, 125. Vgl. zu Hinrik Witte und Godert Wiggerinck auch Kapitel 3.4 (Ernennung der Nachlasspfleger als Zeichen personeller Verflechtungen).

34 JAHNKE: Mitgliederverzeichnisse, S. 38, 67 [Eintritt HL 1486], 78 [Schaffer HL 1502], 140 [Schaffer A 1502], 180 [Eintritt L 1482].

35 Vgl. MASCHKE: Berufsbewußtsein, S. 395–200.

36 DORMEIER: Bruderschaften, S. 40.

37 Ähnliche Überlegungen für eine an der politischen Führung beteiligte Personengruppe verfolgte bereits Antjekathrin Graßmann in ihrer Untersuchung zum sozialen Aufstieg am Beispiel des Bürgermeisters Hinrich Castorp, des Ratsherrn Herman Meßmann und der Familie Greverade im 15. Jahrhundert. Vgl. GRASSMANN: Aufstieg.

Joachim Trechow,[38] von dessen Immobilie in den Weiten Krambuden Hinrik Dunkelgud laut seinen letzten beiden Testamenten noch bis 1517 eine jährliche Rente bezog,[39] sowie sehr wahrscheinlich Hinrik Dunkelguds Schwiegersohn *Karsten Brockeshusen*.[40] Damit erreichte die Landfahrerkrämerkompanie einen überregionalen Wirkungskreis, an dem neben anderen Lübecker Krämer und Kaufleute beteiligt waren.[41] Da Lisch seinem Beitrag keine vollständige Mitgliedsliste anfügte und seine Vorlage momentan nicht auffindbar ist, kann nichts über eine mögliche Mitgliedschaft Hinrik Dunkelguds ausgesagt werden.

7.2 STIFTUNGEN

Das testamentarische Stiftungsverhalten Lübecker Bürger ist durch die Arbeiten von Birgit Noodt und Gunnar Meyer für das 14. Jahrhundert und die erste Hälfte des 15. Jahrhunderts sehr gut untersucht. Da eine ähnlich ausgerichtete Studie für die Lübecker Testamente der zweiten Hälfte des 15. Jahrhunderts fehlt, muss bei einigen Überlegungen auf die älteren Verhältnisse mit Vorbehalt Bezug genommen werden. Im Zusammenhang mit diesem Desiderat verwies bereits Heinrich Dormeier auf die wenigen und häufig nur in Auszügen in der Forschung untersuchten Testamente für die Zeit nach 1450. Da es sich bei den berücksichtigten Testatoren zudem häufig um Ratsherren oder andere Personen aus den Führungsgruppen handle, vermittle diese in zweifacher Hinsicht vorgenommene Selektion nur einen Ausschnitt von den zu dieser Zeit vorherrschenden Stiftungsgewohnheiten Lübecker Bürger. So war es den Mitgliedern der städtischen Führungsgruppen aufgrund ihres zu Lebzeiten angehäuften Wohlstands möglich, sowohl großzügige Legate zu frommen Zwecken möglichst breit ausgestellt an zahlreiche Kirchen, Klöster, Spitäler, Konvente und Armenhäuser in Lübeck zu vergeben und sich dadurch viele Fürbitten für ihr Seelenheil zu sichern als auch ihre Freunde und Verwandte mit Legaten zu berücksichtigen.[42] Dormeier konnte bei einer Untersuchung von knapp 1.000 Testamenten in der Zeit von 1480 bis 1530 für mehr als die Hälfte der Testatoren eher geringfügige Legate *ad pias causas* feststellen, die ausschließlich Siechenhäuser und nur vereinzelt andere kirchliche Institutionen oder Bruderschaften betrafen.[43] Die in Hinrik Dunkelguds Rechnungsbuch erhaltenen letztwilligen Ver-

---

38 LISCH: Landfahrer-Krämer-Compagnie, S. 188–190, 194–198, 205 f. Ein nach Georg Friedrich Lisch „vollständiges Statuten-, Matrikel- und Rechnungsbuch" der Landfahrerkrämercompanie war noch bis 1842 in der damaligen Großherzoglichen Regierungsbibliothek in Schwerin erhalten. Seit deren Auflösung befindet sich dieser Band vermutlich innerhalb eines umfangreichen Konvoluts aus dem Nachlass der sogenannten Schmidtschen Bibliothek in der heutigen Landesbibliothek Mecklenburg-Vorpommern in Schwerin. Mein herzlicher Dank für diesen Hinweis geht an Gritt Brosowski, M.A.
39 Rechnungsbuch, fol. 225r; vgl. zu Joachim Trechow, ein Mitglied der Lübecker Krämerkompanie seit 1504, auch STOCKHUSEN: Einwanderer, S. 202; HENNINGS: Mitglieder, S. 197.
40 LISCH: Landfahrer-Krämer-Compagnie, S. 190.
41 Vgl. RAHN: Wirkungsfelder, S. 177 f.
42 DORMEIER: Stiftungswesen, S. 285.
43 NOODT: Religion; MEYER: Bürger; DORMEIER: Stiftungswesen, S. 285.

fügungen ordnete Dormeier hingegen als „ausgesprochen weitgestreute und hohe Zuwendungen" an Kirchen, Klöster und Bruderschaften ein.[44] Angelehnt an Meyer werden Dunkelguds Schenkungen und Stiftungen im Folgenden hinsichtlich ihrer räumlichen und zeitlichen Dimensionen betrachtet, um seine Präferenzen sowie Veränderungen oder Kontinuitäten besser aufzeigen zu können (vgl. Anhang 11.17 Tabelle: Hinrik Dunkelguds Legate und Stiftungen).

Bereits in seinem ersten Testament bedachte Hinrik Dunkelgud eine nicht näher benannte Kirche in Stockholm mit immerhin 12 mk für den Bau eines Annenchors. Seine Vorliebe für geistliche Institutionen in Schweden hing sehr wahrscheinlich mit seiner dorthin nachgewiesenen Handelstätigkeit zusammen, wie dies auch für andere nach Skandinavien oder Livland handelnde Lübecker anzunehmen ist.[45] Eine Erweiterung seiner Legate fand mit einem Nachtrag zum dritten Testamentsentwurf vom 2. April 1488 statt. In dieser Version sowie in allen folgenden vermachte er je eine Tonne Salz an das Dominikanerkloster in Stockholm, das Zisterzienserkloster Julita und das Johanniterkommende Eskilstuna, in deren Gebetsverbrüderungen er aufgenommen war.[46] Eine parallele Vergabe wie für die drei schwedischen Klöster hatte eine gleich hohe Schenkung an das Antoniterkloster in Tempzin. Über direkte Handelsbeziehungen Hinrik Dunkelguds nach Mecklenburg ist bisher nichts bekannt. Auf einen räumlichen Bezug seinerseits verweist nur ein von Dunkelgud zwischen 1495 und 1505 in Anspruch genommener Kredit über 400 mk beim Dominikanerkloster in Wismar. Da die dafür zu entrichtende jährliche Rente teilweise in Warenlieferungen beglichen wurde, erscheinen weitere Handelsverbindungen Dunkelguds auch in diese Region denkbar.[47]

Auf die vermutliche Herkunft Dunkelguds aus dem Lübecker Umland verweisen die in allen Testamenten berücksichtigten Kirchen in Ratekau, Süsel, Gleschendorf (fehlt lediglich im dritten Testament) und das Birgittenkloster Marienwohlde.[48] Allerdings zeichnete sich bereits für die Lübecker Testamente aus der ersten Hälfte des 15. Jahrhunderts häufig eine hohe Vergabe von Legaten an umliegende Klöster in Holstein, Lauenburg und Mecklenburg ab.[49] Den kirchlichen Baukassen vermachte Hinrik Dunkelgud Beträge zwischen 1 mk und 20 mk, wobei er der Kirche in Ratekau immer ein wenig höhere Beträge als den anderen beiden zuwies. Einzig in seinem achten Testament aus dem Jahr 1507 berücksichtigte er zudem den Baufonds der Kirche in Travemünde.

Bis 1492 schwankten die Legate für die Baukasse des Birgittenklosters zwischen 10 mk und 30 mk. Ab dem sechsten Testament zum 22. März 1502 bestimmte Dunkelgud, dass im Todesfalle seiner Frau Kunneke und seiner Töchter all sein weltlicher Besitz an Marienwohlde gehen solle, damit dort an seinem Altar eine täg-

---

44 DORMEIER: Pilgerfahrten, S. 56. Aufgrund der wenigen bisher untersuchten Lübecker Testamente aus der zweiten Hälfte des 15. Jahrhunderts wird hier Heinrich Dormeiers Einschätzung gefolgt.
45 DERS.: Ordensniederlassungen, S. 279; MEYER: Klosterlandschaft, S. 88.
46 DERS.: Jakobuspilger, S. 30; Rechnungsbuch, fol. 231v.
47 Vgl. Kapitel 6.3.4 (Kreditinstrumente).
48 MANTELS: Memorial, S. 349.
49 MEYER: Klosterlandschaft, S. 86.

liche Frühmesse zu ihrem Gedenken gehalten werde. Noch in demselben Jahr fügte er im siebten Testament den Wunsch hinzu, dass er für ein besseres Totengedächtnis auch in das Anniversarverzeichnis (*denkebok*) aufgenommen werden möge. Zudem sah er nun die Summe von 140 mk für die Abhaltung der gewünschten Seelmessen vor, diese sei aus dem Verkauf des Hofs in Ruppersdorf zu finanzieren.[50] Falls dies nicht reiche, sollten seine Provisoren das Heringshaus verkaufen und den Erlös für Seelmessen verwenden.[51] Im Jahr 1507 erfuhr Dunkelguds Spendenbereitschaft noch eine Steigerung, indem er neben drei Last Roggen nunmehr 600 mk für die Abhaltung ewiger Seelmessen und ein angemessenes Begräbnis mit Vigilien (*fyllege*) aussetzte. Um das jährliche Totengedenken für ihn und seine Frau Kunneke aufzuwerten, bestimmte er zu dessen Begehung noch einmal 100 mk aus dem Verkauf seines Hofs in Ruppersdorf für die Verköstigung der Mönche und Nonnen mit zehn Stübchen Wein und 20 Stübchen Hamburger Bier. Diese Verfügungen und Schenkungen wurden 1508 schriftlich zwischen Hinrik Dunkelgud und dem Birgittenkloster niedergeschrieben. Daraus erklärt sich auch das im neunten Testament deutlich geringere Legat von nur noch 3 mk für die Baukasse Marienwohldes, drei Last Roggen und nur noch 100 mk aus dem Hofverkauf zur Abhaltung der Messen.[52]

Mit der stetigen Verfestigung seiner Position in Lübeck und seinem steigenden Wohlstand begann Hinrik Dunkelgud ab seinem dritten Testament von 1487 gezielt und in steigendem Umfang zum einen fromme Legate in Form von Geldbeträgen und Sachspenden für mehrere Gemeinschaften und Einrichtungen in und um Lübeck, in Schwartau, Neustadt, Parkentin und Grönau, zu bestimmen. Davon sollten ferner die armen Jungfrauen in Plön und Neustadt profitieren, falls sie ihn im Gegenzug in ihr Anniversarbuch aufnähmen. Zum anderen schrieb er für allgemeine Almosen einen Betrag von 10 mk vor. In demselben Zeitraum, von 1487 bis 1509, werden zudem Zuwendungen für die Annenbruderschaft der Krämerkompanie mit Sitz in St. Petri sichtbar. In diesem Zusammenhang fällt eine einmalig vorgesehene Zuwendung für die Baukasse der Petrikirche im achten Testament auf. Dieses Legat ist mit Hinrik Dunkelguds enger Gruppenzugehörigkeit zu den Lübecker Krämern zu erklären.[53] Bereits im März 1480 richtete er sich in diesem Zusammenhang einen Kirchensitz in St. Petri ein.[54] Welche Motive Hinrik Dunkelgud ab dem fünften Testament zu den fortlaufenden Legaten von 1 mk für die Marienbruderschaft auf dem Friedhof beim Dom bewegten, bleibt ungewiss.[55]

---

50 Den Hof verkaufte Hinrik Dunkelgud am 22. Februar 1497 mit einer Rentenbelastung von 60 mk an Marquart Gerdes.
51 Dunkelguds achtes Testament vom 3. Juni 1507. Vgl. Anhang 11.17 (Tabelle: Hinrik Dunkelguds Legate und Stiftungen).
52 Vgl. DORMEIER: Ordensniederlassungen, S. 305–307.
53 Die St. Annenkapelle ist seit dem Jahr 1452 in den Schriftquellen fassbar und war die östlichste Kapelle an der Südseite von St. Peter. Vgl. Bau- und Kunstdenkmäler, Bd. 2, S. 23.
54 Rechnungsbuch, fol. 1r; DORMEIER: Jakobuskult, S. 29.
55 Nach Monika Zmyslony gehen die ersten Quellenbelege für die Marienbruderschaft auf dem Friedhof beim Dom auf die erste Hälfte des 15. Jahrhunderts zurück und verweisen in diesem Zusammenhang auf eine Bruderschaft für Fleischer und Schlachter. ZMYSLONY: Bruderschaften, S. 31.

Bemerkenswert erscheint, dass Hinrik Dunkelgud in seinen Testamenten kein einziges Mal die Antoniusbruderschaft, dafür aber fortwährend die Leichnamsbruderschaft berücksichtigte. So trug er bereits unter dem 14. November 1479 kurz nach seiner Rückkehr von seiner Pilgerreise und gleich auf die erste Seite seines Rechnungsbuches eine Spende für sich und Kunneke über 1 rh gl an die Leichnamsbruderschaft ein.[56] Vermutlich aus diesem Eintrag und seinen letztwilligen Verfügungen an diese Bruderschaft resultierte die Interpretation Wilhelm Mantels, die von der späteren Forschung übernommen wurde, dass Dunkelgud für sich und seine Ehefrau mit diesem recht hohen Betrag die Mitgliedschaft in der Leichnamsbruderschaft erlangt habe,[57] was nach den von Carsten Jahnke edierten Mitgliederverzeichnissen nicht der Fall war. Sein Handelspartner Hans Sledorn hingegen trat der Leichnamsbruderschaft im Jahr 1483 bei.[58] Ganz grundsätzlich ist für die Zusammensetzung der Leichnamsbruderschaft zu bemerken, dass ihr Buch im Gegensatz zu den anderen beiden Bruderschaften zur Burg keinen einzigen Namenseintrag mit dem Zusatz *kremer* aufwies. So erlangte auch Hinrik Dunkelguds Schwiegersohn Claus Lange in den Jahren 1509 und 1519 nur den Zugang zur Leonhards- und zur Antoniusbruderschaft.[59]

Insgesamt lässt sich für Hinrik Dunkelgud die Tendenz zu weit gestreuten frommen Legaten feststellen, wenngleich nicht in demselben Umfang wie bei vermögenden Ratsherren und Großkaufleuten,[60] außerdem eine Konzentration seiner finanziellen Mittel auf eine bestimmte kirchliche Einrichtung, nämlich das Birgittenkloster Marienwohlde. Möglicherweise hing seine Vorliebe gerade für diesen Konvent mit dessen Schutzpatronin, die Heilige Birgitta von Schweden (1303–1373), und der ersten Klostergründung 1346 in Vadstena[61] mit Dunkelguds vermutlicher frühen Handelstätigkeit als Stockholmfahrer zusammen.[62] Diese These erscheint auch mit dem Hintergrund der fortlaufenden Begünstigungen einiger kirchlicher Einrichtungen in Schweden plausibel.[63] Denkbar ist darüber hinaus eine Verbindung zu dem Birgittenorden aufgrund seines geschäftlichen Engagements nach Reval, da Marienwohlde nach dem Vorbild des Birgittenklosters Marienthal bei Reval auch auf kaufmännische Initiative hin gegründet worden war.[64] An dieser Revaler Klostergründung im Jahr 1407 waren zudem Lübecker beteiligt, so dass erste Legate zur Förderung des Konvents ziemlich rasch seit dem Jahr 1417 in Lübecker Testamenten in Erscheinung traten. Das im Jahr 1413 errichtete Marienwohlde erhielt in der ersten Hälfte des 15. Jahrhunderts mit insgesamt 162 Legaten, dicht gefolgt von der Kartause Ahrensbök mit 150 Legaten, im Vergleich zu den

---

56 Rechnungsbuch, fol. 1r.
57 MANTELS: Memorial, S. 349; DORMEIER: Jakobuskult, S. 29; DERS.: Ordensniederlassungen, S. 304.
58 JAHNKE: Mitgliederverzeichnisse, S. 66.
59 Ebd., S. 113, 143.
60 DORMEIER: Ordensniederlassungen, S. 306.
61 Ebd., S. 262; grundlegend zum Birgittenorden vgl. beispielsweise NYBERG: Birgittinische Klostergründungen oder MORRIS: St. Birgitta of Sweden.
62 Vgl. Kapitel 6.5.1 (Personelle Verflechtungen in alle Handelsrichtungen).
63 Vgl. auch Anhang 11.17 (Tabelle: Hinrik Dunkelguds Legate und Stiftungen).
64 DERS.: Livlandkontakte, S. 77.

anderen 15 Klöstern in Holstein und Lauenburg sogar die meisten Zuwendungen.[65] Als Förderer nicht nur Marienwohldes, sondern auch der anderen Birgittenklöster in Reval und Stralsund betätigte sich immerhin eine größere Zahl von Livlandfahrern. Und auch grundsätzlich sind für Marienwohldes gut 120 Jahre andauernde Geschichte – wenn auch mit Schwankungen – häufige und teilweise recht hohe Vergabungen in den Lübecker Testamenten festzustellen, die ihren Höhepunkt in der Zeit zwischen 1450 bis 1480 erreichten. So befand sich Hinrik Dunkelgud mit seinen letztwilligen Legaten in Gesellschaft anderer großzügiger Testatoren. Steven van der Marwick verfügte im Jahr 1446 über den Betrag von 300 mk und Gerd Vlowick im Jahr 1454 über 400 mk für die Marienwohlder Baukasse, dessen Sohn Hans Vlowick wiederum bestimmte ebenfalls 400 mk zur Abhaltung von Fürbitten für seine verstorbene Frau. Auch der Flandernfahrer Albert Bischop vergab 1454 ein Legat von 400 mk und der wohlhabende Peter Droge spendete innerhalb seiner grundsätzlich weit gestreuten Legate zugunsten Marienwohldes sogar „beachtliche" 500 mk. Als Hauptmotiv der Zuwendungen für dieses Doppelkloster vermutet Heinrich Dormeier die Sorge um das eigene Seelenheil der Donatoren, das diese durch das Gebetsgedenken der Mönche und Nonnen zu sichern suchten.

Hinrik Dunkelguds Stiftungsverhalten und seinen noch darüber hinausgehenden engen Beziehungen zum Birgittenkloster Marienwohlde vor Mölln als einer der vier Vorsteher widmete sich bereits Heinrich Dormeier recht ausführlich in seiner vor kurzem erschienenen umfassenden Untersuchung zu den testamentarischen Bestimmungen für dieses Kloster. Um 1500 war Dunkelgud nach den in den 1480er Jahren sinkenden Zuwendungen der „größte Gönner" des Birgittenklosters.[66] In seinem Rechnungsbuch notierte er nämlich über seine testamentarischen Bestimmungen hinausgehend weitere umfangreiche Schenkungen an Marienwohlde. 1496 finanzierte er die Anlage eines Kreuzwegs (*krusendracht*) auf dem Kirchhof des Klosters, „[…] wie ihn wenige Jahrzehnte zuvor in großem Stil auch der Palästinapilger Hinrich Constin in Lübeck von der Jakobikirche zum Jerusalemberg angeregt hatte".[67] Weitere Schenkungen folgten noch vor dem Jahr 1502 und setzten sich bis 1508 fort. Sie betrafen beispielsweise ein Marienbild für den Friedhof, ein Kruzifix für den Nonnenchor in der Kirche sowie – für Hinrik Dunkelgud bezeichnend – einen eigenen noch vor dem Jahr 1502 im Bereich der Mönche aufgemauerten Altar, der mit einer Altardecke, wertvollen Tüchern, Seidenvorhängen und weiterem umfangreichem Gerät ausgestattet war. Auf dem Altar stand, geschützt durch ein Messinggitter, eine geschnitzte Mariendarstellung mit dem Motiv der Opferung

---

65 MEYER: Klosterlandschaft, S. 86, 89 f. Zur Gründung Marienwohldes DORMEIER: Ordensniederlassungen, S. 263 f.
66 DORMEIER: Ordensniederlassungen, S. 274, 279, 282, 296 f., 303. Hinrik Dunkelguds Vorstehertätigkeit geht einzig aus einem Grenzrezess vom 26. April 1502 hervor. Bei den Parteiungen handelte es sich zum einen um die Äbtissin Aldegund, den Beichtiger Hermann Gingermann und den Konvent des Klosters sowie die Vorsteher Hinrik Dunkelgud, Peter Possick, Helmich van der Heyde und Hermen Huntenberch, zum anderen um den Rat der Stadt Mölln. Als Schlichter fungierten einige Vertreter des Lübecker Rats. DORMEIER: Ordensniederlassungen, S. 308. Ein Verzeichnis der Legate zugunsten Marienwohlde ebd., S. 311–349. Der Rezess ist überliefert im Stadtarchiv Mölln: Urkunden Nr. 113.
67 DORMEIER: Ordensniederlassungen, S. 304.

Mariens im Tempel. Der Name des Stifters sollte zu seinem Gedenken und dem seiner *erfen* und *frunde* sowohl auf dem rotseidenen, mit einer Goldborte versehenen Antependium eingestickt als auch auf dem Altartisch in Messingbuchstaben vermerkt werden. Zur Finanzierung von täglichen Frühmessen vor diesem Altar bestimmte Dunkelgud seit 1502 (sechstes Testament) ein Kapital von 700 mk. Für den Fall des Aussterbens seines Geschlechts sollten die Älterleute der Krämerkompanie über die ordnungsgemäße Durchführung dieser Bestimmungen wachen.[68] Bereits Hach machte auf den beträchtlichen Gesamtumfang von Hinrik Dunkelguds Zuwendungen für Marienwohlde aufmerksam und ermittelte für dessen Schenkungen und die Kosten zur Ausstattung seines Altars samt der Schenkung von 700 mk eine Gesamthöhe von 1.200 mk.[69] Bemerkenswert ist neben der kostspieligen Errichtung des Altars samt der Stiftung ewiger Seelmessen für ihn und seine Frau Kunneke, dass er zudem eine Messinginschrift auf seinem Altartisch ausdrücklich zu seinem ewigen Gedächtnis in Auftrag gab. Mit dieser Handlung übernahm er die in den meisten Fällen auf wohlhabende Mitglieder der städtischen Führungsgruppen beschränkten Praktiken, ihre Seelgeräte gleichfalls mit ihrer zu Lebzeiten gewonnenen Reputation durch eine fortdauernde Memoria zu verknüpfen.[70]

Als ein weiterer Rückgriff auf die Lebensweise der Führungsgruppen erscheinen Hinrik Dunkelguds Testamentsfassungen aus dem Zeitraum von 1487 bis 1502. In diesen äußerte er wiederholt den Wunsch, dass sich eine seiner Töchter ins Birgittenkloster begeben und für seine Seele beten möge, obschon selbst seine älteste Tochter 1487 kaum acht Jahre alt gewesen sein wird.[71] Zwar wurden im Laufe des 15. Jahrhunderts einige Töchter und Söhne aus Adels- oder Kaufmannsfamilien Lübecks, Hamburgs, Lüneburgs und des Umlands in Marienwohlde eingekauft,[72] doch blieb dies weitgehend auf wohlhabende Familien beschränkt,[73] da anstatt einer Mitgift auch hier ein Einkaufsgeld gezahlt werden musste. Für diese vermögenden Familien war diese Abschichtung allerdings günstiger als die Tochter mit einer deutlich umfangreicheren Aussteuer zu verheiraten.[74] Neben dem wohlhabenden Tuchhändler Hermen Evinghusen, der seine Tochter 1467 in das Lübecker Johanniskloster eintreten ließ, erfahren wir aus dem ersten Viertel des 16. Jahrhunderts ebenfalls von zwei in das St. Annenkloster gegebenen Töchtern des Livlandfahrers Peter Possick.[75] Infolge der damit verbundenen Einsparung profitierten mögliche weitere Kinder von einer besseren Aussteuer, zumal Nonnen nach ihrem Eintritt ins Kloster auch kein Erbteil mehr zustand. Allerdings variierte das Eintrittsgeld, um auch weniger wohlhabenden Familien die Möglichkeit offenzulassen, ihre Töchter

---

68 Dormeier: Ordensniederlassungen, S. 304–306; Rechnungsbuch, fol. 194v–193r.
69 Hach: Geschichte, S. 132.
70 Vgl. Plate: Memoria, S. 62.
71 Vgl. Dormeier: Ordensniederlassungen, S. 306. Rechnungsbuch, fol. 231v (Testament vom 11. April 1487), 230r (Testament vom 17. April 1492), 230v (Testament vom 2. April 1493), 228r (Testament vom 22. März 1502).
72 Dormeier: Ordensniederlassungen, S. 268.
73 Ders.: Gründung, S. 55–57.
74 Hartwig: Frauenfrage, S. 66–68.
75 Dormeier: Gründung, S. 55 f.; Ders.: Ordensniederlassungen, S. 300.

dort unterzubringen.[76] So betrug die Höhe des Eintrittsgeldes für das kurz nach der Jahrhundertwende fertiggestellte St. Annenkloster im ersten Viertel des 16. Jahrhunderts vermutlich 300 mk und die Begleichung war auch in Ratenzahlung möglich.[77] Hinrik Dunkelguds Motive können nur vermutet werden: Mit drei Töchtern musste er bereits im Jahr 1487 eine hohe Mitgiftsumme einkalkulieren, so dass er seinen Wunsch 1492 nochmals äußerte. Wie bereits ausführlich ausgeführt wurde, verheiratete Dunkelgud seine älteste Tochter Anneke mit einem Brautschatz im Gesamtwert von 900 mk im Jahr 1499 mit dem Krämer Claus Lange.[78] Obgleich Dunkelgud seinen Wunsch am 22. März 1502 erneut notierte, heirate Geseke um diese Zeit den verwitweten Krämer Arnt Bolte, wobei die Höhe des Brautschatzes hier nicht überliefert ist. Die Höhe des Brautschatzes seiner dritten Tochter, Lisbet, bezifferte sich auf 1.000 mk.[79] Ob Dunkelgud für alle drei Töchter einen Brautschatz um 1.000 mk zahlen musste und ob für ihn die Abschichtung einer der Dreien in Marienwohlde günstiger gewesen wäre, ist nicht genau nachvollziehbar. So war die Einkaufssumme für das Lübecker Johanniskloster mit vermutlich 400 mk bereits um 100 mk höher als für den Eintritt in das St. Annenkloster.[80] Falls sich das Eintrittsgeld für Marienwohlde in ähnlicher Größenordnung bewegt haben sollte, wäre der Eintritt einer seiner Töchter in das Brigittenkloster für Dunkelgud recht wahrscheinlich eine erhebliche Kostenersparnis mit Blick auf ihre lebenslange und einmalige Versorgung gewesen. Allerdings sollte auch in diesem Zusammenhang sein möglicherweise aus tiefer Religiosität erwachsener frommer Wunsch nach ihren Gebetsfürbitten nicht außer Acht gelassen werden.[81]

Um die Jahrhundertwende scheinen sich ähnlich wie Hinrik Dunkelgud im Besonderen erst nach Lübeck eingewanderte vermögende Kaufleute wie Godert Wiggerinck oder Matthias Mulich den Zugang zu der Lübecker Stadtgesellschaft auch durch ein besonders reges, vielfältiges Engagement innerhalb der verschiedenen religiösen Bruderschaften sowie durch umfangreiche Stiftungen und fromme Schenkungen für kirchliche Gemeinschaften und Einrichtungen hervorgetan zu haben. So bestimmte Godert Wiggerinck in seinem Testament vom 19. Juli 1511 nicht nur für das Brigittenkloster Marienwohlde 100 gl zum Zweck ewiger Gedenkmessen für sich, seine drei verstorbenen Ehefrauen und ihre Kinder, sondern zudem für das noch im Bau befindliche St. Annenkloster und für die Marientidenbruderschaft jeweils einen Betrag von 300 mk.[82]

---

76 HARTWIG: Frauenfrage, S. 67 f.
77 DORMEIER: Gründung, S. 54–57.
78 AHL, Testament Lange, Anneke 1529 Juli 15; Langen, Anneke 1550 September 15; Lange, Anneke 1558 Mai 19; Rechnungsbuch, fol. 222v. Vgl. Kapitel 3.2 (Vermögensentwicklung in Lübeck).
79 AHL, Testamente Jonsen, Symon 1513 August 1.
80 DORMEIER: Ordensniederlassungen, S. 300.
81 BRANDT: Bürgertestamente, S. 352 f. Über Hinrik Dunkelguds Tod hinaus berücksichtigten seine Tochter Anneke und sein Schwiegersohn Claus Lange das Kloster immerhin noch mit Schenkungen im Umfang von 10 mk und 30 mk. DORMEIER: Ordensniederlassungen, S. 349; AHL, Testamente 1527 Aug. 3 Lange, Clawes und 1529 Juli 15 Lange, Anneke.
82 DORMEIER: Gründung, S. 36 f., 39; DERS.: Ordensniederlassungen, S. 348. Zu Godert Wiggerinck vgl. Kapitel 3.4 (Ernennung der Nachlasspfleger als Zeichen personeller Verflechtungen).

Auch Hinrik Dunkelguds Übernahme eines der Vorsteherämter für Marienwohlde zusammen mit Peter Possick, Helmich van der Heyde und Hermen Huntenberch könnte einen nicht zu unterschätzenden Anteil zu seiner städtischen Vergemeinschaftung beigetragen haben. Marienwohlde ist zudem das bisher einzige nachweisbare Verbindungsglied zwischen ihm und Godert Wiggerinck, den Dunkelgud im neunten und letzten Testament aus dem Jahr 1509 zu einem seiner Provisoren bestimmte. Wiggerinck gehörte zwar nicht zum Vorsteherkreis des Birgittenklosters, doch hatte er um die Jahrhundertwende zusammen mit Hinrich und Alf Greverade, Hermen Plönnies und Hinrich Custede ein in der Nähe des Marienwohlder Kirchhofs gelegenes kleines Haus erworben. Zudem übernahm er für Dunkelgud dessen im Jahr 1508 mit dem Kloster vereinbarte Überweisung von 700 mk.[83]

Die hier angedeutete Durchdringung der vormals vermutlich aufgrund fehlender finanzieller Ressourcen vor allem den wohlhabenderen Stadtbürgern vorbehaltenen Frömmigkeitsformen kann anhand einiger erster Indizien auch für weitere Krämer exemplarisch für das St. Annenkloster beobachtet werden. So spendete der Krämer Hinrik Wynmann diesem im Februar 1502 einen vergoldeten silbernen Kelch mit Patene im Wert von 40 mk.[84] Auch die Testamente des Krämers Peter Pensyn vom 16. Mai 1512 und von Hinrik Dunkelguds Schwiegersohn Simon Jonsen vom 1. August 1513 sahen für das Kloster jeweils ein Legat von 1 gl vor.[85]

Ähnlich wie Wiggerinck und Dunkelgud wanderte der Nürnberger Kaufmann Matthias Mulich († 1528) im letzten Viertel des 15. Jahrhunderts nach Lübeck ein und erhielt 1514 das Bürgerrecht. Auch bei ihm werden neben seiner Mitgliedschaft in der Antonius-, Leonhards- und Leichnamsbruderschaft sowie der exklusiven Trinkstube der Zirkelgesellschaft besonders umfangreiche Stiftungen, beispielsweise im Umfang von 4.000 mk zur Errichtung eines Pockenhauses, sichtbar. MEYER: Art. „Mulich, Matthias", S. 321–323.

83 DORMEIER: Ordensniederlassungen, S. 307 f.
84 DERS.: Gründung, S. 43–45, 70.
85 DERS.: Gründung, S. 73 f.; AHL, Testamente, 1513 August 1, Jonsen, Symon.

8. ERGEBNISSE

Hinrik Dunkelgud und sein Rechnungsbuch standen im Mittelpunkt dieser sozial- und wirtschaftsgeschichtlich ausgerichteten Untersuchung. Diese zielte unter dem analytischen Zugang der Lebensformen auf die Sichtbarmachung seiner Gruppenzugehörigkeiten und seiner sozialen und wirtschaftlichen Verhaltensweisen, so dass er darüber hinaus als ein Beispiel für die Lebensweisen eines Krämers auch in die lübeckische Stadtgemeinde und die hansische Kaufmannschaft einzuordnen war.

Noch als Junggeselle und im Fernhandel nach Brügge, Reval und Stockholm tätiger Kaufmann entschied sich Hinrik Dunkelgud mit seiner Einheirat in die Krämerfamilie Meyer für die Niederlassung und den Bürgerrechtserwerb in Lübeck und als berufliche Perspektive neben seiner fortlaufenden Fernhandelstätigkeit für den Einstieg in die städtische Krämerei. Aus Anlass seiner Pilgerreise nach Santiago de Compostela – bereits als Verlobter der Krämerstochter Kunneke – begann er sein Rechnungsbuch F, um dort vorsorglich seine testamentarischen Bestimmungen festzuhalten und weiterhin laufende Handelsgeschäfte für seine Provisoren offenzulegen. Folglich diente es ihm zu dieser Zeit als Schuldbuch für seine Gesellschafter, Handelspartner und andere mit ihm geschäftlich verbundene Personen sowie zur Absicherung und Verwaltung seines Junggesellenhaushalts, dessen Vermögen nur aus wenigen bei seinem Hauswirt deponierten Habseligkeiten und dem im Handel investierten Kapital bestand.

Auf eine vorherige gründliche Ausbildung im Schreiben und Rechnen sowie in kaufmännischer Buchführung verweisen seine recht sichere Ausdrucksweise im Umgang mit seinen Waren und den für ihn relevanten Handelsusancen, ebenso die sowohl im Rechnungsbuch als auch später im Denkelbuch der Krämerkompanie recht gleichmäßige Handschrift, die seine sehr regelmäßige Übung in der Schriftpraxis deutlich macht. In dieses Bild passt zudem der parallele Gebrauch mehrerer, aufeinander bezüglicher Rechnungsbücher, die durch Dunkelguds verlorene Geschäftskorrespondenz und sehr wahrscheinlich weitere Kladden oder lose Zettel ergänzt wurden. Sogar in seinem einzig erhaltenen Rechnungsbuch zeigt sich, dass er für die verschiedenen Inhalte – wie beispielsweise die Notierung und Abrechnung von Außenständen im Warenhandel und den Warenempfang oder -versand innerhalb seines Gesellschaftshandels mit Hans Borne und Peter Kegeben – unterschiedliche Buchführungstechniken beherrschte, wie sie uns von anderen Kaufleuten, etwa aus Breslau und Reval, aus der zweiten Hälfte des 15. und der ersten Hälfte des 16. Jahrhunderts bekannt sind. Dass Dunkelgud vor dem Einsetzen seines Rechnungsbuches überregionale Erfahrungen gesammelt haben dürfte, deuten seine Kenntnisse der Handelsusancen in Brügge und Danzig an, wo sein Gesellschafter Peter Kegeben bei seiner zweiten Widerlegung dauerhaft Aufenthalt nehmen sollte. Indizien dafür bilden aber ebenso andere Beziehungen: mit seinen ersten sichtbaren Handelspartnern, wie der spätere Lübecker Bürgermeister

Hinrik Witte, damals noch in Brügge, der in Reval als Handelsgeselle weilende Hans Mouwer d. J., der dort später zum Ratsherrn aufsteigen sollte, oder auch seine Handelsbeziehungen nach Stockholm, wohin er Peter Kegeben für eine kurze Ausbildungsreise zu Geschäftspartnern schickte. Obgleich seine genaue Herkunft und seine Familie im Dunkeln bleiben, so muss er zumindest eine für die Zeit des späten 15. Jahrhunderts typische kaufmännische Ausbildung genossen haben.

Konstitutiv für sein weiteres Leben in Lübeck waren dann seine Verschwägerung mit der Familie Meyer und der Eintritt in die Krämerkompanie als Zugangsvoraussetzung für den städtischen Kramhandel. Mit seiner Verheiratung bekam Dunkelgud von seinem Schwiegervater mit seiner ersten Krambude nicht nur die erforderlichen Mittel dazu in die Hände gelegt, sondern er lebte wohl zumindest einige Zeit mit diesem in einer gemeinsamen Haushalts- und Erwerbsgemeinschaft, die neben Kunneke wohl noch weitere Mitglieder der Familie Meyer umfasste. Vermutlich erst mit dem Tod Meyers übernahm Dunkelgud selbst die Leitung dieses Haushalts, der in der folgenden Zeit weiteren Zuwachs erfuhr: im Zuge der Geburten der drei Töchter ebenso wie durch die Aufnahme von mindestens einem der vier Mündel Dunkelguds, Peter Kegeben, als Lehrjunge, dem sich noch Hans Borne, möglicherweise ein Cousin Dunkelguds, als zweiter Lehrjunge zugesellte. Zusammen mit mindestens zwei Angestellten bestand Hinrik Dunkelguds Haushalt zeitweise aus wenigstens zehn Personen – darin den Haushalten anderer Kaufmannsfamilien ähnlich –, die dort gemeinsam für die Erhaltung des Hauses wirtschafteten. So versuchte Dunkelgud seinen noch unmündigen Schwager Hans Meyer d. J. in seine Handelstätigkeit einzubinden, und auch mit seinem Knecht Lammerd Hemekynck und sogar mit seiner ältesten Tochter Anneke sind gemeinsame Widerlegungen überliefert. Zudem zog er besonders seinen ersten Schwiegersohn für die Abwicklung einiger geschäftlicher und persönlicher Angelegenheiten heran, darüber hinaus setzte er ihn zum Erben seines bis nach der Jahrhundertwende vereinigten Geschäftskomplexes am Markt ein. In seinem Verhalten während seines 40-jährigen Aufenthalts in Lübeck wird die kaum zu überschätzende ökonomische Bedeutung von Haushalt und Familie in ihrem Bestand und ihrer Kontinuität selbst über seinen Tod hinaus sichtbar. In den 1480er und 1490er Jahren hatte Dunkelgud infolge des Kaufs von zwei weiteren Krambuden und des Heringshauses am Holstentor sowie der Aufnahme eines Kredits beim Wismarer Dominikanerkloster mehrere Renten zu entrichten, um seine Erwerbsgrundlage, den Kram am Markt, nicht zuletzt für seine Nachkommen auszubauen. Ähnlich wie sein Schwiegervater zuvor legte er diese dann noch zu Lebzeiten – wie bereits angesprochen – in die Hände von nur einem Schwiegersohn, Claus Lange, der seinerseits wohl zumindest eine Zeit lang zusammen mit seiner Frau Anneke in Haushaltsgemeinschaft mit Dunkelgud lebte.

Diese Kontinuität in der Weitergabe des Krams über drei Generationen (Meyer – Dunkelgud – Lange) hinweg – und zwar durchweg über die Frauenseite – bildet sich auch in der jeweiligen Besetzung von Ämtern innerhalb der Krämerkompanie ab. Für einen Betrachtungszeitraum von 47 Jahren (1460–1507) lässt sich in jeder der drei Generationen um Meyer, Dunkelgud und Lange jeweils eine Gruppe von acht bis zehn Personen erkennen, die im Wechsel die vier Vorsteherämter besetzten. Obgleich Dunkelgud dieses Amt in insgesamt neun Jahren ausübte, stellte dies, gemessen am gesamten Betrachtungszeitraum, nur eine durchschnittliche Amtszeit dar. Spitzenreiter war Hermen Hushere mit insgesamt 21 Amtsjahren als Ältermann. Inwieweit die Einheirat in die Familie eines ehemaligen Vorstehers die geschäftlichen Möglichkeiten Dunkelguds und später Langes beeinflusste oder tatsächlich begünstigte, muss freilich offenbleiben.

Begleitet wird Dunkelguds erkennbares Streben nach Kontinuität zudem in seinen Anstrengungen zur rechtlichen Absicherung aller seiner den Haushalt und die Familie betreffenden Angelegenheiten. Dazu nutzte er wiederum das Mittel der Schriftlichkeit. Dies geschah vor allem in seinem Rechnungsbuch durch die Führung von Schuldkonten oder durch die Dokumentation seiner eigenen abgetragenen Warenschulden sowie seiner Rentenzahlungen, aber auch durch die in seinem Fall besonders häufige Verschriftlichung seines letzten Willens: Davon zeugen neun vollständige Testamente, die er daneben noch zweimal mit Zusätzen versah und in Teilen abänderte, schließlich im Jahr 1517 ein letztes Mal nur mit einem kurzen Vermerk bestätigte. Ferner nutzte er die städtische Kanzlei und nahm über die obligatorischen Eintragungen im Oberstadtbuch oder im Gartenbuch der Wetteherren hinaus mehrmals für freiwillige Inskriptionen über rechtliche Absprachen das Niederstadtbuch in Anspruch. Verstärkt wurde diese rechtssichernde Öffentlichkeit durch die Hinzuziehung von Zeugen bei Rechtsabschlüssen, die häufig aus dem Kreis der Amtskollegen stammten. Eine weitere Facette seines Strebens nach Sicherheit zeigt sich im Übrigen in seiner offenbar tief verinnerlichten Gläubigkeit und der damit bedingten Notwendigkeit zur Vorsorge für sein Seelenheil. Sichtbar wird dies zum einen in seinen Testamenten, die für wohlhabendere Stadtbürger übliche Legate an Freunde und Verwandte, aber eben auch wohltätige Schenkungen an verschiedene kirchliche Einrichtungen umfassten. Zum anderen offenbart sein Rechnungsbuch in einigen weiteren Abschnitten die Konzentration seiner finanziellen Mittel auf Schenkungen an das Birgittenkloster Marienwohlde bei Mölln, unter anderem für Umbaumaßnahmen, und insbesondere die dortige Errichtung einer Altarstiftung – Leistungen, die in dieser Höhe um 1500 in Marienwohlde einmalig waren.

Aufgrund des Inhalts des Rechnungsbuches F sind zu Dunkelguds eigentlichem Kramhandel nur wenige punktuelle Aussagen im Zusammenhang mit seinen fortlaufenden Fernhandelsgeschäften möglich. Aus der statistischen Auswertung aller Einträge im Buch ergeben sich für seine Handelstätigkeit insgesamt fünf Phasen, die Brüche oder Modifikationen in der Zusammenarbeit mit seinen Gesellschaftern, Handelspartnern oder anderen geschäftlich verbundenen Personen und deren Auswahl oder in der Zusammensetzung seines Warensortiments aufzeigen und nach 1506 in seinen ‚Ruhestand' als Rentenempfänger mündeten. Besonders bemerkenswert ist das Auslaufen seiner Handelsgeschäfte mit eher hochpreisigen Waren wie Tuchen, Fellen, teilweise auch Bildern und Büchern vor seiner Niederlassung in Lübeck, ebenso seine langfristige Neuorientierung in Verbindung mit dem Gesellschaftshandel, den er mit seinen ehemaligen Lehrjungen betrieb – zuerst für kurze Zeit nach Stockholm, dann über Jahre nach Reval und Danzig. Zudem wird hier eine gewisse finanzielle Risikobereitschaft Dunkelguds sichtbar, nicht nur durch das Vertrauen in noch unerfahrene, ihm allerdings gut bekannte Handelspartner, sondern auch in der Umstellung seines Warenangebots auf günstige Massenprodukte, insbesondere aus dem oberdeutschen Raum importierte Metallwaren wie Scheren, Messingknöpfe oder Glöckchen. Die Gründe könnten zum einen in seinem eigenen Warensortiment in der Krambude am Lübecker Markt gelegen haben, da es ihm dort nur erlaubt war, Importwaren zu verkaufen, um keine Konkurrenz für die lübeckischen Handwerker darzustellen. Zum anderen bekamen die oberdeutschen Kaufleute, vor allem die Nürnberger, gerade zu diese Zeit wieder Probleme mit vermehrten Handelsrestriktionen, nicht nur in Lübeck als Zwischenstation für Waren, die über die Ostsee gen Livland und Preußen verhandelt wurden, sondern auch unmittelbar in diesen östlichen Absatzgebieten selbst. Möglicherweise nutzte Dunkelgud also seine Position in Lübeck und fungierte wie viele andere im hansischen Handel tätige Kaufleute als Zwischenhändler, um oberdeutsche Waren in den Osten weiterzuleiten. Sein eigener Warenbezug wird im Rechnungsbuch nur punktuell sichtbar, ähnlich wie der Verkauf der aus dem Osten von Borne und Kegeben zurückgesandten Handelswaren kaum deutlich wird. Nachdem in diesem Gesellschaftshandel mit seinen beiden ehemaligen Lehrjungen zunehmend Schulden aufgelaufen waren, die Dunkelgud gerade im Zusammenhang mit der zweiten Widerlegung mit Kegeben verstärkt durch eine zusätzliche Gewinn- und Verlustrechnung zu kontrollieren suchte, kam es zu einem Bruch in ihrer gemeinsamen Handelstätigkeit, so dass Dunkelgud um die Jahrhundertwende wieder vermehrt mit anderen Kaufleuten Handelsgeschäfte betrieb. Diese zeichneten sich erneut durch teurere Waren in größeren Handelseinheiten aus. Insgesamt lässt sich Dunkelguds Fernhandelstätigkeit in ihren Dimensionen aber in keiner Weise mit den um 1500 in Lübeck besonders aktiven Kaufleuten vergleichen, wie beispielsweise mit dem vor allem im Livlandhandel hervortretenden Peter Possick. Sogar in der Zusammenschau mit den 39 Krämeramtsgenossen, welche die Lübecker Pfundzollbücher zeigen, nahm Dunkelgud nur einen mittleren Platz hinsichtlich der Warenwerte ein.

Dunkelguds Tätigkeit sowohl im Kram- als auch im Fernhandel spiegelt sich nicht zuletzt in seinen personellen Verflechtungen und Gruppenzugehörigkeiten in Lübeck wider. So zog er bei Rechtsgeschäften als Zeugen immer Amtsgenossen heran und benannte weitere als Provisoren, darunter Claus Lange und Arnt Bolte, die ihm als Schwiegersöhne auch verwandtschaftlich verbunden waren. Überhaupt heirateten seine drei Töchter in erster Ehe durchgehend Krämer, Lisbet und Geseke in zweiter Ehe dann Kaufleute außerhalb der Krämerkompanie. Mit dieser verbunden war die St. Annenbruderschaft, der Dunkelgud als Mitglied und Vorsteher der Krämerkompanie angehörte. Mitglied war er zudem in einer der von vermögenden Kaufleuten bevorzugten Bruderschaft, der Antoniusbruderschaft zur Burg, wie dies gleichzeitig für eine Reihe der in seinem Rechnungsbuch erwähnten Kaufleute der Fall war. Diese waren mit ihm durch Handelsgeschäfte oder in persönlichen Angelegenheiten, beispielsweise aufgrund der Einsetzung als Nachlasspfleger, verbunden. Gerade dass er seinerseits von einem in Lübeck weilenden rigaischen Handlungsgesellen namens Claus Koestke testamentarisch als künftiger Provisor vorgesehen wurde, deutet ähnlich wie einige ausschließlich in den Pfundzollbüchern überlieferte Handelsgeschäfte nach Norden auf Hinrik Dunkelguds intensivere Einbindung in die Kaufmannschaft, die in seinem Rechnungsbuch F nur in Teilen offengelegt wird. So werden zum Ende des 15. und am Beginn des 16. Jahrhunderts gewisse Tendenzen zu einer Aufweichung vormals fester Distinktionen in den für Krämer bis dahin unzugänglichen Trinkstuben oder religiösen Bruderschaften sichtbar, im Danziger Artushof ebenso wie in Lübeck in der Greveradenkompanie oder in der Antonius- und der Leonhardsbruderschaft zur Burg. Durch erhöhte finanzielle Spielräume war es Dunkelgud wie auch weiteren Amtsmitgliedern zudem möglich, sich verstärkt für geistliche Gemeinschaften und kirchliche Einrichtungen in und um Lübeck zu engagieren.

Eindeutig weisen die wenigen zeitgenössischen Zuschreibungen Dunkelgud, seinen Schwiegervater und Schwiegersohn dennoch als Krämer aus. Bei der Veranstaltung seiner Hochzeitskoste kurz nach seiner Niederlassung in Lübeck hielt er sich zum größten Teil maßvoll an die für seine Vermögensgruppe durch den Rat vorgegebenen Einschränkungen. Eine im Vergleich zum Gesamtaufwand geringe Strafzahlung, vermutlich für den unerlaubten Weingenuss, nahm er sehr wahrscheinlich willig in Kauf, da er sich und seinen Gästen zu diesem Anlass sogar eine kleine Menge des vor allem in den Haushalten der Führungsgruppen verbreiteten Safrans gönnte. Hinrik Dunkelguds Selbstdarstellung und Frömmigkeit manifestieren sich zudem in seinen großzügigen Stiftungen für das Birgittenkloster Marienwohlde, insbesondere in dem dort in der Kirche aufgemauerten und umfangreich ausgestatteten, deutlich mit dem Namen seines Stifters versehenen Altar, an dem für ihn und seine Frau tägliche Gedenkmessen abzuhalten waren. So kann sein Rechnungsbuch nicht nur als rechnerisch-kaufmännisches Schriftzeugnis, sondern in Teilen auch als Selbstzeugnis dieses Krämers gelesen werden. Es zeigt in Hinrik Dunkelguds Streben nach Kontinuität und Sicherheit, in seiner Maßhaltung und zugleich Repräsentation, in seiner Frömmigkeit und in der Vergesellschaftung mit anderen Krämern und Kaufleuten typische soziale Praktiken und Verhaltensweisen eines mittelalterlichen Kaufmanns, der mit Blick auf seine ökonomischen Mittel und seine soziale Position nicht den Führungsgruppen, sondern der Mitte der spätmittelalterlichen Stadtgemeinde zuzuordnen ist.

9. EDITION

9.1 HANDSCHRIFTENBESCHREIBUNG

Es handelt sich bei dem Dunkelgudschen Rechnungsbuch um eine Papierhandschrift in Kleinfolio von ca. 29,3 cm Höhe mal 23 cm Breite. Insgesamt besteht sie aus zehn Lagen:

Lage 1	fol. 1r–24v zu zwölf Bogen
Lage 2	fol. 25r–46v zu elf Bogen
Lage 3	fol. 47r–73v zu dreizehn Bogen
Lage 4	fol. 74r–95v zu zwölf Bogen
Lage 5	fol. 96r–119v zu zwölf Bogen
Lage 6	fol. 120r–145v zu dreizehn Bogen
Lage 7	fol. 146r–169v zu zwölf Bogen
Lage 8	fol. 170r–195v zu dreizehn Bogen
Lage 9	fol. 196r–211r zu acht Bogen
Lage 10	fol. 212r–234v zu zwölf Bogen

Blatt 37 ist herausgerissen, wie an den ausgefransten Rückständen zwischen den Blättern 36 und 38 zu erkennen ist. Die Handschrift weist eine durchgängige zeitgenössische Foliierung vom ersten bis zum letzten Blatt auf, zuerst von Blatt 1 bis 203, also vom Buchanfang Richtung Buchmitte, was sehr wahrscheinlich in einem ersten Durchgang vorgenommen wurde. Von Blatt 195 bis 203 kommt es zu einer doppelten Foliierung. Als diese erfolgte, war das Buch vermutlich schon im Gebrauch, und zwar gleichzeitig von vorne zur Buchmitte hin sowie über Kopf gedreht von hinten zur Buchmitte hin, da bei dieser doppelten Durchnummerierung beispielsweise die zweite Folioangabe für 196r erst eine Seite später und dann um 180 Grad gedreht auf die untere Seitenhälfte gesetzt wurde. Hinrik Dunkelgud modifizierte hier mit der veränderten Schreibrichtung von hinten zur Buchmitte zur besseren Übersichtlichkeit also auch die Position der Seitenangaben. Die Foliierungsrichtung und die Position der letzten fehlenden Blattzahlen 204 bis 234 zum Buchende wurden dann beibehalten. Folglich foliierte er diese Handschrift gleich zu Beginn zum größten Teil und schloss die vergleichsweise wenigen fehlenden Blätter in einem zweiten Schritt an. Eine Ausnahme in dieser Schreibrichtung bilden die thematisch zusammengehörigen Einträge auf Blatt 193r aus dem Jahr 1509, die ausnahmsweise auf Blatt 194v ohne eine weitere Foliierung entgegen Dunkelguds gewohnter Schreibrichtung fortgeführt wurden.

Die Handschrift enthält fünf Varianten von Wasserzeichen in Form von Ochsenköpfen,[1] von denen zumindest Ochsenkopf 4 und Ochsenkopf 5 auf den Zeitraum von 1478 bis 1486 datiert werden können.[2] Die Wasserzeichen verteilen sich innerhalb der einzelnen Papierlagen gänzlich unregelmäßig, teilweise auch auf dem Kopf stehend und ohne eine erkennbare Ordnung. Beispielsweise enthält die erste Papierlage Ochsenkopf 1, 2, 3 und 4. Diese Unordnung deutet darauf hin, dass Dunkelgud die Blätter aus seinem privaten Fundus beliebig zusammenlegte und unmittelbar zu diesem Buch zusammenband, worauf die Ausführung der Foliierung ebenfalls verweist.

Hinrik Dunkelguds Buch ist mit einem sehr gut erhaltenen, stabilen braunen Ledereinband versehen, der auf Vorderseite und Rücken Verzierungen mit weißem Garn aufweist.[3] Als Aufschrift trägt der vordere Einbanddeckel die Majuskel F in doppelter Ausführung, nämlich in roter und weißer Schrift. Der Vordereinband wird zur Hälfte vom überlappenden Rückeneinband überdeckt, daran ist eine Lasche angebracht, die heute teilweise abgeschnitten ist, vormals aber für eine bessere Stabilität in einen dafür vorgesehenen Spalt im Vordereinband hineingeschoben werden konnte. Hierbei lässt sich aber nicht mehr mit Sicherheit klären, ob der Spalt möglicherweise auch erst nachträglich angebracht wurde, denn auch am Vorderdeckel befindet sich eine mit der weißen Verzierungsschnur angebrachte Schlaufe, in die die Lasche ebenfalls hineingereicht haben könnte.

Die Sprache des Dunkelgudschen Rechnungsbuches ist Mittelniederdeutsch. Es wurden aber einige wenige lateinische Phrasen verwandt: Die Abkürzung für *Anno Domino* wird grundsätzlich in dieser grammatikalisch inkorrekten Form an den Beginn eines jeden datierten Eintrags gesetzt. Für die Abkürzung von Heiligennamen bei Tagesangaben variierte Dunkelgud zwischen *sunte* und der lateinischen Abkürzung für *sancta*, die er sowohl für männliche als auch für weibliche Heilige nutzte. An einigen Stellen leitete er eine Aufzählung oder Weiterführung mit *Item* ein. Weiterhin verwandte er einige lateinische Abkürzungen, beispielsweise an manchen Stellen die lateinische Abkürzung für *et*. Innerhalb seiner Abrechnungen nutzte Dunkelgud für den Terminus „er/sie schuldet" in einigen Fällen die lateinische Abkürzung für *tenetur*.

---

1 Bei allen fünf Ochsenköpfen (Ochsenkopf 1 z. B. fol. 4r; Ochsenkopf 2 z. B. fol. 10v; Ochsenkopf 3 z. B. fol. 17v) handelt es sich nach der Online-Wasserzeichensammlung Piccard um das Motiv: Fauna: Ochsenkopf, frei mit Oberzeichen, mit einkonturiger Stange mit Stern (einkonturig und sechsstrahlig mit geraden Enden), ohne ein weiteres Beizeichen, mit Augen und Nase, wobei die Nase geschlossen und das Kinn gespalten ist (http://www.piccard-online.de/start.php (zuletzt abgerufen am 05.08.2014).
2 Der Ochsenkopf 4 (z. B. fol. 221v) datiert auf das Jahr 1478, Nürnberg, Drucker: Friedrich Creussner. Piccard Wasserzeichensammlung, Referenznummer DE5580–2Incca794ab_I1. Vgl. Piccard: http://www.wasserzeichen-online.de/wzis/?ref=DE5580–2Incca794ab_I1; der Ochsenkopf 5 (z. B. fol. 40r) wird auf den Zeitraum 1479 bis 1486 datiert. Piccard Wasserzeichensammlung, Referenznummer DE3315-GM27.D.II._I. Vgl. Piccard: http://www.wasserzeichen-online.de/wzis/?ref=DE3315-GM27.D.II._I (zuletzt abgerufen am 24.08.2014).
3 Nach Wilhelm Mantels handelt es sich hierbei um weißes Segelgarn. Mantels: Memorial, S. 347.

9.1 Handschriftenbeschreibung

Von den 124 beschriebenen Seiten versah Hinrik Dunkelgud ca. 71 mit einer Überschrift zur Anrufung um göttlichen Beistand: *Jesus Maria amen*. Die beiden häufigsten Varianten bestanden aus der Abkürzung *Jhs Maria* und dann entweder einem mit einem Kürzungsstrich versehenen „a" oder in der Kombination „a" mit einem Kürzungsstrich für den Konsonanten „m" sowie einem „e" mit einem weiteren Kürzungsstrich für das auslautende „n".

Hinrik Dunkelgud gab bis auf ein paar wenige Ausnahmen alle Zahlen in römischen Ziffern an.

Es gibt verschiedene Formen von Streichungen (Kanzellierungen). Manche Seiten strich Dunkelgud mit zwei senkrechten Strichen komplett durch, beispielsweise fol. 1r–v. Auf anderen Seiten, häufig mit verschiedenen Personenkonten, nutzte er zwei übereinander gekreuzte Striche, beispielsweise fol. 2r oder fol. 4r. Die letzte Variante bildeten horizontalen Wellenlinien. Dazu kommen verschiedene Markierungen von einzelnen Zeilen oder Einträgen, die zum Teil bereits vor dem Abstreichen der kompletten Seite durch Streichung als abgehakt gekennzeichnet wurden. Varianten dieser Markierungen können kurze senkrechte Striche oder Kreuze am linken Seitenrand vor dem Beginn der Zeile sein, die Dunkelgud in einigen Fällen auch miteinander verband, siehe beispielsweise Abb. 5 und Abb. 6.

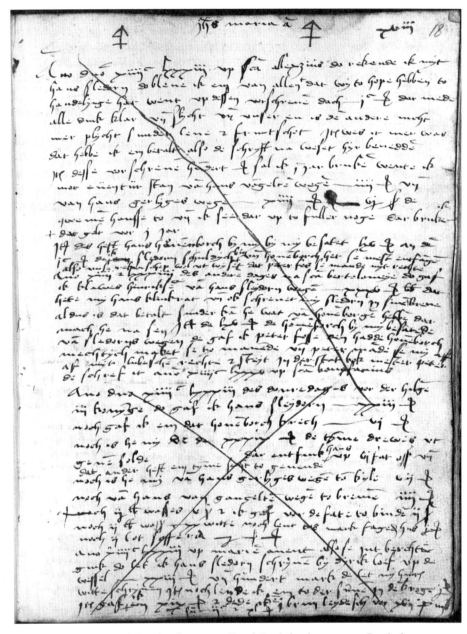

Abbildung 4: Ein Teil der Abrechnung von Hinrik Dunkelgud mit seinem Geschäftspartner Hans Seldorn mit dessen Handelsmarke, Rechnungsbuch, fol. 18r.

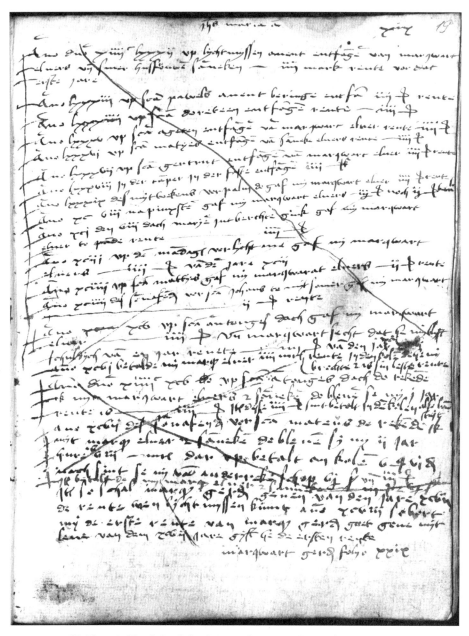

Abbildung 5: Hinrik Dunkelguds Rentenbezug aus dem Hof in Ruppersdorf, Rechnungsbuch, fol. 19r.

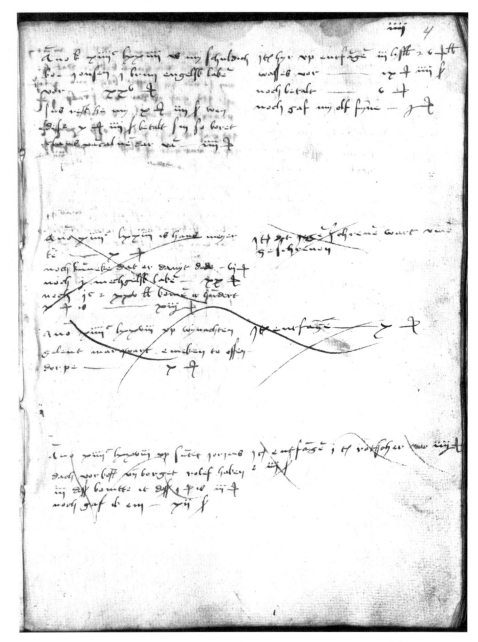

Abbildung 6: Mehrere Abrechnungen mit verschiedenen Personen mit der Buchhaltungstechnik alla veneziana, Rechnungsbuch, f. 4r.

9.2 EDITIONSRICHTLINIEN

Die Textbearbeitung der vorliegenden Edition orientiert sich an den von Schultze vorgeschlagenen und von Thumser modifizierten Empfehlungen zur Gestaltung von Quelleneditionen.[4] Zur besseren Verständlichkeit des Textes erfolgt eine „gemäßigte Normalisierung".[5] Diese beinhaltet die Interpunktion sowie die Getrennt- und Zusammenschreibung von Wörtern in Anlehnung an den heutigen Gebrauch. Großschreibung erfolgt am Satzanfang sowie bei Eigennamen, Toponymen, kirchlichen Festen, dem Namen Gottes sowie den Nomina sacra. Verzichtet wird auf die Vereinfachung von Konsonantenhäufungen, die Vorlage wird buchstabengetreu wiedergegeben.[6] Dies schließt zudem die durch Hinrik Dunkelgud beliebige Ausschreibung oder Abkürzung einiger Wörter mit ein, so wird in der Edition die Verpackungseinheit *tunne* nach der Vorlage ausgeschrieben oder abgekürzt mit *t.* wiedergegeben. Ähnlich wird auch bei der Angabe der Stückzahl mit *stucke* beziehungsweise *stukke* oder der Abkürzung *st.* verfahren. Auch die Benennung der Tagesdaten wird nicht normalisiert und nach der Vorlage wiedergegeben. Für eine bessere Verständlichkeit des Textes und um eine Verwechselung mit Stück entgegenzuwirken, wird das Verb *st.* für *stot* immer ausgeschrieben wiedergegeben.

Das Wort für Schiffpfund schreibt Dunkelgud grundsätzlich aus, Markpfund und Liespfund hingegen kürzt er in den meisten Fällen beispielsweise auf fol. 4r mit einer Kombination einer Vorsilbe *lys* und daran angefügt des Zeichens für Pfund ab. Bei Markpfund verwendet er das in den Quellen übliche Abkürzungszeichen für Mark und daran anschließend das Pfundzeichen. Die Einheiten werden in Dunkelguds abgekürzter Weise wie folgt wiedergegeben: lyslb bzw. lislb und mklb. Schließlich verwendet er in einigen Fällen Warengewichtszeichen,[7] die in der Edition aufgelöst wiedergegeben werden.

Da die Edition mithilfe der umfangreichen Anhänge, wie Personen- und Orts- und Sachindex, und zum Teil weiterer ergänzender Ausführungen in den Warentabellen mit allen von Dunkelgud getätigten Warentransaktionen (Anhang 11) gut erschlossen ist, sind Personennamen oder die Waren nicht grundsätzlich noch einmal in den Fußnoten der Edition vermerkt worden.

Grundsätzlich wurden die folgenden Richtlinien befolgt:
– Die Buchstaben j und v werden konsonantisch, i und u nur vokalisch gebraucht. Lang- und kurzschaftiges i werden nicht unterschieden (*in* statt *jn*).
– Die Kombination von einem kurzen und einem anschließenden langen i wird durchgehend als y wiedergegeben.
– Der Buchstabe w bleibt wie in der Vorlage.
– Römische Zahlen werden durch arabische ersetzt.
– Die Abkürzung für das lateinische „et" wird durchgehend und unkommentiert als *unde* aufgelöst.

---

4 SCHULTZE: Richtlinien und THUMSER: Verfahrensweise.
5 THUMSER: Verfahrensweise, S. 27.
6 Ebd., S. 34.
7 Anhang 11.16 Warengewichtszeichen und ausführlich Kapitel 6.3.1 (Maßeinheiten).

- Zusätze der Herausgeberin werden in eckige Klammern [] gesetzt.
- Streichungen in der Vorlage werden in den Fußnoten wiedergegeben.
- Nachträgliche Bemerkungen oder Handelsmarken am Seitenrand werden in den Fußnoten wiedergegeben.
- Nachträgliche Einschübe oder Ergänzungen im Text werden im Text mit spitzen Klammern < > markiert und bei Bedarf in den Fußnoten kommentiert.
- Auslassungen werden durch runde Klammern (…) deutlich gemacht.
- Kanzellierungen werden für eine bessere Übersichtlichkeit zu Beginn und am Ende eines Abschnittes, d. h. eines zusammenhängenden Textes ohne Absatz, wie folgt markiert: /= =/.
- Alle allgemein gebräuchlichen Kürzungen werden ohne Kennzeichnung aufgelöst wiedergegeben.
- Den Auflösungsschlüssel für die Währungen siehe Anhang 11.20: Abkürzungen für die Währungen.
- Ein Versehen der Vorlage wird durch Einfügen von [!] angezeigt.
- Eine unsichere Lesung wird im Text durch [?] und eine erklärende Fußnote kenntlich gemacht.
- Die Abkürzung von Liespfund wird im Text mit lyslb; die Abkürzung von Markpfund mit mklb wiedergegeben.

9.3 ABKÜRZUNGEN DER WÄHRUNGEN

d	Pfennig (lübisch)
ferd	Ferdung
gr	grote
lb gr	pfund grote
mk	Mark (lübisch)[8]
mk pr	Mark preußich
mk rig	Mark rigisch
rh gl	rheinischer Gulden
ung gl	ungarischer Gulden
sc	Scot
ß	Schilling (lübisch)
wit	Witte

---

[8] Da Hinrik Dunkelgud in seinem Rechnungsbuch die Währungsangaben willkürlich in Abkürzung oder ausgeschrieben mit Mark oder Mark lübisch angibt, fremde Währungen aber scheinbar immer genau kennzeichnet, wird im Auswertungsteil die Währungsangabe mit mk vereinheitlicht und abgekürzt.

9.4 EDITION DES RECHNUNGSBUCHES

Vordereinband (Innenseite)

Anno Domino 1480 up dem sondach to Mytfasten [*12. März*] do schenkede ik unde Jacob Kalfeswinkel[9] in unser kumpenye unde geven malk to ungelge 4½ ß.[10] Up dem sulven dach kore wy wedder Fikke van deme Felde[11] unde Hans Yillingens, der Tylsschen man.[12]

Anno Domino 1480 des donredages vor Palm [*23. März*] do was ik unde Hans Meyer up rathus unde geven to schote 20 ß lub.[13]

Item sint mit in dem blade 25 van dem huse de my toschreven stan.

Folio 1 recto

Anno Domino 1479 up Lychtmyssen [*2. Feb.*] wart anhaven dyt boek in dem namen der hilgen Drefaldycheit amen.

Anno Domino 1479 do gaf ik <in> den kramm in de kumpen<n>ye 6 mk. Int sulve jar gaf ik her Hermen Beren unde her Johan Witinkhof 2 mk unde 4 d, dat ik borger wart.[14]
Int sulve jar moste ik geven to wedde vor myne brutlageskos[t][15] her Tydeman Eefinkhusen unde her Dyrik Basedouwen 2½ mk 4½ ß.
Int sulve jar gaf ik des hilgen Lychnammesbroderschop vor Kunneken unde my 1 rinschen gulden des sondages na sancta Merten [*14. Nov.*].

Anno domino (…)

Anno domino 1480 des anderen sonafens na Mytfasten [*25. März*] do kofte ik unde Hans Kabel dat rum buten vor unser leven Frouwen kappelle to sunte Peter utterst an dem mure[16] int westen unde en jewelk van uns gaf em 2 mk, so dat he krech 4 mk de werkmester geheten Albert Meyer unde wy leten den stol sulven buwen unde he koste nye[17] <bowende> 10 mk tohope.[18]

---

9   Mitglied der Krämerkompanie seit 1480. HENNINGS: Mitglieder, S. 90.
10 Kalfeswinkel und Dunkelgud hatten anlässlich ihrer Aufnahme in der Krämerkompanie eine Koste zu veranstalten. Vgl. WEHRMANN: Zunftrollen, S. 127.
11 Krämer und Ältermann der Kompanie. WARNCKE: Haus, S. 199. Als Ältermann wird er wiederholt seit der Jahrhundertmitte bezeichnet. AHL, Denkelbuch, beispielsweise fol. 2v–3r, 17r, 18v.
12 Dieser wird nicht in den Mitgliederlisten der Kompanie aufgeführt. HENNINGS: Mitglieder.
13 Schosszahlung.
14 Über der Zeile: a.
15 Lesung nach MANTELS: Memorial, S. 359. Lesung heute unsicher.
16 Über der Zeile: u.
17 Folgt gestrichen: bowen.
18 Einrichtung eines eigenen Gestühls in der St. Annenkapelle der Krämerkompanie in der Petrikirche in Lübeck, vgl. DORMEIER: Jakobuskult, S. 29.

/=Anno domino 1480 des mandages vor sancta Johans syner bort [*19. Juni*] do kefte ik in dem name Gades van Albert Jacobsen dat hus negest my by dem kake vor 540 mk lub unde moste der dochter geven de Spikherink heft 10 mk lub, wes <ik> dyt <gelt> utgeven hebbe, so hort my dat [hus][19] to qwit unde fryg, dat heft he my lovet. Dar was an unde mer Hans Hovenborch unde sin dochter Gretke Spikheringes unde unde [!] er gast Hinik Gerke unde Gotke Spikherink.

Anno Domino 1480 up sancta Maryen Maddelene avent [*21. Juli*] gaf ik Albert[20] Jacobsen in syner dochter hus, Spikherinschen hus 110 mk unde gaf em des mandages darna [*24. Juli*] 30 mk. Item hyr wes by Spikherink unde sin wif unde er gast Hinrick Gerken.

Item aldus beholt Albert Jacobsen wyf Metke in dyt vorscreven hus 20 mk geldes unde de scholen nycht angan er dat me schryft 1481 up sancta Mychele [*29. Sept.*], so geit er rente an unde sal nicht ut, er men schryft 1482 up sancta Mychele [*29. Sept.*], so sal se de ersten rente boren vorschreven 20 mk. It steit screven in der st[?]. =/

Folio 1 verso

Jesus Maria amen

/=Anno Domino 1482 8 dage vor Penxsten [*19. Mai*] gaf ik Albert Jacobsen unde syner husfrouwen Metken vor dat ersten halve jar rente, de se in mynem huse hebben, 10 mk lub unde is is [!] it erste jar, dat er rente angeit unde wan nun sunte Mychele [*29. Sept.*] komet, so hebbe ik ir erste jar beseten.

Item hyr hadde ik an unde over vor beseten borger Kersten Dame unde Hans Mertens myner naber.

Anno 1482 des sonnafendes vor sancta Elseben [*16. Nov.*] do gaf ik Albert Jacobsen 10 mk vor ½ jar rente.

Anno Domino 1483 up sancta Marcus [*25. April*] do gaf ik Albert Jacobsen vor dat halve jar rente 10 mk.

Anno Domino 1483 up der elfdusent Juncfrouwen [*21. Okt.*] gaf ik Albert Jacobsen vor dat halve jar rente 10 mk.

Anno Domino 1484 des sonnafendes na sancta Johannes Babbetysten [*26. Juni*] gaf ik[21] Albert Jacobsen vor ½ jar rente 10 mk.

Anno Domino 1484 up sancta Barbarn avent [*3. Dez.*] gaf ik Albert Jacobsen vor ½ jar rente[22] 10 mk.

Anno Domino 1485 des dinxdages vor des hilgen Lychammes avent [*31. Mai*] gaf ik Albert Jacobsen vor ½ jar rente 10 mk.

---

19 Lesung nach MANTELS: Memorial, S. 361. Lesung heute unsicher.
20 Folgt gestrichen: al.
21 Folgt gestrichen: ab s.
22 Folgt gestrichen: do.

Anno Domino 1485 up sancta Lucyjendach [*13. Dez.*] do sende ik Albert Jacobsen by siner maget Talken 6 rinsche gulden unde 8 d, he was tenetur vor foderdok unde 8 ele baggynen dok unde 4½ elen brunswykes, 14 ß.
Anno Domino 1486 up des hilgen Lychnames avent [*24. Mai*] gaf ik Albert Jacobsen 10 mk vor ½ jar rente. Item ik gaf it em in synem hus.
Anno Domino 1486 alse Maryen entfangen wart [*8. Dez.*] gaf ik Albert Jacobsen in siner dornse 10 mk vor ½ jar rente.
Anno [*14*]87 des frygdages in den Pinxsten [*8. Juni*] gaf ik Albert Jacobsen in myner dornse 10 mk vor ½ jar rente.
Anno [*14*]87 up sancta Lucyen [*13. Dez.*] do sende ik Albert Jacobsen by siner maget Anneken 10 mk vor ½ jar rente, dat sach Claus Hase.
Anno [*14*]88 des frygdages vor sancta Peter unde Pawel [*20. Juni*] gaf ik Albert[23] Jacobsen 10 mk k [!] rente ½ jar.
Anno[24] [*14*]89 des[25] donredages vor sancta Anntonges [*15. Jan.*] gaf ik Albert Jacobsens dochter Gretken 10 mk vor ½ jar rente.
Item Albert Jacobsen fo[*lio*] 23.=/

Folio 2 recto

Jesus Maria amen

/= Anno 1479 up Lychtmyssen [*2. Feb.*] item is my schuldich Bertelt Rykman 105 tymer schatwerk, it tymer vor 2 mk, is 210 mk,
noch 64 tymer, it tymmer vor 20 ß, is 80 mk,
noch 34 tymmer, it tymmer vor 1 mk, is 34 mk,
noch 4 tymmer menken, it tymmer vor 12 mk, is 48 mk.

Anno 1479 up sunte Marien Maddelenen avent [*21. Juli*] gaf ik Claus van Calven van Hinrik Witten wegen 50 mk lub unde let em darto schryven by Dyrik Lof 50 mk lub, summa is 100 mk, dat ik Claus van Calven gaf van Witten wegen,
noch is my Hinrik Witte, dat he entfink van Wilm van der Heyde 7 lb gr, it lb 7 mk lub, is 49 mk. =/

/=Item hyr up entfangen van Pawel Buntmaker 20 rinsche gulden.
Item enfink van Hinrik Witten, do ik to Brugge was (…).
Anno [*14*]79 <u>p sancta Mychele [*29. Sept.*] entfink ik van Hans Mouwer 12 lb grot, it lb vor 7 mk,
noch sende my Hinrik Witte van Brugge 1 pyppe olleges, stat 4 lb 3 ß gr. =/

---

23 Folgt gestrichen: al.
24 Folgt gestrichen: [*14*]85.
25 Folgt gestrichen: f.

/= Item dyt is dot rekent, mer dat ik it noch clare make.
Item gaf ik Hans van Dalen van Hinrik Witten wegen 15 mk. =/

Folio 2 verso

/= Anno 1479 up sunte Lucien [*13. Dez.*] do rekende ik myt Hans Sledorn, do blef he my 66 dossin beretken, it dossin vor 17 ß, is summa 70[26] mk 2 ß, noch is my Hans 2 tymmer werkes, de my bre-ken dar solde hebben wesen 250 tymmer, de 2 tymmer sette ik up 2 mk de blyft he my,
noch dede ik em 4 brune leyd<e>sce, it stuck 17½ mk unde 4 ß,
noch 2 grone leydesche it stuck vor 17½ mk, is de laken 106 mk. =/

/=[27] Anno 1479 up sunte Jacob [*25. Juli*] dede ik [*Hans*] Sledorn 2 rysselsche la-ken,[28] stoden 16½ lb grot, is 115½ mk,
noch 1 fin menget Brugges 53 mk,
< im part 26½ mk 4 ß >,
noch 2 stendelske [*laken*] stan 6½ mk,
noch 10 westerlindesche [*laken*], it stuck 6 mk,
noch 1 dossin flemescher hode 6 mk,
noch 144 lb[29] komen, it[30] hundert 10 mk, is 14 mk 6 ß[31] 4 d,
noch 4 bilde[32] 4½ mk,
[33]noch Hovenborch 1 bilde (…),

/= Item hyr up entfangen van Hans Sle-dorn 248 tymer werkes vor 300 mk, noch enen suben vor 40 mk.
Item entfangen up de leydesche 100 mk by Hans van Alen.
Item entfangen 5 wolfe, horen [*Hans*] Hoven-borge toe.
Item lende my Sledorn by[34] Dyrik Lof 50 mk, de krech Clawes van Calven.
Item entfink ik wedder van em van de gelde, ik em lende, 4½ lb gr 3½ ß, noch to Hannofer unde hyr entwisschen dede he my 3½ mk lub 2½ ß.
Noch gaf he up de bilde 1 rinschen gul-den. =/

26 Folgt gestrichen: 3 mk.
27 Am linken Seitenrand: 7½ mk 4 ß.
28 Laken aus Lille.
29 Folgt gestrichen: 76.
30 Folgt gestrichen: lb 20 d is.
31 Folgt gestrichen: 4.
32 Folgt gestrichen: 4 rinsche gulden.
33 Es folgt ein Kreuz in der Zeile.
34 Folgt gestrichen: d.

[35]noch de kok to lentenhus 1 bilde,
noch van den 2 faten ungel[36] 20 ß,
noch 1 bonit dobbelt 9 ß,
noch rest he my van den gelde, dat ik em
lende to Brugge unde <u>p dem wegen
15 lb gr unde 17 ß, is 166 mk <14 ß>,
noch van Nannynges wegen ½ rinschen
gulden,
noch 10 bilde[37] 4 mk. =/

/= Item dyt boven screven is dot rekent int dit jegenscreven. =/

Folio 3 recto

Amen Jesus Maria amen

/= Anno Domino 1479 up des hilgen Cruses avent vor sunte Mychele [*13. Sept.*] do rekende ik myt Hans Sledorn al wes wy tohope to donde hebben, gehat an gelde efte an geldes <wert> wente up desse vor- screven <dat>, alse dat unser en dem anderen de blef, alse hyr na schreven steit. Int erste blyve ik em 100 mk lub enen noch myn efte mer, darmede alle dink, der wes al wes he to myn tosprekende heft, gelt efte geldes wert.
Item aldus heft he hyr wedder up entfangen <to> mynen besten ½ ß in Brugges unde 1 hel rysselsk [*laken*], stan tohope 84½ mk lub[38]. Item noch heft he by syk 2 sagen, 1 swart, 1 brun, stan tohope 76 mk lub. Desse 2 sagen hebbe ik betalt, mer he steyt mede eventur wes darvan wert unde van dem ½ bruggeschen [*laken*] unde van dem rysselsk [*laken*] stan ik it eventur allene. Mer he heft ok ½ brugges unde 1 rysselsk [*laken*] dat he betalt heft unde eventur af steit unde wes van dem sinen wert, dat wet ok van dem mynen etc.
Item so schal ik boren van Mattes Werner 1 schipper to synen besten 2 lb grot, is 14 mk lub, wan ik se entfange, se sint se sin.
Item noch is my Hans Sledorn tenetur van Hans Nannynges wegen ½ rinsce gulden.
Item noch tenetur Andres Secht, dat he heft myn nye swert.
Item noch dede ik em 1 mk gulden to Erk Lunte[39] kost.
Item noch my 1 finster unde Dinxsteden 1 finster 1 mk.
Item noch lent tor sunnen, dar was by hushere, ½ mk.[40]
Item dede em Konneke vor 2 ongnersce gulden,[41] 4 mk de nam he wedder.

35 Es folgt ein Kreuz in der Zeile.
36 Folgt gestrichen: 1½ mk.
37 Folgt gestrichen: it stuck steit 1 ß gr.
38 Folgt gestrichen: 57½.
39 Lübecker Tuchhändler. Rossi: Lübeck, S. 172.
40 Haushure, also Miete, möglicherweise für eine Gaststätte namens Zur Sonne.
41 Ungarische Gulden.

Item noch 5 elen bagginen dok <unde seter> 10 ß.[42]
Item dede em Kunneke 1 postelarscen gulden. =/

Anno Domino 1482 up der 1100 Juncfrouwendach [*21. Okt.*] do rekende im myt Hans Sledorn alle desse jegenwardygen rekenschop qwyt unde doet, so dat unser en van dem anderen schedede myt leve unde fruntschop.

Folio 3 verso

Anno 1478 up sunte Johan [*24. Juni*]. Item is my schuldich Frederik Schroder 11 dossin bonitte, it dossin vor 1 mk, is 11 mk,
noch 3 stukke nerdesche, it stan 7 mk, is 21 mk,
noch dede ik syner Meyrschen 1 fat ossemund vor 3 mk 3 ß.
Hyr heft my Hans Sledorn vor lavet.

/= Anno 1479 up sancta Bertelmeus [*24. Aug.*] do borgede ik unde vorkofte Hennynk Bardenwerper 5 dossin sagens hoede, it dossin vor 15 mk, is 75 mk,
noch 3 dossin malde tafelen, it dossin 10 mk, is 30 mk,
noch 4 bilde vor 3 mk,
[43] noch gaf ik schipper Brugman to fracht 5 mk.
Item ungelt (…). =/

Anno [*14*]80 blyft my Hennynk Bardenwerper van desser boven screven rekenschop, it dregegelt unde it pramgelt van 2½ last ossemund, is 8 ß.

Item hyrup entfangen 7 tymer werke, it tymer 10 ß, is 4 mk 6 ß.

/= Anno Domino 1480 up sancta Lambertus [*17. Sept.*] do wy sede my over Hennynk up Heiseschen, de stalmengeschen,[44] 2 last ossemund unde 8 fate de last 36½ mk 4 ß,
is summa 98 mk,
noch sal my geven Bertram van dem Damme 15 mk. Isset sake, dat dyt vor screven gelt nicht betalt wert, so will Hennynck betalen.
Item gaf my de stalmengersche up sancta (…) 70 mk lub,
noch gaf se my 28 mk. =/

---

42   Folgt gestrichen: 7 ß.
43   Am linken Seitenrand: Handelsmarke von Hennynk Bardenwerper; vgl. Anhang 11.9 Handelsmarken: Nr. 1.
44   Eisenkrämerin.

Folio 4 recto

Anno[45] 1474 is my schuldich Boe Jonsen 1 brun engelsk laken vor 25 mk.
Sus rest he my 10 mk 4 ß. Wen dese 10 mk 4 ß betalt sin, so boret Claus van Calven[46] darvan 4 mk.

/= Anno 1474 is Hans Meyer tenetur 10 mk,
noch Kunneke, dat er damyt dede 6 mk,
noch ½ mechgelsk laken 19½ mk,
noch 125 lb komen, it hundert 10 mk, is 12½ mk.

Anno 1478 up Wynachten [25. Dez.] gelent Marwart Emeken to Offendorpe 10 mk.

Anno 1478 up sunter Jorgensdach [23. Apr.] vorkoft unde borget Rolef Haken 3 dossin bonitte, it dossin 1 mk, is 3 mk,
noch gaf ik em 12 ß. =/

Item hyrup entfangen 3 lyslb 6 mklb wasses vor 9 mk 4 ß,
noch betalt 5 mk,
noch gaf my Olf Fynne ½ mk.

/= Item dit jegenschreven wart ume geschreven.

Item entfangen 10 mk.

Item entfangen 1 t. rotscher vor 3½ mk 4 ß. =/

Folio 4 verso

/= Anno 1478 up der 10 dusent Rydderdach [22. Juni] vorkoft unde [47]borget Hans Bekker 5 stukke stekbrede engelske, it stuck vor 3 mk,
[48]noch 2 swarte roseken vor 11 mk,
[49]noch 2 blanke kragen vor 20 ß,
noch vor 1 tunne lasses, dat em Dyrik Oldehorst dede 5 mk 4 ß,

/= Anno 1479 up sancta Merten [11. Nov.] entfangen van Hans Bekker, dat he my sende in scipper Kegelman ½ last ossemund.
Item gaf ik dar vor fracht 1 mk, pramgelt, dregelt 5 witte.
Item gaf ik dessen ½ last ossemund 19 mk.

---

45 Folgt gestrichen: [14]50.
46 Hinrik Dunkelguds Hauswirt in Lübeck.
47 Am linken Seitenrand: waagerechter Markierungsstrich.
48 Am linken Seitenrand: waagerechter Markierungsstrich.
49 Am linken Seitenrand: waagerechter Markierungsstrich.

⁵⁰noch tenetur 91 elen lonwendes, de elle 7 witte, is 13 mk 4 ß 4 d,
⁵¹noch ½ dossin daggen vor 4 mk,
noch 2 kragen vor 1 mk,
⁵²noch 1 parkleder hoeyke unde rok, tohope vor 12 mk. =/

Item it vurgelt af, blyft dar 17½ mk 6 ß 4 d.
Item entfink ik van Hans van Allen 20 mk.
Anno [14]82 up sancta Andres [30. Nov.] entfangen ½ last ossemund⁵³ de was in des bysschoppes barse scipper Crystoffen dar war<t> af beholdens geldes 15 mk myn 2½ ß. =/

/= Item rest he my van desser rekenschop 4½ mk 4 ß. =/
Item gaf my Hans Bekker 12 ß.

Folio 5 recto

/= Anno 1477 vorkoft unde borget deme jungen Hans Mouwer 12 dossin bonitte, it dossin 1 mk, is 12 mk,
noch 1 nye swert vor 1 mk,
noch heft he ok by sit van dem beferen unde fossen by 8 stukke silvers,
noch tenetur 4 bylde an glas 2½ mk.

/= Item entfangen 1 stukke van enen foder vor 1½ mk,
entfangen up de bonitte 10½ mk,
entfangen vor 4 bylde an glas 2 mk 4 ß.

Anno [14]79 des mydwekens vor sunte Niclawes [1. Dez.] do rekennde ik myt de jungen Hans Mouwer al wes wy tohope to donde hadden, hadde vornoge de he my 8 mk, darmede vorlet unser en den anderen. Item 6 mk gaf he my sulven unde Peter Schutten frouwen sal my 2 mk geven.

Anno 1479 up sancta Bertolmey [24. Aug.] do schref my Hinrik Witte over by Hans Mouwer 12 lb grot, it lb 7 mk lub,
noch sende my Hinrik Witte 1 pype bomolges.=/

Item hyrup entfangen van Hans Mouwer, dat he Godert van Hovelen gaf 31 mk,
noch gaf my de junge [*Hans Mouwer*] 40 mk. =/

/= Anno [14]81 up Paschen [22. Apr.] do rekende ik myt Hinrik Witte alle unse dink klar, dat unser en den anderen nicht sey al[?]dach er bleff. Ik blef em 15 mk, de gaf ik Hans van Dalen van smer wegen. =/

---

50 Am linken Seitenrand: waagerechter Markierungsstrich.
51 Es folgt ein Kreuz in der Zeile.
52 Am linken Seitenrand: waagerechter Markierungsstrich.
53 Folgt gestrichen: dar.

Folio 5 verso

/= Anno 1474 vorkoft unde borget Arbraham Cristensen 1 alte schlaken vor 8 mk. Hyrvor to pande 1 goltrink steit by Andres Schulten.

Anno 1474 rekende ik my Clement Bentsen, do blef he my tenetur 3 mk.

Anno 1474 Magnues Erksen ½ lb sukkerbandit[54] 3 ß,
noch gelent 1 marte,[55] so gut als 10 ß.

Anno 1474 tenetur Evert Pansermaker van rekenscop 3 mk.

Anno 1474 tenetur Otte, her Erk Akselsen schryver 2 dobbel de bonitte vor 28 ß. =/

/= Item betalde my Andres Schulte desse 8 mk.

Anno [14]80 up der 11 dusent Juncfrouwendach [21. Okt.] gaf my Otte to Travmunde[56] 28 ß. =/

Folio 6 recto

/= Anno 1478 geborget Marqwart Mus unde myner modersuster 1 ele hagens [laken] 13 ß,
noch 1 buren 14 ß,
noch van tytlinge 4 ß,
noch 1 pert vor 10 mk,
noch gaf it Jasper Crusen 1 armborstere 10 ß,
noch 1 dekke vor 1 mk,
noch dede em Meyer 7 elen dokes to 10 d,
noch 1 lb wasses 10 witte,
noch van den leydscen [laken], dat de dochter krech to der Nygenstat[57] 7 myn 1 ß.

/= Item entfangen vor de dekke 1 mk, entfangen van ener frowen 13½ ß, entfangen van Heyneken 28 ß, gaf he myner moder 1 mk up pert.

Item dyt is umme schreven in 10 blat voran.

---

54 Zuckerbenet.
55 Marderfell.
56 Travemünde.
57 Neustadt in Holstein.

Anno 1478 geborget Hans Davite to Huberstorpe 7 elen brugges [*laken*], de ele 11 ß, is 4½ mk 5 ß,
noch gelent retgelt 10 mk.

Item so geve ik dese 8½ mk 5 ß, de my Davit blyft to se Ratkouwe to unser leven vrouwen unde sunte Johanse under dat cruse. =/

Item dyt steit int rode reygysterbok[58] schreven.

/= Anno 1478 geborget Hans Wekkehafen 4 elen brugges [*laken*], de ele 11 ß, is 2½ mk 4 ß. =/

Item hyrup enfangen by Hans Meyers dochter Konneken 6 mk,
noch gaf my Hans Davit in Hinrik Kolleners hus des frygdages vor sancta Lucyen [*11. Dez.*] 3 mk an gold,
entfangen 2 foder holtes 1 mk. =/

/= Item desse 2½ mk 4 ß scholen ok to den bilden under dat cruse. =/

Folio 6 verso

Anno 1474 gerekent myt Hinrik Petersen do blef he my van hoppen 28 ß lub.

Anno 1474 so is my tenetur Jacob Bentsen van unser rekenscop 2½ mk.

Anno 1474 do rekende ik myt Hans Otten do blef he my van solte 30½ ß lub 2 d.

/= Anno 1478 ummetrent sunte Johans [*um den 24. Juni*] vorkoft unde borget Tymeke Suselmans wif 7 tymer werkes, it tymer vor 10 ß, is 4 mk 6 ß,
noch dede ik errer maget 6 d.

Anno 1482 up Marien bort [*8. Sept.*] blef my Hans Westfals[59] frouwe, des wegers frouwe van dem Stokholm ½ dossin buren van 18 strypen vor 4½ mk. Hyr heft my vor lovet Hans Hovenborch. =/

/= Item gaf Gretke Suselman Koneken 2 mk,
noch entfangen 2 mk 2½ ß.

Item dyt steyt Hans Hovenborge toschreven by sine rekenschop.[60] =/

---

58 Das rote Registerbuch.
59 Es folgt: ein Kreuz.
60 Vgl. die Abrechnung mit Hans Hovenborch vom 23. September 1482, fol. 19v.

Folio 7 recto

/= Anno⁶¹ 1479 sende ik Gosswin van dem Mor to Hamborch 3 nortwikesche wit,⁶² de scholde he my laten blauw varwen, se stan my 30 mk.

Anno [14]79⁶³ up Lychtmyssen [2. Feb.] do dede ik Clawes Werneken 1 fat, dar 42 tymmer hasenfelle, stan my 21 mk.
Dyt fat schal my Clawes vorstan wente dat ik wedder van sunte Jacob kome.
Wert myner to kort, so geve ik it Clawese to testemente,
noch heft he vorkoft enen suben to mynen besten, de was myt sabelen fodert,⁶⁴ dar heft he van maket 4 lb grot 8 ß gr. =/

/= Item entfink ik desse 3 nortwyken wedder van Gosswin unde gaf em darvor to farwede unde ungelde 11 mk 1½ ß. Desse 11 mk 1½ ß gaf ik Claus van Calven van Gosswins wegen.

Item anno 1479 vor Pinxsten [a. q. 30. Mai] alse ik to Brugge was, entfink ik van Clawes Werneken 1 dokke, stat 12 ß gr,
noch 1 dossin kussenblade, stat 12 ß gr,
noch 1 wegendokke, stat 6 ß gr,
noch 1 par hasen.⁶⁵ =/

Folio 7 verso

/= Anno 1479 up sunte Agaten [5. Feb.] vorkoft unde borget Goedert van H⁶⁶ovelen 10 tymer hermelen, it tymmer vor 6½ mk, is 65 mk.

Anno 1479⁶⁷ vorkoft her Kersten, der bergerfar kaplan, 1 daggen stat 9 ß.

Item Matties Hudepol tenetur 1 hot 10 ß, he dede Heydenrike.

Anno [14]79 up Mertyne [11. Nov.] do sende ik Dyderykus Kestery 1 t. flessches, stat 24½ ß.

/= Item hyrup entfangen 16 mk 5 ß.
Item entfangen van Willem van der Heyde to Brugge 7 lb grot.

Item hyr up entfangen 8 ß.

Entfangen wedder 1 hot.

Item entfangen 24½ ß.

---

61 Folgt gestrichen: [14]50.
62 Weißes Tuch.
63 Folgt gestrichen: [14]69.
64 Hinrik Dunkelguds mit Zobel gefütterte Schaube.
65 Strumpfhosen, vgl. MANTELS: Memorial, S. 356.
66 Folgt gestrichen: a.
67 Über der Zeile: 1478.

Anno 1479 dede ik Tytke Slute 1 dokke unde 1 benklaken tohope vor 10 mk 4 ß.

Anno 1479 up sancta Margreten [*13. Juli*], borgede ik Hans Hovenborge 1 sagens hot[68] vor 1½ mk.

Anno [*14*]80, in der faste [*16. Feb. bis 1. Apr.*] gaf ik Hovenborge 4 mk. =/

Item entfangen 10 mk 4 ß.

Item entfangen van Hovenborge 5 wolffe.[69] =/

Folio 8 recto

Anno 1478 up sunte Elyzabet avent [*19. Nov.*] rekent myt Jan Raven, do blef he my van utgelechtem gelde, dat ik vor em utlede ton Holme van sinen hoppen 3 mk 6 ß,

noch is my Dyrik Raven unde Jan Raven, van erres broders wegen Bruns, vor 1 delder mundesch laken 10½ mk,

noch sint se my van des broder wegen 1 brun engelsk laken brun butede,

dar 4 schippunt hoppen an unde behelt den hoppen.

Item so hebbe ik koft van Jan Raven 1 pert vor 11 mk.

Wan he to Lubeke komet an desse scholt.

Folio 8 verso

/= Anno 1479 up Lychtmyssen [*2. Feb.*] alse ik van Lubeke reyse na deme guden heren sunte Jacob late ik stan up mynes werdes sale in myner kisten unde[70] kontor[71] my to behorende, up 70 rinsche gulden bilde an lonwent gemalet,[72]

unde darinne myne kleder unde mine boeke.[73]

noch late ik dar 1 klene kiste, darinne allerley eventur, ruch unde rap,

noch up sale 2 sedel unde 1 spet.[74]

/= Item entfink ik wedder de kisten unde it ander in al.

---

68 Hut aus dem leichten Wollstoff Saien.
69 Folgt gestrichen: efte 3 ik wet nicht enkede vor 5 mk.
70 Folgt gestrichen: konst.
71 Schreibtisch.
72 Auf Leinwand gemalte Bilder.
73 Geschäftsbücher.
74 Zwei Sättel und ein Spieß.

Item so neme ik mede 1 suben myt sabelen foder. Vorkope ik en nicht to Hamborch, so bevele ik ene Gosswin van den Mor. =/

Item dessen suben heft Clawes Werneken to Brugge to mynen besten, he steit my 40 mk lub.
Item schryft Claus Werneken in sinen bre[ve] dat he den suben heft vorkeft vor 4 lb gr 8 ß gr. =/

/= Anno Domino 1484 up sancta Johannes [24. Juni] entfangen van Tyle Busmann ½ last ossemund de vorkoft vor 13½ mk.
Item fracht 1 mk. Item ungelt, pram unde dregen 1½ ß.
Item blyft beholdens geldes 12 mk 6½ ß. =/

Folio 9 recto

/= Anno 1479 des ersten donredages nach Wynachten [30. Dez.] do rekende ik myt Andrewes Schulten up Hans Mouwers kamer, so dat he my do blef 155½ mk, alse sin egen hantschryft utwiset in myn swarte bok.[75]
Noch is he my 1 erferdesch laken[76] 7 mk,
noch stan by em 8 sekke hoppen, horet Mouwer unde my toe, de hoppe unde nicht van deme anderen. =/

/= Anno 1480 do vornogede my Andrewes Schulte desse jegenschreven 155½ mk unde den hoppe, is vornogede he my ok, wes darvan worden was. =/
Item it erferdesche laken steit noch na.

/= Anno 1480 up sancta Johansdach [6. Mai] twisschen Pinxsten unde Pasche do blef my tenetur Wolmer van der Molen van Hamborch 3½ schippunt 8½ lislb 1 mklb wasses, it schippunt 24 mk.

/= Item dyt is betalt, dyt was in al. Sunder he blyft my 2 lb olges.

Anno Domino 1481 up sancta Johans bort [24. Juni] do blef my Tytke Sluter 1 hoeyken[77] vor 8½ mk. =/

Item hyrup entfangen 26 engelsche smaschen vor 3 mk 4 ß unde 1 bernsten fochtych[78] 3 mk. =/

/= Item gaf ik vor Busmans <seden> dok to farwen 2 ß.
Item dede ik Erk, dem scholer, 2 rinsche gulden.
Item sende ik Tyle Busman by Helmych Santman 9 mk 4½ ß. =/

---

75 Schwarze Geschäftsbücher.
76 Laken aus Erfurt.
77 Hoike.
78 Rosenkranz aus Bernstein.

Folio 9 verso

/= Anno 1479 up Lychtmissen [*2. Feb.*] doto leverde ik Tyle Mensen in Gerken boden under der kulschen 8½ tunnen lasses to vorkopende to mynen besten unde des horet Tyle Busman to to [!] in Holme.[79] Ik hebbe it ungelt darvor utgeven. Int steit in myn[80] parmynttes bok.[81] =/

/= Item hyrup entfink ik wedder 3 tunen lasses,
noch schepede he my in Kersten van Emeke 1 last travensoltes, do entfink ik up 4 t. lasses unde sal em 1 rinschen gulden togeven, it solt gelt, red gelt 19½ mk. =/
/= Item enfangen 1 dossin budel, <is> ½ mk. =/

/= Item gaf ik Tylen den rinschen gulden vor dem Holstendore, do de lubschen heren van Munster qwemen.[82] =/

/= Item Anno Domino 1479 up sunte Egydius [*1. Sept.*] vorkefte ik Gert van Lenten 1 schippunt 1½ lislb 2 mklb wasses, it schippunt 21 mk 4 ß, summa (…).
Item dyt was horde Peter Schutten.
Noch tenetur Gert van Lenten 1 t. lasses vor 5 mk 6 ß,
noch 3 lb mandelen 9 ß.
Noch up Lychtmyßen [*2. Feb.*] [*14*]81 1 t. lasses 5½ mk 4 ß.

/= Anno 1479 up sancta Mychele [*29. Sept.*] do gaf Gert van Lenten, Godert van Hovelen van myner wegen, 45 mk 7 ß,
entfangen van Gert van Lenten 1 molhuses [*laken*] 10 mk,
[83] 1 mollenhuses [*laken*],
[84] 2 stendelsken [*laken*][85] 5½ mk. Dyt wart umescreven.

Anno 1479 up sancta Dynyse [*9. Okt.*] vorkoft Godert van Hovelen 30 tymmer werkes, it tymmer 1½ mk,
noch 6 tymmer, it tymme 15 ß, summa 50 mk 10 ß.

Item hyrup entfangen by Gert van Lenten van Goderdes wegen 45 mk 7[86] ß,
noch gaf my Godert 5 ½ mk 3 ß.

Item dit boven schreven werk horde Hans Hovenborge. =/

Item gaf ik Hovenborge up dat werk 40 mk,
noch gaf ik up sin kontor 10 mk 10 ß. =/

---

79 Stockholm.
80 Folgt gestrichen: pry.
81 Geschäftsbücher: Pergamentbuch.
82 Die Tagfahrt zwischen den wendischen Seestädten und den holländischen Städten, von der die Lübeckischen Ratsherren zurückkehrten, fand vom 8. bis 26. September 1479 in Münster statt. Hanserezesse, Bd. 3,1, S. 150–202; vgl. auch MANTELS: Memorial, S. 353.
83 Folgt gestrichen: noch entfangen.
84 Folgt gestrichen: noch entfangen.
85 Jahnke benennt diese Sorte als ‚Stendaler' und datiert seinen Quellennachweis auf das Jahr 1533. Eine Produktionsstätte gibt er allerdings nicht an. JAHNKE: Some, S. 85.
86 Folgt gestrichen: 10.

Folio 10 recto

/= Anno Domino 1479 up Lychtmyssen [*2. Feb.*] do gaf ik Hans Roekelosen 7 mk lub, dar schal he my wedder vor geven, wen ik en wyf neme 11 mk lub. He entfink van Bertelt Rikman von myner wegen 6 mk 4 ß unde ik gaf em 12 ß.

/= Anno 1479 up Mytfasten [*21. März*] lende ik schipper Matties Werner tor Slus[87] 4 lb gr. Desse 4 lb grot de sal en geselle entfangen[88] to mynem besten to Revel, de het (…), junge Mouwer vorschref it my an em.

Anno Domino 1480 up sancta Marcus [*25. Apr.*] do dede ik Hans Hovenborge to vorkopend 2 lodege mark unde 6 lot unde 1 qwentin sulvers in 6 stopen, de lodege mk 14 mk,[89]
noch gedan em 31 bekken grot to hantbeken.
Item noch 1 t. vore 6 ß,
noch tenetur 5 boksyden, it stat 8½ mk,
noch 7 lb engefer[90], it lb 18 ß,
noch 3 lislb 5 mklb blomehonich, it lislb ½ mk. =/

/= Anno Domino 1480 up sancta Flippy <unde> Jacob [*1. Mai*] do entfank ik van Hans Rokelosen 2 tunen [91]orre,[92] de t. 3½ mk, is 7 mk.

Anno 1481 up sancta Marcus doth [*25. Apr.*] do gaf my Hans Likkelank 3 mk,
entfangen 1 postelatschen gulden.[93]

Anno 1480 <des> sondages vor Pinxsten [*14. Mai*] do schref my over de junge Hans Mouwer van Revel an den olden Hans Mouwer. De sal my geven van 4 lb grot, de he entfink, de junge Mouwer, van Mattys Werner, sal my olde Mouwer geven 20½ rinsce gulden unde 20 d lub.

Anno [*14*]80 14 dage na Paschen [*15. Apr.*] entfank van Hovenborge 60 smale elen lonwende, de elen 9 d, is 2½ mk 5 ß.
Item dit is umescreven. =/

---

87 Sluis ist der Hafen von Brügge in Flandern.
88 Folgt gestrichen: ut.
89 Vgl. dazu den Doppeleintrag ebenfalls vom 25. April 1480, fol. 16r.
90 Ingwer.
91 Folgt gestrichen: e.
92 Lachsforellen.
93 Ein Postulatusgulden war eine Goldmünze minderen Edelmetallgehalts.

Folio 10 verso

Anno 1479 up sunte Applonyen [*9. Feb.*] do vorkefte ik unde borgede Cord Meteler, der Luneborgeschen om,[94] malde tafelen, up lonwent malet, vor 18½ mk,
noch lende ik eme 2 ongersce gulden,[95] is 4 mk.[96]

/= Anno 1479 8 dage vor sancta Mychele [*22. Sept.*] do borgede ik unde vorkofte eme, de het Hans Kone van Hoest, unde is en dede malwerk malet in poppyr vorkoft 2½ dossin grote tafelen unde 41½ dossin lutker, tohope vor 30 mk lub,
noch 2 schone antlate[97] 5 mk,
noch <2> marienbilde 3 mk,
noch 2 marien drofinsse[98] 2 mk 4 ß,
noch ½ mk de he my geven solde up de 30 mk,
summa 40 mk 12 ß.

Item tenetur is my Hinrik Fogeler, dat ik em sende in der Fasten [*15. Feb. bis 1. Apr.*] anno [*14*]80 15½ lb manolge, it lb 1 ß.

Anno 1482 do sende ik Broder Rotger to Wasten 2 boke, stoden 4 mk. =/

Anno 1479 up sancta Dyonyse [*9. Okt.*] entfangen van Cort Meteler 10 mk,
noch hebbe ik van em 1 klen kontor, so gut alse 3 mk,
entfangen 1 ewangyllenboek vor 8 mk.

/= Anno 1480 up sancta Polekarpus [*26. Jan.*] gaf my Hans Kone 15 mk,
noch entfangen 5 rinsche gulden,
noch entfink Kunneke 5 rinsche gulden,
noch entfink Hans Petersen 9 boke hilghen,[99] it bok 11 witte, is 2 mk 1 ß.

Item entfangen 2 fochtage 1 mk,
noch entfangen 4 mk.

Item hyrup entfangen 1 postlatscen gulden,
entfangen ½ t. botter, dar wart van beholden 2½ mk 3 ß myn 5 d,
entfangen van Peter Jonssen ½ mk. =/

---

94 Oheim.
95 Ungarische Goldgulden.
96 Bei Mantels fälschlicherweise transkribiert als 3 mk. MANTELS: Memorial, S. 356.
97 Schöne Atlanten.
98 Marienbilder mit dem Motiv Maria Bedrängnis.
99 Vermutlich Heiligenviten.

Folio 11 recto

/= Anno 1479 up sancta Bertolmey [*24. Aug.*]
is my tenetur Peter Schutte, myn om,[100] 4 sagens hode, it stan 20 ß, er krech Kersten van Emeke 1 unde Hinrik Bruggemann 1,
noch is my Gessche Schutten van jungen Mouwers wegen 2 mk, dar solde se beberne hebben vorkoft.
noch gaf ik vor 1 rugge, de Peter krech, 22 ß unde ik gaf rekene myne up 28 ß,
[101]noch 10 lb manolges,[102] it lb 16 d,
noch 1 par sokke 1 ß,
noch vor 1 pels 30 ß,
[103]noch 2 lb olges unde 1 ferendel 2 ß 3 d,
[104]noch 3½ lb bomolges,[105]
noch 1 kes van 4 lb d den,
noch sal he my geven van Heynenken Borns wegen 5 mk,
noch 4½ lb olges, it lb 20 d,
noch 3 lb bomolge, 4 ß. =/

/= Item entfangen 8 stukke wagenschott,[106] it hunder[t] 10 mk, is (…),
[107]entfangen vor olge 12 ß.
[108]entfangen van schipper Rusen 20 mk, entfangen up den pelsch[109] 1 mk. =/

Item dyt steit int witte bok, des ik alle dage bruke.[110]

Anno Domino 1484 up sancta Bonefacius [*5. Juni*] tenetur broder Rotger to Wasken 4 ß van poppyr unde van gallen[111] unde garne.

---

100 Hinrik Dunkelguds Oheim, vgl. die ausführliche Diskussion in Kapitel 3.1 (Familie und Haushaltsangehörige).
101 Am linken Spaltenrand: ein Kreuz.
102 Mohnöl.
103 Am linken Spaltenrand: ein Kreuz.
104 Am linken Spaltenrand: ein Kreuz.
105 Olivenöl.
106 Wagenschot war astfreies zu Blöcken verarbeitetes Eichenholz.
107 Am linken Spaltenrand: ein Kreuz.
108 Am linken Spaltenrand: ein Kreuz.
109 Nicht näher bestimmte Felle oder Pelzwerk.
110 Weißes Rechnungsbuch.
111 Galläpfel.

Folio 11 verso

Jesus Maria amen

/= Anno Domini 1469 [*statt richtig 1479*], up Lychtmyssen [*2. Feb.*] in deme namen der hilgen Drefaldycheyt unde sunte Annen myt al erme slechte so make ik Hinrik Dunkelgut myn testemente unde reyse na deme grote heren sunte Jacob. Got vor leve beholden reise. Item eft my Got essschende worde unde myner to kort worde, dat ik nicht wedder qweme, so kese ik to vormunder desse nascreven. Int erste myn wert Clawes van Calven unde Hans Meyer, dem kremer, unde sine dochter Kunneken unde Peter Schutten to Tramunde unde Tytken [*Sluter*], tolner vor dem Holstendore,[112] unde bin begerende, dat se vorfullen alse ik hyr na schrivende werde.

Item geve ik to wegen unde stede to beterende 5 mk.
Item noch geve ik to Ratkouwe in de kerken 20 mk.[113]
Item noch geve ik tom Holm[114] to buwende to sunte Anne koer in de bue kerke 12 mk.
Item noch geve ik in de kerke to Susel[115] mede to beterende 10 mk.
Item noch geve ik in de kerke to Glesschendorpe[116] to beterende 5 mk.
Item noch geve ik sunte Byrgeten vor Mollen[117] 10 mk.
Item so geve ik mynes fadersuster 20 mk.
Item so geve ik Lutke Dunkelgudes kinderen mynes faderbroder son synen kinderen geve ik 30 mk.
Item so geve ik Hinrik Dunkelgudes kinderen to Tymmendrope 30 mk.
Item so geve ik Clauwes Emeken kinderen unde sinen wyfe 20 mk.
Item noch geve ik den anderen kinderen, Hornemann kinderes, mynck <fader>suster kinderen tohope 30 mk.
Item so geve ik Hans Degeners kinder tom Holmen 30 mk eft ik er fadergut wes to unrechte noten hadden, dat se unde wedde krigen.
Item geve ik Tyle Busman myt syne vrouwen 20 mk.
Item geve ik myner halfsuster kinder 30 mk. =/

---

112 Zöllner am Holstentor.
113 Ratekau Holstein.
114 Stockholm.
115 Süsel in Holstein.
116 Gleschendorf in Holstein.
117 Birgittenkloster Marienwohlde bei Mölln.

Folio 12 recto

/= Item so geve ik Clawes Werneke de hasenfelle to ik to Bruge sende.
Item geve ik Hans Mouwer 20 mk.
Item geven ik mynen werde Claus van Calven 20 mk.
Item geve ik Hans Meyer dochter Koneken 20 mk.
Item geve ik Peter Schutte 10 mk.
Item geve ik Titken Sluter 10 mk.
Item so geve ik vort myner leven moder al, wes ik mer nalate van gude, alse myne boke wol utwysenn unde begere van juw vormunderen, dat gy er jo nene not laten. Beholdet it testemente by juw dewile dat se levet, dat se jo nene not en lyde. Unde weret sake, dat errer to kort worde unde myner ok, so bevele ik juw vorschreven vormunderen, dat gy dyt so holden, alse ik juw to love unde keret unde in de hende der armen frunt unde ander arme lude unde in Gades huse etc. Hyr mede bevele ik my der hilghen Drefaldycheit unde der hochlaveden juncfrouwen Marien unde sunte Annen myt alle ere slechte unde deme groten heren sunte Jacob. De hebbe unser wolt etc. =/

Folio 12 verso

Jesus Maria

Anno Domino 1479 up der 1100 Juncfrouwen avent [*20. Okt.*] do blef my schuldich Fikke Stal
unde Erk Olfssen samentliken vor 3½ dossin hode, it dossin 6 mk 4 ß unde van 5 dossin meste vor 26 ß unde 1 sychte dok vor 1½ mk, summa 25 mk.

Item rest he my van dessen bovenscreven 22 ß.

Anno [*14*]80 up der[118] 11 dusent Juncfrouwen avent [*20. Okt.*] betale my Fyskke 20 mk.
Item entfangen ½ t. botter, woch 8½ lyslb, de t. 6½ mk, is 3½ mk 4 min[119] <6 d>, entfangen 2½ ß.

---

118 Folgt geschrichen: entfear.
119 Folgt gestrichen: 9.

Item desse beyden wonen to Sinckopingen.[120]
Item noch blef my Fikke Stal 1 tunne koken vor 2½ mk 2 ß.
Hyr lavede my for Cort Molthave.

Anno Domino 1479 8 dage vor sancta Merten [*4. Nov.*] do blef my tenetur Lexzus Holgersen, war in Beken geselle, 6 st. nortwykesche [*laken*], it stan vor 5½ mk 4 ß, is 34½ mk.

Anno Domino 1480 up sancta Jacob [*25. Juli*] blef my tenetur Enwolt van der Heyde to dem Holm[121] 5 syden baffen, it stat 8½ mk, is 42½ mk,
noch 9 olmer doke[122], it stat 3½ mk 4 ß,
noch 3 onstborger [*doke*],[123] it stat 2½ mk 4 ß,
noch 2 doke geset vor 8 mk,
noch gaf ik vor 1 jugesegel, dat ik em nasende 19 ß, summa 93½ mk 4 ß.

Item entfangen van Molthoven 1½ mk.
Item entfangen van Molthoven 12 ß, 1 wamboeys neget 4 ß.

Anno 1480 up sancta Michele [*29. Sept.*] entfangen van Lexzes 1 last ossemunds ut Cleis Fykken, de gaf ik 36½ mk.
Item gaf ik to fracht 2 mk, ungelt 3½ ß.
Item blyft dar 34 mk 4½ ß.

Anno [*14*]82 up sancta Andres [*30. Nov.*] entfangen 1 last ossemund van Busmann dar is af worden beholdens geld 28 mk myn 5 ß. It was gevelsk[124] ossemund. Item ungelt afkertet.
Anno [*14*]84 up sancta Barnabas [*11. Juni*] ent-fangen van Busmann ut Olf Mykkelssen schepe ½ last ossemund, wart van beholdens geldes 12 mk 6 ß.

Item noch entfangen van <Tyle> Busmann ½ last ossemund ut lange Hinrik schepe, is af worden beholdens geld 12 mk 6 ß.
Item entfangen 13 tymmer werkes, vor 1 tym-mer 14 ß, is 11 mk 6 ß myn 2.
Item rest he 30 mk 1 ß.

---

120 Söderköping in Schweden.
121 Stockholm.
122 Tuche aus Ulm.
123 Tuche aus Augsburg.
124 Folgt gestrichen: Verschreibung [?].

Folio 13 recto

Jesus Maria amen

/= Anno Domino 1479 up sancta Mertyne [*11. Nov.*] vorkofte Hans Meyer Tyle Fagit 2 schippunt 3½ lislb wasses, it schippunt vor 23 mk, up Pasche de helfte unde ander helfte in to komede Wynachten, summa 100 mk 9 d.

Anno Domino 1480 up sancta Angeneten [*21. Jan.*] do borgede ik dem[125] Dre<i>ger up den orden to Wilmer Sovken iover 4½ lislb myn 1 mklb wasses, it lislb 2½ mk,
noch 4½ lislb,
noch 4 lislb, noch 2 lb,
noch 4 lislb,
noch den weger van siner wegen 2 d, summa 42 mk myn 6 d.

Anno Domino 1480 up sunte Benedictusdach [*21. März*] de borgede ik Hans Marqward 3½ lislb 2 [*mk*]lb wasses, it [*liespfund*] 2½ mk.

Anno Domino 1480 des sondages vor sancta Bertolomeye [*19. Aug.*] do lende ik Benedactus Swaf 20 mk lub. Hyr lavede my mester Johan Breyde in 14 dage to betallende. =/

/= Anno 1480 14 dage vor Pinxsten [*7. Mai*] do gaf my Tyle 9 mk vor den rathus unde wysede my up juncher bok 31 mk.
Anno [*14*]80 up sancta Johans siner bort [*24. Juni*] gaf Tyle Faget Godert van Hovelen van myner wegen 30 mk, entfangen 2 sinterer myn, 4 lb lutter manolges, den sintener 5½ mk, is 11 mk myn 10 witte.

Item hyrup entfangen 18 mk lub van Clawes Dreiger.
Item entfangen van Hans Marqwarde vor 4 lyslb 10 mk,
noch entfangen van Claus Dreyger in synem hus 5 mk,
noch dede Clawes Hans Meyer 2 mk,
noch dede Clawes wyf Konneken 6 mk, in[126] den frygdage vor Pinxsten [*19. Mai*],
entfangen in sancta Johans avende syner bort [*23. Juni*] 1 mk 6 d.

Anno [*14*]80 vor Pinxsten 3 dage [*19. Mai*] gaf my Hans Marqwardes 9 mk 1 ß.

Anno [*14*]80 des mydwekens vor Marien erer bort [*6. Sept.*] entfink ik in Hinrik Calvers hus van Benedictus Swates knechte 20 mk lub. =/

---

125 Folgt gestrichen: d.
126 Folgt gestrichen: in.

Folio 13 verso

/= Anno 1479 des sondages vor sancta Symen Juden [*24. Okt.*] do makede my Hans Bussouwe meyne brutkleder, do behlet he by sik 2 marten[127] de my horden, so gut alse 1½ mk,

noch behelt he 8 menken[128] unde ½ (…),

noch heft he van 5[129] foder van wolfen[130] unde van fellefras,[131]

noch heft van my 38 felle, swedesk unde helsink unde gankwerk tohope,

noch heft he van my 12 junge befer[132] gebetet.

Anno 1480 up sancta Johan twysschen Pinxsten unde Paschen [*6. Mai*] do blef my Konse Rode 6 schippunt 6 lislb 3 mklb wasses, it schippunt 22½ mk, summa 283½ mk 7½ ß 3 d. =/

[133]Anno 1482 up <des> hilgen Lychnamesdach [*6. Juni*].
Item sende ik Hans Dinxsteden by mynen jungen Peter Kegeben[134] 1 rot arresch,[135] stat 7½ mk,

noch 3 seter stan 4½ mk,

/= Item makede he Kunneken 1 bremelse[136] vor erren brunen hoeyken 2½ mk,

noch 3 par strumpe 3 ß,

noch gegert 1 tymer werkes 4 mk,

noch 1 borstdok[137] 1 ß,

noch vordert mynen grawen suben 12 ß.

noch 1 par mouwen[138] Kunneke 4 ß,

noch 1 wolffes deke 12 ß,

noch vor ledder to der deken 6 ß,

noch ½ wolf to der deke [139]6 ß,

noch vor 1 hanschen[140] to foderen 1 ß.

Item heft my Konse betalt dyt was it steit int bok myt den prametes ummeslage. =/[141]

Item entfangen van Peter Krogers vader 8 mk.

Item rekende he my van den jungen Peter Kegeben.

Item over to forende 15 ß lub.

Item vor 4 weken kost 1½ ß.

---

127 Marderfelle.
128 Wohl eine Art von Fischotter.
129 Die ursprüngliche römische Vier ist durch eine über der Zeile nachträglich eingefügte 1 korrigiert worden.
130 Wolfsfelle.
131 Vielfraßfelle.
132 Bieberfelle.
133 Am linken Seitenrecht senkrecht: Merten Petersen.
134 Hinrik Dunkelguds Lehrjunge Peter Kegeben.
135 Arras.
136 Verbrämung.
137 Brusttuch.
138 Ärmel.
139 Folgt gestrichen: 4.
140 Ein paar Handschuhe.
141 Rechnungsbuch mit Pergamenteinband.

noch 7 finster[142] unde gaf vor jewelk 6 ß, is 2½ mk 2 ß,
noch vor windyseren unde henge[143] 9 ß,
noch vor 3 koken ½ mk.

Anno [14]82 up sancta Lucien [13. Dez.] 1 lb olges,
noch is he my 1 onstborger sardok, den de junge[144] medenam, 2½ mk,
noch lent Dinxstede 1½ mk.

Item vor 1 par yserentern selden unde 1 tomet ½ mk.
Item entfangen van Kilmkrat ½ mk.
Item entfangen van Sledorn ½ mk.
Item ik sulven ½ mk.

Item rekent myt Dinxsteden he blef my 7 mk 5 ß up Mariendach alse se int berchte gink [2. Juli] anno [14]84.

Folio 14 recto

Jesus Maria amen

/= Anno 1479 up sancta Symen unde Juden [28. Okt.] do makede my Hans Help[145] to myner brutlacht[146] an golde unde an sulver, dat ik em dar moste vor geven 20 mk 6 ß,
noch makede he my 6 fochtych [56] stenne unde 1 mosschele,[147] wegen 1½ lot, 1½ qwut.=/

/= Item hyrup betalde ik em 11 lot unde 1 qwemtin sulvers,
noch dede ik em 2 lot sulver,
noch betalde ik em 11 mk lub. =/

/= Anno [14]81 8 dage vor Pinxsten [3. Juni] do rekende ik myt Hans Help alle dink dot, do blef he my 5½ mk. Dat steit in dat witte boek screven.[148] =/

---

142 Fenster.
143 Eisenstangen zum Befestigen von einem Windschutz vor den Bleifenstern (?) und eine Gardinenstange (?).
144 Peter Kegeben.
145 Ein Lübecker Goldschmied.
146 Hochzeit.
147 Wohl ein Rosenkranz mit sechs zusätzlichen Steinen und einer Muschel.
148 Weißes Rechnungsbuch.

/= Anno 1481 do nam ik to my Peter Kegeben mynen jungen.
Item gaf ik vor em tor schole den mester 18 ß.
Item vor schoe 10 ß.
Item vor 1 grawen rok ½ mk,
noch vor hasen 5 ß,
noch vor 1 grauwen hoeyken 7 ß,
noch vor hoeyken unde 1 rok unde kagelen,
unde hasen swart nerdesch tohope 2½ mk 4 ß.
Noch dede ik em mede tom Holm up unser beyder eventur an haken unde natlen unde remen so gut alse 1½ mk lub.[149]
Item dar hadde he so vele toe, dat he tohope hadde an natlen unde haken unde remen up 3 mk 2 d,
noch 1 par schoe 5 witte,
noch 1 daggen,
noch gaf ik vor em over to forende Dynxsteden 15 ß,
noch Dynxsteden vor 4 weken kost 1½ mk.
Item sende ik em in Olf Mykkelsen 3 t. appel, stat int schip 1½ mk.[150]
Item desse wedderlegginge steit in myn swarte bok int 7 blat vore. =/

/= Anno 1482 up sancta Bertolomey [*24. Aug.*] do sende my Peter Kegeben by Hans Dinxsteden 1 fat ossemunds, dar wart van beholdens geld 2½ mk 4 ß.[151] =/

Item dyt wart ummensreven int swarte bok.[152]

---

149 Eine Quittung Peter Kegebens und ein entsprechender Eintrag Hinrik Dunkelguds datieren diese erste Widerlegung auf den 24. Juni 1482. In diesem gaben sowohl Kegeben als auch Dunkelgud leicht abweichend 3 mk als Gesellschaftskapital an. Vgl. Rechnungsbuch, fol. 211v, 210v.
150 Diese Sendung datiert Hinrik Dunkelgud an anderer Stelle auf den 21. September 1483; vgl. fol. 210v.
151 Diese Sendung von einem Fass Osemund aus Stockholm ist im Rechnungsbuch F doppelt eingetragen, vgl. fol. 209r.
152 Schwarzes Rechnungsbuch.

Folio 14 verso

Jesus Maria amen

Anno Domino 1480 up sancta Gregorius [*12. März*] do qwam Hansen Borne to my.
Item lede ik vor em ut to der schole in gank 2 ß 2 d.
Item noch 1½ elen wobbe to hasen 3 ß to maken 1 ß, is 4 ß,
noch vor 1 wamboeys to makende unde kogel 3 ß,
noch 6 elen nerdesch [*laken*] to 6 ß is 2 mk 4 ß,
noch 10 elen foderdokes to twe par hasen unde rokke unde wamboyes 7½ ß,
noch 1 par schoe myt den lappen 3 ß,
noch to hasen 1 elen bredes unde 1 qwarter lonwend to hasen stan 2½ ß,
noch gaf dem scholemester ½ stoveken wins 3 ß,
noch 1 par schoe myt lappen 3 ß,
noch 3½ elen stendelsk [*laken*], de ele 2½ ß, is ½ mk 9 d,
noch 2 elen boesins 2 ß,
noch 1 pare schoe unde lappen 3 ß,
noch den scholemester ½ gulden,
noch vor 1 par hasen 10 ß,
noch 1 wenneke 5 ß.
noch hoeyken unde rok unde kogelen unde hosen stat tohope 2½ mk 4 ß myt den makelone,
noch 1 par schoe unde to lappen 3 ß,
noch den schole mester[153] 12 ß.

Item de he to Aken[154] tor reysede, do   Item hyrup entfangen 6 ß.
dede ik em 1 olt hoeyke 4 ß.
1 par bukzen 5½ ß.
1 stokfik 1 ß.
1 hot 1½ ß.
1 par schoe 10 witte.
Item summa rest he my hyrvan 10 mk 14½ ß.

---

153 Folgt gestrichen: 4½.
154 Aachen.

Folio 15 recto

Jesus Maria amen

/= Anno 1478 up sancta Mychele [*29. Sept.*]
tenetur is my Marqwart Mus 1 pert[155] vor 10 mk,
[156]noch 7 ele foderdok,[157] 1 ele 10 d.
[158]1 lb wasses 3 ß 4 d,
noch van den wanden, dat er dochter krech to der Nygenstat 7 mk min 1 ß,
noch gaf ik Krusen den arborster[159] 10 ß,
noch dede ik Muse (…). =/

/= Item betalde he myner moder up dat pert 1 mk.
Item dede my Heyneke to bewarende 20 mk.
Item entfangen 2 swyne 4 mk.
Item entfangen 1 mk. =/

Anno 1500 up sancta Gallendach [*16. Okt.*] do rekende ik myt Marqnuse unde Heyneken, syne husfrouwen, do bleffen se my beyde van rekenschop 3 mk 6 ß,
noch is my Heyneke van wande, dat er dochter krech 7 mk myn 1 ß,
noch is my ere sone Hans Bron[160] 400 mk unde (…).
Hyrup dyt want vor schreven unde up des sones wegen gaf my Heyneke 20 mk, alse boven schreven steyt.
Item entfangen van Marqward Muse 28 ß by Larens Kerstens anno 1502 up sonnafent vor[161] sancta Maryen bort [*3. Sept.*].

Folio 15 verso

Anno Domino 1480 up sancta Cosmas unde Domyianus dach [*27. Sept.*] do blef my Heyne Bysmerade tenetur 10½ tymer hermelen, it tymer vor 5 mk, is 52½ mk,
noch 1 tymer marten 18½ mk,

Item gaf Heyne Lutke Tatendorpe van myner wegen 68½ mk, de entfink <Hans> Hamborch.

Item so rest my Heyne hyrvan 2½ mk, der wyl he my nicht geven.

---

155 Pferd.
156 Es folgt ein Kreuz in der Zeile. Außerdem gestrichen: noch 7.
157 Futtertuch.
158 Es folgt ein Kreuz in der Zeile. Außerdem gestrichen: noch.
159 Armbrustmacher.
160 Wohl Verschreibung; richtig Hans Borne.
161 Folgt gestrichen: sor.

9.4 Edition des Rechnungsbuches

Folio 16 recto

Jesus Maria amen

/= Anno 1480 up sancta M[162]<a>rcus [*25. Apr.*] do blef my tenetur Hans H[163]<o>venborch 2 lodege mark 6 lot unde (…) qwentin sulvers an stopen, de mark lodych vor 14 mk, is 33 mk 7½ ß,[164]

noch heft he van my den hantbekken <51> st. wegen 6½ sintener unde 3 lislb 5 mklb,

noch gaf ik vor 1 t. note 6 ß,

noch 5 boeksyden unde <bass>, it st. 8½ mk,

noch 7 lb engefer,[165] it lb 18 ß,

noch 3 lislb unde 5 mklb blomenhonnig,[166] it lb 10 ß,

noch lende ik em 25 ß,

noch 1½ fat mansades,[167] is 7½ ß,

noch ½ lb rossinen 10 d,

noch 4½ ele olmer dokes swart[168] to 3 ß de ele,

noch[169] ele onstborger [*dokes*] 20 d, de ele (…),

noch gaf ik Johan Kallem int holt van Hovenborges wegen 100 mk lub up dem mandach vor Paschen int jar [*14*]81 [*16. Apr.*],

[170] 3 fat ossemund,

[171]de last vor 36½ mk 4 ß,

[172]noch 3 fat ossemund gevelsk gut,

/= Anno [*14*]80 14 dage na Paschen [*16. Apr.*] entfink van Hovenborge 60 smale ele lonwend, de ele 9 d, is 2½ mk 5 ß.

Item entfangen 1 blauw nerdesch [*laken*] 7 mk.

Item entfangen 23 lb an gropen <mklb>, 2½ mk 2 ß.

Item entfangen 14 lb pepper,[173] it lb ½ mk.

Item entfangen 14 mk.

Item entfangen 1½ tymmer unde 10 hermel, it tymmer 5½ mk, is 9½ mk 2 ß.

Item entfink ik van Hovenborge 1 sak peppers, woch 204 lb an dem sak, it lb 7½ ß. Ik entfangen des mandages vor Pasce [*27. März*] int jar [*14*]81 is 95½ mk 2 ß.

Item entfangen 243 ele lonwendes, de ele 18 d, is 22½ mk 4½ ß.

Item entfangen 12 lb twern, it lb 4 ß is (…),

entfangen 100 ele lonwend, de ele 17½ d,

entfangen 2 st. lonwend 20 elen to 1½ ß,

entfangen 200 elen to 18 d,

entfangen 1 fat ossemund in ener t.

entfangen ½ t. botter 3½ mk, woch over 4 mklb,

entfangen 3 t. mels, de t. 28 ß. =/

---

162 Folgt geschrieben: e.
163 Folgt geschrieben: e [?].
164 Vgl. dazu den Doppeleintrag ebenfalls vom 25. April 1480, fol. 10r.
165 Ingwer.
166 Blumenhonig.
167 Mohnsamen.
168 Schwarzes Tuch aus Ulm.
169 Folgt gestrichen: le.
170 Es folgt ein Kreuz in der Zeile. Außerdem gestrichen: noch tenetur 8 last [*ossemund*].
171 Es folgt ein Kreuz in der Zeile.
172 Es folgt ein Kreuz in der Zeile.
173 Pfeffer.

noch 2 fat ossemund van mynen ossemunds ut Tymmen boden, noch 3 last timen 2 mk 4 ß,
noch 29 lb lyssebanschen olge,[174] it lb 16 d, 2 mk 7 ß myn 1 d,
noch Kannengeter 12 lb olges, it lb 1½ ß unde noch 4 lb olges,
noch ½ mk scherve,
noch 1½ lyslb bekken, it lyslb 2½ mk, is 3 mk 12 ß,
noch van Olf Fynnen wegen 8 mk 4 ß,
noch 8 lyslb unde <6> mklb honich blomen,
noch honich.
[175] =/

Anno 1482 des mandages vor sancta Mychele [23. Sept.] do rekende ik myt Hans Hovenborge desse jegenschreven rekenschop, alse hyrup dessen blade steyt, up der anderen <siden>, wes he my darvan blef tenetur.

Folio 16 verso

Jesus Maria amen

/= Anno Domino 1400[176] up sancta Mychele [29. Sept.] do blef my Hans Meyer, myn gast, 1 sintener myn 2 lb lyssebanschen olgen, den sintener vor 9 mk. Item vor it holt 3 ß.
Item dyt is int ander bok screven.

Anno 1482 des mandages vor sancta Mychele [23. Sept.] do rekende ik myt Hans Hovenborge, do blef he my van der rekenschop alse hyr steyt up desser anderen syden 27 mk 6 ß.
Item des is he my noch van den bruggesce unde van den ryselschen [*laken*], de wy tohope hadde under uns dren, Hovenborch, Sledorn unde ik. Dar is my Hovenborch van der rekenschop 2 rysselsche [*laken*] <vor> 126 mk, <noch> 1 bruggesche [*laken*] fin 54 mk,
noch is he my van der bate 10 mk.
Item des bin ik em van Sledorn wegen 100 mk,
noch bin ik em vor 2 halve mechelsche [*laken*] 40 mk,
noch bin ik em 3 lb spolgold, vor it lb 6 mk, is 18 mk.
Item de ene sum jegen den anderen rekent, so blyft my Hans Hovenborch van desser rekenschop 59 mk unde 6 ß,
noch hebbe ik by em 2 lb goldes spolegolt, it lb 6 mk, is 12 mk.

---

174 Nicht näher bestimmtes Öl aus Lissabon.
175 Es folgt ein Kreuz in der Zeile. Außerdem gestrichen: noch ½ ersz [?] buve 4½ mk.
176 Verschreibung. In Anlehnung an den vorherigen und den folgenden Eintrag möglicherweise 1482.

Item noch is my Hovenborch mer schuldich, alse in mynen anderen boke steyt myt dem permetes ummeslage,[177] dar sint alle dink klar.

Item dyt is nun voran schreven in dyt sulve bok vort int 3 blat beyde ut dessem boke unde ok ut den anderen, al tohop in dit bok. =/

Folio 17 recto

Jesus Maria amen

/= Anno [14]78 up sancta Mychele [29. Sept.] tenetur is my Marqwar (…). =/

/= Anno 1482 up sancta Marien er badeschop in de Faste [25. März] do dede ik Clawes Krusen 1 brug bers[178] 17 mk, noch 1 tunne koken vor 3 mk 4 ß, noch 3 ele unde 1 qwarter olmer dok, noch sende ik em 1 t. koken, de stat 4 mk myn 1 ß, de nam to ssyk [!] Hans Moller.[179]/=

/= Item dyt steyt in myn swarte bok screfen.[180] =/

Folio 17 verso

Jesus Maria amen

/= Anno domino 1481 up sancta Mychele [29. Sept.] do lende ik Metken Dunkelgud 20 ß,
noch lende ik er 12 ß.
Item noch gaf ik den werkmester Likstol 18 ß,
noch den koster unde borendreger[181] 2 ß,
vor b<r>ot unde ber 2 ß 2 d,
vor de kulen to graven 1 ß,
in der krankheit sent er 4 ß,
vor ber 1½ ß,

/= Anno [14]81 up sancta Nyclaus [6. Dez.] entfangen 1 brese.[182] Do gaf ik vor 5 mk lub, se krech Saneke Elvers to Ruberstorp,
noch entfangen van 1 fochtyge 10 ß 4 d. =/

177 Rechnungsbuch mit Pergamenteinband.
178 Bier.
179 Seit 1470 Mitglied der Krämerkompanie.
180 Schwarzes Rechnungsbuch.
181 Küster und Bahrenträger.
182 Mantelspange, Fibel.

den pappen[183] 2 ß,
vor 1 heket[184] 2 mk 2 ß,
noch retgelt in der kranhet 4 ß,
noch 5 qwarter bers 10 d,
noch den bader unde bollak[185] 4 ß,
noch 2 lb ryss 1½ ß,
noch der Bedderscen 1 ß,
noch vor wass 3 ß,
noch vor melk unde to olgende 2 ß,
noch vor 1 lycht unde cruse 8 d,
noch vor brot tor Got unde graft 2 ß,
noch 30 selemysse unde wass 6½ ß. =/

Jesus Maria Amen

/= Anno 1482 up der 11 dusent Juncfrouwendach [*21. Okt.*] do rekende ik myt Hans Sledorn al wes wy tohope hadden hat went up up [!] den dach luik unde grot. Do blef ik em 329 mk. =/

Item desse rekenschop van Sledorns wegen hebbe ik betalt unde bin dar nicht van schuldych alse desse jegenschreven rekenscop wol utwysset etc. folyo 20.

Folio 18 recto

Jesus Maria Amen

[186]/= Anno Domino 1483 up sancta Allexzius [*17. Juli*] do rekende ik myt Hans Sledorn, do bleve ik em van allen, < dat gelt vor 1 jar >, dat wy tohope hebben to handelynge hat went up dessen vorschreven dach 100 mk, darmede alle dink klar unde slycht unde unser en is den andere nicht mer plycht, sunder leve unde fruntschot. Item wes it mer was, dat hebbe ik em betalt alse de schryft naweset hyr benedden. Item desse vorschrevene 100 mk sal ik 1 jar bruken, wente ik mer eventur stan van Hans van Gelten wegen 4 mk unde van Hans Gerlyges wegen 14 mk 5½ ß, de qwemen Hansse to unde ik see darup to fuller noge dar bruke <ik>.

---

183 Weltgeistlicher.
184 Hecht.
185 Leichentuch oder Sargtuch.
186 Über dem Eintrag steht zweimal die Handelsmarke Hans Sledorns; vgl. Anhang 11.9 Handelsmarken: Nr. 2.

Item des heft Hans H[187]ovenborch by my by my [!] besatet 65 mk an den 100 mk, de <ik>[188] Sledorn schuldych <bin>, van Hovenborch het se mest entfangen, <alse unse rekenschop wol utwyset, dat Peter Fos[189] se mande myt rechte.>

Anno 1484 des andere dages na sancta Bertolomeye [*25. Aug.*] do gaf ik Klawes Hinriksen van Hans Sleydorn wegen 35 mk lub, dat hete my Hans Klinkrat unde ok schrevet my Sledorn in sinen breve. Aldus is dat betalt, sunder kam he wat van Hovenborgen hebben, dat mach he na sen. Item de 65 mk de Hovenborch by my besatede van Sledorns wegen, de gaf ik Peter Fosse, den hadde Hovenborch merchtych maket se to manende unde Peter mande se my aff af [!] myt lubeschen rechte unde steyt in der statbok, mester Peter[190] do schref it anno 1485 up sancta Bonefacius [*5. Juni*].

Anno Domino 1483 des donredages vor der hilgen 3 Konyge [*2. Jan.*] do gaf ik Hans Sleydorn 23 mk,
noch gaf ik em dat Hovenborch krech 6 mk,
noch is he my dede 39 mk, de Tyme Drewes utgeven solde. Dar entfink <Hans> up 6 fat ossemund unde dat ander heft em Tyme secht to gevende,
noch is he my van Hans Gerlyges wegen ton Kyle[191] 7 mk,
[192]noch van Hans van Gangelten wegen to Bremen[193] 4 mk,
noch 1½ pfund wasses 5 ß unde ik gaf vor de fate to binden 2 ß,
noch 2 lot sofferan[194] ½ mk.

Anno 1483 up Marien avent alse se in berchtten gink [*1. Juli*] do let ik Hans Sledorn schryven by Dyrik Loef up de wessel 23 mk unde hundert mark, de let my Hinrik Witte schryven.
Item noch lende ik em to der summen in den kroge ½ mk.
Item gaf <ik> em 18½ mk unde dede ik em 1 brun leydesch [*laken*] vor 17 mk 3 ß [?], summa 240 mk.=/

187 Folgt gestrichen: a.
188 Folgt gestrichen: em.
189 Bei Peter Fos handelte es sich um ein Mitglied der Lübecker Krämerkompanie. HENNINGS: Mitglieder: S. 86.
190 Peter Monnik, der Schreiber des Niedergerichts, bei dem ein Protokoll- und Urteilsbuch geführt wurde, dass Dunkelgud hier vereinfacht als Stadtbuch bezeichnete.
191 Kiel.
192 Es folgt ein Kreuz in der Zeile.
193 Bremen.
194 Safran.

Folio 18 verso

Jesus Maria amen

195/= Anno Domino 1481 up sancta Applonyen [*9. Feb.*] do gaf ik Gotke Plesskouwen 60 mk lub an ungerscen golde unde guden rinschen gulden. Item dyt gelt gaf ik eme van Marqwart Elvers wegen unde Sanneken, sine husfrouwen, wegen, dar beseden se Pleskouwen mede ut den hove to Ruberstrope des jars 4 mk rente. =/

/= Item vor desse vorschreven 60 mark let my Marqwart Elvers unde Sanneke widder toschryven den hoeff to Roberstorpe des jars 4 mk rente darinne to hebbende. Item hyr gaf my de bysschop van Lubeke up synen besegelden breff, bysschop Albert Krumedyk, myt sinen segel unde Marqwart Elvers sin segel. =/

/= Item hyr was an unde ener her Johan Berman unde Gotke Pleskouwe unde ik Hinrik Dunkelgut, Eggert Kroger unde Albert Morink unde Marqwart Elvers unde sin husfrouwe Sanneke, de weren darby, do ik dyt gelt utgaf to Lub[*eke*] up des bysschoppes hove. =/

/= Item de erste rentte schal ik entfangen up Lychtmyssen [*2. Feb.*] wen me schryft 1482 so bort my de erste rente 4 mk van 60 mk alle jar van Marqwart Elvers.=/

/= Anno Domino 1497 des sonnafendes vor sancta Matens [*4. Nov.*] do rekende ik myt Marqwart Elvers unde syner husffrouwe Sanneken, so dat se my vor noget hebben de rente de ik in ereme hove hebbe to Ruberstorp hat 15 jar lank van dem jar [*14*]81 went int jar [*14*]96 unde dat [*14*]96 gaf he sine leste rente. =/

/= Item so gink Marqwart Gerdes up den hof to Ruberstorpe in dem jar [*14*]97 unde in dem sulven [*14*]97 jare gink sin rente an, so dat he schal vorrente dat [*14*]97 jare unde es sin erste rente jare, dat he vorrentet van dem hove Got geve myt leve.
Item ik hadde in dem have 60 mark, dat gaf my Marqwart Elvers[196] alle jar af 4 mk to rente.
Item so hebbe ik vor noget Marqwart Gerdes to den 60 marken 60 mk, de ik gaf Marqwart Elver van syner wegen, so schebbe ik nun in den hove to Ruberstorbe by den see belege, to Ratkouwe belegen, hundert <mark> lubesch de ik em geven hebben in gude lub[*eschen*] unde ungerschen gulden. Item wen he eft en ander de hundert mark wyl utlosen, se schal me so dane gelt wedder utgeven, dat gut is van gelde unde ok vol wychte dyt is wytlik Merten Donre, Marqwart Elver etc.=/

---

195 Am linken Seitenrand neben den ersten vier Absätzen: ein senkrechter Strich, dieser wird gekreuzt von zahlreichen waagerechten kurzen Strichen.
196 Folgt gestrichen: dat.

Folio 19 recto

Jesus Maria amen

[197]/= Anno Domino 1482 up Lychtmyssen avent [*2. Feb.*] entfangen van Marqwart Elvers unde siner husfrouwen Sanneken 4 mark rente vor dat erste jare.
Anno [*14*]83 up sancta Pawels avent beringe [*24. Jan.*] entfangen 4 rente.
Anno [*14*]84 up sancta Doreteen [*6. Feb.*] entfangen rente 4 mk.
Anno [*14*]85 up sancta Ageten [*5. Feb.*] entfangen van Marqwart Elver rente 4 mk.
Anno [*14*]86 up sancta Matyes [*24. Feb.*] entfangen van Sanneke Elvers rente 4 mk.
Anno [*14*]87 up sancta Gertrut [*17. März*] entfangen van Marqwart Elvers 4 mk rente.
Anno [*14*]88 in der Tamper in der Faste [*23. bis 26. Feb.*] entfangen 4 mk.
Anno [*14*]89 des mytwekens vor Palm [*8. Apr.*] do gaf my Marqwart Elver 4 mk rente.
Anno [*14*]90 8 [*dage*] na Pinxsten [*6. Juni*] gaf my Marqwart Elvers 2½ mk, noch 1½ mk <?>[198]
Anno [*14*]91 den 8 dach Maryen int berchte gink [*10. Juli*] gaf my Marqwart Elver to[199] rente 4 mk.
Anno [*14*]93 up den mandages vor Lychtme[*ssen*] [*28. Jan.*] gaf my Marqwart Elvers 4 mk van den jare [*14*]92.
Anno [*14*]94 up sancta Mattyes [*21. Sept.*] gaf my Marqwarat Elvers 2 mk rente.
Anno [*14*]94 des sonnafend vor sancta Johans to Mytsomer [*21. Juni*] gaf my Marqwart 2 mk rente.
Anno[200] [*14*]95 up sancta Anntongesdach [*17. Jan.*] gaf my Marqwart Elver 4 mk unde Marqwart secht, dat he my blyft schuldych van en jar renete 4 mk van den jar [*14*]92.
<Anno [*14*]96 betalde my Marqwart Elver 4 mk rente in den kolen,[201] de he my brechte unde is sin leste rente van den jar [*14*]92.>
Anno Domino 1495[202] up sancta Antongesdach [*17. Jan.*] do rekende ik myt Marqwart Elvers unde Sanneken, do bleven so my 1 jar rente, is 4 mk. <Item desse 4 mk sint betalt in den kolen alse boven steit.>
Anno [*14*]97 des sonnafend vor sancta Mateus [*16. Sept.*] do rekende ik myt Marqwart Elver unde Sanneken, do bleven sy my 2 jar hure, <is> 8 mk. Darup betalt an kolen 5 mk 6 d, noch sint se my van ander rekenschop 5½ ß unde 3 mk.
<Item betalt de my Marqwart Elver unde Sanneke 3 mk 5½ ß.>

197 Am linken Seitenrand: ein senkrechter Strich, dieser wird gekreuzt von zahlreichen waagerechten kurzen Strichen.
198 Nachträgliche Einfügung am Seitenrand nicht lesbar.
199 Folgt gestrichen: pande.
200 Folgt gestrichen: [*14*]94.
201 Kohlen.
202 Folgt gestrichen: do.

Item so schal Marqwart Gerdes geven van den jare [*14*]97 de rente wen Lychtmyssen kumt anno [*14*]98, so hort my de erste rente van Marqwart Gerdes Goet geven myt leve van dem [*14*]97 jare gyft he de ersten rente. =/

Marqwart Gerdes folyo 29.

Folio 19 verso

Jesus Maria amen

/= Anno Domino 1482 des mandages vor sancta Mychele [*23. Sept.*] do rekende ik myt Hans Hovenborge do blef he my 27 mk 6 ß,
noch is he my van den rysselschen unde van der bruggeschen [*laken*], de wy tohope hadden, Sleydorn unde ik unde Hovenborch, dar is my Hovenborch van der rekenschop 2 rysselsche [*laken*] vor 126 mk,
noch 1 fin brugges [*laken*] vor 54 mk,
noch is he my de bate de my borde van der selschop is 10 mk,
noch is he my 3 lb spolegoldes, dat lb 6 mk, is 18 mk.
Item noch gaf Jacob Kalveswinklen[203] Hans Hovenborge van myner wegen 26 mk,
noch is he my van Hinrik Reyneken wegen 7 mk,
noch van Reyneken wegen 1 mk,
noch van Reyneken wegen 1½ mk des anderen dages na Marien bort [*10. Sept. 1482*],
noch is my Hovenborch 1 t. lubeschen bers[204] 1 mk,
noch gaf em up dat lonwent 27 mk vor sancta Larency, den donredages [*8. Aug. 1482*],
noch 4½ lislb honnich 3 mklb, is 2 mk 5 ß 3 d,
noch vor note[205] 12 ß,
noch 13 lot pepper 11 witte,
noch vor 3 butten unde 1 krog 4 ß,
noch lent em 10 mk retgelt, de krech Tytke Smedes moder,
noch lent em 22½ mk des frygdages vor sancta Merten [*8. Nov. 1482*],[206]
noch 1 lyslb blomenhonich ½ mk,
noch heft he <my> lovet vor Hans Westfals frouwen ton Holme vor ½ dossin buren, it st. 12 ß, is 4½ mk,[207]

---

203 Mitglied der Krämerkompanie. Hennings: Mitglieder, S. 90.
204 Lübeckisches Bier.
205 Nüsse.
206 Die Jahresdatierung orientiert sich einzig an der ersten Jahresangabe am Seitenbeginn und ist unsicher.
207 Vgl. die Abrechnung zum Handelsgeschäft mit der Frau Hans Westfals aus Stockholm vom 8. September 1482, fol. 6v.

noch hete he my don Brent Menken, mynen knechte, 15 mk,
noch gaf ik dem marketfagede[208] van siner wegen Hovenborge 15 mk. =/

Anno (…)

Anno Domino 1484 des sonnafendes vor den hilgen kruse vor sancta Mychele [*11. Sept.*] do rekende ik myt Hans Hovenborge, do blef he my van desser boven schreven rekenschop 30 mk lub.
Sunder Bernt Menken, dat ik dan hebbe van siner wegen.
Item noch dede ik Hovenbor[ch] 3 deventersche [*laken*][209] vor 21 mk 9 ß.
Item noch 1 last appel,[210] de tunne stat myt ungelde unde myt de tunne 3 mk.
Item noch is he my van Hinrik Kulenberges wegen 83½ mk 4½ ß <3 d>[211].
Anno [*14*]85 up den donredach vor sancta Antonges [*13. Jan.*] do dede ik Hovenborch noch 4½ mk lub retgelt. Item so dat he my do blef tenetur 110 mk.
Item desse 110 mk stat he my to vor 2 beseten borgeren, alse by namen Hermen Husheren unde Hans Mertens, myn naber, de schomaker, unde Hovenborch schref desse reste sulven int dyt bok folyo 21.

Folio 20 recto

/= Item hyr bin ik Hans Hovenborge wedder up schuldych do sulvest anno 1482 des mandages vor sancta Mychele [*23. Sept.*] van Sleydorns wegen 100 mk,
noch bin ik em vor 2 halve mechchelsche [*laken*] 40 mk,
noch entfangen 2 lb spolegoldes 12 mk. =/

/= Item entfangen van Hovenborg 2 tunen botteren, wogen beyde 31½ lyslb myn 2 mklb, de t. 8 mk myn 2 ß, is 15 mk 6½ ß 2 d,
noch 6 tunen botteren, de woch 2½ lyslb over de t., 7½ mk 4 ß, is summa 47½ mk 3 ß 3 d,
noch 3 fat ossemund vor 7½ mk 6 ß,
noch 518½ ele lonwendes, dat hundert 9 mk, is 46½ mk 3½ ß 1½ d,
noch entfangen wedde de 10 mk, de ik em lende tor Smedeschen behof,
noch 2 ele altesch[212] 9 ß,
noch ½ lb ladencrude[213] 5 ß 4 d,
noch 2 ferendel lasses[214] 2½ mk 4 ß,
noch 1 tunne hamborger bers[215] 2 mk,
noch ½ tunne botter 2 mk,

---

208 Marktvogt.
209 Laken aus Deventer.
210 Äpfel.
211 Nachträglich unter der Zeile hinzugefügt.
212 Tuch aus Aalst.
213 Ladenkräuter.
214 Lachs.
215 Hamburger Bier.

noch 86½ lb 1 ferendel engefer, dat lb 7 ß, is 37½ mk 7 ß 3 <d>[216].
Item des heft Hovenborch by my besatet van Hans Sledorns wegen 65 mk, dar schal ik ok myne betallynnge van hebben. =/

Anno 1484 8 dage na Paschen [*25. Apr.*] do besatede Hans Hovenborch by my 65 mk, de ik by my hebben van Sleydorn wegen unde de sulven 65 mk, de sede my Hovenborch an myn gelt, dat he my is to betalende. Item desse vorschreven 65 mk, de stat Peter Fosse toschreven in mester Peters <boke>, dat he ermechtych is to verfolgende to mynen besten, dar was by vor beseten borger Hermen Hushere,[217] Jacob Huls.[218]

Item entfangen van Gotke Langen van Hovenborge wegen 32 mk 11½ ß.
Item so blyft my Hans Hovenborch van desser vorschreven rekenschop 110 mk lub, dyt stat he to vor 2 beseten borgeren, alse by namen Hermen Husheren unde Hans Mertens, de schomaker, unde ok schref Hans Hovenborch dyt myt siner egen hant int dyt bok folyo 21.
Anno[*14*]85 up sancta Bonyfacius [*5. Juni*] do betalde ik Peter Fosse de 65 mk, de he myt rechten afwan unde steyt schreven in der statbok, mester Peter schref it.

Folio 20 verso

Jesus Maria amen

/= Anno Domino 1484 up sancta Franziskusdach [*4. Okt.*] do blef my tenetur Peter Spegelberch van Surkopinghe 1 last kersdrankes vor 26 mk. Hans Pawes hete se my em don,
noch is he my 2 lb peper 17½ ß 2 d,
noch 4 lb komen[219] 8 ß 4 d,
noch 4 lb ryss 6½ ß 2 d,
noch 1 lb engefer 9 ß betalt 16 d,
noch 1 krych myt up rukkelse unde snur[220] 5 ß,
noch 1 onstborger sardok[221] 2 mk 3 ß. =/

/= Anno Domino 1483 up sancta Allexzius [*17. Juli*] rekende ik myt Hans Sledorn do blef ik em van alle dem, dat wy tohope hat hadden went up dessen vorschreven dach 100 mk. =/

folyo 18.

---

216 Nachträglich unter der Zeile hinzugefügt.
217 Mitglied der Krämerkompanie. HENNINGS: Mitglieder, S. 89.
218 Mitglied der Krämerkompanie. HENNINGS: Mitglieder, S. 89.
219 Folgt gestrichen: 6½ ß 2 d.
220 Flaschenzug mit Schnur.
221 Augsburger Sardock.

Folio 21 recto

Jesus Maria amen

/= Anno Domino 1485 up sancta Flyppy unde Jacobi [*1. Mai*] gaf Peter Spegelberch Hans Pawese van myner wegen 26 mk.
Item gaf he my sulven Spegelberch 3 mk,
noch gaf he my 2 mk. =/

/= Anno Domino 1484 des anderen dages na sancta Bertolomey [*26. Aug.*] do gaf ik van Hans Sledorns wegen, alse he my sulven schref unde Hans Klinkrade <my> hete, gaf ik Klawes Hinriksen 35 mk.
Item des besatede Hans Hovenborch by my van[222] Hans Sleydorns wegen, dat Sleydorn Hans Hovenborge schuldych was 65 mk.
Item des makede Hans Hovenborch enen fulmechtyger de vorschreven 65 mk to manende, de is geheten Peter Foes. Wen jar unde dach vorscheven is, so mach Peter Foes dat vorschreven gelt myt rechte manen, so verne he nycht kumt unde se frygedyt myt rechte.
Anno 1485[223] up sancta Bonyfacius <dach> [*5. Juni*] do gat ik Peter Foes 65 mk, desse vorschreven 65 mk, <de> mande he my af myt rechte, alse he fulmechteger was maket unde it steyt schreven int statboek, mester Peter schref it unde dar was by vor beseten borger Hermen Husher unde Tonges van Konren,[224] do it besatet wart regtgelt vor egen folyo 18.
Item aldus bin ik Sledorn nicht schuldych mer leve unde fruntschop. =/

Folio 21 verso

Anno 1485.

Item so bin ik Hinryck Du[n]ckelgut schuldych als myt em klar [m]akende des dondatdages vor Antonges [*13. Jan.*] 110 mk lub, so hebbe ik Hans Hoveborch dyt ghescreven myt myner hant.

/= Anno Domino 1487 up sancta Jacob avent [*24. Juli*] do rekende ik myt mynem swager Hynrik Dunkelghut, do blef ik em schuldych, dat ik van em entfangen hebbe went an dessen dach 111 mk lub,
noch enfen yk van Hinrik mynen swager 24 mk. =/

---

222 Folgt gestrichen: s.
223 Folgt gestrichen: d.
224 Mitglied der Krämerkompanie. HENNINGS: Mitglieder, S. 91.

[225]Anno Domino 1489 des dinxdages vor Paschen [*14. Apr.*] do hadde ik, Hans Meyer, myne formunder tohope, alse by namen Cort Reyse[226] unde Tylynck Suselman unde Hynrik Dunckelgude.

Item do rekende yk myt en, so dat ik do entfangen hebbe Hynrik Dunckelgude an reden gelde, van dat he vor my betalt heft went an dessen dach unde ik to der noge enfaggen hebbe unde wol tofreden byn 223 mk. Dyt bekene ik myt myner hantschryft.

Anno [*14*]89 des donnerdaghes vor sunte Margreten [*9. Juli*] enfen ik noch van myneme swager Hynrik Dunckelgude 30 mk.

Item noch bekene yk myt myner hantscrift [*14*]89 dat yk entfangen van mynem swager 24 <mk> up des mydwekens vor sunte Mychelles [*23. Sept.*]

[227]folyo 26.

Folio 22 recto

/= Item so bin ik tenetur Hinrik ˢ[?] =/

Hans Blanke fo[lyo] 28.

[228]/= Item bin ik Hans Sledorn Hinrik Dunckelgudt he my lendt heft 20 mk.
Item noch dede he my 2 olmer sardocke vor 8½ mk. Hirto schal ik tom Holm menen van Andressen Schulte by 35 mk, van Eymolt Scroder 30 mk, van Hans Dinxsteden 7 mk. Dat gelt lendt he my wedder to gude van Hovborgen wegen der besathe so vorn, als ik dat krige, schal ik dat[229] brucken dre jar langk, gescriven int jar [*14*]87 andern dinxstedages Judicare [*10. Apr.*] unde geven em den dat wedder in vruntschopp, so wi under uns altidt gheld hebben etc. =/

[230]/= Item so heft Huster Wolboich, Hans Sleydorns frouwe, hyrup betalt fan myner wegen Tyle Busman 50 mk lub.
Item de anderen 50 mk geve ik em toe, eft he my wes tokeret heft edder yft ik wes noeten hebben van dem synen, dat ik nycht fel verdan hebbe etc. =/

[231]/= Item des bekene ick, Hans Blanke, do ik rekende myt Hynryck Dunkelgut des mytwekens vor Pynxten [*6. Juni*] dat ick em blef schuldych 22½ mk anno [*14*]92. =/

[232]Hans Blanke fo[lyo] 28.

---

225 Über der ersten Zeile: ein waagerechten Strich teilt die Seite in einen oberen und unteren Bereich.
226 Mitglied der Krämerkompanie. HENNINGS: Mitglieder, S. 192.
227 Nachträglich wohl von Hinrik Dunkelguds Hand an den linken Seitenrand hinzugefügt.
228 Quittung von anderer Hand.
229 Folgt gestrichen: s.
230 Dieser Eintrag ist von Hinrik Dunkelgud.
231 Quittung von anderer Hand.
232 Dieser Eintrag ist von Hinrik Dunkelgud; neben und unter diesem Eintrag ist die Handelsmarke Hans Blankes eingezeichnet; vgl. Anhang 11.9 Handelsmarken: Nr. 3.

233/= Anno [14]94 up des hylghen Krusses dach vor sante Mychel [14. Sept.] bekenne yk, Hans Meyer, dat myn myn swargher vornoghet heft de rente van dessen jare [14]94. =/

Folio 22 verso

Jesus Maria amen

234/= Anno Domino 1486 up sancta Dyonysy [9. Okt.] do schepede ik Hinrik Kylenberch unde Merten Petersen in schipper Ture up erer beyder eventure 1 last kersdrank, stat 30 mk unde ½ tunne 20 ß, ungelt 8 ß toto makende unde dregen unde binden.
Item noch van sagen 8 mk,
noch 1 sintener olges unde 2 lb to 6½ mk, is 6½ mk 12 d,
noch vor it holt 3 ß.
Nicht mer up desse syde scryven ume der hantschryft willen. =/

Item ok int bok E[235] fo[lyo] 136.

Anno Domino 1486 blef my Hinrik Kylenberch van Surkopinge van sagen[236] unde van sardoke 8 mk 5 ß,
noch van 2 daggen 12 ß, do brechte em Frederyk.

Folio 23 recto

/= Anno Domino 1487 up sancta[237] Mateus [21. Sept.] betalde my Merten Petersen 4 t. olde botteren, wech over 4 mklb, de t. 5½ mk 4 ß,
noch 1 t. fersk bottren, de wech ½ lb over, de t. 7 ß, summa 30 mk 5 ß.
Item so sal he my noch geven 5½ mk, darmede sal he betalt hebben den kersdrank unde den sintener olges. Item so gaf my Merten de 5½ ß. =/

Item Hans Blankc fo[lyo] 28.

---

233 Quittung von anderer Hand.
234 Am linken Seitenrand die Handelsmarken von Hinrik Kylenberch und Merten Petersen; vgl. Anhang 11.9 Handelsmarken: Nr. 4 und Nr. 5.
235 Rechnungsbuch E.
236 Über das Wort gesetzt: saien.
237 Folgt gestrichen: Bertolomye.

Folio 23 verso

Jesus Maria Amen

/= Anno Domino 1489 up sancta Maryen Maddelenen [*22. Juli*] do gaf ik Albert Jacobsen vor ½ jar rente 10 mk.
Anno Domino 1489 des dinxdages vor Wynachten [*22. Dez.*] do gaf ik Albert Jacobsen in sinen huse ½ jar rente 10 mk.
Anno [*14*]90 up den frygdach vor sancta Gallen [*15. Okt.*] gaf ik Albert Jacobsen sulven in myner dornse 20 mk k [!] lub.
Anno[*14*]91 up den dinxdach vor sancta Merten [*8. Nov.*] gaf Konneke Albert Jacobsens dochter Gretken 20 mk.
Anno [*14*]92 des mytwekens vor sancta Symen Juden [*24. Okt.*] gaf ik Albert Jacobsens dochter Gretken 20 mk in myner dornse.
Anno [*14*]93 up sancta Merten [*11. Nov.*] gaf ik Albert Jacobsens dochter Gretke Spykhering 20 mk.
Anno [*14*]94 den achteden <dach> sancta Merten [*18. Nov.*] gaf Konneken Albert Jacobsens dochter Gretke Spykheringes 20 mk in myner dornse.
Anno [*14*]95 up sancta Andres [*30. Nov.*] gaf ik Gretken Spykerynges, Albert Jacobsens dochter, 20 mk in mynem kontor.
Anno [*14*]96 up sancta Katterynen avent [*24. Nov.*] gaf ik Gretken Spyrynges, Albert Jacobsens dochter, 20 rente in mynem kontor.
Anno [*14*]97 up sancta Gallen [*16. Okt.*] gaf ik Greten, Albert Jacobsen dochter, 20 mr mk [!].=/

Anno [*14*]98 van dyt par dat gaf ik Tylman unde Dyryk Rostusscher unde let it em schryven up de wessel by Hinryk Greveraden unde let em schryven 400 mark hovetstols unde 25 mark rente unde bin er nu nycht mer schuldych etc. anno [*14*]99 des dinxdages vor Lychtmyssen [*29. Jan.*].

Item dyt hus is nu Gades unde myn unde mynet frunde etc. unde nene rente inne.

Folio 24 recto

[*Leerseite*]

Folio 24 verso

Jesus Maria amen

Anno Domino 1489 up sancta Barbarendach [*4. Dez.*] do was ik mynen swager Hans Meyer unde myt sinen formunderen alse by namen Hermen Tylink, Tymeke Suselman unde Cort Reyse vor dem rade to Lubeke unde do wart Hans Meyer dar mundych gemaket.

Item unde desulvest do wart dar gelesen alse dat steyt schreven in der statboke,[238] wes my Hans Meyer mede lavede myt siner dochter Konneken unde vort wer mede ik scholde scheden wesen van sinen sone Hans Meyer unde siner dochter Gretken Meyers na sinen dode. Item na inholdinge der statboke alse dardo behort wart unde lesen wart, so hadde ik unde Hermen Tylink unde Tyme Suselman unde Cort Reyse mynen swager Hans Meyer foldan[239] na inholdinge des bokes unde na wyllen sines selegen vaders des he uns dardo tostoet vor den sytten stol des rades unde dankede uns.

Item vortan stoet he uns ok toe, dat wy em hadden rekenschop dan wes em boren mechte van siner selygen suster Gretken, alse dat he hadde bort van uns wes em anfalk was unde boren mochte van sinen selygen fader unde syner selygen suster Gretken to enen fullenkomen ende unde dar nycht mer up to sakende efte to manende, noch myt gestelken rechte efte werleken. Item hyrup dede he uns sine hant unde vorlet uns qwyt, leddech unde loes unde dyt steyt schreven in der statbok van befel des rades.[240] Anno etc. [14]89 Andree Apostoli [30. Nov.] in dem blade.

Item desse by bunden sedelle de wyssen na in der stat boke van den husen de my to schreven stan.

Folio 25 recto

[*Leerseite*]

Folio 25 verso

Jesus Maria amen

Anno Domino 1480 do let my Hans Meyer, mynes wyfes fader, toschryven dat hus, dat he my medegaf myt syner dochter Konneken, belegen rech<t> achter dem kake unde <is> in der statbok schreven in dem kerpel petry in dem blade 139.[241]

Anno Domino 1480 do kefte ik van Albert Jacobsen en hus belegen ok achter den kake unde steyt my toschreven in der statboek in den kerpel petry in den blade 151. Item so sede ik ut de rente ut dessen hus anno [14]99 des dinxdages vor Lychtmyssen [29. Jan.], dat gelt entfink Tilman (...) unde Dyryk Rostuschur up der wessel 425 m mk [!].

Anno Domino 1489 do kefte ik van Klarken van Rene unde van eren vor munderen by namen Hermen Husheren unde Wilm Sovken, Hans Schroder unde ok myt[242]

---

238 Folgt gestrichen: schreven.
239 Folgt gestrichen: i.
240 Folgt gestrichen: Jubylate in der blade 140.
241 Verweis auf das Oberstadtbuch für das Kirchspiel St. Peter.
242 Folgt gestrichen: fob.

folbart eres son<s>, mestere Johan van Reyne, dat herinkhus v[243] <o>r dem Holstendore unde se letent my schryven in der statbok unde steyt my toschreven in dem kerpel petry in den blade 59 folyo 57 petry.

Item ok steyt my dyt herinkhus toschreven in dat gardenbok,[244] dat de weddeheren in bewaringe hebben unde ik mot darvan geven to wortinss alle jar 4½ mk.

Item do it my wart toschreven, dat dat [!] was int jar [14]89 unde ik gaf her Jasper Langen unde her
Johan Kerkringe myne[245] ersten wortins anno [14]90 up sancta Applonyen [9. Feb.].

Anno 1490 des donredages vor sancta Dyonysy [7. Okt.] do <vor> let my Hans Meyer myner werdynnen broder[246] dat hus vor bylegen negest Jacob Kalfeswinkel up dem markede, dyt steyt my toschreven in der statboeke 59[247] petry fol[yo] 11.

Item steyt it <ok> schreven in dat ander statbok up der schryvereye up dem kerkhove, dat Bassenbrugge vorsteyt up desse tyt anno [14]90. Anno etc. [14]90 conversionis sancta Pauly [25. Jan.].

Folio 26 recto

[*Leerseite*]

Folio 26 verso

[248]/= Anno Domino 1490 up Lychtmessen [2. Feb.] bekenne ik Hans Meyer myt myner hantscryft, dat yk hebbe vorkoft mynen swager Hynryk Donkelgude dat hus, dat my myn selygher vader gaf unde bekenne, dat yk[249] entfangen hebbe van Hynr[yk] Donkelgude 332 mk lub unde[250] van des des [!] huses weghen unde[251] van dem, dat my anfallyk was van mynes selygen vaders wegen unde myner selygen suster wegen unde hebbe Hynr[yk], myeine swager, vorlaten van allar tosprake, da yk to em hebben machte van mynes selygen vaders wegen unde myner selygen suster wegen. Item so beholde ik in dem[252] huse des jares 20 mr [mk] lyffrente to mynen lyve unde nycht uttolosen de over myne jarlyke lyfrente to borende. Item alse nascryfende wart [14]91 up Paschen [3. Apr.] so vert myn myne erste rente to borende etc. =/

---

243 Folgt gestrichen: a.
244 Gartenbuch der Wetteherren.
245 Folgt gestrichen: eke.
246 Folgt gestrichen: dat schryven.
247 Folgt gestrichen: 10 an.
248 Quittung von anderer Hand.
249 Folgt gestrichen: ent he.
250 Folgt gestrichen: va s.
251 Folgt gestrichen: Ein unverständliches Zeichen.
252 Folgt gestrichen: s.

253/= Anno254 [14]91 up Pasken [3. Apr.] bekenne yk Hans Meyer, dat ik entfanghen myne rente 20 mr [mk] unde ys de erste rente. =/

255/= Anno [14]91 schante Mychel [29. Sept.] bekenne ik Hans Meyer, dat ik entfanghen hebbe van Hynr[yk] Dunkelgude 10 mr [mk] rente van denn jare [14]91. =/

256 Anno [14]92 den achtendem dach vor Marygen bort [1. Sept.] bekenne ik Hans Meyer myt myner egen hantschryft, dat yk rekende myt Hynr[yk] Dunkelghude, mynem swagher, so dat he my vor nogede unde de betalede al was he my schuldych was unde myne rente vor noget heft, de ik up sancta Mychel [29. Sept.] hebbem scholde nu neghest kamende alse men bref [14]92. Unde bekenne fort, dat he my lent hefft up dat ander austande jar wen me scryven de wert [14]93, dar heb hebben yk up entfanghen 20 mr [mk] lub, dede yk denne boren scholde up dem sunte Mychele [14]93 alse me den scryvende wert. =/

Hans Meyer

Folio 27 recto

Jesus Maria amen

/= Anno Domino 1490 des donredages vor sancta Dynysy [7. Okt.] do gaf ik Hans Meyer myner werdynnen broder 10 mk k [!] lub up deme rathuse to Lubeke, dar stat by vorbeseten borger Hermen Tylink unde Wilm Sovken unde dat was de erste boringe van der rente, de he myt my heft int hus.
Item noch gaf ik vor em ut 8½ ß deme schryver Reynerus.
Item gaf ik vor em ut to sancta Byrgeten vorkoft de he enschuldych blef do hevan dar toch.
Item noch gaf ik Suselmanschen wedder 7½ ß, de se em don hadde.
Item noch is he my 22 ß de he up bort heft van de Krogerscen to Maryenwolde.
Item noch gaf ik mester Tonnyges dern helde de he steben was 3 mk.
Item noch for sardok 2½ elen 6½ ß 2 d.
Item noch to dem ladebreve 4 ß.
Item 3 ele foderdok 3 ß.
Item van Erk Lunt257 1 ele swart leyd[esch laken] unde 1 ele westerlind[esch laken] 22 ß.
Item gaf ik Hans Meyer 2 mk 6½ ß up guden donredach [31. März] anno [14]91 van dem halven jare. Summa dyt boven schreven su[n]der de kost to unde Byrgeten unrekent dat ander is 20 mk.
Anno [14]91 up sancta Mychele [29. Sept.] do gaf ik Meyer 10 mk.

253 Quittung von anderer Hand.
254 Folgt gestrichen: Ein unverständliches Zeichen.
255 Quittung von anderer Hand.
256 Folgt gestrichen: Anno Domino [14]90; Streichung und folgende Quittung von anderer Hand.
257 Lübecker Tuchhändler Erik Lunt.

Anno [*14*]92 den 8 dach vor Maryen bort [*31. Aug.*] do rekende ik myt Hans Meyer, so dat ik em betalt hadde unde vor noget hadde de rente de ik em plychtych was de he scholde bort hebben up den negesten sunte Mychel [*29. Sept.*], de negest navolgen is anno [*14*]92.

Item des lende ik em 20 mk lub up dat jar nafolgende van sunte Mychele van sunte Mychele [!] went wedder to sancta Mychele dat[258] me schryvende wert [*14*]93, dar schal he dene nycht vor boren, dar bort he nu desse 20 mk vor dat dyt so is, dat is wytlyk Hans Mylde, Hans Mertenn unde Hermen Tylink beseten borger unde hebben dar hantschryft van etc. unde steyt hyr sin egen hantschryft. =/

Folio 27 verso

Jesus Marya amen

/= Anno Domino 1495 up sancta Mychele [*29. Sept.*] entfynk ik van broder Peter Emeryk dat he my let schryven up de wessel 400 mark lub dede tokomen dem swarten kloster to der Wysmer predekerorden.[259] Item dar schal ik em vor geven des jars 20 mk mer he heft my lavet he wylt van my nemen in ware krut, was, olge, wat en to kloster dent.

Item gaf my broder Peter Emeryk 22 mk 5½ ß.

Item rest my broder Peter van dyt e[260] jar 1 ß anno [*14*]96. =/

Folio 28 recto

/= Anno 1495 des mytwekens vor sancta Lucyen [*14. Okt.*] do sende ik den pryor tor Wismar by broder Klawes 4 lb pepper vor 2 mk 2 ß unde 1 lb saffran[261] 6 mk. Item 2 lb wyrok[262] 12 ß.

Anno [*14*]96 up sancta Mertens avent [*10. Nov.*] do dede ik broder Peter Emeryk 11½ lyslb wasses, it schippunt 29 mk, is 33 mk 6½ ß,[263]

noch 2 ß up de molhusesche [*laken*],[264] < rest mi broder Peter van dyt jar 1 ß anno [*14*]96. >

Anno [*14*]97 up sancta Mychehele [*29. Sept.*] gaf ik broder Peter Emeryk 20 mk an wasse.

Anno [*14*]98 dat jar gaf he qwyt, do ik myn hus buwede.

Anno [*14*]99 up sancta Merten [*11. Nov.*] betalde ik broder Peter in wasse 20 mk.

Anno 1500 up sancta Mychele [*29. Nov.*] gaf ik broder Peter Emeryk 20 mk.

---

258 Folgt gestrichen: my.
259 Dominikanerkloster in Wismar.
260 Lesung unsicher.
261 Safran.
262 Weihrauch.
263 Folgt gestrichen: 6 d.
264 Folgt gestrichen: Item geven ungelt van solte 1 ß.

Anno 1501 up Dynyse [*9. Okt.*] gaf ik broder Peter Enyryk 20 mk in rekenscop.
Anno 1502 up sancta Mychele [*29. Sept.*] betalde ik broder Peter Emyryk 20 mk an 2 molhusen laken unde an 2 tunen botteren unde an 2 tunnen lasses.
Anno 1503 up sancta Mychele [*29. Sept.*] betalde ik broder Peter Emeryk 20 mk retgelt. Ik sende ik em to Gert Kremers hus by Lammerd, mynem knechte. =/

Anno 1504 up sancta Mychele [*29. Sept.*] do gaf ik broder Albert Boltswert[265] de rente de se by my hadde up den sancta Mychele [*29. Sept.*].
Item noch <gaf> ik em de[266] den hofstol,[267] alse vorschreven steyt 400 mk lub,[268] desse vorschreven 400 mk let ik schryven broder Peter <van> Emeryk up de wessel by Hinryk Greveraden anno 1505 des mytwekens vor sancta Tyburcius [*14. Apr.*].
Item Claus Lange gaf em de sulvest 10 mk vor en ½ jar rente unde des lycht hyr Broder Peter sin handschryft, dar he inne bekent, dat he dyt vorschreven gelt wedder entfangen heft etc.

Folio 28 verso

Item Bertelt Burmester fo[*lyo*] 307 int bok D.[269]

D

[270]/= Anno domyy in 1500 des frydages in den Pynxten [*12. Juni*] do rekende ick myt Hyryck Dunkelgut,[271] so dat ick em schuldych blef 18 marck lubes des to eyner waren tuchnysse, so ik dyt myn egen hantsryft[272] ick Hans Blanke. =/
[273]/= Item sende ik Hans Blanken in schipper Bulouwe schepe 1 tunne myt koken, darin vor 2½ mk 5 ß, noch darin vor[274] 10½ mk 3 lyslb wasses. Ungelt do to to [!] bryngend 8 d anno 1502 up sancta Jorgens dach [*23. Apr.*]. Item desse tunne was schepet in Hans Otten schip unde was unrecht schreven in Bulouwen.
Anno 1501 up sancta Zyryiacus [*8. Aug.*] schepede ik Hans Blanken in schipper Schakel ½ tunne, darin 2½ lyslb ½ [*markpfund*] wasses to 3 mk 4 ß,
noch darin vor 1 mk koken,
[275] noch ick [?] 2 mk koken in de tunne dar sancta Tongus [*10. Jan.*] it was in hadde in 2 mk 7 ß

---

265 Folgt gestrichen: zw.
266 Folgt gestrichen: sulvest.
267 Die ausgeliehene Geldsumme.
268 Folgt gestrichen: dyt entfink he by Claus Lange, myner dochter manne.
269 Rechnungsbuch D.
270 Quittung von anderer Hand. Am linken Rand die Handelsmarke von Hans Blanke; vgl. Anhang 11.9 Handelsmarken: Nr. 3.
271 Folgt gestrichen: d.
272 Folgt gestrichen: Ein unverständliches Zeichen.
273 Am linken Rand die Handelsmarke von Hinrik Dunkelgud; vgl. Anhang 11.9 Handelsmarken: Nr. 7.
274 Folgt gestrichen: 7.
275 Am linken Seitenrand steht die Handelsmarke von Hinrik Dunkelgud; vgl. Anhang 11.9 Handelsmarken: Nr. 7.

²⁷⁶ schipper²⁷⁷ <Dyryk Lange>. Anno 1502 na Paschen 3 weken [*17. Apr.*] etc. in schipper Dyrik Langen. =/

/= Item de 2 tunne rotsscher van sancta Antonges [*10. Jan.*] dar sende ik em up so vele, alse se wert weren, is wytlyk Bertelt Burmester unde hebbe ik synen bref, dat he de tunne myt den wasse entfangen heft. =/

²⁷⁸ /= Item schepede ik Hans Blanken up sancta Maryen in berchte gink [*2. Juli*] in schipper Marqward Furhaken ½ tunne, darin vor 3 mk koken.
²⁷⁹Item noch schepede ik em in schipper Hinryk Hammen, ½ tunne darin 2 lyslb 1 mklb wasses, stat 6½ mk 3½ ß 2 d,
²⁸⁰ noch darin vor 18 ß mene²⁸¹ koken, 6 dossin, is it ungelt 1 ß pramgelt.
Item is my Blannken van Hans van Scheden wegen 20 ß fo[*lyo*] int bok < C 118 >.²⁸²
Item 1 tunne koken 4 mk myn 2 ß anno 1504.
Summa 45½ mk 6½ ß ane de tunne de dar ferloren is, de stat 13 mk 5½ ß 2 d. =/

Folio 29 recto

/= Item het Brugmans knecht Hans Westhoff do forede tunne to schepe, de Blanke hebben scholde, he brachte se in Hans Otten schippe van a²⁸³chtych Tramunde. =/

/= Item entfange van Hans Blanken 2 tunnen rotsscher anno 1500 up alle Gades hilgen [*1. Nov.*], de wegen over beyde tunnen 55 lb, de tunne 3½ mk, is 8 mk 15 ß, hyr is geven af ungelt, fracht, in al 9 ß 4 d [*lub*]²⁸⁴,
lutter gelt 8 mk 5 ß 2 d. Was Dyryk Hukmeyer (...). =/

/= Item noch entfangen 2 tunne rotscher ut schipper Hans Detmers anno 1501 in de Fa²⁸⁵ste [*24. Feb. bis 7. Apr.*], se wegen 2 [*schiffpfund*] 1 [*liespfund*]²⁸⁶ geven to 3½ mk, is 7 mk 4 ß 3 d.
Item entfangen 1 tunne rotscher ut schipper Schakel, wycht 161 lb anno 1501 up hilgen Lychamesfest [*10. Juni*] geven de de tunne 3½, is 5½ mk 2 ß af ung[*elt*].

---

276 Am linken Seitenrand folgt gestrichen: 2 mk 7 ß.
277 Folgt gestrichen: Furhaken.
278 Am linken Seitenrand zweimal die Handelsmarke von Hans Blanke; vgl. Anhang 11.9 Handelsmarken: Nr. 3.
279 Am linken Seitenrand: morbrot.
280 Am linken Seitenrand die unbekannte Handelsmarke; vgl. Anhang 11.9 Handelsmarken: Nr. 6.
281 Folgt gestrichen: kokel.
282 Rechnungsbuch C.
283 Über der Zeile: a.
284 Lesung unsicher.
285 Über der Zeile: a.
286 Gewicht ist hier mithilfe von Warengewichtszeichen Nr. 1 angegeben, vgl. Anhang 11.16 Warengewichtszeichen.

Item entfangen ut schipper Schakel 3 tunne rotscher anno 1502 8 dage vor Pinxsten [*8. Mai*]. Item so wegen desse 3 tunne 4 tunne unde 35 lb de tunne, is geven vor 3½ mk, is summa 15 mk 4½ ß 3 d.
Hyr geyt af fracht unde ungelt. =/

[287] /= Anno 1502 8 dage na sancta Merten [*19. Nov.*] entfangen ut Hans Datiners 1 tunne rotscher, wycht over 55 lb, to 3½ mk 2 ß, is (…), geven to fracht vor de tunne unde ung[*elt*] 3 ß 8 d, is 5 mk 6½ ß 2 d, summa 33 mk 20 d.
Item des sonnafend vor sancta Tyburyy[288] do gaf ik Hans Blanken 6 mk 3 ß.
Item so dede em Claus Langen 2½ lyslb wasses. =/

/= Anno 1508 in de Fasten [*8. März bis 22. Apr.*] entfink ik van Hans Blanken 1 tunne nopscher[289] vor de erweten, de he was my schuldych. =/

Folio 29 verso

Jesus Marya amen

/= Anno Domino 1497 up sancta Peter alse he vorhoget wart [*22. Feb.*] do dede ik Marqwart Gerdes up den hoff to l r [!] Ruberstorp hundert mark lubesen, in guden lubschen unde ungerschen gulden, gut van golde unde vol van wychte. Item wen he efte syne nakamelynge so dane gelt wyllen utlosen van dem vorschreven hoeve, so scholen see so dane vorschreven gelt wedder utlosen unde geven ut unde nycht erger wen dyt is alse nu de guld sint de ere wycht hold 1 qwentin kolsch wycht.
Item so schal he eft we den hof besyt geven alle jar 6 mk lub to rente van dessen vorschreven hundert marken unde wen me schryft na Crystus bort 1498 up sancta Mychele [*29. Sept.*], so behort my de erste rente vor dat jar [*14*]97, alse de hovetbreff wol utwyset etc. =/

Anno 1504 na sancta Sc(…) do rekende ik myt Marqwart Gerdes to Ratkouwe in Marqward Elfers <hus> in jegenwardycheit her Gert Alfes, eres kerkheren unde mer fromer lude, de ik alle hir nicht namen kan. Doch was darby Marqwart Elfers, Merten Donre, myn son Claus Lange, Heyne Kedink tor Premsen,[290] Hans Damkmer, Claus Donre, (…) Havenkrat.
Item in jetgen jegenwardycheyt desser vorschreven vromen lude rekende ik Hinrik Dunkelgud myt Marqwart Gerdes de nu besyt den Hof to Roberstorp by dem see belegen to Ratkouwe, so dat dat (!) de vorschreven Marqwart Gerdes my schuldych was van vorseten rente unde tostot 24 mk lub unde (…).

---

287 Am linken Seitenrand die Handelsmarke von Hans Blanke; vgl. Anhang 11.9 Handelsmarken: Nr. 3.
288 Da dieser Eintrag zwischen zwei Einträgen bezogen auf die Jahre 1502 und 1508 steht, ist seine Jahrezahl nicht zu datieren.
289 Schellfisch.
290 Bremen.

Item noch so sede ik ut to gevende vor em den sulven vorschreven Marqward Gerdes 41 mk lub, de hebbe ik tosecht <291> Marqwart Elfers to Ratkouwe unde betalt van syner wegen.

Item vor dyt boven schreven gelt sal ik annamen den hof to Roberstorp by dem see belegen myt al syner to behorenghe in al[292] nycht buten bescheden in felde, akker, weyde, wysch, holt, stok unde sten, alse en Marqwart Elfers unde ander lude vorbeseten hebben sunder jenyghe argelyst eft hulpe rade, so dat de bysschop sin jarickes pacht krycht van dem de den hof besyt alse benamen 8 mk.

Folio 30 recto

Anno[293] domino 1504 up (...) vorkofte ik den hof to Ruberstorpe by den Ratkouwer See Hans Dankwer mynen naber vor 165 mark de ik nu in dem hove hebbe. Des schal he my darvan betalen nu na<e>gest komen to sancta Merten [*11. Nov.*] 32½ mk unde denne nakomende up sancta Merten [*11. Nov.*] 37½ mk unde schal my dyt gelt al jar vorrenten unde geven my al jar van hundert marken 6 mk, dat is up de vorschreven 165 mk, 10 mk myn 2 ß.

[294]Item gaf my Hinryk Dankwer 37 mk des sonafendes na Okuly [*1. März*] 1505, noch gaf my sin frouwe 3 mk des mandages vor Paschen [*17. März*] anno 1505.
Item gaf ik Hinrik Dankwer wedder 30 mk lub, dar was by Marqward Elver unde Arnt Bolte unde Claus Lange.

Anno Domino 1506 des donredages vor Maryen bort [*3. Sept.*] do was ik to Ratkouwe to Marqwart Elvers hus unde was to degedynge myt Hans Dankwer unde syne son Hinrik Dankwer, so dat Hinryk Dankwer sal wedder van den hove faren up sancta Petersdach up de Faste [*22. Feb.*].

Item so wart dar degedynget, dat ik sal geven Hinrik Dankwer vor dat he bouwet hedde in den hove 4 mk.
Item noch geven[295] den mes utoforen 5 mk.
Item noch vor plogent 6 mk.
Item noch gaf ik to<r> hure to hulpe, dat he dem byschoppe geven hadde 4 mk, summa 19 mk.
Item des schal my Hinrik wedder geven dar for dat he up hove wont heft 6 mk.
Item dyt wart so degedynget vormyddelst her Marqwart Maken, des bysschoppes faget, unde Marqwart Elfers unde Hans Joden unde Claus Langen up myne syde.

Item up syne syde weren Claus Donre, Marqwart Greleberch unde Klaus Havenkrat, Schutte, der domheren faget.

---

291 Folgt gestrichen: Ein unverständliches Zeichen.
292 Über der Zeile: a.
293 Folgt gestrichen: do.
294 Am linken Seitenrand ist dieser Absatz mit einer senkrechten Linie, die von vier waagerechten Strichen gekreuzt werden, markiert.
295 Folgt gestrichen: des.

Item gaf ik Hinryk Dankwer in mynen huse 13 mr mk.
Item noch heft my den hof kostet myt der saet, de ik dar seygede unde ander ungelt myt fore unde kost in al 19 mk.
Item noch vor dekkent up dem hus unde schune unde vor dore by dem herde unde for alle terynge, ik dat up dan hebbe 9 mk 10 ß.

Folio 30 verso

[*Leerseite*]

Folio 31 recto

[*Leerseite*]

Folio 31 verso

Jesus Marya amen

[296]/= Anno Domino 1501 up sancta Joryens dach [*23. Apr.*] do rekende ik myt Hans Brunsten, do bleff he my tenetur 25 mark lub,
noch tenetur 120 ele watmans,[297]
noch 1 tunne koken 3½ mk anno 1502 up sancta Jorgen [*23. Apr.*],
noch 1 tunne med 2 mk. Item 7 ele lub grauw to 10 wytten. =/
[298] Postlatsce gulden synt betalt,
summa 32 mk min 8 d unde noch darto de watman.

Anno Domino 1503 dem dinxdach vor der Kruseweken [*16. Mai*] do rekende ik myt Hans Brunsten, do blef he my tenetur 13 mk 10½ ß[299] unde 120 ele watman, < 1 ele 1 ß, is 7½ mk. >[300]
Item noch 1 tydcbok[301] 4 ß, rest he my 9½ mk 6½ ß unde denne van watmanne 7½ mk.
Item summa he my blef in al 117 mk 6½ ß.
Item is by my dat my deden de schuldener 1 lepel, wycht 2½ lot 1 qwentin. Item unde 1 goltrink, so gut alse 26 ß van polstelarschen golde. Item 1 leddetassche unde 1 rekensbok, lycht up dem brede in myner kameren.

---

296 Links neben diesem Absatz steht Hans Brunstens Handelsmarke in zwei Varianten, die Zweite spiegelverkehrt zur Ersten; vgl. Anhang 11.9 Handelsmarken: Nr. 8.
297 Grobes Wollzeug.
298 Folgt gestrichen: Item noch lende em 2.
299 Folgt gestrichen: 20 mk.
300 Nachträglich unter der Zeile hinzugefügt.
301 Gebetsbuch.

/= Anno Domino 1504 up Maryen Hemmelfart [*15. Aug.*] blef my tenetur Tytke Kolsouwe 123 lb peppers, dat lb 12 ß unde noch lende ik em retgelt 6 ß lub, summa 98 mk 4 ß. Dyt is vor schreven an broder[302] Hinrik Degener Pryor tom Holm. =/

/= Item gaf my Tytke Kolsouwe 45 gulden 2 ß up sancta Falentin [*14. Feb.*] anno 1506, rest he my 30 mk 12 ß.
Item den sak rekent up 2 lb af, sso rest he 29 mk 4 ß.
Item rest he my 9 rinsche gulden, dar heft vor lovet Klaus Langen, myner dochter man, up sancta Merten [*11. Nov.*] to betalende anno 1508. =/

Folio 32 recto

/= Anno Domino 1502 up Pinxsten [*15. Mai*] do entfink ik van Hans Brunsten 2 tunnen rotscher, wegen 3 tunne tor wycht, to 3½ mk, is 11 mk,
noch 1 tunne ore, wycht over 32 lb to 3 mk 3 ß, is 4 mk 6 ß,
noch in arbeyt betalt he my 6 ß.
Item hyrup heft he entfangen boven schreven is 6 tunne med unde 1 tunne koken, darin vor 3 mk, de med is 12 mk, summa 15 mk. =/

/= Anno 1502 up sancta Katerin [*25. Nov.*] entfangen van Hans Brunsten,
[303]entfangen ½ tunne botteren over 11 lb to 6½ mk unde
entfangen 3½ ele deventers [*laken*] to 7 ß, is 24½ ß.
Item he gaf my 2 lobben unde 1 st. rotscher, wech 19 lb unde gaf my 2 kost reklinnk.[304]
Item entfangen 2½ tunnen rotscher unde 8 lb lutter gud to 3½ mk 4 ß, is 9 mk 10½ ß 2 d.
Item entfangen 1 tunne lutter 110 [*markpfund*][305] to 3½ mk 4 ß, is 4 mk 23 d, summa[306] 18 mk 13 ß 1 d. =/

Anno Domino 1504 up sancta Fylpe unde Jacoby [*1. Mai*] entfangen van Hans Brunsten 33 lb losen rotscher, 1 lb 7 d.
Item entfangen 2 tunne rotscher <4 mk> up sancta Franzysus [*4. Okt.*] anno 1504, rest he my 9½ mk 6½ ß unde noch van den watmane 7½ mk.
Item entfink 1 tydebok wedder, summa he my rest 17 mk 6½ ß.

/= Anno Domino 1508 up aller Appostel avent [*14. Juli*] gaf my Tytke Kolsorwe 9 mk lub.

---

302 Folgt gestrichen: h.
303 Davor gestrichen: ½ tunne felten fysch.
304 Rekelink war getrockneter Heilbutt.
305 Gewichtsangabe hier mit Hilfe von Warengewichtszeichen Nr. 2, vgl. Anhang 11.16 Warengewichtszeichen.
306 Folgt gestrichen: 18 mk.

Item noch gaf my Tytke 6 mk 12 ß up sancta Zweryes avent [*22. Okt. 1508*], rest he my 9 rinsche gulden, is 13½ mk. Hyr heft my vor lovet Claus Langen, myner dochter man, up sancta Merten[307] [*11. Nov. 1508*] to betalen nu negest komende. Item betalt my Claus Langen. =/

Folio 32 verso

[308]/= Item de brefe de heren to Marientyde to sancta Jacob in de kappel de sint me to sancta Peter in der kerken in der kermer kappelle in ener lade, de steyt in dem schappe dat dar steit in der kappel dar sancta Annenbilde up steit etc.=/

/= Item ok fint me in der sulfen laden den bref, de lut up myn altar to Margenwolde unde uppe de ersten myssen. =/

/= Item de breffe lyggen nu in dem schappe, dat dar is in dem altar in sancta Annenkappel in der kr[e]mer kappelle to sancta Peter in Lubeke. =/

/= Item sint se dar nicht, so synt se by den olderluden der kremer in Lubeke. =/

Folio 33 recto

[*Leerseite*]

Folio 33 verso

Jesus Marya amen

/= Anno Domino 1503 des mandages vor aller Apposteldach [*10. Juli*], do rekende ik myt Hinryk Pawels, do blef he my 2 last bers, de ik em schepede na Bergen[309] unde he enfink se. De last stat 14 mk. Mer he klagede, dat it nyten en duchte, summa 28 mk, ungelt 6 ß etc.
Item noch is he my up nye 1 lyslb unde 1 mklb wasses 3 mk 3½ ß,
noch vor koken 3½ mk,
noch vor hennyp[310] 14 ß, summa 7½ mk 18 d, ane dat ber,
summa in al 36 mk an 6 d. =/

/= Item so hebbe ik noch tospreke to em up dat gut, dat he van my hadde, alse int swarte bok <stiyt> myt dem C, folyo 182.[311]

307 Folgt gestrichen: Mycchele.
308 Am linken Seitenrand eine unbekannte Handelsmarke und Hinrik Dunkelguds Handelsmarke; vgl. Anhang 11.9 Handelsmarken: Nr. 9, Nr. 7.
309 Bergen.
310 Hanf.
311 Schwarzes Rechnungsbuch, Buch C.

Item it gut is betalt, mer myn part gewin hebbe ik nycht entfangen. Sal ik schaden lyden up it ber, so behort my ok jo gewyn up dat ander gut, ik vorlecht hebbe, alse vorschreven wol utwyset int bok myt C fo[lyo] 182. =/

Anno Domino 1508 in de <4> weken na Paschen [*15. bis 20. Mai*] rekende ik myt Hinryk Pawels, do blef he my 1 tunne sparden,[312] it solde mer hebben weset, dat gaft ik em toe etc.

Folio 34 recto

/= Item se secht Hinryk Pawels heft up dat arge ber betalt 9½ unde des en wet ik nycht enkede; he secht it is Brunsten wol wytlik etc. =/

/= Anno 1504 na Paschen [*p. q. 7. Apr.*] entfangen van Hinrik Pawels up Symen Elers schip 2 tunnen rotscher 271 [*markpfund*],[313] gaf ik to fracht de tunne 16 d is 8 witte, ungelt, wegen, dregen. =/

[314] /= Anno 1504 up Maryen bort [*8. Sept.*] entfangen van Hans Rubestorp van Hinrik Pawels wegen 1 tunne rotscher 138 [*markpfund*]. =/[315]

/= Anno 1504 entfangen van Hinrik Wels wegen 1 tunne rotscher 138 [*markpfund*],[316] de entfink van Rubenstorp. =/

Folio 34 verso

Jesus Marya amen

/= Anno Domino 1504 up sancta Fyt [*15. Juni*] do dede ik Lamert Hemeky<n>ck mynen knecht up unser beyder eventur 1 last unde medes, de tunne 2 mk, is 24 mk, noch dede ik em 1 sintener unde 7 lb walkolges, 1 lb < 17 mk 5½ ß 2 d 7 wytte >,[317]
noch 1 sintener unde 2 lb lyssebanschen olges 1 lb 15 d, < is 8 mk 14½ ß >,
noch 1 tunne kersberenfarvwe stat 3½ mk,
noch van Erk Lunt 4 ele gotensk [*laken*] 28 ß,
summa my Lamert is 55½ mk lub.
Item gaf ik Lammerde 4 mk 4 ß des dinxdages vor Pinxsten 1505 [*6. Mai*]. =/

---

312 Minderwertige Stücke vom Stockfisch, vgl. Mantels: Memorial, S. 352, Anm. 4.
313 Gewichtsangabe hier mit Hilfe von Warengewichtszeichen Nr. 3, vgl. Anhang 11.16: Warengewichtszeichen.
314 Links neben dieser Zeile Dunkelguds Handelsmarke; vgl. Anhang 11.9 Handelsmarken: Nr. 7.
315 Gewichtsangabe hier mit Hilfe von Warengewichtszeichen Nr. 4, vgl. Anhang 11.16: Warengewichtszeichen.
316 Gewichtsangabe hier mit Hilfe von Warengewichtszeichen Nr. 5, vgl. Anhang 11.16: Warengewichtszeichen.
317 Der Nachtrag ist zum Teil Seiten übergreifend auf Folio 35r: 2 d.

Item is nun sulversnyde in der laden vor mynen bedde. Erst is 1 sulveren kanne, wycht 3 lodege mark unde 1 lot.
Item 6 sulveren stope, wegen 5 lodege mark 3 lot 1 ß.
Item 12 in sette beker, weghen 6 lode mark myn 1 lot.
I[tem] 30 sulveren lepel, de wegen 4 lodege mark.
Item 4 sulveren schalen, wegen 3 lodeghe mark,
summa 21 lodeghe mark 3 lot 1 ß.

Item noch heft Anneke 1 kouvsschen, dat hort dartoe.
Item noch is to sancta Birgeten[318] 12 lepel, wegen (…).

Folio 35 recto

/= Anno Domino 1505 des frygdages vor sancta Tyburzy [*11. Apr.*] gaf my Claus Lange van Lammerd wegen 27½ mk.
Item entfangen van ½ last ossemund 16 mk 2 ß.
Item entfangen noch vor ½ last ossemund 16 mk 2 ß. =/

Folio 35 verso

Jesus Marya amen 1509

/= Anno Domino 1509 up sancta Mychele [*29. Sept.*] do vorkefte ik Hinrik Lychertd dat herinkhus negest der Holstenbrugge vor dem Holstendore vor drehundert rinsche gulden van foller wycht alse nu gan<k>bar syt unde he schal darto dem rade van Lubeke al jar geve den w<o>rttin<s>.
Item hir up[319] <ft> heft he my geven ene hantschryft unde lovet to gevende nu to Paschent negest komend hundert <mark> ret unde up sancta Mychele [*29. Sept. 1510*] dar negest fochtych mark.
Item de 200 gulden wyl he my vor renten alle jar 15 mk solanghe dat he se utloset in ener summe unde sccht my eft mynen erfen en half jar to forne toe etc. =/

Item in dyt bok folyo 36.

[320]Hinryk Lychert int bok C fo[lio] 203.
Item in dyt bok folio 36 up de ander side.

Item so is my tenetur Hinrik Lycherdes <fan> dat herinkhues vor dem Holstendore negest[321] der brugge drehundert mark, dar schal he my van geven alle jar to rente 15 mark lub unde mach se utlosen wen he my en jar toforen tosecht eft my gesechte, so scholen dat hebben myn erven. Item alse erst mal myne dre dochter by namen

---

318 Birgittenkloster Marienwohlde bei Mölln.
319 Folgt gestrichen: hir up.
320 Diese beiden Zeilen stehen rechts versetzt.
321 Folgt gestrichen: d.

Anke unde Gessche unde Lysabet unde so fort er erfen anno domino dusent fyfhundert unde teynne [*1510*], alse me dene schryft, so schal de erste rente betalt wesen up sancta Mychele [*29. Sept.*] folyo int bok C[322] folyo 203.

Folio 36 recto

/= Anno Domino 1511 des anderen dages na sancta Babbetysten [*26. Juni*] do gaf my Hinrik Lychert 3 mk, de dede he Claus Langen jungen Hanse.
Item noch heft he my geven an ossemunde unde an gelde unde overwyset alse in bok steyt C folyo 204 152½ mk 1 ß. =/

Hinrek Lychert int bok C[323] folyo 23.

/= Item de 2½ mk alse[324] hir boven steit unde 1 ß dede sint boven de 150 mk, dat is up dat erste jar rente de ik ik [!] hebben solde up sancta Mychel [*29. Sept.*] do men schrif 1510.
Item noch by Hans Styppekelk 7 ß,[325] de hebbe ik entfangen.
Item noch sende he my 3 <mk> by Hanssken, Claus Langen jungen, up sancta Johans avent to Lychten [*25. Juni*] anno 1511.
Item gaf my Hinrik Lychert sulfen 3 mk up sancta Maddelenent avent [*21. Juli*] 1511, summa dyt boven schreven 8½ mk 1 ß, is up dat erste jar de rente. =/

/= Item sende my Hinrik Lychert 6 mk by synem knechte Ja<c>him up sancta Gerder<u>tdach [*17. März*] anno 1512 unde was des mytwekens for Mytfasten.
Item gaf my Hinrik Lychert 7 mk up des hilgen Lychammes afent [*9. Juni*] dar was by Claus Lange unde Hinrik Top anno 1512.
Item gaf my Hinrik Lychert 5 mk in sunte Peters kerken des donredages for sancta Barberen [*2. Dez.*] anno 1512, summa 26 mk 9 ß. Item rest he 18 mk 7 ß. =/

/= Anno 1513 up sancta Peter unde Pawel [*29. Juni*] gaf my Hinrik Lycher by siner frouwen 16 mk, de de se Arnt Bolten de gaf[326] <d>e em fort etc. gaf. =/

/= Item so sende my Lycherdes frouwe 3 mk myn 1 ß des sondages na Mariendach alse se int geberchte gink [*3. Juli*] anno 1513.
Item aldus is my Hinrik Lychert< nycht > schuldach er up sancta Mychel [*29. Sept.*] nu to komende, so sal ik fan em hebben 15 mk anno 1513.
Hinrik Lychert int bok C 203. =/

/= Anno 1514 des frigdagges nach sancta Dynyse [*13. Okt.*] gaf he my 8 mk.
Item sende he my by sinem knechte 2 mk up sancta Simon [*unde*] Jude [*28. Okt.*].

---

322 Rechnungsbuch C.
323 Rechnungsbuch C.
324 Folgt gestrichen: h.
325 Es folgt ein Kreuz in der Zeile. Dieser Satzteil wurde bereits vor Streichung der kompletten Seit, durchgestrichen.
326 Folgt gestrichen: s.

Item gaf he myner maget Grete 2 mk up sancta Eustasius[*3. Nov.*].[327]
Item aldus so is he[328] 15 mk de se de hebben gefen up sancta Mychele [*20. Sept.*] 1514 unde he wyl[329] my nycht geffen er Paschen anno 15(…) folio 36 up desser anderen syden [?] up [?] desse ander syden fo[*lio*] 36. =/

Folio 36 verso

Jesus Ma[*rya*] amen

/= Anno Domino 1514 do rekende ik myt Hinrik Lycherd, so dat he my blef tenetur 15 mk lub, de wil he my gefen up Paschen negest komende unde ik solde hebben haet up sancta Mychele [*29. Sept.*] anno 1514. Item dyt is fan der rente fan dem herinkhus anno 1514. =/

A(…)

/= Anno 1516 den ersten sonnafent in der Faste [*8. Feb.*] do gaf my Hinrik Lychert[330] 7 mark in der kerke to sancta Peter.
Item noch sende he my 8 mk des anderen donrendages in de Faste [*13. Feb.*] anno 1516, dyt solde he my gefen hebben up Paschen vergangen [*8. Apr.*] 1515.
Anno Domino 1516 uppe sancta Peter unde Pawel alse me helt sancta[331] Johan to lychten [*26. Juni*] helt gaf my Lychert 1 mk in sancta Peter kerken.
Item noch sende he my 2 mk by sinen knechte Hinrik des frigdages na Marien int geberchte [*4. Juli*] anno [*15*]16.
Item gaf he my 1 mk up sancta Maddelenen [*22. Juli*] in der kerken sancta Peter anno [*15*]16.
Item gaf he my 2 mk up sancta Jacobes afent [*24. Juli*] anno [*15*]16.
Item gaf he my 2 mk den dach vor sancta Peter in der ernde [*31. Juli*] [*15*]16.
Item gaf he my 2 mk up sancta Lucysen dach [*18. Okt.*] anno [*15*]16 in sancta Peter kerken.
Item entfangen 2 mk.
Item entfangen 1 mk up Nyjars avent [*31. Dez.*] de gaf < he > my to sancta Peter in kerke.
Item entfangen 1 mk up Pawels up sine bekeryne [*25. Jan.*], de berchte my sin junge anno 1517.
Item entfangen 1 mk des sonnafen for sancta Aplongen [*8. Feb.*] [*15*]17. Hirmede dyt jar betalt,[332] summa 15 mk.
Item dyt is van dem jar unde vorgangen 15 [*mk*].

---

327 In Lübeck abweichend von der Regel erst einen Tag später. GROTEFEND: Zeitrechnung, Bd. 2, S. 104.
328 Folgt gestrichen: ½ jar.
329 Folgt gestrichen: de.
330 Folgt gestrichen: t[?].
331 Folgt gestrichen: Peter.
332 Folgt gestrichen: Item dyt jar 15 (…).

Anno Domino 1517 do gaf my Hinri<c> Lychert 1 mk up sancta Kryst [*unde*] Kryspiar [*25. Okt.*].
Anno [*15*]17 den donredach vor alle Gades Hilghen [*29. Okt.*] gaf Lychert 2 mk in den 2 tolboden anno [*15*]17.
Anno [*15*]17 up al Gades Hilgen [*1. Nov.*] 2 mk.
Anno [*15*]17 des donredages vor sancta Merten [*5. Nov.*] entfangen 3 mk.
Anno [*15*]17 den man<dacht>[333] vor sancta Mer[*ten*] [*9. Nov.*] gaf he my 1 mk in kerken. =/

Anno [*15*]17 den anderen dach na sancta Merten [*13. Nov.*] entfangen 1 mk.
Item int bok C 204. Item int bok C folyo 204.

Folio 37 recto

[*Seite ausgerissen*]

Folio 38 recto

[*Leerseite*]

Folio 38 verso

Item Simon Jonsen[334] (…)

Folio 39 recto bis Folio 46 recto

[*Leerseiten*]

Folio 46 verso

Jesus Maria amen

/= Anno Domino 1478 do rekende my moder myt Hans Meyer, do blef he er 20 mk, noch entfink Kunneke van Hans Davit 6 mk. =/

/= Anno [*14*]79 do dede ik Hans Meyer ½ mechghelsk [*laken*] rot vor 20 mk, noch 126 lb pepperkomen, it hunder 10 mk, is 12½ mk 20 d,

---

333 Davor am linken Seitenrand hinzugefügt.
334 Simon Jonsen war verheiratet mit Hinrik Dunkelguds Tochter Lysabeth. Vgl. dazu Hinrik Dunkelguds Verwandtschaftstafel (Anhang 11.5) und den Personenindex.

noch geven vor 12 rotlaske under de kussen[335] 2 mk 4 ß,
noch gaf ik vor 1 brun mechgelsk [laken] 40 mk,
noch vor 8 elen brugges [laken] den knechte 4 mk 7 wit,
noch dede ik Konneken 1 seter, stat 1½ mk,
noch 1 dossin kussen blade[336] stan 13 ß grot, it lb grot 7 mk, is 4½ mk 1 ß,
noch Meyer sulven 5½ elen leydesch [laken], de elen vor 13 ß is 4 mk 7½ ß,
[337]noch to den kogel tynpe ½ elen leydes [laken] 7 ß,
noch 1 t. flessches, stat 23 ß 6 d,
noch ½ t. lasses stat 2½ mk,
noch 1 molhuses laken stat 5½ mk. =/

Folio 47 recto

Jesus Maria amen

/= Anno Domino 1479 des sondages vor sancta Symen unde Jude [24. Okt.] do gaf my Hans Meyer sin dochter Kunneken to der Ee.
Item do blef my Hans Meyer schuldych dat ik vor em utlede int erste 1 brun me<c>hghelsk laken[338] vor 40 mk, dar kledede he mede sine beyden dochter.
Item noch ½ rot mechchelsk [laken] 20 mk,
noch Hans Meyer sulven 6 ele brun leydes[339] to hoeyken unde ko< ge >len,[340]
noch sine knechte 8 ele bruggesch [laken] vor 4 mk 7 wyt,
noch vor 1 seter[341] 1½ mk,
noch vor rotlaesch[342] to kussen 2 mk 4 ß,
noch vor kussenblade <1> dossin[343] 4½ mk 1 ß, summa 77 mk 7 ß 4 d. =/

/= Item noch gaf ik den schafferen, dat se utlecht hadden to der kost[344] 3 tunnen hamborger bers 6½ mk 2 ß,
noch vor win 6 mk 2 ß,
noch vor 1 ossen[345] 5 mk,
noch vor 2 boetlinge[346] 3 mk 4 ß,

---

335 Rotgefärbtes Leder.
336 Kissendecke.
337 Am linken Seitenrand sind bis einschließlich hierhin alle Zeilen dieses Absatzes mit einem kurzen waagerechten Strich markiert.
338 Laken aus Mechelen.
339 Tuch aus Leiden.
340 Hoike und Gugel.
341 Gesteifte Leinwand, vgl. MANTELS: Memorial, S. 358.
342 Rotgefärbtes Leder, Mantels, S. 358.
343 Kissendecken für 12 Kissen, Mantels: Memorial, S. 358.
344 Hochzeitmahl.
345 Ein Ochse. Dieser Preis variierte nur leicht von dem für das Jahr durchschnittlichen Ochsenpreis von 6 mk. Vgl. SELZER: Verbraucherpreise, S. 22 f.
346 Hammelfleisch.

noch vor 16 lb mandelen, to 16 d, is 21 ß 4 d,
noch 10 lb rossinen vor 6½ ß 2 d,
noch vor saffran 12 ß,
noch de < e > speleduden 3 mk 6 d,
noch vor melk 8 wyt,
noch vor rugge unde fote[347] 1 mk 1 d,
noch vor dermen[348] 5 ß,
noch vor beker[349] 1 ß,
noch salsementen[350] 10 ß,
noch vor sukker 11½ ß,
noch dem koke 20 ß,
summa 30 mk 11 ß 1 d. =/

/= Item noch is Hans Meyer myner moder lent gelt 20 mk,
noch kofte ik em 1 molhuses laken[351] er ik Kunneken krech 5½ mk,
noch kofte ik em 126 lb pepperkomen[352] dat 100 [to] 10 mk, is 12½ mk 20 d,
noch borde se van Davyte 6 mk,[353]
noch kofte ik Gretke Meyer 15 ele leydsche [laken] vor 15 mk, dar entfink up 6 mk.
Item summa dyt boven schreven tohope 161 mk 4 ß 1 d. =/

Item wes ik Hanseken Meyer[354] don hebbe steyt int bok A folyo 69.[355]

Folio 47 verso

Jesus Marya amen

Anno Domino 1504 up sancta Joriensdach [*23. Apr.*] do dede ik myner dochter Anneken Langen 465 herinkgarn,[356] it stukke vor 4 ß, is summa 116 mk 4 ß.

Item noch dede ik er 40 garn ffan 7 stygen[357], it st. 7 ß, is 11 mk 4 ß.

Item noch 80 hamen[358] st., it stukke 11 wytte, is 18 mk 16 d.

---

347 Wurstfleisch. MANTELS: Memorial, S. 358.
348 Würste. MANTELS: Memorial, S. 358.
349 Becher. MANTELS: Memorial, S. 358.
350 Gewürzpulver für Speisen.
351 Mühlhausen in Thüringen.
352 Pfefferkümmel.
353 Noch lieh Kunneke von Hans David zu Ruppersdorf 6 mk. MANTELS: Memorial, S. 358.
354 Dunkelguds Schwager, Hans Meyer d. J.
355 Rechnungsbuch A.
356 Fisch- oder Heringsnetze.
357 Im Leinwandhandel bestand eine Stiege aus 20 Ellen. Übertragen auf ein Fischnetz mit 7 Stiegen, wäre dieses 140 Ellen lang gewesen, wobei eine Lüneburger Elle vor 1693 57,6 cm fasste. WITTHÖFT: Umrisse, Bd. 1, S. 542. Demnach wäre eines dieser Netze mit 7 Stiegen näherungsweise über 80 m lang gewesen.
358 Kleine, an einem Stiel befestigte Fischnetze.

Item noch 54 fadem,[359] stat it stukke 8 wytte, is 9 mk.

Item noch 33 dunne stukke, it st. 4 ß, is 8 mk 4 ß.

Item 15 stelten doke, it stukke 3 ß, is 2½ mk 5 ß, summa 165 mark 10 ß 4 d. Hy (…).

Item hyr schal Anneke so vele tegenleggen in garn unde wes wy denne voroveren, hort uns beyden toe werde, myner to kert se sal me van myn part arme juncfrouwen mede berade.

Folio 48 recto

Item entfink ik van Aneke 29 manse[360] unde gaf it manse 9 ß, is 16 mk 4 ß.
Item entfangen van Anneken 8 garn qwam to sancta Byregeten 2 mk 4 ß.
Item entfangen by Peter Fresenberch vor 100 manse 50 mk.
Item entfangen van Annek an reden gelde 98 mk.

(Hintereinband)

Item het de man de my Kulenborg hyr was van Surkopinge, Jacob Petersen.

Folio 234 recto

[*Fol. 234r*]

[Briefadresse:][361]
Dem ersamen
Hinrik Dunckelgut
to Lubeke sal desse breff.

Jesus Maria

Minen wilgen denst tovorn Hinrik, ersame gude vrunt. Ik hebe deinen breff wol untfangen unde vor stan. De gescreven isz up unses Heren hemmelvart [*16. Mai*], dar du in scryvest, dat ik dy scriven sal, wo unse dinck stat tussen dy und my. Aldus so hebbe ik dat bock nicht hir, alse van dinen dingen unde ik vormode my, ik

359 Lotleine?
360 Eine Form von Fischnetzen für kleinere Fangaktionen.
361 Es folgt der Inhalt eines Briefes von Claus Werneke, der nachträglich an hinteren Inneneinband des Lederumschlages geklebt wurde.

wil dar kamen ut dissen markt. Aldus mostu tovreden sin so lange, ik dar by kame, so wil ik dy, wil Got, dar gut beschet aff don. Item ok, so du scrivest alse van dem suben, den ik van dy hebbe, de hebbe ik vorkopen laten in dem Brugschen markt unde wart gegeven vor 4 lb 8 ß. Ik en konde dar nicht mer aff kriegen. De men[362] hade 1 ß vor sinen arbeit, aldus kumpt he ut vor 4 lb 7 ß. Item, so du scrivest, dat ik dy screven sal, wat d[e] olie tegen d[e] winter don wil, desz en kan ik dy nicht scriven. Men d[e] vette ware slaet aff, alse botter unde talluch[363], men d[e] olie holt noch stede. De kremersz koften nu, alse in de weke vor Pinxsten, vor 5 lb 12 ß d[e] pipe. Dat wasz geld noch, d[e] isz sinne, dit jar sal he redeliks by g[e]lde bliven. Daren sal nen grot affslach affkamen. He wert my nu glaten to leveren vor 5 lb 10 ß. Dat en isz noch nen grot kop. Nicht mer, men ik bevele dy Gade. Gescreven to Amdorpe[364] desz mandages na desz hilgen Lichameszdag [*10. Juni*] anno [*14*]82.

Claes Wer[365]neke

Folio [234v]

Jesus Maria amen

Anno Domino 1484 up des hilgen Kruses avent vor sancta Mychele [*13. Sept.*] in dem namen doer hilgen Drefaldycheyt beger ik, dat me dyt so holde alse hyrin schreven steyt dat ik besegelt hebbe.

Folio 233 recto

[*Leerseite*]

Folio 233 verso

Jesus Maria

Item so beger ik dat gy myner moder io nene not laten lyden boven al.

---

362 Wohl ein Makler.
363 Talg.
364 Antwerpen.
365 Senkrechter Strich zwischen r und n.

9.4 Edition des Rechnungsbuches

Folio 232 recto

Jesus Maria amen

/= Anno Domino 1484 up des hilgen Kruses avent vor sancta Mychele [*13. Sept.*].
Item asset sake, dat my Got esschende worde in desser pestelenseren so make ik dyt in den namen der hilgen Drefaldycheyt vor myn testemente unde beger dat dat[366] me dyt naschreven so holde.
Item geve ik to wegen unde stegen 3 mk.
Item geve ik Lutke Dunkelgudens dochteren mede to beraden 6 mk.
Item geve ik Anneke Emekens kinderen 6 mk.
Item Hinrik Dunkelgudens kinderen 6 mk.
Item myns fadersuster 3 mk.
Item Hans Degeners kinder 16 mk tom Holm eft ik wes naten noten hadden van ers fader gude.
Item geve ik myner hafsuster Telsken 5 mk.
Item to Ratkouwe in de kerken 3 mk.
Item to Susel in de kerken 3 mk.
Item to Gelsschendorpe in de kerken 3 mk.
Item geve ik to sunte Byrgeten to Margenwolde 10 mk, dat se vor my < bidden >[367].
Item so bin ik Peter Scharvenhagen[368] alse ik my wroge in myner konsensseie van rekenschop[369] 18 mk, de geve my synen frunden, dat se se keren wor se wyllen eft in de er Gades we dar denne recht to heft deme lone it Got.
Item ik wet nicht eft ik Hovenborge bin ik ½ mechels laken vor 20 mk. Ik krech 1 half laken. Ik wet nicht eft it Hans Smyt mank de mecchelschen [*laken*] rekende, de wy tohope keften edder yft ik it betalde, dar mot me ransaken in de rekenschop. Ik mene ik bint Hovenborge schuld. Item bin ik yt em, so mach me it em korten in der schult de he my is tenetur. Item aldus geven ik vort, wes dar is van mynem nalaten gude, geve ik myner werdynen Kunneken myt myner dochter Aneken dat se dat tohope delen unde weret sake, dat se swager we < r >, so sette ik dat by myne formunderen, dat se da < t >[370] denne myt en delen dat it lyk sy unde dat ik Kunneken io nicht to na sy.
Item so bin ik begerende to formunderen Hans Pawes unde Hermen Hushere unde Hermen Tylink, Tymeke Suselman unde Kunneken, myner we < r > dynne, darmede rade lyk enen vormunder. =/

Item dyt es ummeschreven in ander blat anno [*14*]87 folyo [?][371]

---

366 Folgt gestrichen: my.
367 Nachträglich unter der Zeile hinzugefügt.
368 Folgt gestrichen: fr.
369 Folgt gestrichen: 5.
370 Über der Zeile: t.
371 Folgt: Ein unverständliches Zeichen aufgrund eines Fleckes in der Vorlage.

Folio 232 verso

Jesus Maria amen

/= Item weryt sake dat Kunneke unse Hergot esschede worde is na my unde denen so vort Anneken, < myne dochter, alle myne kinder, > na Konneke, so schal me denne unse nalaten gut, dat van myner wegen an partet mynen vrunden nicht geven mer willent de formunder, den so bin ik is tofrede, dat me dessen naschreven alse Lutken Dunkelguden kinderen < geve > 10 mk.
Item Hinrik Dunkelguden kinderen 10 mk.
Item myner halfsuster 8 mk.
Item miners fadersuster 6 mk.
Item to Ratkouwe in de kerken 10 mk.
Item to Susel in de kerken 6 mk.
Item to Gelsschendorpe 6 mk.
Item to sancta Byrgete to Margenwolde 30 mk dat se vor myn bidde.
Item geve ik kunnt, alse hyrvor schreven steyt geve ik Hans Borne[372] 100 mk.
Item geve Peter Kegeben 50 mk.
Item wes dar vort mer is, dat dele me in de hende der armen, alse in arme gadeshuse unde armen juncfrouwen, dar it alder best bestedet is, dat selte ik by de formunder, dat se darby don alse se wolden dat me en dede eft at en so legen were unde Got errer zele dar s < o > vor lone.=/

Folio 231 recto

[*Leerseite*]

Folio 231 verso

Jesus Maria amen

/= Anno Domino 1487 des mytwekens vor Paschen [*11. Apr.*] so make ik dyt vor myn testament. Item isset sake, dat my Goet esschet er ik dyt anders make, so beger ik dat me dyt naschreven holde, alse ik hyr schryve.
Item so geve ik to wege unde stege 1 mk, to sunte Jorgen tor Swartouwe jewelken seken 1 par schoe,
noch amren luden it gemene 10 mk,
noch Lutke Dunkelgudes kinderen 3 mk,
noch Hinrik Dunkelgudes kinderen 1½ mk,
noch Anneke Emeken kinderen, Hans kinder, 5 mk,

---

372 Folgt gestrichen: 60 mk.

noch mynes fader suster 2 mk,

[373]noch mener halfsuster Telsken 2 mk,

noch Hans Degeners kinderen to Holm in den swarten kloster 16 mk eft ik eres fader gut wes noten hebbe, dar ik nicht fel vor dan hebbe,

noch wroget my myn konsenzege, dat ik Peter Scharvhagen sy 18 mk, de geve me synen armen frunden, de dar recht to hebben eft Got lont de dar best recht to heft,

noch to Ratkouwe in de kerke 5 mk,

noch to Gelkendorpe in de kerke 1½ mk,

noch to Susel in de kerke 1½ mk,

noch to sancta Byrgeren to Marywolde 10 mk,

noch den armen seken vor der Nyestat 1½ mk.

Item aldus so geve ik vort myn nalaten gut bewelyk unde unbewelyk myner werdynen Kuneken myt eren kinderen, dat se dat tohope delen, dat ene so fele hebbe alse de anderen to lyker delinge.

Item so wer wol myn beger isset sake, dat en van mynen dochteren dar wyllen to hadden dat me se to sunte Byrgeten to Maryenwolde int kloster geve, dat ess my bede unde beger.

Item hyr bydde ik to umme Gades wyllen unde guder fruntschop to vormunderen Hans Pawes, Hermen Hushere unde Hermen Tylink unde Tymmen Suselman unde geve enen jewelken 1 rinschen gulden do selyger dechtnysse in namen der hylgen Drefaldycheyt.

Anno Domino 1488 des mytwekens vor Paschen [*2. Apr.*] so begere ik dyt bovenschreven testament so to holden, de alse ik yt dat vorschreven jar gemaket hebbe, alse hyr vorschreven schreven steyt.

Item geve ik in de kloster dar ik broder in bin in jewelk 1 tunne soltes in Sweden to de swarte monken tom Holm.[374]

Item to Julytte kloster.[375]

Item to Esschelstune kloster.[376]

Item to sancta To[n]yges hove by der Wysmer.[377]

Item des hilgen Lychnamerbroderschop 1 rinscgen [*gulden*].

Item to sancta Annenbroderscop 1 nobel etc. =/

---

373 Am linken Seitenrand neben dieser Zeile: ein Kreuz.
374 Das Dominikanerkloster in Stockholm.
375 Das Zisterzienserkloster im schwedischen Julita.
376 Die Johanniterkommende im schwedischen Eskilstuna.
377 St. Antoniushof in Wismar.

Folio 230 recto

Jesus Maria amen

/= Anno Domino 1492 des dinxdages vor Paschen [*17. Apr.*] so make ik aldus myn testemente. Item is dat sake, dat my Got esschet ere ik dyt ander make, so beger ik dat me dyt naschreven aldus wylle holden[378] alse ik hyr schryve umme mines begers wyllen unde umme myner sele salycheyt wyllen.
Item aldus geve ik to wege unde stege 1 gulden.
Item to sancta Jorgen to der Swartouwe jewelken seken 1 par scho.
Item armen luden, it gemene de behoven 6 pennygen, geven 10 mk.
Item Lutke Dunkelgudes kinderen unde Hinrik Dunkelgudes kinderen tohope 5 mk.
Item Anneke Emeken kinderen de nu wont to deme Rostorpe[379] 5 mk < Klaus[380] kinderen >.
Item mynes fadersuster Raveschen 2 mk.
Item to Ratkouwe in de kerken 5 mk.
Item to Gelsschendorpe 1 mk.
Item to Susel 1 mk.
Item to sancta Byrgeten 10 mk.
Item so wroget my myn konzensege, dat ik < Hans > Degener noch wol bin 16 mk unde Peter Scharhagen 18 mk. Item aldus is Hans Sleydorn desser beyder vorschreven to achter, alse mechte me em aldus seggen wolde, he it boren eft wolde he it mede bekenen, dat me so fele geven in de er Gades eft kerde it < in > armen juncfrouwen to beraden, so wold er den recht to hadde, dat eme Goet it lon dar vorgeven.
Item noch den armen seken vor der Neyenstat 1 mk.
Item so geve ik in de kloster dar ik broder in bin in jewelk 1 tunne soltes em to den swarten monken[381] to Holm.
Item to Julytte in Sweden.
Item to Esschelstune.
Item to sancta Tonges by der Wysmer.
Item to hylgen Lychnamesbroderschop to Lubeke 1½ mk.
Item to sancta Annenbroderschop 5 mk.
Item aldus geve ik vort myn nalaten gut bewelyk unde unbewylyke myner werdynnen myt myner kinderen, dat se dat tohope delen, de ene so vele alse de ander to lyker delinge van byddet Got vor myne sele.
Item so is myne beginge wer dar en van mynen dochteren dede wolde umme Gade wilen unde mynes willen syk geven to sancta Byrgeten to Maryewolde, dar scholde me er behullyk inne wesen.

---

378 Folgt gestrichen: ik.
379 Rosdorf bei Kellinghusen in Holstein.
380 Folgt gestrichen: dm.
381 Folgt gestrichen: Item.

Item hyrto bydde ik umme Gades willen to formunderen Hans Pawes unde Hermen Husheren unde Hermen Tylink unde Tymeke Suselman (...) unde geve enen jewelken 1 rinschen guld to selyge dechtnysse in Gades namen amen.

Item alse ik hyr boven hebbe schreven van Sleydorn, de is nu in Got vorstorven, so ma[382]ch me se manen syne werdynen. Sledorn blef[383] my 58 mk 3 ß. Item gyft se it ut, so mach me er seggen wil se it se beleven, alse ik hyr boven schreven hebben, isset dat he kinder nalaten heft. Item heft he ok nene kinder nalaten, de noch leven, so schal se dar nycht van beholden van den 58 mk < 3 > ß mer me schal tor afmanen unde geven dene 16 mk unde 18 mk in de er Gades, dat ik al der best behof is anno [14]91. =/

Folio 230 verso

In nomyne domine   Jesus Maria amen

/= Anno Domino 1493 des dinxdages vor Paschen [2. Apr.], so make ik aldus myn testament. Item esset sake, dat Goet my esschet er ik dyt ummeschreyven, so bydder ik, dat me dysse naschreven stukke so halde alse hyrna schreven steyt umme myner sele salycheyt wyllen.

Item int erste geve ik to wege unde stege 1 rinschen gulden.

Item to sancta Jorgen tor Swartouwen jewelken seke 1 par schoe.

Item den seken vor Nyenestat 1 mk.

Item armen luden 10 mk, dat me en de dele by pennygen.

Item myner halfsuster beyden dochteren jewelker 5 mk.

Item mynen anderen frunden van des fader wegen. Sint dar arme juncfrouwe to beraden, den geve ik tohope 10 mk.

Item Ratkouwe to dem gades < hes > to bouwen 3 mk.

Item to Susel to bonwete 1 mk. Item to Glesschendorpe ok 1 mk.

Item so geve ik in de kloster in Sweden dar ik broder bin. Int erste to Holm int swarte kloster 1 tunne soltes.

Item to Esschelstune 1 tune soltes.

Item to Yulytte 1 tunne soltes. Item so sint hyr breve de sal me en wedder senden in de kloster wen ik vorstorven < bin > de se ut geven hebben.

Item to sancta Antonges by der Wysmer 1 tunne soltes.

Item to des hilgen Lychnamesbroderschop 1 gulden.

Item sancta Annenbroderschop 5 mk.

Item in unser leven frouwen broderschop up den frythof 1 mk.

Item so geve ik Hans Degeners kinderen to Holm in den swarten kloster, beyde sint it monke, den geve ik 10 mk to ere not.

Item so geve to sancta Byrgeten vor Mollen 2 last roggen, dat se Got vor my bydden.

---

382 Über der Zeile: a.
383 Folgt gestrichen: ny.

Item s(…)
Item (…)
Item geve ik vort al myn natlaten gut huse, hof, bewegelyk unde unbewelyk myner werdynnen Kunneken myt mynen kinderen, dat se dat tohope delen, de ene so vele alse de ander unde den myner sele jo wat gudes nae wente gy meten alle folgen.
Item so is myn beger wer daren van mynen kynderen dede wolden umme Gades wyllen van umme myner sele[384] wyllen syk geven to sancta Byrgeten to Margenwolde der scholde behuplyk wesen. =/

Folio 229 recto

Item so bydde ik to formunderen umme Gades wyllen (…).

Folio 229 verso

Jesus Marya amen

/= Anno Domino[385] <1502>[386] dinxdages vor Paschen [*22. März*] so schyve ik Hinryk Dunkelgut dyt my < t > myner egen hant unde make aldus myn testemente by myner wolmacht. Ysset sake dat my Goet esschet ere ik dyt anders make efte ummeschryve, so begere ik, dat me desse naschreven artykele unde stukke so holde alse hyrna schreven stan umme myner sele salechyt wyllen unde umme juwer sele wyllen wen gy na scholen etc.
Item int erste geve ik to wege unde stege 1 rinschen gulden.
Item to sancta Jorien to der Swartouwe jewelkenn seken 1 par scho.
Item armen luden to delen in de hant by pennygen 10 mk.
Item myner halfssuster Telsschen eren beyden dochteren 5 mk.
Item mynen frunden van des fader wegen, de is best behoven tohope 5 mk.
Item 4 de negesten erve.
Item to Ratkouwe in de kerke 3 mk.
Item to Gelschendorpe in de kerke 1 mk.
Item to Susel in de kerken 1 mk.
Item so geve ik den kloster in Sweden dar ik broder in bin, alse to Holm in swarte kloster unde to Esschelstune unde to Yulytte in jewelk 1 tunne soltes. Item so sint hyr breve de schal me en mede senden in welk kloster sinen breff de se utgeven hebben up broderscop.
Item to sancta Antonges by de Wysmer to sancta Tonges have 1 tunne soltes.
Item de des hilgen Lychnamesbroderschop 1 rinschen gulden to sancta Jacob.
Item to sancta Annenbroderschop 3 rinsche gulden.

---

384 Folgt gestrichen: wilge.
385 Folgt gestrichen: 1495 des.
386 Über der Zeile nachträglich eingefügt.

Item to unser leven vrouwen broderschop up frythof 1 mk.
Item geve ik Hans Degeners beyden sons tom Holm, den beyden moken, tohope 10 mk eft ik eres faders noten hebben unde dat se Goet vor my bydden.
Item so geve ik to sancta Byrgeten vor Mollen 2 last roggen. =/

/= Item so geve ik vort an myn nalaten gut, hus unde hov, bewelyk unde unbewychlyk, dyt geve ik myner werdynnen myt mynen kinderen, dat se dat tohope delen to lyker delyge.
Item vorgetet jo myner sele nycht wente gy meten alle nae Ga < e > t vorleven beholden reyse. Amen.
[387]Item so begere ik to formunderen Klaus Lange, Arnt Bolte unde Klawes Kruse, Heyne Kedink unde geve enen jewelken 1 lub gulden to fruntlyker detnysse. =/

Folio 228 recto

Item weret sake dat en van mynen kyndere syk wolde geven to sancta Byrgeten int kloster, dar scholde me em to helpen umme myner sele salycheyt wyllen.

/= Item eft it qweme dar geet vor sy dat Konneke storve myt den kynderen kort na my, so begere ik dat me van mynen nalaten gude make ene ewege mysse to sancta Byrgeten to deme altar, dat ik dar hebbe maken laten. Item se behoveden dar wol ene fromysse alle dage de se en so maken konde unde dat were wol myn begere. =/

/= Item wes dar denen vort an were dat me dat kerde in de hende der armen unde armen juncfrouwe mede to beraden.
Item mynen frunden bin ik dar nycht fele af plege went ik hebbe van en nycht ervet ok ervede myn fader eft myn moder van den ere nycht. Item wylle my mynes fader frunde wes tokeren up en 20 mk unde der menen frunt up 10 mk des bin ik torfreden. Dyt sette ik to den formunderen eft ik so qweme alse hyr boven steyt, dat Got vor sy hyrmede schol den myne frunde scheden wesen van al mynen nalaten gude etc. =/

Item so geve ik mynen formunderen jewelken 1 lub gulden to seliger dechtnysse etc.

---

387 Davor gestrichen: „Item so bydde ik to formunderen Hans Cordes unde Hinryk Witte, Hermen Tylink unde Klawes Kruse unde Gerd Schulten." Der Name Gerd Schulten wurde hierbei noch einmal einzeln ausgestrichen, da Hinrik Dunkelgud ihn wohl fälschlicherweise notierte. Dunkelgud war als einer der Provisoren Schultes nämlich selbst bei dessen Testamentseröffnung am 17. Januar 1496 anwesend. Gerd Schulte wurde seit dem Jahr 1498 als Mitglied der Krämerkompanie gelistet. AHL, Niederstadtbuch Reinschrift 1496–1500 Letare, fol. 4r.

Folio 228 verso

Jesus Marya amen

/= Anno Domino 1502 up Maryen Hemmelfart [*15. Aug.*] so schryve ik Hinryk Dunkelgut dyt sulven myt myner egen hant int myner folmacht unde wolmacht unde sundheyt etc. unde make aldus myn testament unde beger, dat me dyt aldus holde alse ik hyr sulven schyvende werde umme myner sele salycheyt unde iuwer wen gy na scholt etc.
Item in erste geve ik to wege unde stege 1 rinschen gulden.
Item den armen seken tor Swartouw jewelken 1 par scho unde vort in 4 sek[?]hus vor der Nygstat unde Parketin unde Gronauwe vor Mollen.
Item armen luden to delen in den hant 10 mk.
Item myner halfsuster <Telsken> kenderen jewelken 1 mk.
Item mynes faderssuster Rafenschen eren kynderen tohope 3 mk.
Item to Ratkouwe in de kerke 3 mk to den buwete.
Item to Susel in de kerke 1 mk to den buwete.
Item[388] Gelkendorp in de kerke 1 mk to den buwete.
Item geve ik in Sweden tom Holm int swarte kloster 1 tunne soltes.
Item to Esschelstune int kloster 1 tunne solt.
[389] Item to Iulytte int kloster 1 tunne solt. In desse 3 kloster <in Sweden>[390] bin ik broder unde hebbe eren breve, de breve sal me ensenden by der gase.
Item geve ik to sancta Tonges by der Wysmer 1 tunne soltes.
Iten in des hilgen Lychnamesbroderschop to sancta Jacob 1 guldin.
Item to sancta Annenbroderschop 3 gulden rinsch.
Item to Maryenbroderschop up den frythove 1 mk.
[391]Item geve ik Hans Degeners kynderen tom Holm in den swarten kloster 10 mk, dat se Got vor my bydden.
Item geve ik to sancta Byrgeten vor Mollen in kloster 3 last roggen, dat se my schryven in er denkebok unde Got or my bydden unde myn fouwe.
Item noch geve ik to scan Byrgeten int kloster de hundert mark unde <40 mk>[392] de ik hebbe in den have to Roberstorp by den Ratkouwer See dar nu up went[393] <Dankwer> unde dar for scholen se laten in lesen
myssen vor mynen altar, dat ik dar maken let vor my unde myne werdynne unde mynen frunde unde begger van mynen formunderen, dat se dyt wyllen vorbeteren myt desser myssen eft dar wol stervet van mynen kynderen er se bera[394]den werden,

---

388 Folgt gestrichen: Susel.
389 Am linken Seitenrand möglicherweise von anderer Hand angemerkt: sweden.
390 Über der Zeile eingefügt.
391 Dieser Satz geht über zwei Zeilen, die jeweils am linken Seitenrand mit einem Kreuz markiert sind. Außerdem wurden jeweils am Zeilenbeginn Teile des Satzes bereits vor Streichung der kompletten Seite durchgestrichen: Item geve ik Hans Degeners; kloster 10 mk, dat se Got.
392 Am linken Seitenrand hinzugefügt.
393 Gestrichen: Marquard Gerdes.
394 Über der Zeile: a.

wes daraf boret schal me maken to dem altar. Ik begerde wol konde me it fellen brggen, dat me darvor makede ene fromysse, de is dat nycht int kloster des somes to 5 uren unde des wynters to 6 uren.
Item so schal me vorkopen dat Herinkhus vor dem Holstendore unde wat darvan komt, dat sal ok to dem altar to der myssen vorschreven it <hus> steyt my wol 500 mk unde [*mil*]³⁹⁵.
Item me sal nemen to hulpe de ketel unde wes darto dem se in wer kehort to semen de etc. Item hyr mysse dat se alle dage lesen werde unde nycht verstummet. =/

Folio 227 recto

Jesus Marya amen

/= Anno Domino 1507 up des hilghen <Lychnamens>fest [*3. Juni*] so schryve ik dyt Hinryk Dunkelgud myt myner egen hant in myner wolmacht unde suntheyt etc. unde make aldus myn testament unde beger, dat me dyt aldus holde alse ik hyr schyven werde umme myner zele salycheyt unde juwer wente gy meten volgen wys etc.
Item int erste geve ik to weghe unde stege 1 rinschen gulden.
Item den armen seken tor Swartouwe unde den vor der Nyestat jewelkem 1 par schoe etc.
Item den anderen seken hyr umme here up 4 myle na jewelken 1 ß.
Item armen luden in de hant to delen 10 mk.
Item nyner halfsuster <Telske> kynderen 2 mk.
Item mynes fadersuster kynderen, Rafens kynderen, tohope 3 mk.
Item to Ratkouwe to kerken bouwete 5 mk.
Item to Gelschendorp in de kerke tom³⁹⁶ bouwete 1 mk.
Item to Susel in de kerke tom bouwete 1 mk.
Item to Tramunde in de kerke to bouwete 1 mk.
Item to sancta Peter to Lubeck in kerke to bouwete 3 mk.
Item in Sweden tom Holm in swarte kloster 1 tunne soltes.
Item in Sweden to Esschelstunne int kloster 1 tunne soltes.
Item in Sweden to Julytte in kloster 1 tunne soltes.
In dessen vorschreven 3 klosteren bin ik broder unde hebbe ere breve de schal me en wedder senden, se weten se wol wat en bort to donde unde dat solt darby etc.
Item to sancta Ton<is>hove by der Wysmer 1 tunne soltes.
Item in des hilgen Lychnamesbroderschop to sancta Jacob 1 rinschen gulden.
Item in sancta Annenbroderschop in den krame (…). =/

Item dyt is umeschriven fo[*lio*] 226.
Item up frythove Maryenbroderschop 1 mk.

---

395 Unleserlich.
396 Folgt gestrichen: t.

/= Item so geve ik to Maryenwolde vor Mollen belegen in den stychte to Rossenborch den junghen susteren unde broderen 3 last roggen, darto geve ik em so gut alse 600 mark ut mynen redesten gude hyr in mynen huseren. Hyrvor wyl ik dat de vorschreven susters unde broders to Maryenwolde scholen laten lesen alle dage vor mynen altare 1 fromysse des somers to 5 unde d [!] des wynters to 6 vor my unde myner werdynnen zele unde vor unser vor olderen zele unde vor unse kynder zele unde vor alse vrunde sele unde al crysten zele. =/

Item sla umme dyt blat etc. dar finsten mer.

Folio 227 verso

Jesus Marya

Item so scholen myne kynder unde myne formunder syk laten geven breve unde zegel, dat ze desse mysse so wylen halde unde nicht laten fallen by eren broke etc. [397]<De breve lyggen in mynen kontore.>

Item dyt zal wesen ene eewyghe mysse de breve moten luden aldus eft myn slochte vorsterft alse it don mot etc., so schal de bref luden, dat de olderlude des krames den bref by syk hebben unde dat de suster unde broder des klosters in dem breve vor wylkoren syk vor <myn unde> myne slechte unde den olderluden des kramers to Lubeck de nu synt unde kamen mogen ewich so to holdende.

/= Item noch schal me en maken, dat susters unde broders eft geven en dat se it sulven beleggen myt den vorschreven 600 mk so vele geldes, dat se af maken 10 stoveken wins unde 20 stoveken hamborgers bers. Hyrvor scholen se my unde myner zelygen werdynen Konneke alle jar began myt fylghe unde selemyssenen en jewelken up den <dach>, alse hyr in Got verstorven is unde dyt scholen se ok mede versegelen, dat se it so wyllen holden unde er nakamelyyge to ewyghen tyden. Hyrto geve ik noch 100 mk.
[398]<Dyt is bestellet.>
Item geve ik to den sulven altar[399]kelk my sme[400]de unde al wes darto hort, garwete unde alfen unde al wes to horet, alse de bref wol utwyset den se my darup geven hebben unde vorsegelt myt eren beyden zegelen, beyde susters unde broder zegel, de geschreven is int jare dusent 500 unde 8 [*1508*] in den achtedaghen der unschuldyghen kinder [*21. bis 28. Dez.*]. =/

Item so hebbe ik desse vorschreven soevenhundert [*700*] mark den susteren unde broderen to der noge wol betalt lovet zi Jesus by Godert Wyggerink, borger to Lubeck.

---

397 Später hinzugefügt.
398 Nachträglich am linken Rand und zwischen den Zeilen hinzugefügt.
399 Gestrichen: kk.
400 Über der Zeile hinzugefügt: e.

Folio 226 recto

/= Item so geve ik den armen juncfrouwen to Plone in ere kloster to Maryentyde to hulpe 100 mk, dat se myner dechtych sin. [401]< Desse hundert sint in dem hove to Ruberstrop by dem Ratkouwer See etc. > =/

Item dyt is ummeschreven folyo[402] 227.

Folio 226 verso

Jesus Marya amen

Anno Domino dusentfifhundert unde negen up sancta Merten [*11. Nov.*]. Item ik Hinryk Dunkelgud make myn testement unde schryve it sulven myt myner eegen hant in myner walmacht unde sundtheyt unde begeher dyt so to holden alse ik hirna schryvende werde etc.

Item int erste gheve ik to weghe unde to steghe 1½ mark lub.
Item gheve <ik> den armen seken tor Swartouwe unde vor der Nyenstat jewelken 1 par schoe.
Item den anderen seken hir vor Lubeke unde up 4 myle na geve ik enen jewelken 1 ß in de hant, dat se al Got vor my bydden.
Item gheve at men luden in de hant to delende by pennyyghen 10 mk.
Item myner halfsuster Telschen kynder 2 mk.
Item mynes faderssuster Rafenschen eren kyndere geve ik 3 mk.
Item to Rakkouwe in de kerken to den bouwete geve ik 5 mk.
Item to Gelschendorpe in de kerke ton bouwete geve ik 1 mk.
Item to Susel in de kerke to buwete geve ik 1 mk.
Item to Travmunde in de kerke to dem buwete geve ik 1 mk.
Item to sancta Peter to Lubeke to kerke to dem buwete geve ik 3 mk.
Item tom Stokholm in Swede in dat swarte kloster 1 tunne travensolt.
Iten in Sweden in 1 kloster to Elsschentunne 1 tunne soltes.
Iten in Sweden in 1 kloster to Julyt geve ik ok 1 tunne soltes.
Item in dessen klosteren bin ik broder, dar lygghen hir breve, up de sal me ensenden by dat solt, so weten se wol wat enbort darvor to donde.
Item noch to schante Tonn[i]ues hove by der Wysmer geve ik 1 tunne soltes.
Item gheve ik up den frythof in de broderschop 1 gulden.
Item in de broderschuop to sancta Jacob 1 gulden wort se holden.
Item gheve ik in sancta Annenbroderschop in den kram 3 mk.
Item geve ik den armen junfrouwen to der Nygenstat 3 mk.
Item geve ik den juncfrouwen to Plone 3 mk,
[403]<summa 43 mk>.

401 Folgt später hinzugefügt.
402 Folgt gestrichen: 300.
403 Nachträglich am rechten Seitenrand hinzugefügt; darunter kaum lesbar: 1 mk 1 ß [?].

Folio 225 recto

404/= Item noch gheve ik den arme juncfrouwen to Plone to Maryentyde to hulpe hundert mark, dede sint in mynes hove by dem Ratkouwer See, gheheten Ruberstorpe, dat al Got vor my bydden unde vor myn slechte unde vor alle lovh[?]ghe[405] zele etc. =/

Item gy mynen kynder eft gy myner dochter manne dyt vorschreven befele ik juw, so to holden de by juwet konsenzyen alse gy vor Gade willen antworden etc. gy meten folgen unde weten nicht wo kort.

Item myne formunder kese ik by namen Godert Wygrink unde Claus Kruse unde Arnt Bolte unde Emunt Wylmes etc.

Item noch geve ik den armen juncfrouwen to Plone 1 last roggen.
Item noch den armen juncfrouwen to der Nyenstat 1 last roggen.
Item noch to sancta Byrggeten vor Mollen 1 last roggen, dat se my began myt fyllege unde myssen unde nemen my in er denkellbok eewich etc.
Item so schal hebben Grebbynsche to der Arnsboken 6 mk to eren dochteren to beraden etc.
Item so gefe ik myner maget Gretken Tessins 5 mk jarlike rente, so lange alse sele fet do sal se boren fan der rente, de ik hebbe in Jachim Trechouwen <hus> in den wyden kramboden. Wen se in Got forstorfen is, so schalt wedder by myne kynder etc se. Item dit gefe ik er umme Gades willen, dat se Goet for my bidden etc. unde gefe er darfor, dat se my truwelken heft dent heft.

Item dyt vorschreven bevele ik juw myn vormunder by juwe sele etc. Anno 1517 vornye dyt boven schreven unde dyt vorschreven testament.

Fol. 225 verso

Jesus Marya amen

Item so geve ik myn sulversmyde alse by namen 1 sulveren kanne unde 1 sette beker, 12 beker, unde 6 stope unde 4 schalen unde 30 lepel unde 1 kouwschen, dyt wycht tohope 21 lodeghe mark, unde 4 lot. Dyt vorschreven sulfer schole hebben myne dre dochteren Anneke, Ghessche unde Lisebet etc. tohope.
Item eft en van dessen dren storve unde nene erfen hadde, so schal dyt sulver wedder erfen up den anderen, dat it by den erven schal blyven.

---

404 Am linken Seitenrand neben den Zeilen dieses Absatzes jeweils: ein Kreuz.
405 Aufgrund eines Flecks unleserlich. Unter Vorbehalt gelesen als „lovelighe" bei DORMEIER: Ordensniederlassungen, S. 354.

Folio 224 recto bis Folio 223 recto

[*Leerseiten*]

Folio 223 verso

Jesus Maria[406] amen

Anno Domino dusent 500 myn en [*1499*] do gaf ik Clawes Langen myner dochter Anneke to der ee unde gaf em mede retgelt 500 mk.
Item noch to kleden unde dat dar tohort so gut (…).
Item noch dat hus 1 jar to bruken, is ok boven 100 mk myt welker kost.
Item noch 1 jar kost unde holt unde kalen, is myt sinem folke 1 ß, ok 100 mk.
Item de halfe kost de kostede ok boven 25 mk de kost unde win, de dar drunken wart to der kost stat (…).
Item noch hebbe ik sodder <to> gefen in dem huskoepe toe 400 mk. He kofte it my af vor 220 mk unde ik hebbe em laten vor 280 [*mk*] unde it stat my wol 300 mk.
Item des lovede ik de gropen unde de kannen, alse de qwarter planken, de me dagelkes bruket unde nycht dat dar hanget des me dagelkes nycht en bruket etc., dat sal Lysebet hebben for sik.
Item noch kostede my dat bedde myt syner to behorynge (…).
Item noch vor kussen to den bedde (…).
Item noch kussen up stole unde benke (…).
Item noch lende ik 1 schon benklaken, dat stat (…).

Folio 222 recto bis Folio 212 recto

[*Leerseiten*]

Folio 212 verso

Jesus [?][407] is noster salus

Jesus Maria amen

/= Anno Domino 1483 up it Nyejar[*1. Jan.*] do dede my Tytke Kegeben to vorwarende 5 rinsche gulden, de horen toe sines broder kinderen, alse Peter Kegeben unde sin broder Lutke unde[408] eren beyden susteren Talken unde Abelken, noch dede my Tytke Kegeben 4 mk der kindergelt,

406 Über der Zeile: ein a.
407 Unleserlich.
408 Folgt gestrichen: s.

[409]noch de my en pape 2 mk dede Jacob Dreger ut [410]geven hadde, dat den kinderen tokomet.
Anno [14]84 gaf my Clawes Wedeman 2 mk van der kinder erven.
Anno [14]85 des mandages vor sancta Gregorio [7. März] do sende my Jacob Dreger van der kinder wegen by 1 jungen 1 mk.
[411]Anno [14]85 des mytwekens vor sancta Margreten [6. Juli] entfangen van Klawes Wedeman 3 mk an roggen van der kinder erve.
Anno [14]85 up sancta Dyonysy [9. Okt.] entfangen Jacob Dreger 1 mk van der kinder wegen.
Anno [14]86 up sancta Nyclawes [6. Dez.] entfangen van Tytke Kegeben van der kinder man gelde 4 mk.
[412]Anno [14]87 den ersten frygdach in der Fasten [2. März] gaf my Klawes Wedeman 3 mk, dar was by Tytke Bulouwe unde bolde van den erve.
[413]Anno [14]88 up sancta Antonyges avent [16. Jan.] gaf my Clawes Weydeman up der kinder erve 3 mk unde rest 9 mk van erve, summa 30½ mk dyt bove schreven. Item rest er 13 mk 7 ß.
Anno [14]91 to Mytfaste [13. März] gaf my Hinrik Wytte 5 mk, dar schal Talke van hebben 2½ mk. De hebbe ik by my. Item de 2½ gaf ik Anneken stede frunde. =/

[414]Item bin ik Talken Kegebens 5 mk 5½ ß in bok B, folyo 125.[415]

/= Anno [14]94 14 dage na Paschen [13. Apr.] do rekende ik dyt boven schreven myt Hermen Meyer, do bleven em schuldych Klawes Wedeman, Tonnyus Wysman unde Hans Bolde. Desse 3 < sint > schuldych van Talken Kegebens wegen, van eres vader erve wegen dar se vor loved vor 20 mk. Hyr sint se noch van schuldych 9 mk. Item desse 9 mk hebbet entfangen Lutke Kegeben unde sin moder Wobbeke so secht my Tytke Kegeben. =/

Folio 211 recto

Jesus Maria amen

/= Anno Domino 1483 up sancta Barbaren avent [3. Dez.] gaf ik ut van den kindergelde den pappen de it mant, dede ik 3 lb wasses, 9 ß.
Item gaf ik Tytke Kegeben van der kindergelde 3 mk anno [14]89 up sancta Fyt [15 Juni].

---

409 Es folgt ein waagerechter Strich.
410 Folgt gestrichen: up.
411 Es folgt ein Kreuz in der Zeile.
412 Es folgt ein Kreuz in der Zeile.
413 Es folgt ein Kreuz in der Zeile.
414 Es folgt ein Kreuz in der Zeile.
415 Geschäftsbuch B.

Anno 1491 des anderen dinxdages na Paschen [*19. Apr.*] do dede ik Peter van dessem jegen schreven gelde 13½ mk, dat hete my sin moder unde Tytke Kegeben unde (…).

Item so hebben se noch by my van desse jegen schreven 13 mk 7 ß.

Item hyrup betalt 13 mk 7 ß dem resscheppe, dat er Konneke let maken kussen unde bedde unde syden unde badekeppen unde aver lonwent unde rotlasch unde 1 kysten 23 ß.

Item noch gaf ik ut vor den korten hoeyken 2½ mk 5 ß,

noch vor hamborger ber 1 tunne 2½ mk,

noch vor 5 lyslb botteren 30 ß, summa (…),

noch 1 deken up bedde 1 mk 2 ß. Item dat in kussen quam 6 ß,

den speleman 6 ß, summa 22 mk 6 d.

Item vor rys unde krut unde (…).

Item so rest he my hyrvan 3 mk 4 ß.

Item des geve ik em to der kost to hulpe 6 mk van den gelde my Tytke Kegeben gaf.

Item bort em van my 3 mk. Item dat geve ik em fort up der stede an 2 rinschen gulden anno [*14*]94 14 [416]dage na Paschen [*13. Apr.*] =/

Int bok B folyo 125[417].

Folio 211 verso

Jesus Maria amen

[418] /= Anno domino 1482 up sunte Johan Babbetysten [*24. Juni*] bekenne ik Peter Kegeben, dat ik hebbe entfangen van Hinrik Dunkelgude tor wedderleyggende 1 rynschen gulden, dat hadde ik en rynschen gulden to. Item so bekenne vort myt myner hantschryfft, dat ik rekende myt Hinrik Dunkelgude anno [*14*]86 up sunte Erasmus dach [*3. Juni*][419] do bleff ik em schuldych 150 mk lub. Desse 150 mk heft he my lent to der wedderlggynge to unser beyder best mede to vor werfen de in namen Jesus. =/

[420]Anno Domino 14 <83> up sunte Jacoby [*25. Juli*] bekenne ik, Hans Borne, dat ik entfangen van Hinrik Dunkelgude vor wedderlegginge 2 mk, dar hadde ik 2 mk

---

416 Es folgt ein Kreuz in der Zeile.

417 Geschäftsbuch B.

418 Eintrag von anderer Hand, wohl von Peter Kegeben. Am linken Seitenrand und darüber die Handelsmarke von Peter Kegeben; vgl. Anhang 11.9 Handelsmarken: Nr. 10. Auf diese erste Handelsreise und Widerlegung mit Kegeben nahm Dunkelgud in seinem Rechnungsbuch zweimal Bezug. Der andere Eintrag ist nicht genau datiert und befindet sich unter den ersten gesammelten Aufwendungen für Peter Kegeben bei Lehrbeginn. Dort gab Dunkelgud das gemeinsame Gesellschaftskapital leicht abweichend mit 3 mk 2 d an. Vgl. Rechnungsbuch, fol. 14r und den ergänzenden Eintrag Dunkelguds zu Peter Kegebens Quittung. Rechnungsbuch, fol. 210v.

419 Folgt gestrichen: b.

420 Eintrag von anderer Hand, wohl von Hans Borne. Am linken Seitenrand Hans Bornes Handelsmarke; vgl. Anhang 11.9 Handelsmarken: Nr. 14.

to. Noch gaff my Hinrik Dunkelgud darto 1 mk. Desse 5 mk sal ik bruken to unser beder besten, wat ik mede vor werfe gelt uns beyden allike vele.

Item bekenne ik vort, Hans Brone, myt desser myner egen hantschrifft, dat ik rekende myt Hinrik Dunkelgut anno [14]86 up sunte Erasmus dach [3. Juni] do bleff ik em schuldych 200 mk[421] lub. Item desse 200 mk hefft he my lent to der wedderlegginge to unser beyder beste mede to vor werffende Got vor lonen <uns> sine hulpe amen.

Item noch bin ik Hinrik Dunkelgut van der last semes[422] 27 mk unde dat ungelt.

Folio 210 recto

[423]Item entfangen van[424] Hans Born de 27 mk an rekenschop fo[lio] (…).

Folio 210 verso

Jesus Maria amen

[425] /=Anno Domino 1482 up sancta Johann Babberyste [24. Juni] do sende Peter Kegeben tom Holm unde ik vorlede ene myt 1 rischen gulden, dar hadde he enen gulden toe. Item hyr vorkefte he natlen unde haken. Item wat em Got helpet dat he wynen kon, dat hort Gode unde uns beyden went to der tyt dat wy uns scheyde van der wedderlegginge. Item hyrtoe hebbe ik Peter Kegeben dan 150 mk lub. =/
Alse ik myt em rekende anno [14]86 up sancta Erasmus dach [3. Juni] alse sin egen hantschryft wol utwyset up desser anderen syden in dessen bocke folyo 211.

[426] /= Anno [14]83 up sancta Mateus [21. Sept.] sende ik Peter Kegeben up unser beyder eventur in Olf Mykkelsen in den name Gades 3 tunnen appel, de stan 1½ mk int schip. =/

---

421 Folgt gestrichen: hefft.
422 Semes, semesch, adj. sämisch, vom Leder; ölgares (weiches) Waschleder, durch Walken mit Fett (Seim?), Tran etc. ohne Lohe oder Alaun bereitet.
423 Diese Zeile steht auf der gleichen Höhe wie die Kreditschuld Bornes in Bezug auf den Seim auf der vorhergegangenen Seite und bezieht sich auf deren Begleichung.
424 Folgt gestrichen: Pe.
425 Am linken Seitenrand des ersten Absatzes jeweils: ein waagerechter Strich vor der Zeile. Dieser Eintrag Hinrik Dunkelguds ist die entsprechende Bestätigung zu Peter Kegebens Quittung zu ihrer gemeinsamen Widerlegung. Rechnungsbuch, fol. 211v. Vgl. auch einen zweiten Eintrag Dunkelguds zu dieser Handelsreise und Widerlegung mit Kegeben, in dem er das gemeinsame Gesellschaftskapital leicht abweichend mit 3 mk 2 d angab. Rechnungsbuch, fol. 14r.
426 Am linken Seitenrand Hinrik Dunkelguds Handelsmarke; vgl. Anhang 11.9 Handelsmarken: Nr. 7.

⁴²⁷ /= Anno Domino 1483 up sancta Jacoby [*25. Juli*] do sende ik Hanseken Borne van van Lubeke nach Refel in dem name Gades myt Peter Platen schepe. Item do hadde he 2 mk sin egen gelt, dar dede ik en 2 mk toe to wedderlegginge unde gaf em dar 1 mk toe, so dar he 5 mk tohope hadde. Wat he hyrmede vorwerfen kan unde dat em Got helpen wyl gelt uns beyde verlust unde winnynge went dat wy uns wedder scheyden de selschop. =/

Folio 209 recto

/= Anno Domino 1482 up Marien bort [*8. Sept.*] entfink van Holm van Peter Kegeben ut Dinxsteden schepe 1 fat ossemund, dat wart van beholdens geldes 2½ mk 4 ß.⁴²⁸ =/

Anno Domino 1450 (…)

Folio 209 verso

Jesus Maria amen

⁴²⁹/= Anno Domino 1483 up sancta Jacoby [*25. Juli*] do dede ik Hans Borne mede to Refel alse he seglde myt schipper Platen.
Item dede ik em up unser 3 eventur alse myn unde Hans Bornes unde Peter Kegeben. =/

/= In dem name Gades dede ik em 6 grotken natelremen 30 ß,
noch 1 dossin flomesche hode stan 3 mk,
noch 3 grotken natelremen stan 9 ß,
noch 4 dossin gordelremen stan 12 ß,
noch 1100 schroder natlen stan 15 ß 7 d,
noch 21 dossin malgel unde haken stan 5 ß 3 d,
noch 30 ringe stan 1 ß,
noch 2 dossin fochtyge stan 3 ß,
noch 3 dossin punthode stan 2 mk 5 ß,
noch 14 d ungelt. =/

⁴³⁰ /= Anno [*14*]83 up sancta Cruses vor sancta Mychele [*14. Sept.*] do schepede ik Hansken Born unde Peter Kegeben in schipper Krystoffer 1 last appel, stat int schip 3½ mk al up unser 3 eventur. =/

427 Am linken Seitenrand Hinrik Dunkelguds Handelsmarke; vgl. Anhang 11.9 Handelsmarken: Nr. 7.
428 Diese Sendung von 1 Fass Osemunds aus Stockholm ist im Rechnungsbuch F. doppelt eingetragen, vgl. fol. 14r.
429 Über diesem Absatz: Hinrik Dunkelguds Handelsmarke; vgl. Anhang 11.9 Handelsmarken: Nr. 7.
430 Am linken Seitenrand: Hinrik Dunkelguds Handelsmarke; vgl. Anhang 11.9 Handelsmarken: Nr. 7.

/= Anno [*14*]83 up sancta Dyonyse [*9. Okt.*] do schepede ik Hans Born unde Peter Kegeben in dem namen Gades in schipper Andres Elvers up uns 3 eventur 2 tunnen walnote stan beyde 2½ mk 4 ß.
Item summa dyt boven screven 16 mk 6 ß. =/

[431] /= Anno Domino 1486 up sancta Fyt [*15. Juni*] do belf hir staden 1 fat flass hort Peter Kegeben unde Bernt Horensey. Item dyt fat woch lutter flas 4 schippunt unde 7 lyslb. Ik gaf dat schippunt vor 6 mk, is summa 26 mk 1½ ß. =/

Folio 208 recto

Jesus Maria amen

/= Anno Domino 1484 entfange van Hans Born unde Peter Kegeben ut schipper Jurgen Langen 2 fat flasses, wegen 2 schippunt 6 lyslb. Ik gaf it tohopen vor alse it was vor 15 mk 7 ß myt den losen dat darto horde.
Item noch 2 tunnen dar was in 804 deker smaschen[432]. Ik gaf it hundert 3 mk <myn> 2½ ß, is 22½ mk 4 ß,
noch 2 deker,[433] <a> kalffel geven vor 10 ß,
noch entfangen van 6 deker smaschen 30 ß. =/

Item geven to ungelde unde fracht unde dregen unde wegen unde bodenhur[434] 27 ß.

/= Anno Domino 1485 up sancta Flyppy unde Jacoby [*1. Mai*] entfangen van Hans Born unde Peter Kegeben 500 smaschen. Ik gaf it hundert vor 3 mk, dar solde noch 2 deker weset syn, se weren dar nicht, noch 7 deker myn 2 felle hoken smaschen, 1 deker geven vor 16 d.
Item it was in[435] Jurgen Langen, is summa 15 mk 9 ß 1 d. =/

/= Anno Domino 1485 up sancta Marie Maddelenen [*22. Juli*] entfangen van Hans Borne unde Peter Kegeben ut Hans Helpes schepe 1 fatken, darin 750 smaschen, dar wart my 2 deker af wraket.[436] Ik gaf it hundert vor 3 mk myn 1 ß, is 21 mk 7 ß 22 d, noch was int sulve fat 12 deker kalfelle. Ik gaf den deker vor 6 ß 22 d, is 4½ mk 2 ß. =/

/= Item vor dyt fat fracht, prymgelt unde dregelt 11 ß 4 d.
Item summa dyt boven schreven al beholdens geldes 80 mk myn 1 ß. =/

/= Anno Domino 1486 up sancta Mychel [*29. Sept.*] do schepede ik Peter Kegeben unde Bernt Horensey in schipper Burschop 1 tunne, darin 4 altsche [*laken*] stan 27 mk.
Item ungelt, hushor for dat flas 5½ ß. Item vor dem t. <1 ß> pramgelt unde 2 <d>.

---

431 Am linken Seitenrand: Peter Kegebens Handelsmarke; vgl. Anhang 11.9 Handelsmarken: Nr. 10.
432 Feines Lammfell.
433 Folgt gestrichen: kl.
434 Miete für den Speicherboden.
435 Folgt gestrichen: Jum.
436 20 beschädigte Lammfelle.

Item vor dat fat pramgelt unde dregegelt 2½ ß unde tor wage 16 d.
Item summa myt ungelde 27½ mk 2½ ß.
Item so blyve se my hyrvan 25 ß.[437] =/

Folio 208 verso

Jesus Maria amen

[438] /= Anno Domino 1484 up sancta Erasmus [*3. Juni*] do schepede ik in dem name Godes Hans Born unde Peter Kegeben up unser 3 eventur in schipper Jurgen Langen schip 4 dossin budel stan 20 ß,
noch 2 dossin budel stan 2 mk,
noch 2 dossin budel stan 6 ß,
noch 22 dossin budel stan 14 ß,
noch 6 dossin hode, 1 dossin stat 11 ß is 4 mk 2 ß,
noch 12 toppe rossinen stan 5 mk 4 ß,
noch 30 dossin meste stat 1 dossin 4 ß, is 7½ mk. =/

[439] /= Anno [*14*]84 up sancta Larency [*10. Aug.*] do schepepe ik Hans Born unde Peter Kegeben up unser 3 eventur in schipper toe den schip in 2 tunnen 10 dossin hode, 1 dossin stat 11 ß, is 6½ mk 6 ß,
noch 8 dossin budel, dat dossin stat 6 ß, is 3 mk,
noch 2 dossin stat 9 ß,
noch 8 dossin schegel stan 4 ß,
noch 12 dossin spegel stan 12 ß,
noch 6 dossin spegel stan 4 ß,
noch 5 dossin slote stan 31 ß in al,
noch 2 dossin slote stan 15 ß,
noch 6 dossin fingeren stan 5 ß,
noch 6.200 grane natlen, 1 dusent 6 ß, is 2 mk 5 ß 2 d,
noch 200 segel natlen stan 6 ß,
noch 100 fede natlen 3 ß,
noch 3.000 schroder natlen stan in al 30 ß,
noch 200 schoe na<t>len stan 3 ß,
noch 9 budel hyr maket to Lubeke stat 22½ ß,
noch 2 dossin rosbellen stan in al 1 mk,
[440]noch 9 manne budel stan in al ok 22½ ß.
Summa 44 mk[441] 15 d. =/

---

437 Vgl. die Flachslieferung vom 15. Juni 1486, fol. 209v.
438 Links über der Zeile: Hinrik Dunkelguds Handelsmarke; vgl. Anhang 11.9 Handelsmarken: Nr. 7.
439 Links über der Zeile: Hinrik Dunkelguds Handelsmarke; vgl. Anhang 11.9 Handelsmarken: Nr. 7.
440 Es folgt ein Kreuz in der Zeile.
441 Folgt gestrichen: 5 ß 2 d.

Folio 207 recto

[*Leerseite*]

Folio 207 verso

Jesus Maria amen

[442] /= Anno Domino 1484 up sancta Mychele [*29. Sept.*] do schepede ik in namen Gades in Hans Born unde Peter Kegeben up unser 3 eventur in schipper Marqwart Furhaken 10 tunnen appel, de t. statt 4 ß,

noch 4 tunne note, walnote, stan de t. 18 ß, is 4½ mk,

noch 6 dossin schermeste stan 1½ mk, de heft em in bevel de het Bernt Plygge, Hermen Husheren gast.

Item gaf ik Finken to fracht alse he hyr wedder quam 27 ß, de se em to Luttik geven hadden. =/

[443] /= Anno [*14*]84 up der 1100 Juncfrouwen dach [*21. Okt.*] schepe ik Hans Born unde Peter Kegeben up unser 3 eventur in schipper Hans Franke 2 tunne walnote, stan tohope 2 mk 4 ß,

noch 1 t. soetebetken stat ½ mk,

noch 4 tunnen kerseberenfarwe stat 1 t. 1½ mk, is 6 mk. =/

/= Anno Domino 1485 up sancta Gertrut [*17. März*] do schepede ik in dem namen Gade Hans Borne unde Peter Kegeben up unser 3 eventur in Mykkel Swarten na Refel 2 tunne, darin 228 lb[444] rossinen lutter gut, dat hundert 3½ mk, is 8 mk myn 3 d,

noch 1½ dossin flomesche hode, 1 dossin 3 mk 4 ß, is 4½ mk 6 ß,

noch 4 poppyr natelremen stan tohope 2 mk,

noch 12 dossin meste, 1 dossin stat 5 ß, is 3½ mk 4 ß,

noch 6 dossin [*meste*] myt kronen, 1 dossin stat 6 ß, is 2 mk 4 ß,

noch 1 dossin sparen stat 20 ß,

noch ½ dossin sparen stat 7 ß,

noch 6 dossin slote, 1 dossin stat 6 ß, is 2 mk[445] 4 ß,

noch 4 dossin daggen, 1 dossin stat 15 ß, is 3½ mk 4 ß,

noch 8 schok hildemsche meste, 1 schok stat 9 ß, is 4½ mk,

noch 1 dossin hode lamwolle stan 20 ß,

noch ½ dossin punthode stan 5½ ß,

noch 2 dossin spegel[446] 5 ß, 6 dossin spegel[447] 12 ß, 6 dossin spegel 6 ß,

---

442 Links über dem ersten Absatz: Hinrik Dunkelguds Handelsmarke; vgl. Anhang 11.9 Handelsmarken: Nr. 7.
443 Links über diesem Absatz: Hinrik Dunkelguds Handelsmarke; vgl. Anhang 11.9 Handelsmarken: Nr. 7.
444 Folgt gestrichen: 40.
445 Folgt gestrichen: 2
446 Spiegel.
447 Folgt gestrichen: 5.

noch 6 dossin spegel stan 3 ß, summa de spegel 26 ß,
noch 200 kemme stan tohope 18 ß,
noch 16 dossin fochtyge stan tohope 1½ mk,
noch 6 dossin scheren stan tohope 1½ mk,
noch vor myssinges knope 1 mk,
noch 8 deker meste styrs vor 1½ mk, it wan den ringesten,
summa 61½ mk 6 ß 2 d. =/

Folio 206 recto

Jesus

/= Anno Domino 1486 up Pinxsten [*14. Mai*] entfink ik van Bernt Pal[448] unde Hans Born 21 last ters. Dar wart in follet 7 tunen, so bleff dar 10 last 5 tunnen.
Item so vorkefte ik dyt ter unde gaf de last en del 9½ mk 4 ß unde en del wart butet an rossinen unde wart geven 10 mk.
Summa wart van dessen 10 lasten unde 5 tunen 102½ mk 4 ß. =/

/= Anno [*14*]86 so schepede ik Bernt Pal unde Hans Born in Mychel Kock up dyt boven schreven tor 1 last alborgeschen herink stat 26 mk, ungelt to wraken 1 ß. Item to binden 7 d. Item toto makende unde [449]in den pram to slande 3 ß. Item pramgelt 2 ß,
summa 26 mk 6½ ß 1 d. =/

/= Item noch int sulve schip 2 fat rossinen woghen 819 lb lutter, dat hundert 2½ mk 5 ß, summa 22½ mk.
Item ungelt 2 ß. =/

/= Anno [*14*]86 up[450] sancta Mychele [*29. Sept.*] do dede ik Hans Born up dat ter noch ½ last schonsschen herink, stat 31 mk, ungelt 6 ß.
Item so gaf ik ut to fracht unde ungelt van den ter 11 mk 3 ß. Wes dar mer up lep to ungelde gaf Born sulven ut.
Item so entfink Born sulven van dem kopmanne, de it ter krech an de rossinen 4 rinsche gulden,
summa ik em sent unde utgeven hebbe 97 mk 9 ß.
Item aldlus bort em noch 5 mk 2½ ß.
Item noch entfink ik 3 halve unde 1 ferendel [*tonnen*] argen las, dar wart van 7 mk.[451] =/

---

448 Bernd Pal (†1503).
449 Am linken Seitenrand daneben Bernd Pals Handelsmarke; vgl. Anhang 11.9 Handelsmarken: Nr. 13.
450 Folgt gestrichen: sch.
451 Die Preise für eine Tonne Lachs variierten im Dunkelgudschen Rechnungsbuch von 2½ mk möglicherweise als entgegenkommender Preis für seinen Schwiegervater Hans Meyer d. Ä. bis zu 5 m 4 ß, 5 mk 6 ß oder 5½ mk 4 ß. Vgl. Anhang 11.1.6 Fisch: Nr. 3, 4, 7, 9.

Folio 206 verso

Jesus Maria amen

[452]/= Anno Domino 1485 up sancta Urbannus [*25. Mai*] do schepede ik in dem name Gades Hans Born unde Peter Kegeben in Jurgen Langen schip na Refel ½ last fygen 18 korfe, 1 korf vor 18 ß,
noch darin ½ last varwe, de t. stat 1½ mk, is 9 mk,
noch ½ sintener lysbanschen olge, vor 1 lb 15 d, is 4 mk 6 ß, ungelt to binden, to dregende, pramgelt 7½ ß. =/

/= Anno [*14*]85 up sancta Johan Babbetysten [*24. Juni*] do schepe ik in Gades namen Hans Born unde Peter Kegeben in Jurgen Ketel schip na Revel 2 tunne, darin 3 dossin lbhode [*pundhode*], dat dossin 11 ß, is 2 mk 1 ß,
noch 41 dossin, 1 dossin <schermeste> 4½ ß 4 d, is 12 mk 6 ß 2 d,
noch 2 dossin sparen, 1 dossin[453] 14 ß, is 28 ß,
noch 1 dossin sparen 20 ß,
noch 5 lb sukker kandyt 1 lb 12 ß, is 3½ mk 4 ß,
noch 4 dossin slote, 1 dossin 6 ß, is 1½ mk,
noch in 1 lade[454] brylle[*n*], 6 dossin, tohope 1½ mk,
noch 4 dossin remen,[455] 1 dossin 15 ß, is 3½ mk 4 ß,
noch 8 dossin remen 1 doss. 10 ß is 5 mk,
noch 4 dossin, 1 dossin 7 ß is 28 ß,
noch 4 dossin mans remen myt haken, 1 dossin 5 ß, is 20 ß,
noch 4 dossin remen myt myssingen ryngen ok to 5 ß, is 20 ß,
noch 4 dossin remen myt haken to 3 ß, is 12 ß,
noch 8 dossin flomesche hode, 1 doss. 3 mk, is 24 mk,
noch 2 dossin daggen, 1 dossin 18 ß, is 2 mk 4 ß,
noch 4 grotken natel remen,[456] 1 grotke 9 ß, is 2 mk 4 ß,
noch 1.000 myssinge natlen stan 11½ ß,
noch 1.000 ronde natlen stan 7 ß,
noch 4.000 stemme natlen stan 1.000 6 ß, is 1½ mk,
noch 1.000 ronde kort [*natlen*] stan 5 ß,
noch 1 ferendel kopperrok woch 71 lb, 1 lb 8 d, is 3 mk myn 8 d,
noch[457] 2 halve tunne holwort wegen beyde 129 lb, 1 lb 4 d 2½ mk 2½ ß,
noch 1 tunne darin 2 korf rossinen wegen 200 myn 2 lb, 100 [*to*] 3 mk, is 6 mk an 1 ß,
noch darmede in ½ dossin hode, stan 6 ß,
ungelt tunne unde binden, dregen, pramgelt 4 ß,
summa 115 mk 11 ß. =/

---

452 Über der ersten Zeile: Hinrik Dunkelguds Handelsmarke; vgl. Anhang 11.9 Handelsmarken: Nr. 7. Daneben: „d".
453 Folgt gestrichen: 20.
454 Folgt gestrichen: bl.
455 Gürtel.
456 Gürtel mit Schnalle.
457 Folgt gestrichen: ½ tunne.

Folio 205 recto

[*Leerseite*]

Folio 205 verso

Amen Jesus Maria Amen

458 /= Anno Domino 1485, 8 dage vor sancta Bertoloemeye [*17. Aug.*] do schepede ik in dem namen Gades Hans Borne unde Pe459ter Kegeben na Refel in schipper Franken, Hans Helpes schip, 2 bunt ketel,460 de wegen hyr 2½ sintener 2 lyslb 4 mklb, den sintener vor 15½ mk lub, is to gelde desse 3 sintener 2461 lyslb 4 mklb is 50 mk 15 ß.
Item to wegende unde dregende unde toto slande 4 ß. =/

462/= Anno Domino 1485 up Marien Bort [*8. Sept.*] schepede ik in dem name Gades in schipper Larens, Bernt Pals schip, Hans Borne unde Peter Kegeben 5 last 1 tunne kryfesche appel, de tunne stat 3½ ß unde vor jewelke tunne dar se in worden pakket 1 ß. Item noch vor bende unde to pakkende unde to dregende 10 ß,
noch 3 tunne soetebetken, de tunne 14 ß, is 2½ mk 2 ß.
Item summa desse appel myt ungelde stat 20 mk 2 ß. =/

463/= Anno Domino 1485 up sancta Lucas [*18. Okt.*] do schepede ik in dem name Gades in schipper Porat schip 1 tonne an Hansken Born unde Peter Kegeben, darin 5½ dossin hude, 1 dossin 11 ß, is 3½ mk 4½ ß,
noch 1.000 knope464 103 ß, is 30 ß,
noch 400 klene knope, is 2½ ß, is 10 ß,
noch 8 dossin bellen,465 1 dossin 20 d, is 13 ß 4 d,
noch 20 dossin bellen, 1 dossin 10 d, is 1 mk 8 d,
noch 2 grotken schaffenge, 1 grotken 4 ß, is ½ mk, summa 80 mk myn 6 d. =/

/= Item dyt gut in Porat qwam wedder up unde wart up for jar wedder schepet in Platen schip anno [*14*]86 up Pinxsten [*14. Mai*]. =/

---

458 Am linken Seitenrand: Hinrik Dunkelguds Handelsmarke, vgl. Anhang 11.9 Handelsmarken: Nr. 7.
459 Über der Zeile: e.
460 2 Bündel mit Kesseln.
461 Folgt gestrichen: lb.
462 Am linken Seitenrand: Hinrik Dunkelguds Handelsmarke; vgl. Anhang 11.9 Handelsmarken: Nr. 7.
463 Am linken Seitenrand: Hinrik Dunkelguds Handelsmarke; vgl. Anhang 11.9 Handelsmarken: Nr. 7.
464 Knöpfe. Lesung nicht ganz sicher, es könnte sich auch um „knepe", d. h. Zwick, Klemme handeln.
465 Schelle, Glöckchen.

Folio 204 recto

Jesus Maria amen

⁴⁶⁶ /= Anno Domino 1486 up sancta Michele [*29. Sept.*] let Hans Born stan to Detlef Meyers hus 3 fat flass, de vorkofte ik to sinem besten. Se wegen myt holte 17½ schippunt 5½ lyslb. Item de fate worden af reken,t jewelk fat 13 lyslb, is 39 lyslb, so blyft dar lutter gut 15½ schippunt 6½ lyslb. Ik gaf dat schippunt vor 6½ mk 1½ ß, is to gelde 104½ mk lub myn 8 wytte. =/

⁴⁶⁷ /=Anno Domino 1486 up sancta Dyonysy [*9. Okt.*] do schepe ik Hans Born in dem namen Jesus up dyt boven schreven flas in schipper Kristoffer 1 klen pakken, darin 6 nerdesche [*laken*], it stukke 6½ mk <7 ß>, is summa 41 mk 10 ß,
noch 6 altsche [*laken*], it stukke 6½ mk 4 ß, is 40 mk 8 ß,
noch gaf ik vor de 3 fate flasses Porat to fracht 9 mk, to hushure 14 ß.⁴⁶⁸ Item tor wagen to bryngende 4 ß, summa 92 mk 4 ß. =/

Folio 204 verso

Jesus Maria amen

/= Anno Domino 1486 up Pinxsten [*14. Mai*] do schepede ik in dem name Gades in schipper Platen schip na Refel in 1 tunne erst 10 dossin forder daggen, 1 dossin vor 18 ß, is⁴⁶⁹ 11 mk 4 ß,
noch 11½ dossin brekerfelder daggen, 1 dossin 25 ß, is 18 mk myn 6 d,
noch 6 dossin munstersche daggen, 1 dossin 11½ ß, is 4½ mk,
noch 1 dossin luneborger dagge, 1 dat dossin 2 mk,
noch 5 dossin pappen mest, 1 dossin stat 6 ß, is 30 ß,
noch 12 dossin juncfrouwen meste, 1 dossin stat 5 ß, is 3½ mk 4 ß,
noch 1 dossin scheren⁴⁷⁰ eft 1 mk scheren stat 9 ß,
noch 3 dossin scheren, 1 dossin stat 6 ß, is 18 ß,
noch 2 dossin scheren stat, 1 dossin 4½ ß, is 9 ß,
noch 6 dossin scheren stat, 1 dossin 3 ß, is 18 ß,
noch 1½ dossin unde 3 par sparen, 1 dossin 22 ß, is 2 mk 6½ ß,
noch 4 grotken natelremen, 1 groteken steyt 7 ß, it sint wysmarsche grauw⁴⁷¹ unde gron,
noch 3 grotken natelremen, dat groten steyt 6 ß myn 4 d, is 17 ß,
noch 3 grotken natelremen, 1 grotken 4 ß 4 d, is 13 ß,
noch 3 grotken [*natelremen*], dat grotken 3 ß 4 d wyt, is 10 ß,

466 Über der ersten Zeile: Bernd Pals Handelsmarke; vgl. Anhang 11.9 Handelsmarken: Nr. 13.
467 Am linken Seitenrand: Bernt Pals Handelsmarke; vgl. Anhang 11.9 Handelsmarken: Nr. 13.
468 Haus- oder Lagermiete.
469 Folgt gestrichen: 18 mk myn.
470 Folgt gestrichen: stat.
471 Folgt gestrichen: bru[*n*].

noch 6 dossin slote, dat dossin stat 5 ß, is 30 ß,
noch in 1 tunne 61 lb rossinen lutter gut, stan tohope 29½ ß,
noch 1 korf fygen stat 1½ mk,
noch[472] is in dessen 3 tunnen 14½ dossin hode, dat dossin 10 ß, is 9 mk 1 ß,
summa 65 mk 10½ ß. =/

/= Anno [14]86 up Pinxsten [*14. Mai*] rekende my Peter der Husen to pramgelde van alle dessen vor beschreven gude 16½ ß 4 d. =/

/= Anno Domino 1486 up scan Erasmus [*3. Juni*] do rekende ik myt Hans Born unde myt Peter Kegeben, do bleven se my <tenetur> sunder de wedderlegginge van al dem dat ik em sent hebbe sodder dat se erst van my qwemen went an dessen vorschreven scan Erasmus dach 384½ mk 4 ß 3 d.
Dyt bleve se my schuldych up desse tyt. =/

/= Anno Domino 1486 up scanta Erasmus dach [*3. Juni*] do rekende ik myt Peter Kegeben unde he blef my van desser rekenschop up sin part 150 mk lub sunder de wedderleggynge alse sin hantschryft utwyset hyr int dyt boek folyo 211. =/

[473] /= Item de sulvest rekende ik ok myt Hans Born de blef my 200 mk lub alse ok sin hantschryft utwyset int dyt bok folyo 211,
noch tenetur Hans Born van dem seme tenetur 27 mk. =/

Hans Born fo[*lio*] 202.

Folio 203 recto

/= Anno 1486 <up sancta Erasmus dach> [*3. Juni*] do ik rekende myt Hans Born unde Peter Kegeben do hadde ik entfangen up de sendynge wes ik en sent hadde went an den vorschreven sancta Erasmus <dach> entfangen 79½ mk 7 ß.
Item noch entfangen 10 ß de ik en to fele rekent hadde in den pramgelde.
Item entfangen van Hertych Kremer van Konyngesberge[474] van den appelen, de dar bleven, dar was afborgen up 5½ mk 1 ß lub de sende he my. =/

Item Hans Born de krech he wedder hyrup 1 last semes vor 77 mk, so dat he <my> blyft 227 mk
van desser rekenschop went an dessen vorscreven sancta Erasmus dach [*3. Juni*] anno [14]86 alse hyr nedden steyt unde ok sin hantschryft utwyset in dyt bok folyo 211. =/

[475] /= Anno Domino 1486 up sancta Mychele [*29. Sept.*] schepe ik Hans Born unde Peter Kegeben up myn egen eventur 13 tunen farwe, kersseberen farvwe, de tunne stat my 2 mk.=/

---

472 Folgt gestrichen: darin (..) he.
473 Am linken Seitenrand daneben: folyo 202.
474 Königsberg.
475 Am linken Seitenrand: Hinrik Dunkelguds Handelsmarke; vgl. Anhang 11.9 Handelsmarken: Nr. 7.

/= Item desse 27 mk sint betalt in rekenschop an den garn unde an botken unde in anderen stot. =/

Folio 203 verso

Jesus Maria amen

[476]Anno Domino 1486 up sancta Fyt [*15. Juni*] entfangen van Hans Born unde Peter Kegeben unde en to gude vorkoft erst 600 smaschen, geven dat hundert 2 mk 5½ ß, is 14 mk 1 ß.
Item noch 11½ deker kalffelle, den deker geven 5½ ß, is 4 mk myn 9 d.
Item noch entfangen 1 fat flasses, woch lutter flas 4½ schippunt 5½ lyslb, dat schippunt gaf ik vor 6½ mk 6 ß, is 32½ mk 5 ß 3 d.
Item noch van 1 st. flasses woch 17 lyslb 2 mklb, dat wart van 5½ mk 6 ß. =/

[477]Item noch 1 fat hyr stande blef vorkefte ik, it woch lutter 4 schippunt 8 lyslb. Ik gaf it schippunt vor 6 mk, is 26 mk 6 ß 5 d.
Item so dede my Peter 3 mk 7 ß, dat solde en netler[478] hebben,
summa 86½ mk 11 d. =/

Anno [14]88 twysschen Pinxsten unde Paschen [*6. Apr. bis 25. Mai*] do schepede ik Hans Born up de 7½ last ters 1 last fygen in Han[s] <Kersten> to den de korf 1 mk, is 36 mk k,
ungelt 7½ ß.

Item noch betale ik em up dat ter 3½ mk 6½ ß fo[lyo] 202 alse de rekenschop wol utwyset.

Folio 202 recto

Jesus Maria amen

[479] /= Anno Domino 1486 up sancta Fyt [*15. Juni*] do dede ik Hans Born unde Peter Kegeben
vor natelremen 2 mk 4 ß,
noch vor kemme 18 ß,
noch vor hode 3 mk 4 ß,
noch vor bomwolle 5½ ß,
noch 1½ dossin hode 16½ ß,

---

476 Über der ersten Zeile: Hinrik Dunkelguds, Hans Bornes und Peter Kegebens Handelsmarke; vgl. Anhang 11.9 Handelsmarken: Nr. 14, Nr. 10.
477 Am linken Seitenrand: Hinrik Dunkelguds Handelsmarke; vgl. Anhang 11.9 Handelsmarken: Nr. 7.
478 Natel= Nadel? Ein Nadler? – eine Person, Lubben, Bd. 3, 161.
479 Über der ersten Zeile: Hinrik Dunkelguds, Hans Bornes und Peter Kegebens Handelsmarke; vgl. Anhang 11.9 Handelsmarken: Nr. 7, Nr. 14, Nr. 10.

noch 3 deker rotlasch 2 mk 4 ß,
noch 1 westerlindesch [*laken*] 6 mk 4 ß,
noch vor hodde 2 mk 5 ß, wat se mer stoden betalde Peter,
noch 1 dossin hoede 3 mk 4 ß,
noch 4 dossin meste 1½ mk,
noch 4 dossin[480] remen 20 ß,
noch 6 grotken natelremen stan tohope 2 mk 4 ß,
noch Peters modderen 1 netlerschen 10.000 [*natlen*?] 4 mk 4 ß,
noch gaf ik Pordey vor <8.>000 natlen 3 mk,
noch dede ik Peter retgelt 5 mk, dit schal me wedder nehmen van dem 1 fat flasses van Kegebens unde Horenseyes de helfte, is 2½ mk,
noch sende ik juw by Hanseken Meyer 10.000 natlen, staden 3½ mk 4 ß,
noch sche<pe>de ik en beyde in schipper Kabbert in 1 tunne 2½ tymmer unde 12 felle, dat tymmer 15½ mk, is 43 mk 6 ß 4 d.
Item geve hyrvan to ungelde van den flas faten unde hushure unde pramgelt, dregelt in al 20½ mk,
summa myt ungelde 87 mk 4 ß. =/

/= Item noch sende ik Hans Born unde Peter Kegeben in schipper Krystoffen 1 pakken myt rochghen, it styge stat 9 ß, dat was 11½ styge, it styge 9 ß, anno [*14*]86 up sancta Mychele [*29. Sept.*], summa myt ungelde 6½ mk. =/

Anno [*14*]87 up <sancta> Mychele [*29. Sept.*] entfangen van Hans Born ut schipper Franken 7½ last unde 5 tunnen ters.
Item dar wart af beholdens ters 7½ last, ik gaf de last vor 7½ mk unde en del 8 mk, so wart darvan <do> it wrak was af kortet 58 mk.
Item so gaf ik to fracht 16 mk,
noch up den ter hef 26 ß.
Aldus blyft dar be holden gelt 40 mk 6 ß.
Item rest ik em van dessen ter, dat em kryk, dat de fygen nycht betalen 3½ mk 5½ ß.
Item desse 3½ mk 5½ ß de betale ik em in dyt sulve blat up der anderen syden alse de reken wol utwyset.

Folio 202 verso

Jesus Maria amen

[481]/= Anno Domino 1487 up Pinxsten [*3. Juni*] entfangen van Hans Born 751 lb garns, dat lb vor 14 d, is 54 mk 10 ß 2 d,
noch entfangen 4½ tunen botter, woch over 1 mklb, de tunne 6 mk, is summa 27 mk 5 d. =/

Anno (…).

---

480 Folgt gestrichen: meste.
481 Am linken Seitenrand: Hans Bornes Handelsmarke; vgl. Anhang 11.9 Handelsmarken: Nr. 14.

/= Anno Domino 1487 up sancta Jacob avent [*24. Juli*] do rekende ik myt <Hans Born>[482] sunder de wedderlegginge blef he my 32 mk 9 ß. Darmede heft an to partende van den dat se by my leten do se bey<de>[483] up sent hebbe, dat hebbe ik qwyt rekent myt Hans Born sunder Peter.
Item unde ik sal Gosschok Horensey betalen de fosse, 4 tymmer unde 4 fosse.
Item blef my Hans Born 2 fos vor[484] 7 ß, den ik van Husheren kofte. =/

/= Anno [*14*]87 des sonnafendes vor sancta Dynysius [*6. Okt.*] do gink Hans Born [485]<to schepe do gaf ik vor em to fracht> vor 8 last <myn 1 t.> ters 16 mk,
[486]dyt int ter af kortet de fracht alse 16 mk,
noch dede ik Hans Born retgelt 4 mk. =/

/= Item noch is my Hans Born van Bernt Horenseys wegen 15 mk <van> 1 pert.
[487]Item noch dede ik em 2 olmer sardoke vor 7 mk 4 ß,
noch 1 byborchens sardok vor 3 mk.
Item desse 3 doke nam <he> wedder na Refel mede. =/

Anno Domino 1488 des frygdag vor den 1100 Juncfrouwen [*17. Okt.*] do rekende ik myt Hans Born, do blef he my van desser boven schreven rekenschop <52 mk>[488].
Item noch is he myn tenetur 4 tunnen walnote vor 3½ mk 4 ß,
noch gaf ik dem forman to Tramunde to foren 3 ß.
Item so blyft he my hyrtoe 200 mk alse sin egen hantschryft wol utwyset folyo 209 in dyt boek unde dene de wedderleggenige dartoe, summa 255½ mk 7 ß.
<Item noch behelt he de 3 sardok, stan 10 mk, summa 265 mk 15 ß.>[489]
Item noch gaven de penbeken vor dat ter, dat Hans Born sulven vorkofte, dat Houweschilt krech.

Item noch van den 13 tunnen frawe 26 mk, folyo 202.[490]

---

482 Textstelle wird markiert durch ein Auslassungskreuz, auf fol. 201r findet sich auf gleicher Höhe ein Kreuz bei dem Namen *Hans Born*.
483 Auf gleicher Höhe auf der nächsten Seite fol. 201r geschrieben.
484 Folgt gestrichen: 4.
485 Es folgt ein Kreuz in der Zeile. Außerdem wurde dieser Satzteil schon einzeln durchgestrichen, bevor die komplette Seite kanzelliert wurde.
486 Es folgt ein Kreuz in der Zeile.
487 Vor dieser und der folgenden Zeile am linken Seitenrand: zwei senkrecht miteinander verbundene Kreuze.
488 Folgt gestrichen: 62 mk 4 ß.
489 Erst nachträglich zwischen den Zeilen eingefügt.
490 Der Seitenverweis von Hinrik Dunkelgud stimmt nicht, korrekt ist fol. 203r.

Folio 201 recto

Jesus Maria amen

/= Anno Domino 1487 up Pinxsten [*3. Juni*] gaf ik ut vor Hans Born, Rykmans knechte, vor 1½ tymmer fosse 22 mk 2 ß,
noch geve Gosschalk Horeysey vor 4 tymmer unde 4 fosse, dat tymer 15½ mk 4 ß, is 64 mk[491] 9 ß 2 d,
noch dede Kunneke Hans Born retgelt 6 mk,
noch van 3 tunnen rotscher woch over 35 lb to 3½ mk 4 ß, is 12 mk 9 ß. =/

[492]Hans Born do blef he my van al desse vorschreven rekenschoppen unde Peter Kegeben dem deyt Hans Born vort rekenschop wes he van hyr schededen int jar [*14*]86 unde wes ik em dar beyden wedder de blyft my van dem fat flasses, dat Horensey mede horde 25 ß fo[*lyo*] 208[*r*], dat tymer 15½ mk 4 ß, is 64 mk 9 ß,[493] <dyt gaf ik ut up de wessel>. =/

[494]/= Item entfink ik wedder 3 sardoke. =/

Item de dre sardoke behelt he in der kyste unde nam se mede na Refel.

Item hyrup betalt in dem ter, dat em toelep up de fygen 3½ mk 6½ ß.
Item entfangen 2 gron hagensche [*laken*], it st.[495] 14 mk, is 28 <mk>,
noch 1 swart hagensk [*laken*] 12 mk,
noch 2 nerdesche [*laken*] beyde myt klenen loden <vor> 15 mk beyde,
summa 58 mk 13½ ß.

Folio 201 verso

Jesus Marya amen

[496] /= Anno Domino 1491 des anderen dinxdages na Paschen [*19. Apr.*] do dede ik Peter Kegeben up unser beyder eventur 25 mk lub,
noch 289 lb gartkomen, dat hundert 2 mk, is 5½ mk 4 ß 4 d,
noch 245 lb kopperrok, dat hundert ok to 2 mk, is 4½ mk 6 ß 4 d,
summa 35 mk 10 ß 8 d. =/

/= Anno [*14*]92 up sancta Ambrosy [*4. Apr.*] do schepede ik Peter Kegeben in de namen Jesus in schipper Hinrik Smyt van Danske unde scholde to Danske wesen

---

491 Folgt geschrichen: eine unleserliche Zahl (?).
492 Davor am linken Seitenrand das Verweiskreuz von fol. 202v.
493 Folgt erst nachträglich hinzugefügt.
494 Es folgt ein Kreuz in der Zeile.
495 Folgt gestrichen: 20.
496 Links neben dem Absatz stehen Dunkelguds Handelsmarke und eine unbekannte Handelsmarke; vgl. Anhang 11.9 Handelsmarken: Nr. 7, Nr. 12.

1 tunne, darin 23 stukke klafant, it stukke stat 13 ß, er is 46 st., en par het en stukke twe vor en stukke, is to gelde 18 mk 11 ß,
noch 3 klene stukke stat al 31 rinschen gulden, is en ander slach.
Item noch in<t> sulve schip 3 tunnen fygen, is 9 kroffe, de korf stat 23 ß, myt allem ungelde is 13½ mk.
Item noch ½ tunne alluns, darin 200 myn 4 lb [*196 lb*], dat hundert 4 mk 4 ß.
Item noch 1 foderdok steyt 1 mk lub. Item prymgelt, dregegelt 2 ß, summa 43 mk 2 ß 4 d. =/

[497]/= Anno [*14*]92 des dinxdages vor sancta Johan Babbetysten [*19. Juni*] schepede ik Peter Kegeben in Cleys Fykken na Danske 1 last soltes, woch myn 2 lb, de last 26 mk, is 51½ mk 5 ß. Item ungelt 2½ ß,
noch dar in 1 fat, darin 310 lb rossin, dat hundert steyt 3 mk 4 ß, is 10 mk 9 d,
noch 2 toppe stan 30 ß,
noch 1 tunne mandelen, dat in luteter mandelen 137½ lb, dat hundert steyt 10 mk, is 13½ mk 4 ß.
Item desse rossin unde mandelen de qwemen in Kersten Brugmanss schip.
Item so sschepe ik noch in Cleys[498] Fykken 1 tunne allaun 363 lb[499] myt der tunne, de tunne af 36 lb, is lutter 327 lb, dat hundert 4 mk 4 ß, is 13 mk 4 d,
noch 1 tunne rotscher, wycht lutter 84 [*lb ?*], to 4 mk 4 ß, is 3½ mk 1 ß.
Item ungelt unde pramgelt 10 d, is 3½ mk 2 ß 2 d,
summa 95 mk 20 d. =/

[500]/= Anno [*14*]92 des dinxdages vor sancta Johan [*19. Juni*] do schepe ik Peter Kegeben in Kersten Brugman 1 last soltes, woch myn 6 lb, is to 26 mk, ungelt in al 2½ ß, summa 125 mk 5½ ß,
noch darin 1 tunne rotscher woch 146 lb,[501] so fele woch se lutter <6 mk 10 wit to 4 mk unde 4 ß>,[502]
noch in Brugmann de tunne mandelen unde dat fatken rossin dat hyr boven schreven steyt in Kleys Fykken. Item dyt krech Fykke nycht in.
Item geven to rutertollen van al dessen boven schreven 9 ß 4 d noch prymgelt unde <dregegelt 2 ß>.[503]
Item summa dyt boven scheven sunder de ersten 35 mk 10 ß 8 d, is 170 mk 8½ ß. =/

---

497 Links neben diesem Absatz: Peter Kegebens Handelsmarke; vgl. Anhang 11.9 Handelsmarken: Nr. 11.
498 Folgt gestrichen: Fy.
499 Gewichtsangabe hier mit Hilfe von Warengewichtszeichen Nr. 6, vgl. Anhang 11.16 Warengewichtszeichen.
500 Links neben diesem Absatz: Peter Kegebens Handelsmarke; vgl. Anhang 11.9 Handelsmarken: Nr. 11.
501 Gewichtsangabe hier mit Hilfe von Warengewichtszeichen Nr. 7, vgl. Anhang 11.16 Warengewichtszeichen.
502 Erst nachträglich am rechten Seitenrand hinzugefügt.
503 Erst nachträglich unter der Zeile hinzugefügt.

9.4 Edition des Rechnungsbuches

Folio 200 recto

Jesus Marya amen

/= Anno Domino 1492 vor Paschen [*a.q. 22. Apr.*] entfangen <½ last herse, is 16½ mk> in dem namen Jesus van Peter Kegeben van Danske ut schipper Hans Brant, de tunne stat int schip 2½ mk[504] 4 ß. Item gaf ik to fracht ungelt 1 mk 8 d, is 17½ mk 8 d.
Item desse herse wart geven de tunne 3½ mk, is lutter gelt 20 mk myn 8 d. =/

/= Anno [*14*]92 up sancta Erasmus [*3. Juni*] entfangen ut Kersten Brugman ½ last mels stoet to Danske 9 mk 4 ß,
geven to fracht vor dat mel ½ last unde 1 tunne botte[r] unde ungelt 17½ ß 2 d.
Item dat mel war<t> geven to 30 ß ugelt af rekent, is lutter gelt 10 mk 2½ ß.
Item de botter de in Brugman <se stot 8 mk 4 ß>, woch [*½ schiffpfund*] [*7 liespfund*],[505] wart geven to 9 mk 4 ß. Item ungelt af, is lutter gelt 9 mk 11½ ß. =/

/= Anno [*14*]92 up sancta Erasmus [*3. Juni*] entfangen van Peter Kegeben ut schipper Wedeman 11 tunnen mels, de last stot 18½ mk, is de 11 tunnen 16½ mk 7 ß. Item fracht unde ungelt 24 mk 4 d.
Item geve de tunne mels to 30 ß. Item ungelt af rekent is lutter gelt van den 11 tunnen 19 mk 2 ß.
Item noch in Wedemanne 2 tunnen botteren stoden 15 mk. Item wart geven to 9 mk 4 ß unde woch [*1½ schiffpfund ½ liespfund*],[506] is 17½ mk 2 ß 1 d, ungelt af rekent blyft van den 2 tunne botteren lutter 17 mk 5 ß. =/

/= Anno [*14*]92 up sancta Margreten [*13. Juli*] entfangen Kegeben ut Albert Stedinken 60 flaskfyskes, de stot 10 mk myn 10 ß prus. Item dar wart van 18 mk 1 ß. Item geven to fracht unde ungelt 8 ß 3 d, is lutter gelt 17½ mk 9 d.
Item noch in Stedink 2 tunne botter stot stot beyde 16 mk, woch to Lubeke [*1 schiffpfund 9 liespfund 5 markpfund*],[507] geven to 9 mk 4 ß, is 17 mk 1 ß. Item ungelt af korret, is lutter gelt 16½ mk 4 ß.
Item noch in Stedinge 9 tunne roggen, stat de last 16 mk, is in 32 schepel, is rekent de schepel up 3 ß. Ik behelt en vor my sulven. Item fracht unde ungelt sette ik vor de winyge, is 6 mk vor de 32 schepel. =/

/= Anno [*14*]92 entfangen ut Peter Schutten 1 stuck fyskes, darin 75 bunt. Hyr wart van 21 mk 14 ß. Item fracht ungelt 18 ß. Item blift lutter 20 mk 12 ß. Item borde Peter Kegeben van Hans Rotfelt 35½ mk unde Hans schuldych 6½ mk 4 ß, de sint betalt. /=

---

504 Folgt gestrichen: zwei unverständliche Zeichen und ß.
505 Gewichtsangabe hier mit Hilfe von Warengewichtszeichen Nr. 8, vgl. Anhang 11.16 Warengewichtszeichen.
506 Gewichtsangabe hier mit Hilfe von Warengewichtszeichen Nr. 9, vgl. Anhang 11.16 Warengewichtszeichen.
507 Gewichtsangabe hier mit Hilfe von Warengewichtszeichen Nr. 10, vgl. Anhang 11.16 Warengewichtszeichen.

Folio 200 verso

Jesus Maria amen

[508] /= Anno Domino 1492 up sancta Maryen Maddelenen avent [*21. Juli*] sent Peter Kegeben in dem namen Jesus in Mattyes Smyt 1 last soltes, woch myn 9 lb to 26 mk, ungelt 2½ ß, is 25 mk[509] 4 ß,
noch darin 1 tunnne mandelen, woch lutter 174 lb, to 10 mk it hundert, is 17 mk 6½ ß, ungelt 6 d. =/

[510] /= Item anno [*14*]92 up sancta Johanes enthovynge [*29. Aug.*] schepede Peter sulven in Berlin 1 tunne rysses, woch lutter 200 myn ½ lb to 8 mk, is myt ungelde 16 mk. =/

[511] /= Anno [*14*]92 des sondages vor sancta Mateus [*16. Sept.*] do sende ik Peter Kegeben in schipper Hans We<g>[512]hener 4 last soltes, de last stot 28 mk woch effen (…), to ungelde 10 ß, is 112 mk 10 ß. =/

[513] /= Anno [*14*]92 up sancta Dynyse [*9. Okt.*] alse Peter Kegeben vam Amsterdam qwam do dede ik em 2 last soltes, de last 27½ mk, woch 1 myn, ungelt myt rutertollen 5 ß 2 d, it qwam in schipper Tymmerman,
noch de sulvest 26 st. drat, it st. 14 ß van Rommolt Fresen,
noch 3 st., it st. 1 mk, is tohop de klafant is 25 mk 12 ß,
noch 2 foderdoke 2 mk,
noch van Hermen Rungen 200 an 1 lb [*199 lb*] rotscher to 4 mk, is 8 mk an <8> d,
noch dede em Konneken 1 mk,
noch blef he my 1 rinschen gulden van dem ungerschen gulden,
noch 11 schepel sennyppes, de schepel 6 ß, is 4 mk 2 ß. =/

/= Anno [*14*]93 de bekeringe sancta Pawels [*25. Jan.*] gaf ik Wylm Langen van Peter Kegeben wegen 30 mk, noch gaf ik em an allun unde an ryse 20 mk,
summa dyt boven schreven 318 mk 18 ß 4 d[514] helle side. =/

---

508 Über und links neben diesem Absatz: zweimal Peter Kegebens Handelsmarke; vgl. Anhang 11.9 Handelsmarken: Nr. 11.
509 Folgt gestrichen: 6 d.
510 Links neben diesem Absatz: Peter Kegebens Handelsmarke; vgl. Anhang 11.9 Handelsmarken: Nr. 11.
511 Rechts neben diesem Absatz: Peter Kegebens Handelsmarke; vgl. Anhang 11.9 Handelsmarken: Nr. 11.
512 Über der Zeile: g.
513 Links neben diesem Absatz: Peter Kegebens Handelsmarke; vgl. Anhang 11.9 Handelsmarken: Nr. 11.
514 Folgt ein unleserliches Zeichen unter einem Tintenfleck.

Folio 199 recto

Jesus Maria amen

/= Anno Domino 1492 up sancta Margareten [*13. Juli*] untfangen van Peter Kegeben ut schipper Ronnepagen 7 dromt ½ schepel lubesche mate. Item was to Danske 1 last enen (...). Item desse rogge wart geven to 5 ß, is 26 mk 4 ß. Item fracht, ungelt 2 mk 10 ß.
Item blyft lutter gelt 23 mk 10 ß.
Item he stot to Danske 29 mk. Item hyr ane vornoget 26 mk 5 ß myt siner vorlust. =/

/= Anno [*14*]92 up sancta Jacob [*25. Juli*] entfangen ut schipper Merten Hegemester 1 last myn ½ schepel lubesche mate. Item is was to Danske 1 last.
Item desse roggen beholde ik int hus unde reken my to for 5 ß den schepel, is 30 mk myn 2½ ß. Item to fracht unde ungelt 2 mk 9 ß. Item blyft lutter gelt 27 mk 4½ ß. =/

/= Anno [*14*]92 up sancta Dynyse [*9. Okt.*] entfink ik van Evert Sveberch up Peter Kegebens wegen unde Everd up erey beyder eventur unde myn mede ut Ronnepapagen 3½ last roggen unde it was to Danske 4 last.
Item desse rogge is vorkoft, en part to 14 wytten, en part 4½ ß en part 4 ß.
Item is tohope rekent, dat is af worden van den 3½ lasten 91 mk lub.
Item fracht, ungelt is tohope in al is 12 mk 3 ß, so blyft lutter gelt 78 mk 13 ß. Item he stot to Danske went in schip 91½ mk 32 ß prusch unde was dar 4 last. Item is vorlaren 13 mk 3½ ß, is jewelken verlust 4 mk 6½ ß. Item so entfangen ik myt to myner verlust 83 mk 3½ ß. =/

/= Anno [*14*]92 up sancta Katerynen [*25. Nov.*] entfange ut Marcus Hagemester up Peter Kegebens eventur unde myn 12 tunnen weyten dar was me 3½ dromt unde 3[515] schepel. Ik gaf den schepel vor 8 ß 4 d.
Item so gaf ik hyrvan to fracht 2½ mk unde prymgelt 1 ß. Item in de see lanet was 1 ß. Item pramgelt 2 ß.
Item in de boden to slande 2 ß. Item bodenhure 2 ß. Item up myn hus 2 ß.
Item blyft lutter gelt 20 mk 5 ß. Item he stot to Danske 14 mk unde tunne unde ungelt 12 ß lub.
Item hyrane vornoget 17½ <mk> 6 d myt sin part gewin. =/

/= Anno [*14*]92 up sancta Symen unde Juden [*28. Okt.*] entfangen van Evert Sveberch up sin unde Peter Kegebens eventur unde myn ut schipper Radelof 1½ last unde 2 dromt <myn 1 schepel> roggen, it was to Danske 2 last. Item van dessen 1½ last 23 schepel is worden 44 mk 13 ß. He wart ok geven to 13 wytten unde myssede 2 schepel in der mate[516].
Item geven to fracht 5 mk 7½ ß 3 d. Item ungelt 7 ß.
Item blyft lutter gelt 38 mk 14 ß 3 d.

---

515 Folgt gestrichen: 5.
516 Folgt gestrichen: 2 schepel.

Item desse rogge was to Danske 2 last, stot int schip myt ungelde 45½ mk prusch.
Item is vorlust 6½ mk 2 ß, is jewelken 2 mk 10 wytte. Item entfangen ik myt myner vorlust lutter gelt 41 mk 19 d. =/

Folio 199 verso

Jesus

⁵¹⁷ /= Anno Domino 1493 up sancta Mattyes [*24. Feb.*] schepede ik Peter Kegeben in dem namen Jesus in schipper (...) Surber 2 tunnen fygen, de tunne stot 5 mk 4 ß, de krof 28 ß, is 10½ mk,
noch darin 1 fat rossin, darin lutter rossin 686 lb, dat hundert 3½ mk, is 24 mk,
⁵¹⁸ noch darin 1 tunne gartkomen, darin lutter komen 172 lb, dat hundert 24 ß, is 2 mk 9 ß 4 d,
noch dar in 4 tunnen sennepes, dar 14½ schepel, de schepel 6 ß, is 5 mk 7 ß,
summa 42 mk 12 ß. =/

⁵¹⁹ /= Anno [*14*]93 8 dage vor Mytfasten [*9. März*] schepede ik Peter Kegeben in dem namen Jesus in schipper Hans Wegener 1 tunne mandelen, woch lutter 140 lb, dat hundert 7½ mk, is 10½ mk 4 d,
noch 1 tunne rysses, wycht lutter rys 207 lb, dat hundert ok 7½ mk, is 15½ mk 2 d,
noch 1 tunne alluns, wycht lutter allun 364 lb, dat hundert⁵²⁰ 4 mk 4 ß, is 15 mk 7½ ß,
noch 2 tunne rotscher, wegen beyde over 62 lb to 3½ mk 4 ß, is 9½ mk 5 ß 3 d,
noch 2 tunnen ore⁵²¹ wegen beyde over 27 to 3½ mk, is 8 mk 3 ß,
summa 59 mk 8 ß 3 d. =/

⁵²² /= Anno [*14*]93 up sancta Johan in der gulden porte [*6. Mai*] schede ik Peter Kegeben to Danske 2 last soltes, woch myn 6 lb de last 24 mk, ungelt to wegen unde totomaken de last 16 d, de last prymgelt 8 d, is summa 47 mk <in Mattyes Smyt>⁵²³ rutertollen (...).
Desse 2 last soltes sende ik em up den roggen dar Evert Sveberch part an heft,
noch sende ik em up den sulven roggen 1 byden, twen last solt in sulve schip schipper Mattyes Smyt, 1 tunne allun, wycht lutter allun 350 myn 2 lb [*348 lb*], dat hundert 4 mk 6 ß, is 15 mk 3½ ß.

---

517 Links neben diesem Absatz: zweimal Peter Kegebens Handelsmarke; vgl. Anhang 11.9 Handelsmarken: Nr. 11.
518 Links neben diesem Absatz: Peter Kegebens Handelsmarke; vgl. Anhang 11.9 Handelsmarken: Nr. 11.
519 Links neben diesem Absatz: Peter Kegebens Handelsmarke; vgl. Anhang 11.9 Handelsmarken: Nr. 11.
520 Folgt geschrichen: Ein unleserliches Zeichen.
521 Lachsforelle.
522 Links neben diesem Absatz: Peter Kegebens Handelsmarke; vgl. Anhang 11.9 Handelsmarken: Nr. 11.
523 Nachträglich am linken Seitenrand eingefügt; die Position der Einfügung im Text ist mit einem Kreuz markiert.

summa dyt boven schreven,[524]
summa 62 mk 11½ ß 3 d, summa de hele syde 165 mk myn 3 d. =/

Folio 198 recto

Jesus Maria amen

/= Anno Domino 1493 up[525] Paschen [*7. Apr.*] entfangen van Peter Kegeben up unser beyder evenentur ut schipper Mattyes Smyt 5 tunnen herse, steyt erst kopes 3 mk. Item ik gaf nene fracht dar was 6 tunnen, 1 tunne was verloren. Item wart van den 5 tunnen 12½ mk, is vernoget myt myn part schaden 13½ mk 4 ß. =/

/= Anno [*14*]93 up sancta Johan Babbetysten [*24. Juni*] entfangen van Peter Kegeben up unser beyder eventur ut schipper Hinrik Spekken 5 last unde 3 dromt roggen unde 4 schepel. Item is was to Danske 6 last, de last stot int schip 12 mk 4 ß lub, is 70 mk 8 ß lub.
Item hyr is af[526] geven to fracht de last 2½ mk, is 13½ mk.
Item up bove to bryngende unde meten unde pramgelt tohope 29 mk.
Item desse rogge is vorkoft unde is geven to 10 wyten 10½ wytte, so dat daraf worden is tohope van den 5 lasten 3 dromt 4 schepel is 113 mk 12 ß. Item ungelt af, so blyft dar lutter gelt 98 mk 7 ß. Item hyran vornoget myt sin part gewin 84 mk 11½ ß. =/

/= Anno [*14*]93 up sancta Bertolmey [*24. Aug.*] entfangen van Peter Kegeben ut Tomas Junghenn up unser beyder eventur 6 last roggen unde ik gaf de last vor 20 mk, is 120 mk.
Item Hermen, Otten Kregen gesselle, hadde darvan vorkeft 3 last dar gaf he my af 49 mk lutter gelt. Item <he> sede, he hadde utlecht 2 mk to ungelde unde he hadde 2 arge rinsche gulden, de wolde ik nycht boren, de qwemen in den bref den Peter Kegeben hebben solde, so dat ik nycht mer entfink van den 3 last roggen den 49 mk, summa de 9 last 169 mk.
Item hyr gaf ik af to fracht 15 mk lub.
Item ungelt up den boven vor de 6 last unde meten 28 ß, to waken 3 ß.
Item geven den mekeler van jewelker last 1 ß unde den bekkeren van jewelker last to ber 1 ß, is mekeler unde bekker 12 ß.
Item de last roggen stot to Danske 12½ mk, is 112½ mk.
Item blyft lutter gelt 151 mk 5 ß, is gewin 38 mk 13 ß.
Item vornoget myt sin part gewin 131 mk 14½ mk. =/

/= Item noch ut den sulven Tomas Jungen 5 tunnen weytenmel unde 1[527] tunne roggenmel stot to Dannske (…),

---

524 Folgt gestrichen: 164 mk 15 ½ ß [?].
525 Folgt gestrichen: s.
526 Folgt gestrichen: worden.
527 Folgen gestrichen: tue mehrere unleserliche Zeichen.

geven to fracht vor dyt mel 1 rinschen gulden.
Item vor 1 tunne roggenmel 1 mk. Item dat weytenmel set up 18 ß. =/

Folio 198 verso

Jesus

[528]/= Anno Domino 1493 up sancta Johans in der gulden porten [6. Mai] do schepede ik in dem namen Jesus in schipper Mattyes Smyt to Danssche up Peter Kegebens eventur unde myn 1 tunne ryssel, wycht lutter rys 248, dat hundert 8 mk, is 20 mk myn 2½ ß,
noch 1 tunne mandelen wycht lutter 133 lb, dat hundert 8 mk, is 10 mk 10 ß.
Item ungelt up desse 3 tunnen 1 ß,
noch 1 tunne fyktryle,[529] wycht lutter 244 lb, dat hundert steyt 2 mk is 4½ mk 6 ß 3 d,
summa 35 mk 6½ ß 3 d. =/

/= Anno [14]93 des dinxdages vor sancta Bertelmye [20. Aug.] do Peter Kegeben hyr sulven was do dede ik em 6 bruggesche laken lanweken, it stukke stot 25½ mk 4 ß, is 154½ mk lub.[530]
Item noch betalt Hinryk Wytte 1 lammeken bruggesche 31 mk,
noch dede ik em 2 tunnen ryses darin lutter rys 470 lb, dat hundert 7½ mk, is 35 mk 4 ß 2 d,
noch 121 lb mandelen, dat hundert 7½ mk, is 9 mk 16 d,
noch 3 foderdoke 3 mk,
noch 9 korf fygen vor 18 mk,
noch 2 halve pype olgess stat 60 mk vor my sulven,
noch lende ik em retgelt 1 mk, u[n]gelt 1 ß
summa 311 mk 14½ ß,
de hele syde is summa 347 mk 5 ß. =/

/= Item noch is my Peter Kegeben dat ik vor em utgaf, dar he my umme hat vor syne suster Talken do se by slep. Item 1 leydeschen rok myt dem foder 7 mk 6½ ß unde 1 deken 1 mk unde 1 buren 20 ß, summa 9½ mk 2½ ß. =/

---

528 Links neben diesem Absatz: Peter Kegebens Handelsmarke; vgl. Anhang 11.9 Handelsmarken: Nr. 11.
529 Vitriol.
530 Genau: 150 = 4,5 mk lub.

Folio 197 recto

Jesus

/= Anno Domino 1494 den 8 dach sancta Merten [*18. Nov.*] entfangen van Peter Kegeben unde Hans Wegener up unser beyder eventur 4 last unde 3 dromt unde 4 schepel lub mate <to 20 mk>, is 88 mk 5 ß 4 d.
Item ik gaf to fracht de last 2 mk, is 8 mk 13 ß 4 d.
Item ungelt, meten, pramgelt, mekeler in al 17 ß 4 d.
Item ik gaf de last vor 20 mk is lutter gelt ungelt af rekent blyft lutter 78 mk 6½ ß 2 d.
Item des was to Danske 5 last, he stoet de last 12 mk erstes kopes, is 60 mk.
Item is gewin 18 mk 6½ ß 2 d. Item vernoget hyrin myt sin part gewin 69 mk 3 ß 4 d.
Item ut Wegener 50 wagenschot (…). =/

/= Anno [*14*]93 up sancta Dynyse [*9. Okt.*] entfangen ut schipper Hans Vrese 14 dromt roggen unde 2 schepel, is was to Danske 2 last, he stoet de last erstes kopes 12 mk, is 24 mk.
Item gaf ik to fracht 4 mk 7 ß, ungelt 7 ß 2 d.
Item pramgelt van dem bretlink vor de muren van der last 8 d.
Item de lycht noch unser koft. Ik sette en up 18 mk de last, is 31½ mk 3 ß[531]. Item ungelt af kortet, so blyft dar lutter 26 mk 8½ ß. =/

/= Anno [*14*]94 up Pinxsten [*18. Mai*] entfangen van Peter Kegeben unde Mattyes Surede 4 last unde 3 dromt 10 schepel roggen, is was to Danske 5 last unde de last stot erstes kopes 10 mk, is 50 mk. =/

/= Item desse rogge wart geven de last 13 mk, so gaf Davyt Divetsen senen (…)
Item geven to fracht in al 8½ mk 4 ß,
up to[532] bringende vor de muren unde meten unde to ber in al 6 ß.
Item blyft lutter gelt 49 mk 20 d. =/

/= Anno [*14*]94 up des hylgen Kruesdach [*14. Sept.*] entfangen van Peter Kegeben unde Merten Hegemester ½ last herse, stot to Danske 30 ß lub. Item ik gaf he hyr vor 30 ß.
Item fracht ½ mk. Item rutertollen 1 ß. Item prymgelt, dregen 2 ß.
Item blyft lutter gelt 10 mk 9 ß, is vorlust sin part 5½ ß, so heft he vornoget 10 mk 14½ ß. =/

---

531 Folgt gestrichen: 25½ mk 3 ß.
532 Folgt gestrichen: wyde.

Folio 197 verso

[*Leerseite*]

Folio 196 recto

Jesus

533 /= Anno Domino 1495 des frygdages vor Palm [*10. Apr.*] do entfink ik van Peter Kegeben 1 last herse in Peter Schutten schepe, se stoet to Danssche 21 mk 4 ß lub.
Item gaf ik de last herse vor 23 mk 4 ß.
Item geven to frat unde ungelt 1 tunne herse, de se entweyn worpen hadde.
Item Peter Schutte scholde my geven 1 mk unde ik krecht nycht 1 d. =/

/= Anno [*14*]95 des dynxdages vor Paschen [*14. Apr.*] entfangen van Hinryk Schuttorp 50 mk lub van Peter Kegebens wegen an Davytes gulden. =/

/= Anno [*14*]96 up sancta Johans Babbetysten [*24. Juni*] entfangen van Peter Kegeben ut schypper Hans Heytman up myn egen eventur 5 prusche last roggen, was hyr 4½ last. He schref de last stot erstes kopes
9 mk unde ander lude keften en vor 7 mk. Item he gink up myn eventure is 45 mk, dat he dar stot. Item fracht is 1 rinschen gulden, van der last blyft lutter gelt 46 mk 6½ ß de fracht unde ungelt, is 7 mk 9½ ß. Also he hyr do geven wart, bleft dyt lutter gelt. =/

/= Anno [*14*]97 up sancta Marcus [*25. Apr.*] entfangen van Peter Kegeben up myn eventur in schyr Pawels schyp 1 last he<r>rese, sto[*t*] to Danske erstes kopes 25 mk 8 schoet. Item is hyr geven vor 29 mk.
Item to fracht 22 ß ungelt 5 ß, st[*ot*] blyft lutter gelt 27 mk 5 ß lub ane 8 schot. =/

/= Anno [*14*]98 entfangen ut Klaus Wegener ½ last herse stot to Danske erstes kopes 3 mk myn 1 ferdink. Item is hyr geve to 2 mk 4 ß. Item gevefen to fracht unde ungelt 14½ ß, ungelt 1½ ß,
blyft lutter 13½ mk, is verloren 4 ß,
summa desse syde is 158 mk 7½ ß. =/

Folio 196 verso

[*Leerseite*]

---

533 Über diesem Absatz: zweimal Peter Kegebens Handelsmarke; vgl. Anhang 11.9 Handelsmarken: Nr. 11.

Folio 195 recto

Jesus Marya amen

/= Anno Domino 1499 up sancta Bertolmeye [*24. Aug.*] entfangen van Peter Kegeben ut schipper Reymer Reffehake ½ last herse, stot to Danske 12 mk unde 1 ferdink. Item gaf se hyr vor 13 mk 2 ß. Item gaf ik
to fracht ½ mk. Item se was ser nat worden, dar dar [!] wol 1 tunne to[534] schaden qwan do ik to leverde is lutter.[535] Item entfangen 4 rade worden 12 mk. =/

/= Anno 1500 up sancta Maryen Maddelenen [*22. Juli*] entfangen van dem Sunde van Jacob Spet van 8 tunnen herse 14 mk 4 ß.
Item entfangen ut schipper Klufer 3 tunnen herse, de tunne 28 ß, 5 mk 4 ß. =/

/= Anno 1500 up sancta Johanse [27. Dez.][536] entfangen van Peter Kegeben ut schypper Matties Smyt 2 st. Blygges, wegen hyr 5 schippunt 2 lyslb myn 2 mklb, gaf ik it schippunt 6½ mk 4 ß, is tenetur summa 34 mk 7 ß. Item ungelt af frach unde dregen unde pram in al (…). =/

/= Anno 1501 up sancta[537] Mateus [*21. Sept.*] entfangen van Peter Kegeben ut schipper Hans Ukerman 1 tunne, darin was 26½ <bollerte>, <½ tymer bollert> stot 1 mk to Danske unde wart hyr geven vor 14 ß, krech Peter Possyk. Hyr was by Hans Cordes unde Hinryk, de buntmaker, eft Hinrik Sten. Dar was nycht mer den 26½ tymer, is to gelde 24 mk 1 ß ungelt af, summa dysse syde[538] 89 mk 15 ß. =/

Folio 195 verso

Jesus Maria amen

[539]/= Anno Domino 1504 <up sancta Jacob [*25. Juli*]> do rekende ik wes ik myt Peter Kegeben to achter were, aldus fynde ik alse ok dyt bok wol nawyset, dat he my is schuldych. Int erste 1 rinschen gulden to der wedderleggynge unde darto 150 mk lent gelt alse sin egen hantschryft utwyset folyo 211 unde noch dat ik em hebbe sent dar ik up to achter bin unde is 82 mk 11 ß, summa 232 mk 11 ß.
Dyt is he my al myt rechte schuldich unde my heft grot schadet. =/

---

534 Folgt estrichen: fl.
535 Folgt aufgrund anderer Tintenfarbe deutlich erkennbar als nachträgliche Ergänzung.
536 Hier erfolgt abweichend von Hinrik Dunkelguds anderen Einträgen zum Johannistag des Täufers am 24. Juni die Datierung nach dem Tag des Apostels Johannes, da sich diese Angabe besser in die relative Chronologie der Einträge auf dieser Seite einfügt.
537 Folgt gestrichen: Bert.
538 Folgt gestrichen: 90.
539 Davor gestrichen: Anno Domino 1480.

[540] Anno Domino 1506 up sancta Falentin [*14. Feb.*] do rekende Klawes Lange, myner dochter man, myt Peter Kegeben, borger to Danske, van myner wegen so dat my Peter schuldych was up de tyt 160 mk alse ik em do overschref, hyrup heft he Klaus Langen betalt 12 mk, de ik entfangen hebbe.

Item aldus is Klaus Lange myt Peter over komen van myner wegen, dat he my schal noch betalen 148 mark in dren jaren nu negest komende alse nu up den somer alse me schryft 1506 de erste[541] termyn.

Item hyrup heft Peter Kegeben geven syne egen hantschryft alse hyr in bok lycht etc. myt synen singgenytte etc.[542]

Folio 194 recto

/= Anno Domino 1504 sancta Bertelmeye [*24. Aug.*] entfangen van Peter Kegeben ut schypper Marcus Kron 1500 myn 19 [*1481*] stukke wagenschoetes, it hundert stot erstes kopes 6 mk myn 4 ß lub, is 84 mk <5 ß 1 d.> Item hyrvan geven to ungelde up de Bekerwys Reyneke Soltouwe unde sinen kumpen Tyme Drewes van den hunderde 2 ß, is 30 ß.
Item den schipper to fracht van den hunderde 2 mk, is 30 mk.
Item vorkoft dyt vorschreven it hundert vor 7 mk up 1 jar dages enen kystenmaker, genomet Gosschalk Gosswin, in der Wamanstraten,[543] summa 103½ mk 6 ß, ungelt af rekent blyft lutter 72 mk, so is dar verloren 11 mk 5 ß 1 d. Item noch geven dem, it holt versteyt up der Wysch, bergelt. =/

/= Item dyt hebbe ik Peter alse boven steyt overschreven anno domino dusent 506 [*1506*] up my jarsdac unde geve Claus Langehen myne macht dorby to don unde laten eft ik sulvest dar jegenwardych were etc.[544] =/

Folio 194 verso

Dyt naschrefen dat qwam to mynem altar to sancta Birgeten.

Item noch gheven vor kogeler unde vor seter under de garwete 7 mk,
noch vor 1 kruse up 1 garwet 1 mk,
noch vor 1 par flogel[545] van syden,
noch 1 par flogel van (...),
noch 1 rydelaken vor de tafel up altar 3½ mk,

---

540 Die Einträge der folgenden beiden Absätze sind nicht gestrichen.
541 Folgt gestrichen: tre.
542 Sehr vermutlich handelte es sich um einen durch Kegeben ausgestellten Schuldschein.
543 Wahmstraße in Lübeck.
544 Hinrik Dunkelgud erteilt seinem Schwiegersohn Claus Langen die Vollmacht, in seinem Namen seine Geschäfte zu regeln.
545 Seitenbehang des Altars.

noch is dar 1 rusch fylt up altar, stot 1 mk,
noch vor it altar 1 barenhut ½ gl,
noch is to dem altar 1 pesepe bret van myssink unde is vorguldet. Item noch 1 slycht unde richt unde forguld pese bret.
Item noch darto 1 furbal.
Item is dar 1 myssebok, dat kofte ik unde 1 del gaf he my dar ik it afkofte her Marqward Brant.
Item noch 1 schryft up deme altar in myssink gheschrefen, myn name, dat se alle dage myner denken scholen unde myner erfen unde frunde.

Item so is dar ene kyste, darine schal in leggen de garwete unde wat to dem altar hort de steyt in, stot 4 ß.

Item vor dem vorschreven altar scholen de broder des klosters alle dage 1 mysse lesen, des somers to 5 unde des wynters to 6 urren.
Darvore gaf ik en sovenhundert [700] mk lub, alse ere bref wol medebrynget de 6 myn is etc. Unde sal blyven by mynen erfen unde wen de erfen al vorstorven syt, so scholen de olderlude des krames to Lubeke dat <unde vorstan> vor de gedingen gelik alse Marientyde in der kappelle to sancta Jacob in Lubeke under dem torne, do de kremer forstan etc.

Item de bref darup lut unde tohort den fint in der kremer kappel in sancta Peter<s> kerke in Lubeke in dem schappe, dat dar steyt dat sunte Annen bilde up steit.

[546] Item ok is darin de bref up myn altar to Marienwolde up de ersten myssen etc. Item desse brefe unde de brefe de lude up de tyde Marien to sancta Jacob in Tiyllinges kappellen,[547] de sint tohope. Item Klawes Lange do heft ik befalen des olderluden des krames.

Folio 193 recto

Jesus Marya amen

Anno Domino 1496 do let ik maken to sancta Byrggeten vor Mollen belegen ume den kerkhof en krusedracht myt dem rychte, dat kostede my 44 mk 7 ß.
Item stoet dat Maryenbilde in der sunnen up dem kerkhave 14 mk anno 1509.
Item dat krusefixk up der juncfrouwen kor myt Marryen unde sancta Johan stot 15 mk.
Item noch en kruse up der juncfrouwen altar 3 mk.
Item noch let ik murren 1 altar an der broderschrank, stot my myt dem sprakalke unde sten unde to muren 3½ mk.

---

546 Am linken Seitenrand: Hinrik Dunkelguds Handelsmarke; vgl. Anhang 11.9 Handelsmarken: Nr. 7.
547 Hermen Tyling stiftete am 30. August 1496 mit 60 mk Rente zehn geistliche Pfründen zur täglichen Durchführung der Marientiden in der Jakobikirche. Bau- und Kunstdenkmäler, Bd. 3, S. 329; AHL, Testamente, 1500 Februar 1 Tyling, Hermen.

Item da[548]<r>up 1 sneden tafel, alse Maryen in den tempel wart offert, stot myt dem wygende, dat se de bisschop wyggede unde dat altar boven 100 mk.
Item let ik it umme beschranken myt myssinges drat, stot myt dem smydewerk 31 mk 4 ß.
Item up dat altar huenlaken unde wollen unde 2 attependyum, stot wol 8 mk.
Item noch 1 lyste van sulveren[549] bokstaven unde myn name in den bokstaven unde is wol vor[550] verguldet unde woch 3½ lodege mark unde 6 lot, it lot stot 20 ß, is 77 mk 8 ß,
noch vor dammasch 2 mk unde vor syden 4 mk,[551]
noch makelon (…).
Item noch vor 1 kelk, stot 38 mk unde poten.
Item 2 sulverne appelle wegen 11 mk.
Item 8 garwete, 1 retflowel 28 mk.
Item rusch gulden stukke, stot de ele 3 mk, 8½ elen 25 mk.
Item 1 gel syden stukke stot 8 mk.
Item 1 gron flowel geblomet, stot stot [!] ok 26 mk.
Item 1 fogelken want, stot 3 mk.
Item 1 rot aresch,[552] stot 3½ mk.
Item 1 wyt drel, stot 2 mk 12 ß.
Item 1 brun sardok stot myt[553] makelon 3½ mk.
Item noch 8 alfen stan 12 mk.

548 Folgt geschrichen: t.
549 Folgt gestrichen: unde is vor.
550 Folgt gestrichen: guldet stot bove.
551 Damast und Seide.
552 Arras.
553 Folgt gestrichen: kake.

10. VERZEICHNIS DER ABBILDUNGEN, DIAGRAMME UND TABELLEN

10.1 ABBILDUNGEN

Abbildung 1: Instrumentarien zur Rechtssicherung 108
Abbildung 2: Warengewichtszeichen nach Witthöft 156
Abbildung 3: Gewichtsangaben für einzelne Tonnen in Liespfund und Pfund für Butter 158
Abbildung 4: Ein Teil der Abrechnung von Hinrik Dunkelgud mit seinem Geschäftspartner Hans Seldorn mit dessen Handelsmarke, Rechnungsbuch, fol. 18r 244
Abbildung 5: Hinrik Dunkelguds Rentenbezug aus dem Hof in Ruppersdorf, Rechnungsbuch, fol. 19r 245
Abbildung 6: Mehrere Abrechnungen mit verschiedenen Personen mit der Buchhaltungstechnik *alla veneziana*, Rechnungsbuch, f. 4r 246

10.2 DIAGRAMME

Diagramm 1: Dunkelguds Warensortiment in seinen vier Handelsphasen 169
Diagramm 2: Dunkelguds Gesellschafter und Handelspartner in seinen vier Handelsphasen 185

10.3 TABELLEN

Tabelle 1: Hinrik Dunkelguds Provisoren 92
Tabelle 2: Erwähnungen der anderen Rechnungsbücher Hinrik Dunkelguds in dessen Buch F 135
Tabelle 3: Hinrik Dunkelguds Margen im Roggenhandel 149
Tabelle 4: Gewichts- und Maßeinheiten in Lübeck 152
Tabelle 5: Flüssigkeitsmaße 154
Tabelle 6: Warensendungen Hinrik Dunkelguds und Hans Sledorns (HG A) 201
Tabelle 7: Jährliche Anzahl der Sendungen innerhalb der HG D 209

11. ANHANG

11.1 WARENTABELLEN

11.1.1 Bilder und Bücher

Trans.	Datum	Ware	Menge	Eing.	Ausg.	Stckpr.	Preis	Handelspartner	fol.
1	1477	Glasscheiben mit Motiv (*bylde an glas*)	4 Stck.		HG	[10 ß]	ges. 2,5 mk	Hans Mouwer d. J.	5r
2	09.02.1479	Tafelbilder auf Leinwand (*malde tafelen up lonwent malet*)	?		Vk.	?	ges. 18,5 mk	Cord Meteler	10v
3	09.10.1479	Evangeliar (*ewangyllenboek*)	1 Stck.	Bez.		8 mk	ges. 8 mk	Cord Meteler	10v
4	25.07.1479	Bilder (*bilde*)	4 Stck.		HG	[1 mk 2 ß]	ges. 4,5 mk	Hans Sledorn	2v
5	25.07.1479	Bilder (*bilde*)	1 Stck.		HG	?	?	Hans Hovenborch	2v
6	25.07.1479	Bilder (*bilde*)	10 Stck.		HG	6 ß 4,8 d	ges. 4 mk	Hans Sledorn	2v
7	24.08.1479	Tafelbilder (*malde tafelen*)	3 Dztd.		HG/Vk.?	13 ß 4 d	je Dztd. 10 mk; ges. 30 mk	Hennink Bardenwerper	3v
8	24.08.1479	Bilder (*bilde*)	4 Stck.		HG/Vk.	12 ß	ges. 3 mk	Hennink Bardenwerper	3v
9	22.09.1479	Gemälde auf Papier (*malwerk malet in poppyr*)			Vk.	?	?	Hans Kone	10v
10	22.09.1479	große Tafelbilder (*grote tafelen*)	2,5 Dztd.		Vk.	?	?	Hans Kone	10v
11	22.09.1479	kleine Tafelbilder (*lutker tafelen*)	15,5 Dztd.		Vk.	2,58 ß	ges. 30 mk	Hans Kone	10v
12	22.09.1479	Atlanten (*antlate*)	2 Stck.		Vk.	2,5 mk	ges. 5 mk	Hans Kone	10v
13	22.09.1479	Marienbild (*marienbilde*)	2 Stck.		Vk.	1,5 mk	ges. 3 mk	Hans Kone	10v
14	22.09.1479	Bild mit Motiv Maria Bedrägnis (*marien drofnisse*)	2 Stck.		Vk.	1 mk 2 ß	ges. 2 mk 4 ß	Hans Kone	10v

Trans.	Datum	Ware	Menge	Eing.	Ausg.	Stckpr.	Preis	Handelspartner	fol.
15	1480	Bücher (*boke*)	2 Stck.		Vk.	2 mk	ges. 4 mk	Rotger to Wasten	10v
16	26.01.1480	Heiligenviten (*boke hilghen*)	9 Stck.	Bez.		3,5 ß 2 d	je Stck. 11 witte; ges. 2 mk 1 ß	Hans Kone	10v
17	16.05.1503	Stundenbuch (*tydebok*)	1 Stck.		HG	4 ß	ges. 4 ß	Hans Brunsten	31v
18	(04.10.1504)	Stundenbuch (*tydebok*)[1]	1 Stck.	HG				Hans Brunsten	32r

11.1.2 Diverse Waren

Trans.	Datum	Ware	Menge	Eing.	Ausg.	Preis	Handelspartner	fol.
1	1478	Pferd (*pert*)	1 Stck.		Vk.	ges. 10 mk	Marquart Mus	6r
2	11.12.1478	Holz (*holt*)	1 Fuder	Bez.			Hans Davite	6r
3	29.09.1478[2]	Pferd (*pert*)			Vk.	ges. 10 mk	Marquart Mus	15r
4	p. q. 29.09.1478	Schweine (*swyne*)	2 Stck.	Bez.		ges. 4 mk	Marquart Mus	15r
5	p. q. 18.11.1478	Pferd (*pert*)	1 Stck.	Bez.		ges. 11 mk	Jan Raven	8r
6	02.02.1479 p. q.	Lederbeutel (*budel*)	1 Dztd.	HaG?		ges. 0,5 mk	Tile Mensen	9v
7	09.10.1479	Schreibtisch (*kontor*)	1 Stck.	Bez.		ges. 2,5 mk	Cord Meteler	10v
8	24.08.1479	Rückenharnisch? (*rugge*)	1 Stck.	X	Vk.	ges. 22 ß	Peter Schutte	11r
9		Eichenholz (*wagenschott*)	8 Stck.	Bez.		je 100 Stck. 10 mk	Peter Schutte, Dunkelguds Oheim	11r
10	13.09.1479	(Glas-)Fenster? (*finster*)	2 Stck.		HG	ges. 1 mk	Hans Sledorn	3r
11	26.01.1480	Rosenkränze (*fochtage*)	2 Stck.	X		ges. 1 mk	Hans Kone	10v
12	25.04.1480	Silber (*sulver*)	2 lodege mark 6 lot 1 qwentin		HG	ges. 33 mk 7,5 ß	Hans Hovenborge	10r, 16r
13	25.04.1480	große Waschbecken (*grote hantbeken*)	31 Stck.		HG		Hans Hovenborge	10r
14	25.04.1480	boksyden unde bass	5 Stck.		HG	je Stck. 8,5 mk	Hans Hovenborge	16r
15	25.04.1480	Waschbecken (*hantbekken*)	61 Stck.		HG		Hans Hovenborge	16r

1 Sehr wahrscheinlich handelte es sich um das gleiche Stundenbuch von Transaktion 17.
2 Sehr wahrscheinlich doppelt, Eintrag 1.

Trans.	Datum	Ware	Menge	Eing.	Ausg.	Preis	Handelspartner	fol.
16	25.04.1480	Schale (*scherve*)			HG	ges. 0,5 mk	Hans Hovenborge	16r
17	16.04.1481	*timen*?	3 Last		HG	ges. 2 mk 4 ß	Hans Hovenborge	16r
18	16.04.1481	Becken (*bekken*)	1,5 Liespfund		HG	je Liespfund 2,5 mk; ges. 3 mk 12 ß	Hans Hovenborge	16r
19	15.04.1480	bronzene Dreifußtöpfe (*gropen*)	23 lb		HG	[je] mklb 2,5 mk 2 ß	Hans Hovenborge	16r
20	25.07.1480	Siegelstempel (*ingesegel*)			Vk./HG	ges. 19 ß	Enwolt van der Heyde	12v
21	1481	Gürtel (*remen*)			HG	ges. 3 mk 2 d	Peter Kegeben	14r
22	24.06.1481 p. q.	Bernsteinrosenkranz (*bernsten fochtych*)	1 Stck.	Bez.		ges. 3 mk	Titke Sluter	9r
23	06.06.1482	(Glas-)Fenster? (*finster*)	7 Stck.		HG/Vk.	je Stck. 6 ß; ges. 2,5 mk 2 ß	Hans Dinxstede	13v
24	06.06.1482	Eisenstangen[3] (*windyseren*)			HG/Vk.	ges. 9 ß[4]	Hans Dinxstede	13v
25	06.06.1482	Gardinenstange? (*henge*)			HG/Vk.	ges. 9 ß[5]	Hans Dinxstede	13v
26	29.09.14(82?)	Holz (*holt*)			HG/Vk.	ges. 3 ß	Hans Meyer, Dunkelguds gast	16v
27	23.09.1482	Golddraht? (*spolgoldes*)	3 lb		HG	je lb 6 mk; ges. 18 mk	Hans Hovenborge	19v
28	23.09.1482	Golddraht? (*goldes spolgeld*)	2 lb		HG	je lb 6 mk; ges. 12 mk	Hans Hovenborge	16v
29	24.09.1482 Abr.	Becher (*butten*)	3 Stck.		HG	ges. 4 ß[6]	Hans Hovenborge	19v
30	24.09.1482 Abr.	Krug (*kros*)	1 Stck.		HG	ges. 4 ß[7]	Hans Hovenborge	19v
31	25.07.1483	lange Gürtel (*grotken natelremen*)	6 Stck.		HG	ges. 30 ß	Hans Borne	209v

3 Eisenstangen zum Befestigen von einem Windschutz vor den Bleifenstern.
4 Der Preis bezieht sich auf Nr. 24 und Nr. 25 zusammen.
5 Der Preis bezieht sich auf Nr. 24 und Nr. 25 zusammen.
6 Der Preis ergibt sich zusammen mit dem Krug Nr. 29.
7 Der Preis ergibt sich zusammen mit den drei Bechern Nr. 28.

Trans.	Datum	Ware	Menge	Eing.	Ausg.	Preis	Handelspartner	fol.
32	25.07.1483	lange Gürtel (*grotken natelremen*)	3 Stck.		HG	ges. 9 ß	Hans Borne	209v
33	25.07.1483	Gürtel (*gordelremen*)	4 Dtzd.		HG	ges. 12 ß	Hans Borne	209v
34	25.07.1483	Rosenkränze (*fochtyge*)	2 Dtzd.		HG	ges. 3 ß	Hans Borne	209v
35	03.06.1484	Lederbeutel (*budel*)	2 Dtzd.		HG	ges. 2 mk	Hans Borne u. Peter Kegeben	208v
36	03.06.1484	Lederbeutel (*budel*)	2 Dtzd.		HG	ges. 6 ß	Hans Borne u. Peter Kegeben	208v
37	03.06.1484	Lederbeutel (*budel*)	22 Dtzd.		HG	ges. 14 ß	Hans Borne u. Peter Kegeben	208v
38	03.06.1484	Lederbeutel (*budel*)	6 Dtzd.		HG	je Dtzd. 11 ß; ges. 4 mk 2 ß	Hans Borne u. Peter Kegeben	208v
39	05.06.1484	Papier (*poppyr*)	?		HG	ges. 4 ß	Broder, Rotger to Wasken	11r
40	10.08.1484	Lederbeutel (*budel*)	8 Dtzd.		HG	je Dtzd. 6 ß; ges. 3 mk	Hans Borne u. Peter Kegeben	208v
41	10.08.1484	Lederbeutel (*budel*)	2 Dtzd.		HG	ges. 9 ß	Hans Borne u. Peter Kegeben	208v
42	10.08.1484	Männerbeutel? (*mannebudel*)	9 Stck.		HG	ges. 22,5 ß	Hans Borne u. Peter Kegeben	208v
43	10.08.1484	Lübecker Lederbeutel (*lubecker budel*)	9 Stck.		HG	ges. 22,5 ß	Hans Borne u. Peter Kegeben	208v
44	10.08.1484	Spiegel (*schegel*)[8]	8 Dtzd.		HG	ges. 4 ß	Hans Borne u. Peter Kegeben	208v
45	10.08.1484	Spiegel (*spegel*)	12 Dtzd.		HG	ges. 12 ß	Hans Borne u. Peter Kegeben	208v
46	10.08.1484	Spiegel (*spegel*)	6 Dtzd.		HG	ges. 4 ß	Hans Borne u. Peter Kegeben	208v
47	04.10.1484	Flaschenzug mit Schnur (*krych myt up rukkelse mit snor*)	1 Stck.		HG/ Vk?	5 ß	Peter Spegelberch	20v
48	17.03.1485	Gürtel aus Papier (*poppyr natelremen*)	4 Stck.		HG	ges. 2 mk	Hans Borne u. Peter Kegeben	207v
49	17.03.1485	Holzsparren (*sparen*)	1 Dtzd.		HG	ges. 20 ß	Hans Borne u. Peter Kegeben	207v
50	17.03.1485	Holzsparren (*sparen*)	0,5 Dtzd.		HG	ges. 7 ß	Hans Borne u. Peter Kegeben	207v

8 Wohl eine Verschreibung.

Trans.	Datum	Ware	Menge	Eing.	Ausg.	Preis	Handelspartner	fol.
51	17.03.1485	Spiegel (*spegel*)	2 Dtzd.		HG	ges. 5 ß	Hans Borne u. Peter Kegeben	207v
52	17.03.1485	Spiegel (*spegel*)	6 Dtzd.		HG	ges. 12 ß	Hans Borne u. Peter Kegeben	207v
53	17.03.1485	Spiegel (*spegel*)	6 Dtzd.		HG	ges. 6 ß	Hans Borne u. Peter Kegeben	207v
54	17.03.1485	Spiegel (*spegel*)	6 Dtzd.		HG	ges. 3 ß (ges. **alle** spegel 26 ß)	Hans Borne u. Peter Kegeben	207v
55	17.03.1485	Kämme (*kemme*)	?		HG	ges. 18 ß	Hans Borne u. Peter Kegeben	207v
56	17.03.1485	Rosenkränze (*fochtyge*)	16 Dtzd.		HG	ges. 1,5 mk	Hans Bornee u. Peter Kegeben	207v
57	24.06.1485	Holzsparren (*sparen*)	2 Dtzd.		HG	je Dtzd. 14 ß; ges. 28 ß	Hans Borne u. Peter Kegeben	206v
58	24.06.1485	Holzsparren (*sparen*)	1 Dtzd.		HG	ges. 20 ß	Hans Borne u. Peter Kegeben	206v
59	24.06.1485	Brillen-/gestelle (*brylle*)[9]	6 Dtzd.		HG	ges. 1,5 mk	Hans Borne u. Peter Kegeben	206v
60	24.06.1485	Gürtel (*remen*)	4 Dtzd.		HG	je Dztd. 15 ß; ges. 3,5 mk 4 ß	Hans Borne u. Peter Kegeben	206v
61	24.06.1485	Gürtel (*remen*)	8 Dtzd.		HG	1 Dtzd. 10 ß = 5 mk	Hans Borne u. Peter Kegeben	206v
62	24.06.1485	Gürtel (*remen*)	4 Dtzd.		HG	je Dtzd. 7 ß; ges. 28 ß	Hans Borne u. Peter Kegeben	206v
63	24.06.1485	Männergürtel mit einem Haken als Schnalle (*mansremen myt haken*)	4 Dtzd.		HG	je Dtzd. 5 ß; ges. 28 ß	Hans Borne u. Peter Kegeben	206v
64	24.06.1485	Gürtel mit Messingringen (*remen myt myssing ryngen*)	4 Dtzd.		HG	je Dtzd. 5 ß; ges. 20 ß	Hans Borne u. Peter Kegeben	206v
65	24.06.1485	Gürtel (*remen myt haken*)	4 Dtzd.		HG	je Dtzd. 3 ß; ges. 12 ß	Hans Borne u. Peter Kegeben	206v
66	24.06.1485	lange Gürtel (*grotken natelremen*)	4 Stck.		HG	je Stck. 9 ß; ges. 2 mk 4 ß	Hans Borne u. Peter Kegeben	206v
67	16.08.1485	*grotken schaffenge*	2 Stck.		HG	je Stck. 4 ß; ges. 0,5 mk	Hans Bornee u. Peter Kegeben	205v

9   Diese wurden zu ihrem Schutz in einer Lade transportiert!

11.1 Warentabellen

Trans.	Datum	Ware	Menge	Eing.	Ausg.	Preis	Handelspartner	fol.
68	14.05.1486	Holzsparren (*sparen*)	1,5 Dtzd. u. 3 par sparen		HG nach Reval	je Dtzd. 22 ß; ges. 2 mk 6,5 ß	[Hans Borne u. Peter Kegeben]	204v
69	14.05.1486	Teer (*ter*)	10 last 5 t.	HG	aus Reval	ges. 102 mk 4 ß[10]	Hans Bornee u. Bernt Pal	206r
70	14.05.1486	lange grüne und graue Gürtel aus Wismar (*grotken natelremen, it sint wysmarsche grauw unde gron*)	3 Stck.		HG nach Reval	je Stck. 7 ß	[Hans Borne u. Peter Kegeben]	204v
71	14.05.1486	lange Gürtel (*grotken natelremen*)	3 Stck.		HG nach Reval	je Stck. 6 ß myn 4 d; ges. 17 ß	Hans Borne u. Peter Kegeben]	204v
72	14.05.1486	lange Gürtel (*grotken natelremen*)	3 Stck.		HG nach Reval	je Stck. 4 ß 4 d; ges. 13 ß	[Hans Bornee u. Peter Kegeben]	204v
73	14.05.1486	lange Gürtel (*grotken natelremen*)	3 Stck.		HG nach Reval	je Stck. 3 ß 4 d wyt; ges. 10 ß	[Hans Borne u. Peter Kegeben]	204v
74	15.06.1486	HosenGürtel (*natelremen*)		HG		ges. 2 mk 4 ß	Hans Borne	202r
75	15.06.1486	Kämme (*kemme*)		HG		ges. 18 ß	Hans Borne	202r
76	15.06.1486	Gürtel (*remen*)	4 Dztd.	HG		ges. 20 ß	Hans Borne	202r
77	15.06.1486	lange Gürtel (*grotken natelremen*)	6 Stck.	HG		ges. 2 mk 4 ß	Hans Borne	202r
78	09.10.1486	Holz (*holt*)		HG/ Vk.		ges. 3 ß	Hinryk Kylenberch u. Merten Petersen	22v
79	29.09.1487	Teer (*ters*)	(ges. 7,5 last 5 t.)	HG		je Last vor 7,5 mk	Hans Borne u. Peter Kegeben	202r
80	06.10.1487	Pferd (*perd*)	15 mk		Vk.		Bernd Horensey	202v
81	18.11.1494	Eichenholz (*wagenschot*)	50 Stck.	HG			[Peter Kegeben]	197r
82	24.08.1499	*rade?*	4 Stck.	HG		ges. 12 mk	Peter Kegeben	195r

10 Dieser Gesamtwert abzüglich aller Dukelgud entstandenen Unkosten bezog sich auf den Verkaufs- und Tauschwert des Teers auch in Rosinen, die teilweise direkt von Dunkelgud wieder verkauft, teilweise als Retoursendung nach Reval versandt wurden. Vgl. Anhang 11.1.13 Lebensmittel: Nr. 25.

Trans.	Datum	Ware	Menge	Eing.	Ausg.	Preis	Handelspartner	fol.
83	28.08.1504	Eichenholz (*wagenschoetes*)	1500 myn 19 stukke	HG		je 100 erstes kopes 6 mk myn 4 ß; ges. 85 mk 5 ß 1 d. Vk. je 100 vor 7 mk; ges. 103,5 mk	Peter Kegeben	194r
84	23.04.1504	kleine Heringbzw. Fischsnetze am Stiel (*herinkgarn*)	465 Stck.		HG	je Stck. 4 ß; ges. 116 mk 4 ß	Tochter Anneke (Lange)	47v
85	23.04.1504	Fischnetze je 140 Ellen (*garn fan 7 stygen*)	40 Stck.		HG	je Stck. 7 ß; ges. 11 mk 4 ß	Tochter Anneke (Lange)	47v
86	23.04.1504	Lotleine? (*fadem*)	54 Stck.		HG	je Stck. 8 wytte; ges. 9 mk	Tochter Anneke (Lange)	47v
78	23.04.1504	Lotleine? (*dunne fadem*)	33 Stck.		HG	je Stck. 4 ß; ges. 8 mk 4 ß	Tochter Anneke (Lange)	47v
88	23.04.1504	*stelten doke*	15 Stck.		HG	je Stck. 3 ß; ges. 2,5 mk 5 ß	Tochter Anneke (Lange)	47v
89	o. D.	kleines Fischnetz (*manse*)	29 Stck.	HG		je Stck. 9 ß; ges. 16 mk 4 ß	Tochter Anneke (Lange)	48r
90	o. D.	Fischnetz (*garn*)	8 Stck.	HG		ges. 2 mk 4 ß	Tochter Anneke (Lange)	48r
91	o. D.	kleines Fischnetz (*manse*)	100 Stck.	HG		ges. 98 mk	Peter Fresenberch	48r

11.1.3 Dolche und Dolchmesser

Trans.	Datum	Sorte	Menge	Eing.	Ausg.	Stckpr.	Preis	Handelspartner	fol.
1	22.06.1478	Dolche (*daggen*)	6 Stck.		X	[10,67 ß]	ges. 4 mk	Hans Bekker	4v
2	1479	Dolche (*daggen*)	1 Stck.		Vk.	9 ß		her Kersten, der bergerfar kaplan	7v
3	20.10.1479	Messer (*meste*)[11]	5 Dtz.		X	[4,8 d]	ges. 1,5 mk	Fikke Stal u. Erk Olfsen	12v

11 „Meste" waren lange Messer, die in Nürnberg und dem westfälischen Raum beispielsweise in Köln gefertigt wurden und als Dolchmessen als Stichwaffe dienten. Allerdings gibt Lasch unter demselben Stichwort auch verallgemeinernd die Nutzung von Meste als Tischmesser oder

11.1 Warentabellen

Trans.	Datum	Sorte	Menge	Eing.	Ausg.	Stckpr.	Preis	Handelspartner	fol.
4	1486	Dolche (*daggen*)	2 Stck.		X	[6 ß]	ges. 12 ß	Hinrik Kylenberch	22v
5	03.06.1484	Messer (*meste*)	30 Dtzd.		GH	[4 d]	1 Dtzd. 4 ß; ges. 7,5 mk	Hans Borne u. Peter Kegeben	208v
6	29.09.1484	Rasiermesser? (*schermeste*)[12]	6 Dtzd.		GH	[4 d]	[1 Dtzd. 4 ß]; ges. 1,5 mk	Hans Bornee u. Peter Kegeben	207v
7	17.03.1485	Messer (*meste*)	12 Dtzd.		GH	[5 d]	1 Dtzd. 5 ß; ges. 3,5 mk 4 ß	Hans Borne u. Peter Kegeben	207v
8	17.03.1485	Messer (*myt kronen*)	6 Dtzd.		GH	[0,5 ß]	1 Dtzd. 6 ß; ges. 2 mk 4 ß	Hans Borne u. Peter Kegeben	207v
9	17.03.1485	Dolche (*daggen*)	4 Dtzd.		GH	[15 d]	je Dtzd. 15 ß; ges. 3,5 mk 4 ß	Hans Borne u. Peter Kegeben	207v
10	17.03.1485	Messer aus Hildesheim (*hildemsche meste*)	8 Schock		GH	[6,7 ß]	je schok 9 ß; ges. 4,5 mk	Hans Borne u. Peter Kegeben	207v
11	17.03.1485	Messer (*meste styrs*)[13]	8 Decker		GH	[3,6 d]	[je Decker 3 ß]; ges. 1,5 mk	Hans Borne u. Peter Kegeben	207v
12	24.06.1485	Rasiermesser? (*schermess*)	41 Dtzd.		GH	[4,83 d]	1 Dtzd. 4,5 ß 4 d; ges. 12 mk 6 ß 2 d	Hans Borne u. Peter Kegeben	206v
13	14.05.1486	*forderdaggen*	10 Dtzd.		GH nach Reval	[1,5 ß]	1 Dtzd. 18 ß; ges. 11 mk 4 ß	[Hans Borne u. Peter Kegeben]	204v
14	14.05.1486	Dolche aus Breckerfeld (*brekerfelder daggen*)[14]	11,5 Dtzd.		GH nach Reval	[2,08 ß]	1 Dtzd. 25 ß; ges. 18 mk myn 6 d	[Hans Bornee u. Peter Kegeben]	204v

für handwerkliche Zwecke an. LASCH: Mittelniederdeutsches Handwörterbuch, Bd. 2, Teil 1, Sp. 969.

12 Bei der Sorte „Schermeste" ist leider auch nicht eindeutig, ob es dem Gebrauch des Scherens diente oder wiederum als Waffe. Obgleich die mittelniederdeutsche Bezeichnung von Kampfschwertern als *schermeswert* drauf hindeuten könnte, widerspricht das sehr niedrige Preisniveau der Vorstellung einer qualitätsvollen Stichwaffe, so dass sich hier Bedeutung als Messer zum Scheren von Tuchen oder als Rasiermesser verhärtet. SCHILLER/LÜBBEN: Mittelniederdeutsches Wörterbuch, Bd. 4, S. 79.

13 Hierbei handelte es sich nach Hinrik Dunkelgud wohl um eine eher schlechtere Qualität, da er schrieb diese seien „[…] *wan de ringesten*". Es bleibt allerdings offen, ob er damit explizit seine Sendung an Messer meinte oder die Sorte allgemein. Im Preisvergleich mit seinen anderen Sorten lag ein *meste styrs* nämlich nur knapp unter dem Preis für *meste* bei Transaktion Nr. 5 oder bei *schermeste* bei Transaktion Nr. 6.

14 Hierbei handelte es sich um Dolche aus der ehemaligen westfälischen Hansestadt Breckerfeld.

Trans.	Datum	Sorte	Menge	Eing.	Ausg.	Stckpr.	Preis	Handelspartner	fol.
15	14.05.1486	Dolche aus Münster (*munstersche daggen*)	6 Dtzd.		GH nach Reval	[1 ß]	1 Dtzd. 12 ß; ges. 4,5 mk	[Hans Borne u. Peter Kegeben]	204v
16	14.05.1486	Dolche aus Lüneburg (*luneborger dagge*)	1 Dtzd.		GH nach Reval	[2,5 ß]	ges. 2 mk	[Hans Borne u. Peter Kegeben]	204v
17	14.05.1486	(*pappenmeste*)	5 Dtzd.		GH nach Reval	[0,5 ß]	1 Dtzd. 6 ß; ges. 30 ß	[Hans Borne u. Peter Kegeben]	204v
18	14.05.1486	(*juncfrouwenmeste*)[15]	12 Dtzd.		GH nach Reval	[5 d]	1 Dtzd. 5 ß; ges. 3,5 mk 4 ß	[Hans Borne u. Peter Kegeben]	204v

11.1.4 Drogen, Beiz- und Färbemittel

Trans.	Datum	Ware	Eing.	Ausg.	Menge	Preis	Handelspartner	fol.
1	21.04.1484	Kirschbeerenfarbe (*kersberenfarwe*)		HG	4 Tonnen	je Tonne 1,5 mk; ges. 6 mk	Hans Borne u. Peter Kegeben	207v
2	25.05.1485	Farbe (*varwe*)		HG	0,5 Last	je Tonne 1,5 mk; ges. 9 mk	Hans Borne u. Peter Kegeben	206v
3	24.06.1485	Holwurz (*holwort*)		HG	2 halbe Tonnen, Gewicht 129 lb	je Pfund 3 d; ges. 2,5 mk 2,5 ß	Hans Borne u. Peter Kegeben	206v
4	24.06.1485	Kupferrauch (*kopperrok*)[16]		HG	71 lb	je Pfund 8 d; ges. 3 mk myn 8 d	Hans Borne u. Peter Kegeben	206v
5	29.09.1486	Kirschbeerenfarbe (*kersberenfarwe*)		HG	13 Tonnen	je Tonne 2 mk; [ges. 23 mk]	Hans Borne	204r
6	19.04.1491	Kupferrauch (*koperrok*)		HG	ges. 245 lb	je Hundert 2 mk; ges. 4,5 mk 6 ß 4 d	Peter Kegeben	201v

---

15 Möglicherweise besonders kleine oder speziell für Frauen bestimmte Messer? Nach Schulte verhandelte große Ravensburger Handelsgesellschaft *techant*, also ‚Frauenmesser', die zum größten Teil in Nürnberg und dem rheinischen Raum produziert wurden. SCHULTE: Geschichte, Bd. 2, S. 204.

16 Kupferrauch war ein grünlicher Rauch oder Ruß, der während des Schmelzvorgangs von Schwarzkupfer entstand und anschließend bei der Herstellung von Vitriol Verwendung fand. JAHNKE: Schnittstelle, S. 67.

Trans.	Datum	Ware	Eing.	Ausg.	Menge	Preis	Handelspartner	fol.
7	04.04.1492	Alaun (*allun*)		HG	0,5 Tonne, Gewicht 200 myn 4 lb	je Hundert 4 mk 4 ß	Peter Kegeben	201v
8	19.06.1492	Alaun (*allun*)		HG, Sendung nach Danzig	1 Tonne, Füllgewicht 327 lb	100 lb zu 4 mk 4 ß; ges. 13 mk 4 d	Peter Kegeben	201v
9	09.03.1493	Alaun (*allun*)		HG, [Sendung nach Danzig?]	1 Tonne, Füllgewicht 364 lb	je Hundert 4 mk 4 ß; ges. 15 mk 7,5 ß	Peter Kegeben	199v
10	06.05.1493	Alaun (*allun*)		HG, Sendung nach Danzig	1 Tonne, Füllgewicht 350 myn 2 lb	je Hundert 4 mk 6 ß; ges. 15 mk 3,5 ß	Peter Kegeben	199v
11	06.05.1493	Vitriol (*fyktryle*)[17]		HG, Sendung nach Danzig	1 Tonne, Füllgewicht 244 lb	je Hundert 2 mk; ges. 4,5 mk 6 ß 3 d	Peter Kegeben	198v

11.1.5 Fettwaren

Trans.	Datum	Ware	Menge	Eing.	Ausg.	Preis	Handelspartner	fol.
1	21.07.1479	Öl (*olleges*)	1 Pipe 4 lb; d. h. 324 lb	X, HG? aus Brügge		ges. 3 ß grot; [ges. 1,05 mk][18]	Hinrik Witte	2r
2	24.08.1479	Olivenöl (*bomolges*)	1 Pipe, d. h. 320 lb	X, HG?			Hinrik Witte	5r
3	24.08.1479	Mohnöl (*manolges*)	1 lb		Vk.	ges. 16 d	Peter Schutte	11r
4	24.08.1479	Öl (*olges*)	2,25 lb		Vk.	ges. 2 ß 3 d	Peter Schutte	11r
5	24.08.1479	Olivenöl (*bomolges*)	3,5 lb		Vk.		Peter Schutte	11r
6	24.08.1479	Olivenöl (*bomolges*)	3 lb		Vk.	ges. 4 ß	Peter Schutte	11r
7	24.08.1479	Öl (*olges*)	4,5 lb		Vk.	je lb 20 d	Peter Schutte	11r
8	15.02.–29.03.1480	Mohnöl (*manolge*)	15,5 lb		Vk.	je lb 1 ß	Hinrik Fogeler	10v
9	1480 (p. q.?)	Butter (*botter*)	0,5 Tonne	Bez.		ges. 2,5 mk 3 ß myn 5 d	Broder Rotger to Wasten	10v
10	15.04.1480	Butter (*botter*)	0,5 Tonne	HG			Hans Hovenborge	16r

17 Vitriol, das auch als Kupferwasser bekannt war, wurde auf Grundlage von Kupferrauch hergestellt und diente als Beiz-, Färbe- und Konservierungsmittel.

18 Umrechnung nach der Angabe Dunkelguds 1 lb grot = 7 mk.

Trans.	Datum	Ware	Menge	Eing.	Ausg.	Preis	Handelspartner	fol.
11	06.05.1480 p. q.	Öl (*olge*)	2 lb		Vk.		Wolmer van der Molen	9r
12	20.10.1480	Butter (*botter*)	0,5 Tonne	Bez.		je Tonne 6,5 mk; ges. 3,5 mk myn 6 d[19]	Fikke Stal	12v
13	16.04.1481	Öl aus Lissabon (*lyssebanschen olge*[20])	29 lb		HG	je lb 16 d; ges. 2 mk 7 ß myn 1 d	Hans Hovenborge	16r
14	16.04.1481	Öl (*olge*)	12 lb		HG	je lb 1,5 ß	Hans Hovenborge	16r
15	16.04.1481	Öl (*olge*)	3 lb		HG	je lb 1,5 ß	Hans Hovenborge	16r
16	16.04.1481	Öl (*olge*)	3 lb		HG		Hans Hovenborge	16r
17	22.04.1481	Fett (*smer*)			HG	ges. 15 mk	Hans van Dalen	5r
18	29.09.14[82?]	Öl aus Lissabon (*lyssebanschen olge*)	[110 lb][21]		Vk.	je Zentner 9 mk	Hans Meyer[22]	16v
19	23.09.1482	Butter (*botter*)	2 Tonnen		HG	je Tonne 8 mk myn 2 ß; ges. 15 mk 6,5 ß 2 d	Hans Hovenborge	20r
20	23.09.1482	Butter (*botter*)	6 Tonnen[23]		HG	je Tonne 7,5 mk 4 ß; ges. 47,5 mk 3 ß 3 d	Hans Hovenborge	20r

19 Der Preis von 6,5 mk pro Tonne ergibt für eine halbe Tonne korrekt 3 mk 4 ß. Dunkelgud gab hier Summe 3 mk 7,5 ß. Die Differenz resultierte aus einem Nachtrag von weiteren zusätzlich empfangenen 3,5 ß.
20 Dieses Öl wurde sehr wahrscheinlich aus Lissabon über Brügge nach Lübeck gehandelt.
21 Als Menge gab Dunkelgud hier 1 Zentner weniger 2 lb an. Woher dieses Öl bezogen wurde, kann zwar nicht nachgewiesen, aber wie im Falle von Transaktion Nr. 1 davon ausgegangen werden, dass es sich um eine Westware handelte. Sehr wahrscheinlich rechnete Dunkelgud alle Waren, die ihm nach Lübeck gesandt wurden in Lübeckische Maßeinheiten in diesem Falle in einen Zentner zu 112 lb um. Beim Verkauf dieses Öls gab er nun an, dass es sich um einen Zentner weniger 2 lb handelt, also um 110 lb, dem westländischen Zentner. Dies stützt erstens die These von einer Warensendung aus dem Westen oder zumindest den Kauf einer nach westlichen Maßeinheiten abgemessene Ware in Lübeck und zum anderen die Vermutung, dass Hinrik Dunkelgud die Waren bei Erhalt in Lübeckischen Maßeinheiten umrechnete. Berechnungsgrundlage ist hier ein Zentner in Lübeck zu 112 lb. Hinrik Dunkelgud zieht hier 2 lb ab. Damit kommt er auf den westländischen Zetner von 110 lb.
22 In diesem Fall handelte es sich weder um Hinrich Dunkelguds Schwiegervater noch um seinen Schwager, sondern um einen Gast desselben Namens.
23 Als Gewicht nannte Dunkelgud *de woch 2,5 lieslb over*. Bei seiner Preisangabe müssten diese Bruttoliespfund, also 40 lb 1 mk 3 ß 3 d gekostet haben. Bricht man es Mithilfe dieses Ausgangswertes auf einen Pfundpreis herunter, ergeben die Zahlen aber insgesamt mit Dunkelguds Angaben keinen Sinn.

Trans.	Datum	Ware	Menge	Eing.	Ausg.	Preis	Handelspartner	fol.
21	23.09.1482	Butter (*botter*)	0,5 Tonne	HG		ges. 2 mk	Hans Hovenborge	20r
22	13.12.1482	Öl (*olg*)	1 lb		Vk.		Hans Dinxstede	13v
23	25.05.1485	Öl aus Lissabon (*lysbanschen olge*)	0,5 Zentner, d. h. [56 lb][24]	HG		je lb 15 d; ges. 4 mk 6 ß	Hans Borne u. Peter Kegeben	206v
24	09.10.1486	Öl (*olg*)	[114 lb][25]		Vk.	zu 6,5 mk; ges. 6,5 mk 12 d	Hinrik Kylenberch u. Merten Petersen	22v
25	21.09.1487	alte Butter (*olde botteren*)	4 Tonnen[26]		Vk./HG	je Tonne 5,5 mk 4 ß	Merten Petersen	23r
26	21.09.1487	frische Butter (*fersk botteren*)	1 Tonne		Vk./HG	je Tonne 7 ß; wohl ein Schreibfehler je Tonne 7 [mk][27]	Merten Petersen	23r
27	03.06.1487	Butter (*botter*)	4,5 Tonnen	HG		je Tonne 6 mk; ges. 27 mk 5 d	Hans Borne	202v
28	03.06.1492	Butter (*botter*)	1 Tonne	HG		ges. 8 mk 4 ß (in Danzig); Vkpr. ges. 9 mk 4 ß; Verkaufserlös (*lutter gelt*) ges. 9 mk 11,5 ß[28]	[Peter Kegeben]	200r
29	03.06.1492	Butter (*botter*)	2 halbe Tonnen	HG		ges. 15 mk; inkl. ungelt 17,5 mk 5 ß	Peter Kegeben	200r

24 Hinrik Dunkelguds Mengenangabe war ½ Zentner. Berechnungsgrundlage war hier, wie auch aus seiner Preisangabe deutlich wird, ein Zentner in Lübeck zu 112 lb.

25 Als Gewicht gab Dunkelgud 1 Zentner 2 lb an. Berechnungsgrundlage für die Menge ist hier ein Zentner in Lübeck zu 112 lb. Bei der Preisangabe hat Dunkelgud sich in irgendeiner Form verschrieben. Falls er sich mit dem Preis von 6,5 mk auf einen Zentner berief, wäre sein Ergebnis allerdings nicht korrekt, demnach hätte dann ein lb zu 12,48 d liegen müssen, so dass er ein lb vergaß.

26 Als Gewichtsangabe neben den 4 Tonnen als Verpackungseinheit nannte Dunkelgud nur *woch over 4 markpfund*.

27 Der Gesamtpreis aus Transaktion Nr. 24 und Nr. 25 ergab nach Dunkelgud *30 mk 5 ß*. Dass die Tonne frische Butter im Preisvergleich zur alten Butter nur im Schillingsbereich gelegen haben soll erscheint nicht nur sehr unwahrscheinlich, sondern ergibt auch rechnerische keine Sinn. Geht man von einer Verschreibung Dunkelguds aus kommt man zum Wert von 30 mk, wobei die zusätzlichen 4,5 lb dann mit 4 ß zusätzlich aufgeschlagen wurden.

28 Fracht und Ungelder betrugen 30 ß für die Tonne Butter und ½ Last Mehl (Anhang 11.1.9 Getreide und Mehl: Nr. 7), so dass die genauen Unkosten nicht aufgeschlüsselt werden können. So ist es auch nicht möglich zu klären, warum Dunkelguds Verkaufserlös für die Butter höher als ihr Verkaufspreis gewesen sein soll.

Trans.	Datum	Ware	Menge	Eing.	Ausg.	Preis	Handelspartner	fol.
30	13.07.1492	Butter (*botter*)	2 halbe Tonnen	HG		ges. 16 mk; Dunkelguds Vkpr je t. 9 mk 4 ß; ges. 17 mk 1 ß	Peter Kegeben	200r
31	20.08.1493	Öl (*olgess*)	2 halbe Pipen, d. h. 320 lb		HG nach Danzig[29]	ges. 60 mk	Peter Kegeben	198v
32	15.06.1504	*walkolge*	1 Zentner 7 lb, d. h. [119 lb][30]		HG nach Danzig	je lb 7 wytte; ges. 17 mk 5,5 ß 2 d	Lammerd Hemekynck	34v

11.1.6 Fisch

Trans.	Datum	Sorte	Menge	Eing.	Ausg.	Preis	Handelspartner	fol.
1	1478	zarter Stockfisch (*tytlinge*)			Vk.	ges. 4 ß	Marquart Mus	6r
2	23.04.1478 p. q.	Beste Sorte Stockfisch (*rotscher*)	1 Tonne	Bez.		ges. 3,5 mk 4 ß	Rolef Haken	4r
3	22.06.1478	Lachs (*lasses*)	1 Tonne		Vk.	ges. 5 mk 4 ß	Hans Bekker	4v
4	1479	Lachs (*lasses*)	1 Tonne		Vk. (Hochzeit)	ges. 2,5 mk	Hans Meyer d. Ä.	46v
5	02.02.1479	Lachs (*lasses*)	8,5 Tonnen	HG?			Tile Mensen (gehört Tile Busman in Holm)	9v
6	02.02.1479 p. q.	Lachs (*lasses*)	3 Tonnen	HG?			Tile Mensen	9v
7	01.09.1479	Lachs (*lasses*)	1 Tonne		Vk. oder HG?	ges. 5 mk 6 ß	Gert van Lenten	9v
8	01.05.1480	Lachsforellen (*orre*)	2 Tonnen		Vk.	je 100 lb 3,5 mk; ges. 7 mk	Hans Rokelosen	10r
9	02.02.1481	Lachs (*lasses*)	1 Tonne		Vk. oder HG?	ges. 5,5 mk 4 ß	Gert van Lenten	9v
10	23.09.1482	Lachs (*lasses*)	2 ferendel [von 100 lb?]	HaG		ges. 2,5 mk 4 ß	Hans Hovenborge	20r

29 Bei dieser Sendung fügte Hinrik Dunkelgud den Nachtrag „vor my sulven" an. Es ist nicht feststellbar, ob Dunkelgud sich damit auf den Betrag von 60 mk bezog oder auf das Öl. Im zweiteren Fall, wäre die Ölsendung dann von Peter Kegeben an Hinrich Dunkelgud geschickt worden.

30 Hinrik Dunkelguds Mengenangabe war 1 Zentner 7 lb. Berechnungsgrundlage war hier, wie auch aus seiner Preisangabe deutlich wird, ein Zentner in Lübeck zu 112 lb.

Trans.	Datum	Sorte	Menge	Eing.	Ausg.	Preis	Handelspartner	fol.
11	1486	Alborgischer Herink (*alborgeschen herink*)[31]	1 Last		HaG	ges. 26 mk; inkl. ungelt 26 mk 6,5 ß 1 d	Bernt Pal u. Hans Borne	206r
12	29.09.1486	Schonischer Herink (*schonsschen herink*)[32]	0,5 Last		HaG	ges. 31 mk abzgl. un- gelt 6 ß	Bernt Pal u. Hans Borne	206r
13	29.09.1486	minderwertiger Lachs (*argen las*)	3 halbe 1 Viertel [Tonne]	HaG	HG	ges. 7 mk[33]	Bernt Pal u. Hans Borne	204r
14	29.09.1486	Rochen (*rochghen*)	11,5 stygen, d. h. 230 Stck.		HG	inkl. Un- kosten 6,5 mk	Peter Kegeben u. Hans Borne	202r
15	19.06.1492	Beste Sorte Stockfisch (*rotscher*)	1 Tonne, woch lutter 84 [lb] to 4 mk 4 ß		HG	je 100 lb 4 mk 4 ß; ges. 3,5 mk 1 ß ungelt u. pramgeld 3,5 mk 2 ß 2 d	Peter Kegeben	201v
16	19.06.1492	Beste Sorte Stockfisch (*rotscher*)	1 Tonne, woch 2 × ½ Schiff- pfund 9 ½ Lies- pfund, so fele woch se lutter		X (nach Danzig)	entw. 4 mk 4 ß oder 6 mk 10 wit	Peter Kegeben	201v
17	13.07.1492	Stockfisch (*flaskfyskes*)[34]	60 Stck.	HG			Peter Kegeben	200r
18	09.10.1492	Beste Sorte Stockfisch (*rotscher*)	199 Pfund		HG	je 100 lb 4 mk; ges. [7,5 mk 7 ß 4 d]	Peter Kegeben	200v
19	09.03.1493	Beste Sorte Stockfisch (*rotscher*)	2 Tonnen, wegen beyde over 62 lb		HG (nach Dan- zig?)	je 100 lb 3,5 mk 4 ß; ges. 9,5 mk 5 ß 3 d	Peter Kegeben	199v
20	09.03.1493	Lachsforellen (*orre*)	2 Tonnen, wegen beyde over 27		HG (nach Dan- zig?)	je 100 lb 3,5 mk; ges. 8 mk 3 ß	Peter Kegeben	199v

31 Bei alborger Hering handelte es sich um eine qualitativ mittel gute Sorte. JAHNKE: Netzwerke, XVII. Kleine Warenkunde, S. 502.

32 Der schonische Hering stellte die beste Qualität da, die auf den Schonischen Messen erworben werden konnte. JAHNKE: Netzwerke, XVII. Kleine Warenkunde, S. 503.

33 Vgl. dazu auch die deutlich höheren Preise für jeweils die anderen Tonnen Lachs zu 5 mk 4 ß, 5 mk 6 ß und 5,5 mk 4 ß, Nr. 3, 7, 9.

34 Laut Jenks die beste Sorte Stockfisch. JENKS: Pfundzollbuch, S. 492.

Trans.	Datum	Sorte	Menge	Eing.	Ausg.	Preis	Handelspartner	fol.
21	01.11.1500	Beste Sorte Stockfisch (*rotscher*)	2 Tonnen zu je über 55 lb	HG		je 100 lb 3,5 mk; ges. 8 mk 15 ß	Hans Blanke	29r
22	(24.02–07.04) 1501	Beste Sorte Stockfisch (*rotscher*)	2 Tonnen zu 110 lb	HG?		ges. 3,5 mk 4 ß 3 d	[Hans Blanke]	29r
23	10.06.1501	Beste Sorte Stockfisch (*rotscher*)	1 Tonne zu 161 lb	HG		je 100 lb 3,5 mk; ges. 5,5 mk	Hans Blanke	29r
24	10.01.1502	Beste Sorte Stockfisch (*rotscher*)	2 Tonnen	HG?			[Hans Blanke]	28v
25	07.05.1502	Beste Sorte Stockfisch (*rotscher*)	3 Tonnen, 435 lb 3 Tonnen 4 Tonnen und 35 lb	HG		Vkpr. je 100 lb 3,5 mk; ges. 15 mk 4,5 ß 3 d	Hans Blanke	29r
26	15.05.1502	Beste Sorte Stockfisch (*rotscher*)	2 Tonnen	HG		je 100 lb 3,5 mk; ges. 11 mk	Hans Brunsten	32r
27	15.05.1502	Lachsforellen (*orre*)	1 Tonne zu über 32 lb	HG		je 100 lb 3 mk; ges. 4 mk 6 ß	Hans Brunsten	32r
28	19.11.1502	Beste Sorte Stockfisch (*rotscher*)	1 Tonne zu über 55 lb	HG?		je 100 lb 3,5 mk 2 ß fracht u. ungelt 3 ß 8 d; ges. 5 mk 6,5 ß 2 d	Hans Dativers [Hans Blanke]	29r
29	25.11.1502	minderwertige Sorte Stockfisch (*lobben*)	2 Stck.	HG			Hans Brunsten	32r
30	25.11.1502	Beste Sorte Stockfisch (*rotscher*)	1 Stck. zu 19 lb	HG			Hans Brunsten	32r
31	25.11.1502	Beste Sorte Stockfisch (*rotscher*)	2,5 Tonnen 8 lb	HG		je 100 lb 3,5 mk 4 ß; ges. 9 mk 10,5 ß 2 d	Hans Brunsten	32r
32	25.11.1502	Beste Sorte Stockfisch (*rotscher*)	1 Tonne, Füllgewicht 110 mklb	HG		je 100 lb 3,5 mk 4 ß; ges. 4 mk 23 d	Hans Brunsten	32r
33	07.04.1504 p.q.	Beste Sorte Stockfisch (*rotscher*)	2 Tonnen zu 271 mklb	HG			Hinrik Pawels [u. Hans Brunsten?]	34r
34	01.05.1504	Beste Sorte Stockfisch (*rotscher*)	ges. 33 lb	HG		je lb 7 d	Hans Brunsten	32r

Trans.	Datum	Sorte	Menge	Eing.	Ausg.	Preis	Handelspartner	fol.
35	08.09.1504	Beste Sorte Stockfisch (*rotscher*)	1 Tonne zu 138 mklb	HG			Hans Rubestorp	34r
36	1504	Beste Sorte Stockfisch (*rotscher*)	1 Tonne zu 138 mklb	HG			Hinrik Wels	34r
37	04.10.1504	Beste Sorte Stockfisch (*rotscher*)	2 Tonnen	HG?	ges. 4 mk		Hans Brunsten	32r
38	(08.03.–19.04) 1508	Schellfisch (*nopscher*)	1 Tonne	HG			Hans Blanken	29r
39	(15.–20.05) 1508	Abfall von Stockfisch (*sparden*)	1 Tonne			Vk. oder HG?	Hinrik Pawels	33v

11.1.7 Flachs

Trans.	Datum	Eing.	Ausg.	Menge	Einkaufspreis	Verkaufspreis	Handelspartner	fol.
1	1484	HG		2 Fässer, 2 Schiffslb 6 Lieslb plus dazugehörigem losen Flachs	ges. 15 mk 7 ß		Hans Borne u. Peter Kegeben	208r
2	15.06.1486	HG	VK	1 Fass, Füllgewicht: 4 Schiffslb 7 Lieslb		je Schiffslb 6 mk ges. 26 mk 1,5 ß[35]	Peter Kegeben u. Bernt Horensey	209v
3	15.06.1486	HG		1 Fass, Füllgewicht: 4,5 Schiffslb 5,5 Lieslb	je Schiffslb 6,5 mk 6 ß; ges. 32,5 mk 5 ß 3 d		Hans Borne u. Peter Kegeben	203v
4	15.06.1486	HG		1 Stck, 17 Lieslb 2 lb	ges. 5, 5 mk 6 ß		Hans Borne u. Peter Kegeben	203v
5	15.06.1486	HG		1 Fass, Füllgewicht: 4 Schiffslb 8 Lieslb	je Schiffslb 6 mk; ges. 26 mk 6 ß 5 d		Hans Borne u. Peter Kegeben	203v
6	29.09.1486		VK	3 Fässer, Füllgewicht: 15,5 Schiffslb 6,5 Lieslb		je Schiffslb 6,5 mk 1,5 ß; ges. 104,5 mk lub myn 8 wytte [oder 104 mk 2,5 ß 2 d][36]	Hans Borne	204r

35 Mithilfe von Dezimalrechnung wäre 26 mk 1,6 ß ganz korrekt.
36 Mithilfe von Dezimalrechnung wäre 104 mk 5,5 ß ganz korrekt.

11.1.8 Getränke

Trans.	Datum	Ware	Eing.	Ausg.	Menge	Preis	Handelspartner	fol.
1	25.03.1482	Bier (*ber*)		X	1 brug	ges. 17 mk	Claus Krusen	17r
2	23.09.1482	Hamburger Bier (*hamborger ber*)	HG		2 Tonnen	ges. 2 mk	Hans Hovenborge	20r
3	24.09.1482	Lübeckisches Bier (*lubisches ber*)	HG		1 Tonne	ges. 1 mk	Hans Hovenborge	19v
4	04.10.1484	Kirschsaft (*kersdrank*)		Vk.	1 Last	ges. 26 mk	Peter Spegelberch	20v
5	09.10.1486	Kirschsaft (*kersdrank*)		X HG?	1 Last 0,5 Tonne	ges. 30 mk 20 ß; ungelt 8 ß	Hinrik Kylenberch u. Merten Petersen	22v
6	15.05.1502	Met (*med*)	HG		6 Tonnen	[je Tonne 2 mk] ges. 12 mk	Hans Brunsten	32r
7	10.07.1503	Bier (*ber*)		Vk. nach Bergen	2 Last	je Last 14 mk; ges. 28 mk; ungelt 6 ß	Hinrik Pawels	33v
8	15.06.1504	Met (*med*)		HG	1 Last	je Tonne 2 mk; ges. 24 mk	Lammerd Hemekynck	34v

11.1.9 Getreide und Mehl

Trans.	Datum	Ware	Menge	Eing.	Ausg.	Einkaufspreis	Verkaufspreis	Handelspartner	fol.
1	1474	Hopfen (*hoppen*)			Vk.		ges. 28 ß	Hinrik Petersen	6v
2	18.11.1478	Hopfen (*hoppen*)		HG			ges. 3 mk 6 ß	Jan Raven	8r
3	30.12.1479	Hopfen (*hoppen*)	8 Säcke	HG				Andres Schulte	9r
4	16.04.1481	Mehl (*mel*)	3 Tonnen	HG			je Tonne 28 ß	Hans Hovenborge	16r
5	a.q. 22.04.1492	Hirse (*herse*)	0,5 Last	HG	HG + Vk.	ges. 16,5 mk	je Tonne 3,5 mk; ges. 21 mk[37]	Peter Kegeben	200r

37 Inklusive Fracht- und Unkosten von 1 mk 8 d.

11.1 Warentabellen

Trans.	Datum	Ware	Menge	Eing.	Ausg.	Einkaufs-preis	Verkaufs-preis	Handels-partner	fol.
6	03.06.1492	Mehl (*mel*)	0,5 Last	HG		ges. 9 mk 4 ß	je Tonne 30 ß; lutter gelt 10 mk 2,5 ß[38]	[Peter Kegeben?]	200r
7	03.06.1492	Mehl (*mel*)	11 Tonnen	HG		je Last 18,5 mk; ges. 16,5 mk 7 ß	je Tonne 30 ß; [20,5 mk 2 ß][39]	Peter Kegeben	200r
8	13.07.1492[40]	Roggen (*roggen*)	9 Tonnen zu 32 Scheffel	HG		je Last 16 mk; je Scheffel 3 ß	ges. 6 mk[41]	Peter Kegeben	200r
9	13.07.1492[42]	Roggen (*roggen*)	7 Drömt 0,5 Scheffel	HG	HG + EB	je Scheffel 5 ß;	ges. 26 mk 4 ß	Peter Kegeben	199r
10	25.07.1492[43]	Roggen (*roggen*)	7 Drömt 11,5 Scheffel	HG			je Scheffel 5 ß; ges. 29,5 mk 5,5 ß[44]	[Peter Kegeben]	199r
11	09.10.1492[45]	Roggen (*roggen*)	3,5 Last	HG 3 Pers.		ges. 91,5 mk 32 ß pr	ges. 91 mk lub	Peter Kegeben, Evert Sveberch	199r
12	28.10.1492[46]	Roggen (*roggen*)	1 Last 23 Scheffel	HG 3 Pers.		ges. inkl. Unkosten[47] 45,5 mk pr in Dz	je Scheffel 13 wit; ges. 44 mk 13 ß	Peter Kegebens, Evert Sveberch	199r

38 *Lutter gelt* bezeichnete den Verkaufserlös, d. h. den Verkaufspreis abzüglich aller Unkosten. Da Dunkelgud hier allerdings die Unkosten von 17,5 ß 2 d für das Mehl zusammen mit einer Tonne Butter berechnete, können die Werte nicht nachvollzogen werden.
39 Als lutter gelt gab Dunkelgud den Wert von 19 mk 2 ß und als Fracht – und Unkosten 24 ß 4 d an.
40 Für die genaue Preiskalkulation einschließlich der Unkosten siehe Anhang 11.15 Tab. Preiskalkulation im Roggenhandel: Nr. 1.
41 Diesen Roggen behielt Dunklegud für sich wohl zum Eigenbedarf.
42 Für die genaue Preiskalkulation einschließlich der Unkosten siehe Anhang 11.15 Tab. Preiskalkulation im Roggenhandel: Nr. 2.
43 Für die genaue Preiskalkulation einschließlich der Unkosten siehe Anhang 11.15 Tab. Preiskalkulation im Roggenhandel: Nr. 3.
44 Dunkelgud gab hier als Verkaufspreis in diesem Fall als seinen eigen zu zahlenden Preis für seinen Eigenverbrauch ges. 30 mk myn 2,5 ß an. Diesen Roggen behielt Dunkelgud für sich wohl zum Eigenbedarf.
45 Für die genaue Preiskalkulation einschließlich der Unkosten siehe Anhang 11.15 Tab. Preiskalkulation im Roggenhandel: Nr. 4.
46 Für die genaue Preiskalkulation einschließlich der Unkosten siehe Anhang 11.15 Tab. Preiskalkulation im Roggenhandel: Nr. 5.
47 Fracht und Ungeld betrugen zusammen 5,5 mk 6,5 ß 3 d.

Trans.	Datum	Ware	Menge	Eing.	Ausg.	Einkaufs-preis	Verkaufs-preis	Handels-partner	fol.
13	25.11.1492	Weizen (*weyten*)	12 Tonnen zu 3,5 Drömt 3 Scheffel	HG		ges. 14 mk in Dz[48]	je Scheffel 8 ß 4 d; lutter gelt 20 mk 5 ß[49]	Peter Kegeben	199r
14	07.04.1493	Hirse (*herse*)	5 Tonnen	HG		je Tonne 3 mk	ges. 12,5 mk[50]	Peter Kegeben	198r
15	24.08.1493[51]	Roggen (*roggen*)	9 Last	HG		6 Last zu 20 mk; 3 Last zu ges. 49 mk	gest. 169 mk	Peter Kegeben	198r
16	24.06.1493	Weizen-mehl (*weyten-mel*)	5 Tonnen	HG		?	?	Peter Kegeben	198r
17	24.06.1493	Roggen-mehl (*roggen-mel*)	1 Tonne	HG		?	?	Peter Kegeben	198r
18	18.05.1494[52]	Roggen (*roggen*)	4 Last 3 Drömt 10 Scheffel	GH		je Last 20 mk in Dz	je Last 20 mk; ges. 8 mk 5 ß 4 d[53]	Peter Kegeben	197r
19	14.09.1494	Hirse (*herse*)	0,5 Last	HG		je T. 30 ß; [ges. 11 mk 4 ß]	je T. 30 ß; lutter gelt 10 mk 9 ß[54]	Peter Kegeben	197r
20	10.04.1495	Hirse (*herse*)	1 Last	HG aus Dz		ges. 21 mk 4 ß	ges. 23 mk 4 ß[55]	Peter Kegeben	196r

48 Fracht und Ungeld betrugen zusammen 3 mk 4 ß.
49 Das lutter gelt war der Verkaufspreis abzüglich der Fracht- und Unkosten. Als Frachtkosten gab er 2,5 mk und für weitere einzeln genannte Ungelder wie beispielsweise Pramgelt und Prymgelt 10 ß. Ferner zählte er noch einmal 12 ß als Ungelt auf, hier ist nicht sicher zu sagen, ob diese weitere Ausgaben darstellten oder nur doppelt genannt wurden.
50 Eine sechste Tonne ging auf der Überfahrt zu Bruch, worauf Dunkelgud zwar keine Fracht zahlen musste, aber trotzdem einen Verrechnungsbetrag inklusive seines Schadens rechnerisch von 1 mk 4 ß auf der Einnahmeseite von 13,5 mk 4 ß verbuchte.
51 Für die genaue Preiskalkulation einschließlich der Unkosten siehe Anhang 11.15 Tab. Preiskalkulation im Roggenhandel: Nr. 6.
52 Für die genaue Preiskalkulation einschließlich der Unkosten siehe Anhang 11.15 Tab. Preiskalkulation im Roggenhandel: Nr. 7.
53 Fracht und Unkosten betrugen zusammen 9,5 mk 6,5 ß 2 d.
54 Als Verlust bei dieser Transaktion gab Dunkelgud für sich und Peter Kegeben je 5,5 ß an. Der Verlust ergab sich als Differenz zwischen dem Einkaufspreis und dem lutter gelt, und ergab sich aus den Fracht- und Unkosten von 11 ß.
55 Der Verkaufspreis bezog sich nur auf elf Tonnen, weil eine Tonne auf der Überfahrt beschädigt wurde, so dass Dunkelgud weder Fracht noch Unkosten zu zahlen hatte und zudem der Schiffer Petter Schutte ihm noch 1 mk als Ausgleichszahlung schuldig blieb.

11.1 Warentabellen

Trans.	Datum	Ware	Menge	Eing.	Ausg.	Einkaufs-preis	Verkaufs-preis	Handels-partner	fol.
21	3./19.11.1495[56]	Roggen? (*roggen*)	4 Last 3 Drömt 4 Scheffel	HG aus Dz		ges. 60 mk	ges. 88 mk 5 ß 4 d	Peter Kegeben	197r
22	24.06.1496[57]	Roggen (*roggen*)	4,5 Last	X		ges. 45 mk		Peter Kegeben	196r
23	25.04.1497	Hirse (*herse*)	1 Last	HG		ges. 25 mk 8 scot	ges. 29 mk[58]	Peter Kegeben	196r
24	1498	Hirse (*herse*)	0,5 Last	HG		je Tonne 3 mk myn 1 ferd;[59] [ges. 16,5 mk]	je Tonne 2 mk 4 ß; [ges. 13,5 mk]	(Peter Kegeben?)	196r
25	24.08.1499	Hirse (*herse*)	0,5 Last	HG		ges. 12 mk 1 ferd[60]	ges. 13 mk 2 ß[61]	Peter Kegeben	195r
26	22.07.1500	Hirse (*herse*)	8 Tonnen	X		ges. 14 mk 4 ß		Jacob Spet (aus dem Sunde)	195r
27	p. q. 22.07.1500	Hirse (*herse*)	3 Tonnen	X		je Tonne ges. 5 mk 4 ß		?[62]	195r

---

56 Für die genaue Preiskalkulation einschließlich der Unkosten siehe Anhang 11.15 Tab. Preiskalkulation im Roggenhandel: Nr. 8. Hinrik Dunkelgud vergaß in diesem Eintrag die Getreidesorte anzugeben, wobei hier von Roggen ausgegangen wird.

57 Für die genaue Preiskalkulation einschließlich der Unkosten siehe Anhang 11.15 Tab. Preiskalkulation im Roggenhandel: Nr. 9.

58 Als lutter gelt gab Dunkelgud hier *27 mk 5 ß lub ane 8 schot* an, d. h. bei seinen Preisberechnungen hatte er die 8 Scot umgerechnet 5 ß 4 d lub nicht mit einbezogen.

59 Umgerechnet 2,75 mk pr und nach Dunkelguds Preiskalkulation entsprach dieser Betrag 2,75 mk lub, d. h. gesamt 16,5 mk lub. Fracht und Ungeld machten 1 mk aus, so kam Dunkelgud auf einen Verlust von gesamt 4 mk.

60 Nach Dunkelguds Preiskalkulation entsprach dieser Betrag 12,25 mk lub. Für Fracht berechnete er 0,5 mk.

61 Die Hirse wurde auf dem Schiff wohl nicht richtig untergebracht, so dass sie sehr nass wurde und eine Tonne wohl einen so großen Schaden erlitt, dass Dunkelgud diese durch Hirse aus seinem eigenen Bestand ausgleichen musste.

62 Dunkelgud benannte bei dieser Transaktion nur den Schiffer Klufer.

11.1.10 Gewürze

Trans.	Datum	Sorte	Eing.	Ausg.	Menge	Preis	Handelspartner	fol.
1	1474	Kümmel (komen)		Vk.	125 lb	je 100 lb 10 mk; ges. 12,5 mk	Hans Meyer d. Ä.	4r
2	1474	Kandiszucker (sukkerkandit)		Vk.	0,5 lb	ges. 3 ß	Magnues Erksen	5v
3	1479	Pfefferkümmel (pepperkomen)		Vk.[63]	126 lb	je 100 lb 10 mk; ges. 12,5 mk 20 d	Hans Meyer	46v
4	25.07.1479	Kümmel (komen)		HG	144 lb	je lb 10 mk; ges. 14 mk 6 ß 4 d	Hans Sledorn	2v
5	15.04.1480	Pfeffer (pepper)	HG		14 lb	je lb 0,5 mk	Hans Hovenborge	16r
6	15.04.1480	Pfeffer (pepper)	HG		204 lb	je lb 7,5 ß; ges. 95, 5 mk 2 ß	Hans Hovenborge	16r
7	25.04.1480	Ingwer (engefer)	HG		7 lb	ges. 18 ß	Hans Hovenborge	10r
8	25.04.1480	Mohnsamen (mansades)	HG		1,5 Fass	ges. 7,5 ß	Hans Hovenborge	16r
9	23.09.1482	Gewürze (ladencrude)[64]	HG		0,5 lb	ges. 5 ß 4 d	Hans Hovenborge	20r
10	23.09.1482	Ingwer (engefer)	HG		86,5 lb	je lb 7 ß; ges. 37,5 mk 7 ß 3 d	Hans Hovenborge	20r
11	24.09.1482	Pfeffer (pepper)	HG		13 lot	ges. 11 witte	Hans Hovenborge	19v
12	04.10.1484	Pfeffer (pepper)		Vk.	2 lb	ges. 17,5 ß 2 d	Peter Spegelberch	20v
13	04.10.1484	Kümmel (komen)		Vk.	4 lb	ges. 8 ß 4 d	Peter Spegelberch	20v
14	04.10.1484	Ingwer (engefer)		Vk.	1 lb	ges. 9 ß	Peter Spegelberch	20v
15	24.06.1485	Kandiszucker (sukkerkandyt)	HG		5 lb	je lb 12 ß; ges. 3,5 mk 4 ß	Hans Borne u. Peter Kegeben	206v
16	19.04.1491	Gartenkümmel (gartkomen)	HG		289 lb	je 100 lb 2 mk; ges. 5,5 mk 4 ß 4 d	Peter Kegeben	201v
17	09.10.1492	Senf (sennype)	HG		11 schepel	je Scheffel 6 ß; ges. 4 mk 2 ß	Peter Kegeben	200v
18	24.02.1493	Gartenkümmel (gartkomen)		HG	1 Tonne, Füllgewicht 172 lb	je Hundert lb 24 ß; ges. 2 mk 9 ß 4 d	Peter Kegeben	199v

63 Hinrik Dunkelgud berechnet seinem Schwiegervater diese Warensendung im Zusammenhang mit der Ausstattung seiner eigenen Hochzeitsfeie mit dessen Tochter. Hier ist nicht eindeutig zu ersehen, ob Dunkelgud diesen Pfefferkümmel auch selbst handelte.

64 Welches Gewürz oder welche Gewürze zu den *ladencrude[n]* zählten, konnte bisher nicht genauer aufgeschlüsselt werden. Diese wurden zu ihrem Schutz und wohl zum besseren Erhalt ihres Aromas in Läden oder Kisten aufbewahrt. Zudem deutet der sogar im Verhältnis zum Pfeffer und Kandiszucker hohe Preis (vgl. Nr. 2 und Nr. 12) auf eher wertvollere Gewürze hin. Vgl. JAHNKE: Netzwerke, Anhang XVII. Kleine Warenkunde, S. 503.

Trans.	Datum	Sorte	Eing.	Ausg.	Menge	Preis	Handelspartner	fol.
19	24.02.1493	Senf (*sennepe*)		HG	4 Tonnen, Füllgewicht 14,5 Scheffel	je Scheffel 6 ß; ges. 5 mk 7 ß	Peter Kegeben	199v
20	15.08.1504	Pfeffer (*pepper*)		Vk.	123 lb	je lb 12 ß; [92 mk 4 ß]	Titke Kolsouwe	31v

11.1.11 Honig und Honigseim

Trans.	Datum	Ware	Eing.	Ausg.	Menge	Pfundpreis	Preis	Handelspartner	fol.
1	25.04.1480	Blumenhonig (*blomehonich*)		HG	3 lieslb 5 mklb	je 1 lb 6 d	?	Hans Hovenborge	10r, 16r
2	16.04.1481	Blumenhonig (*blomehonich*)		HG	8 lieslb 6 mklb	?	?	Hans Hovenborge	16r
3	24.09.1482	Honig (*honnich*)		HG	4,5 lieslb 3 mklb	[je 16 lb 5,96 d]	ges. 2 mk 5 ß 3 d	Hans Hovenborge	19v
4[65]	24.09.1482	Blumenhonig (*blomehonich*)		HG	1 lieslb	[je 16 lb 6 d]	ges. 0,5 mk	Hans Hovenborge	19v
5	03.06.1486	Honigseim (*semes*)	HG ?		1 Last	?	ges. 77 mk	Hans Borne	203r

11.1.12 Kleidung und Textilwaren

Trans.	Datum	Ware	Menge	Eing.	Ausg.	Stckpr.	Preis	Handelspartner	fol.
1	1474	Doppelmützen (*dobbel de bonitte*)	2 Stck.		Vk.	[14 ß]	28 ß	Otte, her Erk Akselsen schryver	5r
2	1477	Mützen (*bonitte*)	12 Dtzd.		HG	[1 mk]	je Dtzd. 12 mk	Hans Mouwer, [d. J.]	5r
3	1478	Bettbezug (*buren*)	1		Vk.		14 ß	Marquart Mus	6r
4	23.04.1478	Mützen (*bonitte*)	3 Dtzd.		Vk.	[4 ß]	je Dtzd. 3 mk	Rolef Haken	4r
5	22.06.1478	weiße Kragen (*blanke kragen*)	2 Stck.		Vk.	[10 ß]	ges. 20 ß	Hans Bekker	4v
6	22.06.1478	Kragen (*kragen*)	2 Stck.		Vk.	[8 ß]	ges. 1 mk	Hans Bekker	4v
7	22.06.1478	Heuke aus Parkleder (*parkleder hoeyke*)	1 Stck.		Vk.		ges. 12 mk[66]	Hans Bekker	4v

---

65 Möglicherweise werden Nr. 1–4. durch Hinrik Dunkelguds nicht vollkommen nachvollziehbarer Abrechnung hier teilweise doppelt aufgenommen!
66 Der Preis bezieht sich auf Transaktion 7 und 8 zusammen.

Trans.	Datum	Ware	Menge	Eing.	Ausg.	Stckpr.	Preis	Handelspartner	fol.
8	22.06.1478	Rock (*rok*)	1 Stck.		Vk.		ges. 12 mk[67]	Hans Bekker	4v
9	24.06.1478	Mützen (*bonitte*)	11 Dtzd.		Vk.	[1 ß 4 d]	je Dtzd. 1 mk; ges. 11 mk	Frederik Schroder	3v
10	[1479]	Hut (*hot*)	1 Stck.		Vk.		ges. 10 ß	Matties Hudepol	7v
11	[1479]	Hut (*hot*)	1 Stck.	Bez.		?	?	Matties Hudepol	7v
12	1479	Decke (*dekke*)	1 Stck.		Vk.		ges. 10 mk 4 ß[68]	Titke Slute	7r
13	1479	Bettlacken (*bentlaken*)	1 Stck.		Vk.		ges. 10 mk 4 ß[69]	Titke Slute	7r
14	02.02.1479 p. q.	eine Zobel gefütterte Schaube (*suben, sabelen fodert*)[70]	1 Stck.		Vk. oder HG[71]		ges. 4 lb 8 ß grot	Claus Werneke	7r
15	1479	Kissenbezüge (*kussenblade*)	12 Stck.		Vk.[72]		13 ß grot[73] = 4,5 mk 1 ß	Hans Meyer, d. Ä.	46v
16	30.05.1479	Hose (*hosen*)[74]	1 Stck.	Geschenk?				Claus Werneke	7r
17	30.05.1479	Kissenbezüge (*kussenblade*)	12 Stck.	Ek. aus Brügge		[1 ß grot = 5,6 ß lub]	12 ß grot [= 4 mk 3 ß 2,4 d]	Claus Werneke	7r
18	30.05.1479	Decke (*dekke*)[75]	1 Stck.	Ek. [aus Brügge]			12 ß grot [= 4 mk 3 ß 2,4 d]]	Claus Werneke	7r

67 Der Preis bezieht sich auf Transaktion 8 und 7 zusammen.
68 Der Preis bezieht sich auf Transaktion 12 und 13 zusammen.
69 Der Preis bezieht sich auf Transaktion 13 und 12 zusammen.
70 Hinrik Dunkelugds eigene mit Zobel gefütterte Schaube.
71 Hinrik Dunkelgud lässt seine Schaube in Brügge bei Claus Werneke, damit diese sie zu „seinem Besten" verkauft.
72 Hinrik Dunkelgud berechnet seinem Schwiegervater diese Kissenbezüge als Teil der Aussteuers Kunneke zu ihrer Eheschließung. Bei diesen Bezügen handelte es sich sehr wahrscheinlich um dieselben von Claus Werneke (Nr. 16) aus Brügge gesendeten, auf die Dunkelgud 1 ß grot möglicherweise aufgrund der Unkosten seinem zukünftigen Schwiegervater mehr berechnete.
73 Hinrik Dunkelguds Umrechnung war je lb grot 7 mk lub, d. h. umgerechnet je 1 ß grot zu 5,6 ß lub.
74 Das sind Strumpfhosen, die Hinrik Dunkelgud wahrscheinlich seinem Geschäftspartner Claus Werneke als Geschenk sandte. Immerhin wurden sie nicht mit einem eigenen Preis geführt.
75 Es könnte sich hierbei um eine (Schlaf-)Decke oder ein Tuch (dokke) gehandelt haben.

11.1 Warentabellen

Trans.	Datum	Ware	Menge	Eing.	Ausg.	Stckpr.	Preis	Handelspartner	fol.
19	30.05.1479	Wiegendecke (*wegendekke*)	1 Stck.	Ek. [aus Brügge]			6 ß grot [= 2 mk 1,5 ß 1,2 d]	Claus Werneke	7r
20	13.07.1479	leichter Wollhut (*sagens hot*)	1 Stck.		HG		ges. 1,5 mk	Hans Hovenborch	7v
21	25.07.1479	Hüte aus Flandern (*flemescher hode*)	1 Dztd.		HG	[8 ß]	ges. 6 mk	Hans Sledorn	2v
22	25.07.1479	Doppelmütze (*bonit dobbelt*)	1 Stck.		HG		ges. 9 ß	Hans Sledorn	2v
23	24.08.1479	leichte Wollhüte (*sagens hode*)	5 Dztd.		HG?	[1 mk 4 ß]	je Dztd. 15 mk; ges. 75 mk	Henning Bardenwerper	3v
24	24.08.1479	leichte Wollhüte (*sagens hode*)	4 Stck.		Vk.	[5 ß]	ges. 20 ß	Peter Schutte, Dunkelguds Oheim	11r
25	20.10.1479	Hüte (*hode*)	3,5 Dztd.		Vk.	[8 ß 4 d]	je Dztd. 6 mk 4 ß	Fikke Stal u. Erk Olfsen	12v
26	13.12.1479	Barette (*beretken*)	66 Dztd.		HG	[1 ß 5 d]	je Dztd. 17 ß; ges. 70 mk 2 ß	Hans Sledorn	2v
27	p.q. 13.12.1479	Schaube (*suben*)	1 Stck.		HG		ges. 40 mk	Hans Sledorn	2v
28	24.08.1479	Socken (*sokke*)	1 Paar		Vk.		ges. 1 ß	Peter Schutte, Dunkelguds Oheim	11r
29	15.04.1480	Zwirn (*twern*)	12 lb	HG			it lb 4 ß	Hans Hovenborg	16r
30	15.04.1480	Bettbezug (*bure*)		HG			?	Hans Hovenborg	16r
31	20.10.1480	genähter Wams? (*wamboeys neget*)	1 Stck.	Bez.			4 ß	Fikke Stal	12v
32	25.07.1480	Kragen aus Seide (*syden baffen*)	5 Stck.		Vk.	8,5 mk	je Stck. 8,5 mk; ges. 42,5 mk	Enwolt van der Heyde	12v
33	24.06.1481	Heuke (*hoeyke*)	1 Stck.		Vk.		ges. 8,5 mk	Titke Sluter	9r

Trans.	Datum	Ware	Menge	Eing.	Ausg.	Stckpr.	Preis	Handelspartner	fol.
34	08.09.1482	Bettbezug von 18 Strippen[76] (*buren van 18 strypen*)	0,5 Dtz.		VK.	[0,5 mk 4 ß]	4,5 mk	Hans Westfal Frau	6v
35	25.07.1483	Hüte? (*punthode*)	3 Dzd.		HG	[1 ß 0,7 d]	ges. 2 mk 6 ß	Hans Borne	209v
36	03.06.1484	Hüte (*hode*)	6 Dzt.		HG	[0,5 ß 5 d]	je Dzt. 11 ß; ges. 4 mk 2 ß	Hans Borne u. Peter Kegeben	208v
37	10.08.1484	Hüte (*hode*)	10 Dzt.		HG	[0,5 ß 5 d]	1 Dzd. 11 ß ; ges. 6,5 mk 6 ß	Hans Borne u. Peter Kegeben	208v
38	17.03.1485	Hüte aus Flandern (*flemesche hode*)	1,5 Dtzd.		HG	[4 ß 4 d]	je Dzt. 3 mk 4 ß; ges. 4,5 mk 6 ß	Hans Borne u. Peter Kegeben	208v
39	17.03.1485	Hüte aus Lammwolle (*hode lamwolle*)	1 Dtzd.		HG	[1,5 ß 2 d]	ges. 20 ß	Hans Borne u. Peter Kegeben	207v
40	17.03.1485	Hüte? (*punthode*)	0,5 Dtzd.		HG	[0,5 ß 5 d]	ges. 5,5 ß	Hans Borne u. Peter Kegeben	207v
41	24.06.1485	Hüte? (*punthode*)	3 Dtzd.		HG	[0,5 ß 5 d]	1 Dzd. 11 ß; ges. 2 mk 1ß	Hans Borne u. Peter Kegeben	206v
42	24.06.1485	Hüte (*hode*)	0,5 Dtz.		HG	[1 ß]	ges. 6 ß	Hans Borne u. Peter Kegeben	206v
43	18.10.1485	Hüte (*hode*)	5,5 Dztd.		HG	[0,5 ß 5 d]	je Dzt. 11 ß; ges. 3,5 mk 4,5 ß	Hans Borne u. Peter Kegeben	205v
44	14.05.1486	Hüte (*hode*)	14,5 Dtzd.		HG	[0,5 ß 4 d]	je Dzt. 10 ß; ges. 9 mk 1 ß	[Hans Borne u. Peter Kegeben]	204v
45	15.06.1486	Hüte (*hode*)	1 Dztd.		HG	[4 ß 4 d]	ges. 3 mk 4 ß	Hans Borne u. Peter Kegeben	202r
46	15.06.1486	Hüte (*hode*)	?		HG		ges. 2 mk 5 ß	Hans Borne u. Peter Kegeben	202r
47	15.06.1486	Hüte (*hode*)	1,5 Dtzd.		HG	[0,5 ß 5 d]	ges. 16,5 ß	Hans Borne u. Peter Kegeben	202r

76 Eine Strippe oder ein Strang bestand aus mehreren zusammengebundenen Gürtel oder auch Bindfäden. Diese konnten sowohl einzig der Verzierung oder einer Funktion z. B. des Befestigens dienen.

Trans.	Datum	Ware	Menge	Eing.	Ausg.	Stckpr.	Preis	Handelspartner	fol.
48	03.06.1487	Garn (*garne*)	75 lb	HG			je lb 14 d; ges. 54 mk 10 ß 2 d	Hans Borne	202v
49	20.08.1493	Bettbezug (*buren*)	1 Stck.		HG		ges. 20 ß	Peter Kegeben	198v

11.1.13 Lebensmittel

Trans.	Datum	Ware	Menge	Eing.	Ausg.	Preis	Handelspartner	fol.
1	1479	Fleisch (*flesch*)	1 Tonne		X	ges. 23 ß 6 d	Hans Meyer d. Ä.	46v
2	01.09.1479	Mandeln (*mandelen*)	3 lb	HG		ges. 9 ß	Gert van Lenten	9v
3	11.11.1479	Fleisch (*flesch*)	1 Tonne		Vk.	ges. 24,5 ß	Diderikus Bostery	7v
4	20.10.1479	Brotkuchen[77] (*koken*)			Vk.	ges. 2,5 mk 2 ß	Fikke Stal u. Erk Olfsen	12v
5	25.04.1480	Nüsse (*note*)	1 Tonne	HG		ges. 6 ß	Hans Hovenborge	10r
6	25.04.1480	Rosinen (*rossinen*)	0,5 lb	HG		ges. 10 mk	Hans Hovenborge	16r
7	25.03.1482	Brotkuchen (*koken*)	1 Tonne		X	ges. 3 mk 4 ß	Claus Krusen	17r
8	25.03.1482	Brotkuchen (*koken*)	1 Tonne		X	ges. 4 mk	Claus Krusen	17r
9	06.06.1482	Brotkuchen (*koken*)	3 Stck.		X oder HG?	ges. 0,5 mk	Hans Dinxstede	13v
10	24.09.1482	Nüsse (*note*)		HG		ges. 12 ß	Hans Hovenborge	19v
11	14.09.1483	Äpfel (*appel*)	1 Last	HG		ges. 3,5 mk	Hans Borne [u. Peter Kegeben]	209v
12	21.09.1483	Äpfel (*appel*)	3 Tonnen	HG		ges. 1,5 mk	Peter Kegeben	14r, 210v
13	09.10.1483	Walnüsse (*walnote*)	2 Tonnen	HG		stan beyde 2,5 mk 4 ß	Hans Borne [u. Peter Kegeben]	209v
14	03.06.1484	Rosinen (*rossinen*)	12 Töpfe	HG		ges. 5 mk 4 ß	Hans Borne u. Peter Kegeben	208v
15	08.09.1484	Äpfel (*appel*)	3 Last	HG		?	Hans Hovenborge	19v
16	29.09.1484	Äpfel (*appel*)	10 Tonnen	HG		je Tonne 4 ß	Hans Borne u. Peter Kegeben	207v

---

77 *Koken* war eine Form von mürbem Brot und wurde von Hinrik Dunkelgud als solches auch einmal benannte. Vlg. Nr. 50.

Trans.	Datum	Ware	Menge	Eing.	Ausg.	Preis	Handelspartner	fol.
17	29.09.1484	Walnüsse (*walnote*)	4 Tonnen		HG	je Tonne 18 ß; ges. 4,5 mk	Hans Borne u. Peter Kegeben	207v
18	04.10.1484	Reis (*ryss*)	4 lb		Vk.	ges. 6,5 ß 2 d	Peter Spegelberch	20v
19	21.10.1484	Walnüsse (*walnote*)	2 Tonnen		HG	ges. 2 mk 4 ß	Hans Borne u. Peter Kegeben	207v
20	21.10.1484	Süßigkeiten? (*sotebetken*)	1 Tonne		HG	ges. 0,5 mk	Hans Borne u. Peter Kegeben	207v
21	17.03.1485	Rosinen (*rossinen*)	228 lb		HG	je 100 lb 3,5 mk; ges. 8 mk myn 3 d	Hans Borne u. Peter Kegeben	207v
22	25.05.1485	Feigen (*fygen*)	18 Körbe		HG	je Korb 18 ß	Hans Borne u. Peter Kegeben	206v
23	24.06.1485	Rosinen (*rossinen*)	2 Körbe, 200 myn 2 lb		HG	je 100 [lb] 3 mk; ges. 6 mk 1 ß	Hans Borne u. Peter Kegeben	206v
24	08.09.1485	Äpfel (*kryfesche appel*)	5 last 1 Tonne		HG	je Tonne 3,5 ß Ungeld fürs packen pro Tonne 1 ß und zu tragen 10 ß	Hans Bornee u. Peter Kegeben	205v
25	08.09.1485	Süßigkeiten? (*sotebetken*)	3 Tonnen		HG	je Tonne 14 ß; ges. 2,5 mk 2 ß	Hans Borne u. Peter Kegeben	205v
26	1486	Rosinen (*rossinen*)	2 Fässer, Füllgewicht 810 lb		HaG	je 100 lb 2,5 mk 5 ß; ges. 22,5 mk	Hans Borne u. Berndt Pal	206r
27	14.05.1486	Rosinen (*rossinen*)	61 lb		HG	ges. 29,5 ß	[Hans Borne u. Peter Kegeben]	204v
28	14.05.1486	Feigen (*fygen*)	1 Korb		HG	ges. 1,5 mk	[Hans Borne u. Peter Kegeben]	204v
29	(06.04.–25.05) 1488	Feigen (*fygen*)	1 Last		HG	je Korb 1 mk; ges. 36 mk	Hans Borne	203v
30	07.10.1488	walnote (Dublette?)	4 Tonnen		HG	ges. 3,5 mk 4 ß	Hans Borne	202v
31	04.04.1492	Feigen (*fygen*)	3 Tonnen mit 9 Körben		HG	je Korb 23 ß; inkl. Ungeld ges. 13,5 mk	Peter Kegeben	201v
32	19.06.1492	Rosinen (*rossinen*)	1 Fass, Füllgewicht 310 lb		HG	je 100 lb 3 mk 4 ß; ges. 10 mk 9 d	Peter Kegeben	201v
33	19.06.1492	Rosinen (*rossinen*)	2 Töpfe		HG	ges. 30 ß	Peter Kegeben	201v
34	19.06.1492	Mandeln (*mandelen*)	1 Tonne, Füllgewicht 137,5 lb		HG	je 100 lb 10 mk; ges. 13,5 mk 4 ß	Peter Kegeben	201v
35	21.07.1492	Mandeln (*mandelen*)	1 Tonne, Füllgewicht 174 lb to 10 mk		HG	je 100 lb; ges. 17,5 mk 6,5 ß	Peter Kegeben	200v

Trans.	Datum	Ware	Menge	Eing.	Ausg.	Preis	Handelspartner	fol.
36	29.08.1492	Reis (*ryss*)	1 Tonne, Füllgewicht 200 myn 0,5 lb		HG	je 100 lb 8 mk; inkl. Ungeld ges. 16 mk	Peter Kegeben	200v
37	24.02.1493	Feigen (*fygen*)	2 Tonnen, je Tonne 5 mk 4 ß oder je Korb 28 ß		HG	ges. 10,5 mk	Peter Kegeben	199v
38	24.02.1493	Rosinen (*rossinen*)	1 Fass, Füllgewicht 686 lb		HG	je 100 lb 3,5 mk; ges. 24 mk	Peter Kegeben	199v
39	09.03.1493	Mandeln (*mandelen*)	1 Tonne, Füllgewicht 140 lb		HG	je 100 lb 7,5 mk; ges. 10,5 mk 4 d	Peter Kegeben	199v
40	09.03.1493	Reis (*ryss*)	1 Tonne, Füllgewicht 207 lb		HG	je 100 lb 7,5 mk; ges. 15,5 mk 2 d	Peter Kegeben	199v
41	06.05.1493	Reis (*ryss*)	1 Tonne, Füllgewicht 248 lb		HG	je 100 lb 8 mk; ges. 20 mk myn 2,5 ß	Peter Kegeben	198v
42	06.05.1493	Mandeln (*mandelen*)	1 Tonne, Füllgewicht 133 lb		HG	je 100 lb 8 mk; ges. 10 mk 10 ß	Peter Kegeben	198v
43	20.08.1493	Reis (*ryss*)	2 Tonnen, Füllgewicht 470 lb		HG	je 100 lb 7,5 mk; ges. 35 mk 4 ß 2 d	Peter Kegeben	198v
44	20.08.1493	Mandeln (*mandelen*)	ges. 121 lb		HG	je 100 lb 7,5 mk; ges. 9 mk 16 d	Peter Kegeben	198v
45	20.08.1493	Feigen (*fygen*)	9 Körbe		HG	ges. 18 mk	Peter Kegeben	198v
46	23.04.1500	Brotkuchen (*koken*)	1 Tonne		HG	ges. 2,5 mk 5 ß,	Hans Blanke	28v
47	08.08.1501	Brotkuchen (*koken*)			HG?	ges. 1 mk	Hans Blanke	28v
48	23.04.1502	Brotkuchen (*koken*)	1 Tonne		HG?	ges. 3,5 mk	Hans Brunsten	31v
49	15.05.1502	Brotkuchen (*koken*)	1 Tonne		HG?	ges. 3 mk	Hans Brunsten	32r
50	02.07. [1502?]	Brotkuchen (*koken/morbrot*)	0,5 Tonne	HG		ges. 3 mk	Hans Blanke	28v
51	[02.07.1502]	Brotkuchen (*koken*)	6 Dztd.	HG		ges. 18 ß,	[Hans Blanke]	28v
52	10.07.1503	Brotkuchen (*koken*)			X	ges. 3,5 mk	Hinrik Pawels	33v
53	1504	Brotkuchen (*koken*)	1 Tonne		HG	ges. 4 mk myn 2 ß	[Hans Blanke]	28v

11.1.14 Metallwaren

Trans.	Datum	Ware	Menge	Eing.	Ausg.	Preis	Handelspartner	fol.
1	1477	Schwert (*swert*)	1 Stck.		HG	ges. 1 mk	Hans Mouwer d. J.	5r
2	13.09.1479	Schwert (*swert*)	1 Stck.		HG		Andres Secht[78]	3r
3	1481	Haken (*haken*)[79]			HG	ges. 1,5 mk	Lehrjunge Peter Kegeben	14r
4	1481	Nadeln (*natlen*)[80]			HG	ges. 1,5 mk	Lehrjunge Peter Kegeben	14r
5	06.06.1482	*yserentern selde*[81]	1 Paar	Bez.		ges. 0,5 mk	Hans Dinxstede	13v
6	06.06.1482	*tomet*[82]	1 Stck.	Bez.		ges. 0,5 mk	Hans Dinxstede	13v
7	25.07.1483	*malgel*[83]	21 Dtzd.		HG	ges. 6 ß 3 d	Hans Borne	209v
8	25.07.1483	Haken (*haken*)[84]	21 Dtzd.		HG	ges. 6 ß 3 d	Hans Borne	209v
9	25.07.1483	Metallringe (*ringe*)[85]	30 Stck.		HG	ges. 1 ß	Hans Borne	209v
10	25.07.1483	Schneidernadeln (*schrodernatlen*)	1100 Stck.		HG	ges. 15 ß 7 d	Hans Borne	209v
11	10.08.1484	Schlösser (*slote*)			HG	ges. 31 ß	Hans Borne u. Peter Kegeben	208v
12	10.08.1484	Schlösser (*slote*)			HG	ges. 15 ß	Hans Borne u. Peter Kegeben	208v
13	10.08.1484	Fingerringe (*fingeren*)[86]	1 Stck.?		HG	ges. 5 ß	Hans Borne u. Peter Kegeben	208v

78 Dieser Schwertverkauf an Andres Secht wurde in einer Abrechnung mit Hans Sledorn erwähnt.
79 Der Gesamtpreis bezieht sich neben den *haken* auch auf die *natlen* (Nr. 4) und die *remen* (Tabelle Diverses Nr. 21).
80 Der Gesamtpreis bezieht sich neben den *natlen* auch auf die *haken* (Nr. 3) und die *remen* (Tabelle Diverses Nr. 21).
81 Hier ist nicht nachzuvollziehen um welche Waren es sich bei eisernen *selde* handelte. Der Gesamtpreis bezieht sich neben dem Paar *selde* auch auf das *tomet* (Nr. 6).
82 Tomeken war die Bezeichnung für kleine Zäumchen, die als eine Art Fußbekleidung dienten. Schiller/Lübben. Die Mengenangabe und der Gesamtpreis beziehen sich neben dem *tomet* auch auf das Paar *selde* (Nr. 5).
83 Hierbei handelte es sich um kleine Ringe oder Spangen. Der Gesamtpreis bezieht sich neben dem *malgel* auch auf die *haken* (Nr. 8).
84 Der Gesamtpreis bezieht sich neben den *haken* auf die *malgel* (Nr. 7).
85 Hierbei handelte es sich mit hoher Wahrscheinlichkeit nicht um Fingerringe siehe Nr. 11, sondern um Ringe aus Eisen oder einer Metalllegierung (?) zur Nutzung als Gebrauchsgegenstand.
86 Das war wohl ein Fingerring, der nicht aus einem Edelmetall, sondern eher aus einer Metalllegierung hergestellt wurde. Vergleichspreise zu dieser günstigeren Variante können nur schwerlich aus anderen Quellen herangezogen werden, da beispielsweise in Paul Mulichs Einkaufsbüchlein für Luxuswaren und Waffen ausschließlich Goldringe mit Edelsteinbesatz im Wert zwischen 3,5 bis zu über 7 rheinischen Gulden erwähnt wurden. So kostete selbst der günstigste Ring in Mulichs Sortiment bei einer Umrechnung von 1 rheinischen Gulden zu 24

Trans.	Datum	Ware	Menge	Eing.	Ausg.	Preis	Handelspartner	fol.
14	10.08.1484	Pferdeschellen/-glöckchen (*rosbellen*)	2 Dtzd.		HG	ges. 1 mk	Hans Borne u. Peter Kegeben	208v
15	10.08.1484	grone (graue) natlen	6200 Stck.		HG	je Dtzd. 6 ß; ges. 2 mk 5 ß 2 d	Hans Borne u. Peter Kegeben	208v
16	10.08.1484	Nadeln für Segeltuch? (*segelnatlen*)	200 Stck.		HG	ges. 6 ß	Hans Borne u. Peter Kegeben	208v
17	10.08.1484	fede natlen	100 Stck.		HG	ges. 3 ß	Hans Borne u. Peter Kegeben	208v
18	10.08.1484	Schneidernadeln (*schrodernatlen*)	3000 Stck.		HG	ges. 30 ß	Hans Borne u. Peter Kegeben	208v
19	10.08.1484	Schusternadeln (*schoenatlen*)	200 Stck.		HG	ges. 3 ß	Hans Borne u. Peter Kegeben	208v
20	17.03.1485	Schlösser (*slote*)	6 Dtzd.		HG	je Dtzd. 6 ß; ges. 2 mk 4 ß	Hans Borne u. Peter Kegeben	207v
21	17.03.1485	Scheren (*scheren*)	6 Dtzd.		HG	ges. 1,5 mk	Hans Borne u. Peter Kegeben	207v
22	17.03.1485	Messingknöpfe (*myssinges knope*)[87]			HG	ges. 1 mk	Hans Borne u. Peter Kegeben	207v
23	14.05.1486	Scheren (*scheren*)	2 Dtzd.		HG nach Reval	je Dtzd. 4,5 ß; ges. 9 ß	[Hans Borne u. Peter Kegeben]	204v
24	14.05.1486	Scheren (*scheren*)	6 Dtzd.		HG nach Reval	je Dtzd. 3 ß; ges. 18 ß	[Hans Borne u. Peter Kegeben]	204v
25	24.06.1485	Schlösser (*slote*)	4 Dtzd.		HG	je Dtzd. 6 ß; ges. 1,5 mk	Hans Borne u. Peter Kegeben	206v
26	24.06.1485	Messingnadeln (*myssingnatlen*)	1000 Stck.		HG	ges. 11,5 ß	Hans Borne u. Peter Kegeben	206v
27	24.06.1485	runde Nadeln (*ronde natlen*)	1000 Stck.		HG	ges. 7 ß	Hans Borne u. Peter Kegeben	206v
28	24.06.1485	Nadeln (*stemmen natlen*)	1000 Stck.		HG	je Stck. 6 ß; ges. 1,5 mk	Hans Borne u. Peter Kegeben	206v
29	24.06.1485	ronde kort [natlen]	1000 Stck.		HG	ges. 5 ß	Hans Borne u. Peter Kegeben	206v
30	17.08.1485	Metallkessel (*ketel*)	2 Bündel		HG	ges. 50 mk 15 ß	Hans Borne u. Peter Kegeben	205v
31	18.10.1485	Knöpfe (*knope*)[88]	1000 Stck.		HG	100 Stck. je 3 ß; ges. 30 ß	Hans Borne u. Peter Kegeben	205v

Schillingen beinahe 17 mal so viel wie Hinrik Dunkelguds *fingeren*. RÖRIG: Einkaufsbüchlein, S. 339–341; JESSE: Wendische Münzverein, S. 218.

87 Eine gewisse Unsicherheit besteht hier in der Lesung von *knope* also Knöpfe oder *knepe* also Klemmen oder Zwicken, da Hinrik Dunkelgud besonders das „o" und „e" sehr ähnlich schrieb.

88 Eine gewisse Unsicherheit besteht hier in der Lesung von *knope* also Knöpfe oder *knepe* also Klemmen oder Zwicken, da Hinrik Dunkelgud besonders das „o" und „e" sehr ähnlich schrieb.

Trans.	Datum	Ware	Menge	Eing.	Ausg.	Preis	Handelspartner	fol.
32	18.10.1485	kleine Knöpfe (*klene knope*)[89]	400 Stck.		HG	100 Stck. je 2,5 ß; ges. 10 ß	Hans Borne u. Peter Kegeben	205v
33	18.10.1485	Schellen/Glöckchen (*bellen*)	8 Dtzd.		HG	1 Dtz. 20 d; ges. 13 ß 4 d	Hans Borne u. Peter Kegeben	205v
34	18.10.1485	Schellen/Glöckchen (*bellen*)	20 Dtzd.		HG	1 Dtz. 10 d; ges. 1 mk 8 d	Hans Borne u. Peter Kegeben	205v
35	14.05.1486	Scheren (*scheren*)	3 Dtzd.		HG nach Reval	je Dtzd. 6 ß; ges. 18 ß	[Hans Borne u. Peter Kegeben)	204v
36	14.05.1486	Schlösser (*slote*)	6 Dtzd.		HG nach Reval	je Dtzd. 5 ß; ges. 30 ß	[Hans Borne u. Peter Kegeben]	204v
37	15.06.1486	Nadeln (*natlen*)	10.000 Stck.		HG	ges. 3,5 mk 4 ß	Peter Kegebens Mutter	202r
38	04.04.1492	Eisendraht (*klafant*)	46 Stck.		HG nach Danzig	je Paar (2 Stck.) 13 ß; ges. 18,5 mk 3 ß	Peter Kegeben	201v
39	04.04.1492	Eisendraht (*klafant*)	3 Stck.		HG	ges. 3 rh gl; [4,5 mk][90]	Peter Kegeben	201v
40	09.10.1492	Draht (*drat*)	26 Stck.		HG	je Stck. 14 ß	Peter Kegeben	200v
41	09.10.1492	Draht (*drat*)	3 Stck.		HG	je Stck. 1 mk; [ges. 3 mk]; ges. 25 mk 12 ß[91]	Peter Kegeben	200v
42	09.10.1492	Eisendraht (*klafant*)			HG	[ges. 22 mk 12 ß]; ges. 25 mk 12 ß[92]	Peter Kegeben	200v
43	27.12.1500	Blech (*blygges*)	2 Stck.			ges. 6,5 mk 4 ß	Peter Kegeben	195r

11.1.15 Osemund

Trans.	Datum	Menge	Eing.	Ausg.	Preis	Handelspartner	fol.
1	24.06.1478	1 Fass		Vk.	ges. 3 mk 3 ß	Frederik Schroder	3v
2	17.09.1479	2 Last u. 8 Fässer	Bez.		je Last 36,5 mk 4 ß, ges. 98 mk	Hennink Bardenwerper	3v
3	11.11.1479	0,5 Last	Bez.		ges. 19 mk ?	Hans Bekker	4v
	29.09.1480	1 Last	Ek.		ges. 36,5 mk	Lexzus Holgersen	12v
4	16.04.1481	7 Last 3 Fässer		HG	je Last 36, 5 mk 4 ß	Hans Hovenborge	16r
5	16.04.1481	3 Fässer (*gevelsk gut*)[93]		HG		Hans Hovenborge	16r

89 Eine gewisse Unsicherheit besteht hier in der Lesung von *knope* also Knöpfe oder *knepe* also Klemmen oder Zwicken, da Hinrik Dunkelgud besonders das „o" und „e" sehr ähnlich schrieb.
90 Umrechnung von 1 rh gl zu 24 ß. Vgl. Jesse: Münzverein, S. 218.
91 Der Preis bezieht sich zusammen mit dem Klafant aus Nr. 41.
92 Der Preis bezieht sich zusammen mit dem Draht aus Nr. 40.
93 Besonders qualitätsvolles Eisen oder eine qualitative Fälschung?

Trans.	Datum	Menge	Eing.	Ausg.	Preis	Handelspartner	fol.
6	16.04.1481	2 Fässer		HG		Hans Hovenborge	16r
7	24.08./ 08.09.1482	1 Fass	HG		ges. 2,5 mk 4 ß[94]	Peter Kegeben	14r, 209r
8	30.11.1482	1 Last (*gevelsk ossemund*)	HG?	Vk.	ges. 28 mk myn 5 ß	Tile Busmann	12v
9	11.06.1484	0,5 Last	HG?		ges. 12 mk 6 ß	Tile Busmann	12v
10	11.06.1484	0,5 Last	HG?			Tile Busmann	12v
11	23.09.1482	3 Fässer	HG		ges. 7,5 mk 6 ß	Hans Hovenborge	20r
12	02.01.1483	6 Fässer		HG	?	Hans Sledorn	18r
13	24.06.1484	0,5 Last	HG?	Vk.	ges. 13,5 mk; abzgl. Unkosten u. Fracht 12 mk 6,5 ß	Tile Busmann	8v
14	11.04.1505	1 Last		Vk.	ges. 32 mk 4 ß	Claus Lange?	35r

11.1.16 Rauch- und Lederwaren

Trans.	Datum	Ware	Menge	Eing.	Ausg.	Preis	Handelspartner	fol.
1	1474	Marderfelle (*marten*)	1 [Stck]		Vk	ges. 10 ß	Magnues Erksen	5v
2	p.q. 24.06.1478	Werk (*werkes*)[95]	7 tymer	Bez.		je tymer 10 ß; ges. 4 mk 6 ß	Frederik Schroder	3v
3	„ummetrent" 24.06.1478	Werk (*werkes*)	7 tymer		Vk	je tymer 10 ß ges. 4 mk 6 ß	Timeke Suselman	6v
4	02.02.1479	*schatwerk*[96]	105 tymer		Vk	je tymer 2 mk; ges. 210 mk	Bertelt Rykman	2r
5	02.02.1479	*schatwerk*	64 tymer		Vk	je tymer 20 ß; ges. 80 mk	Bertelt Rykman	2r
6	02.02.1479	*schatwerk*	34 tymer		Vk	je tymer vor 1 mk; ges. 34 mk	Bertelt Rykman	2r
7	02.02.1479	Otterfelle (*menken*)[97]	4 tymmer		Vk	je tymer vor 12 mk = 48 mk	Bertelt Rykman	2r
8	02.02.1479	Hasenfelle (*hasenfelle*)	42 tymmer		HG	ges. 21 mk	Claus Werneke	7r

94   Es handelt sich bei dieser Preisangabe schon um den errechneten Reinerlös (beholden gelt), d.h. den Verkaufspreis abzüglich aller Unkosten. Mantels las fälschlicherweise 6 mk 12 ß. MANTELS: Memorial, S. 352.

95   Die Warengruppe mit der Bezeichnung ‚Werk' fasste vermutlich die verschiedenen Sorten des Fehwerks unterschiedlicher europäischen Eichhörnchengattungen zusammen. LESNIKOV, Hansische Pelzhandel, S. 228, 239; JESKE: Fachwortschatz, S. 39.

96   Das eher preisgünstige ‚schatwerk' kam aus Reval. DELORT: Commerce, Bd. 1, S. 71.

97   Hierbei handelte es sich vermutlich um kleine Art des Fisch- oder Sumpfotters, die zu dieser Zeit im östlichen Teil Europas, vor allem in Russland verbreitet war. SLASKI: Handel, S. 86.

Trans.	Datum	Ware	Menge	Eing.	Ausg.	Preis	Handelspartner	fol.
9	05.02.1479	Hermelinfelle (*hermelen*)	10 tymer		Vk	je tymer 6,5 mk ges. 65 mk	Goedert v. Hovelen	7v
10	p.q. 13.12.1479	Werk (*werkes*)	248 tymer[98]	HG		ges. 300 mk	Hans Sledorn	2v
11	p.q. 13.12.1479	Wolfsfelle (*wolfe*)	5 Stck	HG			Hans Sledorn	2v
12	24.08.1479	Pelz (*pels*)	1 Stck		Vk	ges. 30 ß	Peter Schutte[99]	11r
13	09.10.1479	Werk (*werkes*)	30 tymmer		Vk	je tymmer 1,5 mk	Godert v. Hovelen	9v
14	09.10.1479	Werk (*werkes*)	6 tymmer		Vk	je tymmer 15 ß[100]	Godert v. Hovelen	9v
15	15.02–29.03 [14]80[101]	Wolfsfelle (*wolffe*)	5 Stck	HG			Hans Hovenborge	7v
16	15.04.1480	Hermelinfelle (*hermel*)	1,5 tymmer 10 Stck	HG		je tymmer 5,5 mk; ges. 9 mk 2 ß	Hans Hovenborge	16r
17	27.09.1480	Hermelinfelle (*hermelen*)	10,5 tymmer		Vk	je tymer 5 mk; ges. 52,5 mk	Heine Bysmerade	15v
18	27.09.1480	Marderfelle (*marten*)	1 tymmer		Vk	18,5 mk	Heine Bysmerade	15v
19	11.06.1484	Werk (*werkes*)	13 tymmer	Bez.		je tymmer 14 ß; ges. 11 mk 6 ß myn 2 [d?]	Tile Busmann[102]	12v
20	24.06.1481 p.q.	englische? Lammfelle (*englsche smaschen*)		Bez.		ges. 3 mk 4 ß	Titke Sluter	9r
21	1484	Lammfelle (*smaschen*)	2 Tonnen mit 804 deker	HG		je 100 Stck 3 mk myn 2,5 ß; ges. 22,5 mk 4 ß	Hans Borne u. Peter Kegeben	208r
22	1484	Kalbsfelle (*kalffel*)	2 deker	HG		ges. 10 ß	Hans Borne u. Peter Kegeben	208r
23	1484	Lammfelle (*smaschen*)	6 deker	HG		ges. 30 ß	Hans Borne u. Peter Kegeben	208r

98 Hinrik Dunkelgud erwartete bei dieser Sendung 250 tymer, so dass er die zwei fehlenden tymer mit/zu je 2 mk auf Hans Sledorn noch zu begleichende Abrechnung setzte. Rechnungsbuch, fol. 2v.
99 Hinrik Dunkelguds Oheim.
100 Ges. 50 mk 10 ß
101 Sehr wahrscheinlich handelte es sich genau um die in Transaktion Nr. 9 von Hans Sledorn gesendeten Pelze.
102 Hier begleicht Tile Busmann einen Teil der offenen Schuld Enwolts van de Heyde aus Stockholm (?).

11.1 Warentabellen

Trans.	Datum	Ware	Menge	Eing.	Ausg.	Preis	Handelspartner	fol.
24	01.05.1485	Lammfelle (*smaschen*)	500 Stck[103]	HG		je 50 Stck 3 mk	Hans Borne u. Peter Kegeben	208r
25	01.05.1485	Schafs- oder Ziegenbockfelle (*boken smaschen*)	7 deker myn 2 felle	HG		je deker 16 d	Hans Borne u. Peter Kegeben	208r
26	22.07.1485	Lammfelle (*smaschen*)	750 Stck[104]	HG		je 100 Stck 3 mk myn 1 ß; ges. 21 mk 7 ß 22 d	Hans Borne u. Peter Kegeben	208r
27	22.07.1485	Kalbsfelle (*kalffelle*)	12 dekker	HG		je deker 6 ß; ges. 4,4 mk 2 ß	Hans Borne u. Peter Kegeben	208r
28	15.06.1486	Lammfelle (*smaschen*)	600 Stck	HG		je 100 Stck 2 mk 1 ß	Hans Borne u. Peter Kegeben	203v
29	15.06.1486	Kalbsfelle (*kalffelle*)	11,5 deker	HG		je deker 5,5 ß; ges. 4 mk myn 9 d	Hans Borne u. Peter Kegeben	203v
30	15.06.1486	rotgegerbtes Schafsleder (*rotlasch*)	3 deker		HG	ges. 2 mk 4 ß	Hans Borne u. Peter Kegeben	202r
31	03.06.1487	Fuchsfelle (*fosse*)	1,5 tymmer	HG		ges. 22 mk 2 ß	Hans Borne	201r
32	24.07.1487[105]	Fuchsfelle (*fosse*)	4 tymmer 4 Stck	HG		je tymmer 15,5 mk 4 ß; ges. 64 mk 9 ß 2 d	Hans Borne	202v, 201r
33	21.09.1501	Bollard (*bollerte*)[106]	1 Tonne mit 26,5 tymmer	HG aus Danzig	Vk	je tymmer 1 mk (in Danzig) VK je tymmer 14 ß (in Lübeck), VkErl ges. 24 mk 1 ß[107]	Peter Kegeben; Vk an Peter Possyk	195r

103 Dunkelgud notierte zu dieser Sendung, dass *2 deker* fehlten.
104 Dunkelgud notierte zu dieser Sendung, dass *2 deker* beschädigt waren.
105 Hierbei handelte es sich um das Datum der Abrechnung, wann die Sendung erfolgte, ist nicht nachvollziehbar.
106 Im Kaufmannsbuch des Danzigers Johann Pyre wurde zwischen rotem und schwarzen Bollard unterschieden. Vgl. SLASKI: Danziger Handel, S. 81. Es handelte sich hierbei um ein häufig verhandeltes Fell von einem günstigeren Preisniveau, möglicherweise einer Eichhörnchenart. Ferner vermutet Delort einen Fachbegriff aus der Kürschnerei, der bereits verarbeitete und möglicherweise zusammengenähte Felle bezeichnete. JESKE: Fachwortschatz, S. 39 und DELORT: 1978, Bd. 1, S. 43 Anm. 101.
107 Diese Rechnung geht so nicht auf. Entweder der Timmer wurde für ca. 14,5 ß an Peter Possyk verkauft oder Dunkelgud hatte vom hier genannten Verkauferlös bereits die Unkosten abgezogen, obwohl diese an folgender Textstelle erst nachträglich aufgeführt werden sollten, der dafür vorgesehen Platz allerdings leer blieb: „is to gelde 24 mk 1 ß ungelt af (…)". Im Ergebnis konnten die Bollerte nur unter dem Danziger Kurswert in Lübeck losgeschlagen werden.

11.1.17 Salz

Trans.	Datum	Sorte	Menge	Eing.	Ausg.	Preis	Handelspartner	fol.
1	1474	Salz (*solt*)	?		Vk.	ges. 30,5 ß 2 d	Hans Otte	6v
2	02.02.1479	Travesalz (*travensolt*)	1 Last	HG[108]		?	Tile Mensen	9v
3	19.06.1492[109]	Salz (*solt*)	1 Last weniger 2 lb		HG	je Last 26 mk; inkl. Ungeld ges. 51,5 mk 7 ß	Peter Kegeben	201v
4	19.06.1492	Salz (*solt*)	1 Last weniger 6 lb		HG	je Last 26 mk; ungelt 2,5 ß	Peter Kegeben	201v
5	21.07.1492	Salz (*solt*)	1 Last weniger 9 lb		HG	je Last 26 mk; ungelt 2,5 ß; ges. 25 mk 4 ß 6 d	Peter Kegeben	200v
6	16.09.1492	Salz (*solt*)	4 Last		HG	je Last 28 mk + ungelt 10 ß; ges. 112 mk 10 ß	Peter Kegeben	200v
7	09.10.1492	Salz (*solt*)	2 Last weniger 1 [lb?]		HG	je Last 27,5 mk;	Peter Kegeben	200v
8	06.05.1493[110]	Salz (*solt*)	2 Last weniger 6 lb		HG	je Last 24 mk; inkl. Ungeld ges. 47 mk	Peter Kegeben	199v

11.1.18 Tuche

Trans.	Datum	Tuchsorte	Menge	Eing.	Ausg.	Preis	Handelspartner	fol.
1	1474	*brun engelsk laken*[111]	1 Laken		Vk.	ges. 25 mk	Boe Jonsen	4r
2	1474	*mechgelsk laken*[112]	0,5 Laken		VK.	ges. 19, 5 mk	Hans Meyer, Kunneke [Meyer]	4r

108 Hier liegt sehr wahrscheinlich ein Handelsgeschäft auf Gegenseitigkeit vor. Dunkelgud beauftrage Tile Mensen zu seinem Besten eine Sendung Lachs zu verkaufen, die Dunkelgud in den Räumlichkeiten eines weiteren Geschäftspartners in Lübeck (?) deponierte. Die Sendung Travesalz sandte ihm Mensen dann u. a. als Retoure zu.
109 Obgleich Hinrik Dunkelgud die Sendungen Nr. 3 und Nr. 4 nach Danzig zu Peter Kegeben bringen lässt, nutzt er zwei Schiffer, Cleis Fykken und Kersten Brugman.
110 Querverweis zu Anhang 11.1.9 Getreide Transaktion Nr. 13 vom 28.10.1492.
111 Englische Laken gehörten häufig zu den teuren Sorten, wie es im Preisvergleich mit den Laken aus Aalst (Nr. 3) oder dem aus Leiden (Nr. 7) auch deutlich wird. Vgl. JAHNKE: Netzwerke, Anhang XVII. Kleine Warenkunde, S. 503 und JAHNKE: Some, S. 82. Den Farbton *brun* sieht Jeske als dunklen violetten Farbton. An anderer Stelle wird er allerdings mit braun angegeben. JESKE: Fachwortschatz, S. 27 und LESNIKOV/STARK: Handelsbücher, Sachregister, S. 610.
112 Tuche aus Mechelen in Brabant. Überliefert sind die Farben blau, braun, weiß, grau, rot, schwarz und grün. JAHNKE: Some, S. 84.

Trans.	Datum	Tuchsorte	Menge	Eing.	Ausg.	Preis	Handelspartner	fol.
3	1474	altesch laken[113]	1 Laken		VK.	ges. 8 mk	Arbraham Cristensen	5v
4	[1477]	foder [dok][114]	1 Stck.	HG		ges. 1,5 mk	Hans Mouwer d. J.	5r
5	1478	hagens [laken][115]	1 Elle		VK.	ges. 13 ß	Marquart Mus [Dunkelguds Onkel]	6r
6	1478	doke[116]	1 Stck.		Vk.	ges. 1 mk	Marquart Mus [Dunkelguds Onkel]	6r
7	1478	leydescen [laken][117]	?		VK.	ges. 7 mk myn 1 ß	Marquart Mus [Dunkelguds Onkel]	6r
8	1478	brugges [laken][118]	7 Ellen		Vk.	je Elle 11 ß; ges. 4,5 mk 5 ß	Hans Davite	6r
9	1478	brugges [laken]	4 Ellen		Vk.	je Elle 11 ß; ges. 2,5 mk 4 ß	Hans Wekkehofen	6r
10	22.06.1478	engelske stekbrede[119]	5 Stck.		Vk.	je Stck. 3 mk	Hans Bekker	4r
11	22.06.1479	swarte roseken[120]	2 Stck.		Vk.	ges. 11 mk	Hans Bekker	4r
12	22.06.1479	lonwendes[121]	91 Ellen		Vk.	je Elle 7 witte; ges. 13 mk 4 ß 4 d	Hans Bekker	4r
13	24.06.1478	nerdesche [laken][122]	3 Stck.		Vk.	je Stück 7 mk; ges. 21 mk	Frederik Schroder	3v

113 Tuche aus Aalst in Ostflandern. Jahnke gibt zu dieser Sort die Farbe rot an. JAHNKE: Some, S. 81.
114 Günstiges Tuch zur Verwendung als Unterfutter.
115 Tuche aus Den Haag?
116 Ein Tuch oder Laken, auch in der Bedeutung als ein Kopftuch möglich. SCHILLER/LÜBBEN, Mittelniederdeutsches Wörterbuch, Bd. 1, S. 534.
117 Tuche aus Leiden in Südholland. Diese Tuche sind in den Farben schwarz, braun und grün überliefert. JAHNKE: Some, S. 83.
118 Bei den Laken aus Brügge in Westflandern handelte es sich um eine recht teure Tuchsorte, die es u. a. in einem teurem Farbton grau, ferner auch in den Farben grün, rot, orange oder mehrfarbig (?) gab. JAHNKE: Netzwerke, Anhang XVII. Kleine Warenkunde, S. 503; JAHNKE: Some, S. 81; STARK: Danziger Handel, S. 55 f.
119 Englische Stockbreit, Jahnke gibt bei ihrer Erwähnung die ihre Farbe mit grün an. JAHNKE: Some, S. 85. Es handelte sich auch hier um eine teure Tuchsorte. STARK: Danziger, Handel., S. 72.
120 Roseken aus Flandern. Stark setzt Roseken mit den sogenannten Rosslerschen Laken gleich, deren Produktionsstätte in Roulers in Westflandern gelegen haben könnte. STARK: Danziger Handel, S. 66 f. Jahnke führt die Tuchsorte Roechen allerdings auch weiterhin als eigene Sorte auf. JAHNKE: Some, S. 85.
121 Hinrik Dunkelgud gab immer nur den allgemeinen Sammelbegriff Leinwand an ohne die genauere Sorte zu benennen.
122 Hierbei handelt es sich um eine relativ preisgünstige Tuchsorte aus Naarden in Nordholland. JAHNKE: Some, S. 85 und JAHNKE: Netzwerke, Anhang XVII. Kleine Warenkunde, S. 503.

Trans.	Datum	Tuchsorte	Menge	Eing.	Ausg.	Preis	Handelspartner	fol.
14	29.09.1478	foderdok[123]	7 Ellen		Vk.	je ele 10 d	Marquart Mus [Dunkelguds Onkel]	15r
15	18.11.1478	mundesch laken[124]	1 Laken		Vk. oder HG?	ges. 10,5 mk	Brun Raven [Dirik u. Jan Raven]	8r
16	18.11.1478	brun engelsk Laken brun butede[125]	1 Laken		Vk. oder HG?	?	Brun Raven [Dirik u. Jan Raven]	8r
17	1479	rot mechghelsk laken	0,5 Laken		Vk.	ges. 20 mk	Hans Meyer	47r
18	1479	brun mechgelsk laken	1 Laken		VK.	ges. 40 mk	Hans Meyer	46v
19	1479	brugges [laken]	8 Ellen		Vk.	ges. 4 mk 7 witte	Hans Meyer	46v
20	1479	seter[126]	1 Stck.		Vk.	ges. 1,5 mk	Hans Meyer	46v
21	1479	leydesch [laken]	0,5 Ellen		Vk.	ges. 7 ß	Hans Meyer	46v
22	1479	molhuses laken[127]	1 Laken		Vk.	ges. 5,5 mk	Hans Meyer	46v
23	25.07.1479	rysselsche laken[128]	2 Laken	HG		ges. 16,5 lb grot; = ges. 115,5 mk	Hans Sledorn	2v
24	25.07.1479	fin menget brugges[129]	1 Laken	HG		ges. 53 mk	Hans Sledorn	2v
25	25.07.1479	stendelske [laken][130]	2 Laken	HG		6,5 mk	Hans Sledorn	2v
26	25.07.1479	westerlendesche [laken][131]	10 Laken	HG		je Stck. 6 mk	Hans Sledorn	2v

123 Futtertuch, ein günstiges Tuch zur Verwendung als Unterfutter.
124 Hinrik Dunkelgud schreibt eindeutig *mundesch laken*. In der Forschung sind Laken aus Minden in Westfalen bekannt. JAHNKE: Some, S. 84. Hier ist folglich nicht zu klären, ob es sich möglicherweise um Tuche aus München (?) handelte oder vielleicht eine Verschreibung vorliegt.
125 Welche Bedeutung der Nachschub *brun butede* hat, kann hier nicht geklärt werden. Legt man das Wort „buten" in seiner Bedeutung als außerhalb oder außen zu Grunde, könnte es möglicherweise gesäumt bedeuten.
126 Scheter, d. h. Glanzleinen. JESKE: Fachwortschatz, S. 18.
127 Mühlhausen in Thüringen. Möglicherweise bezog Hinrik Dunkelgud es von Gert van Lenten (Nr. 34 oder Nr. 35) am 29.09.1479. Da die Transaktion Nr. 22 nicht näher datiert ist, kann dies allerdings nicht mit Sicherheit angegeben werden. Allerdings stellt sie die Auflistung der für seinen Schwiegervater Hans Meyer d. Ä. vorgestreckten Auslagen im Zuge der Hochzeitsfeier dar und die Hochzeitsfeier fand erst am 24. Oktober 1479 statt. Rechnungsbuch, fol. 47r.
128 Laken aus Lille.
129 Unter der Farbbezeichnung *fin menget* ist sehr wahrscheinlich fein meliertes Tuch zu verstehen. Stark: Danziger Handel, S. 52.
130 Jahnke nennt diese Sorte als Stendaler für das Jahr 1533 und gibt keinen Produktionsstätte an. JAHNKE: Some, S. 85.
131 Eine günstigere Tuchsorte aus England. JAHNKE: Some, S. 86 und JAHNKE: Netzwerke, Anhang XVII. Kleine Warenkunde, S. 503.

Trans.	Datum	Tuchsorte	Menge	Eing.	Ausg.	Preis	Handelspartner	fol.
27	19.09.1479	brun sagen[132]	1 Laken		HG	ges. 76 mk	Hans Sledorn	3r
28	19.09.1479	swart sagen[133]	1 Laken		HG	ges. 76 mk	Hans Seldorn	3r
29	19.09.1479	bagginen dok	5 Ellen		HG	ges. 10 ß[134]	Hans Sledorn	3r
30	19.09.1479	seter	1 Stck.		HG	ges. 10 ß	Hans Sledorn	3r
31	19.09.1479	brugges [laken]	0,5 Laken		HG	?	Hans Sledorn	3r
32	29.09.1479	molhuses [laken]	1 Laken	Bez.		ges. 10 mk	Gert van Lenten	9v
33	29.09.1479	mollhusen [laken]	2 Laken	Bez.		ges. 5,5 mk.[135]	Gert van Lenten	9v
34	29.09.1479	stendelsken [laken][136]	2 Laken	Bez.		ges. 5,5 mk.	Gert van Lenten	9v
35	20.10.1479	sichte dok[137]	1 Stck.		Vk.	ges. 1,5 mk	Fikke Stal	12v
36	03.11.1479	norwkyesche laken[138]	6 Laken		Vk.	je Stck. 5,5 mk 4 ß; ges. 34, 5 mk	Lexzus Holgersen	12v
37	13.12.1479	brune leydesche	4 Laken		HG	je Stck. 17,5 mk. 4 ß	Hans Sledorn	2v
38	13.12.1479	grone leydesche	2 Laken		HG	je Stck. 17,5 mk. 4 ß	Hans Sledorn	2v
39	30.12.1479	erferdesch laken[139]	1 Laken		Vk.	ges. 7 mk myn 1 ß	Andrewes Schulten	9r
40	25.04.1480	swart olmer dokes[140]	4,5 Ellen		HG	je Elle 3 ß	Hans Hovenborch	16r
41	25.04.1480	onstborger [dokes][141]	? Ellen		HG	je Elle 20 d	Hans Hovenborch	16r
42	15.04.1480	lonwend[142]	60 smale ellen		HG	je Elle 9 d; ges. 2,5 mk 5 ß	Hans Hovenborch	16r

132 Saye war ein dünnes/leichtes und recht preiswertes Wollgewebe, welches in vielen Städten hergestellt wurde. JAHNKE: Some, S. 85. Stark verweist zudem auf widersprüchliche Angaben nach denen Saye auch als Mischgewebe aus Wolle in Kombination mit Seide, Baumwolle oder Leinen bestanden habe. STARK: Danziger Handel, S. 72.
133 Saye.
134 Der Preis setzt sich aus Nr. 29 und Nr. 30 zusammen.
135 Der Preis setzt sich aus Nr. 32 und Nr. 33. zusammen.
136 Jahnke nennt diese Sorte als Stendaler für das Jahr 1533 und gibt keine Produktionsstätte an. JAHNKE: Some, S. 85.
137 Ein eher dünn gewebter und durchscheinender Stoff.
138 Laken aus Norwich in England. Überliefert sind diese in der Farbe Weiß. JAHNKE: Some, S. 85. Drei Laken wohl für den Eigenbedarf ließ sich Dunkelgud darüber hinaus durch einen Handelspartner in Hamburg blau einfärben. Rechnungsbuch, fol. 7r.
139 Laken aus Erfurt. Diese sind in den Quellen eher selten überliefert. Für diesen Hinweis danke ich Angela Ling Huang.
140 In diesem Fall handelte es sich um das in Ulm gefertigte und aus Leinen und Wolle bestehende, robuste Mischgewebe namens Sardock. JAHNKE: Some, S. 85 und JESKE: Fachwortschatz, S. 18.
141 Tuche aus Augsburg.
142 Leinwand.

Trans.	Datum	Tuchsorte	Menge	Eing.	Ausg.	Preis	Handelspartner	fol.
43	15.04.1480	blauw nerdesch [laken][143]	1 Laken,	HG		ges. 7 mk	Hans Hovenborch	16r
44	15.04.1480	lonwendes	243 Ellen	HG		je Elle 18 d; ges. 22,5 mk 4,5 ß	Hans Hovenborch	16r
45	15.04.1480	lonwend	100 Ellen	HG		je Elle 17,5 d	Hans Hovenborch	16r
46	15.04.1480	lonwend	2 Stck.	HG		je 20 Ellen 1,5 ß	Hans Hovenborch	16r
47	15.04.1480	lonwend	200 Ellen	HG		[je Elle?] 18 d	Hans Hovenborch	16r
48	25.07.1480	olmer doke[144]	9 Stck.		Vk.	je Stck. 3,5 mk 4 ß	Enwolt van der Heyde	12v
49	25.07.1480	onstborger [dokes o. sardok?]	9 Stck.		Vk.	je Stck. 2,5 mk 4 ß	Enwolt van der Heyde	12v
50	25.07.1480	doke geset?	2 Stck.		Vk.	ges. 8 mk	Enwolt van der Heyde	12v
51	06.06.1482	rot arresch[145]	1 Laken		Vk. oder HG?	ges. 7,5 mk	Hans Dinxstede	13v
52	06.06.1482	seter	3 Stck.		Vk. oder HG?	ges. 4,5 mk	Hans Dinxstede	13v
53	23.09.1482	bruggesches fin	1 Laken	HG		ges. 54 mk	Hans Hovenborch	16v
54	23.09.1482	rysselsch	2 Laken	HG		ges. 126 mk	Hans Hovenborch	16v
55	23.09.1482	mechelsche	2 halbe Laken	HG		ges. 40 mk	Hans Hovenborch	16v
56	23.09.1482	lonwend	518,5 Ellen	HG		je 100 Ellen 9 mk; ges. 46,5 mk 3,5 ß 0,5 d	Hans Hovenborch	20r
57	23.09.1482	altesch	2 Ellen	HG		ges. 9 ß	Hans Hovenborch	20r
58	13.12.1482	onstborger sardok	1 Stck.		Vk. oder HG?	ges. 2,5 mk	Hans Dinxstede	13v
59	01.07.1483	brun leydesch	1 Laken	HG		ges. 17 mk 3 ß	Hans Sledorn	18r
60	08.09.1484	deventersche [laken]	3 Laken	HG		ges. 21 mk 9 ß	Hans Hovenborch	19v

143 Blaues Tuch aus Naarden, Nordholland.
144 Tuche aus Ulm.
145 Arras oder Arresch war ein leichtes Wollgewebe allgemein bekannt und benannt nach seiner ersten Produktionsstätte in Arras in Frankreich. JAHNKE: Some, S. 81 und JESKE: Fachwortschatz, S. 16.

Trans.	Datum	Tuchsorte	Menge	Eing.	Ausg.	Preis	Handelspartner	fol.
61	04.10.1484	onstborger sardok	1 Stck.		Vk. nach Söderköping	ges. 2 mk 3 ß	Peter Spegelberch	20v
62	13.12.1485	brunswykes[146]	4,5 Ellen		Vk.	ges. 14 ß	Albert Jacobsen	1v
63	13.12.1485	foderdok	1 Stck.		Vk.	ges. 14 ß[147]	Albert Jacobsen	1v
64	13.12.1485	baggynen dok	8 Ellen		VK.	ges. 14 ß[148]	Albert Jacobsen	1v
65	15.06.1486	westerlindesch [laken][149]	1 Laken		HG	6 mk 4 ß	Hans Borne und Peter Kegeben	202r
66	29.09.1486	altsche [laken]	4 Laken		HG	27 mk	Peter Kegeben u. Bernt Horensey	208r
67	09.10.1486	nerderdesche [laken]	6 Laken		HG	je Stck. 6,5 mk 7 ß; ges. 40 mk 8 ß	Hans Borne	204r
68	09.10.1486	sagen			Vk.	ges. 8 mk	Hinrik Kylenberch	22v
69	09.10.1486	sardoke[150]			Vk.	ges. 8 mk 5 ß	Hinrik Kylenberch	22v
70	09.10.1486	nerdesche [laken]	6 Laken		HG	je Stck. 6,5 mk 7 ß; ges. 41 mk 10 ß	Hans Borne	204r
71	09.10.1486	altesch [laken]	6 Laken		HG	je Stck. 6,5 mk 4 ß; ges. 40 mk 8 ß	Hans Borne	204r
72	02.04.1487	olmer sardocke[151]	2 Stck.		HG	ges. 8,5 mk	Hans Sledorn	22r
73	03.06.1487	gron hagensche[152]	2 Laken	HG		je Stck. 14 mk, ges. 28 mk	Hans Borne	201r
74	03.06.1487	swart hagensk[153]	1 Laken	HG		ges. 12 mk	Hans Borne	201r
75	03.06.1487	nerdesche myt klenen loden[154]	2 Laken	HG		ges. 15 mk	Hans Borne	201r

146 Tuch aus Braunschweig. JAHNKE: Some, S. 81.
147 Der Preis setzt sich aus demjenigen für das Futttertuch und den acht Ellen baggynen dok (Nr. 66) zusammen.
148 Der Preis setzt sich aus den acht Ellen bagynen dok und demjenigen des Futtertuchs (Nr. 67) zusammen.
149 Dies war eine günstigere Tuchsorte aus England. JAHNKE: Some, S. 86 und JAHNKE: Netzwerke, Anhang XVII. Kleine Warenkunde, S. 503.
150 Sardock.
151 Sardock aus Ulm.
152 Grünes Tuch aus Hagen (?).
153 Schwarzes Tuch aus Hagen (?).
154 Das waren Laken aus Naarden wahrscheinlich versehen mit kleinen Loden bzw. Stoffquasten.

Trans.	Datum	Tuchsorte	Menge	Eing.	Ausg.	Preis	Handelspartner	fol.
76	06.10.1487	*olmer sardoke*	2 Laken		HG [nach Reval?]	ges. 7 mk 4 ß	Hans Borne	202v
77	06.10.1487	*byborchen sardok*[155]			HG	ges. 3 mk	Hans Borne	202v
78	04.04.1492	*foderdoke*	1 Stck.		HG	ges. 1 mk	Peter Kegeben	201v
79	09.10.1492	*foderdoke*	2 Stck.		HG	ges. 2 mk.	Peter Kegeben	200v
80	20.08.1493	*bruggersche laken lamweken*	6 Laken		HG	je Stck 25,5 mk 4 ß; ges. 154,5 mk.	Peter Kegeben	198v
81	20.08.1493	*lammeken (?) bruggersche*	1 Laken		HG	ges. 31 mk	Peter Kegeben	198v
82	20.08.1493	*foderdoke*	3 Stck.		HG	ges. 3 mk	Peter Kegeben	198v
83	20.08.1493	*doke*	1 Stck.		HG	ges. 1 mk	Peter Kegeben	198v
84	23.04.1502	*lubisch grauwe*[156]	1 Laken		HG	ges. 10 wytten	Hans Brunsten	31v
85	23.04.1502	*watman*[157]	?		HG	?	Hans Brunsten	31v
86	25.11.1502	*deventersche [laken]*	3,5 Ellen		HG	je Elle 7 ß; ges. 24,5 ß	Hans Brunsten	32r
87	16.05.1503	*watmanne*			Vk.	ges. 7,5 mk.	Hans Brunsten	31v
88	15.06.1504	*gotensk [laken]*[158]	4 Ellen		HG	ges. 28 ß	Lammerd Hemekynck	34v

11.1.19 Wachs (*wasse*)

Trans.	Datum	Menge	Eing.	Ausg.	Pfundpreis	Preis	Handelspartner	fol.
1	1474	3 Lieslb 6 mklb	Bez.		[je lb 2,7 ß]	ges. 9 mk 4 ß	Boe Jonsen	4r
2	29.09.1478	1 lb		Vk	ges. 3 ß 4 d	ges. 3 ß 4 d	Marquart Mus	15r
3	01.09.1479	1 Schiffslb 1,5 Lieslb 2 mklb		Vk	[je lb 1,06 ß]	je Schiffslb 21 mk 4 ß; [ges. 23 mk]	Gert van Lenten	9v
4	11.11.1479	2 Schiffslb 3,5 Lieslb		Vk	[je lb 1,15 ß]	je Schiffslb 23 mk; [ges. 50 mk]	Tile Fagit	13r

155 Sardock aus Bieberbach in Franken.
156 Diese grauen Laken wurden in Lübeck hergestellt und gehörten zu den günstigeren Tuchsorten. Jahnke gibt hier weiter an, dass diese von grauer Farbe „mit roder eggen" versehen waren. JAHNKE: Some, S. 84.
157 Grobes Wolltuch.
158 Jahnke erwähnt die Sorte „gorlensche" Laken und „gorlowsche" Laken ohne dessen Herkunft nachvollziehen zu können. JAHNKE: Netzwerke Anhang XVII. Kleine Warenkunde, S. 503 und JAHNKE: Some, S. 83. Möglicherweise handelte es sich auch um Laken aus Gotland, da Dunkelgud diese über den im Schwedenhandel aktiven Tuchhändlers Erik Lunte bezog mit dem Dunkelgud bereits im Jahr 1490 Handelsgeschäfte getätigt hatte. ROSSI: Lübeck, S. 172 Anm. 409.

11.1 Warentabellen

Trans.	Datum	Menge	Eing.	Ausg.	Pfundpreis	Preis	Handelspartner	fol.
5	21.01.1480	17 Lieslb 1 lb		Vk	[je lb 2,5 ß]	je Lieslb 2,5 mk; [ges. 42,66 mk][159]	Claus Dreiger	13r
6	13.10.1480	3,5 Lieslb 2 mklb		Vk	[je lb 2,5 ß]	je Lieslb 2,5 mk; [ges. 9,06 mk][160]	Hans Marqward	13r
7	06.05.1480	3,5 Schiffslb 8,5 Lieslb 1 mklb		Vk	[je lb 1,2 ß]	je Schifflb 24 mk; [ges. 94,275 mk]	Wolmer van der Molen	9r
8	06.05.1480	6 Schiffslb 6 Lieslb 3 mklb		Vk	[je lb 1,125 ß]	je Schiffslb 22,5 mk; [ges. 141,96 mk]	Konse Rode[161]	13v
9	02.01.1483	1,5 lb		HG	[je lb 3 ß 4 d]	ges. 5 ß	Hans Sledorn	18r
10	23.04.1501	3 Lieslb		HG	[je lb 3,5 ß]	ges. 10,5 mk	Hans Blanke	28v
11	08.08.1501	2,5 Lieslb 0,5 mklb		HG	[je lb 1,28 ß]	ges. 3 mk 4 ß	Hans Blanke	28v
12	[p.q. 1502?]	2 Lieslb 1 mklb		HG	[je lb 3,26 ß]	ges. 6,5 mk 3,5 ß 2 d	Hans Blanke	28v
13	10.07.1503	1 Lieslb 1 mklb		HG	[je lb 2,27 ß]	ges. 3 mk 3,5 ß	Hinrik Pawels	33v

11.1.20 Begleittext u Abkürzungsverzeichnis Warentabellen

Abzgl.	Abzüglich
Ausg.	Sendungsausgang
Bez.	Bezahlung
Dz	Danzig
Dtzd.	Dutzend
EB	Eigenbedarf
Empf.	Geldempfang
Eing.	Sendungseingang
Ek	Einkauf
ferd	Ferding
Füllgw.	Füllgewicht
HaG	Handel auf Gegenseitigkeit
HG	Handelsgesellschaft
inkl.	inklusive
lb	Pfund

---

159 Claus Dreiger bezahlte ‚nur' 41 mk 15 ß 4 d, das entspricht einer Differenz vom errechneten Gesamtpreis von 11,5 ß.

160 Der errechnete Gesamtpreis stimmt auch mit der Bezahlung durch Hans Marqward von 9 mk 1 ß überein.

161 Hinrik Dunkelgud errechnte als zu zahlende Summe 283,5 mk 7,5 ß 3 d. Vollzieht man seine Rechnung mit den genanntem Schiffpfundpreis nach macht diese Summe exakt den doppelten Verkaufspreis aus.

lieslb	Liespfund
mklb	Markpfund
mk pr	Mark preußisch
ß pr	Schilling preußisch
rh gl	rheinische Gulden
Schifflb	Schiffpfund
scot	Scot
Stck.	Stück
Trans.	Transaktionsnummer
Vk	Verkauf
Vk.pr.	Verkaufspreis
wit	Witte
[...]	Wert/Person/Datum wurde nachträglich ermittelt

Die Kategorie Preis beinhaltet je nach Informationsgehalt Hinrik Dunkelguds Einträge unterschiedliche Werte. Am häufigsten gab er nur einen Warenwert für gelieferte oder einen Verkaufspreis für von ihm verkaufte oder versendete Ware ohne ein weiteres Kommentar an.

Für Massenware wie z. B. den verschiedenen Kopfbedeckungen oder den Metallwaren aus Oberdeutschland gab Hinrik Dunkelgud häufig Stückpreise oder den Preis für je ein Dutzend an.

In einigen Fällen beispielsweise bei der Handelsware Tuche oder Messer wurden hier nachträglich Stückpreise zu einer besseren Vergleichbarkeit der Sorten untereinander errechnet und in eckige Klammern gesetzt.

Die Kategorie Gewicht beinhaltet auch unterschiedliche Werte. So gab Hinrik Dunkelgud in einigen Fällen das *lutter* Gewicht von Tonnen, also ihr Füllgwicht oder Nettogewicht an. In anderen Fällen sprach er nur von Tonnen mit einem bestimmten Gewicht, so dass für diese hier vom Bruttogewicht ausgegangen wird, ohne dies mit letzter Sicherheit nachweisen zu können.

Bei den wenigen Einträgen, die Waren beispielsweie Öl in Zentner angeben, ist hingegen nicht nur ein rechnerischer Nachweis für den in Lübeck üblichen Zentner zu 112 lb möglich, sondern auch den Gebrauch und Dunkelgud Kenntnis zum Zentner westländisch zu 110 lb aus Brügge.

In den Kategorien Eingang/Ausgang wurde die Transaktionen nach Möglichkeit näher als Einkauf, Verkauf, als Sendung innerhalb von Gesellschaftshandel oder innerhalb Handel auf Gegenseitigkeit bezeichnet.

11.2 DIAGRAMM: DATIERTE EINTRÄGE IM DUNKELGUDSCHEN RECHNUNGSBUCH

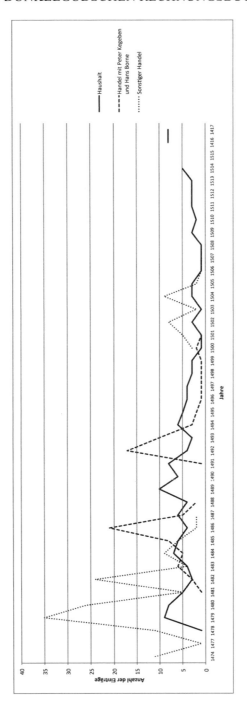

11.3 TABELLE: AUFBAU DES RECHNUNGSBUCHS

Diese sieben ältesten Einträge werden zur Erschließung der Struktur der Handschrift als Orientierungspunkte ausgewählt und als OP 1 bis 7 benannt in der Tabelle durch Fettdruck hervorgehoben (vgl. Kap. 2.2.2 Aufbau und Anlage des Rechnungsbuches).

fol.	Jahr	Haushalt	Handelsgeschäfte
Vordereinband	1480	Ausgaben für die Koste zum Eintritt in die Krämerkompanie zusammen mit Jacob Calveswinkel; Schoßzahlung für 1480	
1r	**02.02.1479**, 1480, 1482	Beginn des Buches; Eintritt Krämerkompanie, Spende an die Hl. Leichnamsbruderschaft zur Burg, Zahlung des Bürgergeldes, Zahlung der Wette für die Hochzeitsfeier, Hauskauf	
1v	1482–86	Abtrag jährlicher Hausrente	
2r	**02.02.1479**, 1479		Abr. Hinrik Witte u. a.
2v	1479		Abr. Hans Sledorn
3r	1479, 1482		Abr. Hans Sledorn
3v	1478–80		Abr. verschiedene Pers.
4r	1474, 1478		Abr. verschiedene Pers.
4v	1478, 1479, 1480		Abr. Hans Bekker
5r	1477, 1479, 1481		Abr. Hans Mouwer, Abr. Hinrik Witte
5v	1474, 1480		Abr. verschiedene Pers.
6r	1478		Abr. verschiedene Pers.
6v	1474, 1478, 1480		Abr. verschiedene Pers.
7r	1479 **02.02.1479**		Abr. Goswin van dem Mor, Abr. Claus Werneke
7v	1479, 1480		Abr. verschiedene Pers.
8r	1478		Abr. Jan Raven
8v	**02.02.1479**, 1484	Reisevorbereitungen für Santiago de Compostela	
9r	1479–81		Abr. verschiedene Pers.
9v	**02.02.1479**		Abr. verschiedene Pers.
10r	**02.02. 1479**–80		Abr. verschiedene Pers.
10v	1479–80, 1482		Abr. verschiedene Pers.
11r	1479, 1484		Abr. verschiedene Pers.
11v	**02.02.1479**	1. Testamentsfassung	
12r		1. Testamentsfassung Fortsetzung	
12v	1479–80, 1482		Abr. verschiedene Pers.
13r	1479–80		Abr. verschiedene Pers.
13v	1479–80, 1482, 1484	Abrechnung mit Hans Bussowe über die Anfertigung der Hochzeitskleidung	Abr. verschiedene Pers.,

11.3 Tabelle: Aufbau des Rechnungsbuchs

fol.	Jahr	Haushalt	Handelsgeschäfte
14r	1479, 1481–1482	Abrechnung mit Hans Help für die Anfertigung des Hochzeitsschmuckes, Kosten für Schule und Einkleidung des Lehrjungen Peter Kegebens	Vorschuss in eine gemeinsame Handelsgesellschaft mit Peter Kegeben
14v	1480	Aufnahme Hans Bornes als Lehrjungen, Kosten für seine Einkleidung	
15r	1478, 1500, 1502		Abr. Handelsgeschäfte / Eigenbedarf für Haushalt?
15v	1480		Abr. Heyne Bismerade
16r	1480–82		Abr. Hans Hovenborch
16v	1482		Abr. Hans Hovenborch
17r	1478, 1482		Abrechnung…
17v	1481–82	Dunkelgud übernimmt auf Kredit Beerdigungskosten zugunsten von Metken Dunkelgud	Abr. Hans Sledorn
18r	1483–85		Abr. Hans Sledorn
18v	1481–82, (1496–97)	Kauf Hof in Ruppersdorf	
19r	(1482–98)	Abtrag Rente Hof in Ruppersdorf	
19v	1482, 1484–85		Abr. Hans Hovenborch
20r	1482, 1484–85		Abr. Hans Hovenborch
20v	1484, 1483		Abr. Peter Spegelberch, Abr. Hans Sledorn,
21r	1484–1485		Abr. Hans Sledorn
21v	1485, 1487, 1489	Versch. Quittungen von Schwager Hans Meyer	Versch. Quittungen
22r	1484/87? 1492, 1494		Versch. Quittungen
22v	1486		Versch. Abr.
23r	1487		Versch. Abr.
23v	1489–98	Abtrag Häuserkauf	
24r		Leerseite	
24v	1489	Mündigkeitserklärung Schwager Hans Meyer	
25r		Leerseite	
25v	1480, 1489, 1490, (1499)	Versch. Grundstücksangelegenheiten	
26r		Leerseite	
26v	1490–92	Kauf und Abtragszahlungen der dritten Krambude von Schwager Hans Meyer	
27r	1490–(92)	Fortführung und vollständige Abzahlung	
27v	1495–96	Insanspruchnahme eines Wechsels über 400 mk. durch das Dominikanerkloster in Wismar; Zahlung der jährlichen Renten	
28r	14.95.1505	Fortführung der Rentenzahlungen; Rückzahlung des Wechsels	

fol.	Jahr	Haushalt	Handelsgeschäfte
28v	1500–1501		Abr. Hans Blank, Quittung von Hans Blank
29r	1500, 1502, 1508?		Abr. Hans Blank
29v	1497–98, 1504	Kauf eines Hofes in Ruppersdorf; Rentenzahlung und Rückzahlung	
30r	1504–1506	Verkauf des Hofes in Ruppersdorf; Einnahmen von Rentenzahlungen	
30v		Leerseite	
31r		Leerseite	
31v	1501–1504, 1506		Abr. Hans Brun
32r	1502, 1504, 1508		Abr. Hans Brun, Abr. Titke Korlsowe
32v	o. D.	Nennung der Verwahrungorte von verschiedenen Dokumenten Dunkelguds mit Nachlassregelungen	
33r		Leerseite	
33v	1503, 1508		Abr. Hinrik Pawel
34r	1504		Abr. Hinrik Pawel
34v	1504		Widerlegung mit Lammerd Hemekynck
35r	1505		Fortführung Lammerd Hemekynck
35v	1509–10	Heringshus Vk. an Hinrik Lichert	
36r	1511–14	Heringshus Vk. an Hinrik Lichert	
36v	1514, 1516–17	Heringshus Vk. an Hinrik Lichert	
37r		Seite ausgerissen	
37v		Seite ausgerissen	
38r		Leerseite	
38v	o. D.	Simon Jonsen	
39r–46r		Leerseiten	
46v	1478/79	Abr. mit Schwiegervater Hans Meyer	
47r	1479	Kosten Dunkelguds Hochzeit	
47v	1504		Widerlegung mit Tochter Anneke Lange
48r	o. D.		Widerlegung mit Tochter Anneke Lange
Ab hier liegt die Schreibrichtung vom Buchende zur Buchmitte hin vor.			
Hintereinband	o. D.		[Hinrik] Kulenborge, Jacob Petersen
71r	1482	[eingeklebter] Brief; Clawes Werneke	
[Blatt 234] 71v	1484	Erster Testamententwurf für dieses Jahr	
[Blatt 234]		Leerseite	

11.3 Tabelle: Aufbau des Rechnungsbuchs

fol.	Jahr	Haushalt	Handelsgeschäfte
233r		Leerseite	
233v	o. D.		
232r	1484	Testament, Verweis auf das Testament von 1487	
232v	o. D.	Testament (Weiterführung)	
231r		Leerseite	
231v	1487–88	Testament	
230r	1491	Testament	
230v	1493	Testament	
229r	o. D.	Testament	
229v	1502	Testament	
228r	o. D.	Testament	
228v	1502	Testament	
227r	1507	Testament	
227v	1508	Testament	
226r	o. D.	Testament (Weiterführung)	
226v	1509	Testament	
225r	1517	Testament (Erneuerung der Version von 1509)	
225v	o. D.	Testament (Verteilung des Silbergeschirrs unter Dunkelguds drei Töchtern)	
224r		Leerseite	
224r		Leerseite	
223r		Leerseite	
223r		Leerseite	
222v	1499	Auflistung von Annekes Mitgift zur Hochzeit mit Clawes Lange	
212r		Leerseite	
212v	1483–91; 1494	Verwaltung der Gelder für Dunkelguds Mündel	
211r	1483, 1491, 1494	Fortsetzung	
211v	1482–83, (1486)		Quittungen von Peter Kegeben und Hans Borne zu ihren Gesellschaftsverträgen mit Dunkelgud
210r	o. D.		Abr. Hans Borne
210v	1482–83		Handelsgesellschaftsverträge (Widerlegungen) Dunkelguds mit Peter Kegeben und Hans Borne
209r	1482		Abr. Peter Kegeben
209v	1483, 1486		Abr. Peter Kegeben, Hans Borne
208r	1484–86		Abr. Hans Borne, Peter Kegeben

fol.	Jahr	Haushalt	Handelsgeschäfte
208v	1484		Abr. Hans Borne, Peter Kegeben
207r		Leerseite	
207v	1484–85		Abr. Hans Borne, Peter Kegeben
206r	1486		Abr. Hans Borne
206v	1485		Abr. Hans Borne, Peter Kegeben
205r		Leerseite	
205v	1485		Abr. Hans Borne, Peter Kegeben
204r	1486		Abr. Hans Borne
204v	1486		Abr. Hans Borne, Peter Kegeben
203r	1486		Abr. Hans Borne, Peter Kegeben/
203v	1486, 1488		Abr. Hans Borne, Peter Kegeben
202r	1486–87		Abr. Hans Borne, Peter Kegeben
202v	1487–88		Abr. Hans Borne, Peter Kegeben
201r	1487		Abr. Hans Borne
201v	1492		Abr. Peter Kegeben
200r	1492		Abr. Peter Kegeben
200v	1492–93		Abr. Peter Kegeben,
199r	1492		Abr. Peter Kegeben
199v	1493		Abr. Peter Kegeben
198r	1493		Abr. Peter Kegeben
198v	1493		Abr. Peter Kegeben
197r	1493–94		Abr. Peter Kegeben
197v		Leerseite	
196r	1495–98		Abr. Peter Kegeben
196v		Leerseite	
195r	1499–1501		Abr.Peter Kegeben
195v	1504/1506		Abr. Peter Kegeben
194r	1504		Abr. Peter Kegeben
194v	o. D.	Inventar über die gestifteten Altargeräte Dunkelguds; seine letzten Verfügungen	
193r	1496 (1509)	Weiterführung des Inventars sowie Auflistung Dunkelguds geleisteten Umbaukosten für das Kloster	

11.4 STAMMTAFEL VON HINRIK DUNKELGUD

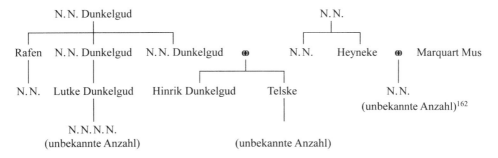

Weitere Verwandte:
- Hinrik Dunkelgud und seine Kinder unbekannter Anzahl in Timmendorf
- Metke Dunkelgud
- Oheim Peter Schutte, wohl ein Verwandter mütterlicherseits, möglicherweise der Bruder von Heyneke (Mus) und Hinrik Dunkelguds Mutter.[163]

---

162 Eine Tochter in Neustadt und möglicherweise Hinrik Dunkelguds Lehrjunge und späterer Kapitalführer Hans Borne. Rechnungsbuch, fol. 11r, 15r.
163 Ebd., fol. 11r.

11.5 VERWANDTSCHAFTSTAFEL VON HINRIK DUNKELGUD

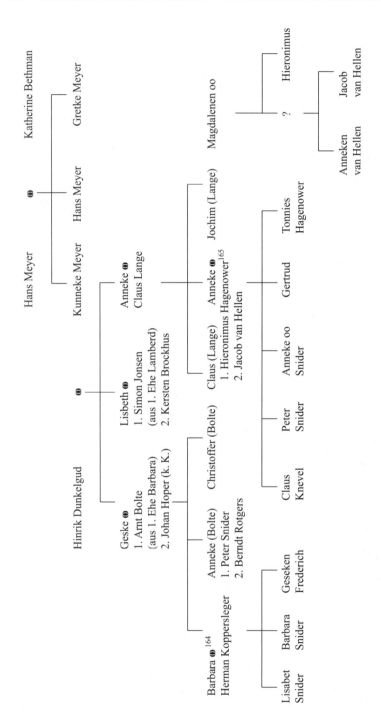

Weitere Verwandte:

- Für Anneke Rotger in erster Ehe verheiratet mit Peter Snider wird von Peter Sniders und Berndt Rotgers Kindern gesprochen.[166] Bei Peter, Gertrud und Tonies Snider sowie Anneke Knevel (geb. Snider) handelte es sich allerdings um die Kinder aus erster Ehe von Clawes Lange.[167] Laut den edierten Aufzeichnungen des Bruderbuchs der Krämerkompanie verstarb das Mitglied Bernt Rotgers im Jahre 1567 und hatte einen Sohn namens Johan Rotgers, der 1568 verheiratet mit einer Telske ebenfalls Mitglied der Krämerkompanie wurde.[168]
- Für Magdalenen (van Hellen) wird von mehreren Nachkommen gesprochen, explizit aber nur ihr Sohn Hieronimus Hagenower aus erster Ehe genannt. Ferner muss es noch weitere Nachkommen aus ihrer zweiten Ehe mit Jacob van Hellen gegeben haben, da die zwei Enkel Anneke und Jacob van Hellen bedacht wurden.

---

[164] Aus der ehe Gesekes Stieftochter Barbara mit Herman Koppersleger gingen die Töchter Lisabet, Barbara und Geseke hervor. AHL, Schrödersche Regesten, Marienquartier, S. 343 und Testament 1542 Oktober 16 Hoper, Johan.

[165] Die eheliche Verbindung zwischen Magdalene, geb. Lange und Hieronimus Hagenauer sowie der aus dieser Ehe hervorgebrachte Sohn Hieronimus wird bei Nordmann aufgeführt. Ihr Ehemann Hieronimus Hagenauer verstarb im Jahr 1537. NORDMANN: Nürnberger Großhändler, S. 87.

[166] AHL, Testamente 1529 Juli 15 Langenn, Anneke und 1558 Mai 19 Lange, Anneke (krank).

[167] AHL, Testament 1524 August 3 Lange, Clawes.

[168] HENNINGS: Mitglieder, S. 192 f.

11.6 HINRIK DUNKELGUDS RENTEN

11.6.1 Diagramm: Rentenentwicklung

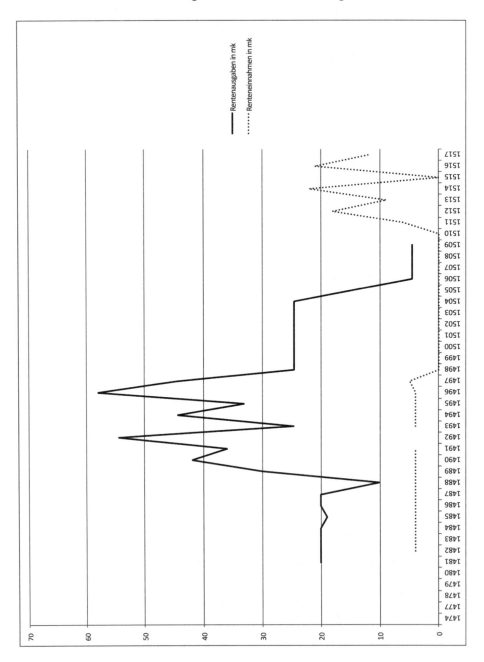

11.6.2 Tabelle: Rentenentwicklung

Jahr	(Renten-)Ausgaben	Renteneinnahmen	Rechnungsbuch, fol.
1481	Rente **20 mk** für Haus 266 B Kauf der Altrente auf dem Hof Ruppersdorf **60 mk**		1v, 18v
1482	Rente **20 mk** für Haus 266 B	Rente f. Ruppersdorf **4 mk**	1v; 19r
1483	Rente **20 mk** für Haus 266 B	Rente f. Ruppersdorf **4 mk**	1v; 19r
1484	Rente **20 mk** für Haus 266 B	Rente f. Ruppersdorf **4 mk**	1v; 19r
1485	Rente **19 mk 14 ß 8 d** für Haus 266 B	Rente f. Ruppersdorf **4 mk**	1v; 19r
1486	Rente **20 mk** für Haus 266 B	Rente f. Ruppersdorf **4 mk**	1v; 19r
1487	Rente **20 mk** für Haus 266 B	Rente f. Ruppersdorf **4 mk**	1v; 19r
1488	Rente **10 mk** für Haus 266 B	Rente f. Ruppersdorf **4 mk**	1v; 19r
1489	Rente **30 mk** für Haus 266 B	Rente f. Ruppersdorf **4 mk**	1v; 19r
1490	Rente **20 mk** für Haus 266 B Wortzins für das Heringshaus **4½ mk**	Rente f. Ruppersdorf **4 mk**	23v, 25v; 19r
1491	Rente **20 mk** für Haus 266 B Wortzins für das Heringshaus **4½ mk**	Rente f. Ruppersdorf **4 mk**	23v, 25v; 19r
1492	Rente **20 mk** für Haus 266 B Wortzins für das Heringshaus **4½ mk**		23v, 25v
1493	Rente **20 mk** für Haus 266 B Wortzins für das Heringshaus **4½ mk**	Rente f. Ruppersdorf **4 mk** f. d. Jahr 1492	23v, 25v; 19r
1494	Rente **20 mk** für Haus 266 B Wortzins für das Heringshaus **4½ mk** Rente **20 mk** für Bude 266 A	Rente f. Ruppersdorf **4 mk**	23v, 25v, 22r; 19r
1495	Rente **20 mk** für Haus 266 B Wortzins für das Heringshaus **4½ mk** Rente an das Dominikanerkloster **8 mk 14 ß** (in Pfeffer, Saffran, Weihrauch)	Rente f. Ruppersdorf **4 mk**	23v, 25v, 28r; 19r
1496	Rente **20 mk** für Haus 266 B Wortzins für das Heringshaus **4½ mk** Rente an das Dominikanerkloster **33 mk 8 ½ ß** (in Wachs u. Laken)	Rente f. Ruppersdorf **4 mk** in Kohlen	23v, 25v, 28r; 19r
1497	Rente **20 mk** für Haus 266 B Wortzins für das Heringshaus **4½ mk** Rente an das Dominikanerkloster **20 mk** (in Wachs)	Rente f. Ruppersdorf **5 mk 6 d** in Kohlen	23v, 25v, 28r; 19r
1498	Wortzins für das Heringshaus **4½ mk**		25v
1499	Wortzins für das Heringshaus **4½ mk** Rente an das Dominikanerkloster **20 mk** (in Wachs)		25v, 28r
1500	Wortzins für das Heringshaus **4½ mk** Rente an das Dominikanerkloster **20 mk**		25v, 28r
1501	Wortzins für das Heringshaus **4½ mk** Rente an das Dominikanerkloster **20 mk**		25v, 28r
1502	Wortzins für das Heringshaus **4½ mk** Rente an das Dominikanerkloster **20 mk** (Mühlhauser Laken, Butter, Lachs)		25v, 28r

Jahr	(Renten-)Ausgaben	Renteneinnahmen	Rechnungsbuch, fol.
1503	Wortzins für das Heringshaus **4½ mk** Rente an das Dominikanerkloster **20 mk in bar**		25v, 28r
1504	Wortzins für das Heringshaus **4½ mk** Rente an das Dominikanerkloster **20 mk**		25v, 28r
1505	Wortzins für das Heringshaus **4½ mk** Halbjährliche Rente an das Dominikanerkloster **10 mk**		25v, 28r
1506	Wortzins für das Heringshaus **4½ mk**		25v
1507	Wortzins für das Heringshaus **4½ mk**		25v
1508	Wortzins für das Heringshaus **4½ mk**		25v
1509	Wortzins für das Heringshaus **4½ mk**		25v
1510			
1511		Rente VK Heringshaus **6 mk 7 ß**	35v–36r
1512		Rente VK Heringshaus **18 mk**	36r
1513		Rente VK Heringshaus **8 mk 15 ß**	36r
1514		Rente VK Heringshaus **22 mk**	36r–v
1515			
1516		Rente VK Heringshaus **21 mk**	36v
1517		Rente VK Heringshaus **12 mk**	36v

11.7 TABELLE: HINRIK DUNKELGUDS HOCHZEITSAUSSTATTUNG UND BRAUTKOSTE

Posten	Kosten	Folio
Kleiderausstattung Familie Meyer		
1 *brun* Mechelner Laken	40 mk	46v, 47r
½ rotes Mechelner Laken	20 mk	46v, 47r
1 Schetter für Konneke	1,5 mk	46v, 47r
6 Ellen *brun* Leidener Laken für eine Hoike und Gugel	4,5 mk 6,5 ß	46v, 47r
8 Ellen Brügger Laken	4 mk 7 wit (4 mk 28 d)	47r
12 Kissendecken und rot eingefärbte lederne Unterlagen für die Kissen	6,5 mk 5 ß	46v, 47r
Gesamt	**77 mk 5,5 ß 4 d**[169]	

---

169 Hinrik Dunkelgud errechnete 77 mk 7 ß 4 d. Rechnungsbuch, fol. 47r. Mantels korrigierte diese Angabe auf 77 mk 5 ß 4 d. MANTELS: Memorial, S. 358.

11.7 Tabelle: Hinrik Dunkelguds Hochzeitsausstattung und Brautkoste

Posten	Kosten	Folio
Extra-Posten im Jahr 1479		
1 Mühlhauser Laken	5,5 mk	46v
1 Tonne Fleisch	23 ß 6 d	46v
½ Tonne Lachs	2,5 mk	46v
Gesamt	**8 mk 7 ß 6 d**	
Brautkleider und Aussteuer		
Verbrämung der Hoike	2,5 mk	13v
1 Paar Strümpfe	3 ß	13v
1 *tymer werkes* (40 Stück) zum Gerben	4 mk	13v
1 Brusttuch	1 ß	13v
Fütterung von Dunkelguds grauer Schaube	12 ß	13v
1 Paar Ärmel *(mouwen)*	4 ß	13v
Fütterung Handschuhe	1 ß	13v
Decke aus Leder und Wolfsfell	24 ß	13v
Gesamt	**9 mk 5 ß**	
(Kleider-)Schmuck für die Hochzeit		
myner brutlacht an golde und an sulver	20 mk 6 ß	14r
6 fochtych stene unde 1 mosschele	>11 mk	14r
Gesamt	**>31 mk 6 ß**	
Brautkoste		
Getränke:		
3 Tonnen Hamburger Bier	6,5 mk 2 ß	47r
Wein	6 mk 2 ß	47r
Milch	32 d (6 Witte)	47r
Speisen:		
Ochsenfleisch (1 Tier)	5 mk	47r
2 *boetlinge* (Hammel)	3 mk 4 ß	47r
rugge unde fote (Wurstfleisch)	1 mk 1 d	47r
dermen (Würstchen)	5 ß	47r
Gewürze:		
16 lb Mandeln, zu 16 d (je lb)	21 ß 4 d	47r
10 lb Rosinen	6,5 ß 2 d	47r
Saffran	12 ß	47r
Zucker	11,5 ß	47r
salsementen (Gewürzpulver)	10 ß	47r
Personal und Geschirr		
Spielleute	3 mk 6 d	47r
Koch	20 ß	47r
Leihgebühr für Becher	1 ß	47r
Gesamt	**30 mk 11 ß 1 d**	

Posten	Kosten	Folio
Hochzeitsfeier gesamt		
Wette für die Brautkoste	2,5 mk 4,5 ß	
(Kleider-)Schmuck	>31 mk 6 ß	
Personal, Geschirr	30,5 mk 2,5 ß 3 d	
Kleidung Familie Meyer	77 mk 5,5 ß 4 d	
Kleidung Kunneke	9 mk 5 ß	
Extra-Posten	8 mk 7 ß 6 d	
Gesamt	**159,5 mk 7,5 ß 1 d**	

11.8 TABELLE: AMTSZEITEN DER ÄLTERLEUTE DER KRÄMERKOMPANIE

Mitglieder

Mitglieder	1460	1461	1462	1463	1464	1465	1466	1467	1468	1469	1470	1471	1472	1473	1474	1475	1476	1477	1478	1479	1480	1481	1482	1483	1484
1. H. Y.																					X				
2. G. V.			X	X		X	X		X		X	X	X	X											
3. K. P.															X	X	X								
4. P. L.			X				X	X	X										X						
5. H. v. d. S	X	X		X	X			X	X		X	X	X	X	X	X									
6. V. v. d. F.	X		X	X	X	X														X					
7. H. Mey.		X	X	X	X	X			X	X				X	X	X									
8. H. Schr.	X	X		X	X					X	X	X													
9. H. Merk.			X		X	X	X		X			X	X												
10. C. v. C.																				X					
11. H. H.							X	X	X	X	X			X	X									X	X
12. H. T.																									
13. W. S.												X	X	X										X	X
14. H. Sch.																								X	X
15. H. K.																									
16. H. Gl.																				X					
17. H. N.																									
18. B. B.																									
19. H. Dun.																									X
20. J. H.																									X
21. P. K.																									
22. T. v. K.																									
23. K. S.																									
24. H. v. d. W.																									
25. T. P.																									
26. H. Har.																									
27. C. L.																									
28. H. v. D.																									
29. A. B.																									

11.8 Tabelle: Amtszeiten der Älterleute der Krämerkompanie

	1485	1486	1487	1488	1489	1490	1491	1492	1493	1494	1495	1496	1497	1498	1499	1500	1501	1502	1503	1504	1505	1506	1507	Ges.	PZ
1. H. Y.																								1	
2. G. V.																								10	
3. K. P.																								3	
4. P. L.																								5	
5. H. v. d. S.																								12	
6. V. v. d. F.																								7	
7. H. Mey.																								11	(?)
8. H. Schr.																								7	
9. H. Merk.																								8	
10. C. v. C.																								1	
11. H. H.	X	X	X	X	X	X	X	X	X	X	X													21	X
12. H. T.							X	X	X	X	X	X							X					7	X
13. W. S.	X	X	X	X		X	X	X	X	X		X	X	X	[X]									19	
14. H. Schu.	X	X		X	X	X	X	X	X	X	X													13	X
15. H. K.							X	X	X							X								4	
16. H. Gl.																								1	
17. H. N.	X	X												X	X	X		X				X		7	
18. B. B.			X	X	X	X	X	X	X	X		X	X											13	
19. H. Dun.	X	X		X	X	X	X	X																9	X
20. J. H.	X	X		X	X											X	X	X						9	
21. P. K.				[X]	X	X	X		X	X						X	X	X	X					10	X
22. K. S.																X	X	X	X					4	X
23. T. v. K.		[X]	X	X																				3	X
24. H. v. d. W.														X	X	X	X	X		X		X		8	
25. T. P.				X		X		X	X	X	X	X	X	X	X	X		X	X					13	X
26. H. Har.														X	X	X								3	
27. H. v. D.														X	X	X	X							4	X
28. C. L.																X		X			X			3	X
29. A. B.																					X	X		2	

Legende

Nr.	Abkürzungen	Name	Eintrittsjahr
1.	H. Y.	Hans Yillingens, der Tylsschen man[170]	?
2.	G. V.	Günther Vigenbuck[171]	1433
3.	K. P.	Kersten Palynk[172]	1433

---

170 Rechnungsbuch, Vordereinband Innenseite.
171 HENNINGS: Mitglieder, S. 86. Er war bereits Ältermann in den Jahren 1457 bis 1459. AHL, Denkelbuch, fol. 3r, 4r, 18r, 20r, 28r, 34v, 35r, 35v, 36r, 36v, 42r, 44r, 46r, 48r, 49r, 49v, 50r–51r, 52r, 54v. Nach 1476 wird nur noch die *Vygenbuksche* und Rentenzalungen an diese erwähnt, sodass er wohl vor dieser Zeit verstarb.
172 HENNINGS: Mitglieder, S. 194. AHL, Denkelbuch, fol. 50v, 54r, 55v.

Nr.	Abkürzungen	Name	Eintrittsjahr
4.	P. L.	Pawel Louwe[173]	1441
5.	H. v. d. S	Hans van deme Stade[174]	1444
6.	V. v. d. F.	Vicko van dem Felde[175]	1445
7.	H. Mey.	Hans Mey(g)er[176]	1449
8.	H. Schr.	Hans Schroder[177]	1452
9.	H. Merk.	Hans Merkelsen[178]	1458
10.	C. v. C.	Clawes van Colne[179]	1459
11.	H. H.	Hermen Hushere[180]	1463
12.	H. T.	Hermen Trechouw[181]	1467
13.	W. S.	Wylm(er) Sovken[182]	1464
14.	H. Sch.	Hans Schutte[183]	1472
15.	H. K.	Hinrick Kusel[184]	1474
16.	H. Gl.	Hans Glymer[185]	1476
17.	H. N.	Hinrick Norenberch[186]	1479

173 Bei Hennigs aufgenommen als Pawel Leuwe, Sohn des Krämers Albert Lewe (vor 1422). Hennings: Mitglieder, S. 188. Er war bereits Ältermann in den Jahren 1451, 1458 bis 1459. AHL, Denkelbuch, fol. 1v, 2v, 3r, 18v, 20r, 23r, 28r, 40v, 42r, 44r.

174 Bei Hennigs aufgenommen als H. v. Stade. Hennings: Mitglieder, S. 195. Er war bereits 1459 Ältermann. AHL, Denkelbuch, fol. 4r, 2v, 20r, 22r, 22v, 23r, 30r–v, 31v, 36v–37v, 44r, 46r–v, 48r–v, 49v, 50v, 52v, 54v, 55v.

175 Bei Hennigs aufgenommen als Fykke van dem Welde. Hennings: Mitglieder, S. 197. Genannt auch 1444 bei einem Hauskauf. Warncke: Haus, S. 199. Er war bereits Ältermann in den Jahren 1458 bis 1459. Wahl am 12. März 1480. Rechnungsbuch, Vordereinband.

176 Hennings: Mitglieder, S. 190. AHL, Denkelbuch, fol. 1v, 4r, 31v, 33v, 34r–36r, 40r, 41v–42r, 49r–51r, 52v, 54v, 55v.

177 Bei Hennigs wird ein weiterer Hans Schroder 1484 genannt, evtl. sein Sohn. Hennings: Mitglieder, S. 194. AHL, Denkelbuch, fol. 22r, 23r–v, 30r–v, 31v, 44r, 46r, 48r–v.

178 Hennings: Mitglieder, S. 190. AHL, Denkelbuch, fol. 31v–32r, 34r, 36v, 37v, 38v, 40v, 46r, 48r, 49r–v, 50v.

179 Er verstarb um 1484. Hennings: Mitglieder, S. 90. AHL, Denkelbuch, fol. 65v.

180 Bei Hennigs aufgenommen als Hinrick Husher. Hennings: Mitglieder, S. 89. AHL, Denkelbuch, fol. 36v, 37v, 40v, 42r, 44r, 46r, 54v, 55v, 70v, 71r, 73v–74r, 76r–77r, 78r–v, 79r, 81r–85r, 87v, 88v–90v.

181 Hennings: Mitglieder, S. 197. AHL, Denkelbuch, fol. 4r, 6v, 90v–91r, 91v–93v, 94v–95v, 96v–97r. Zum nach Lübeck eingewanderten Hermen Trechouw vgl. auch Stockhusen: Einwanderer.

182 Laut AHL, Denkelbuch, fol. 32r vor 1504 verstorben. AHL, Denkelbuch, fol. 102v. AHL, Denkelbuch, fol. 4r, 48r–v, 50r–v, 52v, 54v, 70–71r, 72v, 74r, 78r, 79r–v, 80r, 81r, 82v, 83v, 84r–v, 85r–86r, 87r, 88v, 89r–v, 90v, 94v, 95r–97r, 98r.

183 Hennings: Mitglieder, S. 194. AHL, Denkelbuch, fol. 70v, 71v, 72v, 73v–74r, 76v–77r, 78r, 80r–v, 81v, 82v, 83v–84r, 85r, 86r–87r, 88r–v, 89v, 92r.

184 Bei Hennigs aufgenommen als Hinick Küpes. Hennings: Mitglieder, S. 91. AHL, Denkelbuch, fol. 8r, 87v, 88v, 89v, 90v, 101v.

185 Laut Hennings verstarb er 1483. Hennings: Mitglieder, S. 87. AHL, Denkelbuch, fol. 62v.

186 Eintritt als Herwich Waterstyn. Hennings: Mitglieder, S. 197. Laut AHL, Denkelbuch, fol. 76r, 78v waren Herwich Waterstyn und Hinrik Norenberg jedoch dieselbe Person. AHL, Denkelbuch, fol. 6v, 7r, 74r, 76r–v, 78v, 97r, 98r, 99v, 100r, 101v, 108r.

11.8 Tabelle: Amtszeiten der Älterleute der Krämerkompanie

Nr.	Abkürzungen	Name	Eintrittsjahr
18.	B. B.	Bert Blotnick[187]	1479
19.	H. Dun.	Hinrik Dunkelgud[188]	1479
20.	J. H.	Jacob Huels[189]	1480
21.	P. K.	Peter Kulen[190]	1481
22	K. S.	Kersten Spyrinck[191]	1481
23.	T. v. K.	Tonyes van Konren[192]	1482
24.	H. v. d. W	Hans van der Wyden[193]	1484
25.	T. P.	Tomas Ponyck[194]	1485
26.	H. Har.	Hinrich Harder[195]	1488
27.	H. v. D.	Hinrick van Delden[196]	1489
28.	C. L.	Clawes Lange[197]	1493
29.	A. B.	Arnt Bolte[198]	1496
	PZ	Nachweis Pfundzollbücher	
	Ges.	Gesamtzahl der Amtsjahre	

[187] HENNINGS: Mitglieder, S. 83. Laut AHL, Denkelbuch, fol. 58v Eintritt bereits 1478. AHL, Denkelbuch, fol. 80r, 81r–v, 82v, 84r–58r, 86r–v, 87v, 90v, 92r–93v, 94v, 96v–97v, 98r.

[188] HENNINGS: Mitglieder, S. 85. AHL, Denkelbuch, fol. 70v, 72v, 74r, 75r, 76r–77r, 78r, 80r, 81r–82v, 84r–85r, 86r–87v, 89r.

[189] HENNINGS: Mitglieder, S. 89. AHL, Denkelbuch, fol. 70v, 72v, 74r, 76v–77r, 78r, 80r, 81r–v, 99v–100v.

[190] HENNINGS: Mitglieder, S. 91. AHL, Denkelbuch, fol. 84r, 86r–v, 87v, 88v–89r, 93r, 95r, 98r, 99v, 100r–v.

[191] Im Jahr 1518 trat unter der Nutzung derselben Handelmarke wohl auch dessen Sohn Karsten Spyrinck in die Kompanie ein. HENNINGS: Mitglieder, S. 195. Das Jahr 1501 ergibt sich aus dem Eintrag für das Jahr 1502, dass Spyrinck im Amt verblieb. AHL, Denkelbuch, fol. 99v–100v.

[192] HENNINGS: Mitglieder, S. 91. AHL, Denkelbuch, fol. 78r, 80r, 81r–v.

[193] HENNINGS: Mitglieder, S. 198. AHL, Denkelbuch, fol. 4v, 7r–v, 95r–v, 96v–97v, 98r, 99v, 100r, 108r.

[194] HENNINGS: Mitglieder, S. 192. AHL, Denkelbuch, fol. 4r–v, 6v, 7r–8r, 82v, 83v, 84r, 85r, 86r–v, 88v–89v, 90v–92r, 94v, 95v, 97r–98r, 99v, 108r.

[195] HENNINGS: Mitglieder, S. 88. AHL, Denkelbuch, fol. 98r, 99v–100r.

[196] HENNINGS: Mitglieder, S. 188. AHL, Denkelbuch, fol. 6v, 7r–8r, 9v, 101r–v, 102v, 108r.

[197] HENNINGS: Mitglieder, S. 84. AHL, Denkelbuch, fol. 9v.

[198] HENNINGS: Mitglieder, S. 83. AHL, Denkelbuch, fol. 7v, 9v.

11.9 HANDELSMARKEN

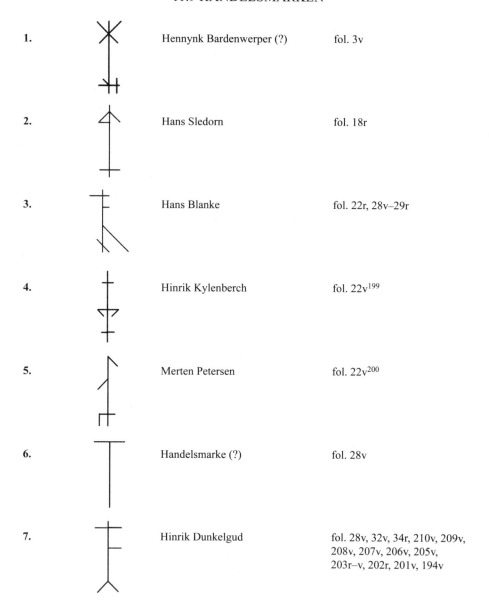

1.		Hennynk Bardenwerper (?)	fol. 3v
2.		Hans Sledorn	fol. 18r
3.		Hans Blanke	fol. 22r, 28v–29r
4.		Hinrik Kylenberch	fol. 22v[199]
5.		Merten Petersen	fol. 22v[200]
6.		Handelsmarke (?)	fol. 28v
7.		Hinrik Dunkelgud	fol. 28v, 32v, 34r, 210v, 209v, 208v, 207v, 206v, 205v, 203r–v, 202r, 201v, 194v

[199] Die Zuordnung der Handelsmarken von Hinrik Kylenberch und Merten Petersen erfolgt einzig aufgrund der Reihenfolge der Nennung der Namen und der Reihenfolge der Niederschrift der beiden Handelsmarken.

[200] Die Zuordnung der Handelsmarken von Hinrik Kylenberch und Merten Petersen erfolgt einzig aufgrund der Reihenfolge der Nennung der Namen und der Reihenfolge der Niederschrift der beiden Handelsmarken.

11.9 Handelsmarken 413

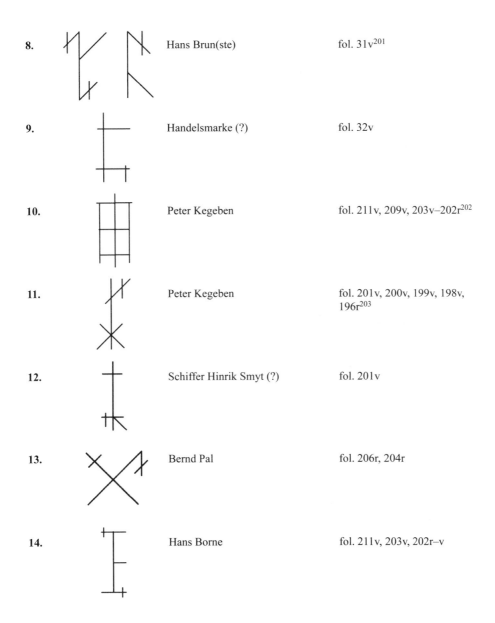

8.	Hans Brun(ste)	fol. 31v[201]
9.	Handelsmarke (?)	fol. 32v
10.	Peter Kegeben	fol. 211v, 209v, 203v–202r[202]
11.	Peter Kegeben	fol. 201v, 200v, 199v, 198v, 196r[203]
12.	Schiffer Hinrik Smyt (?)	fol. 201v
13.	Bernd Pal	fol. 206r, 204r
14.	Hans Borne	fol. 211v, 203v, 202r–v

201 Es handelt sich hierbei um mit sehr großer Wahrscheinlichkeit um dieselbe Handelsmarke, nur dass die zweite Handelsmarke horizontal gespiegelt wurde. Allerdings verdeckt ein Fleck den unteren linken Teil der Handelsmarke. Vgl. http://digital.stadtbibliothek.luebeck.de/viewer/image/1404809261173/65/ [zuletzt abergerufen am 26.11.2018]. Ein Hans Bruns trat 1491 in die Krämerkompanie ein. Vgl. Personenindex.
202 Die Handelsmarke wird für das Jahr 1486 für Hinrik Kegebens erste Widerlegung (Quittung) mit Hinrik Dunkelgud genutzt.
203 Diese zweite Handelsmarke wird in den Jahren 1492, 1493 und 1495/96 verwendet.

11.10 HINRIK DUNKELGUDS GESELLSCHAFTSHANDEL MIT PETER KEGEBEN (HG B)

Datum	Handelspartner und Richtung	Waren	Summe	Fol.
24. Juni 1482	Dunkelguds Sendungen nach Stockholm	Nadeln, Haken, Riemen	Ges. 3 mk 2 d	14r, 211v, 210v
24. Aug./ 8. Sept. 1482	Kegebens Sendungen nach Lübeck	1 Fass Osemund	(Reinerlös) 2,5 mk 4 ß	14r, 209r
21. Sept. 1483	Dunkelguds Sendungen nach Stockholm	3 Tonnen Äpfel	Preis int schip 1,5 mk	14r, 210v

11.11 HINRIK DUNKELGUDS BUCHUNGEN FÜR SEINEN GESELLSCHAFTSHANDEL MIT PETER KEGEBEN UND HANS BORNE (HG C)

Datum	Handelspartner und Richtung	Waren	Summe	Fol.
25. Juli 1483 14. Sept. 1483 9. Okt. 1483	Dunkelguds Sendungen nach Reval	Hosenriemen, flämische Hüte, Nadeln, Ringe, Haken u. a. 1 Last Äpfel 2 Tonnen Walnüsse	16 mk 6 ß	209v
1484	Kegebens/Bornes Sendungen nach Lübeck	2 Fässer Flachs, 8040 Lammfelle, 20 Kalbsfelle, 60 Lammfelle, 500 Lammfelle, 68 Schaffsbockfelle[204]	79,5 mk 7 ß[206]	208r
1. Mai 1485 22. Juli 1485		750 Lammfelle[205] 120 Kalbsfelle		
3. Juni 1484 10. Aug. 1484	Dunkelguds Sendungen nach Reval	360 Lederbeutel, 72 Hüte, 12 Töpfe Rosinen, 360 Messer 120 Hüte, 129 Lederbeutel, 9 Männerbeutel, 312 Spegel, 9.700 verschiedene Nadeln u. a.	44 mk 15 d	208v
29. Sept. 1484 21. Okt. 1484 17. März 1485	Dunkelguds Sendungen nach Reval	10 Tonne Äpfel, 4 Tonnen Walnüsse, 72 Schermesser 2 Tonnen Walnüsse, 1 Tonne Soetebetken, 4 Tonnen Kirschbeerenfarbe 228 lb Rosinen, 18 flämische Hüte, 200 Kämme, 240 Spiegel, 72 Scheren, 216 Messer, 480 Hildesheimer Messer, 48 Dolche, 18 Holzsparren, Messingknöpfe, u. a.	61,5 mk 6 ß 2 d	207v

204 Es ist nicht mit letzter Sicherheit festzustellen, ob es sich bei *hoken smaschen* um Schaffs- oder Ziegenbockfelle handelte.
205 Davon 20 Felle beschädigt.
206 Behaltenes Geld (Reinerlös) abzüglich der Unkosten.

11.11 Hinrik Dunkelguds Buchungen für seinen Gesellschaftshandel (HG C)

Datum	Handelspartner und Richtung	Waren	Summe	Fol.
25. Mai 1485 24. Juni 1485	Dunkelguds Sendungen nach Reval	0,5 Last 18 Körbe Feigen, 0,5 Last Farbe, 0,5 Zentner Lissaboner Öl 132 Hüte, 492 Schermesser, 24 Holzsparren, 5 lb Kandiszucker, 72 Brillen-(gestelle), 24 Dolche, 7000 Nadeln u. a.	115 mk 11 ß	206v
17. Aug. 1485 8. Sept. 1485 18. Okt. 1485[207]	Dunkelguds Sendungen nach Reval	2 Bündel Kessel 1 Tonne Äpfel, 3 Tonnen Soetebetken 66 Hüte, 1.400 Knöpfe, 240 Bellen, 2 große *schaffenge*	80 mk myn 6 d	205v
14. Mai 1486	Dunkelguds Sendungen nach Reval	342 Dolche u. 204 Messer unterschiedlicher Sorten, 144 Scheren, 72 Schlösser, 174 Hüte, 61 lb Rosinen u. a.	65 mk 10,5 ß[208]	204v
a.q. 3. Juni 1486	Dunkelguds Sendung nach Reval nur an H. Borne	1 Last Seim	77 mk	211v, 203r
3. Juni 1486		Abrechnung Dunkelguds mit entsprechenden eigenhändigen Quittungen Kegebens u. Bornes Kegeben 150 mk Borne 227 mk	ges. [377 mk][209]	211v, 210v, 204v, 203r.
15. Juni 1486	Bornes/Horenseys) Sendungen nach Lübeck	1 Fass Flachs	26 mk 1,5 ß	209v
15. Juni 1486	Kegebens/Bornes Sendungen nach Lübeck	600 Lammfelle, 115 Kalbfelle, 2 Fässer u. 1 Stück Flachs	86,5 mk 11 d	203v
15. Juni 1486	Dunkelguds Sendungen nach Reval	18.000 Nadeln, 112 Felle, 48 Messer, 1 *westlendesche* Laken, Hüte, Kämme, Baumwolle u. a. 5 mk Bargeld von dem 1 Fass Flachs von Kegeben und Horensey	87 mk 4 ß	202r
29. Sept. 1486	Dunkelguds Sendungen nach Reval	230 Rochen inkl. Ungeld	6,5 mk	202r
29. Sept. 1486	Dunkelguds Sendungen nach Reval an Kegeben/ Horensey Schiffer Burschop	4 Aalstische Tuche, zzgl. Ungeld für das zugesandte Fass Flachs vom [15. Juni 1486][210]	27,5 mk 2,5 ß	208r

207 Diese Sendung brachte der Schiffer Porat wieder zurück. Hinrik Dunkelgud verschickte sie daraufhin ein zweites Mal am 14. Mai 1486 mit Schiffer Platen gen Reval. Vgl. dazu auch fol. 204v.
208 Dazu kamen noch Unkosten (Prahmgeld) von 16,5 mk 4 d.
209 Nach eigener Rechnung 384,5 mk 4 ß 3 d.
210 Diese Flachszusendung rechnet Dunkelgud ab und zog von seinem Aufwand von ges. 27,5 mk 2,5 ß den Warenwert des Flachs von 26 mk 1,5 ß ab und kam zu dem Ergebnis, dass sie (Borne/

Datum	Handelspartner und Richtung	Waren	Summe	Fol.
3. Juni 1487	Bornes Sendungen nach Lübeck	751 lb Garn, 4,5 Tonnen Butter	27 mk 5 d[211]	202v
24. Juli 1487		Abrechnung Dunkelguds (ohne Berücksichtigung Kegebens?): u. ohne Einrechnung der Widerlegung blieb Born ihm noch schuldig: 2 Fuchsfelle.	32 mk 9 ß[213] 7 ß	202v
		Dunkelgud soll Goschalk Horensey noch 164 Fuchsfelle[212] bezahlen.	64 mk 9 ß 2 d[214]	
29. Sept. 1487 Schiffer Franken	Kegebens/Bornes Sendungen nach Lübeck	7,5 Last 5 Tonnen Teer[215]	40 mk 5,5 ß	202r
6. Okt. 1487	Dunkelguds Sendungen nach Reval	Zahlung der Frachkosten für (8 Last weniger 1 Tonne Teer)[216] 2 Ulmer Sardock 1 Bieberacher Sardock Bargeld	16 mk 7 mk 4 ß 3 mk[217] 4 mk	202v
		Hans Borne schuldet Dunkelgud noch für ein Pferd für Bernt Horensey	15 mk	
Zwischen dem 6. Apr.– 25. Mai 1488	Dunkelguds Sendungen nach Reval[218]	1 Last Feigen inkl. Unkosten Geldzahlung [für die Teersendung]	[36 mk 7,5 ß] 3,5 mk 6,5 ß[219]	203v

Kegeben/Horensey?) ihm noch 25 ß schuldig blieben. Vgl. dazu auch diesen Posten in der Abrechnung vom 3. Juni 1487. Rechnungsbuch, fol. 201r.

211 Mit dieser Warensendung beglich Borne seine Schuld von 27 mk für die Seimsendung vom a. q. 3 Juni 1486, d. h. dieser Betrag wurde nicht mehr in der weiteren Abrechnung berücksichtig. Am 24. Juli 1487 hatte Dunkelgud diese 27 mk nämlich bereits von Bornes Schuld abgezogen und ging nur noch von 200 mk aus. Rechnungsbuch, fol. 211v, 204v–203r.

212 Die Sendung dieser Fuchsfelle durch Gotschalk Horensey wird nicht im Dunkelgudschen Rechnungsbuch F. aufgeführt. Vgl. Anhang 11.1.16 Rauch- und Lederwaren: Nr. 21–32.

213 Leider lässt sich nicht ganz genau nachzuvollziehen, wie Hinrik Dunkelgud diesen Schuldbetrag Hans Bornes errechnete. Unter Berücksichtigung der Sendungen nach der Abrechnung vom 3. Juni 1486 – mit Ausnahme Bornes gemischte Sendung vom 3. Juni 1487 – müsste sich aus Hinrik Dunkelguds angegeben/notierten Zahlen als neue hinzugekommene Schuld Bornes ein Betrag von 8,5 mk 4 ß 1 d ergeben.

214 Der Preis für diese Fuchsfelle wird in einem weiteren doppelten Eintrag eine Seite später aufgeführt. Rechnungsbuch, fol. 201r.

215 Nachtrag Dunkelguds, dass er Borne abzüglich der der Last Feigen zwischen dem 6. Apr. – 25. Mai 1488 für diese Sendung Teer noch 3,5 mk 5,5 ß schuldete. Hierbei verwies er zudem auf Folio 202v.

216 Bezugnahme auf die Sendung vom 29. Sept. 1487.

217 Den Preis für die 3 Sardocke gibt Dunkelgud in seiner Abrechnung abgerundet mit nur 10 mk an.

218 In diesem Fall als Retoursendung auf die 7,5 Last Teer von Hans Born gesandt am 29. Sept. 1487 mit dem Verweis auf *Folio 202*[r].

219 Vgl. auch Rechnungsbuch, fol. 201v.

11.12 Hinrik Dunkelguds Buchungen für seinen Gesellschaftshandel (HG D)

Datum	Handelspartner und Richtung	Waren	Summe	Fol.
3. Juni 1487	Was Dunkelgud gezahlt hatte:	60 Fuchsfelle (dem Knecht von Rykman?)	22 mk 2 ß	201r
		Zahlung per Wechsel an Goschalk Horensey (für 164 Fuchsfelle)	64 mk 9 ß (2 d)	
		Bargeld (gab Kunneke Born)	6 mk	
		3 Tonnen Rotscher	12 mk 9 ß	
		Differenzbetrag Flachssendung (15. Juni 1486) vs.	25 ß	
		4 altsche Tuche (29. Sept. 1486)	3 mk 6,5 ß	
		Zahlung der Teersendung zusätlich zu d.		
		1 Last Feigen (zw. Apr. – 25. Mai 1488)	58 mk 13,5 ß	
	Was Dunkelgud noch empfing:	2 grüne und ein schwarzes Hagener Tuche, 2 nerdesche Tuche		
17. Okt. 1488		Abrechnung Dunkelguds mit Hans Born (von der oben beschriebenen Abrechnung)	52 mk[220]	202v
		4 Tonnen Walnüsse	3,5 mk 4 ß	
		Fuhrmann nach Travemünde	3 ß	
			200 mk	
			= 255,5 mk 7 ß	
		Schuldbetrag laut Qittung (Verweis auf fol. 209)	10 mk[221]	
			= 265 mk 15 ß	
		3 Sardocke	26 mk[222]	
			[= 291,5 mk 7 ß]	
		13 Tonnen [Kirschbeereen-]Farbe		

11.12 HINRIK DUNKELGUDS BUCHUNGEN FÜR SEINEN GESELLSCHAFTSHANDEL MIT PETER KEGEBEN (HG D)

Datum	Handelspartner und Richtung	Waren	Summe	Fol.
19. Apr. 1491	Sendung Dunkelguds	(erneute) Widerlegung 289 lb Gartenkümmel, 245 lb Kupferrauch	35 mk 10 ß 8 d	201v
4. Apr. 1492	Sendung Dunkelguds	26 Stücke Eisendraht (klafant), 3 Tonnen Feigen, 196 lb Alaun, 1 Futtertuch	170 mk 8,5 ß	201v
19. Juni 1492		1 Last Salz, 310 lb Rosinen, 137,5 lb Mandeln, 363 lb Alaun, 84 lb Rotscher		

220 Leider lässt sich nicht ganz genau nachzuvollziehen, wie Hinrik Dunkelgud diesen Schuldbetrag Hans Borns errechnete. Scheinbar fielen ihm selbst entweder auch Unstimmigkeiten in seiner Rechnung auf oder er nahm nachträgliche Änderungen vor, denn er notierte 52 mk erst als Korrektur. Vorher errechnete er einen Betrag von 62 mk 4 ß.
221 Hier gibt er den Preis für die drei Sardocke nur mit 10 mk anstatt mit 10 mk 4 ß an.
222 Das war ein Handelsgeschäft auf Dunkelguds alleiniges Risiko. Born verhandelte die Kirschenbeerenfarbe durch Handel auf Gegenseitigkeit. Dunkelgud verwies auch selbst auf seinen entsprechenden Eintrag auf fol. 202. Allerdings befindet sich dieser entsprechende Eintrag auf fol. 203r.

Datum	Handelspartner und Richtung	Waren	Summe	Fol.
a. q. 22. Apr. 1492 3. Juni 1492 13. Juli 1492 1492	Sendung Kegebens	0,5 Last Hirse 0,5 Last Mehl, 0,5 Schiffpfund 7 Liespfund Butter 11 Tonnen mit Mehl, 1,25 Schiffpund 10 Liespfund Butter 60 Stück beste Sorte Stockfisch (flaskfyskes), 1,25 Schiffpfund 12 Liespfund 3 Pfund Butter, 32 Scheffel Roggen 1 Stück *fyskes*, darin 75 Bündel	20 mk myn 8 d[223] 9 mk 11,5 ß 17 mk 5 ß 17,5 mk 9 d 16,5 mk 4 ß 6 mk 20 mk 12 ß[224] [=108 mk 0,5 ß 1 d.]	200r
21. Juli 1492 29. Aug. 1492 16. Sept. 1492 9. Okt. 1492 25. Jan. 1493	Sendungen Dunkelguds	1 Last Salz, 174 lb Mandeln 199,5 lb Reis 4 Last Salz 2 Last Salz, 29 Stück Draht bzw. Eisendraht (klafant) 2 Futtertuche 199 lb Rotscher [Bargeld] Restschuld 1 rh gl (vom ungr. gl) 11 Scheffel Senf Geldzahlung für Kegeben an Wilm Langen Alaun, Reis	25 mk 4 ß 6 d [17 mk 6 ß] 16 mk 112 mk 10 ß 25 mk 12 ß 2 mk [7,5 mk 7 ß 4 d] 1 mk 24 mk 4 mk 2 ß 30 mk 20 mk = 318 mk 13 ß 4 d[225]	200v
13. Juli 1492 25. Juli 1492 9. Okt. 1492 28. Okt. 1492 25. Nov. 1492	Sendungen Kegebens	7 Drömt 0,5 Scheffel Roggen 1 Last weniger 0,5 Scheffel Roggen 3,5 Last Roggen 1,5 Last 2 Drömt Roggen 3,5 Drömt 3 Scheffel Weizen	26 mk 5 ß 27 mk 4,5 ß 89 mk 3,5 ß 41 mk 19 d 17,5 mk 6 d[226]	199r
24. Feb. 1493 9. März 1493 6. Mai 1493	Sendungen Dunkelguds	2 Tonnen mit Feigen, 636 lb Rosinen, 172 lb Gartenkümmel, 14,5 Scheffel Senf 140 lb Mandeln, 207 lb Reis, 364 lb Alaun, 62 lb Rotscher, 27 lb Lachsforelle 2 Last Salz weniger 2 lb 348 lb Alaun	42 mk 12 ß 59 mk 8 ß 3 d 47 mk 15 mk 3,5 ß = 165 mk myn 3 d[227]	199v
7. Apr. 1493 24. Juni 1493 24. Aug. 1493	Sendungen Kegebens	5 Tonnen mit Hirse 5 Last 3 Drömt 4 Scheffel Roggen 6 Last Roggen 5 Tonnen mit Weizenmehl u. 1 Tonne mit Roggenmehl	13,5 mk 4 ß 84 mk 11,5 ß 131 mk 14,5 ß[228] ?	198r

223 Anders ausgedrückt 19,5 mk 7 ß 4 d.
224 Der nächste Eintrag bleibt ohne eine nähere Kontextualisierung Dunkelguds unverständlich. Hans Rotfelt schuldete Peter Kegeben insgesamt 35,5 mk, von denen er 6,5 mk 4 ß zum Zeitpunkt des Eintrags bereits bezahlt hatte.
225 Summe 386,5 mk 1,5 ß 4 d.
226 Summe 201 mk 7 ß 1 d.
227 Anders ausgedrückt 164,5 mk 7,5 ß 3 d.
228 Summe 230 mk 6 ß.

11.12 Hinrik Dunkelguds Buchungen für seinen Gesellschaftshandel (HG D)

Datum	Handelspartner und Richtung	Waren	Summe	Fol.
6. Mai 1493 24. Aug. 1493	Sendungen Dunkelguds	248 lb Reis, 133 lb Mandeln, 244 lb Vitriol 7 Brüggische Laken, 470 lb Reis, 121 lb Mandeln, 3 Futtertuche, 9 Körbe Feigen, 1 Pipe Öl, Bargeld	35 mk 6,5 ß 3 d 311 mk 14,5 ß = 347 mk 5 ß[229] 9,5 mk 2,5 ß	198v
o. D.	Extra-Abrechnung	1 gefütterter, Leidischer Rock, 1 Decke und 1 Bettbezug		
9. Okt. 1493 18. Mai 1494 14. Sept. 1494 18. Nov. 1494	Sendungen Kegebens	14 Drömt Roggen 4 Last 3 Drömt 10 Scheffel 0,5 Last Hirse 4 Last 3 Drömt 4 Scheffel Roggen/ Getreide 50 Eichenholzblöcke (*wagenschot*)	26 mk 8,5 ß 49 mk 20 d 10 mk 14,5 ß 69 mk 3 ß 4 d[230] ?	197r
10 April 1495 14. April 1495 24. Juni 1496 25. April 1497 1498	Sendungen Kegebens	1 Last Hirse Geldzahlung durch Hinrik Schuttorp zu Gunsten Kegebens 4,5 Last Roggen 1 Last Hirse 0,5 Last Hirse	23 mk 4 ß[231] 50 mk 45 mk[232] 25 mk ane 8 sc[233] 13,5 mk = 158 mk 7,5 ß[234]	196r
24. Aug. 1499 22. Juli 1500 27. 12.1500 21. Sept. 1501	Sendungen Kegebens	0,5 Last Hirse 8 Tonne mit Hirse 3 Tonnen mit Hirse 2 Stück Blech 26,5 Bollerte	12 mk 14 mk 4 ß 5 mk 4 ß 34 mk 7 ß 24 mk 1 ß = 89 mk 15 ß[235]	195r
25. Juli 1504	Abrechnung	Widerlegung HG C Gesandte Waren	24 ß [1 rh gl][236] 150 mk 82 mk 11 ß[237] = 232 mk 11 ß	195v

229 Korrekt wäre 347 mk 5 ß 3 d.
230 Summe 154 mk 28 ß.
231 Hierbei handelt es sich um den Verkaufspreis Dunkelguds. Eine Tonne wurde bei der Überfahrt beschädigt. Die durch Dunkelgud vom Schiffer Peter Schutte geforderten 1 mk Schadenersatz wurden ihm nicht ausgezahlt.
232 Es handelt sich hier um den Einkaufspreis. Da Kegeben diesen Roggen auf Dunkelguds eigenes Risiko exportierte, ist nicht ganz eindeutig nachzuvollziehen, welchen Betrag Dunkelgud selbst buchte.
233 Nach dem Dunkelgudschen Wechselverhältnis anhand anderer Beispiele müsste dieser Betrag gerundet 24,5 mk 6 ß lub ergeben. Es handelt sich hier um den Einkaufspreis. Da Kegeben diese Hirse auf Dunkelguds eigenes Risiko exportierte, ist nicht ganz eindeutig nachzuvollziehen, welchen Betrag Dunkelgud selbst buchte.
234 Bei den hier gelisteten Beträgen ergibt sich eine Summe von 156,5 mk 6 ß. Allerdings bleiben mehrere Unsicherheitsfaktoren, besonders welche Beträge Dunkelgud bei seinen zwei Handelsgeschäften nur auf sein Risiko abrechnete.
235 Nach eigener Rechnung 90 mk.
236 Diesen Betrag zählt Dunkelgud ausdrücklich auf und rechnet die beiden weiteren Beträge dazu. Aber er tut es nicht.
237 Nach der Überprüfung und Berücksichtigung ausschließlich der durch Dunkelgud angegebenen Zwischensummen, ergibt sich eine leicht abweichende Differenz zwischen Dunkelguds

Datum	Handelspartner und Richtung	Waren	Summe	Fol.
24. Aug. 1504	Sendungen Kegebens	1.481 Eichenholzblöcke (wagenschotes)	72 mk	194r
14. Feb. 1506	Abrechnung	(Restschuld) Zahlung	= 160 mk[238] 12 mk =148 mk	195v

11.13 HINRIK DUNKELGUDS HANDEL AUF GEGENSEITIGKEIT MIT HANS BORNE (HAG A)

Datum	Handelspartner und Richtung	Waren	Summe	Fol.
29. Sept. 1486	Bornes Sendungen nach Lübeck	3 Fässer Flachs	104,5 mk myn 8 wit [2,67 ß]	204r
9. Okt. 1486	Dunkelguds Sendungen nach Reval	6 nerdesche und 4 altsche Tuche	92 mk 4 ß	204r

11.14 HINRIK DUNKELGUDS GESELLSCHAFTSHANDEL MIT HANS BORNE (U. BERND PAL) (HAG B)

Datum	Handelspartner und Richtung	Waren	Summe	Fol.
14. Mai 1486	Pals/Kegebens Sendungen nach Lübeck	10 Last 5 Tonnen Teer	(Reinerlös) 102,5 mk 4 ß	206r
1486 29. Sept. 1486	Dunkelguds Sendungen nach Reval	1 Last alborgischen Hering, 2 Fässer Rosinen, 0,5 Last schonischen Hering, Geldzahlung über 6 mk[239]	Ges. (bis ins Schiff) 97 mk 9 ß	206r
o. D.	Pals/Kegebens Sendungen nach Lübeck	1 3/4 Tonnen beschädigten Lachs	Ges. 7 mk[240]	206r

Sendungen und Kegebens Retoursendungen von 93 mk 5 ß 1 d. Mit Bezug auf die hier zum Teil korrigierten Werte ergibt sich hingegen eine deutlich höhere Differnz zwischen den Sendungen Dunkelguds im Wert von 1114, 5 mk 4,5 ß und Kegebens Retoursendungen im Wert von 942 mk 7,5 ß 2 von 172 mk 4,5 ß 4 d zu Ungunsten Dunkelguds.

238 Rechnung ist korrekt: 232 mk 11 ß weniger 72 mk = 160 mk 11 ß.
239 Zahlung für einen Teil der Rosinen von 4 rh gl.
240 Weiter stehen Kegeben noch 5 mk 2,5 ß zu.

11.15 TABELLE: PREISKALKULATION IM ROGGENHANDEL

Nr.	Jahr	Ekpr. je L.	Me.	Ekpr. ges.	Unk.	Vkpr. je S.	Vkpr. ges.	lutter gelt	Gew.	Verl.	Tr.
1	1492	16 mk	32 S.	[12 mk?]		3 ß	6 mk[241]		ohne Gew./Verl.		8
2	1492	29 mk	84,5 S.[242]	29 mk	2 mk 10 ß	5 ß	26 mk 4 (5) ß[243]	23 mk 10 ß		[5 mk 6 ß]	9
3	1492	?	95,5 S.	[27 mk 4,5 ß]	2 mk 9 ß	5 ß	29,5 mk 5,5 ß[244]	27 mk 4,5 ß	ohne Gew./Verl.		10
4	1492	23 mk pr	336 S.	91,5 mk 32 ß pr[245]	12 mk 3 ß	4 ß; 4,5 ß; 4,5 ß 2 d;	91 mk	78 mk 13 ß		13 mk 3,5 ß[246]	11
5	1492	?	167 S.	[39,5 mk 1 ß][247]	5,5 mk 6,5 ß 3 d	13 wit oder 4 ß 4 d	44 mk 13 ß	38 mk 14 ß 3 d		6,5 mk 2 ß[248]	12
6	1493	12,5 mk	864 S.	112,5 mk	17,5 mk 3 ß[249]	2,5 ß 2,6 d; 3 ß 4 d[250]	169 mk	151 mk 5 ß		38 mk 13 ß	15

[241] Diesen Roggen nahm Dunkelgud für sich wohl zum Eigenbedarf heraus, so dass er diesen zum Einkaufspreis einbehielt und vermutlich auch aus diesem Grund keine Unkosten aufführte, da er diese selbst trug, die 6 mk buchte er entsprechend als Einnahme für den Roggen.

[242] In Danzig wurde der Roggen als genau eine Last gemessen. Nach lübischem Maß handelte es sich dann um 7 Drömt 0,5 Scheffel, d.h. gesamt 84,5 Scheffel. Hinrik Dunkelgud rechnete für seine weitere Preiskalkulation dann allerdings mit 84 Scheffel zum Verkaufspreis von 5 ß weiter.

[243] Später nannte Dunkelgud den leicht abweichenden Wert von 26 mk 5 ß.

[244] Dunkelgud gab in seinem Wortlaut 30 mk myn 2,5 ß an. Ähnlich wie in Nr. 4 behielt Dunkelgud diesen Roggen zum Eigenverbrauch.

[245] Umgerechnet 91,5 mk 8,5 ß lub. Bei dieser Angabe Dunkelguds gibt es einen Widerspruch. In Danzig wurde der Roggen zu 4 Last gewogen, wobei eine Last 23 mk pr kostete; demnach hätte Dunkelgud 92 mk pr als Einkaufspreis bezahlen müssen.

[246] Hier wies Dunkelgud explizit einen Verlust für die an diesem Geschäft drei beteiligten Personen beteiligt aus, so dass Dunkelgud den Verlust zudem je Handelspartner anteilig mit 4 mk 6,5 ß auswies. Als Geldeinnahme notierte Dunkelgud dann unter Berücksichtigung des Verlustes 83 mk 3,5 ß.

[247] Dunkelgud gab hier den Einkaufspreis von 45,5 mk pr nach seiner Aussage inklusive der Fracht- und Unkosten an, so dass sich hier unter Abzug der Frachtkosten und Dunkelgud Umrechnung mk pr 1:1 in mk lub der obige Einkaufspreis ergibt.

[248] Auch an diesem Handelsgeschäft waren wieder drei Partner beteiligt, so dass jedem ein Verlust von 2 mk 10 wit zugeteilt wurde und Dunkelgud. Als Geldeinnahme notierte er sich 41 mk 19 d. Hier rechnete er etwas anders als im Beispiel 7, da er hier das lutter gelt mit nur seinem Part des Verlustes als Einnahme vermerkte.

[249] Bei diesen Unkosten fehlen 2 mk, die Hermen, ein Geselle Otte Kregens für Dunkelgud auslegte. Bei seiner Gewinnrechnung berücksichtigte Dunkelgud diese an anderer Stelle im Zuge des Warenverkaufs Hermens von den 3 Last Roggen zu einem deutlich niedrigeren Verkaufspreis.

[250] Als Verkaufspreis gab Dunkelgud hier 3 Last zu gesamt 49 mk und 6 Last zu je 20 mk an.

Nr.	Jahr	Ekpr. je L.	Me.	Ekpr. ges.	Unk.	Vkpr. je S.	Vkpr. ges.	lutter gelt	Gew.	Verl.	Tr.
7	1494	10 mk	526 S.[251]	50 mk	9 mk 2 ß	[2 ß 2 d][252]	[58 mk 3,5 ß 2 d]	49 mk 20 d		[14 ß 4 d][253]	18
8[254]	1495	12 mk	424 S.	60 mk[255]	9,5 mk 6,5 ß 2 d	[3 ß 4 d][256]	88 mk 5 ß 4 d	78 mk 6,5 ß 2 d	18 mk 6,5 ß 2 d[257]		21
9	1496	9 mk	432 S.	45 mk	7 mk 9,5 ß	[2 ß][258]	[54 mk][259]	46 mk 6,5 ß	[1 mk 6,5 ß]		22

Auflösung der Abkürzungen:

Nr.	Laufende Nummerierung der gewählten Beispiele
Me	Menge in lübeckische Roggenscheffel
Jahr	Datierung des Eintrages
Ekpr. je L.	Einkaufspreis je Last in Danzig
Ekpr. ges.	Einkaufspreis gesamt
Unk.	Fracht und andere Unkosten
Vkpr. je S.	Verkaufspreis je Scheffel
Vkpr. ges.	Verkaufspreis gesamt
lutter gelt	Verkaufspreis abzgl. der Fracht- und Unkosten
Gew.	Gewinn
Verl.	Verlust
Tr.	Entsprechende Transaktionsnummer in der Warentabelle für Getreide
[...]	Werte in eckigen Klammern wurden nachträglich errechnet.

---

251 In Danzig wurde der Roggen zu 5 Last gemessen, in Lübeck wiederum zu 5 Last 3 Drömt 10 Scheffel.
252 Als Verkaufspreis gab Dunkelgud hier die je Last 13 mk an.
253 Dieser Verlust ergibt sich aus der Differenz zwischen dem lutter gelt und dem Einkaufspreis.
254 Hier nennt Dunkelgud nicht die Getreidesorte.
255 In Danzig wurde der Roggen zu 5 Last verhandelt, in Lübeck wiederum zu 4 Last 3 Drömt 4 Scheffel nach dortigem Maß gemessen.
256 Als Verkaufspreis gab Dunkelgud hier die je Last 20 mk an.
257 Hier wies Dunkelgud auch im Gesellschaftshandel nur mit Peter Kegeben explizit einen gemeinsamen Gewinn aus, der 1:1 zwischen den Parteien geteilt wurde. Als Geldeinnahme verrechnete Dunkelgud dann den Verkaufserlös zusammen mit dem Gewinnanteils Peter Kegebens.
258 Diese Werte basieren auf der Rückrechnung von dem lutter gelt plus den Unkosten.
259 Diese Werte basieren auf der Rückrechnung von dem lutter gelt plus den Unkosten.

11.16: WARENGEWICHTSZEICHEN

1.	1501	⊖⊖✝ fol. 29r	= 2 Tonnen Rotscher zu gesamt 210 (Mark-)Pfund = 100 + 100 + 10	
2.	1502	⊖✝ fol. 32r	= 1 Tonne [rotscher]?[260] zu 110 (Mark-)Pfund = 100 + 10	
3.	1504	⊖┼┼┼⌐ """ ⊖┼┼┼ " fol. 34r	= 2 Tonnen Rotscher zu 271 (Mark-)Pfund = 100 + 30 + 9 und 100 + 30 + 2	
4.	1504	⊖┼┼┼⌐ ''' fol. 34r	= 1 Tonne Rotscher zu 138 (Mark-)Pfund = 100 + 30 + 8	
5.	1504	⊖┼┼┼⌐ ''' fol. 34r	= 1 Tonne Rotscher zu 138 (Mark-)Pfund = 100 + 30 + 8	
6.	1492	⊖⊖⊖✝ ''' fol. 201v	= 1 Tonne Alaun zu 363 (Mark-)Pfund = 350+13	
7.	1492	⊖┼┼┼┼┬ ''' fol. 201v	= 1 Tonne Rotscher zu 146 (Mark-)Pfund = 100 + 40 + 5 + 1	
8.	1492	⋏⋏⋏ fol. 200r	= 1 Tonne Butter zu ½ Schiffpfund 7 Liespfund	
9.	1492	⋏⋏⋏ ⋏⋏⋏ fol. 200r	= 2 halbe Tonnen zu ges. 1 ½ Schiffpfund ½ Liespfund = ½ Schiffpfund + 4 Liespfund und ½ Schiffpfund + 6 ½ Liespfund	
10.	1492	⋏⋏⋏ ⋏⋏ fol. 200r	= 2 halbe Tonnen Butter zu ges. 1 Schiffpund 9 Liespfund 5 (Mark-) Pfund = ½ Schiffpfund + 3 ½ Liespfund − 3 (Mark-)Pfund und ½ Schiffpfund 6 Liespfund	

---

[260] Hinrik Dunkelgud vermerkte hier nur „*1 tunne lutter*" (…).

11.17 TABELLE: HINRIK DUNKELGUDS LEGATE UND STIFTUNGEN

Testamente	Geistl. Institutionen in Schweden	Geistl. Institutionen in Mecklenburg	Geistl. Institutionen im Lübecker Umland		Geistl. Institutionen in Lübeck	Fromme Legate	
(1) 02.09.1479[261]	Einer Kirche in Stockholm, für den Bau eines St. Annenchors	12 mk		Marienwohlde	10 mk		
			Kirche in Ratekau	20 mk			
			Kirche in Süsel	10 mk			
			Kirche in Gleschendorf	5 mk			
(2) 13.09.1484[262]			Marienwohlde (Seelmessen)	10 mk			
			Kirche in Ratekau	3 mk			
			Kirche in Süsel	3 mk			
			Kirche in Gleschendorf	3 mk			
Nachtrag o. D.			Marienwohlde	30 mk		Zur Ausstattung armer Jungfrauen	mgl. Restbetrag
			Kirche in Ratekau	10 mk			
			Kirche in Süsel	6 mk			
			Kirche in Gleschendorf	6 mk			

---

261 Rechnungsbuch, fol. 11v–12r.
262 Ebd., fol. 232r–v.

11.17 Tabelle: Hinrik Dunkelguds Legate und Stiftungen

Testamente	Geistl. Institutionen in Schweden	Geistl. Institutionen in Mecklenburg	Geistl. Institutionen im Lübecker Umland		Geistl. Institutionen in Lübeck		Fromme Legate	
(3) 11.04.1487[263]			Marienwohlde	10 mk			St. Jürgen in Schwartau, jedem Insassen	1 Paar Schuhe
			Kirche in Ratekau	5 mk			Siechenhaus in Neustadt	1,5 mk
			Kirche in Süsel	1,5 mk			Almosen	10 mk
Nachtrag 02.04.1488	– Dominikanerkloster in Stockholm – Zisterzienserkloster Julita – Johanniterkloster Eskilstuna	Antoniterkloster in Tempzin			Leichnamsbruderschaft	1 rh gl		
	je 1 t. Salz	1 t Salz			Annenbruderschaft	1 nobel		
(4) 17.04.1492[264]	– Dominikanerkloster in Stockholm – Zisterzienserkloster Julita – Johanniterkloster Eskilstuna	Antoniterkloster in Tempzin	Marienwohlde	10 mk	Leichnamsbruderschaft	1,5 mk	St. Jürgen in Schwartau, jedem Insassen	1 Paar Schuhe
	je 1 t. Salz	1 t Salz	Kirche in Ratekau	5 mk	Annenbruderschaft	5 mk	Siechenhaus in Neustadt	1,5 mk
			Kirche in Süsel	1 mk			Almosen	10 mk
			Kirche in Glechendorf	1 mk				
(5) 02.04.1493[265]	– Dominikanerkloster in Stockholm – Zisterzienserkloster Julita – Johanniterkloster Eskilstuna	Antoniterkloster in Tempzin	Marienwohlde	2 Last Roggen	Leichnamsbruderschaft	1 rh gl	Zur Ausstattung armer Jungfrauen	10 mk
	je 1 t. Salz	1 t Salz	Kirche in Ratekau	3 mk	Annenbruderschaft	5 mk	St. Jürgen in Schwartau, jedem Insassen	1 Paar Schuhe
			Kirche in Süsel	1 mk	Marienbruderschaft am Friedhof beim Dom	1 mk	Siechenhaus in Neustadt	1,5 mk
			Kirche in Glechendorf	1 mk			Almosen	10 mk

263 Ebd., fol. 231v.
264 Ebd., fol. 230r.
265 Ebd., fol. 230v–229r.

Testamente	Geistl. Institutionen in Schweden	Geistl. Institutionen in Mecklenburg	Geistl. Institutionen im Lübecker Umland		Geistl. Institutionen in Lübeck		Fromme Legate	
(6) 22.03.1502[266]	– Dominikanerkloster in Stockholm – Zisterzienserkloster Julita – Johanniterkloster Eskilstuna	je 1 t. Salz	Antoniterkloster in Tempzin	1 t Salz	Marienwohlde	2 Last Roggen	Leichnamsbruderschaft	1 rh gl	St. Jürgen in Schwartau, jedem Insassen	1 Paar Schuhe
						3 mk	Annenbruderschaft	3 rh gl	Almosen	10 mk
					Kirche in Ratekau	1 mk	Marienbruderschaft am Friedhof beim Dom	1 mk		
					Kirche in Süsel	1 mk				
					Kirche in Gleschendorf					
(7) 15.08.1502[267]	– Dominikanerkloster in Stockholm – Zisterzienserkloster Julita – Johanniterkloster Eskilstuna	je 1 t. Salz	Antoniterkloster in Tempzin	1 t Salz	Marienwohlde (Seelmessen)[268]	3 Last Roggen 140 mk	Leichnamsbruderschaft	1 rh gl	St. Jürgen in Schwartau, jedem Insassen	1 Paar Schuhe
							Annenbruderschaft	3 rh gl	Siechenhäuser in Neustadt, in Parkentin und Grönau vor Mölln	Ges. 4 mk
					Kirche in Ratekau	3 mk	Marienbruderschaft am Friedhof beim Dom	1 mk		
					Kirche in Süsel	1 mk			Almosen	10 mk
					Kirche in Gleschendorf	1 mk				
(8) 03.06.1507[269]	– Dominikanerkloster in Stockholm – Zisterzienserkloster Julita – Johanniterkloster Eskilstuna	je 1 t. Salz	Antoniterkloster in Tempzin	1 t Salz	Marienwohlde Seelmessen,	3 Last Roggen 600 mk	Leichnamsbruderschaft in St. Peter	1 rh gl	(St. Jürgen?) in Schwartau und im Spital in Neustadt jedem Insassen	1 Paar Schuhe
					Kirche in Ratekau	5 mk	Annenbruderschaft	3 rh gl	allen Siechen innerhalb von 4 Meilen	1 ß
					Kirche in Süsel	1 mk	Marienbruderschaft am Friedhof beim Dom	1 mk		
					Kirche in Gleschendorf	1 mk	St. Peter, Kirchenfabrik	3 mk	Almosen	10 mk
					Kirche in Travemünde	1 mk				

266 Ebd., fol. 229v–228r.
267 Ebd., fol. 228v.
268 Aus dem Verkauf des Hofs in Ruppersdorf. Falls dies nicht ausreiche, sollten Hinrik Dunkelguds Provisoren auch das Heringshaus verkaufen und den Ertrag für Seelmessen verwenden.
269 Ebd., fol. 227r–226r.

11.17 Tabelle: Hinrik Dunkelguds Legate und Stiftungen

Testamente	Geistl. Institutionen in Schweden		Geistl. Institutionen in Mecklenburg		Geistl. Institutionen im Lübecker Umland		Geistl. Institutionen in Lübeck		Fromme Legate	
(9) 11.11.1509[270]	– Dominikanerkloster in Stockholm – Zisterzienserkloster Julita – Johanniterkloster Eskilstuna	je 1 t. Salz	Antoniterkloster in Tempzin	1 t Salz	Marienwohlde	3 mk 3 Last Roggen	Leichnamsbruderschaft	1 rh gl	(St. Jürgen?) in Schwartau und im Spital in Neustadt jedem Insassen	1 Paar Schuhe
					Vigilien und Seelmessen	600 mk	Annenbruderschaft in St. Peter	3 mk		
					Wein und Hamburger Bier zu Kunnekes Todestag	100 mk	Marienbruderschaft am Friedhof beim Dom	1 mk	allen Kranken innerhalb von 4 Meilen	1 ß
					Kirche in Ratekau	5 mk			Almosen	10 mk
					Kirche in Süsel	1 mk			Zur Ausstattung armer Jungfrauen in Neustadt, Plön	3 mk
					Kirche in Gleschendorf	1 mk			Jungfrauen in Plön zur Abhaltung von Marientyden	100 mk
Bestätigung 1517[271]	s. o.		s. o.		s. o.		s. o.		s. o.	

---

270 Ebd., fol. 226v–225r.
271 Ebd., fol. 225r.

12. QUELLEN- UND LITERATURVERZEICHNIS

12.1 UNGEDRUCKTE QUELLEN

Stadtbibliothek Lübeck

Memorial oder Geheim-Buche des Lübecker Krämers Hinrich Dunkelgud, Ms. Lub. 2° 732 [Online unter URL: http://digital.stadtbibliothek.luebeck.de/viewer/resolver?urn=urn:nbn:de:gbv:48-1-245989 (zuletzt abgerufen am 22.10.2018)].
Memoriale des Hinrich Dunkelgud 1479–1517 (Abschrift von Ernst Deecke), Ms. Lub. 4° 733,3.

Archiv der Hansestadt Lübeck

ASA Interna: Wette Jahrbücher, HS Nr. 5 1483, HS Nr. 6 1484, HS Nr. 8 1486.
Birgittenstiftung Nr. 1 (Diplomatarium Marienwoldense).
08.01.-.Handschriften, Nr. 883: Auszüge aus Akten vom Brüderbuch 1381 der Krämerkompanie.
08.01.-.Handschriften – Amtsbücher- Wette Sgn. 290 1431–1544 Gardenboeck [= Wette-Gartenbuch].
Kämmerei 03.01.1 Sgn. 327, 23. August 1498 Quittung über die aus der Pfandsumme für Kiel von dem Rat durch die Kämmereiherren an Tytken Sluters ausgezahlten Entschädigung von 182 M 7 ß 2 d.
05.1–1/08 Krämerkompanie Nr. 1,3 Älterleute Denkel- (Memorial)buch 1372–1585.
Lüttendorffsche Zettelkatalog [Personenkartei].
Niederstadtbuch Urschrift 1478 Crp. Chr. – 1481, Niederstadtbuch Reinschrift 1481–1488, Niederstadtbuch Reinschrift 1489–1495, Niederstadtbuch Reinschrift 1496–1500 Letare, Niederstadtbuch Reinschrift 1512–1514, Niederstadtbuch Reinschrift 1518–1519.
Schroeder, Hermann, Grundstücke in Lübeck [ab 1284] bis 1600 aus dem Oberstadtbuch [= Schroedersche Topographische Regesten].
03.04–05 – Schoßherren, Gästeschoßregister, 1457–1494 (unverzeichnet).
Testamente: 07.2–05 1450–1499:
– 1473 August 7 Pawes, Hans;
– 1479 Februar 10 Sledorne, Hans;
– 1482 März 18 Schutte, Peter;
– 1482 September 3 Sluter, Tideke (krank);
– 1496 Januar 17 Köstke, Clawes.
Testamente: 07.2–06 1500–1549:
– 1500 Februar 1 Tyling, Hermen;
– 1511 Juli 19 Wiggerinck, Godert;
– 1513 August 1 Jonsen, Symon;
– 1527 August 3 Lange, Clawes;
– 1529 Juli 15 Lange, Anneke;
– 1535 Juni 13 Lange, Clawes;
– 1542 Oktober 16 Hoper, Johan.
Testamente: 07.2–06 1550–1559:
– 1550 September 15 Langen, Anneke;
– 1558 Mai 19 Lange, Anneke.

Stadtarchiv Mölln

Urkunden Nr. 113 (Rezess vom 26. April 1502).

Archiv der Hansestadt Reval (Tallinna Linna Archiiv = TLA)

A. f. 18 (Schuldbuch des Bernd Pal 1494–1503).
Fond 87, 1, Nr. 20-1-13, ehemals C1, Bruderbuch der Schwarzenhäupter, 1446–1499.

Archiwum Państwowe w Gdańsku (Staatsarchiv in Danzig = APG)

300,12/400 (Schoßliste, Sonderschoß 1505/1506).

12.2 GEDRUCKTE QUELLEN

BRANDT, Ahasver von (Bearb.): Regesten der Lübecker Bürgertestamente des Mittelalters, 2 Bde. (Veröffentlichungen zur Geschichte der Hansestadt Lübeck, 18 und 24), Lübeck 1964 und 1973.

BRUCHHÄUSER, Hanns-Peter: Quellen und Dokumente zur Berufsbildung deutscher Kaufleute im Mittelalter und in der frühen Neuzeit (Quellen und Dokumente zur Geschichte der Berufsbildung in Deutschland C / 4), Köln u. a. 1992.

BRÜNNER, E. C. G. (Hrsg.): Een Hoornsch koopmansboek uit de tweede helft der 15^e eeuw, in: Economisch-historisch Jaarboek 10 (1924), S. 3–79.

BRUNNER, Otto: Das „ganze Haus" und die alteuropäische „Ökonomik", in: DERS.: Neue Wege der Verfassungs- und Sozialgeschichte, 3., unveränderte Aufl., Göttingen 1980, S. 103–127.

BUES, Almut (Hrsg.): Die Aufzeichnungen des Dominikaners Martin Gruneweg (1562-ca. 1618) über seine Familie in Danzig, seine Handelsreisen in Osteuropa und sein Klosterleben in Polen, 4 Bde. (Quellen und Studien / Deutsches Historisches Institut Warschau, 19), Wiesbaden 2008.

Die Chroniken der deutschen Städte vom 14. bis ins 16. Jahrhundert, Bd. 5: Die Chroniken der schwäbischen Städte. Augsburg, Bd. 2, Leipzig 1866 (ND Göttingen 1965).

EBEL, Wilhelm (Hrsg.): Lübecker Ratsurteile, Bd. 1: 1421–1500, Göttingen u. a. 1955; Bd. 4: Ergänzungen und Nachträge 1297–1550, Göttingen u. a. 1967.

GREIFF, Benedikt (Hrsg.): Tagebuch des Lucas Rem aus den Jahren 1494–1541. Ein Beitrag zur Handelsgeschichte der Stadt Augsburg. Mitgetheilt, mit erläuternden Bemerkungen und einem Anhange von noch ungedruckten Briefen und Berichten über die Entdeckung des neuen Seewegs nach Amerika und Ostindien versehen, Augsburg 1861.

GREIFFENHAGEN, Otto (Hrsg.): Das Revaler Bürgerbuch, Bd. 1: 1409–1624 (Publikationen aus dem Revaler Stadtarchiv, 6) Reval 1932.

Hanserecesse, hg. vom Verein für Hansische Geschichte, Abth. 3, Bd. 1: Von 1477–1530, bearb. von Dietrich SCHÄFER, Leipzig 1881 [= HR].

Hansisches Urkundenbuch, hg. vom Verein für Hansische Geschichte, bearb. von Konstantin HÖHLBAUM, mit einem Sachregister von Walther STEIN, Bd. 10: 1471–1485, Leipzig 1907; Bd. 11: 1486–1500, München u. a. 1916 [= HUB].

HIRSCH, Theodor / TÖPPEN, Max / STREHLKE, Ernst (Hrsg.): Jacob Lubbe's Familienchronik, in: Scriptores rerum Prussicarum, Bd. 4, Leipzig 1870, S. 692–724.

JEANNIN, Pierre: Das Handbuch in der Berufsausbildung des hansischen Kaufmanns, in: Hansische Geschichtsblätter 103 (1985), S. 101–120.

Jenks, Stuart (Bearb.): Das Danziger Pfundzollbuch von 1409 und 1411 (Quellen und Darstellungen zur hansischen Geschichte, NF, 63), Köln u. a. 2012.
Koppmann, Karl: Ein Krämer-Inventar vom Jahre 1566, in: Hansische Geschichtsblätter 29 (1899), S. 193–212.
Kuske, Bruno (Hrsg.): Quellen zur Geschichte des Kölner Handels und Verkehrs im Mittelalter, Bd. 3.: Besondere Quellengruppen des späteren Mittelalters (Publikationen der Gesellschaft für Rheinische Geschichtskunde, 33,3), Bonn 1923 (ND Düsseldorf 1978).
Lesnikov, Michail P. (Bearb.): Die Handelsbücher des hansischen Kaufmanns Veckinchusen (Forschungen zur mittelalterlichen Geschichte, 19), Berlin 1973.
– Ders. / Stark, Walter / Cordes, Albrecht (Bearb.): Die Handelsbücher des Hildebrand Veckinchusen. Kontobücher und übrige Manuale (Quellen und Darstellungen zur Hansischen Geschichte, NF, 67), Köln 2013.
Mollwo, Karl (Bearb.): Das Handlungsbuch von Hermann und Johann Wittenborg, Leipzig 1901.
Nirrnheim, Hans (Bearb.): Das Handlungsbuch Vickos von Geldersen, Hamburg/Leipzig 1895.
Rörig, Fritz: Das Einkaufsbüchlein der Nürnberg-Lübecker Mulich's auf der Frankfurter Fastenmesse des Jahres 1495 (Veröffentlichungen der Schleswig-Holsteinischen Universitätsgesellschaft, 36; Schriften der Baltischen Kommission zu Kiel, 20), Breslau 1931 (erneut erschienen in: Ders.: Wirtschaftskräfte im Mittelalter. Abhandlungen zur Stadt- und Hansegeschichte, hrsg. von Paul Kaegbein, Köln² 1971, S. 288–350).
Schäfer, Dietrich: Das Buch des lübeckischen Vogts auf Schonen (Hansische Geschichtsquellen, 4), Lübeck 1927.
Schulte, Eduard: Das Danziger Kontorbuch des Jakob Stöve aus Münster, in: Hansische Geschichtsblätter 62 (1937), S. 40–72.
Schwab, Ingo (Hrsg.): Das Lererbuch. Ein Münchner Kaufmannsbuch des 15. Jahrhunderts, München 2005.
Signori, Gabriela / Müntz, Marc (Hrsg.): Das Geschäftsbuch des Konstanzer Goldschmiedes Steffan Maignow (Konstanzer Geschichts- und Rechtsquellen, 42), Ostfildern 2012.
Simon, Ulrich (Bearb.): Das Lübecker Niederstadtbuch (1363–1399), Teil 1: Einleitung und Edition (Quellen und Darstellungen zur hansischen Geschichte, NF, 56,1), Köln u. a. 2006.
Steinbrink, Matthias: Ulrich Meltinger. Ein Basler Kaufmann am Ende des 15. Jahrhunderts (Vierteljahrschrift für Wirtschafts- und Sozialgeschichte, Beihefte, 197), Stuttgart 2007.
Stieda, Wilhelm (Hrsg.): Hildebrand Veckinchusen. Briefwechsel eines deutschen Kaufmanns im 15. Jahrhundert, Leipzig 1921.
Urkundenbuch der Stadt Lübeck, hg. vom Verein für Lübeckische Geschichte und Altertumskunde (= Lübeckisches Urkundenbuch Abt.1) Bd. 1, Lübeck 1843; Bd. 2,2, Lübeck 1858; Bd. 3, Lübeck 1871; Bd. 4, Lübeck 1873; Bd. 9, Lübeck 1893; Bd. 10, Lübeck 1898; Bd. 11, Lübeck 1905 [= UBStL].
Vogelsang, Reinhard (Hrsg.): Revaler Schiffslisten, 1425–1471 und 1479–1496 (Quellen und Studien zur Baltischen Geschichte, 13), Köln/Weimar/Wien 1992.
Vogtherr, Hans-Jürgen (Hrsg.): Die Lübecker Pfundzollbücher 1492–1496, 4 Teile (Quellen und Darstellungen zur hansischen Geschichte, NF, 41), Köln/Weimar/Wien 1996.
Wehrmann, Carl Friedrich (Hrsg.): Die älteren Lübeckischen Zunftrollen, Lübeck 1864.
Westermann, Ekkehard / Denzel, Markus A. (Hrsg.): Das Kaufmannsnotizbuch des Matthäus Schwarz aus Augsburg von 1548 (Vierteljahrschrift für Sozial- und Wirtschaftsgeschichte, Beihefte, 215), Stuttgart 2011.

12.3 LITERATUR

ABEL, Wilhelm: Strukturen und Krisen der spätmittelalterlichen Wirtschaft (Quellen und Forschungen zur Agrargeschichte, 32), Stuttgart/New York 1980.

AFFLERBACH, Thorsten: Der berufliche Alltag eines spätmittelalterlichen Hansekaufmanns. Betrachtungen zur Abwicklung von Handelsgeschäften (Kieler Werkstücke, Reihe A: Beiträge zur Schleswig-Holsteinischen und skandinavischen Geschichte, 7), Frankfurt am Main u. a. 1993.

AMMANN, Hektor: Deutschland und die Tuchindustrie Nordwesteuropas im Mittelalter, in: Hansische Geschichtsblätter 72 (1954), S. 1–63 [erneut erschienen in: Carl HAASE (Hrsg.): Die Stadt des Mittelalters, Bd. 3 (Wege der Forschung, 245), Darmstadt 1973, S. 55–136].

– DERS.: Die wirtschaftliche Stellung der Reichsstadt Nürnberg im Spätmittelalter (Nürnberger Forschungen, 13), Nürnberg 1970.

ARLINGHAUS, Franz: Art. „Bookkeeping, Double-Entry", in: Christopher KLEINHENZ (Hrsg.): Medieval Italy. An Encyclopedia, Bd. 1, New York/London 2003, S. 147–150.

– DERS.: Die Bedeutung des Mediums „Schrift" für die unterschiedliche Entwicklung deutscher und italienischer Rechnungsbücher, in: Walter POHL / Paul HEROLD (Hrsg.).: Vom Nutzen des Schreibens. Soziales Gedächtnis, Herrschaft und Besitz im Mittelalter (Forschungen zur Geschichte des Mittelalters, 6; Denkschriften. Österreichische Akademie der Wissenschaften, Philosophisch-Historische Klasse, 306), Wien 2002, S. 237–268.

– DERS.: Zwischen Notiz und Bilanz. Zur Eigendynamik des Schriftgebrauchs in der kaufmännischen Buchführung am Beispiel der Datini / di Berto-Handelsgesellschaft in Avignon (1367–1373) (Gesellschaft, Kultur und Schrift, 8), Frankfurt a. M. u. a. 2000.

BALTZER, Johannes / BRUNS, Friedrich (Bearb.): Die Bau- und Kunstdenkmäler der Freien und Hansestadt Lübeck, hrsg. von der Baubehörde, Bd. 3: Kirche zu Alt-Lübeck. Dom. Jakobikirche. Ägidienkirche, Lübeck 1920 (ND Neustadt an der Aisch 2001).

BAUR, Kilian: Der spätmittelalterliche Barchenthandel vom Heiligen Römischen Reich nach Dänemark, in: Hansische Geschichtsblätter 131 (2013), S. 77–110.

BECHTEL, Heinrich: Wirtschaftsstil des deutschen Spätmittelalters. Der Ausdruck der Lebensform in Wirtschaft, Gesellschaftsaufbau und Kunst von 1350 bis um 1500, München 1930.

BELOW, Georg von: Grosshändler und Kleinhändler im deutschen Mittelalter, in: Jahrbücher für Nationalökonomie und Statistik 20 (1900) = 75 (1900), S. 1–51.

BEREKOVEN, Ludwig: Geschichte des deutschen Einzelhandels, Frankfurt am Main 1986.

BIEBERSTEDT, Andreas: Textstruktur, Textstrukturvariation, Textstrukturmuster. Lübecker mittelniederdeutsche Testamente des 14. und 15. Jahrhunderts (Schriften zur diachronen Sprachwissenschaft, 18), Wien 2007.

BIEDERMANN, Karl: Geschichte der Leipziger Kramer-Innung 1477–1880. Ein urkundlicher Beitrag zur Handelsgeschichte Leipzigs und Sachsens, Leipzig 1881.

BIRABEN, Jean-Noël: Les hommes et la peste en France et dans les pays européens et méditeranées, Bd. 1: La peste dans l'histoire (Civilisations et sociétés, 35), Paris 1975.

BIRKENMAIER, Adolf: Die Krämer in Freiburg i. Br. und Zürich im Mittelalter bis zur Wende des 16. Jahrhunderts. Ein Beitrag zur mittelalterlichen Handels- und Stadtwirtschaftsgeschichte, Diss. phil., Freiburg 1914.

BIRKNER, Erich: Die Behandlung der Nürnberger im Ostseegebiet, in: Zeitschrift des Westpreußischen Geschichtsvereins 69 (1929), S. 1–54.

BLANCKENBURG, Christine von: Die Hanse und ihr Bier. Brauwesen und Bierhandel im hansischen Verkehrsgebiet (Quellen und Darstellungen zur hansischen Geschichte, NF, 51), Köln 2001.

BLÜMEL, Rudolf: Oheim, in: Beiträge zur Geschichte der deutschen Sprache und Literatur 53 (1929), S. 55–58.

BÖTTGER, Franz / WASCHINSKI, Emil: Alte Schleswig-Holsteinische Maße und Gewichte (Bücher der Heimat, 4), Neumünster 1952.

BÖTTGER, Franz / WASCHINSKI, Emil: Alte schleswig-holsteinische Maße und Gewichte: Ergänzung, in: Die Heimat: Zeitschrift für Natur und Landeskunde von Schleswig-Holstein und Hamburg 72 (1965), S. 111–114.
BOHN, Ingrid: Kleine Geschichte Stockholms, Regensburg 2008.
BONSDORFF, Jan von: Kunstproduktion und Kunstverbreitung im Ostseeraum des Spätmittelalters (Finska fornminnesföreningens tidskrift, 99), Helsinki 1993.
BORST, Arno: Lebensformen im Mittelalter, Neuausgabe, 5. Auflage, Berlin 2010.
BRANDT, Ahasver von: Der Lübecker Rentenmarkt von 1320–1350, Düsseldorf 1934.
– DERS.: Mittelalterliche Bürgertestamente. Neuerschlossene Quellen zur Geschichte der materiellen und geistigen Kultur, in: Klaus FRIEDLAND / Rolf SPRANDEL (Hrsg.): Lübeck. Hanse. Nordeuropa. Gedächtnisschrift für Ahasver von Brandt, Köln/Wien 1979, S. 336–358 [zuerst 1973 erschienen].
– DERS.: Ein Stück kaufmännischer Buchführung aus dem letzten Viertel des 13. Jahrhunderts (Aufzeichnungen aus dem Detailgeschäft eines Lübecker Gewandschneiders), in: Zeitschrift des Vereins für Lübeckische Geschichte und Altertumskunde 44 (1964), S. 5–34; [erneut erschienen in: Untersuchungen zur gesellschaftlichen Struktur der mittelalterlichen Städte in Europa, hrsg. vom Konstanzer Arbeitskreis für mittelalterliche Geschichte (Vorträge und Forschungen, 11), 2. Aufl., Sigmaringen 1974, S. 215–239].
BRAND, Hanno / RABELER, Sven / SEGGERN, Harm von: Gelebte Normen im urbanen Raum? Zur Einführung, in: DIES. (Hrsg.): Gelebte Normen im urbanen Raum? Zur sozial- und kulturgeschichtlichen Analyse rechtlicher Quellen in Städten des Hanseraums (13. bis 16. Jahrhundert) (Groninger Hanze studies, 5), Hilversum 2014, S. 9–13.
BREHMER, Wilhelm: Das häusliche Leben in Lübeck zu Ende des 15. Jahrhunderts, in Hansische Geschichtsblätter 15 (1886), S. 3–32.
– DERS.: Die Straßennamen in der Stadt Lübeck und deren Vorstädten, Lübeck 1889.
BRÜCK, Thomas: Zu den Beziehungen der Korporationen der Schwarzhäupter in den Städten Riga, Reval und Dorpat in der zweiten Hälfte des 16. Jahrhunderts, in: Norbert ANGERMANN / Wilhelm LENZ (Hrsg.): Reval. Handel und Wandel vom 13. bis zum 20. Jahrhundert (Schriften der Baltischen Historischen Kommission, 8), Lüneburg 1997, S. 183–198.
BRUNS, Friedrich: Die Lübeckischen Pfundzollbücher von 1492–1496, Teil 1, in: Hansische Geschichtsblätter 11 (1904/05), S. 107–131; Teil 2, in: Ebd. 13 (1907), S. 457–499; Teil 3, in: Ebd. 14 (1908), S. 357–407.
– DERS.: Zur Lübischen Kunstgeschichte I. Überseeische Ausfuhr lübischer Kunsterzeugnisse am Ende des 15. Jahrhunderts, in: Mitteilungen des Vereins für lübeckische Geschichte und Altertumskunde 9 (1900), S. 139–142.
BULST, Neithard: Fest und Feiern unter Auflagen. Mittelalterliche Tauf-, Hochzeits- und Begräbnisordnungen in Deutschland und Frankreich, in: Detlef ALTENBURG / Jörg JARNUT / Hans-Hugo STEINHOFF (Hrsg.): Feste und Feiern im Mittelalter. Paderborner Symposion des Mediävistenverbandes, Sigmaringen 1991, S. 39–52.
BURKHARDT, Mike: Der hansische Bergenhandel im Spätmittelalter. Handel – Kaufleute – Netzwerke (Quellen und Darstellungen zur hansischen Geschichte, NF, 60), Köln u. a. 2009.
– DERS.: Kaufmannsnetzwerke und Handelskultur. Zur Verbindung von interpersonellen Beziehungsgeflechten und kaufmännischen Habitus im spätmittelalterlichen Ostseeraum, in: Sunhild KLEINGÄRTNER / Gabriel ZEILINGER (Hrsg.): Raumbildung durch Netzwerke: der Ostseeraum zwischen Wikingerzeit und Spätmittelalter aus archäologischer und geschichtswissenschaftlicher Perspektive. Beiträge des am 28. und 29. Oktober 2010 in Kiel veranstalteten internationalen Workshops (Zeitschrift für Archäologie des Mittelalters, Beihefte, 23), Bonn 2012, S. 117–130.
CORDES, Albrecht: Handel auf eigene, fremde und gemeinsame Rechnung, in: Michail P. LESNIKOV / Walter STARK (Hrsg.): Die Handelsbücher des Hildebrand Veckinchusen. Kontobücher und übrige Manuale (Quellen und Darstellungen zur hansischen Geschichte, NF, 67), Köln u. a. 2013, S. LV–LVIII.

- DERS.: Juristische Bildung für Kaufmannskinder. Die städtische Schule in Lübeck und ihr Lehrplan im 13./14. Jh., in: Zeitschrift des Vereins für Lübeckische Geschichte und Altertumskunde 87 (2007), S. 41–53.
- DERS.: Spätmittelalterlicher Gesellschaftshandel im Hanseraum (Quellen und Darstellungen zur hansischen Geschichte, NF, 45), Köln/Weimar/Wien 1998.
- DERS.: Wie verdiente der Kaufmann sein Geld? Hansische Handelsgesellschaften im Mittelalter (Handel, Geld und Politik vom frühen Mittelalter bis heute, 2), Lübeck 2000.

CZAJA, Roman: Zum Stand hansischer und preußischer Editionen, in: Matthias THUMSER / Janusz TANDECKI / Dieter HECKMANN (Hrsg.): Edition deutschsprachiger Quellen aus dem Ostseeraum (14.–16. Jahrhundert) (Publikationen des Deutsch-Polnischen Gesprächskreises für Quellenedition), Toruń 2001, S. 213–227.

DE ROOVER, Raymond: Aux origines d'une technique intellectuelle. La formation et l'expansion de la compatibilité à partie double, in: Annales d'histoire économique et sociale 9 (1937), S. 171–193, 270–298.
- DERS.: The Development of Accounting prior to Luca Pacioli according to the Account Books of Medieval Merchants, in: Julius KIRSHNER (Hrsg.): Business, Banking, and Economic Thought in Late Medieval and Early Modern Europe. Selected Studies of Raymond de Roover, Chicago/London 1974, S. 119–180.
- DERS.: The Organization of Trade, in: Michael M. POSTAN / Edwin E. RICH / Edward MILLER (Hrsg.): The Cambridge Economic History of Europe, Bd. 3, Cambridge 1963, S. 42–118.

DELORT, Robert: Le commerce des fourrures en occident à la fin du moyen âge (vers 1300 – vers 1450), Bd. 1, (Bibliothéque des Écoles Françaises d'Athènes et de Rome, 236), Rom 1978.

DENZEL, Markus A.: Handelspraktiken als wirtschaftshistorische Quellengattung vom Mittelalter bis in das frühe 20. Jahrhundert. Eine Einführung, in: Markus A. DENZEL / Jean-Claude HOCQUET / Harald WITTHÖFT (Hrsg.): Kaufmannsbücher und Handelspraktiken vom Spätmittelalter bis zum beginnenden 20. Jahrhundert = Merchant's books and mercantile *Practiche* from the late middle ages to the beginning of the 20th century (Vierteljahrschrift für Sozial- und Wirtschaftsgeschichte, Beihefte, 163), Stuttgart 2002, S. 11–45.

DERRIK, Torsten: Das Bruderbuch der Revaler Tafelgilde (1364–1549) (Edition Wissenschaft. Reihe Geschichte, 59) Marburg 2000 [Online unter URL: http://www.balt-hiko.de/materialien/bruderbuch-der-revaler-tafelgilde/ (zuletzt abgerufen am 13.03.2016)].

Deutsches Wörterbuch von Jacob und Wilhelm Grimm. 16 Bde. in 32 Teilbänden, Leipzig 1854–1961, Leipzig 1971 [Online unter der URL: http://www.woerterbuchnetz.de/DWB?lemma=oheim (zuletzt abgerufen am 24.10.2018)].

DIETZ, Alexander: Frankfurter Handelsgeschichte, Bd. 1–3, Frankfurt a. M. 1910 und 1921 (ND Glashütten im Taunus 1970).

DIRLMEIER, Ulf: Zu den Beziehungen zwischen oberdeutschen und norddeutschen Städten im Mittelalter, in: Werner PARAVICINI (Hrsg.): Nord und Süd in der deutschen Geschichte des Mittelalters. Akten des Kolloquiums veranstaltet zu Ehren von Karl Jordan, 1907–1984, Kiel, 15.–16. Mai 1987 (Kieler historische Studien, 34), Sigmaringen 1990, S. 203–217.
- DERS. / FOUQUET, Gerhard: Ernährung und Konsumgewohnheiten im spätmittelalterlichen Deutschland, in: Geschichte in Wissenschaft und Unterricht 44 (1993), S. 504–526.

DITTMER, G[eorg] W[ilhelm]: Die Lübeckischen Familien Greverade und Warneböke im sechszehnten [sic] Jahrhunderte; ein Beitrag zur Culturgeschichte dieser Zeit, Lübeck 1859.

DOBRAS, Wolfgang: Eine neugefundene Quelle zur Mainzer Wirtschaftsgeschichte des 16. Jahrhunderts – die Rechnungsbücher des Mainzer Krämers Hans Drudel, in: Mainzer Zeitschrift 96/97 (2001/02) [erschienen 2002], S. 87–114.

DOLLINGER, Philippe: Die Hanse (Kröners Taschenausgabe 371), 5., erw. Aufl., Stuttgart 1998.

DORMEIER, Heinrich: Das laikale Stiftungswesen in spätmittelalterlichen Pfarrkirchen. Kaufleute, Korporationen und Marienverehrung in Lübeck, in: Enno BÜNZ / Gerhard FOUQUET (Hrsg.): Die Pfarrei im späten Mittelalter (Vorträge und Forschungen, 77), Ostfildern 2013, S. 279–340.
- DERS.: Die Neubelebung des Barbarakultes in der Lübecker Petrikirche (1480–1530), in: Zeitschrift des Vereins für Lübeckische Geschichte und Altertumskunde 89 (2009), S. 87–122.

- DERS.: Gründung und Frühgeschichte des Lübecker St. Annenklosters im Spiegel der testamentarischen Überlieferung, in: Zeitschrift für Lübeckische Geschichte 91 (2011), S. 29–88.
- DERS.: Immigration und Integration, Laienfrömmigkeit und Kunst in Lübeck um 1500. Der Großkaufmann und Bankier Godert Wiggerinck († 1518 April 24), in: Zeitschrift des Vereins für Lübeckische Geschichte und Altertumskunde 85 (2005), S. 93–165.
- DERS.: Jakobuskult und Santiago-Pilgerfahrten in Lübeck im späten Mittelalter, in: Javier GÓMEZ-MONTERO (Hrsg.): Der Jakobsweg und Santiago de Compostela in den Hansestädten und im Ostseeraum. Akten des Symposiums an der Universität Kiel (23. bis 25. April 2007), Kiel 2011, S. 19–34.
- DERS.: Livlandkontakte in Lübecker Testamenten (15./16. Jahrhundert), in: Michael ENGELBRECHT / Ulrike HANSSEN-DECKER / Daniel HÖFFKER (Hrsg.): Rund um die Meere des Nordens. Festschrift für Hain Rebas, Heide 2008, S. 73–88.
- DERS.: Neue Ordensniederlassungen im Hanseraum. Lübecker Stiftungen zugunsten des Birgittenklosters Marienwohlde bei Mölln (1413–1534), in: Oliver AUGE / Katja HILLEBRAND (Hrsg.): Klöster, Stifte und Konvente nördlich der Elbe. Zum gegenwärtigen Stand der Klosterforschung in Schleswig-Holstein, Nordschleswig und den Hansestädten Lübeck und Hamburg (Quellen und Forschungen zur Geschichte Schleswig-Holsteins, 120), Neumünster 2013, S. 261–357.
- DERS.: Pilgerfahrten Lübecker Bürger im späten Mittelalter. Forschungsbilanz und Ausblick, in: Zeitschrift für Lübeckische Geschichte 92 (2012), S. 9–64.
- DERS.: Religiöse Bruderschaften der „Oberschicht" in Lübeck im 15./16. Jahrhundert. Frömmigkeitsformen, soziale Beziehungen und wirtschaftliche Interessen, in: Antjekathrin GRASSMANN (Hrsg.): Der Kaufmann und der liebe Gott. Zu Kommerz und Kirche in Mittelalter und früher Neuzeit (Hansische Studien, 18), Trier 2009, S. 21–44.
- DERS.: Wirtschaftlicher Erfolg, Laienfrömmigeit und Kunst in Lübeck um 1500. Die Stiftung des Bankiers und Großkaufmanns Godert Wiggerinck, in: Enno BÜNZ / Klaus-Joachim LORENZEN-SCHMIDT (Hrsg.): Klerus, Kirche und Frömmigkeit im spätmittelalterlichen Schleswig-Holstein (Studien zur Wirtschafts- und Sozialgeschichte Schleswig-Holsteins, 41), Neumünster 2006, S. 275–297.

DRIEVER, Rainer: Wieviel Konsum ist erlaubt? Feiern im Blick der spätmittelalterlichen Stadtobrigkeit, in: Michael PRINZ (Hrsg.): Der lange Weg in den Überfluß. Anfänge und Entwicklung der Konsumgesellschaft seit der Vormoderne (Forschungen zur Regionalgeschichte, 43), Paderborn u. a. 2003, S. 61–78.

DÜNNEBEIL, Sonja: Die drei großen Kompanien als genossenschaftliche Verbindungen der Lübecker Oberschicht, in: Nils JÖRN / Detlef KATTINGER / Horst WERNICKE (Hrsg.): Genossenschaftliche Strukturen in der Hanse (Quellen und Darstellungen zur Hansischen Geschichte, NF, 48), Köln/Weimar/Wien 1999, S. 205–222.
- DIES.: Die Lübecker Zirkel-Gesellschaft. Formen der Selbstdarstellung einer städtischen Oberschicht (Veröffentlichungen zur Geschichte der Hansestadt Lübeck, Reihe B, 27), Lübeck 1995.
- DIES.: Öffentliche Selbstdarstellung sozialer Gruppen in der Stadt, in: Hanno BRAND / Pierre MONNET / Martial STAUB (Hrsg.): Memoria, Communitas, Civitas. Mémoire et conscience urbaines en occident à la fin du moyen âge (Beihefte der Francia, 55), Ostfildern 2003, S. 73–86.
- DIES.: Soziale Dynamik in spätmittelalterlichen Gruppen, in: Stephan SELZER / Ulf Christian EWERT (Hrsg.): Menschenbilder – Menschenbildner. Individuum und Gruppe im Blick des Historikers. [Werner Paravicini zum 60. Geburtstag] (Hallische Beiträge zur Geschichte des Mittelalters und der Frühen Neuzeit, 2), Berlin 2002, S. 153–175.
- DIES.: Vereinigungen der städtischen Oberschicht im Hanseraum und deren Repräsentationsbedürfnis, in: Janusz TANDECKI (Hrsg.): Die Rolle der Stadtgemeinden und bürgerlichen Genossenschaften im Hanseraum in der Entwicklung und Vermittlung des gesellschaftlichen und kulturellen Gedankengutes im späteren Mittelalter, Torún 2000, S. 73–90.

EBEL, Wilhelm: Bürgerliches Rechtsleben zur Hansezeit in Lübecker Ratsurteilen (Quellensammlung zur Kulturgeschichte, 4), Göttingen/Frankfurt/Berlin 1954.

- Ders.: Die Brautschatzfreiung, in: Ders.: Forschungen zur Geschichte des lübischen Rechts. Dreizehn Stücke zum Prozeß- und Privatrecht (Veröffentlichungen zur Geschichte der Hansestadt Lübeck, 14), Lübeck 1950, S. 80–100.
- Ders.: Lübisches Kaufmannsrecht. Vornehmlich nach Lübecker Ratsurteilen des 15./16. Jahrhunderts (Der Göttinger Arbeitskreis, Veröffentlichungen, 37), Göttingen 1951.
- Ders.: Zur Beweiskraft der Kaufmannsbücher, in: Ders.: Forschungen zur Geschichte des lübischen Rechts. Dreizehn Stücke zum Prozeß- und Privatrecht (Veröffentlichungen zur Geschichte der Hansestadt Lübeck, 14), Lübeck 1950, S. 122–134.

Eckert, Heinrich: Die Krämer in süddeutschen Städten bis zum Ausgang des Mittelalters (Abhandlungen zur Mittleren und Neueren Geschichte, 16), Berlin 1910.

Eisenbart, Liselotte Constanze: Kleiderordnungen der deutschen Städte zwischen 1350 und 1700. Ein Beitrag zur Kulturgeschichte des deutschen Bürgertums (Göttinger Bausteine zur Geschichtswissenschaft, 32), Göttingen 1962.

Ellmers, Detlev: Die Verlagerung des Fernhandels vom öffentlichen Ufermarkt in die privaten Häuser der Kaufleute, in: Topographie und Hausbau der Frühzeit in Städten des hansischen Wirtschaftsraumes, hrsg. vom Amt für Vor- und Frühgeschichte (Bodendenkmalpflege) der Hansestadt Lübeck (Lübecker Schriften zur Archäologie und Kulturgeschichte, 20), Bonn 1990, S. 101–108.

Esch, Arnold: Italienische Kaufleute in Brügge, flandrisch-niederländische Kaufleute in Rom, in: Gerhard Fouquet / Hans-Jörg Gilomen (Hrsg.): Netzwerke im europäischen Handel des Mittelalters (Vorträge und Forschungen, 72), Ostfildern 2010, S. 245–261.

Farinelli, Arturo: Viajes por España y Portugal desde la Edad Media hasta el siglo XX., Bd. 1 (Reale Academia d'Italia, Studi e Documenti, 11), Rom 1942.

Favreau-Lilie, Marie-Luise: Von Nord- und Ostsee ans „Ende der Welt": Jakobspilger aus dem Hanseraum, in: Hansische Geschichtsblätter 117 (1999), S. 93–130.
- Dies.: Pilgerfahrt: Perspektiven hansestädtischer Testamente, in: Hedwig Röckelein (Hrsg.): Der Kult des Apostels Jakobus d. Ä. in norddeutschen Hansestädten (Jakobus-Studien, 15) Tübingen 2005, S. 27–48.

Fehling, Emil Ferdinand: Lübeckische Ratslinie von den Anfängen der Stadt bis auf die Gegenwart (Veröffentlichungen zur Geschichte der Freien und Hansestadt Lübeck, 7,1), Lübeck 1925.

Fink, Georg: Die Wette und die Entwicklung der Polizei in Lübeck, in: Zeitschrift des Vereins für Lübeckische Geschichte und Altertumskunde 27 (1934), S. 209–237.

Förster: Ulrike: Die Lebenswelt des Lübecker Bürgers Clawes Schernekowe († 1442/43) im Spiegel seiner Testamente, in: Zeitschrift für Lübeckische Geschichte 95 (2015), S. 37–61.

Foltin, Hans-Friedrich: Die Kopfbedeckungen und ihre Bezeichnungen im Deutschen (Beiträge zur deutschen Philologie, 26), Gießen 1963.

Fouquet, Gerhard: Ein Italiener in Lübeck: Der Florentiner Gerardo Bueri († 1449), in: Zeitschrift des Vereins für Lübeckische Geschichte und Altertumskunde 78 (1998), S. 187–220.
- Ders.: Familie, Haus und Armut in spätmittelalterlichen Städten: Das Beispiel des Augsburger Ehepaares Elisabeth Störkler und Burkard Zink, in: Andreas Gestrich / Lutz Raphael (Hrsg.): Inklusion/Exklusion. Studien zur Fremdheit und Armut von der Antike bis zur Gegenwart, Frankfurt a. M. 2004, S. 283–307.
- Ders.: Geschäft und Politik, Ehe und Verwandtschaft – Briefe an den Nürnberg-Lübecker Kaufmann Matthias Mulich vom Winter 1522–23, in: Helmut Brauer / Elke Schlenkrich (Hrsg.): Die Stadt als Kommunikationsraum. Karl Czok zum 75. Geburtstag, Leipzig 2001, 311–346.
- Ders.: Rechnungswesen im späten Mittelalter – Zusammenfassung, in: Rechnungswesen im späten Mittelalter, Online-Publikation der Ergebnisse zur Tagung Kiel 6.–7. Juli 2001, o. S. [Online unter der URL: https://www.histsem.uni-kiel.de/de/abteilungen/wirtschafts-und-sozialgeschichte/tagungen/rechnungswesen-im-spaeten-mittelalter/tagung-2001-rechnungswesen-im-spaetmittelalter (zuletzt abgerufen am 17.01.2016)]
- Ders.: Städtische Lebensformen im Spätmittelalter. Neue Perspektiven und neue Forschungen (2003), in: Jahrbuch für Regionalgeschichte 22 (1999/2000), S. 11–36.

– DERS.: ‚Vom Krieg hören und schreiben'. Aus den Briefen an den Lübeck-Nürnberger Kaufmann Matthias Mulich (1522/23), in: Thomas STAMM-KUHLMANN (Hrsg.): Geschichtsbilder: Festschrift für Michael Salewski zum 65. Geburtstag (Historische Mitteilungen, Beihefte, 47), Wiesbaden 2003, S. 168–187.

FRENSDORFF, Ferdinand: Verlöbnis und Eheschließung nach hansischen Rechts- und Gesichtsquellen, in: Hansische Geschichtsblätter 24 (1918), S. 1–126.

FRITZE, Konrad: Bürger und Bauern zur Hansezeit. Studien zu den Stadt-Land-Beziehungen an der südwestlichen Ostseeküste vom 13. bis zum 16. Jahrhundert (Abhandlungen zur Handels- und Sozialgeschichte, 16), Weimar 1976.

– DERS.: Soziale Aspekte der Stadt-Land-Beziehungen im Bereich der wendischen Hansestädte (13. bis 16. Jahrhundert), in: Hans Kurt SCHULZE (Hrsg.): Städtisches Um- und Hinterland in vorindustrieller Zeit (Städteforschung, Reihe A, 22), Köln/Wien 1985, S. 21–32.

GANZ-BLÄTTLER, Ursula: Andacht und Abenteuer. Berichte europäischer Jerusalem- und Santiago-Pilger (1350–1520) (Jakobus-Studien, 4), 2., durchges. Aufl., Tübingen 1991.

GERLACH, Peter: Gewichtszeichen in Rechnungen des 16. Jahrhunderts, in: Lüneburger Blätter 14 (1963), S. 53–56.

GILOMEN, Hans-Jörg: Das Motiv der bäuerlichen Verschuldung in den Bauernunruhen an der Wende zur Neuzeit, in: Susanna BURGHARTZ u. a. (Hrsg.): Spannungen und Widersprüche. Gedenkschrift für František Graus, Sigmaringen 1992, S. 173–189.

GRASSMANN, Antjekathrin: Beständeübersicht des Archivs der Hansestadt Lübeck (Veröffentlichungen zur Geschichte der Hansestadt Lübeck, B), 2., erg. und überarb. Aufl., Lübeck 2005.

– DIES.: (Hrsg.): Der Kaufmann und der liebe Gott. Zu Kommerz und Kirche in Mittelalter und Früher Neuzeit (Hansische Studien, 18), Trier 2009.

– DIES.: Die Greveradenkompanie. Zu den führenden Kaufleutegesellschaften in Lübeck um die Wende zum 16. Jahrhundert, in: Stuart JENKS / Michael NORTH (Hrsg.): Der Hansische Sonderweg? Beiträge zur Sozial- und Wirtschaftsgeschichte der Hanse (Quellen und Darstellungen zur hansischen Geschichte, NF, 39), Köln/Weimar/Wien 1993, S. 109–134.

– DIES.: Die Statuten der Kaufleutekompanie von 1500, in: Zeitschrift des Vereins für Lübeckische Geschichte und Altertumskunde 61 (1981), S. 19–35.

– DIES. (Hrsg.): Lübeckische Geschichte, 4., verb. und erg. Aufl., Lübeck 2008.

– DIES.: Menschen zwischen Mecklenburg und Lübeck. Zur Demographie und Prosopographie eines jahrhundertelangen Austausches, in: Helge BEI DER WIEDEN (Hrsg.): Mecklenburg und seine Nachbarn (Veröffentlichungen der Historischen Kommission für Mecklenburg, 10), Rostock 1997, S. 19–41.

– DIES.: Sozialer Aufstieg um 1500 in Lübeck, in: Günther SCHULZ (Hrsg.): Sozialer Aufstieg. Funktionseliten im Spätmittelalter und in der frühen Neuzeit. Büdinger Forschungen zur Sozialgeschichte 2000 und 2001 (Deutsche Führungsschichten in der Neuzeit, 25), München 2002, S. 97–111.

GROTH, Constantin: Geschäftsbücher des ausgehenden Mittelalters als Ego-Dokumente. Vom Selbstverständnis Nürnberger Bürger in ihren *ricordanze*, in: Bulletin der Polnischen Historischen Mission 8 (2013), S. 469–504.

HACH, Theodor: Zur Geschichte des Klosters Marienwohlde, in: Archiv des Vereins für die Geschichte des Herzogtums Lauenburg 2 (1888), S. 129–132.

HÄBERLEIN, Mark / JEGGLE, Christof: Einleitung, in: Christof JEGGLE u. a. (Hrsg.): Luxusgegenstände und Kunstwerke vom Mittelalter bis zur Gegenwart (Irseer Schriften, NF, 8), Konstanz 2015, S. 15–33.

HÄBLER, Konrad: Das Wallfahrtsbuch des Hermannus Küngig von Vach und die Pilgerreisen der Deutschen nach Santiago de Compostela, Straßburg 1899.

HAHN, Kadri-Rutt: Revaler Testamente im 15. und 16. Jahrhundert, (Schriften der Baltischen Historischen Kommission, 19), Berlin 2015.

HALM, Christian (Bearb.): Deutsche Reiseberichte = Europäische Reiseberichte des späten Mittelalters. Eine analytische Bibliographie, hrsg. von Werner PARAVICINI, Teil 1 (Kieler Werkstücke, Reihe D, 5), 2., durchges. und um einen Nachtrag erg. Aufl., Frankfurt am Main 2001.

HAMMEL, Rolf: Grain, fish and salt. Written sources and architectural evidence for the trade with bulk commodities in Lübeck harbour in medieval and early modern times, in: Jan BILL / Birthe L. CLAUSEN (Hrsg.): Maritime topography and the medieval town. Papers from the 5th International Conference on Waterfront Archaeology in Copenhagen, 14.–16. May 1998 (Publications from the National Museum, 4), Kopenhagen 1999, S. 87–94.
- DERS.: Hauseigentum im spätmittelalterlichen Lübeck. Methoden zur sozial- und wirtschaftsgeschichtlichen Auswertung der Lübecker Oberstadtbuchregesten, in: Alfred FALK / Rolf HAMMEL: Archäologische und schriftliche Quellen zur spätmittelalterlich- neuzeitlichen Geschichte der Hansestadt Lübeck. Materialien und Methoden einer archäologisch-historischen Auswertung (Lübecker Schriften zur Archäologie und Kulturgeschichte, 10), Bonn 1987, S. 85–300.

HAMMEL-KIESOW, Rolf: Räumliche Entwicklung und Berufstopographie Lübecks bis zum Ende des 14. Jahrhunderts, in: Antjekathrin GRASSMANN (Hrsg.): Lübeckische Geschichte, 4., verb. und erg. Aufl., Lübeck 2008, S. 46–79.
- DERS.: Schoßeinnahmen in Lübeck (1424–1811) und Hamburg (1461–1650). Überlegungen zur Interpretation vorindustrieller Zeitreihen, in: DERS. / Michael HUNDT (Hrsg.): Das Gedächtnis der Hansestadt Lübeck. Festschrift für Antjekathrin Graßmann zum 65. Geburtstag, Lübeck 2005, S. 301–312.
- DERS.: Schriftlichkeit und Handelsgesellschaften niederdeutsch-hansischer und oberdeutscher Kaufleute im späten 13. und im 14. Jahrhundert, in: Marie-Luise HECKMANN / Jens RÖHRKASTEN (Hrsg.): Von Nowgorod bis London. Studien zu Handel, Wirtschaft und Gesellschaft im mittelalterlichen Europa. Festschrift für Stuart Jenks zum 60. Geburtstag (Nova Mediaevalia. Quellen und Studien zum europäischen Mittelalter, 4), Göttingen 2008, S. 213–241.

HARTWIG, Julius: Der Lübecker Schoß bis zur Reformationszeit (Staats- und socialwissenschaftliche Forschungen, 21,6), Leipzig 1903.
- DERS.: Die Frauenfrage im mittelalterlichen Lübeck, in: Hansische Geschichtsblätter 35 (1908), S. 35–94.

HELD, Otto: Marke und Zeichen im hansischen Verkehr bis zum Ende des 15. Jahrhunderts, in: Hansische Geschichtsblätter 17 (1911), S. 481–511.

HENNINGS, Johann: Die Mitglieder der Lübecker Krämerkompanie von 1382 bis zum 23. April 1673, in: Zeitschrift für Niedersächsische Familienkunde 20 (1938), S. 79–91, 188–198.

HERBORN, Wolfgang: Bürgerliches Selbstverständnis im spätmittelalterlichen Köln. Bemerkungen zu zwei Hausbüchern aus der ersten Hälfte des 15. Jahrhunderts, in: Werner BESCH u. a. (Hrsg.): Die Stadt in der europäischen Geschichte. Festschrift Edith Ennen, Bonn 1972, S. 490–520.

HEUSINGER, Sabine von: Vater, Mutter, Kind. Die Zunftfamilie als Wirtschaftseinheit, in: Eva JULLIEN / Michel PAULY: Craftsmen and Guilds in the Medieval and Early Modern Periods (Vierteljahrschrift für Sozial- und Wirtschaftsgeschichte, Beihefte, 235), Stuttgart 2016, S. 157–174.
- DIES.: Die Zunft im Mittelalter. Zur Verflechtung von Politik, Wirtschaft und Gesellschaft in Straßburg (Vierteljahrschrift für Sozial- und Wirtschaftsgeschichte, Beihefte, 206, Stuttgart 2009.

HIRSCH, Fritz / SCHAUMANN, Gustav / BRUNS, Friedrich (Bearb.): Die Bau- und Kunstdenkmäler der Freien und Hansestadt Lübeck, hrsg. von der Baudeputation, Bd. 2: Petrikirche, Marienkirche, Heil.-Geist-Hospital, Lübeck 1906.

HIRSCH, Theodor: Handels- und Gewerbegeschichte Danzigs unter der Herrschaft des Deutschen Ordens, Leipzig 1858 (ND 1969).

HIRSCHBIEGEL, Jan: Nahbeziehungen bei Hof – Manifestationen des Vertrauens. Karrieren in reichsfürstlichen Diensten am Ende des Mittelalters (Norm und Struktur, 44) Köln 2015.

HOFFMANN, Erich: Lübeck im Hoch- und Spätmittelalter. Die große Zeit Lübecks, in: Antjekathrin GRASSMANN (Hrsg.): Lübeckische Geschichte, 4., verb. und erg. Aufl., Lübeck 2008, S. 81–339.

HOHLS, Hermann: Der Leinwandhandel in Norddeutschland vom Mittelalter bis zum 17. Jahrhundert, in: Hansische Geschichtsblätter 31 (1927), S. 116–158.

HOLBACH, Rudolf: Frühformen von Verlag und Großbetrieb in der gewerblichen Produktion (Vierteljahrschrift für Sozial- und Wirtschaftsgeschichte, Beihefte, 110), Stuttgart 1994.

HUANG, Angela: Die Textilien des Hanseraums: Produktion und Distribution einer spätmittelalterlichen Fernhandelsware (Quellen und Darstellungen zur hansischen Geschichte, NF, 71), Köln u. a. 2015.

IBS, Jürgen Hartwig: Die Pest in Schleswig-Holstein von 1350 bis 1547/48 (Kieler Werkstücke, Reihe A: Beiträge zur Schleswig-Holsteinischen und skandinavischen Geschichte, 12), Frankfurt a. M. 1994.

IRSIGLER, Franz: Der Alltag einer hansischen Kaufmannsfamilie im Spiegel der Veckinchusen-Briefe, in: Hansische Geschichtsblätter 103 (1985), S. 75–99.
- DERS.: Hansischer Kupferhandel im 15. und in der 1. Hälfte des 16. Jahrhunderts, in: Hansische Geschichtsblätter 97 (1979), S. 15–35.

ISENMANN, Eberhard: Die deutsche Stadt im Mittelalter 1150–1550. Stadtgestalt, Recht, Verfassung, Stadtregiment, Kirche, Gesellschaft, Wirtschaft, 2., durchgesehene Aufl. Köln/Weimar/Wien 2014.

JAHNKE, Carsten: Bernd Pal, ein Kaufmann des 15. Jahrhunderts. Eine biographische Skizze, in: Vana Tallinn 15 (2004), S. 158–176.
- DERS.: Die hamburg-lübeckischen Pfundgeldlisten von 1458/59 und 1480–1487, in: Zeitschrift des Vereins für Lübeckische Geschichte und Altertumskunde 76 (1996), S. 27–53.
- DERS.: „dot eten de sustere unde brodere to hope". Die „Koste" der St. Antonius-Bruderschaft zur Burg in Lübeck. Zur Durchführung mittelalterlicher Feste in der Stadt Lübeck, in: Rolf HAMMEL-KIESOW / Michael HUNDT (Hrsg.): Das Gedächtnis der Hansestadt Lübeck. Festschrift für Antjekathrin Graßmann zum 65. Geburtstag, Lübeck 2005, S. 97–111.
- DERS.: Geld, Geschäfte, Informationen. Der Aufbau hansischer Handelsgesellschaften und ihre Verdienstmöglichkeiten (Handel, Geld und Politik vom frühen Mittelalter bis heute. Publikationen der Vortragsreihe zur Ausstellung: Pfeffer & Tuch für Mark & Dukaten. Waren und Geld des Hansekaufmanns im Spiegel des großen Lübecker Münzschatzes im Burgkloster zu Lübeck, 10), Lübeck 2007.
- DERS.: „Gott gebe ihnen ewige Seligkeit". Die Mitgliederverzeichnisse der Lübecker St. Antonius-, St. Leonhards- und Heilig-Leichnams-Bruderschaft zur Burg (Veröffentlichungen zur Geschichte der Hansestadt Lübeck, Reihe B), [Lübeck, in Vorbereitung].
- DERS.: Handelsnetze im Ostseeraum, in: Gerhard FOUQUET / Hans-Jörg GILOMEN (Hrsg.): Netzwerke im europäischen Handel des Mittelalters (Vorträge und Forschungen, 72) Ostfildern (2010), S. 189–212.
- DERS.: Lübeck, der Bankenplatz des Nordens? Lübecker Banken des 15. Jahrhunderts als Indikatoren eine neuen Kommunikationsmodells und eines sich ausweitenden Handelsraumes, in: Scripta Mercaturae 40 (2006), S. 149–168.
- DERS.: Netzwerke in Handel und Kommunikation an der Wende vom 15. zum 16. Jahrhundert am Beispiel zweier Revaler Kaufleute, masch. Habilitationsschrift Kiel 2004.
- DERS.: Das Silber des Meeres. Fang und Vertrieb von Ostseehering zwischen Norwegen und Italien (12.–16. Jahrhundert) (Quellen und Darstellungen zur Hansischen Geschichte, NF, 49), Köln u. a. 2000.
- DERS.: Pfundzollrechnungen im Ostseeraum – Bestand und Fragen der Auswertung, in: Zenon Hubert NOWAK / Janusz TANDECKI (Hrsg.): Die preußischen Hansestädte und ihre Stellung im Nord- und Ostseeraum des Mittelalters, Toruń 1998, S. 153–170.
- DERS.: Reval als Schnittstelle zwischen Gross- und Einzelhandel, in: Vana Tallinn 20 (2009), 56–77.
- DERS.: Some Aspects of Medieval Cloth Trade in the Baltic Sea Area, in: Kathrine Vestergard PEDERSEN (Hrsg.): The medieval broadcloth. Changing trends in fashions, manufacturing, and consumption (Ancient textiles series, 6), Oxford 2009, S. 74–89.

JARITZ, Gerhard: Seelenheil und Sachkultur. Gedanken zur Beziehung Mensch – Objekt im späten Mittelalter, in: Europäische Sachkultur des Mittelalters. Gedenkschrift aus Anlaß des zehnjährigen Bestehens des Instituts für mittelalterliche Realienkunde Österreichs (Veröffentlichungen des Instituts für Mittelalterliche Realienkunde Österreichs, 4; Sitzungsberichte der Akademie der Wissenschaften in Wien, Philosophisch-Historische Klasse, 374), Wien 1980, S. 57–81.

JEGGLE, Christof: Luxus, Kunst und Ökonomie, in: DERS. u. a. (Hrsg.): Luxusgegenstände und Kunstwerke vom Mittelalter bis zur Gegenwart (Irseer Schriften, NF, 8), Konstanz 2015, S. 513–534.

JENKS, Stuart: Das hansische Gästerecht, in: Hansische Geschichtsblätter 114 (1996), S. 2–60.

– DERS.: Transaktionskostentheorie und die mittelalterliche Hanse, in: Hansische Geschichtsblätter 123 (2005), S. 31–42.

JESKE, Hans: Der Fachwortschatz des Hansekaufmanns Hildebrand Veckinchusen, Bielefeld 2005.

JESSE, Wilhelm: Der wendische Münzverein (Quellen und Darstellungen zur Hansischen Geschichte, NF, 6), Lübeck 1928.

KEUTGEN, Friedrich: Hansische Handelsgesellschaften vornehmlich des 14. Jahrhunderts, in: Vierteljahrschrift für Sozial- und Wirtschaftsgeschichte 4 (1906), S. 278–324, 461–514, 567–632.

KLEIMINGER, Rudolf: Das Schwarze Kloster in Seestadt Wismar. Ein Beitrag zur Kultur- und Baugeschichte der norddeutschen Dominikanerklöster im Mittelalter, München 1938.

KLUGE, Arnd: Die Zünfte, Stuttgart 2007.

KÖBLER, Gerhard: Das Familienrecht in der spätmittelalterlichen Stadt, in: Alfred HAVERKAMP (Hrsg.): Haus und Familie in der spätmittelalterlichen Stadt (Städteforschung, Reihe A, 18), Köln/Wien 1984, S. 136–160.

KOEHLER, Berta: Das Revalgeschäft des Lübecker Kaufmanns Laurens Isermann (1532–1535), Diss. Kiel 1936.

KÖHLER, Erich: Einzelhandel im Mittelalter. Beiträge zur betriebs- und sozialwirtschaftlichen Struktur der mittelalterlichen Krämerei (Vierteljahrschrift für Sozial- und Wirtschaftsgeschichte, Beihefte, 36), Stuttgart/Berlin 1938.

KRANZ, Eberhard: Die Vormundschaft im mittelalterlichen Lübeck, Diss. jur. Kiel 1967.

KROLLMANN, H.: Art.: „Lubbe, Jakob", in: Altpreußische Biographie, Bd. 1, Königsberg 1941, S. 409.

KRUSENSTJERN, Benigna: Was sind Selbstzeugnisse? Begriffskritische und quellenkundliche Überlegungen anhand von Beispielen aus dem 17. Jahrhundert, in: Historische Anthropologie 2 (1994), S. 462–471.

KRÜNITZ, Johann Georg: Oekonomische Encyklopädie oder allgemeines System der Staats- Stadt- Haus- und Landwirthschaft in alphabetischer Ordnung, 1773–1858, 242 Bde., [Online unter URL: http://www.kruenitz1.uni-trier.de/ (zuletzt abgerufen am 23.10.2018)].

KÜMMEL, Juliane: Alltag und Festtag spätmittelalterlicher Handwerker, in: Cord MECKSEPER / Elisabeth SCHRAUT (Hrsg.): Mentalität und Alltag im Spätmittelalter (Kleine Vandenhoeck-Reihe, 1511), Göttingen 1985, S. 76–96.

LASCH, Agathe u. a. (Hrsg.): Mittelniederdeutsches Handwörterbuch, Bd. 1–3 (Lieferung 39), Neumünster bzw. Kiel/Hamburg 1928–2017.

LAUFFER, Victor: Danzigs Schiffs- und Waarenverkehr am Ende des 15. Jahrhunderts, in: Zeitschrift des Westpreußischen Geschichtsvereins 33 (1894), S. 1–44.

LAUR, Wolfgang: Historisches Ortsnamenlexikon von Schleswig-Holstein (Veröffentlichungen des Schleswig-Holsteinischen Landesarchivs, 28), 2., völlig veränderte und erweiterte Aufl., Neumünster 1992.

LENZ, Wilhelm: Äußere Beschreibung der Bücher, in: Michail P. LESNIKOV / Walter STARK (Hrsg.), Die Handelsbücher des Hildebrand Veckinchusen. Kontobücher und übrige Manuale (Quellen und Darstellungen zur hansischen Geschichte, NF, 67), Köln u. a. 2013, S. XLI–XLV.

LESNIKOV, Michail P.: Der hansische Pelzhandel zu Beginn des 15. Jahrhunderts, in: Gerhard HEITZ / Manfred UNGER (Hrsg.): Hansische Studien. Heinrich Sproemberg zum 70. Geburtstag (Forschungen zur mittelalterlichen Geschichte, 8), Berlin 1961, S. 219–272.

– DERS.: Einleitung, in: DERS. / Walter STARK (Hrsg.), Die Handelsbücher des Hildebrand Veckinchusen. Kontobücher und übrige Manuale (Quellen und Darstellungen zur hansischen Geschichte, NF, 67), Köln u. a. 2013, S. XIX–XL.

LINK, Christina: Der preußische Getreidehandel im 15. Jahrhundert. Eine Studie zur nordeuropäischen Wirtschaftsgeschichte (Quellen und Darstellungen zur hansischen Geschichte, NF, 68), Köln/Weimar/Wien 2014.

LINK, Hanna: Die geistlichen Brüderschaften des deutschen Mittelalters, insbesondere die Lübecker Antoniusbrüderschaft, in: Zeitschrift des Vereins für Lübeckische Geschichte und Altertumskunde 20 (1920), S. 181–269.

LISCH, Georg Friedrich: Die Landfahrer-Krämer-Compagnie zu Rostock und das Papagoien-Schießen dieser Compagnie, in: Jahrbücher des Vereins für meklenburgische Geschichte und Alterthumskunde 17 (1842), S. 188–210.

LÖFFELER, Anette: Samt und Seide, Leinen und Barchent. Das Fragment eines Bestell- und Rechnungsbuches eines schlesischen Kaufmanns aus dem 15. Jahrhundert, in: Vierteljahrschrift für Sozial- und Wirtschaftsgeschichte 94 (2007), S. 440–450.

LORENZEN-SCHMIDT, Klaus-Joachim: Kleines Lexikon alter schleswig-holsteinischer Gewichte, Maße und Währungseinheiten, Neumünster 1990.

MANTELS, Wilhelm: Aus dem Memorial oder Geheim-Buche des Lübecker Krämers Hinrich Dunkelgud, in: DERS.: Beiträge zur Lübisch-Hansischen Geschichte. Ausgewählte historische Arbeiten, Jena 1881, S. 341–369 [nach einem Vortrag aus dem Jahre 1866].

MARQUARDT, Uta: „… und hat sein Testament und letzten Willen also gemacht". Görlitzer Bürgertestamente des 16. Jahrhunderts (Thematische Schriften-Reihe „Historische Studien", 1), Leipzig 2009.

MASCHKE, Erich: Das Berufsbewußtsein des mittelalterlichen Fernkaufmanns, in: DERS.: Städte und Menschen. Beiträge zur Geschichte der Stadt, der Wirtschaft und Gesellschaft 1959–1977 (Vierteljahrschrift für Sozial- und Wirtschaftsgeschichte, Beihefte, 68), Wiesbaden 1980, S. 380–419 [zuerst erschienen 1964].

– DERS.: Der wirtschaftliche Aufstieg des Burkard Zink (1396–1474/5) in Augsburg, in: DERS.: Städte und Menschen. Beiträge zur Geschichte der Stadt, der Wirtschaft und Gesellschaft 1959–1977 (Vierteljahrschrift für Sozial- und Wirtschaftsgeschichte, Beihefte, 68), Wiesbaden 1980, S. 420–446 [zuerst erschienen 1965].

– DERS.: Die Familie in der deutschen Stadt des späten Mittelalters (Sitzungsberichte der Heidelberger Akademie der Wissenschaften. Philosophisch-Historische Klasse / 1980, 4) Heidelberg 1980.

– DERS.: Die Unterschichten der mittelalterlichen Städte Deutschlands, in: DERS.: Städte und Menschen. Beiträge zur Geschichte der Stadt, der Wirtschaft und Gesellschaft 1959–1977 (Vierteljahrschrift für Sozial- und Wirtschaftsgeschichte, Beihefte, 68), Wiesbaden 1980, S. 306–379 [zuerst erschienen 1966].

– DERS.: Mittelschichten in deutschen Städten des Mittelalters, in: DERS.: Städte und Menschen. Beiträge zur Geschichte der Stadt, der Wirtschaft und Gesellschaft 1959–1977 (Vierteljahrschrift für Sozial- und Wirtschaftsgeschichte, Beihefte, 68), Wiesbaden 1980, S. 275–305 [zuerst erschienen 1972].

– DERS.: Soziale Gruppen in der deutschen Stadt des späten Mittelalters, in: Josef FLECKENSTEIN / Karl STACKMANN (Hrsg.): Über Bürger, Stadt und städtische Literatur im Spätmittelalter. Bericht über Kolloquien der Kommission zur Erforschung der Kultur des Spätmittelalters 1975–1977, Göttingen 1980, S. 127–145.

MEYER, Andreas: Fernhandel mit Spanien im Spätmittelalter. Die Ravensburger Humpis-Gesellschaft, in: Dieter R. BAUER / Klaus HERBERS / Elmar L. KUHN (Hrsg.): Oberschwaben und Spanien an der Schwelle zur Neuzeit. Einflüsse – Wirkungen – Beziehungen (Oberschwaben – Ansichten und Aussichten, 6), Ostfildern 2006, S. 33–52.

MEYER, Günter: Art. „Mulich, Matthias", in: Biographisches Lexikon für Schleswig-Holstein und Lübeck, Bd. 12, Neumünster 2006, S. 321–324.

MEYER, Gunnar: „Besitzende Bürger" und „elende Sieche": Lübecks Gesellschaft im Spiegel ihrer Testamente 1400–1449 (Veröffentlichungen zur Geschichte der Hansestadt Lübeck Reihe B, 48), Lübeck 2010.

– DERS.: Die Klosterlandschaft des Hanseraums im Spiegel Lübecker Testamente, in: Joachim MÄHNERT / Stephan SELZER (Hrsg.): Vertraute Ferne. Kommunikation und Mobilität im Hanseraum, Husum 2012, S. 85–92.

- DERS.: Milieu und Memoria – Schichtspezifisches Stiftungsverhalten in Lübecker Testamenten aus dem 2. Viertel des 15. Jahrhunderts, in: Zeitschrift des Vereins für Lübeckische Geschichte und Altertumskunde 78 (1998), S. 115–141.
- DERS.: Paläosoziometrie – ein Versuch, das Beziehungsgeflecht der Lübecker „Oberschicht" des frühen 15. Jahrhunderts anhand von Testamenten zu rekonstruieren, in: Harm von SEGGERN / Gerhard FOUQUET (Hrsg.): Beiträge zur Sozialgeschichte Lübecker Oberschichten im Spätmittelalter: Vorträge einer Arbeitssitzung vom 14. Juli 2000 in Kiel (Online-Publikationen der Kieler Professur für Wirtschafts- und Sozialgeschichte, 1) Kiel 2005, S. 55–74 [Online unter URL: http://www.histosem.uni-kiel.de/lehrstuehle/wirtschaft/epubl/epubl.htm (zuletzt abgerufen am 06.01.2015)].

MICKWITZ, Gunnar: Aus Revaler Handelsbüchern: Zur Technik des Ostseehandels in der ersten Hälfte des 16. Jahrhundert (Commentationes humanarum litterarum, 9,8), Helsingfors 1938.
- DERS.: Luxus- oder Massenware im spätmittelalterlichen Tuchfernhandel?, in: Vierteljahrschrift für Sozial- und Wirtschaftsgeschichte 32 (1939), S. 245–250.

MIECK, Ilja: Les témoignages oculaires du pèlerinage à Saint-Jacques de Compostelle. Etude bibliographique (du XIIe au XVIIIe siècle), in: Compostellanum 22 (1977), S. 201–232.

MITTERAUER, Michael: Familie und Arbeitsorganisation in städtischen Gesellschaften des späten Mittelalters und der Frühen Neuzeit, in: Alfred HAVERKAMP (Hrsg.): Haus und Familie in der spätmittelalterlichen Stadt (Städteforschung, Reihe A, 18), Köln/Wien 1984, S. 1–36.

MOLTKE, Siegfried: Die Leipziger Kramer-Innung im 15. und 16. Jahrhundert. Zugleich ein Beitrag zur Leipziger Handelsgeschichte, Leipzig 1901.

MORRIS, Bridget: St. Birgitta of Sweden (Studies in medieval mysticism, 1), Woodbridge u. a. 1999.

MOZZATO, Andrea: Luxus und Tand: Der internationale Handel mit Rohstoffen, Farben, Brillen und Luxusgütern im Venedig des 15. Jahrhunderts am Beispiel des Apothekers Agostino Altucci, in: Christof JEGGLE u. a. (Hrsg.): Luxusgegenstände und Kunstwerke vom Mittelalter bis zur Gegenwart (Irseer Schriften, NF, 8), Konstanz 2015, S. 377–406.

MOŻDŻEŃ, Julia: Jakob Lubbes Familienaufzeichnungen als Zeugnis der Lebensselbstdarstellung eines Krämers im Danzig um die Wende des 15. Jahrhunderts, in: Bulletin der Polnischen Historischen Mission 8 (2013), S. 187–233.

MUCH, Rudolf: Oheim, in: Zeitschrift für deutsches Altertum und Literatur 69 (1932), S. 46–48.

MÜHRENBERG, Doris: Öffentliche Plätze und Märkte in Lübeck, in: Manfred GLÄSER (Hrsg.): Archäologie des Mittelalters und Bauforschung im Hanseraum: Eine Festschrift für Günter P. Fehring (Schriften des Kulturhistorischen Museums Rostock, 1), Rostock 1993, S. 289–296.

MYŚLIWSKI, Grzegorz: Retail Trade in Wrocław between around the Mid-Thirteenth and the Fifteenth Centruy, in: Il commercio al minuto. Domanda e offerta tra economica formale e informale secc. XIII–XVIII = Retail trade. Supply and demand in the formal and informal economy from the 13th to the 18th century: selezione di ricerche (Serie II – Atti delle „Settimane di Studi" e altri Convegni, 46), Firenze 2015, S. 277–294.

NEUMANN, Gerhard: Hinrich Castorp. Ein Lübecker Bürgermeister aus der zweiten Hälfte des 15. Jahrhunderts (Veröffentlichungen zur Geschichte der Freien und Hansestadt Lübeck, 11), Lübeck 1932.

NOODT, Birgit: Religion und Familie in der Hansestadt Lübeck anhand der Bürgertestamente des 14. Jahrhunderts (Veröffentlichungen zur Geschichte der Hansestadt Lübeck, Reihe B, 33), Lübeck 2000.

NORDMANN, Claus: Nürnberger Großhändler im spätmittelalterlichen Lübeck (Nürnberger Beiträge zu den Wirtschafts- und Sozialwissenschaften, 37–38), Nürnberg 1933.
- DERS.: Oberdeutschland und die deutsche Hanse (Pfingstblätter des Hansischen Geschichtsvereins, 26), Weimar 1939.

NORTH, Michael (Hrsg.): Von Aktie bis Zoll: ein historisches Lexikon des Geldes, München 1995.

NYBERG, Tore: Birgittinische Klostergründungen des Mittelalters (Bibliotheca historica Lundensis, 15), Lund 1965.

OEXLE, Otto Gerhard: Art. „Wirtschaft III. Mittelalter, 1. Der mittelalterliche Begriff ‚Haus'", in: Geschichtliche Grundbegriffe, Bd. 7, Stuttgart 1992, S. 526–550.

- DERS.: Soziale Gruppen in der Ständegesellschaft: Lebensformen des Mittelalters und ihre historischen Wirkungen, in: DERS. / Andrea von HÜLSEN-ESCH (Hrsg.): Die Repräsentation der Gruppen. Texte – Bilder – Objekte (Veröffentlichungen des Max-Planck-Instituts für Geschichte, 141), Göttingen 1998, S. 9–44.
OLDEKOP, Henning: Topographie des Herzogtums Holstein einschließlich Kreis Herzogtum Lauenburg, Fürstentum Lübeck, Einklaven der Freien und Hansestadt Lübeck, Enklaven der Freien und Hansestadt Hamburg, Bd. 2, Kiel 1908.
ORLOWSKA, Anna Paulina: Handel in einem Kaufmannsnetz: Der Danziger Johan Pyre, in: Joachim MÄHNERT / Stephan SELZER (Hrsg.): Vertraute Ferne. Kommunikation und Mobilität im Hanseraum, Husum 2012.
PARK, Heung-Sik: Krämer- und Hökergenossenschaften im Mittelalter. Handelsbedingungen und Lebensformen in Lüneburg, Goslar und Hildesheim (Göttinger Forschungen zur Landesgeschichte, 8), Bielefeld 2005.
PAULI, Carl Wilhelm: Über die Bedeutung Lübecks als Wechselplatz des Nordens, in: DERS.: Lübeckische Zustände im Mittelalter, Teil 2, Lübeck 1872, S. 98–118.
PAWIS, Reinhard: Art. „Lubbe, Jakob", in: Die deutsche Literatur des Mittelalters: Verfasserlexikon, Bd. 5, Berlin/New York² 1985, Sp. 925 f.
PELUS-KAPLAN, Marie-Louise: Archive hansischer Kaufleute aus dem 16. und 17. Jahrhundert, in: Jochen HOOCK / Wilfried REININGHAUS (Hrsg.): Kaufleute in Europa. Handelshäuser und ihre Überlieferung in vor- und frühindustrieller Zeit. Beiträge der Tagung im Westfälischen Wirtschaftsarchiv 9. bis 11. Mai 1996 (Untersuchungen zur Wirtschafts-, Sozial- und Technikgeschichte, 16), Dortmund 1997, S. 25–36.
- DIES.: Investitionsformen in Lübeck und ihre Rolle in der Vermögensbildung, in: Stuart JENKS / Michael NORTH (Hrsg.): Der hansische Sonderweg? Beiträge zur Sozial- und Wirtschaftsgeschichte der Hanse (Quellen und Darstellungen zur hansischen Geschichte, 39), Köln u. a. 1993, S. 95–108.
- DIES.: Zu einer Geschichte der Buchhaltung im hansischen Bereich. Die Handbücher der Lübecker Kaufleute vom Anfang des 16. bis zum Ende des 17. Jahrhunderts, in: Zeitschrift des Vereins für Lübeckische Geschichte und Altertumskunde 74 (1994), S. 31–45.
PENNDORF, Balduin: Geschichte der Buchhaltung in Deutschland, Leipzig 1913.
PETRY, Ludwig: Die Popplau. Eine schlesische Kaufmannsfamilie des 15. und 16. Jahrhunderts (Historische Untersuchungen (Breslau), 15), Breslau 1935.
PICCARD, Gerhard: Wasserzeichensammlung Piccard-online [Online unter der URL: http://www.piccard-online.de/start.php (zuletzt abgerufen am 24.08.2014)].
PITZ, Ernst: Schrift- und Aktenwesen der städtischen Verwaltung im Spätmittelalter: Köln – Nürnberg – Lübeck. Beitrag zur vergleichenden Städteforschung und zur spätmittelalterlichen Aktenkunde (Mitteilungen aus dem Stadtarchiv von Köln, 45) Köln 1959.
PLATE, Frauke: *Biddet vor das geslecht*. Memoria und Repräsentation im mittelalterlichen Hamburg, in: Thomas HILL / Dietrich W. POECK (Hrsg.): Gemeinschaft und Geschichtsbilder im Hanseraum (Kieler Werkstücke, Reihe E. Beiträge zur Sozial- und Wirtschaftsgeschichte, 1), Frankfurt a. M. 2000, S. 61–100.
POECK, Dietrich W.: Klöster und Bürger. Eine Fallstudie zu Lübeck (1225–1531), in: Hagen KELLER (Hrsg.): Vom Kloster zum Klosterverband. Das Werkzeug der Schriftlichkeit. Akten des Internationalen Kolloquiums des Projekts L 2 im SFB 231 (Münstersche Mittelalter-Schriften, 74), München 1997, S. 423–451.
- DERS.: Wohltat und Legitimation, in: Peter JOHANEK (Hrsg.): Städtisches Gesundheits- und Fürsorgewesen vor 1800 (Städteforschung, A 50), Köln/Weimar/Wien 2000, S. 1–17.
PRANGE, Wolfgang: Bischof und Domkapitel zu Lübeck. Hochstift, Fürstentum und Landesteil 1160–1937 (Einzelveröffentlichung des Vereins für Lübeckische Geschichte und Altertumskunde), Lübeck 2014.
RABELER, Sven: Karitative Stiftungen im mittelalterlichen Lübeck (13. bis 16. Jahrhundert) [erscheint 2019 in der Reihe: Kieler Werkstücke, Reihe E].

– Ders.: Testaments- und Stiftungsbücher in Städten des südwestlichen Ostseeraums (15. und 16. Jahrhundert). Formen – Funktionen – Inhalte, in: Hanno Brand / Sven Rabeler / Harm von Seggern (Hrsg.): Gelebte Normen im urbanen Raum? Zur sozial- und kulturgeschichtlichen Analyse rechtlicher Quellen in Städten des Hanseraums (13. bis 16. Jahrhundert) (Groninger Hanze Studies, 5), Hilversum 2014, S. 101–117.

Rahn, Kerstin: Wirkungsfelder religiöser Bruderschaften in spätmittelalterlichen Städten der sächsischen und wendischen Hanse, in: Nils Jörn / Detlef Kattinger / Horst Wernicke (Hrsg.): Genossenschaftliche Strukturen in der Hanse (Quellen und Darstellungen zur hansischen Geschichte, 48), Köln/Weimar/Wien 1999, S. 165–180.

Rehme, Paul: Das Lübecker Ober-Stadtbuch. Ein Beitrag zur Geschichte der Rechtsquellen und des Liegenschaftsrechtes. Mit einem Urkundenbuche, Hannover 1895.

Reich, Anne-Kathrin: Kleidung als Spiegelbild sozialer Differenzierung: Städtische Kleiderordnungen vom 14. bis zum 17. Jahrhundert am Beispiel der Altstadt Hannover (Quellen und Darstellungen zur Geschichte Niedersachsens, 125), Hannover 2005.

Reichstein, Frank-Michael: Das Beginenwesen in Deutschland. Studien und Katalog (Wissenschaftliche Schriftenreihe Geschichte, 9), Berlin 2001.

Reincke, Heinrich, „Albert II.", in: Neue Deutsche Biographie 1 (1953), S. 129 [Online unter der URL: https://www.deutsche-biographie.de/pnd104239921.html#ndbcontent (zuletzt abgerufen am 14.02.2018)].

Reitemeier, Arnd: „... to den buwe gheve ik ...": Bedeutung und Attraktivität der Pfarrkirchen im späten Mittelalter, in: Antjekathrin Grassmann (Hrsg.): Der Kaufmann und der liebe Gott: Zu Kommerz und Kirche in Mittelalter und früher Neuzeit (Hansische Studien, 18), Trier 2009, S. 59–88.

Reith, Reinhold: Art. „Brille", in: Enzyklopädie der Neuzeit, Bd. 2, Stuttgart/Weimar 2005, Sp. 421–426.

Röckelein, Hedwig: Die Verehrung des Apostels Jakobus d. Ä. in den norddeutschen Hansestädten. Eine Einführung, in: Dies. (Hrsg.): Der Kult des Apostels Jakobus d. Ä. in norddeutschen Hansestädten (Jakobus-Studien, 15) Tübingen 2005, S. 3–25.

Rörig, Fritz: Der Markt von Lübeck. Topographisch-statistische Untersuchungen zur deutschen Sozial- und Wirtschaftsgeschichte, (Sonderdruck aus: Lübische Forschungen. Jahrhundertgabe des Vereins für Lübeckische Geschichte und Altertumskunde) Leipzig 1922.

Rogge, Jörg: Für den Gemeinen Nutzen. Politisches Handeln und Politikverständnis von Rat und Bürgerschaft in Augsburg im Spätmittelalter (Studia Augustana, 6), Tübingen 1996.

– Ders.: Geschlechtergesellschaften, Trinkstuben und Ehre. Bemerkungen zur Gruppenbildung und den Lebensordnungen in den Führungsschichten mittelalterlicher Städte, in: Gerhard Fouquet / Matthias Steinbrink / Gabriel Zeilinger (Hrsg.): Geschlechtergesellschaften, Zunft-Trinkstuben und Bruderschaften in spätmittelalterlichen und frühneuzeitlichen Städten. 40. Arbeitstagung in Pforzheim 16.–18. November 2001 (Stadt in der Geschichte, 30), S. 99–258.

Rohmann, Gregor: „Eines Erbaren Raths gehorsamer amptmann". Clemens Jäger und die Geschichtsschreibung des 16. Jahrhunderts (Veröffentlichungen der Schwäbischen Forschungsgemeinschaft bei der Kommission für Bayerische Landesgeschichte, 1,28), Augsburg 2001.

Ropp, Goswin Freiherr von der: Kaufmannsleben zur Zeit der Hanse (Pfingstblätter des Hansischen Geschichtsvereins, 3), Leipzig 1907.

Rossi, Helga: Lübeck und Schweden in der ersten Hälfte des 16. Jahrhunderts. Das Lübecker Holmevarer-Kolleg zwischen 1520 und 1540 (Veröffentlichungen zur Geschichte der Hansestadt Lübeck, Reihe B, 49), Lübeck 2011 [teilw. zugl.: Diss. phil. Kiel 1959].

Rothmann, Michael: Die Frankfurter Messen im Mittelalter (Frankfurter historische Abhandlungen, 40), Stuttgart 1998.

Rühle, Siegfried: Jakob Lubbe, ein Danziger Bürger des 15. Jahrhunderts, in: Mitteilungen des Westpreußischen Geschichtsvereins 23 (1924), S. 17–30, 33–45.

Rülke, Friedrich: Die Verlagerung der Handelswege zwischen 1450 und 1550 und ihre Rückwirkung auf die Deutsche Hanse, Diss. Techn. Univ. Hannover 1971.

RÜTHER, Stefanie: Prestige und Herrschaft. Zur Repräsentation der Lübecker Ratsherren in Mittelalter und Früher Neuzeit (Norm und Struktur, 16), Köln/Weimar/Wien 2003.
SAMSONOWICZ, Henry: Neue Typen von Unternehmen in Danzig im 15. Jahrhundert, in: Detlef KATTINGER / Ralf-Gunnar WERLICH / Horst WERNICKE (Hrsg.): Akteure und Gegner der Hanse. Zur Prosopographie der Hansezeit. Gedächtnisschrift Konrad Fritze (Hansische Studien, 9; Abhandlungen zur Handels- und Sozialgeschichte, 30), Weimar 1995, S. 317–322.
– DERS.: Untersuchungen über das Danziger Bürgerkapital in der zweiten Hälfte des 15. Jahrhunderts (Abhandlungen zur Handels- und Sozialgeschichte, 8), Weimar 1969.
SASS, Karl Heinz: Hansischer Einfuhrhandel in Reval um 1430 (Wissenschaftliche Beiträge zur Geschichte und Landeskunde Ost-Mitteleuropas, 19), Marburg 1955.
SCHILDHAUER, Johannes: Stralsunder Bürgertestamente als Quellen zur Lebensweise der städtischen Bevölkerung – die bürgerliche Familie, in: Horst WERNICKE / Nils JÖRN (Hrsg.): Beiträge zur hansischen Kultur-, Verfassungs- und Schiffahrtsgeschichte (Hansische Studien, 10; Abhandlungen zur Handels- und Sozialgeschichte, 31), Weimar 1998, S. 67–72.
– DERS. / Vorname FRITZE, Konrad / STARK, Walter: Die Hanse, 5. Aufl., Berlin 1982.
SCHILLER, Karl / LÜBBEN, August: Mittelniederdeutsches Wörterbuch, 6 Bde., Bremen 1875–1881 (ND Vaduz 2009).
SCHLICHTING, Mary Elisabeth: Religiöse und gesellschaftliche Anschauungen in den Hansestädten des späten Mittelalters, Diss. Berlin 1935 Saalfeld/Ostpr. 1935.
SCHMID, Barbara: Schreiben für Status und Herrschaft. Deutsche Autobiographik in Spätmittelalter und früher Neuzeit, Zürich 2006.
SCHMIDT, Gustav Heinrich: Zur Agrargeschichte Lübecks und Ostholsteins. Studien nach archivalischen Quellen, Zürich 1887.
SCHMIDT, Heinrich: Die Deutschen Städtechroniken als Spiegel des bürgerlichen Selbstverständnisses im Spätmittelalter (Schriftenreihe der Historischen Kommission bei der Bayerischen Akademie der Wissenschaften, 3), Göttingen 1958.
SCHMIDT-RIMPLER, Walter: Die Geschichte des Kommissionsgeschäfts in Deutschland, Bd. 1: Die Zeit bis zum Ende des 15. Jahrhunderts, Halle 1915.
SCHMOLINSKY, Sabine: Selbstzeugnisse im Mittelalter, in: Klaus ARNOLD / Sabine SCHMOLINSKY / Urs Martin ZAHND (Hrsg.): Das dargestellte Ich. Studien zu Selbstzeugnissen des späteren Mittelalters und der frühen Neuzeit (Selbstzeugnisse des Mittelalters und der beginnenden Neuzeit, 1), Bochum 1999, S. 19–28.
– DIES.: Sich schreiben in der Welt des Mittelalters. Begriffe und Kontoren einer mediävistischen Selbstzeugnisforschung (Selbstzeugnisse des Mittelalters und der beginnenden Neuzeit, 4), Bochum 2012.
SCHÖTZ, Susanne: Zur Mitgliedschaft von Frauen in der Leipziger Kramerinnung im Spätmittelalter bzw. zu Beginn der Frühen Neuzeit (1477–1695), in: Harmut ZWAHR / Uwe SCHIRMER / Henning STEINFÜHRER (Hrsg.): Leipzig, Mitteldeutschland und Europa. Festgabe für Manfred Straube und Manfred Unger zum 70. Geburtstag, Beucha 2000, S. 57–67.
SCHULTE, Aloys: Geschichte der grossen Ravensburger Handelsgesellschaft: 1380–1530, Bd. 2, Stuttgart/Berlin 1923 (ND Wiesbaden 1964).
SCHULTZE, Johannes: Richtlinien für die äußere Textgestaltung bei Herausgabe von Quellen zur neueren deutschen Geschichte, in: Blätter für deutsche Landesgeschichte 98 (1962), S. 1–11.
SCHULZ, Knut: Handwerk, Zünfte und Gewerbe im Mittelalter und Renaissance, Darmstadt 2010.
– DERS.: Handwerksgesellen und Lohnarbeiter. Untersuchungen zur oberrheinischen und oberdeutschen Stadtgeschichte des 14. bis 17. Jahrhunderts, Sigmaringen 1985.
SCHULZE, E.: Ein Krämerbuch aus dem Ende des 15. Jahrhunderts, in: Neues Lausitzisches Magazin 73 (1897), S. 181–201.
SCHULZE, Winfried: Ego-Dokumente. Annäherung an den Menschen in der Geschichte? Vorüberlegungen für die Tagung „Ego-Dokumente", in: DERS. (Hrsg.): Ego-Dokumente. Annäherung an den Menschen in der Geschichte (Selbstzeugnisse der Neuzeit, 2), Berlin 1996, S. 11–30.
SEGGERN, Harm von: Bewertung und Gefühle. Ausdrücke der Emotionen im sog. Tagebuch des Kaufmanns Lukas Rem (1481–1541), in: Angelika WESTERMANN / Stefanie von WELSER (Hrsg.):

Person und Milieu. Individualbewusstsein? Persönliches Profil und soziales Umfeld (Neunhofer Dialog, 3), Husum 2013, S. 241–260.
- DERS.: Der Export Nürnberger Metallwaren in den Ostseeraum, in: Anzeiger des Germanischen Nationalmuseums (2002), S. 214–223.
- DERS.: Handelsgesellschaften in Lübeck gegen Ende des 15. Jahrhunderts, in: Simonetta CAVACIOCCHI (Hrsg.): La famiglia nell'economia Eiropea secc. XIII–XVIII / The Economic Role of the Family in the European Economy from the 13th to the 18th Centuries (= Fondazione Istituto Internazionale di Storia Economica „F. Datini", Prato, Serie II: Atti delle Settimane di Studi e altri Convegni, 40). Florenz 2009. S. 457–469.
- DERS.: Kaufmannsbücher aus dem Norden des Reiches, in: Rechnungswesen im späten Mittelalter, Online-Publikation der Ergebnisse zur Tagung Kiel 6.–7. Juli 2001, o. S. [Online un-ter der URL: https://www.histsem.uni-kiel.de/de/abteilungen/wirtschafts-und-sozialgeschichte/tagungen/rechnungswesen-im-spaeten-mittelalter/tagung-2001-rechnungswesen-im-spaeten-mittelalter (zuletzt abgerufen am 17.01.2016)].
- DERS.: Quellenkunde als Methode. Zum Aussagewert der Lübecker Niederstadtbücher des 15. Jahrhunderts (Quellen und Darstellungen zur hansischen Geschichte, 72), Köln/Weimar/Wien 2016.
- DERS.: Verschuldung und „Prekariat" in Lübeck um 1500. Der Aussagewert der Stadtbücher, in: Zeitschrift des Vereins für Lübeckische Geschichte und Altertumskunde 94 (2014), S. 51–74.

SELZER, Stephan: Artushöfe im Ostseeraum. Ritterlich-höfische Kultur in den Städten des Preußenlandes im 14. und 15. Jahrhundert (Kieler Werkstücke, Reihe D. Beiträge zur europäischen Geschichte des späten Mittelalters, 8), Frankfurt a. M. 1996.
- DERS.: Bürger an König Artus' Tafel. Gemeinschaft und Erinnerung in den Artushöfen des Preußenlandes, in: Thomas HILL / Dietrich W. POECK (Hrsg.): Gemeinschaft und Geschichtsbilder im Hanseraum (Kieler Werkstücke, Reihe E: Beiträge zur Sozial- und Wirtschaftsgeschichte, 1), Frankfurt a. M. 2000, S. 123–143.
- DERS.: Geheimer Schoß und sichtbare Statussymbole – Konsum als Zeichen sozialer Zuordnung in spätmittelalterlichen Städten des Hanseraums. Eine Problemskizze, in: Matthias MEINHARDT / Andreas RANFT (Hrsg.): Die Sozialstruktur und Sozialtopographie vorindustrieller Städte. Beiträge eines Workshops am Institut für Geschichte der Martin-Luther-Universität Halle-Wittenberg am 27. und 28. Januar 2000 (Hallische Beiträge zur Geschichte des Mittelalters und der Frühen Neuzeit, 1), Berlin 2005, S. 89–120.
- DERS.: Trinkstuben als Orte der Kommunikation. Das Beispiel der Artushöfe im Preußenland, ca. 1350–1550, in: Gerhard FOUQUET / Matthias STEINBRINK / Gabriel ZEILINGER (Hrsg.): Geschlechtergesellschaften, Zunft- Trinkstuben und Bruderschaften. 40. Arbeitstagung in Pforzheim 16.–18. November 2001 (Stadt in der Geschichte, 30), Stuttgart 2003, S. 73–98.
- DERS. / EWERT, Ulf Christian: Verhandeln und Verkaufen, Vernetzen und Vertrauen. Über die Netzwerkstruktur des hansischen Handels, in: Hansische Geschichtsblätter 119 (2001), S. 135–161.

SIMON, Ulrich: Das Bier, in: Gerhard GERKENS / Antjekathrin GRASSMANN (Hrsg.): Lust und Last des Trinkens in Lübeck. Beiträge zu dem Phänomen vom Mittelalter bis zum 19. Jahrhundert, Lübeck 1996, S. 172–174.
- DERS.: „Ein Geschäft, welches nüchtern und kaufmännisch erledigt sein wollte". Zu den Heiratsprinzipien und der sozialen Einordnung des Lübecker Kaufmanns, in: Gerhard GERKENS / Antjekathrin GRASSMANN (Hrsg.): Der Lübecker Kaufmann. Aspekte seiner Lebens- und Arbeitswelt vom Mittelalter bis zum 19. Jahrhundert. Begleitpublikation zur Ausstellung vom 27. Juni bis zum 31. Oktober 1992 im Burgkloster zu Lübeck, Lübeck 1993, S. 93–96.
- DERS.: Stand, Vermögen, Stadtvermögen. Das gesellige Trinken vom Mittelalter bis zum Ende der Luxusordnungen, in: Gerhard GERKENS / Antjekathrin GRASSMANN (Hrsg.): Lust und Last des Trinkens in Lübeck. Beiträge zu dem Phänomen vom Mittelalter bis zum 19. Jahrhundert, Lübeck 1996, S. 49–65.

SIMSON, Paul: Der Artushof in Danzig und seine Brüderschaften, die Banken, Danzig 1900 (ND Aalen 1969).

SLASKI, Witold von: Danziger Handel im 15. Jahrhundert auf Grund eines im Danziger Stadtarchiv befindlichen Handlungsbuches geschildert, [Diss. Heidelberg 1905] 7. Aufl., Stuttgart 1973.

SPRANDEL, Rolf: Die Konkurrenzfähigkeit der Hanse im Spätmittelalter, in: Hansische Geschichtsblätter 102 (1984), S. 21–38.

– DERS.: Gesellschaft und Literatur im Mittelalter (Uni-Taschenbücher, 1218), Paderborn u. a. 1982.

SPUFFORD, Peter: Handbook of Medieval Exchange (Royal Historical Society Guides and Handbooks, 13), London 1986.

STARK, Walter: Lübeck und Danzig in der zweiten Hälfte des 15. Jahrhunderts. Untersuchungen zum Verhältnis der wendischen und preußischen Städte in der Zeit des Niedergangs der Hanse (Abhandlungen zur Handels- und Sozialgeschichte, 11), Weimar 1973.

– DERS.: Über hansische Kaufmannsbücher und Kaufmannsbriefe, in: Evamaria ENGEL / Konrad FRITZE / Johannes SCHILDHAUER (Hrsg.): Hansische Stadtgeschichte – Brandenburgische Landesgeschichte. Eckhard Müller-Mertens zum 65. Geburtstag (Abhandlungen zur Handels- und Sozialgeschichte, 26; Hansische Studien, 8), Weimar 1989, S. 241–249.

– DERS.: Über Techniken und Organisationsformen des hansischen Handels im Spätmittelalter, in: Stuart JENKS / Michael NORTH (Hrsg.): Der hansische Sonderweg? Beiträge zur Sozial- und Wirtschaftsgeschichte der Hanse (Quellen und Darstellungen zur hansischen Geschichte, NF, 39), Köln u. a. 1993, S. 191–202.

– DERS.: Untersuchungen zum Profit beim hansischen Handelskapital in der ersten Hälfte des 15. Jahrhunderts, Weimar 1985.

STOCKHUSEN, Sabrina: Die Einwanderer Hermen und Thewes Trechouw. Zwei Mitglieder der Lübecker Krämerkompanie am Ende des 15. Jahrhunderts, in: Harm von SEGGERN / Gabriel ZEILINGER (Hrsg.): „Es geht um die Menschen". Beiträge zur Wirtschafts- und Sozialgeschichte des Mittelalters für Gerhard Fouquet zum 60. Geburtstag, Frankfurt am Main u. a. 2012, S. 189–203.

– DIES.: Die Fernhandelsgeschäfte der Mitglieder der Lübecker Krämerkompanie am Beispiel der Lübecker Pfundzollbücher aus den Jahren 1492 bis 1496, in: Oliver AUGE (Hrsg.): Hansegeschichte als Regionalgeschichte. Beiträge einer internationalen und interdisziplinären Winterschule in Greifswald vom 20. bis 24. Februar 2012 (Kieler Werkstücke, Reihe A: Beiträge zur schleswig-holsteinischen und skandinavischen Geschichte, 37), Frankfurt a. M. u. a. 2014, S. 349–372.

– DIES.: Market conditions of wholesale and retail trade in Lübeck at the end of the 15th and the beginning of the 16th century – The ‚Krämer' Hinrik Dunkelgud and his account book (1479–1517) (Working papers Datini-ESTER advanced seminar: The market and its Agents. Prato, 2–7 maggio 2014), hrsg. von der Fonazione Istituto Internationale di Storia Economica „F. Datini", paper 1/2015. [Online unter der URL: http://www.istitutodatini.it/working_papers/stockhusen/pdf/working_paper.pdf (zuletzt abgerufen am 13.03.2016)]

STREBITZKI, Johannes: Lubbe's Chronik. Ein Beitrag zur Culturgeschichte Danzigs, in: Altpreußische Monatsschrift 11 (1874), S. 242–251.

STROMER, Wolfgang von: Das Schriftwesen der Nürnberger Wirtschaft vom 14. bis zum 16. Jahrhundert. Zur Geschichte Oberdeutscher Handelsbücher, in: Beiträge zur Wirtschaftsgeschichte Nürnbergs, Bd. 2 (Beiträge zur Geschichte und Kultur der Stadt Nürnberg, 11,2), Nürnberg 1967, S. 751–799.

STUDT, Birgit: Einführung, in: DIES. (Hrsg.): Haus- und Familienbücher in der städtischen Gesellschaft des Spätmittelalters und der Frühen Neuzeit (Städteforschung A, 69), Köln u. a. 2007, S. IX–XX.

THEUERKAUF, Ulrich: Die Wirtschafts- und Sozialstruktur einer mittelständischen Berufsgruppe. Dargestellt am Beispiel der Kramer im spätmittelalterlichen Hamburg, Diss. phil. Hamburg 1972.

THUMSER, Matthias: Verfahrensweisen bei der Edition deutschsprachiger Geschichtsquellen (13.–16. Jahrhundert), in: DERS. / Janusz TANDECKI / Dieter HECKMANN (Hrsg.): Edition deutschsprachiger Quellen aus dem Ostseeraum (14.–16. Jahrhundert), Toruń 2001, S. 13–34.

TOPHINKE, Doris: Handelstexte. Zu Textualität und Typik kaufmännischer Rechnungsbücher im Hanseraum des 14. und 15. Jahrhunderts (Script Oralia, 114), Tübingen 1999.

TSCHIPKE, Ina: Lebensformen in der spätmittelalterlichen Stadt. Untersuchungen anhand von Quellen aus Braunschweig, Hildesheim, Göttingen und Duderstadt (Schriftenreihe des Landschaftsverbandes Südniedersachsen, 3), Hannover 1993.

ULBRICH, Claudia / MEDICK, Hans / SCHASER, Angelika: Selbstzeugnis und Person. Transkulturelle Perspektiven, in: DIES. (Hrsg.): Selbstzeugnis und Person. Transkulturelle Perspektiven (Selbstzeugnisse der Neuzeit, 20), Köln u. a. 2012, S. 1–19.

ULPTS, Ingo: Die Bettelorden in Mecklenburg. Ein Beitrag zur Geschichte der Franziskaner, Klarissen, Dominikaner und Augustiner-Eremiten im Mittelalter (Saxonia Franciscana, 6), Werl 1995.

UNGER, Helga: Die Beginen. Eine Geschichte von Aufbruch und Unterdrückung der Frauen (Herder spektrum, 5643), Freiburg im Br./Basel/Wien 2005.

UNTERHORST, Max: Geschichte und Bedeutung der Kieler Kramerkompanie, Diss. phil. Kiel 1913.

VAVRA, Elisabeth: Art. „Barett", in: Lexikon des Mittelalters, Bd. 1, München 2003, Sp. 1459 f.

VÁZQUEZ DE PARGA, Luis / LACARRA, José María / RIU, Juan Uría: Las peregrinaciones a Santiago de Compostela, Bd. 1, Madrid 1948 (ND Pamplona 1998).

VOGELSANG, Reinhard: Salz und Korn. Zum Revaler Handel im 15. Jahrhundert, in: Norbert ANGERMANN / Wilhelm LENZ (Hrsg.): Reval. Handel und Wandel vom 13. bis zum 20. Jahrhundert (Schriften der Baltischen Historischen Kommission, 8), Lüneburg 1997, S. 135–172.

VOGTHERR, Hans-Jürgen: Hamburger Faktoren von Lübecker Kaufleuten des 15. und 16. Jahrhunderts, in: Zeitschrift des Vereins für Lübeckische Geschichte und Altertumskunde 73 (1993), S. 39–138.

– DERS.: Livlandhandel und Livlandverkehr Lübecks am Ende des 15. Jahrhunderts, in: Norbert ANGERMANN (Hrsg.): Fernhandel und Handelspolitik der baltischen Städte in der Hansezeit. Beiträge zur Erforschung mittelalterlicher und frühneuzeitlicher Handelsbeziehungen und -wege im europäischen Rahmen (Schriften der Baltischen Historischen Kommission, 11), Lüneburg 2001, S. 201–237.

VOLCKART, Oliver: Die Münzpolitik im Ordensland und Herzogtum Preußen von 1370 bis 1550 (Quellen und Studien / Deutsches Historisches Institut Warschau, 4), Wiesbaden 1996.

VON ZUR MÜHLEN, Heinz: Zur Frühgeschichte der Revaler Gilden, in: Norbert ANGERMANN / Wilhelm LENZ (Hrsg.): Reval. Handel und Wandel vom 13. bis zum 20. Jahrhundert (Schriften der Baltischen Historischen Kommission, 8), Lüneburg 1997, S. 15–42.

VOSSHALL, Anja: Stadtbürgerliche Verwandtschaft und kirchliche Macht. Karrieren und Netzwerke Lübecker Domherren zwischen 1400 und 1530 (Kieler Werkstücke, Reihe E: Beiträge zur Sozial- und Wirtschaftsgeschichte, 12), Frankfurt am Main 2016.

WÄCHTER, Hans: Altpreußische Scheffelgrößen, in: Zeitschrift für Agrargeschichte und Agrarsoziologie 4 (1956), S. 30–43.

WAGNER, Berit: Zwischen Ideal und Realität – Die Strategien der deutschen Maler und Bildschnitzer auf dem freien Kunstmarkt im Spätmittelalter, in: Christof JEGGLE u. a. (Hrsg.): Luxusgegenstände und Kunstwerke vom Mittelalter bis zur Gegenwart (Irseer Schriften, NF, 8), Konstanz 2015, S. 377–406.

WAGNER-EGELHAAF, Martina: Autobiographie (Sammlung Metzler, 323), 2., aktualisierte und erweiterte Aufl., Stuttgart/Weimar 2005.

WARNCKE, Johannes: Das Haus der ehemaligen Krämer-Kompanie in Lübeck, in: Nordelbingen 16 (1940), S. 198–253.

– DERS.: Die Edelschmiedekunst in Lübeck und ihre Meister (Veröffentlichungen zur Geschichte der Freien und Hansestadt Lübeck, 8), Lübeck 1927.

– DERS.: Die Krämerkompanie zu Lübeck, in: Lübeckische Blätter 66, Nr. 91 (1924), S. 1019–1021.

– DERS.: Handwerk und Zünfte in Lübeck, Lübeck 1937.

WEBER, Max: Politik als Beruf 1919, in: Max Weber Gesamtausgabe Bd. 17, hrsg. von Wolfgang J. MOMMSEN und Wolfgang SCHLUCHTER, Tübingen 1992, S. 113–252.

WEHRMANN, Carl Friedrich: Die Verpfändung Kiels an Lübeck im Jahre 1469, in: Zeitschrift des Vereins für Lübeckische Geschichte und Altertumskunde 2 (1867), S. 38–74.
– DERS.: Eine Luxusordnung, in: Zeitschrift des Vereins für Lübeckische Geschichte und Altertumskunde 2 (1867), S. 508–528.
WEIDEMANN, Benjamin: Vorsorge und Versorgung im Spätmittelalter. Alter, Bedürftigkeit, Ehepartner, Kinder und Gesinde in Testamenten aus Lüneburg (Contributiones, 1), Münster 2012.
WEINAUGE, Eberhard: Die deutsche Bevölkerung im mittelalterlichen Stockholm, Leipzig 1942.
WEITZEL, Jürgen: Art. „Gast, -recht, -gericht", in: Lexikon des Mittelalters, Band 6, München 2003, Sp. 1130 f.
WENNER, Hans-Joachim: Handelskonjunkturen und Rentenmarkt am Beispiel der Stadt Hamburg um die Mitte des 14. Jahrhunderts, Hamburg 1972.
WENSKY, Margret: Die Frau in Handel und Gewerbe vom Mittelalter bis zur frühen Neuzeit, in: Hans POHL / Wilhelm TREUE (Hrsg.): Die Frau in der deutschen Wirtschaft (Zeitschrift für Unternehmensgeschichte, Beihefte, 35), S. 30–44.
– DIES.: Die Stellung der Frau in Familie, Haushalt und Wirtschaftsbetrieb im spätmittelalterlich-frühneuzeitlichen Köln, in: Alfred HAVERKAMP (Hrsg.): Haus und Familie in der spätmittelalterlichen Stadt (Städteforschung, Reihe A, 18), Köln/Wien 1984, S. 289–303.
WENZEL, Horst: Die Autobiographie des späten Mittelalters und der frühen Neuzeit, Bd. 2: Die Selbstdeutung des Stadtbürgertums (Spätmittelalterliche Texte, 4), München 1980.
WERNICKE, Horst: Nürnbergs Handel im Ostseeraum im Spätmittelalter und in der frühen Neuzeit, in: Helmut NEUHAUS (Hrsg.): Nürnberg. Eine europäische Stadt im Mittelalter (Nürnberger Forschungen, 29), Nürnberg 2000, S. 263–291.
WINTERFELD, Luise von: Versuch über die Entstehung des Marktes und den Ursprung der Ratsverfassung in Lübeck, in: Zeitschrift des Vereins für Lübeckische Geschichte und Altertumskunde 25 (1929), S. 365–488.
WITT, Arthur: Die Verlehnten in Lübeck, Teil 1, in: Zeitschrift des Vereins für Lübeckische Geschichte und Altertumskunde 18 (1916), S. 167–198; Teil 3, in: Ebd. 19 (1918), S. 191–246.
WITTHÖFT, Harald: Friesensalz und Lüneburger Salz, Baiesalz und Salz vom Salz – vom Wandel der Märkte zwischen Rhein und Weichsel in Mittelalter und Neuzeit, in: Carol D. LITCHFIELD / Rudolf PALME / Peter PIASECKI (Hrsg.): Le Monde du Sel. Mélanges offerts à Jean-Claude Hocquet (Journal of salt-history, 8–9), Hall 2001, S. 85–99.
– DERS.: Umrisse einer historischen Metrologie zum Nutzen der wirtschafts- und sozialgeschichtlichen Forschung. Maß und Gewicht in Stadt und Land Lüneburg, im Hanseraum und im Kurfürstentum/Königreich Hannover vom 13. bis zum 19. Jahrhundert, 2 Bde. (Veröffentlichungen des Max-Planck-Instituts für Geschichte, 60), Göttingen 1979.
– DERS.: Vom Umgang mit Zahl und Zeit, Maß, Gewicht und Geld. Lüneburg und seine Saline im Mittelalter, in: Rudolf HOLBACH (Hrsg.): Städtische Wirtschaft im Mittelalter: Festschrift für Franz Irsigler zum 70. Geburtstag, Köln 2011, S. 333–354.
– DERS.: Zeichen, Verpackung, Mass/Gewicht und Kommunikation im Hansischen Handel, in: Stuart JENKS / Michael NORTH (Hrsg.): Der hansische Sonderweg? Beiträge zur Sozial- und Wirtschaftsgeschichte der Hanse (Quellen und Darstellungen zur hansischen Geschichte, NF, 39), Köln/Weimar/Wien 1993, S. 203–224.
WOLF, Thomas: Befrachtung und Umschlag – Faktoren für die Abwicklung des hansischen Seeverkehrs, in: Jörgen BRACKER (Hrsg.): Die Hanse. Lebenswirklichkeit und Mythos. Eine Ausstellung des Museums für Hamburgische Geschichte in Verbindung mit der Vereins- und Westbank, Bd. 1, Hamburg 1989, S. 583–587.
– DERS.: Tragfähigkeiten, Ladungen und Maße im Schiffverkehr der Hanse: vornehmlich im Spiegel Revaler Quellen (Quellen und Darstellungen zur Hansischen Geschichte, NF, 31), Köln/Wien 1986.
WRIEDT, Klaus: Schulen und bürgerliches Bildungswesen in Norddeutschland im Spätmittelalter, in: DERS.: Schule und Universität. Bildungsverhältnisse in norddeutschen Städten des Spätmittelalters. Gesammelte Aufsätze (Education and society in the middle age and renaissance, 23), Leiden/Boston 2005, S. 1–26.

WUNDER, Heide: Wie wird man ein Mann? Befunde am Beginn der Neuzeit (15.–17. Jahrhundert), in: Christiane EIFERT u. a. (Hrsg.): Was sind Frauen? Was sind Männer? Geschlechterkonstruktionen im historischen Wandel, Frankfurt am Main 1996, S. 122–149.

WUBS-MROZEWICZ, Justyna: The Hanse in medieval and early modern Europe: An introduction, in: DIES. / Stuart JENKS (Hrsg.): The Hanse in medieval and early modern Europe (The Northern world, 60), Leiden u. a. 2013, S. 1–35.

YAMEY, Basil Selig: Bookkeping and Accounts, 1200–1800, in: Simonetta CAVACIOCCHI (Hrsg.): L'impresa industira commercio banca secc. XIII–XVIII. Atti della „Venidesima Settimana di Studi" 30 aprile-4 maggio 1990 (Serie II – Atti delle „Settiman di Studi" e altri Convegni, 22), Firenze 1991, S. 163–187.

ZAHND, Urs Martin: Spätmittelalterliche Bürgertestamente als Quellen zu Realienkunde und Sozialgeschichte, in: Mitteilungen des Instituts für Österreichische Geschichtsforschung 96 (1988), S. 55–78.

ZOTZ, Thomas: Die Stadtgesellschaft und ihre Feste, in: Detlef ALTENBURG / Jörg JARNUT / Hans-Hugo STEINHOFF (Hrsg.): Feste und Feiern im Mittelalter. Paderborner Symposion des Mediävistenverbandes, Sigmaringen 1991, S. 201–213.

ZMYSLONY, Monika: Die Bruderschaften in Lübeck bis zur Reformation (Beiträge zur Sozial- und Wirtschaftsgeschichte, 6), Kiel 1977.

13. SEITENKONKORDANZ DES RECHNUNGSBUCHS

Zeitgenössische Foliierung	Archivalische Paginierung
Einband	
1 recto	1 recto
1 verso	1 verso
2 recto	2 recto
2 verso	2 verso
3 recto	3 recto
3 verso	3 verso
4 recto	4 recto
4 verso	4 verso
5 recto	5 recto
5 verso	5 verso
6 recto	6 recto
6 verso	6 verso
7 recto	7 recto
7 verso	7 verso
8 recto	8 recto
8 verso	8 verso
9 recto	9 recto
9 verso	9 verso
10 recto	10 recto
10 verso	10 verso
11 recto	11 recto
11 verso	11 verso
12 recto	12 recto
12 verso	12 verso
13 recto	13 recto
13 verso	13 verso
14 recto	14 recto
14 verso	14 verso
15 recto	15 recto
15 verso	15 verso
16 recto	16 recto
16 verso	16 verso
17 recto	17 recto
17 verso	17 verso
18 recto	18 recto
18 verso	18 verso

19 recto	19 recto
19 verso	19 verso
20 recto	20 recto
20 verso	20 verso
21 recto	21 recto
21 verso	21 verso
22 recto	22 recto
22 verso	22 verso
23 recto	23 recto
23 verso	23 verso
24 recto	24 recto
24 verso	24 verso
25 recto	25 recto
25 verso	25 verso
26 recto	26 recto
26 verso	26 verso
27 recto	27 recto
27 verso	27 verso
28 recto	28 recto
28 verso	28 verso
29 recto	29 recto
29 verso	29 verso
30 recto	30 recto
30 verso	30 verso
31 recto	31 recto
31 verso	31 verso
32 recto	32 recto
32 verso	32 verso
33 recto	33 recto
33 verso	33 verso
34 recto	34 recto
34 verso	34 verso
35 recto	35 recto
35 verso	35 verso
36 recto	36 recto
36 verso	36 verso
(37 = Blatt ausgerissen)	
38 recto (Leerseite)	37 recto
38 verso	37 verso
39 recto bis 46 recto (Leerseiten)	(Keine Nummerierung)
46 verso	38 verso
47 recto	39 recto
47 verso	39 verso
48 recto	40 recto
48 verso bis 192 (Leerseiten)	(Keine Nummerierung)

Seitenzählung von hinten zur Buchmitte

Hintereinband (Kein Nummerierung)	(Keine Nummerierung)
Eingeklebter Brief (Keine Nummerierung)	71 recto
Blatt 234 (Leerseite; Keine Nummerierung)	(Keine Nummerierung)
Blatt 234 (Keine Nummerierung)	71 verso
233 recto	70 recto
233 verso	69 verso
232 recto	68 recto
232 verso	68 verso
231r (Leerseite)	67 recto
231 verso	67 verso
230 recto	66 recto
230 verso	66 verso
229 recto	65 recto
229 verso	65 verso
228 recto	64 recto
228 verso	64 verso
227 recto	63 recto
227 verso	63 verso
226 recto	62 recto
226 verso	62 verso
225 recto	61 recto
225 verso	61 verso
224 recto (Leerseite)	(Keine Nummerierung)
224 verso (Leerseite)	(Keine Nummerierung)
223 recto (Leerseite)	(Keine Nummerierung)
223 verso	(Keine Nummerierung)
222 recto (Leerseite)	(Keine Nummerierung)
222 verso (Leerseite)	60 verso
222 recto (!) (Leerseite)	(Keine Nummerierung)
222 verso (!) (Leerseite)	(Keine Nummerierung)
221 recto (Leerseite)	(Keine Nummerierung)
221 verso (Leerseite)	(Keine Nummerierung)
220 recto (Leerseite)	(Keine Nummerierung)
220 verso (Leerseite)	(Keine Nummerierung)
219 recto (Leerseite)	(Keine Nummerierung)
219 verso (Leerseite)	(Keine Nummerierung)
218 recto (Leerseite)	(Keine Nummerierung)
218 verso (Leerseite)	(Keine Nummerierung)
217 recto (Leerseite)	(Keine Nummerierung)
217 verso (Leerseite)	(Keine Nummerierung)
216 recto (Leerseite)	(Keine Nummerierung)
216 verso (Leerseite)	(Keine Nummerierung)
215 recto (Leerseite)	(Keine Nummerierung)

215 verso (Leerseite)	(Keine Nummerierung)
214 recto (Leerseite)	(Keine Nummerierung)
214 verso (Leerseite)	(Keine Nummerierung)
213 recto (Leerseite)	(Keine Nummerierung)
213 verso (Leerseite)	(Keine Nummerierung)
212 recto (Leerseite)	59 recto
212 verso	59 verso
211 recto	58 recto
211 verso	58 verso
210 recto	57 recto
210 verso	57 verso
209 recto	57 recto (!)
209 verso	57 verso (!)
208 recto	56 recto
208 verso	56 verso
207 recto	55 recto
207 verso	55 verso
206 recto	54 recto
206 verso	54 verso
205 recto	53 recto
205 verso	53 verso
204 recto	52 recto
204 verso	52 verso
203 recto	51 recto
203 verso	51 verso
202 recto	50 recto
202 verso	50 verso
201 recto	49 recto
201 verso	49 verso
200 recto	48 recto
200 verso	48 verso
199 recto	47 recto
199 verso	47 verso
198 recto	46 recto
198 verso	46 verso
197 recto	45 recto
197 verso (Leerseite)	(Keine Nummerierung)
196 recto	44 recto
196 verso (Leerseite)	(Keine Nummerierung)
195 recto	43 recto
195 verso	43 verso
194 recto	42 recto
194 verso	42 verso
193 recto	41 recto

14. WÄHRUNGEN

- 1 Mark lübisch = 16 Schillinge = 192 Pfennige
- 1 rheinischer Goldgulden = 336 Pfennige
- 1 rheinischer Goldgulden (nach 1506) = 312 Pfennige
- 1 Postulatsgulden = 12 ß = 174 Pfennige (fol. 3r)
- 1 Witte = 4 Pfennige
- 1 flämisches Pfund Grote = 7 Mark (nach Dunkelgud fol. 2r)
- 1 ungarischer Goldgulden = 4 Mark (nach Dunkelgud fol. 3r, 10r–v)
- 4 Pfund Grote = 20,5 rheinische Gulden und 20 d lub (1480, fol. 10r)
- 16,5 lb grot = 115,5 Mark (1479 fol. 2v) entspricht einer Umrechnung von 7
- 32 ß prusch (aus Danzig) (f. 199r), 200r

15. REGISTER

15.1 PERSONENINDEX[1]

Prior zu Wismar fol. 28r
Dunkelguds Knecht o. N. fol. 19v
marketfagede fol. 19v

A

Akselsen, her Erik S. 21; fol. 5v
Aldegund, Äbtissin S. 232
Alen, Hans van fol. 2v, 4v
Alfes, Gert fol. 29v
Arndes, Herman S. 59

B

Bardenwerper, Hennink S. 49, 136, 184; fol. 3v
Bars, Hans S. 58
Basedouw, Diedrich (Rh 1477, Z 1479) fol. 1r
Bekker, Hans fol. 4v
Behaim, Paulus I. S. 30
Bentss, Clement fol. 5v
Bentss, Jacob fol. 6v
Berman, her Johan (G 1484–1510) fol. 18v
Bere, Hermen fol. 1r
Bere, Johann de S. 225
Bethman, Hans S. 51
Bethman, Katherine S. 51, 402
Bilrinck, Joachim S. 166
Bischop, Albert S. 232
Blanke, Hans (K) S. 32, 38, 63, 136, 156, 184, 194–195, 212–213, 217; fol. 22r, 23r, 28v, 29r
Blotnick, Bert (Kr 1479) S. 77, 101, 120, 411
Bokelmann, Eler S. 218
Bolte, Arnt (Kr 1496) S. 43, 59–61, 66, 71, 74, 92, 97, 100, 113, 121–123, 234, 239, 411; fol. 30r, 36r, 225r, 228v

Bolte, Anneke S. 59, 402
Bolte, Christoffer S. 59, 402
Bolde, Hans fol. 212v
Boltswert, broder Albert fol. 28r
Borne, Hans (K) S. 22–23, 29–30, 32–35, 37, 39, 42, 52, 62–64, 66–67, 129–130, 137–138, 140–142, 146, 149, 155, 162, 168–169, 172–173, 177, 180–184, 187, 190, 192, 205–210, 212–215, 220, 236–237, 239, 401; fol. 14v, 201r–v, 202r, 203r–v, 205v, 206r–v, 207v, 208r–v, 209v, 210r–v, 231v
Borst, Hermen S. 100
Bostery, Dyderykus fol. 7v
Bracht, Johannes S. 105
Brant, Hans (S) fol. 200r
Brant, her Marquard fol. 194r
Brockhus, Kersten S. 43, 62, 71, 402
Bron, Hans siehe auch Borne S. 62, 208; fol. 15r
Brugman, [Kersten?] fol. 3v
Brug(ge)man, Kersten (S) S. 49, 160; fol. 200r–v
Bruggeman, Hinrick S. 49; fol. 11r
Brun(ste), Hans (K) S. 156, 172, 184; fol. 31v, 32r
Bulouwe, Hans (Kr 1486) fol. 13v
Bulouwe, Tytke fol. 212v
Buntmaker, Pawel fol. 2r
Burmester, Bertelt fol. 28r
Buschmann, Hans S. 203
Busman, Tile (K) S. 203; fol. 8v, 9r–v, 11v, 12v, 22r
Buxhöven, Reinolt von S. 217
Bysmerade, Heyne fol. 15v

---

1   Ratsherrn (Rh) und Bürgermeister (Bm) mit Amtsjahren, Mitglieder der Zirkelgesellschaft (Z) oder Krämerkompanie (Kr) mit Eintrittsjahr, Geistliche aus dem Lübecker Domkapitel mit ihren Lebensdaten (G) und Schiffer (S) wurden mit Hilfe von FEHLING: Ratslinie, DÜNNEBEIL: Zirkel-Gesellschaft, HENNINGS: Mitglieder, VOßHALL: Verwandtschaft und VOGTHERR: Pfundzollbücher, Bd. 4 ermittelt. Schließlich sind alle Kaufleute mit denen Hinrik Dunkelguds mindestens eine Transaktion durchführte mit einem (K) gekennzeichnet.

C

Calven, Claus van (K) S. 23, 25–26, 29, 35, 48, 68, 92, 94–95, 98, 101–102, 133, 164, 175, 194, 227; fol. 2r–v, 4r, 7r, 11r, 12v
Calven, Katherine van S. 94, 101
Calvers, Hinrik fol. 13r
Castorp, Hinrich (Rh 1452, Bm 1462) S. 187, 227
Christoffen/Krystoffen, ? (S) fol. 4v, 202r, 209v
Clingenberg, Johann S. 135
Colne, Claus van (Kr 1459) S. 120, 410
Cordes, Hans S. 92, 96; fol. 195v, 228v
Cristensen, Abraham fol. 5v
Custede, Hinrich S. 235

D

Dalen, Hans van (K) S. 227; fol. 5r
Dame, Bertram van den S. 100; fol. 3v
Dame, Kersten fol.1v
Dankwer, Hans S. 60, 74, 76; fol. 29v, 30r
Dankwer, Hinrik S. 60, 74–76; fol. 30r
Dativers, ? fol. 29r
Davit, Hans S. 21; fol. 6r, 46v
[Degener, Georg] fol. 11v, 227v, 228v, 229v, 231v, 232r
Degener, Hans (K) S. 187–188, 203; fol. 11v, 227v, 228v, 229v, 230r, 231v, 232r
Degener, Hinrik S. 180; fol. 11v, 31v, 227v, 228v, 229v, 231v, 232r
Degener, Margarete S. 187
Delden, Hinrick van (Kr 1489) S. 59, 411
Detmer, Hans fol. 29r
Dinxstede, Hans (K) S. 135, 187–189, 198, 205; fol. 13v, 14r, 21r, 210v
Dinxstede, Henrik S. 188
Divetsen, Davit (Rh 1500, Bm 1503 Divessen, David) fol. 197r
Donre, Claus fol. 29v
Donre, Merten fol. 29v
Dreger, Jacob fol. 212v
Dreiger, Claus S. 130; fol. 13r
Drewes, Tyme fol. 194r
Droge, Peter S. 232
Dunkelguds Mutter S. 37, 43, 46–47, 58, 66, 401; fol. 12r, 46v
Dunkelgud, Anneke S. 29, 38, 42–43, 50–51, 55–60, 66, 71, 82, 88, 103, 113, 122, 131, 139, 184, 213–214, 226, 234, 238, 402; fol. 34v, 35v, 47v–48r, 223v, 225v, 231v, 232r
Dunkelgud, Geseke S. 43, 50, 59–61, 66, 71, 122, 234, 239, 401; fol. 35v, 225v

Dunkelgud, Hans S. 159
Dunkelgud, Hinrik S. 48, 401; fol. 11r, 231v, 232r–v
Dunkelgud, Kunneke (geb. Meyer) S. 23–30, 39, 42, 44, 49–52, 55, 64, 66, 69, 83, 85–86, 88–89, 100, 103–105, 110, 115, 129–130, 186, 226, 229–231, 233, 237, 401; fol. 1r, 11v, 12r, 13v, 46v, 47r, 199v, 201r, 211r, 228r–v, 229v, 231v
Dunkelgud, Lisbet S. 43, 50, 59, 61–62, 66, 70–71, 94, 234, 239, 401; fol. 35v, 223v, 225v
Dunkelgud, Lutke S. 48, 401; fol. 11v, 230r, 231v, 232r–v
Dunkelgud, Metke S. 39, 48, 401; fol. 17v
[Dunkelgud?], Raf(ch)en S. 47, 401; fol. 11v, 225v, 227r–v
[Dunkelgud], Telske S. 47–48, 401; fol. 225v, 227r–v, 228v, 231v, 232r

E

Eefinkhusen, her Tydemann (Rh 1472, Z 1479 Evinghusen, Tidemann) S. 89; fol. 1r
Ellerbuttel, Diderik S. 95
Elers, Symen fol. 34r
Elvers, Andres (S) fol. 209v
Elvers, Marquart S. 73–76; fol. 18v, 19r, 29v, 30r
Elvers, Saneke, Frau v. M. Elvers fol. 17v, 18v, 19r
Emeke, (?) fol. 11r
Emeke, Anneke fol. 230r, 231v, 232r
Emeke, Clauwes fol. 11v, 230r
Emeke, Kersten van fol. 9v
Emeke, Marquart fol. 4r
Emeryk, (broder) Peter S. 80–81, 106, 131; fol. 27v, 28r
Erk, ? fol. 9r
Erkssen, Magnus fol. 5v
Erusen, Jasper fol. 6r
Evinghusen, Hermen S. 233

F

Fagit, Tyle fol. 13r
Felde, Vicko van de (Kr 1445 / Welde, Fykke van deme) S. 120, 410; Vordereinband; Innenseite
Ficke, Helmich S. 132
Finken fol. 207v
Fogeler, Hinrik fol. 10v
Fos (Foes/Fosse), Peter (Kr 1469 Vos, Peter) S. 202–204; fol. 18r, 20r, 21r,
Franke, Hans fol. 207v

15.1 Personenindex

Franken, ? (S) fol. 202r, 205v
?, Frederyk fol. 22v
Fresen, Rommolt fol. 199v
Fresenberch, Peter S. 213; fol. 48r
Furhaken, Marquart (S) fol. 207v
Fykken, Cleis (S) fol. 12v, 201v
Fynne, Olf fol. 16r

G

Gangelten (Gelten), Hans van (K) S. 202; fol. 18r
Geldersen, Vicko von S. 108, 136
Gerdes, Marquart S. 73–74, 230; fol. 18v, 19r–v
Gerlyge, Hans (K) S. 202; fol. 18r
Gerke, Hinrik S. 72; fol. 1r
Gingermann, Hermann S. 232
Glymer, Hans (Kr 1476) S. 120, 410
Gosswin, Gosschalk fol. 194r
Grebbynsche fol. 225r
Greleberch, Marquard S. 75; fol. 30r
Greverade, Alf S. 165, 235
Greverade, Hinrik (a) S. 165–166, 235; fol. 23v
Greverade, Hinrik (d. J. = b) S. 165–166; fol. 28r
Gruneweg, Martin S. 18, 31, 41

H

Hagen, Johannes van deme S. 23
Hagenauer, Anton S. 58
Hagenauer, Hans S. 58
Hagenauer, Hieronimus S. 58, 402
Hagenauer, Hieronimus (d. J.) S. 402–403
Haken, Rolef fol. 4r
Hambroch, Hans fol. 15v
Hammen, Hinryk fol. 28v
Hanse fol. 36r
Harder, Hans S. 226
Harder, Hinrich (Kr 1488) S. 121, 411
Hase, Claus fol. 1v
Havenkrat, ? fol. 29v, 30r
Hedenrike fol. 7v
Hegemeister, Marcus (S) fol. 199r
Hegemeister, Merten (S) fol. 197r, 199r
Hellen, Anneke S. 403–403
Hellen, Jacob van S. 58–59, 402–403
Hellen, Jacob van (d. J.) S. 403–403
Hellen, Magdalenen von (geb. Lange) S. 57–58, 402–403
Helpe, Hans S. 39, 89; fol. 14r
Helpe, Hans fol. 205v, 208r

Hemekynck, Lam(m)erd (Kr Hermelink, Lambert 1493) S. 38, 64–66, 172, 184, 210–213, 237; fol. 28r, 34v–35r
Heyde, Enwolt van (K) fol. 12v
Heyde, Wilm (van der) (K) fol. 2r, 7v
?, Heyneke fol. 6r, 11r, 15r
Heytman, Hans (S) fol. 196r
?, Hinrik fol. 36v
?, Hinrik fol. 195r
Hinriksen, Klawes S. 202; fol. 18r, 21r
Hoflede, Paul S. 218
Holgersen, Lexzus fol. 12v
Hoper, Johan S. 60–61, 402–403
Horensee, Bernt (K) fol. 201v, 202r, 208r, 209v
Horensey, Gotschalk (K) S. 143, 192, 206, 220; fol. 201r, 202v
Hornemann, ? fol. 11v
Houweschilt, ? fol. 201v
Hovelen, Godert van (Rm 1527, Bm 1531 Hoeveln, Gotthard van; K) S. 164; fol. 5r, 7v, 9v, 13r
Hovenborch/ge, Hans (K) S. 32, 38, 87, 107, 140, 150, 171–173, 184, 189, 198, 200–204; fol. 1r, 7r, 7v, 9v, 10r, 16r, 16v, 17r, 19v, 20r, 21r–v, 22r, 232r
Hude, Maties fol. 7v
Hu(e)ls, Jacob (Kr 1480) S. 107, 202, 411; fol. 20r
Hukmeyer, Dyryk fol. 29r
Huntenberch, Hermen S. 232
Hushere, Hermen (Kr 1463) S. 77, 92, 97–98, 100–101, 107, 120, 196, 202, 238, 410; fol. 19v, 20r, 21r, 25v, 201v, 207v, 230r, 231v, 232r

J

?, Jachim fol. 36r
Jacobsen, Albert S. 30, 72, 130, 138, 165; fol. 1r–v, 23v
Jacobsen, Metke S. 72; fol. 1r–v
Jensson, Peder S. 188
Joden, Hans S. 75; fol. 30r
Jonss, Peter fol. 10v
Jonsen, Boc? fol. 4r
Jonsen, Lisbet siehe bei Dunkelgud
Jonsen, Lamberd S. 62, 402
Jonsen, Simon S. 35, 43, 60–61, 71, 113, 122, 135; fol. 38v, 402
Junghenn, Tomas fol. 198r

K

Kabbert, ? (S) fol. 202r
Kabel, Hans (Kr 1473 Kale, Hans) S. 69; fol. 1r
Kalem, Johan fol. 16r
Kalfeswinkel, Jacob (Kr 1480) fol. 19r, 25v
Kedink, Hyne S. 92, 100; fol. 29v, 228v
[Kegeben], Abelke S. 38, 50, 64, 139; fol. 212v
[Kegeben], Lutke S. 38, 50, 64, 139; fol. 212v
Kegeben, Peter (K) S. 22, 23, fol. 13v, 14r, 194r, 195r–v, 196r, 197r–v, 198r–v, 199r–v, 200r–v, 201r, 202r, 203r–v, 205v, 206v, 207v, 208r, 209v, 210v, 211r, 231v
Kegeben, Talke S. 38, 50, 64, 139; fol. 197v, 212v
Kegeben, Tytke fol. 211r, 212v
[Kegeben], Wobbeke S. 64; fol. 212v
Kegelman, ? (S) fol. 4v, 212v
Kerkringe, Johan fol. 25v
Kersten, her? fol. 7v
Kersten, Larsens fol. 15r
Kerstens, Hinrick S. 226
Ketel, Jurgen fol. 206v
Ketel, Kunt? fol. 205v
Kilmkrat, ? fol. 13v
Klinkrat (Klinkrade), Hans S. 101; fol. 18r, 21r
?, broder Klawes fol. 28r
Kluser, ? (S) fol. 195r
Knevel, Anneke (geb. Snider) S. 58, 122, 402–403
Knevel, Frederick S. 57, 59, 402
Koestke, Claus S. 101, 239
[Koestke], Otte S. 101
Kollener/Kolener, Hinrik fol. 6r
Kolsouwe, Tytke (K) S. 173, 183, 188, 213; fol. 31v, 32r
Kone, Hans (K) S. 130; fol. 10v
Konren, Tonyes van (Kr 1482) S. 107, 202, 221, 227; fol. 21r
Koppersleger, Barbara (geb. Bolte) S. 59–60, 402–403
Koppersleger, Barbara S. 60, 402–403
Koppersleger, Geseken S. 60, 402–403
Koppersleger, Herman S. 60, 402–403
Koppersleger, Lisbet S. 60, 402–403
Kortsack, Frederick S. 101
Kremers, Gert S. 81; fol. 28r
Kremer, Hertych (K) fol. 203r
Kremer, Hans S. 77, 101
Kroger, Eggert fol. 18v
Krogers, Peter S. 189; fol. 13v
Krogerscen, ? S. 53; fol. 27r
Kron, Marcus (S) fol. 194r
Krumedyk, Albert fol. 18v
Kruse, ? fol. 15r
Kruse, Katherina S. 100
Kruse, Claus S. 100; fol. 17r, 225r, 228v
Kruse, Thomas S. 218
Kuelinbeck, Dorothea S. 86
Kulen, Peter (Kr 1481) S. 120, 122, 411
Kulsow, Karsten S. 226
Kusel, Hinrick (Kr 1474) S. 410
Kylenberch/Kulenberge, Hinrik (K) S. 136; fol. 19v, 22v, Hintereinband; Innenseite

L

Lange, Anneke siehe Dunkelgud
Lange, Anneke (d.J.) S. 57, 402
Lange, Claus (Kr 1493) S. 15, 42–43, 55–62, 65–66, 71, 74–75, 82, 85, 88, 92, 97, 100–101, 103, 106, 113, 121, 123, 131, 183, 188, 210, 212–213, 219, 221, 226, 231, 234, 237, 239, 411; fol. 28r–v, 29v, 30r, 31v, 32r, 35r, 36r, 194r–v, 195v, 223v, 228v
Lange, Claus S. 57, 402
Lange, Dyryk fol. 28v
Lange, Gotke fol. 20r
Lange, Jasper fol. 25v
Lange, Jochim S. 57, 402
Lange, Jurgen (S) fol. 206v, 208r, 209v
Lange, Magdalenen siehe Hellen van
Langen, Wylm fol. 199v
Larens, ? (S) fol. 205v
Lenten, Gert van (K) S. 171, 186, 196, 199; fol. 9v
Lychertd, Hinrik fol. 35v, 36r–v
Likkelank, Hans fol. 10r
Lo(e)f, Dirik S. 165; fol. 2r–v, 18r
Löffelholz, Wilhelm S. 42, 85
Louwe, Jurgen S. 93
Louwe, Paul (Kr 1441) S. 120, 123, 410
Lubbe, Jacob S. 18, 23–26, 31, 42, 196
Lubbink, Hans S. 95
Lunte, Erik (K) S. 171; fol. 27r, 34v

M

Maignow, Steffan S. 40
Maken, her Marquard S. 75; fol. 30r
Mande, mester Peter fol. 18r
Marquar... fol. 17r
Marquarde, Hans fol. 13r
Marwick, Steven van der S. 232
Meltinger, Ulrich S. 30

Menke, [Bernt] S. 64–66; fol. 19v
Mensen, Tyle S. 182; fol. 9v
Merkelsen, Hans (Kr 1458) S. 120, 410
Merten, Hans S. 100, 107, 202; fol.1v, 19v, 20r, 27r
Merten, Wytlik fol.18v
Meßmann, Hermann (Rm 1496) S. 227
Meteler, Cord fol.10v
Mewes, Hans S. 226
Meyer; ? fol. 47r, 202r
Meyer, Albert fol. 1r
Meyer, Detlef fol. 204r
Meyer, Ernst S. 187
Meyer, Gretke S. 24, 28, 30, 51–53, 66, 85, 104, 402; fol. 47r
Meyer, [Hans] fol. 6r
Meyer, Hans (Kr 1449 Meyger, Hans) S. 21–29, 36–39, 46, 48, 50–52, 66, 69, 85, 87, 92, 94, 97–98, 100–102, 104–105, 120, 122, 124, 138, 186, 195–196, 237, 402, 410; fol. 11v, 12r, 13r, 16r, 25v, 26v, 27r, 46v, 47r
Meyer d. J., Hans, S. 24, 27–28, 30, 32, 38, 51–55, 66, 70, 72, 79–80, 98, 100, 104–107, 122, 131, 136–138, 171, 237, 402; fol. 21v, 24r–v
Meyer, Hans Vorsatz am vorderen Einbanddeckel
Meyer, Hans S. 187
Meyer, Hermen fol. 212v
Meyer, Kunneke siehe Dunkelgud
Molen, Wolmer van der (K) S. 194; fol. 9r
Molhusen, Steffen S. 155
Moller, Cord (R) S. 93
Moller, Hans (Kr 1470) fol. 17r
Molthoven, Cort fol. 12v
Monnik, mester Peter S. 107; fol. 18r
Mor, Gosswin van deme (K) S. 25, 193; fol. 7r, 8v
Morink, Albert fol. 18v
Mouwer, Hans (K) S. 164–165, 184, 191, 193–194, 220, 227; fol. 2r, 9r, 10r, 12r
Mouwer, Hans, de junge (K) S. 164, 171, 184, 186, 191, 195, 220, 237; fol. 5r, 10r, 11r
Mulich, Kunz S. 215
Mulich, Matthias S. 17, 40, 134, 140, 197, 215, 218, 235
Mulich, Paul S. 17, 32, 132–134, 140, 197, 215
Mus, Marquart S. 37, 46–47, 172, 186, 195, 401; fol. 6r, 15r
Mus, Heyneke S. 47, 63, 186, 195, 208, 401; fol. 6r, 11r, 15r

Mykkelssen, Olf fol.12v
Mylde, Hans (K?) S. 107; fol. 27r

N
Nannynges, Hans fol. 3r
Norenberch, Hinrick (Kr 1479) S. 121, 410

O
Oldehorst, Dyrik fol. 4v
Oldenborg, Katrine S. 226
Olfssen, Erk fol. 12r
Otte, der Schreiber von Erik Akselsen S. 21; fol. 5v
Otten, Hans (S) fol. 6v, 28v, 29r
Otten, Hermen fol. 198r

P
Pal, Bernt (K) S. 63, 129, 132, 136, 187, 191–192, 206, 208, 214, 217, 220; fol. 205v, 206r
Palynk, Kersten (Kr 1433) S. 409
Pansermaker, Evert fol. 5v
Paumgartner, Konrad S. 85
Paumgartner, Kunigunde S. 85
Pawels, ? fol. 196r
Pawels, Hinryk (K) S. 135, 148; fol. 33v, 34r
Pawes, Hans (K) S. 92–96, 102; fol. 20v, 21r, 230r, 231v, 232r
Pensyn, Peter (Kr 1504) S. 235
Peter, der husen? fol. 204v
Peter, Hinrik fol. 6v
Peter, mester ? fol. 21r
Peters, Hans fol. 10v
Petersen, Jacob Hintereinband; Innenseite
Petersen, Merten (K) S. 136, 184; fol. 22v, 23r
Petersstocher, Margit S. 188
Platen, Peter (S) fol. 210v
Platen, [Peter] fol. 209v
Ples(s)kouwe, Gotke (K) (Pleskow, Godeke a Z 1460; b Z 1501) S. 73, 163; fol. 18v
Plönnies, Hermen S. 235
Plygge, Bernt fol. 207v
Ponyck, Tomas (Kr 1485) S. 120, 411
Popplau, Hans S. 132, 139
Popplau, Markus S. 132, 139
Porat, ? (S) fol. 205v
Possyk, Peter (K) fol. 195r
Pyre, Johann S. 17, 23, 32, 40, 132, 139, 141, 144, 149, 158, 176

R
Radelof, ? (S) S. 174; fol. 199r
(Raven?), Bruns (K) S. 187; fol. 8r

Raven, Dyrik (K) S. 187; fol. 8r
Raven, Jan (K) S. 37, 187; fol. 8r
Reffhake, Reymer (S) fol. 195r
Rem, Lucas S. 42
Reyneken, Hinrik fol. 19r
Re[y]ne, Klarken van S. 76–77, 101, 127; fol. 25v
Reyne, mester Johan van S. 76, 101; fol. 25v
Reynerus, ? S. 53–54; fol. 27r
Reyse, Cort (Kr 1481 Reiste, Cort van) S. 52, 105–106; fol. 21v, 24v
Rickman, Bertelt S. 29, 98; fol. 2r, 20r
Rikman, ? fol. 201r
Ringel, Hans (Kr 1484) S. 197–198, 218
Rode, Kunz (K) S. 58, 196, 227; fol. 13v
Roekelosen, Hans S. 35; fol. 10r
Römer, Magdalena S. 30
Ronepagen, ? (S) fol. 199r
Rostuscher, Dirik S. 72, 165; fol. 23v, 25v
Rostuscher, Tilmann S. 72, 165; fol. 23v, 25v
Rotfelt, Hans fol. 200r
Rotgers, Berndt (Kr. 1539) S. 57, 59, 402–403
Rotgers, Johann (Kr 1568) S. 403
Rotgers, Telske S. 403
Rubestrop, Hans fol. 34r
Rungen, Hermen fol. 199v
Rusen, ? (S) fol. 11r

S
Sanauw, Hintze S. 23
Santman, Helmych fol. 9r
Schakel, ? (S) fol. 29r
Scharvenhagen, Peter (K) S. 203–204; fol. 230r, 231v, 232r
Schede, Hans van fol. 28v
Schellinge, Wprecht van der S. 218
Schernekowes, Claus S. 111
Schroder, Frederik S. 199; fol. 3v
Schroder, Hans (Kr 1484) S. 77, 101, 106, 120, 123, 410; fol. 25v
Schulte Andres (K) S. 194; fol. 5v, 9r, 22r
Schulte, Gerd (Kr 1498) S. 59, 92, 99, 101; fol. 229v
Schutte, Gessche S. 99, 186; fol. 11r
Schutte, Hans (Kr 1472) S. 120, 122, 410
Schutte, Peter S. 48–49, 62, 66, 92, 99, 100–102, 160, 186, 195, 401; fol. 5r, 9v, 11r–v, 12r, 196r, 200r
Schutte, ? fol. 30r
Schuttorp, Hinryk fol. 196r
Scroder, Eymolt fol. 21r
Selhorst, Johann S. 132, 139, 158, 196, 217–218

Sivedes, Titke fol. 19v
Sledorn(e), Hans (K) S. 25–26, 32, 36, 38, 95, 107, 130, 135, 140, 162, 165, 172, 177, 184, 186–189, 198–204, 224, 231; fol. 2v, 3r–v, 13v, 16v, 17v, 18r, 19v, 20r–v, 21r, 22r, 230r
Slossgin Johann S. 21, 23–24, 50
Sluter, Titke S. 92–94, 100, 195; fol. 7v, 9r, 12r
Smede, Hans S. 198
Smede, Mattyes fol. 197r
Smidt, Tönnis S. 132
Smyt, Hans S. 95; fol. 232r
Smyt, Hinrik (S) S. 136, 160; fol. 200v
Smyt, Mattyes (S) S. 160; fol. 195r, 197r–v, 198r–v, 199v
Snider, Anneke siehe Lange
Snider, Clawes S. 58, 402–403
Snider, Gertrud S. 58, 402–403
Snider, Peter (Kr 1514) S. 58–59, 62, 122, 226, 402–403
Snider, Peter S. 58, 402–403
Snider, Tonnies S. 58, 402–403
Soltouwe, Reyneke fol. 194r
Sovken, Wilm(er) (Kr 1464) S. 53, 77, 10, 107, 410; fol. 13r, 25v, 27r
Spegelberch, Peter (K) fol. 20v, 21r
Speken, Hinrik (S) fol. 198r
Spet, Jacob fol. 195r
Spikherink (Spikheringe/Spykhering), Gretke S. 72; fol. 1r, 23v
Spikherink, Gotke S. 72; fol. 1r
Spyrinck, Kersten (Kr 1481) S. 121, 123, 411
Stal, Fikke fol. 12v
Stade, Hans van deme (Kr 1444) S. 120, 410
Stalbreder, Hinrich S. 218
Stede, Anneken fol. 212v
Stedinken, Albert fol. 200r
Sten, Hinrik fol. 195r
Stöve, Jacob S. 153
Surber, ? (S) fol. 198v
Suselman, Gretke S. 100, 129; fol. 6v, 27r
Suselman, Tymeke S. 21, 28–29, 52, 92, 98, 100, 106; fol. 6v, 21v, 24v, 230r, 231r, 232r
Sveberch, Evert (K) S. 144, 182, 193–194, 205; fol. 199r–v
Swates, Benedictus fol. 13r
Styppelkolk?, Hans fol. 36r

T
Tatendorpe, Lutke fol. 15v
?, Telske, Dunkelguds Halbschwester siehe Dunkelgud

Tilen, Hermen siehe Tyling
Top, Hinrick fol. 36r
(mester) Tonnyges fol. 27r
Trechouw, Hermen (Kr 1467) S. 410
Trechouwe, Jachim (Kr 1504 Techowe, Jechim) S. 58, 103, 218, 228; fol. 225r
Tessins, Gretke S. 65–66; fol. 225r
Tyling, Hermen S. 28, 53, 92, 98–99, 101–102, 106; fol. 24v, 27r, 194v, 228v, 230r, 231v, 232r
Tyling, Hilike S. 99
Tyskke fol. 12r
Tymmerman, ? (S) fol. 199v

U
Ukerman, Hans (S) fol. 195r

V
Vechte, Katherine van der S. 98
Veckinchusen, Drudeke S. 50
Veckinchusen, Elisabeth S. 49
Veckinchusen, Grete S. 49
Veckinchusen, Hildebrand S. 23–24, 26–27, 31, 39–40, 49, 63, 131–133, 136, 140–141, 144, 146–149, 158, 201
Veckinchusen, Sivert S. 49
Vigenbuck, Günther (Kr 1433) S. 120, 409
Vlowick, Gerd S. 232
Vlowick, Hans S. 232
Vresen, Hans (S) fol. 197r

W
Waren, Albert von S. 51
Warendorp, Hermen S. 135
Wasten, broder Rotger to fol. 10v, 11r
Webbehasen, Hans fol. 6r

Wedeman, Clawes S. 160; fol. 212v
Wedeman, ? (S) fol. 200r
Wegener, Klaus fol. 196r
Wegener, Hans (S) S. 161; fol. 197r, 199v
Wels, Hinrik fol. 34r
Werneke, Claus (K) S. 25, 137, 151, 177–178, 184, 193, 203, 214, 227; fol. 7r, 8v, 12r
Werner, Matties S. 162, 164; fol. 10r
Westfal, Hans S. 189; fol. 6v
Westfal, Hans S. 188–189; fol. 6v, 19v
Westfal, Hendrick S. 189
Westfal, Lamprecht S. 188
Westhoff, Hans fol. 29r
Wiggerinck (Wyggerink), Godert S. 78, 92, 96–97, 102–103, 167, 191, 227, 237–235; fol. 225r
Witinkhof, Johan fol. 1r
Witinkhof, Werner (S) fol. 3r
Witte, Engelbrecht S. 24, 27
Witte, Hinrik (Rh 1496, Bm 1513, K) S. 36, 92, 95–96, 102, 152, 162, 164–165, 178, 220, 227, 237; fol. 2r, 5r, 197v, 212v, 228v
Witte, Magarethe S. 26, 50, 131
Witte, Pawel S. 98
Wolboich, Huster S. 198, 203; fol. 22r
Wyden, Hans van der (Kr 1484) S. 120–121, 411
Wynmann, Hinrik (Kr 1489) S. 235
Wylmes, Emunt S. 92, 96–97, 102–103; fol. 225r
Wysman, Tonyus fol. 212v

Y
Yllinges, Hans S. 120, 409; Vordereinband; Innenseite *(der Tylsschen man)*

15.2 ORTSINDEX[2]

A
Aachen S. 179; fol. 14v
Aalborg fol. 206r
 [Hering] S. 127, 129, 182
Aalst
 [Tuch] S. 170, 172
Ahrensbök S. 231; fol. 225r
Amsterdam S. 148; fol. 200v
Annaberg S. 164
Antwerpen S. 24, 178, 193, 216, 217; fol. 234r (Brief)
Aschaffenburg S. 171
Augsburg S. 70, 82, 86, 97, 166, 175, 178; fol. 12v, 13v, 16r, 20v
 [Sardock] S. 170, 172, 189
 [Barchent] S. 171

B
Bad Schwartau S. 21, 230; fol. 231v, 230r–v, 229v, 228v, 227r, 226v
Basel S. 175
Bergen S. 13, 61, 191, 208, 214; fol. 33v
 [Bergenfahrer] S. 98, 102, 118, 221, 225
Bergen-op-Zoom S. 178
Berkenthin siehe Parkentin
Berlin S. 110; fol. 200v
Biberach
 [Tuch] S. 172
Birgittenkloster Marienwohlde siehe Marienwohlde
Bliestorf (Laubenburg) S. 76
Bourgneuf S. 182
Bouvignes S. 179
Brabant S. 86, 170, 178
Braunschweig S. 110, 179–180
 [Mumme] S. 88
 [Tuch] S. 172
Breckerfeld
 [Dolche] S. 180
Bremen S. 202; fol. 18r, 29v (?)
Breslau S. 16, 132, 139, 143, 179, 180, 217, 236
Brügge (inkl. Sluis) S. 13–14, 22, 25–26, 86, 95, 131, 133–134, 137, 140, 151, 162, 164, 151, 162, 164, 167, 177–179, 182, 191, 193, 214, 216, 224, 236–237; fol. 2r–v, 3r, 6r, 7r, 8r–v, 10r, 12r, 16v, 46v, 234r (= Brief), 198v
 [Tuch] S. 23, 170, 172, 177, 200

C
Champigneulles S. 179
Crummesse (Laubenburg) S. 76
Dänemark S. 34, 96, 159, 175, 190, 193, 195, 197–198

D
Danzig S. 13, 15, 17, 24, 49, 76, 96, 127, 143–153, 155–156, 158–163, 167, 172–173, 175–177, 182–183, 190, 193, 195, 240; fol. 201v, 200r, 199r–v, 198r–v, 197r, 196r, 195r–v
Den Haag (?)
 [Tuch] S. 172, 186; fol. 6r, 201r
Deventer
 [Tuch] S. 172
Dinant S. 179
Dorpat S. 191–192
Düren S. 179

E
Einbeck
 [Bier] S. 88
Elbing S. 221
England S. 95, 218
 [Tuch] S. 54, 170–172
 [Englandfahrer] S. 225
 [Lammfelle] fol. 9r
Erfurt S. 180; fol. 9r
 [Tuch] S. 170
Eskilstuna (Schweden) S. 199; fol. 231v, 230r–v, 229v, 228v, 227r, 226v

F
Finnland S. 127
Flandern S. 86, 95–96, 127, 174, 178
 [Flandernfahrer] S. 232
 [Hüte] S. 117, 177, 200, 232; fol. 2v, 208v
 [Brillen] S. 181
 [Tuch] S. 170, 177
Frankfurt am Main S. 17, 32, 58, 132, 171, 174–175, 177–180, 196–197, 217

---

2 Der Ortsindex bezieht sich auf die Auswertung und die Edition, wobei die Quellenbezeichnung bei größerer sprachlicher Abweichung zusätzlich kursiv, die moderne Bezeichnung recte wiedergegeben wird. Lübeck wird aufgrund der häufigen Nennung nicht gesondert aufgeführt.

G

Galizien S. 25, 50
Gent S. 178
Gleschendorf (Holstein) S. 21; fol. 11v, 232r–v, 231v, 230r–v, 229v, 228v, 227r, 226v
Görlitz S. 18, 176
Goslar S. 16, 22, 115, 218
Gotland S. 208
Groß Grönau (Laubenburg) fol. 228v
Groß Steinrade (Holstein) S. 76

H

Hagen (?)
  [Tuch] 172, 186; fol. 6r, 201r
Hamburg S. 14, 16, 25, 95, 120, 127, 154, 158, 159, 163, 170, 193–194, 214, 218, 220, 224, 230; fol. 7r, 8v, 9r, 20r
  [Bier] S. 88, 230
Hannover S. 14, 26, 110, 194, 214, 224; fol. 2v
Harlem, S. 170
Hemmelsdorf (Holstein) S. 73
Hildesheim S. 110, 115, 127, 218; fol. 207v
  [Messer] S. 180
  [Brille] S. 180
Hobbersdorf (Holstein) fol. 6r
Holland S. 86, 127, 170
Holstein S. 21, 38, 73, 75, 93, 229, 232
Holstenbrücke in Lübeck S. 125; fol. 35v, 228v
Holstentor in Lübeck S. 60, 76, 82, 92, 94, 101, 125–128, 134, 138, 237; fol. 9v, 11v, 25v, 35v

J

Julita (Schweden) S. 199, 229; fol. 231v, 230r–v, 229v, 228v, 227r, 226v

K

Kalmar S. 197
Kiel S. 93, 202; fol. 18r
Köln S. 23, 24, 42, 50, 58, 129, 152, 171, 175, 178–180
Königsberg S. 142, 208; fol. 203r
Krakau S. 180
Lauenburg S. 229, 232

L

Lemgo S. 171
Leiden
  [Tuch] S. 54, 171–172
Leipzig S. 176, 217
Lille
  [Tuch] S. 172
Lissabon fol. 16r–v, 206v

[Öl] S. 115, 208, 211
Livland S. 127, 173, 179, 191, 215, 229, 239
[Livlandfahrer] S. 232
London S. 179
Lüneburg S. 110, 115, 120, 124, 145, 152–157, 163, 180, 195, 218, 233

M

Maastrich S. 171
Magdeburg S. 110
Mailand S. 181
Mainz S. 175
Marienwohlde S. 13–15, 19–20, 38, 53–54, 57, 59, 67, 78, 81–83, 91, 97–98, 103, 113–114, 130, 150, 167, 229–235, 238, 240; fol. 11v, 34v, 194v
Mechelen fol. 4r, 16v, 46v, 47r
  [Tuch] S. 170, 172, 178–179
Mecklenburg S. 166, 173, 230
Minden fol. 8r
  [Tuch] S. 170
Mölln S. 13, 15, 167, 232; fol. 11v, 230v, 229v, 228v, 227r, 225r, 193r
Mühlhausen fol. 9v, 46v
  [Tuch] S. 170–171
Münster fol. 9v, 204v
  [Dolche] S. 180

N

Naarden fol. 3v, 16r, 204r, 201r
  [Tuch] S. 172, 199
Nancy S. 179
Narva S. 96, 127
Neustadt (Holstein) S. 21, 47; fol. 6r, 15r, 231v, 230r–v, 228v, 227r, 226v, 226v, 225r
Niedersachsen S. 173
Niederlande S. 170, 227
Nijmegen S. 179
Nordfrankreich S. 171
Norwich (England) fol. 12v
  [Tuch] S. 170, 193
Nowgorod S. 96, 127, 173
Nürnberg S. 175, 177–181, 196–198, 214–219, 239, 242

O

Oberdeutschland S. 86, 170, 185, 211
Oberitalien S. 164
Ösel-Wiek (Estland) S. 217
Offendorf (Holstein) S. 21; fol. 4r
Orient S. 178
Ostseeraum S. 19, 58, 97, 131, 133, 137, 140, 170, 188, 214–215, 220, 225

P
Pansdorf (Holstein) S. 73
Parkentin S. 230; fol. 228v
Passau S. 180
Pernau S. 96
Plön S. 231; fol. 226r, 226v, 225r
Pommern S. 173
Prag S. 127
Preußen S. 127, 239

R
Ratekau (Holstein) S. 21, 73, 229; fol. 11v, 18v, 29v, 30r, 232r–v, 231v, 230r–v, 229v, 228v, 227r, 226v
Ratekauer See siehe Ruppersdorfer See
Rathaus in Lübeck Voreinband/Innenseite S. 29, 53, 69, 116; f. 27r
Reval S. 13, 22–23, 52, 63–64, 96, 127, 129–130, 132, 136, 140–141, 143–144, 148–149, 159, 162, 164, 173–175, 180, 187, 190–192, 195–196, 198, 203, 205–209, 213–215, 217–218, 220, 231–232, 236–238; fol. 10r, 210v, 209v, 207v, 206v, 205v, 204v, 202v, 201r
[Revalfahrer] S. 225
Riga S. 24, 92, 96, 101, 174–175, 191, 194, 197, 215, 239
[Rigafahrer] S. 118, 221
Rondeshagen S. 76
Roggenhorst S. 76
Rosdorf bei Kellinghusen (Holstein) fol. 230r
Rostock S. 62, 175–176, 198, 215, 217, 227
Roulers (Flandern)
[Tuch] fol. 4r
Ruppersdorf S. 38, 60, 73–78, 129, 138, 163, 230; fol. 17v, 18v, 29v, 30r, 228v, 226r, 225r
Ruppersdorfer See S. 60; fol. 30r, 228v, 226r, 225r
Russland S. 127, 173, 179, 191

S
Santiago de Compostela S. 14–15, 25, 30, 35, 50, 68, 89, 110, 112, 193–194, 224, 236; fol. 8v, 11v
Schleswig S. 93
Schmalkalden S. 180
Schonen S. 34, 96, 190, 193, 195, 214; fol. 206r
[Schonenfahrer] S. 98, 118, 128, 190, 221
[Hering] S. 127, 129, 182, 192
Schwartau siehe Bad Schwartau

Schweden S. 92, 100, 175, 176, 229, 231; fol. 231v, 230v, 229v, 228v, 227r, 226v
Skandinavien S. 229
Söderköping (*Surkophinge*, Schweden) fol. 12v, 20v, 22v, Hintereinband Innenseite
Sollingen S. 180
Spanien S. 181
Stendal
[Tuch] S. 170–171
Stettin S. 127, 176, 215
Stolberg S. 179
Stralsund S. 67, 74, 175–176, 215, 232
Straßburg S. 83, 123, 175, 180
Stockholm (*tom Holme*) S. 13, 22–23, 34, 92–93, 159, 165, 174, 176, 187–190, 194, 196–199, 203–205, 211, 213–214, 229, 237–238; fol. 6v, 8r, 9v, 11v, 12v, 14r, 19v, 22r, 31v, 232r, 231v, 230r–v, 229v, 228v, 227r, 226v, 210v, 209r
[Stockholmfahrer] S. 98, 118, 190, 204, 221, 231
Süsel (Holstein) S. 21; fol. 11v, 232r–v, 231v, 230r–v, 229v, 228v, 227r, 226v
Sund S. 217
Syrien S. 181

T
Tempzin S. 166, 229
Timmendorf S. 21, 48; fol. 11v
Thorn S. 221
Tirol S. 164
Travemünde S. 21; fol. 5v, 11v, 29r, 227r, 226v, 202v

U
Ulm S. 178
[Sardock] S. 143, 170–172, 203; fol. 22r, 202v

V
Vadstena (Schweden) S. 231
Venedig S. 178

W
Wismar S. 39, 80–81, 88, 106, 126, 131, 163, 165–166, 175–176, 198, 229, 237; fol. 28r, 204v, 231v, 230r–v, 229v, 228v, 227r, 226v
Worms S. 83
Würzburg S. 171

Y
Ypern S. 178

15.3 SACHINDEX[3]

A

alborgesche[r] *herink* Alborgischer Herink fol. 206r
allun Alaun fol. 201v, 199v,
antlate Atlanten fol. 10v
appel Äpfel fol. 14r, 19v, 210v, 209v, 207v, 205v
arresch Arras oder Arresch fol. 13v

B

bass ? fol. 16r
bekken Becken fol. 16r
bellen Schellen oder Glöckchen fol. 205v
bentlaken Bettlacken fol. 7r
ber Bier fol. 17r, 19v, 20r, 33v
beretken Barette fol. 2v
bernsten fochtych Bernsteinrosenkranz fol. 9r
bilde Bild fol. 2v, 3v
blomehonich Blumenhonig fol. 10r, 16r, 19v
blygges Blech fol. 195r
bok Buch fol. 10v
boke hilghen Heiligenviten fol. 10v
boken smaschen Schafs- oder Ziegenbockfelle fol. 208r
boksyden ? fol. 16r
bollerte Bollard, wohl Eichhornfelle fol. 195r
bomolge Olivenöl fol. 5r, 11r
bonit dobbelt siehe auch *dobbel de bonitte* Doppelmützen fol. 2v, 5r
bonitte Mützen S. 21; fol. 3v, 4r, 5r,
botter Butter fol. 10v, 12v, 16r, 20r, 23r, 202v, 200r
brekerfelder daggen Breckerfelder Dolche fol. 204v
brylle Brillen(-gestelle) fol. 206v
budel Lederbeutel fol. 9v, 208v
bure Bettbezug fol. 6v, 16r, 198v
butten Becher fol. 19v
bylde an glas Glasscheiben mit Motiv (?) fol. 5r

D

daggen Dolche fol. 4v, 7v, 22v, 207v
dekke Decke fol. 7r
dobbel de bonitte siehe auch *bonit dobbelt* Doppelmützen fol. 2v, 5r
doke ein Tuch oder Laken, auch in der Bedeutung als Kopftuch möglich fol. 6r, 12v
= nach Herstellungsort
  olmer Ulm siehe auch Sardock fol. 12v, 16r
  onstborger Augsburg fol. 12v, 16r
doke, bagginen Beginentuch (?) fol. 1v, 3r
drat Draht fol. 200v

E

Eisendraht siehe auch *klafant*
engefer Ingwer fol. 10r, 20r, 20v,
engelsche smaschen englische Lammfelle fol. 9r
ewangyllenboek Evangeliar fol. 10v

F

fadem Lotleine fol. 47v
fingeren Fingerringe fol. 208v
finster Glasfenster (?) fol. 3r, 13v
flaskfysk beste Sorte Stockfisch fol. 200r
flass Flachs fol. 209v, 208r, 204v, 203v
flemesch hode Flandrische Hüte fol. 2v, 208v
flesch Fleisch fol. 7v, 46v
fochtyge Rosenkränze fol. 10v, 209v, 207v
foderdok preisgünstiges Tuch zur Verwendung als Unterfutter fol. 1v, 5r, 201v, 200v, 198v
forderdaggen Dolche fol. 204v
fosse Fuchsfelle fol. 202v, 201r
fygen Feigen fol. 206v, 204v, 203v, 201v, 199v, 198v
fyktryle Vitriol fol. 198v

G

garn Fischnetz fol. 47v, 48r
garne Garn fol. 202v
gartkomen Gartenkümmel fol. 201v, 199v
gordelremen Gürtel fol. 209v
gropen bronzene Dreifußtöpfe fol. 16r

H

haken Haken fol. 14r, 209v
hamborger ber Hamburger Bier fol. 20r
hantbeken Waschbecken fol. 10r
hasenfelle Hasenfelle fol. 7r
henge Gardinenstange fol. 13v
herink, alborgesche[r] Herink, Alborgischer fol. 206r
schonssche[r] Hering, Schonischer fol. 206r

---

3 Der Sachindex bezieht sich einzig auf die Edition. Der Quellenbegriff wird kursiv, die moderne Bezeichnung recte wiedergegeben.

herinkgarn kleine Herings- oder Fischnetze am Stiel fol. 47v
hermelen Hermelinfelle fol. 7v, 15v, 16r
herse Hirse fol. 200r, 198r, 197r, 196r, 195r
hildemsche meste Messer Hildesheimer Messer fol. 207v
holt Holz fol. 6r, 16v, 22v
holwort Holwurz fol. 206v
honnich Honig fol. 19v
hoppen Hopfen fol. 6v, 8r, 9r
hosen Hosen fol. 7r
hot Hut fol. 2v, 7v, 11r, 12v, 208v, 207v, 206v, 205v, 204v, 202r,
heuyke Heuke fol. 4v, 9r,

I

ingesegel Siegelstempel fol. 12v

J

juncfrouwenmeste Jungfrauenmesser (?) fol. 204v

K

kalffel Kalbsfelle fol. 208r, 203v
ketel Metallkessel fol. 205v
kemme Kämme fol. 207v, 202r
kersberenfarwe Kirschbeerenfarbe fol. 207v
kersdrank Kirschsaft fol. 20v, 22v
Kirschsaft siehe auch *kersdrank*
klafant Eisendraht fol. 201v, 200v
knope Knöpfe fol. 207v, 205v
koken siehe auch *morbrot* Brotkuchen, mürbes Brot fol. 12v, 13v, 17r, 28v, 29r, 31v, 32r, 33v
komen Kümmel fol. 2v, 4r, 20v,
kontor Schreibtisch fol. 10v
kopperrok Kupferrauch fol. 206v
kragen Kragen fol. 4v,
krych myt up rukkelse mit snor Flaschenzug mit Schnur fol. 20v
kryfesche appel Äpfel fol. 205v
kros Krug fol. 19v
kussenblade Kissenbezüge fol. 7r, 46v

L

ladencrude Gewürze fol. 20r
laken Tuch
= nach dem Herstellungsort und -region:
   altesch Aalst in Ostflandern fol. 5v, 208r, 204r
   brugges Brügge in Westflandern fol. 2v, 3r, 6r, 16v, 46v, 198v
   brunswykes Braunschweig fol. 1v

deventersche Devener fol. 19v, 32r
engelsk(e) England S. 23; fol. 4r, 8r
erferdesch Erfurt fol. 9r
gotensk? fol. 34v
hagens Den Haag oder Hagen fol. 6r, 201r
leydescen Leiden in Südholland fol. 2v, 6r, 18r, 46v
lubisch grauwe Lübeck, graues Laken fol. 31v
mechgelsk/mechelsche Mechelen in Brabant fol. 4r, 16v, 46v, 47r
molhuses Mühlhausen in Thüringen fol. 9v, 46v
mundesch Laken aus Minden in Westfalen (?) fol. 8r
nerdesche Naarden in Nordholland fol. 3v, 16r, 204r, 201r
norwkyesche Norwich in England fol. 12v
roseken vermutlich aus Roulers in Westflandern fol. 4r
ryssselsche Lille in Nordflandern fol. 2v, 16v
stendelske Stendal fol. 2v, 9v
westerlendesche Tuchsorte aus England fol. 2v, 202r
lammeken brüggesche Tuchsorte fol. 198v
lamwolle Lammwolle fol 207v
lass Lachs fol. 4v, 9v, 10r, 20r, 46v, 204r
lobben eine minderwertige Sorte Stockfisch fol. 32r
lonwende Leinwand fol. 4r, 16r
lubecker budel Lübecker Lederbeutel fol. 208v
lubisches ber Lübeckisches Bier fol. 19v
luneborger dagge Lüneburger Dolche fol. 204v
lyssebanschen olge Lissaboner Öl fol. 16r, 16v, 206v

M

malde tafelen (*up lonwent malet*) Tafelbilder (auf Leinwand) fol. 3v, 10v
malgel kleiner Ring oder Spange fol. 209v
malwerk malet in poppyr Papier Gemälde fol. 10v
mandelen Mandeln fol. 9v, 201v, 200v, 199v, 198v
marten Marderfelle fol. 5v
mannebudel Männerbeutel (?) fol. 208v
manolges Mohnöl fol. 10v, 11r
manse kleines Fischnetz fol. 48r
mansremen myt haken Männergürtel mit einem Harken als Schnalle fol. 206v
mansades Mohnsamen fol. 16r

marien drofnisse Bild mit Motiv Maria Bedrägnis fol. 10v
marienbilde Marienbild fol. 10v
med Met fol. 34v
mel Mehl fol. 16r, 200r, 200r, 198r,
menken Otterfelle fol. 2r
meste Tischmesser fol. 12v, 208v, 207v
meste myt kronen Messer fol. 207v
meste styrs Messer fol. 207v
morbrot siehe auch *koken* Brotkuchen, mürbes Brot fol. 28v
Mütze siehe *bonitte*
munstersche daggen Münstersche Dolche fol. 204v
myssinges knope Messingknöpfe fol. 207v

N
natlen Nadeln fol. 14r, 209v, 208v, 205v, 202r
natelremen Hosengürtel fol. 209v, 206v, 204v, 202r
= nach Herstellungsort
  wysmarsche Wismarische Hosengürtel fol. 204v
nopscher Schellfisch fol. 29r
note Nüsse fol. 10r, 19v

O
ollg(e) Öl fol. 2r, 9r, 11r, 13v, 16r, 22v, 198v
orre Lachsforellen fol. 10r, 32r, 199v
ossemund qualitätsvolles Eisen aus Schweden fol. 3v, 4v, 8v, 12v, 14r, 16r, 18r, 20r, 35r, 209r

P
pappenmeste Messer? fol. 204v
parkleder hoeyke Heuke aus Parkleder fol. 4v
pels Pelz fol. 11r
pepper Pfeffer fol. 16r, 19v, 20v, 31v
pepperkomen Pfefferkümmel fol. 46v
poppyr Papier fol. 11r
poppyr natelremen Gürtel aus Papier fol. 207v
pert Pferd fol. 6r, 15r, 202v
punthode Hüte fol. 209v, 207v, 206v

R
rade ? fol. 195r
remen Gürtel fol. 14r, 206v, 202r
remen myt myssing ryngen Gürtel mit Messingringen fol. 206v
remen myt haken Gürtel mit Haken als Schnalle fol. 206v
ringe (Metall-)Ringe fol. 209v
rochghen Rochen fol. 202r

rogge(n) Roggen fol. 200r, 199r, 198r, 197r, 196r
roggenmel Roggenmehl fol. 198r
rok Rock fol. 4v
ronde natlen runde Nadeln fol. 205v
rosbellen Pferdeschellen/-glöckchen fol. 208v
rossinen Rosinen fol. 16r, 208v, 207v, 206r, 206v, 204v, 201v, 199v
rotlasch rotgegerbtes Schafsleder fol. 202r
rotscher die beste Sorte Stockfisch fol. 4r, 28v, 29r, 32r, 34r, 201v, 200v
rugge Rückenharnisch fol. 11r
ryss Reis fol. 20v, 200v, 199v, 198v

S
sabel Zobel fol. 7r
sagen Saye ein leichtes und preiswertes Wollgewebe fol. 3r, 22v
sagens hot leichter Wollhut aus Sayen fol. 3v, 7v, 11r
sardok Sardock siehe auch *doke* fol. 22v
= nach Herstellungsort
  byborchen Bieberbach in Franken fol. 202v
  olmer Ulm fol. 22r, 202v
  onstborger Augsburg fol. 13v, 20v
schaffenge (?) fol. 205v
schatwerk Fell bzw. Pelz fol. 2r
scheren Scheren fol. 207v, 204v
schermeste Rasiermesser fol. 207v, 206v
scherve Schale fol. 16r
schoenatlen Schusternadeln fol. 208v
schonssche[r] herink Schonischer Hering fol. 206r
schrodernatlen Schneidernadeln fol. 209v, 208v
segelnatlen Nadeln für Segeltuch (?) fol. 208v
selde, yserentern eiserne ? fol. 13v
semes Honigseim fol. 203r
sennepe Senf fol. 200v, 199v
seter Scheter, d.h. Glanzleinen fol. 3r, 13v, 46v
slote Schlösser fol. 208v, 205v, 207v, 204v
smaschen Lammfelle fol. 208r, 203v
smer Fett fol. 5r
sokke, 1 par ein Paar Socken fol. 11r
solt siehe auch *travensolt* Salz fol. 6v, 9v, 201v, 200v, 199v
sotebetken Süßigkeiten (?) fol. 207v, 205v
sparden Abfall von Stockfisch fol. 33v
sparen Holzsparren fol. 207v, 206v, 204v
spegel Spiegel fol. 207v, 208v
spolgolde Golddraht fol. 19v

Stadtgemeinde S. 13, 19,
stekbrede, engelske englische Stockbreit, eine teure englische Tuchsorte fol. 4r
stemmen natlen Nadeln fol. 205v
stelten doke ? fol. 47v
styge ein Längenmaß, im Leinwandhandel entsprachen 20 Ellen einer Stiege fol. 47v
suben Schaube, ein Mantel fol. 7r
sukkerkandit Kandiszucker fol. 5v, 206v
sulver Silber fol. 10r, 16r
swert Schwert fol. 3r, 5r
swyne Schweine fol. 15r

T
tafelen Tafelbilder fol. 10v
ter Teer fol. 206r, 202r
timen fol. 16r ?
tomet Tomeken, kleine Zäumchen als Teil der Fußbekleidung (?) fol. 13v
travensolt Lüneburger Salz fol. 9v
twern Zwirn fol. 16r
tydebok Stundenbuch fol. 31v, 32r
tytlinge zarter Stockfisch fol. 6r

V
varwe Farbe fol. 206v

W
wagenschot Eichenholz fol. 11r, 197r, 194r
walkolge Öl (?) fol. 34v
walnote Walnüsse fol. 209v, 207v
wamboeys Wams fol. 12v
wasse Wachs fol. 4r, 9v, 13r, 13v, 15r, 18r, 28v, 33v
watman grobes Wolltuch fol. 31v
wegendekke Wiegendecke fol. 7r
werkes Werk fol. 2v, 3v, 6v, 9v, 12v,
windyseren Eisenstangen zum Befesteigen von einem Widschutz vor den Bleifenstern fol. 13v
wolfe Wolfsfelle fol. 2v, 7v
weyten Weizen fol. 199r
weytenmel Weizenmehl fol. 198r

16. ABKÜRZUNGSVERZEICHNIS

A	Antoniusbruderschaft zur Burg
AHL	Archiv der Hansestadt Lübeck
APG	Archiwum Państwowe w Gdańsku
HL	Leichnamsbruderschaft zur Burg
HUB	Hansisches Urkundenbuch
HRG	Handwörterbuch zur Deutschen Rechtsgeschichte
HR	Hanserezesse
LexMa	Lexikon des Mittelalters
L	Leonhardsbruderschaft zur Burg
UBStL	Lübeckisches Urkundenbuch
a. q.	ante quem
p. q.	post quem

WÄHRUNGSABKÜRZUNGEN

1 mk	1 Mark
1 mk lub	1 Mark lübisch
1 mk rig	1 Mark rigisch
1 d	1 Pfennig
1 lb grot	1 flämisches Pfund Grote
1 rh gl	1 rheinischer Goldgulden
1 ß	1 Schilling
1 sc	1 Scot
1 ung gl	1 ungarischer Goldgulden
1 wit	1 Witten

17. SIGLENVERZEICHNIS

A	Antoniusbruderschaft zur Burg
AHL	Archiv der Hansestadt Lübeck
APG	Archiwum Państwowe w Gdańsku
BibHL	Bibliothek der Hansestadt Lübeck
Denkelbok	AHL, Krämerkompanie Nr. 1,3 Älterleute Denkel-(Memorial)buch 1372–1585
HL	Leichnamsbruderschaft zur Burg
HUB	Hansisches Urkundenbuch
HRG	Handwörterbuch zur Deutschen Rechtsgeschichte
HR	Hanserezesse
LexMa	Lexikon des Mittelalters
L	Leonhardsbruderschaft zur Burg
Personenkartei	AHL, Lüttendorffsche Zettelkatalog
Rechnungsbuch	BibHL, MS Lub. 2° 732 Memorialbuch des Lübecker Krämers Hinrich Dunkelgud
UBStL	Lübeckisches Urkundenbuch

VIERTELJAHRSCHRIFT FÜR SOZIAL- UND WIRTSCHAFTSGESCHICHTE – BEIHEFTE

Herausgegeben von Mark Spoerer, Jörg Baten, Markus A. Denzel, Thomas Ertl, Gerhard Fouquet und Günther Schulz.

Franz Steiner Verlag   ISSN 0341–0846

216. Frank Steinbeck
Das Motorrad
Ein deutscher Sonderweg in die automobile Gesellschaft
2011. 346 S. mit 17 Abb., kt.
ISBN 978-3-515-10074-8

217. Markus A. Denzel
Der Nürnberger Banco Publico, seine Kaufleute und ihr Zahlungsverkehr (1621–1827)
2012. 341 S. mit 24 Abb. und 44 Tab., kt.
ISBN 978-3-515-10135-6

218. Bastian Walter
Informationen, Wissen und Macht
Akteure und Techniken städtischer Außenpolitik: Bern, Straßburg und Basel im Kontext der Burgunderkriege (1468–1477)
2012. 352 S. mit 3 Tab., kt.
ISBN 978-3-515-10132-5

219. Philipp Robinson Rössner
Deflation – Devaluation – Rebellion
Geld im Zeitalter der Reformation
2012. XXXIII, 751 S. mit 39 Abb. und 22 Tab., geb.
ISBN 978-3-515-10197-4

220. Michaela Schmölz-Häberlein
Kleinstadtgesellschaft(en)
Weibliche und männliche Lebenswelten im Emmendingen des 18. Jahrhunderts
2012. 405 S. mit 2 Abb. und 3 Tab., kt.
ISBN 978-3-515-10239-1

221. Veronika Hyden-Hanscho
Reisende, Migranten, Kulturmanager
Mittlerpersönlichkeiten zwischen Frankreich und dem Wiener Hof 1630–1730
2013. 410 S. mit 20 Abb. und 2 Tab., kt.
ISBN 978-3-515-10367-1

222. Volker Stamm
Grundbesitz in einer spätmittelalterlichen Marktgemeinde
Land und Leute in Gries bei Bozen
2013. 135 S. mit 5 Abb. und 2 Tab., kt.
ISBN 978-3-515-10374-9

223. Hartmut Schleiff / Peter Konecny (Hg.)
Staat, Bergbau und Bergakademie
Montanexperten im 18. und frühen 19. Jahrhundert
2013. 382 S. mit 13 Abb. und 9 Tab., kt.
ISBN 978-3-515-10364-0

224. Sebastian Freudenberg
Trado atque dono
Die frühmittelalterliche private Grundherrschaft in Ostfranken im Spiegel der Traditionsurkunden der Klöster Lorsch und Fulda (750 bis 900)
2013. 456 S. mit 101 Abb. und 4 Tab., kt.
ISBN 978-3-515-10471-5

225. Tanja Junggeburth
Stollwerck 1839–1932
Unternehmerfamilie und Familienunternehmen
2014. 604 S. mit 92 Abb., kt.
ISBN 978-3-515-10458-6

226. Yaman Kouli
Wissen und nach-industrielle Produktion
Das Beispiel der gescheiterten Rekonstruktion Niederschlesiens 1936–1956
2014. 319 S. mit 11 Abb., kt.
ISBN 978-3-515-10655-9

227. Rüdiger Gerlach
Betriebliche Sozialpolitik im historischen Systemvergleich
Das Volkswagenwerk und der VEB Sachsenring von den 1950er bis in die 1980er Jahre
2014. 457 S. mit 28 Abb. und 42 Tab., kt.
ISBN 978-3-515-10664-1

228. Moritz Isenmann (Hg.)
Merkantilismus
Wiederaufnahme einer Debatte
2014. 289 S. mit 4 Abb., kt.
ISBN 978-3-515-10857-7

229. Günther Schulz (Hg.)
Arm und Reich
Zur gesellschaftlichen und wirtschaftlichen Ungleichheit in der Geschichte
2015. 304 S. mit 18 Abb. und 15 Tab., kt.
ISBN 978-3-515-10693-1

230.1 Gerhard Deter
Zwischen Gilde und Gewerbefreiheit. Bd. 1
Rechtsgeschichte des selbständigen Handwerks im Westfalen des 19. Jahrhunderts (1810–1869)
2015. 395 S., geb.
ISBN 978-3-515-10850-8

230.2 Gerhard Deter
Zwischen Gilde und Gewerbefreiheit. Bd. 2
Rechtsgeschichte des unselbständigen Handwerks im Westfalen des 19. Jahrhundert (1810–1869)
2015. 482 S. mit 2 Abb., geb.
ISBN 978-3-515-10911-6

231. Gabriela Signori (Hg.)
Das Schuldbuch des Basler Kaufmanns Ludwig Kilchmann (gest. 1518)
2014. 126 S. mit 6 Abb., kt.
ISBN 978-3-515-10691-7

232. Petra Schulte / Peter Hesse (Hg.)
Reichtum im späten Mittelalter
Politische Theorie – Ethische Norm – Soziale Akzeptanz
2015. 254 S. mit 3 Abb., kt.
ISBN 978-3-515-10943-7

233. Günther Schulz / Reinhold Reith (Hg.)
Wirtschaft und Umwelt vom Spätmittelalter bis zur Gegenwart
Auf dem Weg zu Nachhaltigkeit?
2015. 274 S. mit 8 Abb. und 9 Tab., kt.
ISBN 978-3-515-11064-8

234. Nina Kleinöder
Unternehmen und Sicherheit
Strukturen, Akteure und Verflechtungsprozesse im betrieblichen Arbeitsschutz der westdeutschen Eisen- und Stahlindustrie nach 1945
2015. 384 S. mit 28 Abb. und 30 Tab., kt.
ISBN 978-3-515-11129-4

235. Eva Jullien / Michel Pauly (Hg.)
Craftsmen and Guilds in the Medieval and Early Modern Periods
2016. 316 S. mit 5 Farb-, 5 s/w-Abb. und 20 Tab., kt.
ISBN 978-3-515-11235-2

236. Christopher Landes
Sozialreform in transnationaler Perspektive
Die Bedeutung grenzüberschreitender Austausch- und Vernetzungsprozesse für die Armenfürsorge in Deutschland (1880–1914)
2016. 386 S., kt.
ISBN 978-3-515-11304-5

237. Wolfgang König
Das Kondom
Zur Geschichte der Sexualität vom Kaiserreich bis in die Gegenwart
2016. 233 S., kt.
ISBN 978-3-515-11334-2

238. Janis Witowski
Ehering und Eisenkette
Lösegeld- und Mitgiftzahlungen im 12. und 13. Jahrhundert
2016. 340 S. mit 2 Abb. und 2 Tab., kt.
ISBN 978-3-515-11374-8

239. Jann Müller
Die Wiederbegründung der Industrie- und Handelskammern in Ostdeutschland im Prozess der Wiedervereinigung
2017. 284 S., kt.
ISBN 978-3-515-11565-0

240. Hendrik Ehrhardt
Stromkonflikte
Selbstverständnis und strategisches Handeln der Stromwirtschaft zwischen Politik, Industrie, Umwelt und Öffentlichkeit (1970–1989)
2017. 317 S. mit 4 Abb. und 4 Tab., kt.
ISBN 978-3-515-11624-4

241. Beat Fumasoli
Wirtschaftserfolg zwischen Zufall und Innovativität
Oberdeutsche Städte und ihre Exportwirtschaft im Vergleich (1350–1550)
2017. 580 S. mit 15 Abb. und 6 Tab., kt.
ISBN 978-3-515-11803-3

242. Gerhard Fouquet / Sven Rabeler (Hg.)
Ökonomische Glaubensfragen
Strukturen und Praktiken jüdischen und christlichen Kleinkredits im Spätmittelalter
2018. 162 S. mit 2 Abb. und 8 Tab., kt.
ISBN 978-3-515-12225-2

243. Günther Schulz (Hg.)
Ordnung und Chaos
Trends und Brüche in der Wirtschafts- und Sozialgeschichte
2019. 262 S. mit 21 Abb. und 12 Tab., kt.
ISBN 978-3-515-12322-8

244. Günther Schulz / Mark Spoerer (Hg.)
Integration und Desintegration Europas
Wirtschafts- und sozialhistorische Beiträge
2019. 230 S., mit 16 Abb. und 8 Tab., kt.
ISBN 978-3-515-12350-1